Freya von Moltke / Michael Balfour / Julian Frisby

Helmuth James Graf von Moltke

1907 – 1945

Henssel

Titel der englischen Originalausgabe:
Helmuth von Moltke – A leader against Hitler

Originalverlag: Macmillan London Limited

Ins Deutsche übertragen und bearbeitet von Freya von Moltke

CIP–Kurztitelaufnahme der Deutschen Bibliothek
Balfour, Michael:
Helmuth James Graf von Moltke: 1907–1945 /
Michael Balfour; Julian Frisby.
[Ins Dt. übertr. u. bearb. von] Freya von Moltke. –
Berlin: Henssel, 1984.
Einheitssacht.: Helmuth von Moltke <dt.>
ISBN 3-87329-110-X
NE: Frisby, Julian; Moltke, Freya von [Bearb.]

Herstellung: Druckhaus Langenscheidt
und Schöneberger Buchbinderei, beide in Berlin
Printed in Germany

Inhalt

Vorwort der deutschen Ausgabe

Über Helmuth James von Moltke und seine Freunde ist schon viel geschrieben worden, aber die Beschreibung der Menschen ist hinter der Diskussion der Pläne aus den Jahren 1940–1943 zurückgetreten. Das gilt ebenfalls für die eingehende und sorgfältige Forschungsarbeit von Ger van Roon: Neuordnung im Widerstand, München 1967, die auch für dieses Buch von großem Nutzen war. Zu dem Übergewicht der Pläne habe ich selbst beigetragen, weil ich sie 1945 aus Schlesien mitbrachte. Sonst lägen die einzig vorhandenen Abschriften wohl noch heute auf dem Dachboden in Kreisau, wo ich sie – auch meinem Mann war der Ort unbekannt – hinter altem Gerümpel versteckt hatte. Ich nahm sie erst an mich, als Hitler tot und der Krieg zu Ende war, kurz bevor die Russen das Gutshaus besetzten.
Zwar habe ich eingewilligt, auf dem Titelblatt dieser Ausgabe unter den Autoren an erster Stelle genannt zu werden. Das Buch erschien aber ursprünglich in englischer Sprache (Helmuth von Moltke. A Leader Against Hitler. London 1972), und der Hauptautor auch der deutschen Fassung ist Michael Balfour. Ohne Julian Frisby wiederum wäre es überhaupt nicht entstanden. Wir – die Balfours, Frisby und ich – faßten gemeinsam den Entschluß, Michael Balfour solle mit unserem Beistand für den großen Bereich der englischen Sprache, in dem wir Helmuth James von Moltkes Geschichte bekannt machen wollten, seine Biographie schreiben und ihn in seinen eigenen Briefen und Äußerungen lebendig werden lassen.
Als ich Michael Balfours Entwürfe kapitelweise zu kommentieren hatte, begann ich mit Zustimmung meiner englischen Freunde, den Text ins Deutsche zu übersetzen. Es ergab sich dabei, daß für deutsche Leser manchmal mehr, manchmal weniger gesagt und daß persönliche Erlebnisse mit meinen eigenen Worten wiedergegeben werden mußten. Ich hatte die Freiheit abzuweichen, zuzusetzen oder wegzunehmen. So sind zum Beispiel die ersten sechs Kapitel des englischen Buches zu drei deutschen Kapiteln zusammengefaßt. Den als Endkapitel angefügten Bericht über die letzten Monate in Kreisau enthält auch die englische Ausgabe. Aber alle sachlichen und historischen Darstellungen, alle Analysen stammen von Michael Balfour, und die meisten habe ich zustimmend übernommen. Auch bei der Beschreibung des englisch-amerikanischen Standpunktes hinsichtlich der alliierten Kriegs- und Friedensziele bin ich Balfours Darstellung gefolgt. Während der Arbeit entstehende abweichende Anschauungen konnten wir immer ausgleichen.
Nachdem das englische Buch gedruckt war, klärten sich noch einige Details. Die wichtigsten dieser Abweichungen werden in den Anmerkungen genannt. Wir sind aber der Ansicht, daß keine inneren Widersprüche zwischen den beiden

Fassungen bestehen, und die englischen Autoren haben sich mit der deutschen Fassung einverstanden erklärt.

So ist das Buch, die englische wie die deutsche Fassung, das Produkt einer einmaligen, unserem Leben entstammenden Konstellation. Für Michael Balfour und Julian Frisby ist diese Biographie ebenfalls mehr als eine historische Studie, auch sie kannten Helmuth von Moltke persönlich. Der Leser wird die Vor- und Nachteile in Kauf nehmen müssen, die daraus entstehen, daß beide Fassungen das Ergebnis einer Freundschaft sind, die nun schon fast vierzig Jahre dauert.

Four Wells *Freya von Moltke*
Norwich, Vermont, USA
13. September 1974

Die Kindheit

Als Helmuth James von Moltke im Berliner Gestapo-Gefängnis der Prinz-Albrecht-Straße Anfang Februar 1944 seine Frau zum ersten Mal nach seiner Verhaftung sprechen konnte, gab er ihr fünf mit seiner winzigen Schrift eng beschriebene Seiten für seine damals sieben und drei Jahre alten Söhne. Sie enthielten die Beschreibung seiner Kindheit:

An Caspar und Konrad

Meine Lieben,
da ich gerade Zeit habe, will ich Euch erzählen, wie alles war, als ich klein war, denn vielleicht findet Ihr das schön. Als ich geboren wurde (11. 3. 1907), da sah Kreisau [in Schlesien] ganz anders aus als jetzt im Jahre 1944. Mein Vater und meine Mutter, die wir Papi und Mami nannten, lebten im großen Schloß und bewohnten es auch ganz. Es gab eine Menge Mädchen, eine Mamsell, zwei Diener, einen Jäger in Parade-Uniform, mehrere Kutscher unter Herrmann als ihrem Chef und einen ganzen Stall voll Reit- und Kutschpferde. Hinter dem Schloß fing gleich der Park an, der sich die ganze Peile entlang bis zur Grenze mit Schwengfeld hinzog. Die Peile schlängelte sich in Windungen entlang, und ihr ganzer Lauf war mit vielen Bäumen bestanden, sehr schönen Bäumen zum Teil; mancherlei gut ausgesuchte Bäume, die der Feldmarschall (1800–1891) zwischen einen ohnehin vorhandenen Baumbestand gesetzt hatte. Auf den dazwischen liegenden Wiesen standen Baumgruppen und Einzelbäume, und in manchen der Baumgruppen auf Sockeln Gipsfiguren nach antiken Vorbildern, so der Dornenauszieher und Märchengestalten. Die waren alle weiß angemalt, und eine Märchengruppe war etwas entzwei, und in dem Beinstumpf saß ein Hornissennest. Durch den Park führte ein unkrautfrei gehaltener Fahrweg auf der der Peile entfernten Seite der Wiese, und auf der der Peile nahen Seite ein Wiesenweg. Diese Wege fuhr und ritt man häufig entlang. Auch die Wege über den Kapellenberg, durch den Wierischauer Busch und durch den Langen Busch waren schön gepflegt, so daß man auf ihnen vierspännig entlang fahren konnte.
Der Garten war so eingeteilt, daß im vorderen Glashaus Maréchal-Niel-Rosen und Weintrauben waren und die Topfpflanzen, die gerade nicht gebraucht wurden, dort sich erholten und auf einem riesigen Gestell, das treppenartig bis an die hintere Wand reichte. Der vordere Garten war ein Blumengarten mit schönen Rabatten, rechts und links Rasen mit runden Beeten in der Mitte. Am Ende des vorderen Gartens war ein Tennisplatz. Die beiden hinteren Gärten bis zur Schule

hin waren die Gemüsegärten, in denen auch das Treibhaus für Wintergemüse und für Winterblumen stand. Blumen gab es immer und zu jeder Zeit in Massen. Zweimal die Woche kamen am frühen Morgen die Gärtner ins Schloß und brachten neue Topfpflanzen für das ganze Haus.
Papi und Mami wohnten im Hochparterre, wenn man in die Halle kommt gleich rechts. Von der Halle aus kam man in die Bibliothek. Abends saßen da häufig Leute und spielten etwas. Morgens aber frühstückten Papi und Mami allein in der Bibliothek. Dann kam Mamis Schlafzimmer. In dem Erker, der zwei Fenster zur Peile hin hatte, stand zwischen den beiden Fenstern ihr Schreibtisch, an der Wand zur Bibliothek war der große Wäscheschrank für das ganze Haus, an der gegenüberliegenden Wand stand das Sofa, das Freya jetzt benutzt, und daneben Mamis Frisiertisch. Neben dem Wäscheschrank war ein hellgrauer großer Kachelofen, zwischen Frisiertisch und Kachelofen hing eine Portière, die den Erker richtig abschloß, obwohl sie gar nicht zu war. An der Wand zur Treppe stand das riesige Bett, in dem Mami geschlafen hat und in dem ich oft kuscheln kommen durfte, in der Mitte dieses Zimmerteils stand ein runder Tisch mit einer Marmorplatte, auf dem ich oft gesessen habe, wenn Mami sich anzog. Auf der anderen Seite des Korridors wohnte Papi, und in dem kleinen Zimmer daneben habe ich mal einige Jahre als Schulkind gewohnt.
In Mamis Bett wurde ich also geboren, und die arme Mami hat es mit mir sehr schwer gehabt. Von der ersten Zeit weiß ich natürlich nichts. Ich soll aber über und über behaart gewesen sein. Jedenfalls gab es zu meiner Taufe ein großes Fest, obwohl Mami noch nicht auf der Höhe war. Ich hatte eine englische Nurse, Miss Chalmers, und ein deutsches Mädchen, Lydia, und Lydia hat mir mehrfach das Leben gerettet. Das erste Mal, da war ich noch ganz klein. Irgendein kleines Mädchen, das bei uns zu Besuch war, fuhr mich im Leiterwagen spazieren. Ich werde wohl so vier Jahre gewesen sein. Als sie über einen kleinen Steg am Mühlbach kam, kippte der Leiterwagen um und trieb mit mir, der ich fest darin eingepackt war, die Räder nach oben schnell den Mühlgraben hinunter. Lydia sprang hinterher und holte mich wieder raus. Inzwischen war das kleine Mädchen nach Hause gelaufen und hatte heulend erzählt, was passiert war. Darauf war Miss Chalmers zum Ort des Unfalls gelaufen, hatte gesehen, daß ich dort herausgeholt worden war, allerdings noch voll Wasser steckte, das Lydia versuchte, aus mir rauslaufen zu lassen. Sie eilte nach Hause und rief der gerade aus dem Haus tretenden Mami entgegen „he's found"; die aber verstand „he's drowned" und bekam einen fürchterlichen Schreck. Es ging aber schließlich gut aus.

Meine ersten Erinnerungen stammen aus dem Berghaus, wo ich immer hin ging, um Handarbeiten mit Schönchen zu machen. Ich fing damit mit fünf Jahren an und habe sehr viel auf dem Berghaus gearbeitet, als Mami und Papi in Amerika waren. Das muß wohl 1912 während der ganzen zweiten Hälfte des Jahres gewesen sein. Ich wohnte damals auch auf dem Berghaus, und zwar in demselben Zimmer, in dem ich jetzt wohne. Daneben in Freyas Zimmer wohnte Tante Luise und daneben Schönchen. Aber jetzt muß ich erst einmal von dem Berghaus erzählen. Da wohnte zu jener Zeit Tante Luise, die Schwester meines Großvaters Wilhelm Moltke – Vattel. Sie war eine herrliche Tante. Sie liebte alle ihre Neffen und Nichten abgöttisch, all die alten Onkels kamen immer sie besuchen, es gab herrlich bei ihr zu essen, und sie wackelte immer mit ihrem Kopf voller kurzer weißer Locken. Ich habe sie einmal als kleiner Junge furchtbar reingelegt. Es wurde nämlich nur mittags vor Tisch gebetet, und als ich sie fragte, „warum nur mittags?", wurde sie ganz verwirrt und gab mir zur Antwort, „weil es abends weniger gibt". Mir hat das damals allerdings eingeleuchtet, und ich habe mich nur später sehr über diese Antwort amüsiert. Das Haus führte Schönchen, die unermüdlich den ganzen Tag damit beschäftigt war, es allen Leuten angenehm zu machen. Sonst gab es dort noch Taetz, den Kutscher, und Ernestine, die Köchin.

1911 war ich schon viel auf dem Berghaus arbeiten gewesen, aber 1912 zog ich ganz hin, als Mami und Papi wegfuhren, und das war für mich eine herrliche Zeit. Alle verwöhnten mich sehr, und Schönchen arbeitete mit mir, wann immer sie Zeit hatte. So erinnere ich mich vor allem an die Vorbereitung für Weihnachten 1912. Mami und Papi, die in Washington blieben, bekamen einen ganz fertig geschmückten kleinen Weihnachtsbaum geschickt, der, wohl verpackt, auch richtig ankam. Außerdem hatte ich für beide ganz schön Laubsägearbeiten gemacht. Die Hauptfreude war aber die Vorbereitung der verschiedenen Weihnachtsfeiern. Damals gab es immer fünf Feiern: eine auf dem Berghaus für die Armen der Gemeinde, eine in der Spielschule für die Spielschulkinder, eine im Schloß für die Hofeleute und dann zwei Familienfeiern am Heiligabend, eine im Schloß und eine im Berghaus. Weihnachten 1912 haben nur Schönchen und ich bei allen drei Vorfeiern mitgeholfen, und vor allem die Berghausfeier allein gemacht. Wir haben den ganzen Weihnachtsbaumschmuck für den Baum in der Spielschule und den Baum im Berghaus selbst gemacht: Die Spielschule bekam weiße Lilien aus Glanzpapier mit Silberfaden darin, und das Berghaus bekam Rosen aus rosa Seidenpapier. Es waren wunderschöne Bäume, über und über geschmückt mit unserem Zierat. Und dann bemalten wir große braune Tüten. Wir pausten Zeichnungen von Busch, Bilder vom Weihnachtsmann und vom Christkind durch und bemalten diese Bilder dann mit Tuschfarben. Ich glaube übrigens, daß wir nicht durchpausten, sondern nachmalten, weil die Bilder ja groß sein mußten. Und so hatten wir diese Weihnachten für alle drei Bescherungen lauter bunte Tüten, die, mit Äpfeln, Nüssen und Pfefferkuchen gefüllt, die Tische schon sehr schön machten. Ich mußte zu Weihnachten auch aufsagen an allen drei Festen.

Bald nach Weihnachten fuhren wir drei Kinder, denn inzwischen waren Jowo und Willo auch erschienen, nach Southampton, um uns dort mit den Eltern zu treffen und mit ihnen weiter nach Kapstadt zu den Großeltern zu fahren. Willo reiste in einem Wäschekorb, wir beiden anderen reisten meist in einer Hängematte.

An die Reise nach Kapstadt erinnere ich mich nur ganz vage. Ich weiß noch, daß wir große Kinderspiele machten, mit Eierlauf und Kartoffellesen. Zwei Preise habe ich gewonnen und war darauf recht stolz. Dann gab es eine Äquatortaufe, die ich in schrecklicher Erinnerung habe, denn ich mußte durch einen Schlauch kriechen, während von der vorderen Seite, also in mein Gesicht, ein dicker Strahl kalten Wassers gepustet wurde. An Kapstadt erinnere ich mich nur wie an ein angenehmes Märchen. Nur, als ich später hinkam, fiel mir manches wieder ein: der Strand, das Haus der Großeltern, das warme Licht und eine besondere Sorte roter Fisch. Außerdem erinnere ich mich, daß ich einmal auf einem Felsblock liegend von der Flut überrascht wurde, plötzlich nur Wasser um mich sah und einen fürchterlichen Schreck bekam. Dann weiß ich noch, wie Papi auf einem Fels stehend fischte, immer wieder seine Angel weit hinaus ins Meer schleuderte. Die kleinen Fische bekam ich dann, um sie wieder ins Meer zu werfen, die großen tat ein Fischer in einen Korb; etwas links von unserem Felsen war ein Leuchtturm. Dann erinnere ich mich an das Auto der Großeltern, ein Wagen, der noch die Figur eines Pferdewagens hatte und in dem Granny und Mami immer sehr stattlich in wehenden Schleiern fuhren. Sonst habe ich von da wenig behalten.

Als ich fünf war, bekam ich ein Pony geschenkt und einen kleinen Wagen. Das Pony war sehr wild und jung, kastanienbraun mit dunkler, fast schwarzer Mähne und ebenfalls dunklem Schweif. Der Wagen war zweiräderig. Man stieg hinten ein, der Kutscher saß gleich rechts und die Mitfahrer saßen rund herum. Es war ein sehr schöner Wagen, in dem ich kutschieren gelernt habe, und ein sehr gutes Pony, auf dem ich reiten lernte. Seit ich fünf Jahre alt war habe ich dann bis tief in den Krieg hinein, also wohl sicher bis 1915, jeden Werktag, an dem ich in Kreisau war, mindestens eine Stunde reiten müssen; allerdings tat ich es meist gerne. Und dazu kamen dann die großen Ausritte. An schönen Tagen, besonders wenn Gäste da waren, gab es große Ausritte, manchmal zu sechs oder mehr Reitern. Ich ritt dann mit meinem Pony vorweg, und der hatte es gar nicht gerne, sich überholen zu lassen, und auf den Galoppstrecken, auf denen die ganze Kavalkade einen angemessenen richtigen Galopp ritt, sprengten wir beide immer im gestreckten Galopp vorne weg. Eine dieser ständigen Galoppstrecken war die Tonschachtwiese entlang mit einem kleinen Sprung über den Graben, der sie an der Stelle kreuzt, wo die Wiese eine Kurve macht, und wenn wir uns dieser Strecke näherten, dann war mein Pony immer schon gar nicht mehr zu halten. Abgesehen von diesen Ausritten in Kreisau gab es auch Tagestouren zu Pferde, so auf den Zobten oder über den Ludwigsdorfer Forst nach der Talsperre, durch den Goldenen Wald. Manchmal allein mit Herrmann, manchmal als Begleitung einer Wagenpartie. Es wurde nämlich sehr viel Wagen gefahren: zweispännig, zweispännig Tandem und vierspännig, und da Papi sehr gut kutschierte, auch vierspännig immer die halsbrecherischsten Wege. Papi hat uns auch einmal vierspännig beim Fahren auf den Kapellenberg umgeworfen, unten in der ersten Linkskurve. Mein schönster Tagesausritt war der zum großen Kaisermanöver. Mami konnte nicht mit, denn sie nährte Carl Bernd noch (1913 geboren), Muttel, Papis Mutter, fuhr mit den älteren Gästen in zwei Wagen, einem offenen grünen Landauer und einem Jagdwagen. Wir anderen ritten um fünf Uhr los, kreuz und quer über das Manöverfeld und kamen dann schließlich an den Feldherrnhügel nördlich von

Ludwigsdorf zwischen den beiden Chausseen Ludwigsdorf–Essdorf und Ludwigsdorf–Weistritz. Über dem Hügel stand ein Fesselballon. Ich fand das alles rasend aufregend und war entsprechend todmüde, als wir am Nachmittag nach Hause kamen.
Inzwischen hatte ich angefangen, Schule zu haben. Ich glaube, zuerst hatte ich Privatunterricht bei unserem Dorfschullehrer, Herrn Hoffmann, der einen großen Kaiserbart hatte (wie Wilhelm II.). Bald aber kam Fräulein Krome aus Berlin, die sehr nett war. Leider lernte ich da nicht, was ich sollte, nämlich gründlich schreiben, lesen und rechnen, sondern Gedichte. Ich habe rasend viel dadurch auswendig gelernt, den halben Echtermeyer: die Glocke, den Taucher usw. Mit Fräulein Krome war ich Anfang 1915 einmal sechs Wochen in Berlin, um bei Herrn Schramm, dem Zahnarzt der ganzen Familie, meine Zähne repariert zu bekommen. Diese Zahngeschichte habe ich noch als schrecklich in Erinnerung, aber der Aufenthalt bei Fräulein Kromes Eltern gefiel mir sehr gut. Ich war übrigens damals nicht etwa das erste Mal in Berlin, denn meine Eltern zogen früher im Winter immer nach Berlin. Papi war Mitglied des Herrenhauses und mußte dort zu den Sitzungen, und so hatten wir eine Wohnung in Berlin. Zuerst in dem Hause in der Königin-Augusta-Straße, an dessen Stelle, ich glaube 1910, angefangen wurde, das Kriegsministerium zu bauen und das 1939 das Oberkommando der Kriegsmarine beherbergte. Als wir da raus mußten, mieteten Papi und Mami ein Haus im Grunewald, ich glaube nicht weit von dem Bahnhof Halensee. Jedenfalls erinnere ich mich noch, wie ich immer auf der Brücke stehen blieb, um die Züge unter mir durchfahren zu sehen. In dieser Wohnung bin ich das erste und, glaube ich, einzige Mal von Papi mit der Reitpeitsche verhauen worden, weil ich, so meinte er, gelogen hätte. Ich glaube aber, daß er sich damals geirrt hat und daß ich die Prügel unschuldig bekam. An diese Wohnung habe ich noch eine sehr unangenehme Erinnerung: Papi war sehr streng über Tischmanieren. Und da ich mich nicht besserte, wurde mir ein Spiegel vor den Platz gestellt, damit ich sähe, wie gräßlich ich aß. Wütend nahm ich den Spiegel und warf ihn gegen die Wand, mit Folgen, die für mich unangenehm waren, an die ich mich aber nicht mehr genau erinnere. Wenn wir lange genug in Berlin blieben, kam auch Hermann mit Pferd und Wagen nach, und ich erinnere mich noch an meinen Stolz, als mich Herrmann einmal unsere schönsten Rappen mit ihrem schönsten Geschirr und dem besten Wagen den Kurfürstendamm entlang fahren ließ.

Dann kam der Krieg. Ich erinnere mich noch, wie Papi abfuhr. Alles stand unten an der Treppe, auch die ganzen Mädchen und Mamsell waren erschienen. Er stieg in das Auto, das wir damals hatten, einen offenen grauen Wagen, ich glaube ein Mercedes. Mami umarmte ihn, dann fuhr er ab, und damit fing der Krieg an. Der Krieg, dessen zweite Hälfte ich im Gymnasium in Schweidnitz erlebte, war für mich nur teilweise eine begeisternde, zum Opfermut anfeuernde Angelegenheit, denn ich hatte im ganzen genommen das Gefühl, wir würden den Krieg verlieren. Dazu war es so gekommen. Ziemlich bald nach Kriegsbeginn waren wir zu einer Herrenhaussitzung in Berlin und gingen zu Onkel Helmuth [Großonkel Moltke], der damals Chef des Großen Generalstabes war, und Tante Liza zum Essen in den Generalstab ... Onkel Helmuth verspätete sich etwas, und als er reinkam, lief ich ihm entgegen und sagte: „Nun, Onkel Helmuth, wann gewinnen wir den Krieg?“ Was er mir geantwortet hat, weiß ich nicht, aber ich erinnere mich an das Gefühl der Betroffenheit, das mich überfiel: Ich fühlte plötzlich, daß man ja Kriege auch verlieren kann, und daß wir diesen verlieren würden. Das Gefühl hat mich dann bei aller Begeisterung über Siege und bei aller Lektüre der Bücher über Heldentaten nie verlassen.

Zweimal wöchentlich kamen die ganzen Frauen des Hofes ins Schloß, und dann wurde in dem Saal gesungen, vaterländische und geistliche Lieder. Alle tauschten Nachrichten über ihre Männer aus, außerdem wurde gestrickt, und wir halfen dabei, indem wir Wolle wickelten und ähnliches taten. Einige Zeit vor Weihnachten 1914 kam Papi mit der Meinung wieder, die Russen würden in Schlesien einfallen und man würde Schlesien nicht mit allen Mitteln verteidigen. Er packte die ganzen Trothas [Vettern], die bei Kriegsausbruch gerade da waren, und Jowo, Willo, Carl Bernd und Mami in ein Auto, und ab fuhren sie nach Ziethen. Ich blieb mit Fräulein Krome allein zurück, riesig stolz über diese Ehre. Es kam alles anders, und Mami fuhr kurz vor Weihnachten im Auto zu Papi nach Tschenstochau, kam dann zurück, lud mich auf und wir fuhren zusammen nach Schleinitz, wo wir alle Weihnachten feierten, nachdem zuvor die Bescherungen in Kreisau gewesen waren.
Die vier Trotha-Jungen wurden während des ganzen Krieges mit uns zusammen erzogen. Meist waren wir alle in Kreisau ...
Ostern 1916 kam ich nach Schweidnitz in die Sexta mit Carl Dietrich Trotha zusammen, und da ergab sich sehr bald, daß Carl Dietrich bei Le Lehmann genug gelernt hatte, ich aber bei Fräulein Krome nicht annähernd genug. Fräulein Krome war inzwischen weggegangen, ich glaube, weil sie heiraten wollte. Und da kam Tilla Gaffron und machte Tag für Tag mit mir Schularbeiten. Ich wohnte damals in dem kleinen Zimmer links neben der Treppe von der Halle in den Saal, und ich erinnere mich noch an die tägliche Qual, wenn ich mit Tilla gleich nach der Vesper, die es in der Halle gab, in dieses Zimmer gehen mußte. Ich hatte nämlich nicht gelernt, zu arbeiten und mich zu konzentrieren. Daß ich damals nicht sitzen geblieben bin, verdanke ich nur Tilla. Mit Mühe kam ich in die Quinta. Tilla blieb 1917 auch noch, und als ich in die Quarta kam, da war ich soweit, daß ich ruhig mitlaufen konnte, und Tilla zog wieder nach Hause an ihren Starnberger See.
Jowo und Willo hatten inzwischen Unterricht bei Fräulein Dietze, die neu gekommen war, die ich aber überhaupt nicht ausstehen konnte, während Jowo sie liebte. Jowo und ich hatten aus diesem und aus anderen Gründen immer Streit und hieben uns wacker, während Willo bösartig und hinterhältig war und immer nur kniff, wenn es niemand merkte und erwartete, oder wenn man sich aus irgendwelchen Gründen nicht wehren konnte. Willo hatte auch für Fräulein Dietze nichts übrig, und jedesmal, wenn sie zum Schrank ging, um ihren Rohrstock herauszu-

holen, den sie als Erziehungsmittel sehr schätzte, fing er an, gellend zu schreien, so daß man es im ganzen Hause hörte, da das Schulzimmer für diese beiden das kleine Zimmer neben dem Saal war, während wir in dem daneben liegenden großen Zimmer alle drei schliefen, übrigens glaube ich, daß auch Asta (1915 geboren) dort schlief. In dem Zimmer habe ich auch geschlafen, als ich klein war, und in diesem Zimmer habe ich von Mami beten gelernt. Das weiß ich noch ganz genau, wie sie abends kam, mich zudeckte und dann als letztes am Tage mit mir betete.

Als Carl Dietrich in die Schule nach Schweidnitz mußte, nahm Tante Ete [verwitwete Trotha, geb. Moltke] ein Haus in der Kletschkauerstraße und zog dorthin. Aber die vier Jungen waren viel bei uns und immer die ganzen Ferien. Ich aber fuhr täglich mit Pferd und Wagen in die Stadt. Da das Pony nicht schnell genug war, fuhr ich meist mit einem sehr schnellen jungen Apfelschimmel, der Araberblut hatte, in einem kleinen zweiräderigen Wagen, genannt Spinne. Das ging sehr schnell, der Hinweg dauerte meist weniger als zwanzig Minuten, der Rückweg etwas länger. Das Unangenehme war aber, daß ich ab Mitte 1916 selbst anspannen und ausspannen mußte, und das verlängerte die Fahrzeit erheblich. So bin ich jahrein, jahraus erst allein, dann mit Jowo und schließlich mit Jowo und Willo diesen Weg gefahren bis zum Ende der Obertertia, also bis Ostern 21. Manchmal war das sehr anstrengend, besonders in dem kalten Winter 16/17, wo ich einmal wegen Wind und Verwehung drei Stunden von Schweidnitz bis nach Hause gebraucht habe, weil ich uns immer wieder habe herausschaufeln müssen, d. h. den Schimmel und den Wagen, denn damals fuhr ich ja noch allein. So kam ich manchmal vollkommen erledigt und erfroren zu Hause an.

Inzwischen war vieles schlechter geworden. Es gab wesentlich weniger zu essen, besonders wenig Butter. Wir bekamen 1918 schließlich nur ein Kügelchen Butter in der ganzen Woche, und das aßen wir am Sonntag. Das Brot war schlecht. Es gab Sägemehl darin und Zeitungspapier. Ich erinnere mich, einmal einen ganzen noch lesbaren Fetzen Zeitungspapier aus meinem Brot geholt zu haben. Es gab 1916 sehr wenig Licht. Im Winter gingen wir von fünf Uhr an spazieren, um Licht zu sparen, und nach dem Abendbrot gab es auch nur eine Lampe für alle. Es gab keinen Zucker, sondern zu allem nur gräßlichen Süßstoff. Daraufhin stahlen wir Zucker wie rasend. Ich erinnere mich dabei an eine wenig schöne Geschichte von mir. Ich hatte in der Anrichte Stückzucker geklaut und hatte die Taschen damit voll, als ich ins Eßzimmer kam und dort Jowo entdeckte, der gerade aus der Streuzuckerdose auftauchte und Gesicht und Finger voll Streuzucker hatte. Ich rief ihn sofort laut an und verpetzte ihn. 1917 und 1918 wurde alles gesammelt: altes Eisen, es wurden Karten unnd Fähnchen zu Geldsammlungen verkauft, wir mußten Kriegsanleihe absetzen; wir haben im Schweidnitzer Stadtwald Blätter gesammelt, ich glaube, es sollten Buchenblätter sein.

Ein sehr schönes Ereignis im Krieg war auch die Anlage des elektrischen Lichts. Papi hatte für den ganzen Hof eine elektrische Anlage gekauft, die mit dem Mühlwasser in der Mühle getrieben wurde, die Papi für diesen Zweck von Herrn Schmolke erworben hatte. Kurz nachdem das fertig war, kam Papi einmal auf

Urlaub, und nun sollte ihm zu Ehren das ganze Haus strahlen. Wir wurden nun angestellt, an alle Fenster Licht zu bringen, nach vorne und auch nach hinten, damit ihm das Haus entgegenscheinen sollte, wenn er die Kirschallee entlang käme. Das war wohl im Winter 1916/17. So groß war die Freude an diesem elektrischen Licht, daß wir auch elektrische Kerzen für den Weihnachtsbaum hatten, da es ja nur wenig Kerzen gab. Das war aber eigentlich nicht schön, nur war es amüsant, sie anzumachen, was meine Aufgabe war. Denn wenn es irgendwo in der Leitung, an der immer zugleich achtzehn Kerzen hingen, nicht klappte, dann ging die ganze Beleuchtung nicht.
Die Kriegsweihnachten habe ich eigentlich in sehr guter Erinnerung. Wir waren immer mindestens neun Kinder. Dann kamen häufig noch Kinder von Verwandten. Der Weihnachtsbaum stand oben im Saal. Wenn man die Mitteltreppe herauf kommt ganz rechts an den Fenstern. Es war immer ein sehr schöner prächtiger Baum. In der Mitte des Saales waren immer die hauptsächlichen Erwachsenen und rechts und links zwei Tischreihen für Trothas und uns. Das war immer schön. Gesungen wurde auf der Treppe, dann kam unten im Kellergeschoß die Einbescherung der Dienstboten. Damals gab es unten keine kleinen Zimmer auf der Seite zum Hof, vielmehr war da eine große Halle, die das Leutezimmer war. Und dann wurde geklingelt, und wir konnten hinauf. Das Aufregendste war, daß wir in dem Glas der Tür zum Balkon immer schon etwas sich abspiegeln sahen.

Außer uns neun Schloßkindern gab es natürlich noch viele andere Kinder, mit denen wir spielten. Von denen waren besonders beliebt die beiden Eulig-Söhne. Eulig war damals unser Gärtner. Außerdem war mein bester Freund Max, der älteste Sohn von Herrmann, dem Kutscher. Wir zogen als riesige Schar durch die ganze Gegend, und besonders während der Ferien betrachteten wir ganz Kreisau als einen riesigen Spielplatz: der Langebusch, der Steinbruch, der Tonschacht, die Sandgrube, das alles waren besonders beliebte Spielmittelpunkte. Von diesen Spielen erinnere ich mich nur noch an die Unfälle: In der Sandgrube bin ich zweimal verschüttet und nur gerade noch herausgeholt worden, und im Tonschacht bin ich einmal im Indianerkostüm mit Federbusch auf dem Haupt um ein Haar erstickt, weil ich langsam aber stetig an einer weichen Stelle einsank und kein Mensch in der Nähe war oder kam. Ich hatte mich nämlich durch den Tonschacht anschleichen wollen. Schließlich, als ich so tief drinsteckte, daß ich die Arme flach auf den Ton auflegen konnte, kam Lydia, die ausgeschickt war, mich zu suchen, nahm eine Planke, legte sich darauf und holte mich so wieder heraus.
Wir hatten auch unser eigenes Gärtchen, rechts hinter dem Glashaus an der Mauer zur Stillergasse. Dort hatten wir eine Laube, und in einer Umzäunung waren zuerst drei und später vier Gärtchen abgeteilt, die wir auch ganz schön pflegten. Unsere Gartenprodukte verkauften wir Mami. Als ich sieben war, bekam ich von Mami ein kleines Taschengeld, nämlich 25 Pfg. wöchentlich, die ich meist in einem der schönen 25-Pfg.-Stücke bekam. Ich mußte aber über meine Einnahmen und Ausgaben genau Buch führen, und dieses Buch mußte ich Mami alle Woche

vorlegen. Wie oft habe ich auf dem Sofa ihrem Schreibtisch gegenüber gesessen, während sie rechnete, zitternd, ob ich mich wohl verrechnet hätte. Später wurde dieses Taschengeld auf eine Mark erhöht, aber ich mußte davon auch meine Schulmaterialien kaufen.
In den Ferien habe ich oft mit eingefahren oder beim Heu geholfen und wurde dann dafür bezahlt wie die anderen Schuljungen auch. Das fand ich immer besonders schön und ging riesig stolz am Sonnabend zum Inspektor, um mir meinen Lohn zu holen. Wir waren auch Häderich-Ausraufen, Distel-Stechen, Steine-Lesen. Ich kann mich aber nicht erinnern, je Rüben gehackt oder geeinzelt zu haben. In dieser Zeit habe ich auch viel in der Tischlerei geholfen, wo wir einen Russen, Iwan, hatten, der mit den anderen russischen Kriegsgefangenen zusammen im Gutshaus Nieder-Gräditz wohnte, aber allein in der Stellmacherei arbeitete. Iwan liebte ich sehr, bekam von ihm auch mehrfach russische Heiligenbilder geschenkt.

Als der Krieg zu Ende ging, war ich elf Jahre. Ich erinnere mich nur noch an die allgemeine Depression über den Ausgang, verbunden mit der Erleichterung, daß es nun vorbei sei. Es gab eine Revolte der russischen Kriegsgefangenen im Büro gegen Papi, wobei einer auf ihn schoß, aber der [landwirtschaftliche] Assistent, Herr Herford, fiel ihm in den Arm, und so ging der Schuß in den Boden. Das Büro war zu jener Zeit unten im Schloß eingerichtet, wo in dem Kellergeschoß vom Eingang rechts drei kleine Stuben eingebaut worden waren: In einer, der großen, war das Büro, in einer wohnte Herr Herford, und in einer wohnte die Mamsell. Die Kanonen vor dem Schloß verschwanden und wurden heimlich vermauert, Herr Jungnitsch pachtete Wierischau, und Papi begann Kreisau selbst zu bewirtschaften. Muttel, Papis Mutter, zog in das „Torhaus", das jetzt Verwalterhaus und Büro ist. Wie diese Ereignisse zeitlich aufeinander folgten, weiß ich nicht mehr.

Im Winter 1918/19 bekamen wir von Aletta Jacobs, einer der Leiterinnen des holländischen Roten Kreuzes, die Nachricht, daß Mamis Eltern, Granny und Daddy, [von Südafrika] nach Holland kommen wollten, und daß wir auch die Einreisegenehmigung bekommen würden, um sie dort zu treffen. Soweit ich weiß, sind wir kurz vor Ostern 1919 gefahren, jedenfalls wußte ich schon, daß ich nach der Untertertia versetzt werden würde und bekam drei Monate Schulurlaub. Die Vorbereitungen auf die Reise waren herrlich. Ich habe besonders in der Klasse lauter Wünsche gesammelt, was ich alles mitbringen sollte: Schmetterlinge, Muscheln, Briefmarken, Geldmünzen. Dann ging es also los: Mami, Frl. Dietze, Gertrud Hartmann (Kindermädchen) und wir fünf Kinder, zusammen also acht Personen. Wir fuhren im Wagen nach Breslau und stiegen da in den Zug nach Berlin. Das war schon dramatisch, denn die Züge fuhren damals selten und waren überfüllt. Ich erspähte ein offenes Fenster und sprang hinein, machte rasch das Fenster hoch, so daß zunächst niemand nachkommen konnte, und setzte mich dann auf die Bank und stemmte die Füße fest gegen den Türgriff, bis ein zweiter

von uns kam. Mami oder Gertrud. Die ließ ich dann rein, stemmte mich wieder gegen die Tür, und in der Zwischenzeit wurde dann alles durchs Fenster eingeladen. So mußte ich es auf der Reise jedesmal machen. In Berlin machten wir eine kleine Pause und fuhren zu Tante Lenos [verw. Hülsen, geb. Moltke] Wohnung, die in der Nähe des Savignyplatzes war. Beim Umsteigen aber war ich nicht mitgekommen, denn die Stadtbahn, die damals mit hohen Personenwagen fuhr, wartete nicht, bis unsere Kavalkade eingestiegen war. Mami drehte aber in der nächsten Station um und fand mich glücklich am Bahnhof Zoo noch stehen.
An der Grenze nach Holland mußte in Bentheim alles aussteigen, und nun begann eine fürchterliche Untersuchung. Alles wurde durchwühlt. Wir alle mußten in eine Kabine zur Leibesvisitation, und das alles dauerte schrecklich lange. Einer dicken älteren Rote-Kreuz-Dame passierte dabei etwas Schreckliches. Sie hatte im Zug ein gewisses Örtchen aufsuchen müssen, und da das nicht sehr sauber war, hatte sie den Rand mit Zeitungen ausgeschlagen und sich darauf gesetzt. Die Zeitungen waren aber damals mit schlechter Druckerschwärze gedruckt, und so hatte sie den Inhalt der Zeitung in Spiegelschrift auf den Leib gedruckt bekommen. Als sie nun in Bentheim zur Leibesvisitation mußte, wurde das entdeckt und die Unglückliche wurde unter dem Verdacht, eine Spionin zu sein, festgehalten, bis die Sache sich aufklärte.
Dann ging es bis Oldenzaal. Dort war die genauso gründliche holländische Grenzkontrolle. Aber Oldenzaal habe ich doch in herrlicher Erinnerung, denn Mami kaufte uns da Mohrenköpfe und Apfelsinen. Beides hatten wir noch nie mit Bewußtsein gesehen, oder ich erinnerte mich nicht mehr, und wir nahmen, während Mami bezahlte, beides, Mohrenköpfe und Apfelsinen, und rollten sie durch den Wartesaal, weil wir doch dachten, es seien Bälle. Wir lernten aber das Essen dieser Sachen sehr schnell und waren damit so beschäftigt, daß ich nicht rechtzeitig auf dem Bahnsteig war, als der Zug einlief. So bekamen wir zum einzigen Mal kein Abteil für uns, vielmehr mußten wir sehen, wie wir Platz bekamen. Mami bekam mit Asta einen Platz, den ihr ein sehr netter Mann aus Jena einräumte, der sich auf dieser Fahrt so mit uns anfreundete, daß er später in Kreisau Assistent wurde. Jowo und ich, wir zogen uns ins Klo zurück, wo wir uns einschlossen und trotz aller Proteste der draußen Stehenden nicht aufmachten. Abends kamen wir in Den Haag an, wo uns Frau Dr. Jacobs erwartete und uns in das Parkhotel in Scheveningen brachte, wo wir wohnen sollten. Zum ersten Essen kam der Besitzer und sagte Mami, er würde vorschlagen, daß wir alle immer nur halbe Portionen bekämen, bis wir uns an das gute Essen gewöhnt hätten, denn alle Deutschen bekamen sonst Magenzustände.
Das Traurige war, daß Granny und Daddy noch nicht da waren und daß es noch mehrere Tage dauerte, bis sie kamen, während deren wir sehr besorgt warteten, weil es ja überall noch schwimmende Minen gab. Schließlich aber hieß es, das Schiff sei in Hoek van Holland angekommen, und wir fuhren im Auto hin, sie zu holen, d. h. ich glaube, daß Mami allein fuhr. Diese Zeit mit den Großeltern war himmlisch. Wir machten Touren, wir gingen an den Strand. Später konnten wir auch baden; wir fuhren mit der kleinen holländischen Bahn durchs

Land. Als wir kamen, war gerade Schlagsahne verboten worden, aber Anfang Mai wurde sie erlaubt, und wir feierten Willos Geburtstag in Leiden mit einem herrlichen Schokolade-Schlagsahne-Ausflug. Wir spielten auch viel im Park und gingen auch eine Menge allein umher oder mit Gertrud, besonders natürlich an den Strand, wo es immer etwas zu sehen gab, auch einmal eine angespülte Treibmine, die größer war als ich.

Ende Mai oder Mitte Mai mußten die Großeltern wieder weg, und wir hätten auch zurückfahren sollen. Aber Papi schrieb, es sei alles so unruhig und ungeklärt, und so blieben wir länger und blieben schließlich, bis der Friedensvertrag von Deutschland ratifiziert worden war. Als die Friedensbedingungen bekannt wurden, waren übrigens Granny und Daddy noch da, denn ich erinnere mich wohl an Daddys Entsetzen über diese Bedingungen. Als sich herausstellte, daß wir länger bleiben sollten, da wurde ich in eine Art deutsche Privatschule getan, in der einige deutsche Kinder und einige Diplomatenkinder unterrichtet wurden. Ich weiß nur noch, daß es da sehr roh zuging, daß wir einen riesig rohen Lehrer hatten, die älteren Jungen alle sehr gut waren und daß der Hauptaugenmerk auf Boxen und Ringen gelegt war. Gelernt habe ich dort gar nichts. Das einzig Angenehme an der Schule waren ein paar nette Jungen und die himmlischen Butterbrote, die ich immer mitbekam, nämlich ein Weißbrot mit Rosinen und ein Weißbrot mit Feigen.

Für die Heimfahrt wurden wir mit herrlichen Sachen ausgerüstet, für die Mami auch eine Mitnahmegenehmigung bekam und die wir in einem gesonderten großen Korbkoffer transportierten. Zwei riesige holländische Käse, Butter, viele Tafeln Schokolade, Tee, Kaffee, Kondensmilch usw., alles unerhörte Kostbarkeiten. Außerdem hatten wir noch Berge von Gepäck, denn wir waren auch von den Großeltern mit allem reichlich ausgestattet worden, hatten lauter neue Anzüge und Wäsche bekommen und auch einen Reisekorb mit Teekocher und Eßgeschirr. So zogen wir los. Nun passierte etwas, was mich diebisch freute: Mami hatte extra angeordnet, daß nichts geschmuggelt werden durfte, aber Fräulein Dietze hatte doch einen weißseidenen Blusenstoff mitgenommen und ihn unter die Schulbücher gesteckt. Als nun die Grenze kam und alle unsere Sachen durchkamen ohne viel Aufhebens, weil Mami ja die Grenzempfehlung hatte, wurde Fräulein Dietzes Koffer aufgemacht und der erste Griff war unter die Schulbücher. Ich sehe noch Fräulein Dietzes Gesicht als sie sagte: „Ach, das ist nur ein alter Lappen!“ und der Zollbeamte darauf erwiderte: „Na, dann können wir ihn ja auch hier behalten.“

Die Rückreise habe ich in gräßlicher Erinnerung. Wir mußten schon bis Berlin mehrfach umsteigen; an einer Station, ich glaube in Westfalen, mußten wir stundenlang im Freien stehen; ein Teil unserer Schokolade wurde uns geklaut. Das einzige, was wir immer hatten, war ein Abteil für uns. Wir waren, glaube ich, sehr lange unterwegs, kochten in der Zwischenzeit immer wieder Tee, wobei mir einmal, als der Zug plötzlich hielt, das kochende Wasser über die Hände lief. Wir konnten uns aber nicht waschen. Irgendwo hinter Hannover standen wir wieder einmal stundenlang, um einen Zug vorbeizulassen, angeblich den Zug mit den Mitgliedern der deutschen Delegation, die den Friedensvertrag unterzeichnet hatten. In Berlin herrschten auch ganz wilde Zustände, und nach Schlesien gab es, soweit ich mich erinnere, nur Personenzüge. Nun, wie immer es gewesen sein mag, schließlich landeten wir glücklich zu Hause.

Nun hatte ich wohl fast sechs Monate Schule verpaßt, und es wurde mir sehr schwer, den Anschluß wieder zu finden, zumal mir nach dem freien Leben in Holland die Enge der Schule gar nicht paßte. Die Zensuren waren und blieben schlecht, aber irgendwie gelang es mir, den ganzen Ernst der Lage vor meinen Eltern zu verbergen, während ich selbst davon überzeugt war, ich müßte sitzenbleiben. Am Tage der Zensurenausgabe, die immer für die ganze Schule am letzten Tag vor den Osterferien in der Aula stattfand und bei der alle Versetzungen verlesen wurden, hatte ich solche Angst, daß ich behauptete, krank zu sein, und im Bett blieb. Ich stand aber zum Essen auf, und nun kam und kam Jowo nicht von der Schule zurück. Bei jedem Wagen, den ich hörte, hoffte ich, daß nun das Ende meiner Qual erreicht sei. Papi und Mami hatten inzwischen natürlich gemerkt, was mit mir los war. Wie groß war meine Erleichterung, als Jowo kam und sagte, wir seien beide versetzt, und wie verhältnismäßig gleichgültig war es mir, daß er erzählte, beim Verlesen der Versetzungen nach Obertertia sei schon Schluß gewesen, ohne daß mein Name genannt worden sei, dann aber habe der Direktor gesagt „und wegen seiner langen Abwesenheit probeweise Helmuth von Moltke". Das war meine größte, aber auch meine letzte Schulklippe gewesen. Bis dahin war ich immer eher ein schlechter Schüler gewesen ... Von Obertertia an wurde ich zwar kein guter Schüler, blieb aber immer in der besseren Hälfte meiner Klasse, und das genügte schließlich.

Nun kamen zwei schöne Jahre, 1920 und 1921, Tertia und Untersekunda. Ich lernte leicht, das Fahren strengte mich nicht mehr so an, ich hatte viel freie Zeit, ich lernte schießen und bekam eine sehr schöne Jagdflinte, ich hatte Konfirmandenunterricht beim Pastor und war damit riesig beschäftigt und hatte stets große Disputationen mit ihm. Es kam dann meine Konfirmation, die ein großes Fest war, ich ritt viel auf dem gleichen Schimmel, mit dem ich auch in die Stadt fuhr, es war ein gutes Pferd und sehr temperamentvoll; wir waren eine große Schar Kinder, und ich war so der Anführer. Dann fuhr ich oft mit Papi über die Felder, und in den zwei Jahren habe ich überhaupt und ganz besonders und vor allem meine Heimat lieben gelernt, so sehr, daß ich nur sehr ungern auch für Stunden wegfuhr. Dabei gab es auf diesem Gebiet damals sehr viel: Wir fuhren nach Wernersdorf zu Onkel Ludwig [Großonkel Moltke], davon einmal immer zur Kirsch- und Erdbeerzeit; ich habe auch einmal einen Geburtstag von Schönchen und mir bei Onkel Ludwig gefeiert, hatte dort auch sehr gute Freunde, vor allem den Sohn des Dieners Franz, der aber später starb. Wir fuhren nach Konradswaldau und Saarau und nach Gorkau, nach Hennersdorf, wo damals Lieres wohnten, nach Kuchendorf zu Zedlitzens. Überall gab es nette Freunde und Spielkameraden. Ich lernte damals auch Bridge spielen und mußte manchmal mit Muttel im Torhaus Bridge spielen, die immer vom späten Nachmittag ab einen

Bridge verlangte. So wurde ich auch in die Kreise der Erwachsenen hereingezogen. In der Zeit kam auch eine langwierige Einquartierung, die für mich nur schön war, nämlich der Stab des Generals Graf von der Goltz, der aus Finnland und vom Baltikum zurückkam. Ach nein, ich glaube, das war noch früher. Nun, wie dem auch sei; dann habe ich es doch vergessen. Das ganze Haus war voll netter Soldaten, unter denen ich den Grafen Luckner am liebsten hatte. Die saßen alle immer mit bei Tisch, und so war immer eine große Tafel zu decken. Das alles fand ich herrlich. Die Soldaten nahmen mich auch immer mit, wenn sie zu irgendwelchen Amüsements ausfuhren, so z. B. regelmäßig zu ihren Fußballwettspielen. Sie haben mich auch gelehrt, ein Maschinengewehr zu bedienen, und wir lagen manchmal hinter dem Schloß und schossen mit Platzpatronen, während die Gänse vor den Maschinengewehren umherliefen. Alles das fand ich herrlich. Dann kam die Zeit der Oberschlesischen Insurgentenkämpfe und der Oberschlesischen Abstimmung[1]. Das alles fand seinen Niederschlag bei uns. Carl Viggo [Moltke, ein Onkel] und Hans Carl [Hülsen, ein Vetter] waren Mitglieder eines Freikorps, und Hans Adolf [Moltke, ein Onkel] war deutscher Vertreter [bei der Kommission[2]]. Kämpfe fanden in unmittelbarer Nähe von Bankau, Muttels Heimat, statt, und so kam das alles in romantischer Verkleidung zu mir. Als die Transporte mit den Abstimmungsberechtigten aus dem Reich nach Oberschlesien rollten, da wurden wir nach Königszelt geschickt, um dort an die Durchreisenden Essen und Getränke auszuteilen. So hatte ich denn durchaus das Gefühl, irgendwo an dem Abstimmungserfolg beteiligt gewesen zu sein.

Im Winter spielten wir immer Theater, und vom 15. Dezember bis Mitte Januar gab es eigentlich allabendlich irgendwelche Aufführungen, wenn nicht Weihnachtsfeiern waren. Alles spielte mit, groß und klein. Ich war schauspielerisch gar nicht begabt, sondern hatte meist die Regie zu besorgen, also zu sehen, daß alles zur Stelle war, die Kleider zu beschaffen, die Bühne, die Lichteffekte, die Kulissen zu arrangieren. Mamis Wohnzimmer, das große Zimmer, wenn man die Treppe herauf kommt rechts vom Saal nach vorn, war meist ganz dem Theater gewidmet, und das kleine Zimmer dahinter, in dem normalerweise Jowo schlief, war ganz Requisitenkammer. Wir Kinder spielten immer, und die Erwachsenen spielten bei den großen Sachen mit, so bei Faust I, Tor und Tod, Hamlet. Nicht alle Aufführungen waren gleich gut, aber eine ganze Menge waren doch sehr gut. Meine Glanzleistung auf dem Gebiet der Regie war Faust I, wo sich der Vorhang nicht nach rechts und links öffnete, sondern nach hinten hochzog und dann zugleich das Himmelgewölbe bildete. Papi war Faust, Hans Carl Mephisto, Le Lehmann Gretchen. Ein weiterer Effekt bei jener Aufführung war mir in der Beleuchtung gelungen, da ich vor die gesamte Beleuchtung einen Wasserwiderstand geschaltet hatte, so daß ich die Lichter einzeln oder im ganzen langsam dunkler werden lassen konnte.

Außer dem Theater gab es noch eine Laterna magica und Gesellschaftsspiele aller Art: Lesen mit verteilten Rollen und sehr viel Charaden. Wenn wir mal im Winter allein waren, was sehr selten geschah, dann las Papi uns vor ... In diese Zeit fiel auch ein sehr trauriges Ereignis, das mich damals sehr erschreckt hat. Am Fuß des Mühlbergs stand damals unsere Feldscheune, und eines Herbsttages, als ich mittags von Schweidnitz kommend den Grunauer Berg hinabfahre, sehe ich diese Scheune in hellen Flammen stehen, und die ganze Kreisauer Ernte verbrannte. Es war das erste Mal, daß ich auf den Gedanken kam, daß wirtschaftlich vielleicht nicht alles so gesichert sei, wie es nach außen erscheine, denn ich erinnere mich Papis und Mamis bestürzter Miene. Ein anderes trauriges Ereignis aus jener Zeit war Onkel Ludwigs Tod. Er starb im Herbst und wurde in Wernersdorf eingesegnet und dann auf einem Totenwagen nach Kreisau gefahren, der von Berittenen begleitet war. Wir überholten den Wagen, als wir nach Hause fuhren, und es war mir riesig traurig. Dann kam eine wunderschöne Feier auf dem Begräbnisplatz in Kreisau. Der Sarg war umrahmt von einer Girlande dunkelroter Eichenblätter. Mit Onkel Ludwig habe ich ein gut Teil meiner Kindheit begraben, obwohl ich es damals nicht wußte.

Ihr werdet erstaunt sein, daß ich schon soviel erzählt habe, und alle möglichen Leute sind darin vorgekommen, Miss Chalmers und Lydia, Fräulein Krome und Fräulein Dietze, Gertrud und Herrmann, die Eulig-Jungen und Max und viele andere, aber Mami ist fast gar nicht vorgekommen. Das ist aber gar nicht so erstaunlich, denn Mami war eben die Hauptperson, und das muß jeder wissen, und von der redet man nicht. Ich will aber doch versuchen, Euch etwas von ihr zu erzählen, denn sonst ist alles andere so ein bißchen unzusammenhängend.
Da will ich nun ganz am Anfang beginnen. Mami ist in Südafrika geboren und war das einzige Kind von Granny und Daddy [Jessie und James Rose Innes], die ja schon vorgekommen sind. Als sie achtzehn war, im Jahre 1902, fuhr Granny längere Zeit mit ihr nach Europa, damit sie eine höhere Ausbildung bekäme, als es in Südafrika, das damals ja noch ein ganz kleines Land war, möglich war. Sie kamen nach London, lebten längere Zeit in Paris und in Dresden, und dort entdeckte Granny eine Anzeige, wonach ein schlesischer Landhaushalt Paying Guests nehmen würde, falls diese Bridge spielten. Granny dachte sich das ganz nett, und so kamen sie in Muttels Haus nach Kreisau, denn Muttel hatte aus irgendeinem Spleen diese Anzeige aufgegeben. Muttel war rasend abergläubisch, und einer ihrer Spiritisten hatte ihr gesagt: Es wird ein Mädchen mit einer blauen Kette um den Hals ins Haus kommen, und die wird großes Glück bringen. Und als Mami aus dem Wagen stieg, ein junges nett aussehendes Mädchen mit dunklem Haar und wunderschönen braunen Augen, da hatte sie die blaue Kette um, die jetzt im Schrank mit ihren Büchern hängt. Und was immer man von Prophezeiungen halten mag, diese jedenfalls war eingetroffen.
Die Absichten von Papi und Mami, sich zu heiraten, war weder Vattel, Papis Vater, recht, noch vor allem Granny und Daddy, denn es hieß ja, daß ihr einziges Kind durch eine damals vierwöchige Seereise von ihnen getrennt leben würde. Die Geschichte ging hin und her, und als Granny mit Mami gerade von London nach Afrika wieder abreisen wollte, starb Vattel, Papi wurde damit Majoratsherr und ganz unabhängig, fuhr sofort nach London, und schließlich wurde auch der

Widerstand von Granny und Daddy überwunden. Denn sie beide haben Mami so geliebt, besonders Daddy, daß er für sie alles zu opfern bereit war und für ihr Glück auf das Glück ihrer Gegenwart in Afrika verzichtete.

Am 18. Oktober 1881 hatten Granny und Daddy geheiratet, am 18. Oktober 1905 Mami und Papi, am 18. Oktober 1931 Freya und ich. Anfang 1906 waren Papi und Mami dann in Kreisau eingezogen. Mami sprach damals fast gar kein deutsch, aber sie hatte es trotzdem leicht, sich mit allen Menschen zu verständigen, weil sie so lieb und klug war. Sie kam aus dem Haushalt ihrer Eltern, wo sie zu dritt gelebt hatten, in einen sehr großen Landhaushalt. Ich kann mich erinnern, daß wir selbst in den viel ärmeren Zeiten der Nachkriegszeit selten weniger als vierzehn Personen zu Tisch waren und sehr oft mehr als zwanzig. Immer waren Gäste da. Kreisau war ja der Familienmittelpunkt, und alle Familienmitglieder hatten und benutzten das Recht, jederzeit zu kommen. Außerdem kamen häufig Freunde, hauptsächlich Musiker, und Leute, die mit Christian Science etwas zu tun hatten. So war Mami in einen Strudel von Menschen gestellt, die ihr alle mehr oder weniger fremd waren, deren Sprache sie nur sehr unvollkommen, deren Sitten sie gar nicht kannte, und war zugleich von all ihren Jugendfreunden getrennt, und der Mann, den sie liebte, der war nie mit ihr allein. Mami hat mir einmal erzählt, daß sie in jener ersten Zeit viel geweint hat, oft verzweifelt war, und daß Papi das gar nicht verstand. Das heißt, dies letzte hat sie nicht so laut ausgedrückt, nein absolut nicht, aber so habe ich es verstanden. Dieser Schmerz, diese Trennung von allem, womit sie aufgewachsen war, das machte sie aber mit sich ab. Für alle Menschen war sie immer lieb, immer geduldig, immer bereit, nie war ihr etwas zuviel.

Im Handumdrehen hatte sie die Herzen aller erobert. Die damals junge Generation hing an ihr, vor allem Tante Ete, all die nachfolgenden Kinder der nächsten Generation, von Hans Carl angefangen, nicht weniger. Die ältere Generation, Onkel Ludwig in Wernersdorf, die Berghäusler, Onkel Eugen und Tante Marie Kulmiz, sie alle liebten sie glühend. Muttel, Papis Mutter war eine sehr starke, ausgesprochene, lebensbejahende, lebenslustige und etwas oberflächliche Frau gewesen, die dem Kreisauer Haus den Ruf eines gastfreien, großen Landhauses, in dem es lustig und etwas genial zuging, eingetragen hatte. Das war keine leichte Erbschaft für Mami. Aber in weniger als einem Jahr hatte das Haus ihren Stempel bekommen. Es war alles geblieben, was es gewesen war, es hatte nichts verloren, aber es atmete eine weitere, tiefere und echtere Liebe und hatte jeden Schatten von Frivolität verloren. Alle, die kamen, waren dort zu Hause, nicht weil es nett und lustig war, sondern weil in dem Haus eine so tiefe menschliche Wärme herrschte, die alle umgab. In dieser Wärme, meine lieben beiden Kleinen, sind wir aufgewachsen, und wer diese Wärme mitbekommen hat, dem wird nie wieder kalt ums Herz werden.

Papi war dabei ein schwieriger Ehemann. Er war, eben weil er nicht warm aufgewachsen war, weil er als Jüngling schwer krank gewesen war, ein Egoist, dabei weich, gutmütig und voller freundlicher Gedanken. Aber er hatte eben nur dann freundliche Gedanken, wenn es ihm paßte. Außerdem war er manchmal plötzlich cholerisch, verfolgte irgendein ihm gerade wichtig erscheinendes Ziel mit aller Kraft, ohne rechts und links zu sehen und ohne auf seine Mitmenschen zu achten, auch nicht auf seine Frau. Er hat in vielem ein sehr schweres Leben gehabt, weil er eben in seiner Jugend unterdrückt, verzogen und nicht aufgeschlossen worden war und danach viel Geld hatte, ohne es verdient zu haben. Er hat trotzdem vieles geschafft, er hat an sich immer gearbeitet, aber daß er es getan hat und daß er es tun konnte, verdankte er eben seiner Frau. Alle seine Launen, all seinen Mißmut hat sie abgefangen und gemildert und so erreicht, daß die schroffen Seiten dieses schwierigen Mannes immer von ihr verdeckt waren.

Im Hof und im Dorf war Mamis segensreicher Einfluß auch bald zu spüren. 1906 wandte sie einen Teil ihres eigenen Geldes dazu an, an die Kinderspielschule, die der Feldmarschall gegründet hatte, eine Krippe anzubauen und anzugliedern. Und 1907 kam die Diakonisse aus Frankenstein, die ihr auch noch kennengelernt habt, Schwester Ida Hübner, die in der sozialen Arbeit in Hof und Dorf durch 28 Jahre mit Mami zusammengearbeitet hat. Zusammen haben sie die Frauenarbeit, die Arbeit an den Kindern, die Arbeit der Fürsorge während des Krieges besprochen und die Rollen unter sich verteilt.

Als der Krieg kam und Mamis Eltern und ihre Jugendfreunde auf der feindlichen Seite waren, hat Mami keinen Augenblick gezweifelt, daß ihre Gefühle bei ihrer neuen Heimat sein mußten, sie hat den Schmerz verdaut und hat bei aller Liebe für ihre Geburtsheimat doch als Deutsche das Schicksal getragen, das uns auferlegt worden war. So ist sie den Kreisauer Frauen, denen sie als Engländerin ja auch hätte ein Stein des Anstoßes sein können, eine Stütze und eine Hilfe in den schweren Jahren gewesen. Dann kam die Nachkriegszeit, und Mami hat viel eher als Papi gesehen, daß wir arm geworden waren, daß wir uns hätten einschränken müssen. „Oh, wie ich diese Schuldenwirtschaft hasse", hat sie mir in den zwanziger Jahren häufig gesagt. Sie mißbilligte den Kauf eines großen, teueren amerikanischen Autos im Frühjahr 26. Sie hat den allmählichen Niedergang viel eher gesehen als sonst irgendeiner. Sie hat versucht, in dem großen Haus zu sparen, was ja ganz einfach nicht ging, bzw. nur auf Kosten ihrer Gesundheit gehen konnte. Und so war es ihr eine rechte Erleichterung, als wir 1928 auf das Berghaus zogen.

Ich habe zweimal mit Mami zusammen gelebt; einmal als Kind, bis ich Ostern 1922 nach Schöndorf kam, und einmal 1928 bis 1931, bis Freya und ich heirateten. Während der ersten Zeit, 1907–1922, war Papi im Kriege von 1914–1919, und während der zweiten Zeit war Papi überhaupt nicht da, sondern wohnte in Berlin und kam nur sehr selten, fast wie ein Gast, nach Kreisau. Vielleicht erzähle ich noch, wie es dazu kam, jetzt aber will ich Euch erst von Mami weiter erzählen. Wie warm geborgen ich in der ersten Periode bei Mami gewesen war, das wußte ich damals ja gar nicht, vielmehr bemerkte ich es erst, als ich nicht mehr da war, und meine Liebe zu meiner Mutter und zu meiner Heimat waren ganz in eins verschmolzen. Das alles wurde mir erst viel später klar, nur als ich nach Schondorf in die Schule kam, da habe ich vor Heimweh so gut wie jede Nacht, viele Monate lang, geweint. Es war aber nicht nur Heimweh, sondern Sehnsucht nach meiner Mutter.

Während der zweiten Periode, 1928–1931, da wußte ich natürlich ganz genau, was ich an meiner Mutter hatte. Wir waren damals sehr arm, hatten gar kein Geld. Mami bekam von ihren Eltern einen Betrag von RM 4000.– im Jahr. Das war ursprünglich als Taschengeld gedacht. Außerdem zahlte die Stiftung noch RM 4000.– jährlich, ein Betrag, den ich für Mami durchgesetzt hatte. So hatten wir RM 8000.–, und davon lebte die ganze Familie mit Ausnahme von Papi, der unabhängig in Berlin verdiente. Das war rasend wenig Geld, denn Jowo studierte damals, erst in Berlin und dann in München und bekam 2400.– von den 8000.–. Willo hatte gerade seine Schule beendigt und machte ein praktisches Jahr in Schweidnitz als Maurer vor seinem Studium. Carl Bernd war nicht gut in der Schule in Reichenbach und mußte immer Nachhilfestunden haben. Wir nahmen im Sommer Paying Guests auf, um etwas mehr Geld zu haben, aber es war eben immer wieder sehr, sehr knapp. Diese Sorge um die täglichen Bedürfnisse, diese Mühen um Lappalien, das alles hat Mami gar nichts angehabt. Sie war nicht weniger liebevoll, warm und besorgt, wenn es eben mal wieder besonders schwierig war. Mami wohnte damals in Freyas Zimmer und ich nebenan in meinem jetzigen Zimmer, und wir haben häufig Diskussionen über Geldangelegenheiten haben müssen, wo ich ihr sagen mußte, sie müßte noch etwas sparen, oder irgendetwas, was sie gerne gehabt hätte, ginge nicht. Wir haben auch im Jahre 1930, wo ich eine große Rückzahlung an unsere Gläubiger versprochen hatte, Möbel und Silber verkauft, auch Sachen, an denen Mami sehr hing. Das alles spielte gar keine Rolle. Wir hätten noch viel, viel ärmer sein können, und es hätte dank Mami an der friedlichen, zufriedenen, glücklichen Atmosphäre des Hauses nichts geändert. Diese Gewißheit, daß Mami bereit war, alle Opfer zu bringen, die notwendig waren, um Kreisau aus seinen Schulden wieder herauszuretten, die ist eine der Grundlagen gewesen, die es überhaupt ermöglicht haben, aus diesem Chaos herauszukommen.

Und all diese Jahre ist der Geist von Granny und Daddy immer bei uns gewesen. So fest Mami sich in Kreisau verankert hatte, so wenig verlor sie irgendetwas von dem Schatz, den sie von Hause mitgebracht hatte. Jede Woche kam ein Brief von Daddy und Granny, und jede Woche ging ein Brief von Mami an ihre Eltern. Jedes Postschiff, das zwischen Capetown und Southhampton verkehrte, trug einen Brief für jeden in jeder Richtung, und alle diese Briefe sind verwahrt und werden Euch hoffentlich einmal noch erfreuen, denn Mamis Liebe war gleich groß zu ihren Eltern, ihrem Mann und ihren Kindern. Wir haben alle davon gezehrt, und keiner ist zu kurz gekommen.

Im Juni 1931 kam ich aus dem Rheinland zurück mit dem Entschluß, Freya zu heiraten. Ich war abends angekommen, und am nächsten Morgen stand ich früh auf und ging zu Mami, setzte mich auf ihren Bettrand und sagte es ihr. Ich hatte damals zwar Kreisau wieder auf den Weg der Genesung gebracht, war aber selbst nur Referendar und hatte nichts. Mami wandte ein, daß ich ja nicht gut auf nichts heiraten könnte. Als ich ihr aber sagte, wir könnten ja erst einmal hierher ziehen und Freya müßte ja auch leben, wenn sie nicht heiratete, da verstand sie es sofort, und damit hatte dies ihren Segen. Wir haben dann eine kurze Zeit im Berghaus zusammen gelebt. Freya hat Mami vertreten, als sie Anfang 1932 in Südafrika war, am 1. Oktober 1932 sind Freya und ich nach Berlin gegangen, wo ich arbeiten mußte, und damit hörte die Zeit, die ich mit meiner Mutter zusammen gelebt habe, auf. Wir haben uns in Berlin viel gesehen, wir haben alle Weihnachten zusammen gefeiert bis auf eines, wir haben auch im Sommer häufig im Berghaus gewohnt, aber in diesen letzten Jahren ihres Lebens lebte Mami wieder mit Papi zusammen, und die schönste Zeit meines Lebens mit Mami war damit zu Ende.

Vielleicht ist es gut, ein Wörtchen über Granny und Daddy hier anzuflicken. Daddy war südafrikanischer Justizminister gewesen und wurde dann Richter, schließlich Chief Justice of the Union of South Africa[3]. Das ist dort ein sehr hohes Amt, gleich im Rang mit den Ministern. Er war ein sehr bedeutender Jurist, dessen Urteile weit über die Grenzen der Südafrikanischen Union Beachtung gefunden haben. Außerdem war er einer der Männer, die sich mit aller Energie für einen englisch-burischen Ausgleich nach dem Burenkrieg eingesetzt haben. Und schließlich, und besonders gegen Schluß seines Lebens, hat er für die Rechte der Neger gekämpft und war so der alte, weise Berater all derjenigen, die den Negern einen besseren Status innerhalb Südafrikas einräumen wollten. Er war der rechtlichste Mann, den man sich denken kann, und der kleinste technische oder moralische Fehltritt war ihm fürchterlich. Von ihm hat mal ein anderer Südafrikaner gesagt: „There goes Rose Innes; he is so straight that he is bent backward."[4]
Dieser Mann liebte also seine Tochter über alles in der Welt, und es war für ihn das größte Opfer seines Lebens, sie nach Deutschland heiraten zu lassen. Ihr Tod [1935] hat ihm einen Bruch gegeben, den er nie ganz überwunden hat. Er war ein bedeutender Mann, der die Bescheidenheit liebte, und der es haßte, wenn man von ihm etwas hermachte. Auch die Armut seiner Tochter in den letzten Jahren ihres Lebens und die Notwendigkeit für sie, sich einzuschränken, hat ihn sehr geschmerzt. Granny hingegen war eine vor allem lebensbejahende, starke Frau, die zwar sehr strenge moralische Auffassungen in wesentlichen Dingen hatte, aber im Gegensatz zu Daddy immer bereit war, bei Kleinigkeiten sieben gerade sein zu lassen. Während Daddys Vorfahren alle Priester und Lehrer gewesen waren, waren Grannys Vorfahren Farmer, Kolonisten, und eigentlich entsprachen sie beide den Typen ihrer Vorfahren. Granny war immer optimistisch. Es gab keine schlechte oder gar hoffnungslose Lage für sie. Sie liebte Gärten. Eines Tages stand sie am Fenster ihres gerade neu bezogenen Hauses, neben ihr stand ihre Schwägerin, Aunt Minnie, und sie sahen beide in den winterlichen, umgegrabenen, noch nicht bepflanzten Garten, in dem kein Hälmchen war, als Granny voll Stolz sagte: „Minnie aren't we neat?"[5] Dieser Optimismus, in dem sie immer wieder sagte: „Well, if cannot yet see it, I can visualize it"[6], der war bezeichnend für Granny.
Sie hat Mami auch sehr geliebt, aber nicht so bedingungslos wie Daddy es tat,

jedenfalls nicht in der Zeit vor dem Weltkrieg. Dann aber kamen sie sich immer näher, und Mamis Tod, den Freya ihr mitteilen mußte, als Granny zur Kur in Glotterbad war, war für sie sehr schwer. Sie kam dann mit nach Kreisau, nahm am Begräbnis teil und schenkte ihre Liebe, die nun den einen Gegenstand verloren hatte, sofort und bedingungslos ihren Enkeln. Sie ist nach Mamis Tod noch einmal, im Winter 38/39, in Deutschland und vor allem in Kreisau gewesen. Sie hat glühenden Anteil an unserem Ergehen genommen, sie hat mit großer Freude und Genugtuung die allmähliche Besserung der wirtschaftlichen Lage von Kreisau erlebt, sie hat ihr Herz auch noch Caspar, den sie gekannt hat, und Konrad geschenkt, sie hat Jowos Hochzeit miterlebt, und sie hat, als der neue Krieg kam, gewartet und gehofft und wieder gewartet und wieder gehofft, daß sie uns noch würde sehen können, bis zu ihrem Tode (1943).

So meine lieben Beiden, das gibt Euch vielleicht, wenn es mir gelungen sein sollte, eine kleine Vorstellung von drei ganz großen liebenden Herzen, denen ich unendlich viel schulde.

Nun habe ich eigentlich nur noch einen Schluß zu berichten, denn nach Versetzung in die Obersekunda (1923) kam ich weg, und zwar in das Landerziehungsheim Schondorf am Ammersee. Mami und Papi meinten, ich würde zu sehr verbauern und verschlesiern, wenn ich immer in Kreisau blieb, und es sei nötig, daß ich wegkäme, um etwas anderes zu sehen. Mit der Abreise nach Schondorf, wohin ich von Mami gebracht wurde, war meine eigentliche Kindheit zu Ende, jene schöne Zeit, die mir nachträglich wie vergoldet erscheint, wie ein unerschöpflicher Born von Liebe und anhänglichen Gedanken, von Erinnerungen mit Heimatgefühlen. Ich weiß ganz genau, daß es damals auch Schmerzen gab, Trauer und Verzweiflung, aber alle diese schmerzlichen Gefühle spielten sich doch sozusagen in einem großen Rahmen des Behütetseins und der zärtlichen Fürsorge ab, und so wurden sie Teil eines schönen Bildes. Alles was mir mein Elternhaus in diesen ersten vierzehn Jahren gegeben hat, das brauchte ich nur aufzunehmen, das verstand sich für mich von selbst.

Mit dem Einzug in Schondorf wurde es anders. Ich fand andere Jungen, die ich überwiegend nicht mochte. Ich fand einen sogenannten „Landheimgeist", den ich verabscheute. Ich habe anfangs nicht gewußt, was ich daran verabscheute, und habe das erst viel, viel später erkannt, als es mir das dritte und vierte Mal begegnete.

Wie dem auch sei, ich habe von Anfang an in einer Gegnerschaft zu der Masse der Mitschüler gestanden. Es gelang einigen Gleichgesinnten und mir, wenigstens in unserer Klasse erfolgreich gegen diesen Landheimgeist anzukämpfen, und einer meiner Freunde und ich, wir waren immer abwechselnd Vertreter unserer Klasse im Schülerrat, wo wir als ständiger Vorwurf gegen die Heuchelei und die Hohlheit des Landheimgeistes wirkten. Das konnte nicht lange gut gehen. Wir beide wurden zunächst von unseren Genossen getrennt und in das Haus des Direktors gelegt, wo wir ein sehr schönes Zimmer im ersten Stock bewohnten, unter uns der Direktor und rechts und links von uns je ein Lehrer. Auch das half nichts. Die Schülerversammlung beschloß, mich in „Verschiß zu tun", d. h., vierzehn Tage lang durfte keiner mit mir reden. Unsere kleine Gruppe erklärte sich mit mir solidarisch und teilte mit, daß wir zehn Jungen auf jeden weiteren Verkehr mit dem Rest der Schülerschaft verzichteten. Darauf hin wurde eine Exekution beschlossen, und die Schülerschaft erschien mehr oder minder geschlossen in unserem Zimmer, um uns zu verdreschen. Das geschah, wobei wir uns zur Enttäuschung der Beteiligten nicht wehrten. Dabei wurde mir ein Trommelfell zerschlagen und ich bekam eine Mittelohrentzündung. Mit dieser als Erpressungsmittel habe ich dann erreicht, daß wir zehn in das Haus des einzigen von uns wirklich geschätzten Lehrers gelegt wurden, wo wir schließlich allein kochten und aßen und nur noch zu den Schulstunden mit den anderen zusammenkamen. Im Juni 1923 sind wir alle geschlossen abgezogen. Zu dieser Gruppe von zehn gehörte Freyas Bruder Carl [Deichmann], und durch ihn habe ich schließlich auf vielen Umwegen Freya kennengelernt. So hatte also auch das seinen Sinn.

Damit war der erste große Konflikt ausgekämpft. Ich ging nach Potsdam, wo ich schließlich das Abitur gemacht habe. In diesen achtzehn Monaten in Potsdam habe ich bei Mirbachs [Max und Julima, Onkel und Tante 2. Grades] gewohnt, bin aber viel in Berlin gewesen, bin dort ausgegangen und habe zugleich für zwei amerikanische Journalisten, Vertreter des *Christian Science Monitor*, Übersetzungen gemacht und bei Unterhaltungen gedolmetscht.

Dann kam meine Studienzeit, die ich hauptsächlich den ersten Arbeitslagern und den Schwierigkeiten von Waldenburg gewidmet habe. Gelernt habe ich damals rasend wenig. Das, was ich für meine Examen brauchte, habe ich beim Repetitor in kurzer Zeit eingepaukt. Ehe ich nach dem Referendar noch recht wußte, was ich denn nun tun wollte, kam die große Pleite in Kreisau, und am 1. 10. 29 habe ich die Verwaltung in Kreisau übernommen und bis Juli 1930 nichts anderes gemacht, als Kreisau zu sanieren. Vom Juli 30 an habe ich dann meinen Vorbereitungsdienst als Referendar gemacht, habe aber den Hauptteil meiner Arbeitskraft weiter Kreisau gewidmet. Am 18. Oktober 1931 haben Freya und ich geheiratet, und damit begann dann der dritte Teil meines bisherigen Lebens, zu dem Ihr, meine beiden jetzt noch Kleinen, gehört . . .

Geschrieben im Gefängnis Berlin Prinz-Albrecht-Straße
vom 28. 1.–5. 2. 44

Wichtige Einflüsse

In der Beschreibung seiner Kindheit hat Helmuth von Moltke schon umrissen, wie es danach weiterging. Genaueres ist einem Lebenslauf zu entnehmen, den er am 29. Juni 1926 für den französischen Permanenten Sekretär beim Völkerbund schrieb, um sich in Genf zu bewerben:

... Mein Vater ließ mir die Wahl unter den Schulen Deutschlands, und nach einem eingehenden Studium der Landkarte entschied ich mich dafür, meine letzten Schuljahre in Potsdam zuzubringen. Nun lernte ich in dieser Zeit in Berlin einen Vertreter der American Press Association kennen. Er hatte über das Kunstleben in Berlin zu berichten, sprach aber kein Wort Deutsch. Da ich nun gerne etwas Englisch gelernt hätte, dessen größten Teil ich im Krieg vergessen hatte, verbündeten wir uns, um einander die Sprache beizubringen. Es endete schließlich so, daß er zwar kein Deutsch lernte, mich aber dafür zu allen seinen Interviews mitnahm, ins Theater usw. [Es war die große Zeit der Berliner Bühne.] So kam es, daß ich statt in Potsdam in Berlin lebte und eigentlich nur zur Schule hinüberfuhr. Jedenfalls habe ich in der Zeit in Potsdam am Vormittag nicht halb soviel gelernt, wie am Nachmittag in Berlin ... Mein Abitur stand nicht sehr günstig, als ich in die mündliche Prüfung kam; und da offensichtlich mein Fleiß in den letzten beiden Jahren gleich Null gewesen war, hatte man die Absicht, mich in ziemlich vielen Fächern zu prüfen. Als erstes wurde mir ein Thema gestellt, über das ich ein kleines Referat halten sollte: Napoleon und England. Da die Gestalt des Napoleon mich stets sehr interessiert hatte, konnte ich meine ganze Aufmerksamkeit auf die Wahl meiner Worte lenken. Der Schulrat, der seinen Doktor über Geschichte gemacht hatte, war so großzügig, mich von dem Rest der Prüfung zu befreien. Dieses Ereignis habe ich deswegen erwähnt, weil es charakteristisch ist für meine ganze Schulzeit: Ein glücklicher Zufall hat mir immer über jede Schwierigkeit hinweggeholfen ...

Auch einer seiner Mitschüler, Prinz Louis Ferdinand von Preußen, hat Moltke in jener Zeit beschrieben: „Wenn man sich für alle Schulstunden richtig vorbereiten wollte, hatte man nachmittags drei bis vier Stunden zu tun. Die meisten verließen sich allerdings darauf, daß sie morgens vor dem Unterricht rasch abschreiben oder sich während des Unterrichts vorsagen lassen konnten. Geradezu genial war darin mein Mitschüler Graf Helmuth von Moltke. Er sprach jedoch sehr gewandt und spickte seine Antworten mit witzigen Bemerkungen, die sogar die Lehrer belustigten. Da er überaus lang war, dauerte es immer eine Weile, bis er sich aus der Bank emporgewunden hatte, wenn er aufgerufen wurde. Schon damit erzielte er einen Lacherfolg. Obwohl die Lehrer gemerkt haben mußten, daß er nichts auf sie gab, ja andeutete, daß er mehr wisse als sie, schätzten sie doch seine Klugheit, so daß er auf seine Weise durchkam, auch im Abitur. Der sozialistische Schulrat Hardtke, der alle Adelsprädikate haßte, konnte sich gleichwohl der Aufgeschlossenheit Helmuth von Moltkes nicht entziehen – er riet ihm, Historiker zu werden. Mit ihm, dem einzigen, den ich nicht mit dem vertraulichen Du, sondern mit Sie anredete, pflegte ich nach der Schule heimzuradeln. Ich hatte ihn gern wegen seiner geistreichen und etwas zynischen Art, die ihn zuweilen beinahe hochmütig erscheinen ließ."[1]

Helmuth von Moltke hat im Umgang mit seinen Mitmenschen eigentlich immer das „Sie" dem „Du" vorgezogen. Gegen Louis Ferdinand persönlich hatte er nichts, obwohl er sicher den Hohenzollern gegenüber noch etwas mehr Distanz halten wollte als zu anderen Menschen, denn er beurteilte ihre Rolle in der deutschen Geschichte sehr kritisch und war immer ein Republikaner. Eine kleine Episode mag dies verdeutlichen: Bei einem Mittagessen in Doorn, an dem er als Gast einer mit dem Kaiser befreundeten Familie in Holland 1927 zufällig teilnahm, gab er seiner Meinung in ziemlich unverschämter Form Ausdruck. Der frühere Kaiser, der in ihm den direktesten Nachfahren des Feldmarschalls von Moltke sah, fragte ihn nämlich: „In welchem Regiment hat Ihr Vater gedient?" „Keine Ahnung, Majestät!" habe er nur gesagt, und er blieb immer ziemlich stolz auf diese freche Antwort.

In seinem Lebenslauf fährt er fort:

... Nach dem Abitur erhob sich die Frage des Berufes. Mein Vater hatte eigentlich gedacht, ich würde Landwirt werden, aber ich hatte inzwischen zuviel Stadtluft und zuviel Pseudopolitik aufgenommen, um nicht zu studieren, was allerdings nicht ausschließt, daß ich das Land und die Landschaft sehr liebe. Aus allen möglichen falschen Beweggründen und auch um meine Großeltern zu sehen, die gerade ein halbes Jahr bei uns bleiben wollten, blieb ich zu Hause und belegte nur in Breslau ...

Von seinem Großvater Rose Innes hatte Helmuth von Moltke – neben seinem zweiten Vornamen James – viele Charakterzüge, und das Beispiel des Großvaters war bedeutend für sein Leben.

Die Familien der Großeltern, schottischen Ursprungs, waren schon Anfang des 19. Jahrhunderts in Südafrika eingewandert und betonten immer, sie seien Südafrikaner, keine Briten. Es gibt viele Zeugnisse über das Leben des Großvaters. Freunde wie Feinde waren sich einig in der Beurteilung seiner Qualitäten und Fähigkeiten. Es war offenbar, daß er alle seine Prinzipien auch in seinem Leben praktizierte. Er war zwar kritisch, besonders seinen Enkelsöhnen gegenüber – die weiblichen Mitglieder der Familie hatten es bei ihm viel leichter –, aber er wirkte nicht streng, denn er besaß einen zwar etwas sarkastischen, aber doch freundlichen Humor. Häufig wurde er von schwermütigen oder pessimistischen Stimmungen heimgesucht und von Zweifeln geplagt, ob sich die ganze Lebensmühle lohne. Man spürte das manchmal hinter dem humorvollen Zwinkern seiner Augen.

1972 wurde ein Band ausgewählter Briefe aus den achtzehn Jahren seines politischen Lebens in Kapstadt veröffentlicht. Der Herausgeber beschreibt Rose Innes in seiner Einleitung: „Er machte in politischen Fragen ungern Kompromisse, selbst wenn er erkannte, daß ein Kompromiß seine großen Ziele gefördert hätte. Die rauhen Kampfmethoden der Parteipolitik machten ihm kein Vergnügen. Obwohl er oft aufgefordert, ja gedrängt wurde, Machtpositionen zu übernehmen, wich er vor dieser Art des Einsatzes zurück, vor der Begrenzung, die das für seine Bewegungsfreiheit bedeuten, vor der Bedrohung seiner moralischen Integrität, die dadurch entstehen konnte.“[2] „Gerechtigkeit und Verständnis“, schreibt er in seinen Erinnerungen, „bleiben die einzigen Fundamente, auf denen [eine erfolgreiche Eingeborenen-] Politik ruhen kann.“[3] Während der Wahlen von 1929, als er schon im Ruhestand lebte, gründete er mit anderen Gesinnungsgenossen die Non-Racial Franchise Association[4] und sagte in seiner Rede: „In verhältnismäßig kurzer Zeit werden wir mit einer großen Menge von Eingeborenen zu rechnen haben, deren Bildungsstand es ihnen ermöglicht, den Wert der ihnen versagten politischen Rechte zu schätzen. Das wird ihre Entschlossenheit anspornen, sie sich zu verschaffen. Sie werden verbittert sein durch die wirtschaftlichen und administrativen Mißstände, die entstehen müssen, wenn ein Teil der Bevölkerung der Stimmrechte beraubt ist, die seine Mitbürger genießen. Wird ernstlich erwogen, die Bestrebungen zu unterdrücken und die gekränkte und zornige Menge mit Gewalt niederzuhalten?“ Es ist Rose Innes nicht gelungen, seine Ansichten zu den großen Existenzfragen seines Landes in die politische Wirklichkeit umzusetzen. Aber als Richter kamen alle seine Qualitäten zur vollen Entfaltung.

Ein weiter Horizont paßte auch den Moltkes in Kreisau. Sie verdankten es dem Feldmarschall Helmuth von Moltke, dem berühmtesten Mitglied ihrer Familie, daß sie in Kreisau wohnten. Sein Einfluß auf das Leben des Urgroßneffen war indirekt, aber stark. Von ihm stammte sein erster Name, Helmuth, von ihm auch das Gut Kreisau, denn der Feldmarschall starb ohne Kinder, und sein Besitz ging an die Nachkommen seines ältesten Bruders Adolf über. Das Leben und die Gestalt des Feldmarschalls bildete noch den Hintergrund für die lebende Generation. Man kennt ihn als Soldaten, und er selbst hat sich auch dafür gehalten, aber er hatte eigentlich das Temperament und den Habitus eines Gelehrten. Seine Siege verdankte er seinem Kopf. Er war ein schweigsamer Mann, mit einem reichen Innenleben, an dem er aber nur die Allernächsten teilnehmen ließ. Geprägt war er von einer durch die Armut der Familie bedingten, überaus harten Jugend. Auf die Frage, weshalb er es so lange aushalten könne, ohne zu essen, soll er einmal gesagt haben: „Ich war in meiner Jugend einundzwanzig Jahre hungrig." Als Leutnant wechselte er 1822 von der dänischen in die preußische Armee über, hat aber nur sehr kurze Zeit bei der Truppe gedient, kam 1833 zum Generalstab und wurde 1858 dessen Chef. Sein großes Wissen erwarb er sich durch eigene, dauernde Studien. Schon 1827 hieß es von ihm „Ein sehr gebildeter Officir, der zu den besten Hoffnungen berechtigt..."[5] In seinen vielen anschaulichen und oft heiteren Briefen an seine Mutter, seine Frau und seine Geschwister entdeckt man den Reichtum seines Wesens.[6] Er hat „grundsätzlich die friedliche Regelung der politischen Fragen allem anderen vorgezogen..." Das war Einsicht und Wunsch zugleich, bei dem er seinen Beruf völlig auszuschalten vermochte, wenn er sagte: „Wir bekennen uns offen zu der vielfach verspotteten Idee eines allgemeinen europäischen Friedens." Das war kein grundsätzlicher Pazifismus, und an eine allgemeine Abrüstung dachte Moltke dabei nicht: denn wie er später gesagt hat, „nur das Schwert hält das Schwert in der Scheide"[7]. Helmuth James bewunderte diese Seite des Feldmarschalls, der niemals ein Nationalist war, allerdings auch kein Demokrat. Am 9. September 1848 schrieb er seinem Bruder Adolf, dem Urgroßvater Helmuth James', von den „Schreiern in Frankfurt" in der Paulskirche und: „Die besseren im Volke schweigen, die Hefe ist obenauf und regiert." Später betrachtete auch er das Parlament als notwendigen Faktor der Gesetzgebung und war selbst viele Jahre lang Abgeordneter. Doch schrieb er Anfang 1867, wieder an Adolf: „Die Menge ist eben blind, und wehe dem Staat und der Gesellschaft, wo sie zur Herrschaft gelangt."

Mit 42 Jahren heiratete der Feldmarschall Marie Burt, die um sechsundzwanzig Jahre jüngere Stieftochter seiner Schwester Auguste.[8] Als sie 1868 nach kurzer Krankheit starb, baute er auf einem der Kreisauer Hügel eine kleine Grabkapelle für sie im häßlichen Stil seiner Zeit. „Mausoleum" war ein großer Name für dieses bescheidene Bauwerk auf dem „Kapellenberg", wohin er nach dem Tode Marie Burts täglich zu gehen pflegte, wenn er in Kreisau war. Dort wurde auch er beigesetzt.

Als Freya, Helmuth James von Moltkes Frau, nach Kreisau kam, gab es noch viele Geschichten, die des Feldmarschalls Bescheidenheit bis ins hohe Alter, seine Fähigkeit, sich durch nichts aus der Ruhe bringen zu lassen und seine Schweigsamkeit schilderten. So sei er einmal mit seinem Bruder im Zug von Berlin nach Schlesien gefahren – zweifellos zweiter Klasse. Nach vielen Stunden, als sie ihren Bestimmungsort schon fast erreicht hatten, habe der Bruder zum erstenmal das Schweigen gebrochen, indem er aus dem Fenster zeigte und „Hase!" sagte. „Schwätzer!" habe der Feldmarschall da nur erwidert. Das ist aber wohl eine Legende, denn gerade in der Familie soll er gesprächig, heiter und freundlich gewesen sein.

Nach dem Sommersemester in Breslau und Kreisau trieb es Moltke wieder nach Berlin. Dazu schreibt er in seinem Lebenslauf:

... Meine Universitätsstudien stellen ein ziemliches Durcheinander dar, weil ich die Absicht habe, möglichst lange zu studieren und darum an verschiedenen Stellen zugleich angefangen habe. Bei meinem juristischen Studium interessiert mich hauptsächlich die geschichtliche Seite. Bis jetzt habe ich Römisches Recht, Rechtsgeschichte und die Hälfte des deutschen Bürgerlichen Rechts gehört. Daneben Geschichte, neuere und neueste, hauptsächlich Sozialgeschichte und Geschichte des Sozialismus. Außerdem habe ich in der von Dr. Simons geleiteten Hochschule für Politik Vorlesungen über verschiedene Gebiete der Politik gehört. Neben diesen Interessen, Geschichte, Rechtswissenschaft und Politik, habe ich mich zwei Semester mit Zeitungswesen beschäftigt und an dem Berliner Institut gearbeitet. Ein allgemeines Interesse für Literatur ist in den letzten zwei Jahren wegen meiner günstigen Beziehungen zur Malerei und Kunstgeschichte hinter diesen beiden zurückgetreten ...

Er war fleißig, das geht aus dem Briefwechsel zwischen ihm und seiner Mutter aus dieser Zeit hervor. Aber er betrachtete Wissen nur als Voraussetzung für späteres Handeln. Gelehrsamkeit suchte er nicht.

In Berlin aß H. J. v. Moltke wie viele andere Studenten in einer guten und billigen Gemeinschaftsküche im Berliner Schloß. Sie war nach Wiener Muster von Eugenie Schwarzwald eingerichtet worden. „Fraudoktor", wie sie von ihren Freunden genannt wurde, aus Czernowitz in der Bukowina hatte in Zürich den Doktor der Philosophie als eine der ersten Frauen Europas erworben. Sie gründete und leitete in Wien die Schwarzwald-Schule. Mehr noch als der Studien nahm sie sich der Menschen an, aber immerhin eröffneten auch die Studien den Frauen die Universität, und eine ganze Reihe hervorragender Lehrer haben in der Schule unterrichtet, zum Beispiel Egon Wellesz und Oskar Kokoschka, dieser jedenfalls so lange, bis das österreichische Erziehungsministerium, weil ihm die erforderliche Ausbildung fehle, seine Entlassung forderte.[9]

Eigene Kinder hatte Eugenie Schwarzwald nicht, aber sie umgab sich mit jungen Menschen und fand genug zu tun für ihren unbändigen Enthusiasmus und ihre Hilfsbereitschaft, indem sie ihnen innere und äußere Schwierigkeiten aus dem Weg räumte. Sie hielt in der Schwarzwald-Schule nicht nur für ihre Schüler, sondern für jeden, der ihren Rat und ihre Hilfe haben wollte, regelmäßig Sprechstunden ab. Ihr Mann, Hermann Schwarzwald, hatte hohe Ämter im österreichischen Ministerium für Handel und Finanzen innegehabt und abgelehnt, Präsident der österreichischen Staatsbank zu werden, weil er der Ansicht war, ein Jude soll diese hohe Stellung nicht besetzen. Als Leiter der Anglo-Austrian-Bank hat er dann in der Inflation entscheidend zur Stabilisierung der österreichischen Währung beigetragen.

Als Helmuth von Moltke im Juni 1926 Frau Schwarzwald in der Schloßküche in Berlin traf, schlug sie ihm vor, in seinen Ferien nach Grundlsee im Salzkammergut zu kommen, wo die Schwarzwalds jeden Sommer für ein paar Monate im alten Hotel Seeblick ihre vielen Freunde – zum Selbstkostenpreis – aufnahmen.

Später solle er auch eine Weile in Wien studieren. Moltke ging auf beide Vorschläge ein und war ab Oktober 1926 für zwei Semester in Wien.
Nicht die Universität, sondern das kleine, von Adolf Loos gebaute Hinterhaus in der Josefstädter Straße bildete für Helmuth von Moltke in Wien den Mittelpunkt. Ihm gefiel Eugenie Schwarzwalds Freiheit von Konventionen, ihre Offenheit Menschen und Ansichten gegenüber, und er schätzte das unbestechliche Urteil ihres Mannes, seine skeptische, kluge und humorvolle Überlegenheit. „Fraudoktor" bewunderte ihn und erwartete sehr viel von seiner Zukunft. Er erwiderte die Freundschaft, aber mit der ihm eigenen Zurückhaltung. Im Kreis der Schwarzwalds begegnete Moltke vielen Menschen, Rudolf Serkin, Bert Brecht und Helene Weigel, Egon Friedell, den Juristen Kelsen und Verdross, Karl Kraus, Carl Zuckmayer, dessen Frau Alice Herdan auch eine Schwarzwald-Schülerin gewesen war, Arnold Schönberg, Gottfried Benn. Dazu gehörten aber nicht nur Österreicher und Deutsche, sondern beispielsweise auch die dänische Schriftstellerin Karin Michaelis – aber englische Bekannte hatte er noch nicht, wie seine Mutter am 30. 10. 1926 an ihre Eltern schrieb. Er fand auch viele neue Freunde. Zu ihnen gehörte die amerikanische Journalistin Dorothy Thompson, mit der er in Verbindung blieb, als sie von Wien nach Berlin versetzt wurde. Am 29. Juli 1927 lud sie „Gräfin Dorothy [von Moltke] und ihren fabelhaften Sohn[10]" zu einem Geburtstagsessen ein. Der amerikanische Schriftsteller Sinclair Lewis war an diesem Abend auch ihr Gast, und er machte ihr auf der Stelle einen Heiratsantrag. Moltke muß in dieser Verbindung eine gewisse Rolle gespielt haben, denn Dorothy Thompson schrieb: „Es war nie wieder wie zuvor, seitdem er [S. L.] sich über Helmuth von Moltke lustig gemacht hatte." Trotzdem hatte Moltke die Bekanntschaft mit dem Mann, der so brillant und unehrerbietig reden konnte, genossen. Als Dorothy Thompson sich 1942 während des Krieges in Rundfunkreden an die Deutschen wandte, sprach sie Helmuth an, obwohl er sich in dem „Hans" nicht hätte erkennen können, falls er sie gehört hätte, was in Deutschland damals nicht nur verboten, sondern auch technisch unmöglich war.
Durch Dorothy Thompson lernte Helmuth von Moltke auch Edgar Mowrer, den Berliner Korrespondenten der *Chicago Daily News*, und seine Frau Lilian kennen. Es ist zu einem großen Teil das Verdienst von Dorothy Thompson und Edgar Mowrer, die Gefahr des Nationalsozialismus für die Welt erkannt und die amerikanische Öffentlichkeit darauf aufmerksam gemacht zu haben. Mowrers Buch aus diesen Jahren trug den Titel *Germany Puts the Clock Back*[11]. Auch die Mowrers wurden seine Freunde, und er arbeitete für die Journalisten; sie schickten ihn herum und ließen ihn Berichte schreiben und Tatsachen ermitteln. Er lernte viel von ihnen, vor allem die Bereitschaft, sich unpopulär zu machen, Unbequemlichkeiten, ja sogar das Leben zu riskieren, wenn man glaubte, dadurch die Öffentlichkeit auf Mißstände aufmerksam zu machen. Er verdiente außerdem Geld, was er sehr nötig hatte, denn seine Eltern konnten nicht viel zu seinem Unterhalt beitragen.

Wenn Helmuth von Moltke Zeit hatte, kam er immer wieder nach Kreisau. Im Herbst 1926 hatte er dort den Landrat von Waldenburg, den Sozialdemokraten Karl Ohle getroffen. Dieser sprach von den Zuständen im Waldenburger Kohlengebiet, das nur etwa vierzig Kilometer südwestlich von Kreisau im Gebirge lag. Moltke wollte mehr darüber erfahren und arbeitete in den Osterferien 1927 im Landratsamt in Waldenburg. Die Kreise Landeshut, Waldenburg und Neurode, früher industrielle Zentren, jetzt sozial erschreckend rückständig, waren Notstandsgebiete. Armut und Elend hatten schon jahrzehntelang alle gesunden Kräfte aufgezehrt. Die Wohnverhältnisse waren unvorstellbar. Von achtundsiebzig Familien lebten siebenundfünfzig in nur einem Zimmer, und in vielen Wohnungen waren zwei oder drei Familien zusammengepfercht. Auch der kurze wirtschaftliche Aufschwung vor der Weltwirtschaftskrise half nicht viel. Die Waldenburger Kohle konnte nämlich mit der qualitativ besseren Oberschlesiens nicht konkurrieren. Moltke sah die Lage mit eigenen Augen und war so entsetzt über die Mißstände, daß er sie an die Öffentlichkeit bringen wollte und alle seine neuen Verbindungen dafür einsetzte. Er brachte die amerikanischen Journalisten nach Waldenburg, und Karin Michaelis schrieb in der *Wiener Neuen Freien Presse* einen langen Artikel, der die Verhältnisse schilderte. Als er dann nach den Semesterferien für die noch verbleibende Studienzeit an die Breslauer Universität zurückkehrte, besprach er das Problem Waldenburg sofort mit seinem Vetter Carl Dietrich von Trotha, der seinen Freund Horst von Einsiedel hinzuzog. Einsiedel hat später diese erste Begegnung so beschrieben: „Eines Tages tauchte ein Vetter C. D. v. T.s auf der Bildfläche auf. Ein Mensch, dem ich mich zum erstenmal sehr unterlegen fühlte. Beinahe zwei Jahre jünger als ich, eben erst zwanzig Jahre alt, kennt vom Kaiser an und Hindenburg sämtliche Politiker Europas bis zu Löbe und Loucheur. Er ist ungeheuer klug und weltgewandt, tüchtig und wirklich imponierend. Natürlich spricht er mit allen Menschen in einer gewissen weltmännischen Art und Weise, und da liegt auch seine Grenze. Aber da er gar nicht Anspruch auf mehr erhebt... so schadet dies nun nichts. Dieser Graf M. hat einen Plan, eine großzügige Hilfsaktion für den Waldenburger Bezirk in das Leben zu rufen."[12]

Die drei Studenten suchten bei ihrem Lehrer Eugen Rosenstock-Huessy (1888 bis 1973) Rat. Der war dafür der rechte Mann. Obwohl er damals in Breslau Rechtsgeschichte lehrte, war sein Herz schon lange nicht mehr in der Universität. Er hatte den Ersten Weltkrieg an der Front am eigenen Leibe erlebt. In seinem Grauen ging ihm auf, daß dieser Krieg das furchtbare Ende einer untergehenden Epoche war. Eine neue Zeit begann. Die Überlebenden mußten lernen, anders, der veränderten Welt entsprechend, zu leben. Er erkannte, daß die Vorkriegs-Institutionen in ihrer alten Form dies nicht bewältigen konnten. Darum kehrte er zunächst nicht an die Universität zurück – er war vor dem Krieg Privatdozent in Leipzig gewesen –, sondern ging in die Industrie. Bei Daimler-Benz gab er die erste deutsche Werkzeitung heraus und wurde Mitbegründer der Akademie der Arbeit in Frankfurt. Er war kein Marxist: er wurzelte im Christentum: Sein Denken hält dem Christentum jenseits religiöser Sprache die Zukunft in der

Gesellschaft offen. Er lehrte und schrieb 1919 schon: „Die Nation ist tot, die idealistische Universität ist tot, wir brauchen die Arbeitsgemeinschaft, nicht den Klassenkampf ... Freilich stürmen diese (von der Technik gezähmten) Kräfte über die ganze Erde hinweg und umspannen sie mit Leichtigkeit. Darum einigen sie die ganze Erde; darum zwingen sie das ganze Menschengeschlecht zum Zusammenwirken. Darum spotten sie der alten Staatsmänner." Und schon damals warnte er: „Die grenzenlose Bangigkeit wird noch viele Deutsche in den kommenden Jahren zu Revanchepiänen, Restaurationsversuchen und gewaltsamen Empörungen treiben. Wir werden den Versuch eines Lügenkaisertums durchzumachen haben, weil diese Kräfte nicht rasten werden, ehe sie nicht widerlegt sind. So wird dieser Kirchen-Parteien-Stammespferch Deutschland durch sie in die Hölle verwandelt werden."[13]

Im Deutschland der 20er Jahre, das mehr und mehr in sich bekämpfende Gruppen und Grüppchen zerfiel, suchte er neue Wege für die Erwachsenenbildung und Formen der Erziehung außerhalb der Universität.

Mit Rosenstock besprachen die Studenten die Waldenburger Notlage, und bei einer Zusammenkunft im September 1927 wurde mit ihm und den Hochschullehrern Schultze-Gaevernitz und Hans Peters beschlossen, die „Löwenberger Arbeitsgemeinschaft" zu gründen. Sie hatte ihren Sitz im Volkshochschulheim Boberhaus, das der Schlesischen Jungmannschaft, einem Zweig der Jugendbewegung, gehörte. Das Boberhaus lag in der schlesischen Stadt Löwenberg, unweit von Waldenburg. Zusammen mit der Schlesischen Jungmannschaft bereitete dann die Löwenberger Arbeitsgemeinschaft ein Arbeitslager für Bauern, Arbeiter und Studenten vor.[14] „Wir brauchen die Zusammenarbeit auch gegnerisch eingestellter Kräfte; kirchliche, kulturelle, völkische und wirtschaftliche Gegensätze trennen unser Volk ... So unterbleibt die Lösung sachlicher Aufgaben, die für unser Volk lebenswichtig ist", schrieb Moltkes Freund Einsiedel, um Teilnehmer zu gewinnen. Moltkes Hauptarbeit bestand in der Vorbereitung dieses Lagers. Zum Beispiel besuchte er auf Rosenstocks Rat Heinrich Brüning, der als Reichstagsabgeordneter der Zentrumspartei in Schlesien für den Wahlbezirk Waldenburg zuständig war und der finanzielle Unterstützung vermittelte. Es war nicht leicht, junge Arbeiter, Studenten und Bauern zusammenzubekommen. Viele Arbeiter mißtrauten einem Unternehmen, das nicht aus ihren Kreisen angeregt worden und mit adeligen Namen verbunden war. Manche witterten auch einen Versuch, den Klassenkampf zu entschärfen, andere konnten es sich nicht leisten, in dieser Zeit nichts zu verdienen, oder sie konnten ihren Arbeitsplatz überhaupt nicht verlassen. Die Korpsstudenten in Breslau wollten mit der Sache, deren Sinn sie nicht sahen, nichts zu tun haben und vermuteten versteckte Motive. Die Bauern hielten sich für fehl am Platz bei einem „intellektuellen" Unternehmen und konnten auch oft nicht von ihrer Arbeit weg. Aber es kamen doch hundert junge Leute zusammen, je ein Drittel Arbeiter, Bauern und Studenten. Ein Augenzeuge berichtete: „Innerhalb der drei Gruppen, der Bauern, Arbeiter und Studenten, waren alle Richtungen, Parteien und Konfessionen vertreten. Es waren Kommunisten und Stahlhelmleute da, Christen und Atheisten, Besitzerssöhne und Landarbeiter, adelige und kleinbürgerliche Studenten. Bei den Arbeitern überwogen die sozialistische Arbeiterjugend und die Freigewerkschaften; bei den Studenten mischten sich betont nationale und betont jugendbewegte Kräfte mit katholischen Verbindungsstudenten. Bei den Bauern war natürlich das christliche und das Landbundelement vorherrschend. Forstleute und Technische Hochschüler standen neben Juristen, Theologen, Volkswirten und Philologen, Bergarbeiter und Textilarbeiter neben ungelernten Arbeitern und Handwerkern. Das Arbeitslager dauerte vom 14. 3. bis 1. 4. 1928. Jeden Morgen wurde nach einer Ansprache Rosenstocks vier Stunden gearbeitet: Bau- und Straßenarbeiten, Grabenausheben und die notwendigen Arbeiten im Lager selbst. In einem Tagebuch über das Lager wird berichtet, die geistige Arbeit habe mehrmals gedroht, die Lagergenossen auseinanderzubringen; die körperliche aber habe eine von Tag zu Tag stärker werdende Verbindung geschaffen. Die Arbeitsgruppen hätten schließlich über die Gesinnungsgruppen gesiegt.

Nach dem Mittagessen wurde in Gruppen diskutiert. Das Thema dieses ersten Lagers hieß „Lebensformen der heutigen Wirtschaft“, und in den Gruppenbesprechungen wurden Fragen des Arbeiternachwuchses, der Berufsfortbildung in Fachschulen, der Landheime und Ledigenheime stürmisch diskutiert, alles bezogen auf die Notstandsgebiete Waldenburg, Landeshut und Neurode. Die Hauptreferenten waren Rosenstock und Adolf Reichwein, ein junger sozialistischer Pädagoge, der in Jena Volksbildungsarbeit tat. Abends wurde Theater gespielt, gesungen und musiziert.

Dieser Rhythmus wurde nach zwölf Tagen unterbrochen, weil man für drei Tage die ältere Generation eingeladen hatte. Es kamen achtzig ältere Leute, Männer und Frauen, unter anderen Industrie- und Gewerkschaftsführer, Grundbesitzer, ein Universitätsrektor und ein Generalsuperintendent. Man bildete neue Arbeitsausschüsse, in denen junge Lagergenossen mit den älteren Gästen zusammenarbeiteten. Dabei wurden zwei Themen besprochen: „Industriejugend und Landwirtschaft“ und „Nachwuchserziehung in Industrie und Landwirtschaft“.

Unter den Gästen waren auch Moltkes Eltern. Seine Mutter berichtete in einem Brief nach Südafrika am 30. 3. 1928:

* . . . Unser Löwenberger Ausflug war ein großer Erfolg. Meinungen aller Schattierungen waren vertreten, vom Großgrundbesitzer bis zum Kommunisten. Und alle mußten ihre Meinung frei äußern, was sie auch taten; so kam sozusagen eine freundliche Opposition zustande. Helmuth [ihr Mann] saß beim Essen neben einem Arbeiter, einem enthusiastischen sozialistischen Gewerkschaftler von den Zeisswerken in Jena, und sie vertrugen sich so gut, daß der Arbeiter ihm schließlich ein Buch über den Gründer der Zeisswerke mit einer netten kleinen Widmung schenkte. Alle waren dort gleich (keine Titel wie Herr Professor oder Herr Bischof usw., die die Deutschen doch so lieben). Alle Meinungen sollten zum Ausdruck kommen, alle gleich stark. Ihr hättet Euren Enkel sehen sollen, wie er für das Abendessen Mohrrüben schabte. Einhundertachtzig Menschen waren da, alte,

junge und von mittlerem Alter. Wir bezahlten drei Mark pro Tag und bekamen fünf Mahlzeiten, natürlich einfache, aber gesund und lecker. Ihr hättet es beide höchst interessant gefunden. Sonntagabend haben sie die Thisbe-Szene aus dem *Sommernachtstraum* wirklich entzückend aufgeführt ...

In den Jahren 1929 und 1930 wurden in Löwenberg weitere Arbeitslager abgehalten. Helmuth von Moltke hat sich nicht beteiligt und sich auch nicht mehr lange für die Löwenberger Arbeitsgemeinschaft eingesetzt. Die Lager fanden in Schlesien viel Beachtung, und das schlesische Beispiel machte in Brandenburg, Schwaben, Baden und Schleswig-Holstein Schule. Das bewog wahrscheinlich auch 1931 die Regierung, einen freiwilligen Arbeitsdienst einzuführen, der allerdings mit dem Geist der schlesischen Lager nichts mehr gemein hatte. Der Nationalsozialismus mit seinem vormilitärischen Zwangsarbeitsdienst hat sogar den Namen „Arbeitsdienst" unbrauchbar gemacht.
Ob die Lager einer Verbesserung der Waldenburger Zustände die Wege geebnet haben, wissen wir nicht. Jedenfalls haben sie eine starke und anhaltende Wirkung auf die Teilnehmer gehabt. Als sich nach 1929 die wirtschaftliche Lage durch die Weltwirtschaftskrise verschlechterte und die Arbeitslosigkeit zunahm, ließ sich keine finanzielle Unterstützung mehr für die Lager beschaffen, und dieser Versuch, soziale Schranken zu überbrücken, blieb stecken. Das auf die Dauer wichtigste Ergebnis war wohl, daß die Lager eine Reihe von Leuten zusammenbrachten, die später Vorstellungen und Methoden wieder aufgriffen, die dem Löwenberger Experiment zugrunde lagen. Außer H. J. v. Moltke, Trotha, Einsiedel, Adolf Reichwein und Hans Peters hatten Peter Yorck, Otto Heinrich v. d. Gablentz, Theodor Steltzer und Fritz Christiansen-Weniger zu verschiedenen Zeiten an den Lagern teilgenommen und mitgewirkt.

Krise in Kreisau. Heirat

Bevor Helmuth James von Moltke im Herbst 1928 mit der Vorbereitung auf sein Referendarexamen begann, war er immerfort unterwegs. Er hatte sich für sehr viele Angelegenheiten engagiert. Seine Mutter schrieb am 15. 8. 1928: „Die fabelhaften Möglichkeiten hat er zum Teil wegen seiner selbst, aber auch wegen seines Namens und weil so wenige aus dem Adel bereit sind, an der Zukunft des republikanischen Deutschland teilzunehmen." In einem langen Brief vom 6. September 1928 an seine Großeltern hat er seine Unternehmen selbst geschildert.
Er hatte im April eine Gruppe amerikanischer Journalisten nach Oberschlesien gebracht, damit sie die polnisch-deutschen Probleme erforschen konnten. Wahrscheinlich lernte er bei dieser Gelegenheit den damaligen Bürgermeister von Hindenburg und späteren Oberpräsidenten der Provinz Oberschlesien, Hans Lukaschek, kennen. Jetzt schrieb er den Großeltern, er sei im Juli wieder in Kattowitz gewesen, und kritisierte, daß alle Angelegenheiten der deutschen Minderheit in Oberschlesien zentral von Berlin aus geregelt würden. Von Oberschlesien sei er nach Agram gefahren, um mit dem kroatischen Bauernführer Radić zu sprechen, dessen Bekanntschaft er auch den Schwarzwalds verdankte. Er habe von ihm erfahren wollen, durch welche Maßnahmen den Kleinbauern ein Einkommen gewährleistet werden könne, das für ihren Lebensunterhalt ausreiche. Genau einen Monat nach seinem Besuch sei Radić ermordet worden. Sein Tod sei ein „denkbar schwerer Verlust für Europa". Von Agram sei er nach Heidelberg gefahren, um an der Universität bei einer Diskussion der Probleme Ostdeutschlands mitzuwirken. Die Heidelberger hätten davon keine Ahnung. Er gewann den Ökonomen Arnold Bergsträsser für Wintervorlesungen über Ostdeutschland; danach sollten „zehn von unseren Leuten" [Mitarbeiter der Löwenberger Arbeitsgemeinschaft] in Heidelberg versuchen, eine Verbindung zwischen dem intellektuellen Geist der Universität Heidelberg und den östlichen Problemen herbeizuführen, die „wirklich viel Geist und Intellekt" nötig hätten. Er habe auch Willy Helpach, ein bekanntes Mitglied der Demokratischen Partei, aufgesucht, um ihn zu bitten, an einer Deutschland-Ausgabe der amerikanischen Zeitschrift *Survey* zum zehnten Jahrestage der Weimarer Republik mitzuarbeiten. Auf der Suche nach Material für *Survey* sei er dann nach Kassel, Berlin und Leipzig weitergefahren. Nach drei Tagen in Grundlsee habe er einen Abstecher nach Marienbad gemacht, um dort, offenbar auf Anregung von Rosenstock, mit dem preußischen Kultusminister Carl Becker, „einem der hervorragendsten Männer in Deutschland", zu sprechen. Nach weiteren zehn Tagen in Grundlsee mit Besuchen der Salzburger Festspiele sei er Anfang August wieder in Kreisau gewesen.

Dann beschreibt er in dem Brief seine Zukunftspläne. Nach dem Examen im Frühjahr wolle er etwas Polnisch und ein wenig von den Balkansprachen lernen; das werde drei Monate dauern.

* ... Ich glaube, daß Schlesien und Wien die zwei Zentren sind, von denen aus Deutschland und Europa wirklich ernsthaftes Interesse für den Osten und den Balkan entwickeln können. Ich glaube, daß die ganze europäische Krise zwischen Westen und Osten und die deutsche Krise zwischen Westen und Osten und die Agrarkrise in ganz Osteuropa aus der gleichen Wurzel kommen, und es ist unsere Pflicht, an diesem Problem zu arbeiten. An diesem Problem zu arbeiten ist natürlich kein Beruf, aber bevor man sich seinem eigentlichen Beruf im Osten Deutschlands zuwendet, sollte man etwas über diese Dinge wissen. So möchte ich zuerst die Sprache lernen ...

Im Juli und August wolle er nach Polen gehen, da die polnische Regierung ihn eingeladen habe und das in der Richtung seiner Interessen liege. Dann wolle er über Kreisau und Grundlsee in die Balkanländer und nach Athen, von dort nach Südafrika und dann nach drei Monaten über England nach Kreisau zurück.
Aber seine Mutter muß erwartet haben, daß dieser Brief bei seinem Großvater keinen guten Eindruck machen würde, denn sie schrieb zwei Tage später: „Helmuth hat mir erzählt, daß er Euch einen langen Brief über seine Zukunftspläne geschrieben hat. Seid nicht zu entsetzt über deren Umfang. Nur die Hälfte oder nichts davon wird Wirklichkeit werden [das letztere stimmte], aber wie ich macht er gern Pläne." Es gelang ihr aber nicht zu verhindern, daß der Großvater ihn für einen eingebildeten jungen Mann hielt; und diese Meinung muß wohl auch zu Papier gebracht worden sein, zusammen mit der Sorge, Helmuth werde die Hauptsache, seine juristischen Studien, vernachlässigen, denn am 12. November verteidigte er in einem weiteren Brief an die Großeltern seinen Standpunkt:

* ... Was ist „Konzentration"? Ich fühle mich erstens Europa, zweitens Deutschland, drittens dem Osten Deutschlands und viertens dem Grund und Boden verpflichtet. „Ich fühle mich verpflichtet" bedeutet, ich fühle mich verantwortlich, und der Grad der Verantwortung wird schwächer mit der Erweiterung des Kreises. Nun ist mein Verantwortungsgefühl überwältigend stark auf der Seite des landwirtschaftlichen europäischen Ostens. Ich habe das sichere Gefühl, daß da meine wahre Aufgabe liegt. Allerdings studiere ich Jura ... Aber Jura ist nicht mein Leben ... Ich weiß, daß mein Leben nicht die Juristerei ist, sondern die Politik. Man kann politische Probleme nur lösen, wenn man sich mit allem befaßt. Ich bin der Meinung, daß ich, sobald ich mich auf ein Teil eines Problems konzentriere, ein Spezialist bin, und sobald man ein Spezialist ist, ist man tot für die politische Arbeit ...

Mit Politik hatte er sich schon lange befaßt. Am 19. Juni 1924 hatte seine Mutter an ihre Eltern geschrieben: „Helmuth ist brennend an Politik interessiert und ein großer Verehrer von Stresemann", wie sie selbst übrigens auch. Und in seinem Lebenslauf vom 25. September 1926 steht:

... Nun [in den 20er Jahren] kam für uns die Zeit der großen Parteikämpfe, in denen jeder den anderen beschimpfte und seine eigene Lehre für die einzig seligmachende hielt. Diese Zeit hat auf mich eine große Wirkung gehabt, indem sie mich von der Falschheit aller überzeugte, und zwar dadurch, daß ich jede einmal vertrat. Ich glaube, es gibt keine Partei, für die ich nicht einmal gekämpft habe...

Er hat keiner Partei wirklich angehört, aber er vertrat Ansichten, die viele als für einen jungen Mann seiner Herkunft unpassend ansahen und galt als sehr „links".[1] Es existiert ein Photo von ihm, das in Kreisau aufgenommen ist, wo er Hammer und Sichel präsentiert. Er wollte schockieren; ganz ernst war das nicht gemeint. Aber er befand sich in vielem im Widerspruch zur Gesellschaft, zur Gesellschaft, in der er lebte, vor allem aber im Widerspruch zur Gesellschaftsschicht, der er angehörte. Ihm fehlten die damals in Deutschland so verbreiteten autoritären und traditionsbewußten Züge. Er trat für Freiheit und Gleichheit seiner Mitmenschen ein, und gerade in dieser Hinsicht sah die Zukunft in Deutschland düster aus.

Im Mai 1929 nannte Helmuth von Moltke seinem Großvater drei Möglichkeiten: Er könne in der I. G. Farben arbeiten; das werde er aber wohl nicht aushalten. Er könne bei Edgar Mowrer Assistent werden; das würde zwar nur die Hälfte seiner Zeit beanspruchen, aber nicht genug einbringen. Drittens könne er in New York für die *New York Evening Post* arbeiten. Als er sich gerade zu letzterem durchgerungen hatte, wurde ihm von allen Seiten geraten, Deutschland jetzt, wegen der allgemeinen Unsicherheit, nicht zu verlassen. So entschloß er sich, vom Herbst 1929 an ein halbes Jahr als Volontär in der Statistischen Abteilung der Berliner Handelsgesellschaft zu arbeiten. Dort glaubte er viel lernen zu können.

Vorher – im Sommer – traf er Freya Deichmann zum erstenmal, in Grundlsee. Sie kam mit ihrem Bruder Hans und ihrer Mutter Ada, die gerade wegen der begeisterten Beschreibung ihres Sohnes, wie einzigartig und wundervoll es bei den Schwarzwalds in Grundlsee sei, ihre Tochter nicht ohne ein wachsames Auge in dem Bouquet junger Frauen und Männer verschwinden lassen wollte. Es folgten fünf das Leben von Helmuth und Freya bestimmende Wochen. Danach begann ein nur durch lange Perioden des Zusammenlebens unterbrochener Briefwechsel, und vieles aus diesen Briefen wird im vorliegenden Buch zu lesen sein. Freya ging zunächst zurück nach Köln, und schon einen Monat später, als Helmuth eben bei der Handelsgesellschaft angefangen hatte, wurde er dringend nach Kreisau zurückgerufen. Der Gutsbetrieb befand sich in einer schweren wirtschaftlichen Krise.

Ehe auf diese Notlage eingegangen wird, muß etwas mehr von Kreisau berichtet werden. Schon während der Unruhen des Jahres 1848 hatte der Feldmarschall seinem Bruder Adolf geschrieben: „Mein Lieblingsgedanke ist noch immer, daß wir uns nach und nach auf irgendeinem Grundbesitz sammeln, wo jeder an Kapital und Arbeitskräften mitbrächte, was er besitzt. Am liebsten wünsche ich das Besitztum auf dem lieben deutschen Boden. Gestalten sich aber die Verhältnisse in der Heimat immer schlechter, so habe ich nichts gegen eine andere Hemisphäre, was meine Person anbetrifft." Eine Zuwendung von 200 000 Talern durch König Wilhelm I. von Preußen für des Feldmarschalls Dienste 1866 im Krieg gegen Österreich ermöglichte endlich die Erfüllung dieses Wunsches.

Er kaufte 1867 für 245 000 Taler die drei kleinen benachbarten Rittergüter Kreisau[2], Nieder-Gräditz und Wierischau im Kreis Schweidnitz, insgesamt 400 Hektar. Daraus machte der Feldmarschall ein Fideikommiß, das heißt, er benutzte eine Grundeigentumsordnung des früheren deutschen Rechtes, die regelte, daß die Vermögensmasse nur als Ganzes vererbt und nicht veräußert werden durfte und daß der jeweilige Inhaber nur über den Ertrag verfügen konnte. Er durchdachte und ordnete alles genau, weil er nach langer Unsicherheit seine Familie dauerhaft ansässig machen wollte. Er brachte auch sein später erworbenes Vermögen in eine Stiftung zugunsten der Familie ein. Dazu gehörte das Gut Wernersdorf am Zobten, das er seinem Neffen Ludwig verpachtete. So glaubte er die Familie auf lange Zeit gesichert zu haben. Er konnte nicht ahnen, wie schnell sich durch die Erschütterungen in Europa alles verändern würde.

Das Dorf Kreisau liegt fünfzig Kilometer südwestlich vom früheren Breslau und sieben Kilometer südöstlich von seiner ehemaligen Kreisstadt Schweidnitz in einer Mulde, wo das hügelige Vorgelände des Eulengebirges in die Ebene übergeht. Die Hohe Eule (1014 m) beherrscht die Landschaft. Die Ortschaft liegt abseits der uralten europäischen Handelsstraßen, die den Osten mit dem Westen verbanden und von denen eine zwischen Schweidnitz und Reichenbach am oberen Rand der Kreisauer Mulde entlangführt. Von der „Chaussee" läuft ein abkürzender Landweg, die Kirschallee, durch die Felder direkt hinunter in das Dorf. Zwar berührt die Eisenbahn, die zwischen der Straße und dem Gebirge verläuft, das Dorf Kreisau, aber erst als der Kaiser für die Beerdigung des Feldmarschalls dort aussteigen mußte, wurde es Bahnstation. Im Nordosten erhebt sich ein alter Vulkan, der Zobten, mit seinen Ausläufern am Horizont. Er ist der letzte größere Berg vor der endlos erscheinenden Ebene, die erst am Ural endet.

In Kreisau gab es neben dem Gut eine ganze Anzahl bäuerlicher Betriebe, aber die Mehrzahl der Bewohner fuhr nach Schweidnitz zur Arbeit. Kreisau war ein echtes schlesisches Reihendorf, bestand also mit seinen etwa vierhundert Einwohnern fast nur aus den zu beiden Seiten der Dorfstraße liegenden Häusern. Die Straße führte nach Süden am Kapellenberg vorbei zum Bahnhof und über die Bahnlinie hinweg in das Dorf Wierischau, jenem Teil des Gutes, der dem Gebirge am nächsten lag, nach Norden zu dem Kirchdorf Gräditz, wo sie im spitzen Winkel auf die „Chaussee" traf. Im Dorf gab es eine Post, eine Schule, zwei sehr einfache Gaststätten und den schon vom Feldmarschall für die Kinder der arbeitenden Frauen gegründeten Kindergarten. Die Peile, von Regen und Schnee aus dem Gebirge gespeist, bedeckte im Frühjahr manchmal große Landstriche mit Hochwasser. Im Sommer wurde sie zu einem übel riechenden Rinnsal, denn sie führte auch die Abwässer der Textilindustrie aus dem berühmten Weberdorf Langenbielau mit sich. Des Feldmarschalls schöner Park zu beiden Seiten der Peile war verschwunden; er wurde längst für die Weidewirtschaft genutzt.

Aber vom Frühjahr bis zum Herbst gab es wilde Blumen in Hülle und Fülle. Es begann schon im Februar mit den Schneeglöckchen, dann folgten Anemonen und Himmelsschlüssel. Die Maiglöckchen bedeckten den Boden im Busch wie ein Teppich. Am Peileufer wuchsen hellgelbe Rudbeckien. Es gab Linden voller Bienen und so viele Akazien, daß sie als Unkraut galten. Im Hochsommer war der Bahndamm blau von mannshohen Lupinen, und an den Rainen blühten, fast so üppig wie auf Alpenwiesen, Glockenblumen, Margeriten, Pechnelken, Storchschnabel und viele andere.

Das „Schloß" war eigentlich nur ein großes Landhaus. Nach dem Tod des Feldmarschalls ließ Helmuths Großmutter das Dachgeschoß ausbauen und an beiden Seiten ein Treppenhaus anhängen, wodurch das Haus nicht etwa schöner wurde. Der Gutshof war nur durch einen Rasen, ein paar Bäume und Büsche und einen niedrigen Holzzaun vom Schloß getrennt und bildete zusammen mit ihm und den Scheunen und Ställen ein imposantes Rechteck. Von den 400 Hektar waren etwa 300 unter dem Pflug. Die Beschaffenheit des Bodens war sehr unterschiedlich, denn Kreisau lag im Endmoränengebiet des Gebirges. Es gab gepflegte, schwere Böden, die in guten Jahren befriedigende Ernten von Zuckerrüben und Qualitätsweizen erbrachten, und es gab leichtere Böden, die nur für Kartoffeln und Roggen geeignet waren. Verglichen mit Schlesiens besten landwirtschaftlichen Betrieben war Kreisau nur ein Gut zweiter Klasse. Der Feldmarschall hatte es in erster Linie gekauft, weil es ihm gefiel. Doch bei geordneter Verwaltung konnten alle an der Arbeit Beteiligten gut leben.

Kreisau war ein gemischter landwirtschaftlicher Betrieb. Angebaut wurden Zuckerrüben, Kartoffeln, Flachs, Erbsen, Raps und alle Getreidesorten; am besten gedieh Sommergerste, die in den Bierbrauereien verarbeitet wurde. Zum Gut gehörten auch etwa 60 schwarzbunte Kühe samt Jungvieh, 20 bis 30 Zuchtschweine und jährlich – je nach Marktlage – an die 100 Mastschweine, später auch eine Herde von 350 Mutterschafen. Für die Feldarbeit gab es acht Pferdegespanne, bis der Betrieb allmählich mechanisiert wurde. Er beschäftigte etwa 60 Leute dauernd, und während Perioden besonderen Arbeitsdruckes waren es mehr.

Der jetzt 22jährige Helmuth James von Moltke fand das Gut in einem fast hoffnungslosen Zustand vor. Das hatte verschiedene Ursachen:

Die Gesetze der Weimarer Republik machten die Auflösung von Fideikommissen möglich; sie wurde von Kreisau auch beantragt, aber erst 1927 erreicht. In der Tat gaben die vom Feldmarschall so sorgfältig geschaffenen Bindungen des Fideikommißrechtes dem Eigentümer nicht genügend wirtschaftliche Bewegungsfreiheit, um mit den Nachkriegsverhältnissen fertigzuwerden. Die einzige günstige

Zeit für Investitionen, die Inflation, konnte nicht genügend ausgenützt werden. Die unvermeidlichen Schulden der Deflationsjahre wurden nur kurzfristig gedeckt und waren infolge der vom Feldmarschall verfügten Kontrollfunktion nur zu konsolidieren, wenn das Kammergericht in Berlin die Überzeugung gewonnen hatte, eine Konsolidierung sei notwendig – ein sehr langwieriges Verfahren. Der Gutsteil Nieder-Gräditz mußte verpachtet werden, damit man Kreisau bewirtschaften konnte, denn für beides reichte das Betriebskapital nicht. Als das Kammergericht endlich Konsolidierungskredite genehmigte, nahm man Nieder-Gräditz aus der Pacht zurück, aber unter sehr ungünstigen Bedingungen.
Helmuth James' Vater war der komplizierten und veränderten wirtschaftlichen Lage der Nachkriegszeit nicht gewachsen. Es mußte gespart werden, und dazu hatte er wenig Talent. Zu lange war der zwar nicht mehr anspruchsvolle, aber doch immer noch große Haushalt weitergeführt worden. In den Briefen nach Südafrika ist in den zwanziger Jahren immer wieder von Geldsorgen die Rede. Als die Familie im Winter 1927/28 aus dem Schloß ins „Berghaus" zog, war das für alle eine glückliche Entscheidung. Im folgenden Herbst zog dann der Vater nach Berlin, um dort für die Christian-Science-Kirche zu arbeiten. Er wurde da gebraucht, und es verschaffte ihm ein Einkommen. Ab Frühjahr 1929 hatte der Inspektor, dem der Vater vertraut hatte und der seit Herbst 1928 das Gut selbständig verwaltete, offenbar aus physischen Gründen die Übersicht bei geschäftlichen Transaktionen und im ganzen Betrieb verloren. Er bestellte die Schläge mit den falschen Früchten, schaffte zuviel Futter- und Düngemittel an, schloß Lieferungsverträge, die er nicht erfüllen konnte, und stellte ungedeckte Wechsel aus. Dann erlag er im Herbst 1929 einem Schlaganfall. Das Gut war schwer verschuldet. Dies und vieles andere fand Helmuth von Moltke erst heraus, als er auf Wunsch seines Vaters nach Kreisau kam und die Verantwortung übernahm. Der Vater sah seine Grenzen, vertraute seinem Sohn und zog sich von allem zurück. Dieser versprach, sich für ein Jahr ganz Kreisau zu widmen. Am 14. Oktober wurde er Generalbevollmächtigter seines Vaters.
Zunächst gab es nur unangenehme Überraschungen. Am 14. Oktober 1929 schrieb er Freya Deichmann, es sei, „als liege man gefesselt und andere häuften Federbetten oder so etwas Atem-, doch nicht Besinnungsraubendes auf einen". Er war bei dieser Aufgabe ganz auf sich selbst gestellt, besaß keine landwirtschaftliche Ausbildung und verstand nicht viel von Betriebsführung. Er holte das Äußerste aus sich heraus und meisterte schwierigste Situationen, indem er sich immer wieder sagte: „Es geht vorüber."

Kreisau, den 20. Oktober 1929
... Das Schlimmste ist eben, daß alles klappen muß; da, wenn auch nur eine Sache ausfällt, das Ganze nicht geht. Das Schöne ist eben, daß es eine Arbeit ist, die einen ganz anfordert und die mit beiden Händen getan werden will ...

Allmählich gelang es ihm, Ordnung in das Chaos zu bringen, und am 25. November legte er seinen Gläubigern einen Plan vor. Darin schlug er vor, den ganzen Betrieb in eine zugunsten der Gläubiger arbeitende Gesellschaft umzuwandeln, deren Leitung er selbst zusammen mit einem den Gläubigern genehmen Inspektor übernehmen wolle. Der Eigentümer und seine Familie werde für zwanzig Jahre oder so lange, wie die Betriebsgesellschaft existiere, auf alle Einnahmen oder Lieferungen aus dem Betrieb verzichten. Der Vorschlag wurde angenommen, weil das Gut zu diesem Zeitpunkt unverkäuflich war und niemand eine bessere Lösung wußte – und weil Moltkes Plan und die Art und Weise, wie er alles anfaßte, Vertrauen erweckte. Die andere Möglichkeit, ein gerichtliches Vergleichsverfahren, war für keinen der Beteiligten vorteilhaft, vor allem aber nicht für die Moltkes.

Breslau, den 22. November 1929
... Ich bin jetzt hier in Breslau, um mit den Breslauer Leuten zu verhandeln, und es geht eigentlich besser, als ich gedacht hatte. Aber es kostet Nerven. Ich habe mich auf die Stellung festgelegt, daß ich an dem Ausgang ganz uninteressiert sei und die Gläubiger nicht stören würde, wenn sie Dummheiten machen wollten. Aber wenn dann jede Unterredung damit anfängt, daß mir gesagt wird: Ihr Vorschlag ist lächerlich und unannehmbar, so kostet es unsinnige Nerven, die Pose des Uninteressierten beizubehalten, während man weiß, was auf dem Spiele steht, nicht nur für uns, sondern für eine Menge abhängiger Existenzen. Und gestern war ich gelegentlich ganz verzweifelt; denn ich bin doch vollkommen allein. Jeder sagt mir: Ich kann Ihnen gar nicht helfen. Sie machen es ja viel besser. Und wenn das auch sehr schmeichelhaft ist, so verzehnfacht, verhundertfacht es doch die Verantwortung ...

Seine Mutter war während dieser Monate wieder in Südafrika und wußte noch nichts von der großen Krise. Als sie am 20. Dezember zurückkehrte, sah es schon viel hoffnungsvoller aus; aber kurz darauf drohten neue Schwierigkeiten.

Kreisau, den 28. 12. 1929
... Jedenfalls, es war eines der nettesten Weihnachten, die ich je erlebt habe und wohl einzigartig in der Situation: Am 23. erklärte unser Hauptgläubiger, ihm passe die Sache so nicht, und ich müßte meine Vorschläge erheblich verbessern, wollte ich auf ihn rechnen; da ich ihm schon vor einem Monat erklärt hatte, daß meine Vorschläge schon das Äußerste darstellten, war ich natürlich sehr überrascht, daß ihm das gerade jetzt nicht mehr gefiel.
Ich rief sofort bei der Zentrale dieses Gläubigers in Leipzig an und teilte mit, daß ich am 24. früh bei ihnen sein würde. Am 23. abends stellte sich aber heraus, daß ich nicht fahren könnte, weil hier noch so viel zu erledigen war.

Der 24. war also Großkampftag: Um 8 Uhr früh rief ich meine Sachverständigen, Rechtsanwälte, Landwirte, Kaufleute usw. an und teilte Ihnen mit, daß ich sie heute den ganzen Tag müsse erreichen können. Dann ging ich zum Konkursrichter und teilte ihm mit, daß ich wahrscheinlich in ein paar Tagen den Konkurs eröffnen würde und vorher alles mit ihm besprechen wollte; dann einigten wir uns über die Person des Konkursverwalters, und ich ließ ihn gleich kommen.
Am 24. habe ich schließlich bis 6 Uhr abends ohne Unterbrechung an der Vorbereitung des Konkurses gearbeitet, sämtliche von mir geschlossenen Verträge auf ihre Stichhaltigkeit und ihre Erfüllbarkeit für den Fall eines Konkurses geprüft und zum Teil umredigiert. Ich habe alle meine Mitarbeiter veranlaßt, den von ihnen bearbeiteten Teil als Zeugenaussage schriftlich niederzulegen, diese Aussagen habe ich miteinander verglichen und Differenzen aufgeklärt, sämtliche mögliche Konkursprozesse vorbereitet und die nötigen Zeugenaussagen beschafft. Um 6 Uhr war ich zu Hause und dann haben wir ein so angenehmes, fröhliches und ruhiges Weihnachten gefeiert, wie noch nie. Es waren nur Eltern und Geschwister da, aber wir haben uns bis 1 Uhr nachts rauschend unterhalten ...
Der 25. war unsinnig anstrengend, weil ich meine ganze Tätigkeit seit dem 12. Oktober hier in Kreisau und ihre buchmäßige Dokumentation durcharbeiten mußte, um sie auf eventuelle Anfechtungsmöglichkeiten zu prüfen. Denn jeder Fehler konnte unschuldige Menschen um ihr Geld bringen.
Am 25. abends fuhr ich ab, am 26. war ich in Leipzig, wo ich 4 Stunden hintereinander mit der Zentrale meines Hauptgläubigers redete, wobei sich herausstellte, daß der Breslauer Vertreter offenbar unseren Zusammenbruch wünschte, denn er hatte völlig falsch berichtet.
Die Leute der Zentrale waren im Gegensatz zu dem Breslauer Vertreter sehr gescheit, großzügig und überlegt. Und das war sehr angenehm. So habe ich mal wieder ein klein wenig Hoffnung, die Sache trotz allem wieder in Ordnung zu bringen ...

Im Februar kam Helmuth von Moltke einen großen Schritt weiter.

Kreisau, den 23. Februar 1930
... Das schon kaum mehr Glaubhafte ist zur Tatsache geworden: Die Vorschläge, die jetzt allerdings einen ganzen Roman darstellen, sind tatsächlich unterschrieben worden, in einer ungeheuer dramatischen Verhandlung am Freitag von 12–6 Uhr. Nur eines ist traurig: Die Unterzeichnung, die mir vor 2 Monaten noch einen ungeheuren Impuls gegeben hätte, war jetzt wie ein überreifer Apfel, der eben fällt, weil er sich nicht mehr halten kann. Aber es ist trotzdem sehr schön. Ob das nun hilft, ob es wirklich so geht, ist ja mehr als zweifelhaft. Aber immerhin, man hat den einzigen Weg beschritten, der vielleicht noch über die Hindernisse hinweg führt ...

Kreisau, den 8. März 1930
... Ich bin so voller guter Laune, so beschwingt, daß ich wünschte, Sie wären hier. Ich habe heute die Sicherheit erhalten, daß es mir möglich sein wird, das unangenehmste Kapitel hier endgültig zu liquidieren. Ich muß es Ihnen erzählen; verzeihen Sie, wenn ich Sie damit langweile, aber ich muß:
Im vorigen Frühjahr hatte der Inspektor Stücke Land an kleine Bauern verkauft, sich das Geld bezahlen lassen und es verbraucht. Nun ist es bei Landverkäufen so, daß der Käufer erst Eigentümer wird, wenn das gekaufte Stück Land von dem Grundstück des Verkäufers abgeschrieben wird. Diese Abschreibung ist nur möglich mit Zustimmung der Hypothekengläubiger, und die geben ihre Zustimmung nur, wenn man ihnen einen Teil der Schuld bezahlt.
Es ist nun Übung, daß man die Anzahlung des Käufers dazu verwendet, die Ansprüche der Hypothekengläubiger zu befriedigen. Nun hatte der Inspektor aber das ganze Geld verbraucht, und als ich im Oktober herkam, sah es so aus, als wäre es unvermeidlich, daß die Bauern ihr Geld verlören. Jedenfalls verlangten die Hypothekengläubiger 35 000 Mark.
Durch ständige Verhandlungen, durch Manipulationen im Grundbuch, durch Verlegungen von Hypotheken von einem Grundbuchblatt auf das andere, durch alle möglichen Kniffe ist es mir gelungen, den Bedarf an barem Geld für die Abschreibung für die Hypothekengläubiger auf RM 7000 zu drücken, und die kann ich beschaffen.
Sie können gar nicht ermessen, was das für mich bedeutet; was auch jetzt hier geschieht, ob die Sache doch noch schief geht, wenigstens verlieren nicht kleine Bauern ihr Geld, die es im Vertrauen auf den Namen an uns gegeben haben.
Ich kann kaum schreiben, weil ich mich so freue, daß ich am ganzen Leib zittere. Wenn das nicht geglückt wäre, so hätte das bedeutet, daß ein ganzes Dorf voll Bauern überschuldet, verarmt wäre ...

Im April wollten sich Helmuth von Moltke und Freya Deichmann bei den Schwarzwalds in Wien treffen. Da lag er plötzlich mit einem verletzten Knöchel im Bett.

Kreisau, den 24. 3. 1930
... Die Folge des langen Liegens ist natürlich, daß ich blöde geworden bin + mich intensiv als überflüssiges Glied am Körper der Menschheit empfinde, ein Gefühl, das nur wenig dadurch gemildert wird, daß durch das offene Fenster und die nicht vorgezogenen Vorhänge eine tiefschwarze, milde, ungeheuer weiche, feuchte Frühlingsnacht hereinsteigt.
Leider werde ich wenigstens noch 4 bis 5 Tage liegen müssen und jedenfalls ein bis zwei Wochen kampfunfähig sein.
Die Aussichten auf meine Abreise verschlechtern sich von Tag zu Tag. Objektiv sind die Schwierigkeiten größer geworden, weil man mich falsch informiert hat,

subjektiv sind sie ungeheuer gewachsen, weil meine beiden Mitarbeiter hier, die sehr tüchtig sind, erklären, daß sie ihren Teil der Arbeit nicht werden vollbringen können. Die Folge ist natürlich, daß sie ungeheuer zaghaft sind, was sie vorsichtig nennen, und alles, was Verantwortung involviert, mir überlassen. Da in derart verfahrenen Situationen jeder Tag neue Initiative erfordert, habe ich mehr zu tun als je und kann schlechter weg als je.

Vielleicht ist das bei den beiden Knaben gerade eine Stimmungssache, die sich gibt, wenn erst einmal die Spitzen des Getreides aus der Erde schauen, aber vorläufig geht die Maschine krächzender denn je, jedenfalls krächzender als in den Monaten, in denen ich allein regierte.

. . . , es lohnt sich ja nicht, Sie über diese Sache zu beunruhigen. Können Sie nicht Ihr Programm umdrehen und erst mit Hans nach Kreisau kommen und dann im späten April nach Wien fahren? . . . , ich weiß ja ganz genau, es wäre vernünftiger, ich ließe den Unsinn hier sein und führe stracks nach Köln. Ich kann es aber nicht. Kennen Sie den Anfangssatz von Luthers *Von der Freiheit eines Christenmenschen*?

„Ein Christenmensch ist ein freier Herr über alle Dinge und niemand untertan – ein Christenmensch ist ein dienstbarer Knecht aller Dinge und jedermann untertan."

Es ist eben das Gleiche in allen Beziehungen: Man ist frei, solange man nicht vergißt, daß man nur ein Knecht ist.

Ich habe die Freiheit, nicht einen Augenblick zu vergessen, daß, was ich hier tue, belanglos ist, völlig . . .

Schließlich kam er doch weg, fand aber bei seiner Rückkehr ein großes Durcheinander vor.

Kreisau, den 19. April 1930

. . . Am Freitag wurde früh aufgestanden, dann brachte ich mein Zimmer in einen arbeitsfähigen Zustand, und dann ging es los. Seitdem bin ich eigentlich noch nicht wieder zur Besinnung gekommen . . .

Es ist aber wirklich erstaunlich, was in meiner Abwesenheit geleistet worden ist: Sämtliche Abschlüsse der letzten Woche sind falsch, alle müssen jetzt neu gemacht werden . . .

Und so ist langsam aus schwarz dunkelgrau, aus dunkelgrau hellgrau geworden, und am Sonntagabend muß ein klarer Plan vorliegen. Es gewährt eine ungeheuere Befriedigung, wenn man so aus dem Chaos etwas schaffen kann . . .

Ende April kam Freya Deichmann zum ersten Mal mit ihrem Bruder Hans nach Kreisau. Es sah in der Tat anders aus, als Helmuth von Moltke es im Bericht für seine kleinen Söhne beschrieben hatte. Von dem damaligen Lebensstil war nichts mehr übrig geblieben. Man konnte sich gar nicht mehr vorstellen, daß er je existiert hatte. Ihre Armut war offensichtlich. Käse, den man in Schweidnitz kaufen mußte und den doch seine Mutter so gerne aß, war ein seltener Luxus, aber dafür gab es Biltong, getrocknetes, geriebenes Springbockfleisch aus Südafrika. Vieles war reparaturbedürftig. Aber sie hatten, was andere als schweren Schicksalsschlag angesehen hätten, in einen Gewinn umgewandelt: Sie waren froh, unnötigen Ballast losgeworden zu sein und hatten alles behalten, was Helmuth von Moltke an seinem Elternhaus so liebte: die friedliche, zufriedene, glückliche Atmosphäre und dazu lebendige Teilnahme an allem, was in der Welt vor sich ging. Man könnte Freya vielleicht vorwerfen, daß sie, wie Helmuth sagte: „verblendet" sei, was ihn und Kreisau anging, aber ihr unvoreingenommener und kritischer Bruder Hans empfand es genauso.

Kreisau, den 15. Juni 1930
... Meine Leute, das heißt meine Familie und meine Mitarbeiter, sind immer erstaunt, daß ich so ruhig und befriedigt und unberührt bin, wenn gerade alles wieder schief zu gehen scheint. Insbesondere meine beiden engsten Mitarbeiter sind geradezu gekränkt, daß ich ihre Aufregung nicht teile. Es wird mir nie gelingen, denen klar zu machen, daß für mich die Aufregungen schon vorüber sind, wenn sie äußerlich erkennbar anfangen.
Ich habe überhaupt soviel gelernt in diesem letzten halben Jahre. Besonders eben, daß man, wenn es los geht, nie Angst haben darf, sondern daß das schon überstanden sein muß ...

Kreisau, den 22. Juni 1930
... „Sommeranfang" sagt heute mein Kalender und „sei stets pünktlich". Ich beziehe das auf den 1. August – beides – und werde mein möglichstes tun, mich danach zu richten. Ich habe heute meine beiden Mitarbeiter darauf vorbereitet, daß ich in reichlich einem Monat auf Urlaub zu gehen gedächte. Sie fielen fast von ihren Stühlen und erklärten, es wäre ganz ausgeschlossen, daß ich ginge „vor dem Abschluß"; worauf ich erklärte, der Abschluß müsse fertig sein. Sie lächelten nur milde und nachsichtig.
Jetzt kommen zehn sehr schlimme Tage, denn ich muß über Kündigungen und Entlassungen beraten. Wenn man meine Vorschläge sieht, wird man schön über mich schimpfen. Ich bin nämlich mit dem Vorsatz an die Lohnregister herangegangen, 10 000–15 000 RM im Jahr herauszustreichen. Das ist furchtbar, weil es sich in lauter Kleinigkeiten auswirkt. Unter den sechzig Verträgen, die wir haben, ist keiner, der nicht geändert wird, und zwar nach unten.
Ich bin infolgedessen in der miesesten Laune; denn zum Vollstrecker des kapitalistischen Systems zu werden gegen seine Überzeugung ist wohl unangenehm ...

Der Sozialdemokrat Franz Josef Furtwängler, den Helmuth von Moltke in dieser Zeit kennenlernte, schrieb nach dem Krieg, Moltke habe damals erklärt, der Großgrundbesitz, auch sein eigener, sei weder moralisch noch politisch zu verteidigen.[3]
Nachdem sein Gesuch auf Zuwendung eines Cecil-Rhodes-Stipendiums von deutscher Seite nicht befürwortet und deshalb abgelehnt worden war, nahm er im Juni seine juristische Ausbildung wieder auf, zunächst am Amtsgericht Reichenbach, das 20 Minuten mit der Eisenbahn von Kreisau entfernt lag, später in Schweidnitz.

Kreisau, den 29. Juni 1930
... Seit einer Woche bin ich Referendar. Das ist reichlich mühsam, denn unter sechs Stunden Arbeit am Tag ist dieses Geschäft nicht zu betreiben. Da bisher der Tag zwölf bis dreizehn Arbeitsstunden hatte, ergibt die Addition achtzehn bis neunzehn. Merkwürdigerweise läßt sich das durch erhöhte Intensität auf vierzehn zusammendrücken. Aber auch das ist reichlich ...

Trotz aller vorher angekündigten Hindernisse kam er im August für vier Wochen nach Grundlsee. Danach schrieb er:

Kreisau, den 27. August 1930
... Das Wetter ist strahlend; das ist für die Landwirtschaft schlecht, für mich ist es aber von unschätzbarem Wert. Ich habe die Tage, die ich hier bin, mit großem Erfolg gearbeitet. Ich glaube, ich bin schon so weit, daß ich den Weg weiter ganz genau sehe. Jedenfalls ist mir wieder einmal ganz klar, was geschehen muß, und das ist das Wichtigste. Es ist mir jedes Mal wie ein Wunder, wenn aus dem tiefen Nebel plötzlich der Weg auftaucht, plötzlich ganz klar, bei irgendeiner Nebensächlichkeit; nicht etwa, daß diese Klarheit verdient, erarbeitet werden könnte, natürlich muß man alles kennen, aber das eigentlich Entscheidende kommt ganz von alleine, man kann es nicht zwingen; und wenn es dann da ist, dann muß man alles zusammensuchen, um diesen Weg zu ermöglichen, und dann plötzlich passen die feindlichsten Tatsachen zusammen.
Heute, seit zehn Minuten, bin ich soweit, daß alles zusammenzupassen scheint. In einer Stunde kommen meine Mitarbeiter. Sie müssen von der Richtigkeit des neuen Kurses so überzeugt sein, daß sie nicht entgegen arbeiten, keine Fehler gegen diesen neuen Kurs begehen usw. Morgen früh um halb sechs fahre ich nach Berlin, um mich gleich in die Verhandlungen zu stürzen, Sonntag Mittag bin ich wieder da, um einen halben Tag lang die Einwendungen meiner zaghaft gewordenen Mitarbeiter zu hören, die sich gerade im alten Kurs wohlzufühlen begannen. Und dann muß im September alles fertig werden, damit ich mich von Oktober an wieder auf einen Kontrollposten zurückziehen kann.

Was die Ansprüche anbetrifft, die ich ans Leben stellen soll, so ist das die Kardinalfrage der letzten Monate gewesen, und ich bin zu keinem Resultat gekommen, oder vielmehr, ich habe das Resultat wieder verloren. Ehe ich nach Grundlsee ging, oder besser, ehe ich mit Dir in Grundlsee lebte, war ich fest entschlossen, keine Ansprüche ans Leben zu stellen. Hätte mir jemand 100.– Taschengeld und freie Station irgendwo auf dem Lande angeboten, so wäre ich bereit gewesen, mich zu verpflichten, nie wieder etwas zu tun und mich nie von diesem Ort fortzubewegen. Ich bin natürlich nicht aus Bescheidenheit dazu gekommen, sondern nur, weil ich fand, daß sich das Ziel nicht lohnt. Ich bin in diesem Axiom durch Dich wankend gemacht worden, mehr läßt sich vorläufig darüber noch nicht sagen ...

Das war keine nur vorübergehende Stimmung. Hier spricht er – und das tat er nur sehr selten – über sein innerstes Wesen. Am Ende seines Lebens hat er von sich gesagt, er sei ein komplizierter Mensch, weil er wohl empfand, daß er große Widersprüche in sich vereinigte. Er sagte zu Freya, er sei nicht gefragt worden, ob er leben wolle, und wenn er gefragt worden wäre, hätte er es abgelehnt. Er konnte in Zustände versinken, die er als „lustlos“ bezeichnete, aber es war viel mehr: Es war ein übermächtiges Gefühl der Sinnlosigkeit allen Tuns, das er dann lange nicht zu überwinden vermochte, ein Erkennen der Unerreichbarkeit dessen, was sein sollte. Aber das war nur eine Seite seines Wesens. Denn er verfügte ebenfalls über große Energie, handelnd einzugreifen, und über die Kraft, andere zum Handeln anzuspornen. Er war voller Dynamik. Man muß das Wort verwenden, weil es die Kraft, die er besaß, richtig bezeichnet. Sie einzusetzen machte ihm Freude, und darin lag eine starke Bejahung des Lebens. Durch seine spätere Frau wurde er zum ersten Mal ernstlich herausgefordert, zwischen diesen beiden Seiten seines Wesens zu entscheiden.
In Kreisau lief alles immer besser. Die erste Ernte der Betriebsgesellschaft war gut. Der Kampf um Kreisau war zunächst einmal abgeschlossen. Es kamen Monate voller Arbeit auf dem Gut und beim Gericht.

Kreisau, den 3. Oktober 1930
... Mir geht es aber sehr gut, hauptsächlich, weil die Arbeit, die jetzt zu tun ist, wieder ganz etwas Neues ist: aufbauen, rationalisieren, neue Geschäfte finanzieren, die rechtlichen Möglichkeiten schaffen, um ungehindert wirtschaften zu können. Während bisher meine Arbeit nur war, durch die scheinbar undurchdringliche Mauer einen Weg zu suchen, die einzige Möglichkeit zu finden, ist sie es jetzt vielmehr, aus der Fülle der möglichen Wege den besten, letztlich natürlich wieder den einzigen zu finden ...

Im Juni 1931 besuchte er Freya Deichmann im Rheinland. Er sagte ihr, er werde nie heiraten, denn er wolle für menschliches Leben auf der Erde nicht verantwortlich sein. So weit war sie aber noch nicht. Sie war zwanzig und hatte noch viel vor, darum machte ihr das keine Sorge. Aber im Juli schrieb er ihr, es sei zwischen ihnen nichts mehr zu klären. Wann sie heirateten, sei nur eine Geldfrage. Sie könne zunächst einmal sechs Monate seine Mutter im Berghaus vertreten, da diese wieder nach Kapstadt fahren wolle. Es brauche kein Stuhl gerückt zu werden, um ihnen Wohnung zu verschaffen. Helmuths Mutter war einverstanden, sein Vater sagte nur: „Je eher, desto besser." Für Rheinländer war Schlesien weit weg und eine fremde Welt. Die Bewohner des linken Rheinufers waren Frankreich, Holland und Belgien näher als dem deutschen Osten. Freyas Brüder hielten dem zukünftigen Schwager scherzhaft vor, seine Ahnen hätten noch auf den Bäumen gesessen, als die ihren sich schon rasierten. Aber alle, die es gut mit ihnen meinten, waren sich einig: Die beiden gehörten zusammen.

Zu den Vorbereitungen äußerte sich Helmuth von Moltke auf eigene Weise. Am 17. Juli 1931: „Ehe ist so ein großartiges Wort... Wirst Du damit zufrieden sein, daß wir nur zwei Studenten sind, die lieber zusammen als allein leben?" – Am 13. September 1931: „... Ich bin für folgendes: Ihr macht Hochzeit, wann es Euch paßt, und um der Sache jede Sensation zu nehmen, fahren wir nicht per FD in irgendein uns bereitetes Ehebett, sondern bleiben als Deiner Mutter Gäste noch drei oder vier Tage in Köln... Ich lasse Deiner Mutter sagen, ... um allen etwaigen Festeswünschen um uns herum sofort die Spitze abzubrechen, hätte ich meinen Smoking und meinen Frack an Willo vererbt, und beides ist schon zum Ändern beim Schneider. Ich habe also keines von beidem mehr und beabsichtige auch nicht, mir so etwas machen zu lassen." – Am 17. September 1931: „... Was die Heirat anbetrifft... Alles andere ist mir gleichgültig, wenn nur keine Leute kommen."

Obwohl er meistens das Schlechteste erwartete, sich darauf auch vorbereitete, aber sich manchmal verschätzte, kann man ihn nicht einfach als einen Pessimisten bezeichnen; dazu hatte er zuviel Vertrauen in die Fähigkeiten seiner Mitmenschen und in seine eigenen. Von seinen Mitarbeitern verlangte und erreichte er viel. Aber er war nie autoritär, immer respektierte er die Freiheit und die Eigenart seines Gegenübers. Menschen, die er mochte, überschätzte er zuweilen; besonders viel Menschenkenntnis besaß er nicht.

Er erkannte schnell den Kern einer Situation und verstand, sie knapp und sachlich darzulegen, sorgsam und genau im Detail. Darum wurde er ein guter Jurist. Seine Ratschläge waren treffend. Es war ihm selbstverständlich, Verantwortung zu tragen und Initiativen zu ergreifen. Er hat das ja auch früh üben müssen. Mit zweiundzwanzig Jahren wirkte er wie ein Mann in der Mitte des Lebens. Danach wurde er von Jahr zu Jahr „jünger". Er verstand es, ein Ziel zäh und energisch zu verfolgen, alle Möglichkeiten, die sich boten, auszunutzen, dabei ganz ohne eigenen Ehrgeiz und vollkommen unabhängig vom Urteil anderer Menschen über ihn. Er war kein Intellektueller. Im Praktischen, nicht im Theoretischen lag seine Stärke. Organisation und Verwaltung waren seine Sache, und seine auffallendste Gabe war die Arbeitsökonomie: Er bewältigte erstaunlich viel und hatte immer Zeit.

Trotzdem konnte er, wenn er eine Lage schilderte – das werden auch seine Briefe zeigen –, dramatisieren und übertreiben, eine Eigenschaft, die sein südafrikanischer Großvater verabscheute. Wie dieser hatte er Prinzipien. Seine Mutter schrieb 1927 an ihren Vater: „Oft entdecke ich an ihm unverkennbare Züge von Dir. Er ist weniger ausgeglichen in seinem Urteil als Du, hat mehr von der Heftigkeit seines Vaters, aber es ist oft, als sprächest Du, wenn es um Fragen der Moral oder des Rechts gegen den Opportunismus geht."

Aber im Gegensatz zu seinem Großvater konnte Helmuth von Moltke seinen Prinzipien immer wieder entschlüpfen. Er konnte beides, etwas sehr ernst nehmen, aber auch das Gegenteil. Dabei half ihm sein Sinn für Komik. Das Wort Humor umfaßt so viele Spielarten dieser Gabe, deren er mehrere besaß. Aber wir sind der Meinung, daß der Leser dieses Buches viel davon in den Briefen selbst finden wird.

Den Umgang mit Menschen, die ihm angenehm waren, genoß er. Dann war er gesprächig, heiter, ja lustig, und sein Sinn für Komik, ganz nichtsnutzig manchmal, in voller Fahrt. Er neckte gerne, besonders Menschen, die er mochte. Frauen waren ganz gleichberechtigt. Sein Verhältnis zu ihnen hatte mit seiner Mutter und seiner Schwester, die ihm in der Familie bei weitem am nächsten standen, gut begonnen, und so blieb es, ganz unbefangen. „Wie angenehm, mit Frauen zusammen zu sein, wenn man den ganzen Tag mit Männern verbracht hat!" hat er einmal gesagt. Aber auf der anderen Seite konnte er sehr schweigsam sein, und was ihn im Innersten bewegte, behielt er fast immer für sich. So konnte ein Gefühl der Distanz sogar bei Menschen entstehen, denen gegenüber er Zuneigung empfand und die diese erwiderten. Fernerstehende schüchterte er offenbar ein, meistens ohne es darauf anzulegen. Vielleicht lag das etwas an seiner Größe. Sie war ein Familienmerkmal. Von des Feldmarschalls vier Neffen war Helmut James' Großvater mit 1,98 m der kleinste. Aber es lag auch daran, daß er zurückhaltend, undurchsichtig, manchmal ein wenig merkwürdig sein konnte und viele nicht recht wußten, was sie mit ihm anfangen sollten. Darum wurde er für kühl und intellektuell, ja für hochmütig gehalten, was alles nicht zutraf. Er war ein warmer, mitfühlender Mensch, half, wenn es notwendig war, aber nur dann, und zeigte für die Angelegenheiten seiner jüngeren Geschwister ein fast väterliches Interesse.

Übrigens ließ er sich für die Hochzeit dann doch in Wien einen neuen Anzug machen, denn er hatte wenige, aber gern gute Sachen; und sie fuhren auch gleich nach der Hochzeit ab. Es waren aber bedrängende Zeiten. Die Bank der Deichmanns war in Zahlungsschwierigkeiten. Freyas Vater hatte zuviel Geld in der Industrie investiert; nun brachte die Weltwirtschaftskrise den Zusammenbruch mit sich. Kurz vor ihrer Hochzeit hatte die Bank ihre Schalter geschlossen. Die Moltkes konnten es sich nicht leisten, mit allen Kindern nach Köln zu kommen. Nur Helmuths Eltern und Willo waren anwesend. Freyas Vater war wegen einer Lungenentzündung nicht in der Lage, an der Hochzeit teilzunehmen. Drei Tage später starb er; Helmuth und Freya wurden zurückgerufen und kamen noch einmal in das schöne alte Kölner Haus, ehe es verkauft werden mußte.

Die nationalsozialistische Gefahr

Die Liquidation der Deichmannschen Bank war nur ein Beispiel für die wirtschaftliche Katastrophe, die den Staat in diesen Jahren erschütterte und schließlich das Ende der Weimarer Republik zur Folge hatte. Im März 1930 legte der letzte sozialdemokratische Kanzler vor Willy Brandt, Hermann Müller, sein Amt nieder. Auf ihn folgte Heinrich Brüning. Er regierte als erster gemäß § 48 der Weimarer Verfassung mit vom Reichspräsidenten unterzeichneten Notverordnungen, weil ihm eine feste Mehrheit im Parlament fehlte. Das hatte Hindenburg mit seiner Ernennung zum Reichskanzler auch beabsichtigt. Als im Juli eine Mehrheit der Abgeordneten gegen das Regieren mit Notverordnungen stimmte, löste Brüning den Reichstag auf. Die darauf folgenden Wahlen brachten den Nationalsozialisten und den Kommunisten sensationelle Erfolge und schwächten die Sozialdemokraten und die Mittelparteien. Daraufhin tolerierte eine Mehrheit, die aus den Sozialdemokraten, den Demokraten und dem katholischen Zentrum bestand, Brünings Notverordnungen, und so gelang es ihm, die von der Weltwirtschaftskrise erzeugten Stürme von 1931 zu überstehen. Schließlich wurde Brünings Stellung vom Reichspräsidenten selbst untergraben. Der uralte Hindenburg wurde von seiner Kamarilla überredet, die Unterschrift unter die Notverordnungen zu verweigern. Brüning sah keinen anderen Ausweg, als sein Amt zur Verfügung zu stellen. Sein Nachfolger Papen erhielt in den beiden folgenden Wahlen keine Mehrheit im Parlament und setzte deshalb die Notverordnungspraxis fort. Im November 1932 wurde er durch General Schleicher ersetzt. Daraufhin konspirierte Papen mit den Nationalsozialisten, die gerade durch Wahlverluste an Boden verloren hatten. Am 30. Januar 1933 kam Hitler als Führer der stärksten Partei an die Macht, mit Papen als Vizekanzler und nur drei Nationalsozialisten in einem Kabinett von zwölf Ministern.

Die wenigsten hatten vorausgesehen, daß die Nazis, wenn sie erst den Fuß in der Tür hatten, vor keinem Mittel zurückschrecken würden, diese ganz aufzustoßen, und daß sie nur mit Gewalt wieder aus der erreichten Machtposition zu verdrängen waren.

Moltkes Eltern unterstützten Brüning. „Ich koche vor Wut über die Opposition, besonders über die Rechten“, schrieb seine Mutter im Dezember 1930. Er selbst hingegen kritisierte das Regieren mit Notverordnungen und nahm die nationalsozialistische Gefahr sehr ernst. Er hatte auch Hitlers Buch *Mein Kampf* gelesen, glaubte im Gegensatz zu vielen anderen, daß der Inhalt genau Hitlers Programm darstelle und hielt auch andere zur Lektüre an. Am 7. Februar 1931 berichtete seine Mutter an ihre Eltern, Helmuth habe auf Dorothy Thompsons Wunsch für sie mit Gregor Strasser und Gottfried Feder, die zum linken Flügel der NSDAP

gehörten, ein Interview über Wirtschaftsfragen von etwa einer Stunde Länge gehabt. Helmuth habe gesagt, er habe diese Leute einfach nicht verstehen können. Es sei, als ob man mit jemandem über Astronomie diskutiere, der glaube, daß nicht die Sonne der Mittelpunkt unseres Planetensystems sei, sondern beispielsweise Saturn.
In dieser Zeit wirtschaftlicher Krisen schrieb Moltke an Freya Deichmann:

Kreisau, den 16. Juli 1931
... Ich muß sagen, daß ich die Stürme dieser Tage ästhetisch genieße. Was mich insofern erschreckt, als ich daraus entnehme, wie wenig ich mich für Deutschland noch verantwortlich fühle. Noch aber ist es nicht ernst.
Uns tangiert das alles so gut wie gar nicht. Wir müssen vorübergehend etwas mehr Zinsen zahlen, das ist alles und bedeutet bei den geringen Krediten, die wir gegenwärtig in Anspruch nehmen, wenig. Im Gegenteil, wir haben uns seit fast sechs Wochen sehr flüssig gestellt und benutzen jetzt die Gelegenheit, wo niemand Geld hat, um billig Vieh zu kaufen ...

Im Frühjahr 1932 kandidierte Hindenburg trotz seiner 84 Jahre für eine weitere Amtsperiode als Reichspräsident, was er damit begründete, daß nur er Hitler von der Regierung abhalten könne. Während die Sozialdemokraten seine Wiederwahl unterstützten, stellten die Kommunisten einen eigenen Kandidaten auf: Ernst Thälmann. Moltke traute Hindenburg in seinem hohen Alter nichts mehr zu, und obwohl er nicht Kommunist war, wollte er seine Stimme Thälmann geben. Natürlich war er sich darüber im klaren, daß Thälmann die Wahl nicht gewinnen konnte. Der Gutsinspektor Zeumer kannte diese Absicht, und er bat ihn schriftlich, doch nicht in Kreisau, sondern lieber in Berlin zu wählen, denn obwohl 1928 in Kreisau vier kommunistische Stimmen abgegeben worden waren, könne jetzt nur er auf den Gedanken kommen, Thälmann zu wählen, und das werde ihm schaden. Zeumer spielte diese Mittlerrolle immer wieder. Wie so viele andere wurde er bereits Mitglied der NSDAP, bevor Hitler an die Macht kam, und glaubte Hitlers Versprechungen. Moltke und Zeumer hatten gemeinsam den Gutsbetrieb in Ordnung gebracht, daher ihr gegenseitiges Vertrauen und eine Loyalität von Zeumers Seite, die ihm sehr nützlich war.
Im Oktober 1932 zogen Helmuth und Freya von Moltke nach Berlin und wohnten in einer winzigen Wohnung in der Bendlerstraße, in der Nähe des Tiergartens. In Kreisau war alles so geordnet, daß Moltke nur noch eine Kontrollfunktion auszuüben brauchte und seine Referendarausbildung abschließen konnte. Dazu fehlte noch ein Praktikum in einem Anwaltsbüro und an einem Oberlandesgericht. Er ging also zu der Anwaltsfirma Koch-Weser-Carlebach in Berlin und anschließend zum Kammergericht. Das dauerte insgesamt gut ein Jahr. Aber im Laufe dieses Jahres änderte sich vieles in der Rechtsfindung. Am 15. Mai 1933 schrieb Moltkes Mutter: „Helmuth hat alle Freude an seiner Arbeit am Kam-

mergericht verloren, denn sogar dort wird ‚rechtes Gericht', wie die Bibel sagt, nicht mehr gesprochen, und er und Freya und Hunderte von anderen Rechtsstudenten sagen: Warum sollen wir etwas lernen, was einige Monate später nicht mehr gültig ist." Und bald darauf schrieb Helmuth von Moltke an Karin Michaelis:

7. März 1934
... daß ich die Jurisprudenz vorläufig wohl aufgeben werde. Die alte Jurisprudenz, die ich gelernt habe und die von einem Begriff abstrakter Gerechtigkeit und Menschlichkeit ausgeht, ist ja heute nur noch von historischem Interesse, denn wie sich auch immer die Dinge in Deutschland entwickeln mögen, für die nächste Zeit ist mit einer Wiederkehr dieser alten Rechtsfindungsmethoden nicht zu rechnen. Sie sind zwar durch die Jahrhunderte erprobt und gefestigt, jedoch sie sind so gründlich eingerissen worden, daß Jahrzehnte wenigstens daran zu arbeiten haben werden, um sie wieder unter dem Schutt hervorzuholen ...

Bald nach Moltkes Ankunft in Berlin schickte ihn Edgar Mowrer als Berichterstatter zum Reichsgericht in Leipzig, wo ein Prozeß des Landes Preußen gegen das Reich verhandelt wurde. Im Juli 1932 hatte Papen die seit langem sozialdemokratische Regierung des Landes Preußen gewaltsam absetzen lassen, mit der Begründung, sie sei nicht genügend antikommunistisch. Die preußischen Minister unter Führung von Innenminister Carl Severing beugten sich der Gewalt und riefen auch nicht zum Generalstreik auf. Sie begnügten sich damit, einen Prozeß wegen Verfassungswidrigkeit anzustrengen. Die preußische Regierung wurde damals und auch später wegen ihres nachgiebigen Verhaltens kritisiert. Man muß aber bedenken, daß sie die Armee, die Polizei und die Beamten gegen sich gehabt hätte, und auch die Arbeiter wären bei der herrschenden Arbeitslosigkeit wohl nur zögernd bereit gewesen, ihre Arbeitsplätze durch einen Streik zu riskieren. Die Lage war so, wie sie Dorothy von Moltke am 29. Juli 1932 in einem Brief an ihre Eltern darstellte: „Die Opposition hat kein Geld. Die Hälfte ihrer Anhänger sind Leute, die vielleicht seit Jahren verzweifelt sind, unterernährt; das macht nicht gerade mutig." Und im September: „Es gibt keine Opposition, weil es kein Geld gibt, aktive Opposition oder auch nur Propaganda für sie zu finanzieren. Und die Leute sind so müde von den Jahren voller Mühen und Sorgen; und wer Arbeit hat, hält lieber still, um sie nicht aufs Spiel zu setzen."
Das Gericht wies zwar Preußens Antrag nicht ab, doch das half praktisch nichts, denn die preußische Regierung blieb abgesetzt, und Papen war Reichsminister für Preußen. Helmuth schrieb seinen Großeltern:

*Berlin, den 18. Oktober 1932
... Es wurde um das Prinzip gekämpft, ob der Staat in seinen Handlungen sich nur der Gewalt fügen muß oder auch den Gesetzen und der Verfassung. Es ist

ein schlechtes Zeichen für das deutsche Rechtsgefühl, daß ein solcher Überfall des Reichs auf Preußen überhaupt möglich war ..., aber es ist ein gutes Zeichen für die deutsche Rechtswissenschaft, daß die wichtigsten Professoren Deutschlands freiwillig und unentgeltlich auf Preußens Seite waren, während das Reich nur drei Professoren fand, deren Namen vorher keiner kannte ...

Am Tag der Machtergreifung Hitlers war Helmuth von Moltke in Berlin. Der ehemalige Landrat von Waldenburg, Carl Ohle, war zum Mittagessen bei ihm und meinte unbesorgt, Hitlers Regierung werde sich rasch abnutzen wie alle anderen Regierungen auch. Es sei richtig, die Nationalsozialisten einmal zum Zug kommen zu lassen. Moltke widersprach verzweifelt und heftig. Er sah die Auflösung des Rechtsstaates und die Katastrophe kommen.

Als letzte Stufe der Referendarausbildung vor dem Assessorexamen führten die Nazis zur nationalsozialistischen Schulung des juristischen Nachwuchses ein militärisch-weltanschauliches Lager von sechs Wochen ein. Es fand auf dem Truppenübungsplatz Jüterbog bei Berlin statt. Moltke beschrieb seine Erlebnisse in einem Brief an Helene Meigel:

Auf hoher See, den 7. März 1934
... Das Lager war so, wie eben solche Lager sind, nur war der Zug – 58 Mann –, dem ich zugeteilt war, besonders nett, so daß wir in der ganzen Zeit nicht eine einzige Schlägerei hatten und daß niemals eine erhebliche Zahl besoffen war. Das ist ein Unikum für jedes Lager. Unsere Ausbildung bestand in morgendlichem Geländesport, der sehr primitiv war, und bei dem wir viel zu sehr geschont wurden, um wirklich etwas Ernsthaftes zu lernen. Was wir eigentlich lernen sollten, ist Dir ja wohl bekannt. Nachmittags hatten wir eine Stunde Sport und dann theoretische Ausbildung, Singen und weltanschaulichen Unterricht. Das Singen war deswegen doch besonders komisch, weil ich als Flügelmann stets die Lieder anstimmen mußte [weil er so groß war]. Ich habe also erste Zeilen von den bekannten Liedern gelernt, daß es nur so raucht [um keine Nazilieder anstimmen zu müssen]. – Die theoretische Ausbildung war ganz interessant, weil ich da doch allerhand gelernt habe, was mir sonst meilenfern liegen würde.
Die weltanschaulichen Unterrichtsstunden hingegen waren ein Jokus ersten Ranges. So passierte unter anderem folgendes: wir wurden belehrt, daß die mittelalterlichen Kaiser Verräter am deutschen Volksblut gewesen seien, indem sie, statt den artgemäßen Kolonisationsdrang nach dem Osten zu befriedigen, nach dem Süden zogen. Das könne nur auf rassische Verschlechterung des deutschen Kaiserblutes zurückzuführen sein, denn, so fragte der Vortragende rhetorisch, welcher Deutsche hat je einen Zug nach dem Süden verspürt? Mit mir hoben sofort drei andere die Hände und diesen schlossen sich wenigstens 40 von insgesamt 58 Mann an. Wir sagten, wir hielten uns für vollständig arisch, über die

Abstammung des Feldmarschalls Moltke hätten wir erst vorgestern einen Vortrag gehört, ich könnte daher durchaus als Kronzeuge für die deutschen Kaiser auftreten. – Der Mann war völlig aus dem Gleichgewicht gebracht. Nach diesem glänzenden Anfangserfolg gingen wir auch bei dem Vortrag über die Juden zum Angriff über und attackierten die Behauptung, Spengler habe in seinem Buch *Jahre der Entscheidung* die Rolle der Juden geflissentlich übersehen, damit er eine große Auflage erziele. Der älteste von uns, der im Kriege eine Batterie geführt hatte, also über allen Zweifel erhaben war, stand daraufhin auf und erklärte, für ihn stünde Spengler viel zu hoch, als daß er durch eine solche Bemerkung des Assessors Timmermann berührt werden könnte – großer Applaus –, und wenn Spengler die Judenfrage für geschichtlich bedeutungslos halte, dann sei das für ihn maßgeblicher, als wenn der Assessor Timmermann das Gegenteil behaupte. Großer Applaus.

Daraufhin wurde der weltanschauliche Unterricht gestrichen und an seine Stelle trat eine Lesestunde. In dieser sollte das Programm der NSDAP und *Mein Kampf* gelesen werden. Das Programm wurde mit allen Erläuterungen in zwei Stunden erledigt, und von Hitlers Kampf lasen wir den Abschnitt über deutsche Ostpolitik, der allerdings mit Rücksicht auf den deutsch-polnischen Friedensvertrag [im Januar 1934 hatten Polen und Deutschland einen Nichtangriffspakt auf zehn Jahre abgeschlossen] etwas antiquiert erschien. Wir erklärten dann, das hätten wir ja nun alle schon einmal gelesen, und zwei Mal könnte man das nicht, und darauf beschlossen wir, daß ich ein Grammophon mitgebracht bekommen sollte und daß wir in den Lesestunden Bach, Brahms, Beethoven spielen sollten. Und so geschah es. Bei den Lesestunden legte sich alles auf die Betten und blieb totenstill liegen, und dann spielten wir eine ganze Symphonie und meistens noch eine kleine Sache. Es dauerte gar nicht lange, so blieben wir nicht mehr alleine, sondern zu unserer „Lesestunde“ kamen allerhand Gäste aus anderen Stuben. Es war also ein eklatanter Triumph des Geistes.

Übrigens haben wir uns ganz demokratisch regiert. Wir haben jeden Mittag über die laufenden Angelegenheiten abgestimmt und dabei die besten Erfolge erzielt. Die Vertreter des Führerprinzips unter uns haben nie bemerkt, was sie da taten. Übrigens, ehe ich das Grammophon mitbrachte, habe ich Einstimmigkeit verlangt, mit der Begründung, wir wollten keinen zwingen, ruhig zu sein, der sich nicht freiwillig dem unterwerfen wollte, und diese Einstimmigkeit ist denn auch sofort erzielt worden.

Noch etwas; als ich eines Nachts im Lager erwachte, hörte ich mehrere betrunkene Leute von einem anderen Zuge im Hofe singen. Was sangen sie: die Internationale ...

Im Anschluß an das Lager folgte das Assessorexamen und dann die schon so lange geplante Reise nach Südafrika, wo der Respekt und die Zuneigung, die sich die Rose Innes in vielen Jahren erworben hatten, den Enkeln Tür und Tor öffneten. Als erstes kamen die beiden nach Kapstadt und lernten das schöne und gleichzeitig problematische Land und seine Geschichte durch die Augen der Großeltern, neuer Freunde und durch ihre eigenen Erlebnisse kennen. Dann fuhren sie in einem selbstgekauften, klapprigen Auto durch die Gegend und besuchten die vielen Farmer-Verwandten in Ost-Kapland. Sie lernten dabei Südafrika von seiner weitherzigen Seite kennen. Wie eng es sein konnte, merkten sie damals kaum. Die Apartheid war noch die Doktrin einer kleinen Minderheit. Nach sechs Monaten, im Herbst 1934, kam Helmuth von Moltke zum erstenmal in seinem Leben nach England. Seine südafrikanischen Freunde und Verwandten vermittelten ihm dort viele Bekanntschaften, von denen manche im Lauf der Zeit Freundschaften wurden.

Während ihrer Abwesenheit hatte Moltkes Mutter es für notwendig gehalten, seine Bücher durchzugehen und alle zu vernichten, die ihn bei einer Haussuchung kompromittieren konnten. Am 9. September schrieb sie an ihre Eltern: „Es ist eine verrückte Welt, in die Helmuth und Freya zurückkehren. Sie wird ihnen viel Kummer machen.“

Das Leben unter dem Nationalsozialismus
1934-1935

Auf dem Schiff nach Südafrika, als Moltke sich frei äußern konnte, schrieb er auch an Maria Strindberg-Lazar aus Wien, die zu der Zeit in Schweden lebte. Der Brief enthält eine etwas leichtfertige Skizze des Dritten Reiches. Es ist interessant, sie mit dem tiefgründigeren und ernsteren Bild zu vergleichen, das er neun Jahre später zeichnete.[1] Hinter Moltkes spaßhaftem Ton versteckte sich nicht nur seine Sorge um Deutschlands Zukunft, sondern auch seine Unsicherheit hinsichtlich der eigenen Stellung als Grundbesitzer und Erbe eines berühmten Namens:

7. März 1934
... Ich wollte Ihnen eigentlich einen Brief über das Leben derer schreiben, die in Deutschland nicht verfolgt werden. Es sind die Personen, an deren nationaler Gesinnung man nicht zweifelt, die über sozialistische Neigungen erhaben sind, und die dennoch nicht ausgesprochen monarchistisch gesinnt sind. Sie werden aus dieser Beschreibung schon entnehmen, daß ich zu dieser Gruppe gehöre. Es scheinen allerdings Zweifel darüber zu bestehen, ob wir nicht doch zur monarchistischen Clique gehören.

Eine sehr wichtige Voraussetzung, außer all diesen negativen, für ein erträgliches Leben in Deutschland ist allerdings, daß man nicht der Partei in den Jahren 32 und 33 beigetreten ist. Man kann etwa folgende Rangordnung aufstellen: zu allerunterst die mittelwohlhabenden Juden, denen man noch etwas wegnehmen kann (Intellektuelle und Pazifisten rechnen nämlich überhaupt schon längst nicht mehr), zweitens die armen Juden, drittens die in den Jahren 32 und 33 beigetretenen Parteigenossen, viertens diejenigen Arier, die ohne der Partei in der gewissen Zeit beigetreten zu sein, doch Schlieferl sind, fünftens die sehr reichen Juden, denen man nichts wegnehmen kann, ohne groben Schaden anzurichten und die sich freiwillig nichts nehmen lassen (zu diesen gehören die Inhaber der Berliner Handelsgesellschaft, die sich weigern, zur Reichsbank zu gehen, und zu denen daher Herr Schacht sich persönlich ab und zu hinbemühen muß), sechstens die Parteigenossen mit Ausnahme der zu drei genannten und der Nummer 7, siebtens diejenigen unzweifelhaft arischen Personen nationaler und unzweifelhaft nicht sozialistischer Gesinnung, welche der Partei nicht beigetreten sind und achtens der Führer – Nummer 7 –. Bei siebtens habe ich vergessen, daß man außerdem noch die Verfügung über Produktionsmittel haben muß, wobei es auf die Verschuldung nicht ankommt. Ich rechne mich also zu siebtens, oder vielmehr, ich werde dazu gerechnet. Man hat dann zunächst folgende Lasten nicht:

Man braucht nicht den Führer für unfehlbar zu halten, man kann ein anderes Regierungssystem für wünschenswert halten, man braucht keine Zeitung zu lesen und nicht ins Theater zu gehen; man braucht keine Versammlungen und Schulungskurse zu besuchen; man braucht nicht erhebliche Summen für die Winterhilfe zu geben, sondern nur das, worauf man eingeschätzt wird; man braucht keine sonstigen Beiträge zu geben für Partei, Fachschaft, Arbeitsfront, darbende Brüder in Österreich, Standesorganisation usw.
Man hat demgegenüber folgende Vorteile: Man darf eine abweichende Meinung ungestört sagen, denn man wird höchstens für wenig einsichtig, jedoch nicht für charakterlos gehalten; man ist höchst begehrt, denn die Partei hat keine andere Ausdehnungsmöglichkeit mehr, als diejenigen zu gewinnen, die ihr noch fernstehen; man erhält infolgedessen bei Veranstaltungen, zu denen man eingeladen ist, Ehrenkarten, während die verehrten Parteigenossen hinten Platz nehmen dürfen; man braucht nicht mit dem Hitlergruß zu grüßen; es scheint sich allmählich die Vorstellung einzubürgern, daß der Prolet mit „Heil Hitler" grüßt, während der feine Mann „Guten Tag" sagt.
Nun ist noch festzustellen, welche Art Leute zu dieser bevorzugten Kaste gehören: die hohe katholische Geistlichkeit und die niedere katholische Geistlichkeit in Süd- und Westdeutschland, die evangelischen Geistlichen des Pfarrernotbundes, die Großgrundbestizer, einzelne katholische Professoren jeder Fakultät, einzelne Privatbankiers und große Industrielle, diese letzten aber nur sehr vereinzelt, und schließlich einige unabhängige Leute, die einen ererbten oder erworbenen Namen haben ...

In Wirklichkeit sahen sich alle unter Nummer sieben genannten Personen, also diejenigen, die weder Juden noch Sozialisten noch Nazis waren und eine von der Regierung unabhängige Einkommensquelle hatten, vor eine unangenehme Wahl gestellt. Es gab die Möglichkeit auszuwandern. Das hieß, sich von Verwandten und Freunden und der gewohnten Umgebung zu trennen; das hieß aber vor allem, sein Land und seine Landsleute im Stich zu lassen, wenn sie einen brauchten. Man konnte zwar verschiedener Meinung sein, wie lange die braune Tyrannei dauern würde, aber nur die Nationalsozialisten selbst glaubten, es würde immer so weitergehen. Hinterher hing viel davon ab, daß die richtigen Leute vorhanden waren. Das deutsche Volk würde dann schwerlich denjenigen Vertrauen schenken, die eine mehr oder minder privilegierte Position verlassen hatten und von außen zusahen, statt die bösen Tage im Inneren zu teilen.
Doch wie sollten diejenigen weiterleben, die im Lande blieben? Sie konnten versuchen, sich in einen elfenbeinernen Turm einzuschließen, vielleicht an einer Universität oder in einem Gewerbe ihrer Arbeit nachgehen und der Politik möglichst fernbleiben. Aber diese innere Emigration hatte ihre Schwierigkeiten. Fast alle Berufe wurden von den Nazis politisch organisiert oder, wie man es nannte, gleichgeschaltet. Mit deutscher Gründlichkeit wurde alles vom Nationalsozialismus erfaßt. Sie mußten sich daher anpassen, zumindest den nationalsozialistischen

Berufsverbänden, oder sogar der Partei beitreten. Kompromisse waren unvermeidlich, und sie konnten der Beeinflussung durch die Propaganda nicht ausweichen, denn diese besaß das Nachrichtenmonopol. Früher oder später mußten sie in Schwierigkeiten geraten, was wiederum ganz sinnlos war, wenn sie sich zum Ziel gesetzt hatten, dazubleiben und die Tyrannei zu überleben.

Eine andere Möglichkeit hätte in dem Versuch bestanden, eine Opposition zu organisieren. 1934 mochte das noch einige Aussicht haben. Nach dem 30. Juni 1934, als Hitler durch gezielte Ermordung eigener Anhänger jede Opposition innerhalb und außerhalb der Nazi-Bewegung erstickte, waren Zweifel hinsichtlich seiner Methoden nicht mehr möglich, seine Diktatur ließ sich nicht mehr ironisch kommentieren noch konnte man ihren baldigen Zusammenbruch erwarten. Die führenden Sozialisten, Kommunisten und Gewerkschaftler, die nicht außer Landes gegangen waren, wurden entweder scharf überwacht oder saßen in sogenannter Schutzhaft und in Konzentrationslagern oder waren tot. Scharf überwacht wurden auch alle Kommunikationsmittel, und das Denunziantentum florierte. Doch selbst die Mittel der Unterdrückung hatten ihre Grenzen. Die protestantische und die katholische Kirche leisteten der Gleichschaltung mit einem gewissen Erfolg Widerstand, und in der Arbeiterschaft gab es eine beträchtliche stille Opposition. Es hatte schon noch Sinn, im Lande zu bleiben, Kompromisse zu vermeiden, mit Freunden, die diskret und vertrauenswürdig waren, Kontakt zu halten, bei Gelegenheit die Ziele der Regierung vorsichtig zu durchkreuzen, Menschen in Not zu helfen und die Entwicklung abwartend zu verfolgen. Noch im Juli 1934 war ein so kluger Beobachter wie Hermann Schwarzwald – als Jude – der Meinung, „gute Leute" sollten nach Möglichkeit so handeln. Es blieb dann immer noch offen, ob das Erreichbare die Nachteile aufwog. Doch eine „richtige" Lösung gab es in dieser Lage nicht. Jeder einzelne mußte sich seinen Umständen und seiner Persönlichkeit entsprechend entscheiden.

Helmuth James von Moltke und seine Geschwister haben verschiedene dieser Möglichkeiten angewendet. Er und Freya dachten 1934, während ihres Aufenthalts in Südafrika, nie ernstlich daran, dort zu bleiben. Sie fühlten sich für Kreisau und insofern für die ganze Familie verantwortlich. Joachim Wolfgang (Jowo) von Moltke, der Kunsthistoriker war und 1933 als Museumsbeamter arbeitete, war zu irgendeiner Form der Gleichschaltung gezwungen. Er trat für einige Monate, weil ihm das noch als das kleinste Übel erschien, in die SA ein. Es gelang ihm aber, ohne Anstoß zu erregen und ohne je eine SA-Übung mitgemacht zu haben, nach wenigen Monaten wieder auszutreten, indem er sich zur Reichswehr einziehen ließ und Reserveoffizier wurde. Wilhelm Viggo (Willo), den Architekten, bestärkte Helmuth darin, Deutschland zu verlassen, damit, wie Helmuth sagte, wenigstens einer von ihnen Chancen hätte, außerhalb Deutschlands zu überleben. 1937/38 arbeitete Willo in London, danach in Schweden und von dort wanderte er während des Krieges unter schwierigen Umständen nach den USA aus. Nach dem Krieg kam er als Angehöriger der amerikanischen Militärregierung nach Deutschland. Carl Bernd hatte als Schuljunge Sympathien für die Nazis. Darüber machte man sich in der Familie lustig, nahm es nicht ernst, ließ

ihn gewähren. Helmuth sorgte dann dafür, daß er nach seiner Schulzeit, während seiner kaufmännischen Lehre, im Ausland arbeitete. Er war in Paris und Kapstadt und kam mehr als kuriert wieder. Asta, die in der Schule schon Schwierigkeiten wegen ihrer antinationalsozialistischen Bemerkungen gehabt hatte, konnte als Innenausstatterin arbeiten, ohne sich politisch betätigen zu müssen.
Nach ihrer Rückkehr aus Südafrika arbeitete Freya von Moltke an ihrem Dr. jur. und war dafür in Berlin. Helmuth von Moltke mußte sich zunächst wieder mit dem Gutsbetrieb beschäftigen.
Kreisaus wirtschaftliche Krise war schon vorüber, als die Verhältnisse sich für die deutsche Landwirtschaft im allgemeinen verschlechterten. Die konservativen Parteien hatten kurz vor dem Zusammenbruch der Weimarer Republik eine umstrittene Maßnahme durchgesetzt: die Osthilfe. Dorothy hatte schon am 22. November 1931 ihren Eltern davon berichtet:

*... Auf Grund einer neuen Notverordnung wurde ein gewisses Gremium, die „Osthilfe", ermächtigt, Schuldzahlungen der Landwirte im Osten zu suspendieren oder zu reduzieren. Der Landbund jubiliert, aber alle vernünftigen Leute schütteln den Kopf, denn selbst wenn die Sache sehr klug und vorsichtig gehandhabt wird, bedeutet es praktisch, daß die Gläubiger überhaupt keinen Rechtsschutz mehr haben und daß alle Verbindlichkeiten hinfällig werden oder hinfällig zu werden drohen. Für uns persönlich kann das sehr nützlich sein, aber es ist nicht recht und untergräbt jedes Rechtsgefühl bezüglich bindender Verpflichtungen und zerstört natürlich das Vertrauen. Dein juristischer Verstand wird entsetzt sein, derjenige Helmuths ist es auch ...

Die Sorge war berechtigt. Es soll zu Brünings und Schleichers Sturz beigetragen haben, daß sie eine öffentliche Untersuchung gewisser Unregelmäßigkeiten in der Osthilfe ankündigten. Der Kommissar für Osthilfe hatte regionale Landstellen zur „Umschuldung" der landwirtschaftlichen Betriebe eingerichtet. Praktisch sah das so aus, daß die Deutsche Industriebank die privaten Gläubiger mit Hilfe von staatlichen, hypothekarisch gesicherten Krediten ablöste und an ihre Stelle trat. Infolge dieser Neuerung mußte Helmuth von Moltke erneut verhandeln, diesmal mit staatlichen Stellen. Die Landstelle in Breslau entwarf auch für Kreisau einen Umschuldungsplan und wollte im Zug der Umschuldung den Verkauf von Wierischau und Nieder-Gräditz verlangen, was er ablehnte. Gute Ernten hatten Gewinne erwirtschaftet. Zins- und Amortisationszahlungen waren pünktlich geleistet worden. Die Briefe an seine Frau zeigen die neuen Schwierigkeiten:

Kreisau, den 23. November 1934
... Die Landstelle stellt wilde Forderungen, die wir keineswegs erfüllen können, und überall sagt man mehr oder weniger unverblümt: „Ja, wenn Sie sich zu einer

Änderung Ihrer Einstellung entschließen könnten!" Die Leute sind unverschämt. Nun, wir werden uns jedenfalls darüber nicht aufregen ... Hier geht alles ganz gut. Mit Zeumer vertrage ich mich besser als je. Er ist wohl selbst etwas abgekühlt und hat wohl das Gefühl, daß er dafür, daß uns Unrecht geschehen ist und wieder Unrecht geschehen soll, um so stärker zu uns stehen müsse. Das ist sehr angenehm. Auch die Lage mit dem Dorf sieht eher günstig aus; jedenfalls haben sich mehrere bei einer vom Kulturamt eingefädelten Intrige sehr anständig benommen. In Wierischau ist die Stimmung ausgesprochen schlecht, und dort wird es wohl einige Kämpfe geben. Immerhin ist es mir wichtig genug, daß in Kreisau die Stimmung gut ist ... und einmal muß ich zu den diversen mir feindlich gesinnten Behörden in Schweidnitz. Wenn ich denke, daß ich früher Brandes auf dem Landratsamt, Jüngst und Hagenguth an der Landstelle, Keyserling im Landbund und Gröbner im Kulturamt hatte, dann kann ich über die Veränderung nur erstaunt sein, denn sowohl die Qualität wie die Einstellung uns gegenüber hat sich grundlegend gewandelt. So, ..., der Brief klingt wie ein Klagebrief. Mir ist aber gar nicht klagend zu Mute, denn im Grunde ist mir das alles piepe. Ich bin viel mehr für Deine Doktorarbeit interessiert als für die Sache hier. Wenn ich in einer Woche oder zehn Tagen komme, dann wirst Du ja schon etwas zu erzählen haben ...

Kreisau, den 26. November 1934
... Am Dienstag früh fahre ich nach Schweidnitz ... Die Hauptsache jedoch, sozusagen die pièce de résistance, bildet ein Besuch in der Haupträuberhöhle, beim Kreisbauernführer. Es wird direkt ein Jokus sein, sich einmal die ganze gegen uns angesammelte Pest- und Eiterbeule von der Nähe zu besehen. Vielleicht gelingt es, einigen Eiter abzuzapfen ...

Kreisau, den 26. November 1934
... Deine Erkenntnis, daß wirtschaftliche Schwierigkeiten und scheinbar unüberwindliche Hindernisse mich nicht mehr schrecken, ist richtig. Es handelt sich also um ein rein menschliches Problem. Und das liegt in der Tat sehr schlecht. Aber, weißt Du, es wird auch dabei sein wie bei allen anderen Schwierigkeiten: Von der Ferne sehen sie wie eine geschlossene, unüberwindliche Mauer aus, und wenn man näher kommt, dann verschiebt sich die Mauer etwas, Teile stehen weiter hinten als man dachte, andere stehen überhaupt isoliert vor oder hinter dem Hauptkomplex, und das ganze gleicht viel eher einem Gebirge, dessen Höhen eben hintereinander gestaffelt sind und nicht nebeneinander stehen, so daß überall ein Zick-Zack-Pfad hindurchführt. Es ist eben leider so, daß man keinem Hindernis von der Ferne ansehen kann, ob es unüberwindlich ist, und daß einem gar nichts anderes übrig bleibt, als nahe heran zu gehen.
Es kann keinem Zweifel unterliegen, daß, wenn ich hier drei Monate gewesen sein werde, ohne daß sich die menschlichen Beziehungen für mich grundlegend

gebessert haben, meine persönliche Integrität sehr gefährdet ist. Hingegen erscheint es mir unwahrscheinlich, daß mein Risiko während der ersten Zeit sehr groß ist, denn man wird erst einmal sehen wollen, wie ich mich in alles schicke. Eine dauernde Existenz hier erscheint mir nach den Erfahrungen dieser ersten vierzehn Tage allerdings so absurd, daß ich mich kaum mehr daran erinnern kann, je daran gedacht zu haben ...

Kreisau, den 28. November 1934
... Bei dem Bauernführer war es durchaus erfolgreich. Der ganze Stab wurde zu der Unterredung hinzugezogen; der Punkt, in dem ich beigegeben habe, ist von keiner großen Bedeutung, und er hat mir in dem wesentlichsten Punkte, nämlich der Erhaltung von Kreisau und Nieder-Gräditz möglichst groß, seine Unterstützung zugesagt. Das ist zwar nicht viel, reicht mir aber im Augenblick aus und wird jedenfalls eine gegen mich gerichtete, aus der *Kreis*bauernschaft stammende Tätigkeit verhindern. Jetzt sind die nächsten beiden Stationen der Präsident der Landstelle und der Kulturamtsvorsteher ...

Kreisau, den 6. Februar 1935
... Heute ist alles vorzüglich gegangen. Gestern nachmittag habe ich in Breslau noch heftig an den Vorbereitungen gearbeitet, und dafür hatten wir heute einen sehr schönen Erfolg. Abgesehen von einigen Kleinigkeiten hat der Präsident vollkommen unseren Standpunkt eingenommen und als Ergebnis mitgeteilt, daß alle Verkaufsverhandlungen abgebrochen werden sollten: weder Nieder-Gräditz noch Wierischau solle verkauft werden. Selbst wenn es nicht bei diesem guten Ergebnis bleibt, so ist doch jedenfalls Nieder-Gräditz wohl sicher gerettet. Aber sprich nicht darüber, auch nicht in der Familie ...

Dem Umschuldungskredit der Industriebank folgte dann die Auflösung der Betriebsgesellschaft. Das Gut kam wieder an die Familie zurück; Inspektor Zeumer blieb, jetzt als Angestellter der Moltkes. Einer von Moltkes landwirtschaftlichen Mitarbeitern rechnete ihm vor, er habe in den sieben Jahren seiner Betriebsführung jährlich RM 50 000 verdient, denn nach Ablauf der sieben Jahre betrug die Schuldenlast auf Kreisau nur noch 350 000 RM. Dieser Erfolg bewies Moltkes Verwaltungstalent und seine praktische Begabung. Im Laufe des Krieges wurde das Gut ganz schuldenfrei. Er berichtete seiner Frau den letzten Schritt, als sie ihn am Bahnhof Kreisau abholte und sie zusammen nach Hause gingen. „Jetzt sind wir soweit", sagte Freya, „und jetzt ist eigentlich nur die Frage, ob Kreisau an die Nazis oder an die Russen fällt." Helmuth antwortete nur: „Besser ohne Schulden!"
Moltke überließ Zeumer weiter die landwirtschaftliche Seite der Verwaltung, behielt aber die Oberleitung fest in der Hand.

Kreisau, den 15. Mai 1935

... Die Arbeiten am Voranschlag, die diesmal besonders wichtig sind, weil im Zusammenhang damit einige Neuerungen durchgeführt werden müssen, gehen sehr langsam voran, trotzdem ich täglich zwölf bis vierzehn Stunden daran arbeite. Immer wieder stoße ich auf Unexaktheiten in der Buchführung, die bemängelt und mit Zeumer und Frl. Günzel besprochen werden müssen. Das frißt nur so Zeit, denn meist ist der Fehler erst nach langem Suchen zu entdecken, und meist handelt es sich nur um Kleinigkeiten; aber ich darf sie nicht durchgehen lassen. Gestern entdeckte ich einen kleinen Fehler von einem Pfennig und ließ ihn passieren. Nach zwei Seiten kam der gleiche Fehler wieder; diesmal war er bereits mit 28 zu multiplizieren; und als ich dann diesen gleichen Fehler addierte, hatte er uns seit August vorigen Jahres 25 RM gekostet und hätte uns weiter diesen Betrag pro Jahr gekostet. Ich habe aber eineinhalb Arbeitsstunden daran wenden müssen. Das Mädchen muß sich an absolute Exaktheit gewöhnen, sonst verschlampt sie ein Vermögen.

Heute mittag werde ich meine Tätigkeit unterbrechen, und ich werde über die Felder gehen, und zwar erst über die hinteren Wierischauer und dann über die Nieder-Gräditzer Koppeln und Felder zum Berghaus ...

Als Helmuth von Moltkes Mutter im Frühjahr 1935 nach Europa zurückkehrte, klagte sie oft über Kopfschmerzen. Am Abend eines Familienfestes, zu dem Moltkes Eltern nach Pommern gefahren waren, am 11. Juni 1935, starb sie, erst einundfünfzigjährig, ganz plötzlich. Die Todesursache wurde nie festgestellt; möglicherweise war es ein Tumor im Gehirn. Ihre letzten Jahre waren glücklich gewesen; sie war zufrieden im kleinen gemütlichen Berghaus und sah die fünf Kinder ihr zur Freude heranwachsen.

Freya von Moltke hatte das Berghaus schon zuvor übernommen, als ihre Schwiegermutter in Kapstadt war. Es war jetzt selbstverständlich, daß sie in Dorothys Fußstapfen trat. Der Stil des Berghauses – einfach und natürlich – blieb, wie er war. Er paßte zu Helmuth und Freya von Moltke und zu den Geschwistern. Pfingsten 1943 hat Adam von Trott in einem Brief an seine Frau geschrieben: „Du mußt Dir dies sehr schlichte und doch großzügige, frohe und tüchtige Leben hier einmal ansehen.“[2]

Kreisau und das Berghaus spielten weiter in den Herzen und Gedanken der Familienmitglieder eine zentrale Rolle, und es blieb das Zuhause von Moltkes Geschwistern. Außer den alten kamen neue Freunde und Gäste. Zu den ersteren gehörte Julian Frisby, der 1930 als Paying Guest, um Deutsch zu lernen, nach Kreisau gekommen war und danach fast jeden Sommer wiederkam; zu den Freunden gehörten auch Michael und Grizel Balfour. Die Beziehungen zum Dorf blieben gut, obwohl natürlich das Leben der Moltkes mit kritischem Interesse beobachtet wurde. Das änderte sich auch nicht grundsätzlich durch die politischen Vorgänge und die offenbare Ablehnung des Nationalsozialismus durch die ganze Familie, die sich aber nur in Kleinigkeiten äußerte. Indem sie zuerst „Guten

Morgen“ sagten, versuchten sie alle, im täglichen Leben das „Heil Hitler“ zu vermeiden. Das Dorf war mehr verwundert als erbost über die Moltkes, ließ sie aber viele Jahre gewähren. Das hat zum Teil sicher an Inspektor Zeumers Mittlerrolle gelegen, der auch Amtsvorsteher war. Vor seinem Haus im Gutshof nahe der Einfahrt wehte eine – übrigens bescheidene – Hakenkreuzfahne, wenn das Flaggen befohlen war. Dadurch konnten es sich die Moltkes leisten, nicht zu flaggen. Sie verdankten es wohl auch der allgemein beliebten Gemeindeschwester, der Diakonisse Ida Hübner, die auf keinerlei Nazi-Unsinn einging, klug und vorsichtig war und fest bei ihrer Kirche blieb. Sie war so angesehen, daß die Nazis es sich nicht leisten konnten, ihre Herrschaft über die Gesundheit und die Kleinkinder aller Kreisauer anzutasten. Aber die Moltkes verdankten es wohl auch den vielen Jahren gemeinsamen Lebens in Kreisau, daß man sie gewähren ließ.

Eine Rettungsleine nach England

Der Winter in Kreisau hatte gezeigt, daß Moltke sich nicht dahin zurückziehen konnte. Er mußte sein Leben anders einrichten und beschloß, sich als Rechtsanwalt in Berlin niederzulassen. Nachdem er die erforderliche Genehmigung eingeholt hatte, tat er sich mit dem viel älteren Karl von Lewinski zusammen, einem Kenner des Rechts der Vereinigten Staaten. Sie machten Unter den Linden 69 ein auf Internationales Privatrecht spezialisiertes Büro auf. Moltke interessierte sich für Internationales Recht, und es gab auf diesem Gebiet besonders viel zu tun, weil viele jüdische Juristen, die sich mit Fragen des Internationalen Rechts befaßt hatten, nicht mehr praktizieren durften. Die Arbeit bestand hauptsächlich in schriftlichen Gutachten; er brauchte nur selten vor Gericht zu erscheinen; so konnte er seine Zeit selbst einteilen und war frei für Kreisau und für seine Tätigkeit außerhalb Deutschlands.
Um eine solche zusätzliche Tätigkeit zu finden, unternahm er im Frühjahr 1935 eine sorgfältige Erkundungsreise nach Basel, Bern, Paris, Den Haag und London. Er besuchte die Bank für Internationalen Zahlungsausgleich in Basel, den Völkerbund in Genf und den Haager Ständigen Gerichtshof.
Im ganzen waren seine Eindrücke nicht ermutigend:

Genf, den 31. März 1935
... Ich habe leider den Eindruck bekommen, daß im Sekretariat des Völkerbundes zwar allerhand gute Gelehrte sitzen, aber keine einzige Persönlichkeit. Es wimmelt von Bürokraten, aber es fehlen Menschen von Format völlig. Das schlimmste ist, daß jeder sich als Vertreter seines Landes und nicht als Beamter des Völkerbundes fühlt, und daß er in seiner Geschäftstätigkeit im Sekretariat sich so benehmen will, daß sein Land ihm wieder einen guten Posten gibt, wenn er aus dem Sekretariat ausscheidet. Die meisten Mitglieder des Sekretariates stammen aus dem diplomatischen Dienst ihres Landes und betrachten die Zeit im Völkerbund so, als wären sie von ihrem Lande statt nach Warschau oder Rom eben in den Völkerbund geschickt worden. Der Erfolg ist, daß alles eifrig darauf bedacht ist, daß nicht etwa ein Land zuviel Beamte im Sekretariat hat. Diese Auffassung verhindert natürlich jede positive Arbeit und hat zu folgender Ideologie geführt: ein Völkerbundsbeamter soll in erster Linie der Regierung seines Heimatlandes genehm sein, denn nur so ist er im Völkerbund von Wert, weil sonst seine Regierung ihn stets desavouieren würde. Auf die sachliche Qualifikation des Mannes kommt es durchaus erst in zweiter Linie an.
Diese Personalpolitik reicht schon völlig aus, alle Niederlagen des Völkerbundes

zu erklären. Die einzig neutralen und wirklich internationalen Beamten des Völkerbundes sind diejenigen Deutschen, Russen und Italiener, die nicht Nazis, Bolschis oder Faschisten sind und ihre Beziehungen zu ihren Heimatregierungen abgebrochen haben, ohne das Sekretariat zu verlassen ... Die gegenwärtige Lage des Völkerbundes kann wohl überhaupt nicht pessimistisch genug beurteilt werden. Hier scheint man auch ganz kühl mit einem großen europäischen Krieg in absehbarer Zeit zu rechnen. Einer der internationalen Juristen hier hat in der Debatte nach einem Vortrag gesagt: Genf ist der Berg Ararat und rundumher steigt die Sintflut. Das zum Optimismus berechtigende Moment in der ganzen Sache ist, daß, wenn auch die Arche nicht in der Lage ist, die Sintflut zu dämmen, sich in der Arche doch eine Reihe von Leuten gefunden haben, die mit aller Macht daran arbeiten, die Voraussetzungen zu schaffen, unter denen nach der Sintflut Dämme gebaut werden können.
Jedenfalls das eine ist mir klar: Die Bedeutung des Völkerbunds als einer auf Rechtsgrundlagen basierenden und nach Rechtsgrundsätzen handelnden Organisation ist seiner Natur nach gering, weil die Rechtsgrundsätze fehlen, oder vielmehr nicht autoritativ anerkannt sind. In dem gegenwärtigen Zeitpunkt ist daher die Haager Cour Permanente[1] viel wichtiger als der Völkerbund, und das wichtigste sind vielleicht die Schiedsgerichte. Der Völkerbund hat natürlich seinen Wert, aber doch nur einen sehr beschränkten. Sein Hauptwert aber wäre der, wenn es gelänge, unter seinem Schutz Zeit für den Aufbau und Ausbau der internationalen Gerichtsbarkeit zu finden. – Natürlich könnte der Völkerbund etwas werden, wenn man es riskierte, an seine Spitze einen Mann zu stellen – oder eine Frau, entschuldige –, der oder die das Format hat und entschlossen ist, den Völkerbund coûte que coûte[2] aus seinen technischen Hemmungen herauszumanövrieren und ihn zu einer unabhängigen Macht zu gestalten, die wie die katholische Kirche ist. Aber keiner wird das tun wollen ...

In Den Haag hörte er bei einer Sitzung zu, in der ein Rechtsstreit zwischen Griechenland und Albanien entschieden wurde. Er sprach den holländischen und den deutschen Richter und den Geschäftsführer des Gerichtes, Ake Hammarskjöld. Dieser war durch den deutschen Richter Schücking von Moltkes Wünschen unterrichtet worden und verstand seine Lage um so besser, als ein anderer junger deutscher Jurist, Berthold von Stauffenberg, eben gezwungen worden war, seine Stellung am Haager Gerichtshof aufzugeben und nach Berlin zurückzukehren. Hammarskjöld schlug Moltke vor, er solle in einer Abhandlung die Arbeit des Rechtsausschusses des englischen Privy Council vom Gesichtspunkt des Internationalen Rechtes her untersuchen. Dieser von den obersten Richtern der Commonwealth-Länder besetzte und als oberste rechtliche Instanz für Verfassungsfragen des Commonwealth fungierende Ausschuß werde in England als zum nationalen Rechtssystem gehörig betrachtet. Kein Ausländer habe sich bisher mit der Arbeit dieses Rechtsausschusses befaßt. Da die Stellung des Haager Gerichtshofes im Internationalen Recht auf die Dauer derjenigen des Rechtsausschusses im britischen Commonwealth angeglichen werden müsse, wäre eine solche Studie von erheblicher Bedeutung. Helmuth von Moltke schrieb an seine Frau, das könne sein „Kolumbus-Ei" werden.

In London hielt er dann aber die Ausbildung zum englischen Rechtsanwalt doch für aussichtsreicher. In England übernehmen zwei Berufe mit verschiedener Ausbildung die Funktion, die in Deutschland ein Rechtsanwalt ausübt. Es gibt den „Solicitor", der alle vertraglichen und notariellen Aufgaben erledigt und den jeder Rechtsuchende zuerst konsultieren muß. Dieser wählt dann den „Barrister" aus, der den Rechtsfall vor Gericht – at the bar – vertritt. Die höheren Richter werden aus dem Barrister-Stand gewählt. Ein angehender Barrister muß zuerst in eine der fünf aus dem Mittelalter stammenden Rechtsgilden „Inns of Court" aufgenommen werden. Moltke wurde Mitglied des „Inner Temple" und war nun wieder Student. Das hatte zwei große Vorteile.

Er mußte nicht nur eine Reihe juristischer Examen machen, sondern auch in jedem Semester sechmal in der „Hall" der Gilde zu Abend essen – eine alte englische Regel, die längst zur Formalität geworden war. Auch heute noch essen angesehene Mitglieder der Gilden am abgesonderten „High Table" gutes Essen, und unten in der Hall sitzt das Volk der zukünftigen Barrister, junge Leute aus aller Welt, bei schlechtem Essen. Nach dem Tischgebet konnte man bereits verschwinden, was er auch tat, um mit seinen Freunden richtig zu Abend zu essen. Aber immer noch konnte man ohne die gehörige Anzahl von Dinners nicht Barrister werden, und so hatte er doch einen legitimen Grund, mindestens dreimal jährlich nach England zu fahren. Der zweite große Vorteil war, daß die Qualifikation als Barrister ihm eine Möglichkeit eröffnete, seinen Lebensunterhalt auch außerhalb Deutschlands zu verdienen. Leider kostete die Zulassung zum Inner Temple und das Hin- und Herreisen viel Geld, und die Ausfuhr von Devisen aus Deutschland war verboten. Moltke achtete sorgfältig darauf, daß er solche und ähnliche Gesetze des Dritten Reiches nicht übertrat, denn er war der Meinung, wer im großen ein Gegner des Regimes sei, dürfe im kleinen die Gesetze nicht übertreten. Doch da halfen wieder einmal die großzügigen Großeltern in Südafrika. In den folgenden Jahren fuhr er daher regelmäßig zu den Dinners nach England.

Sicher hatte an Moltkes Entscheidung auch sein Freund Lionel Curtis Anteil. Curtis, damals in den Sechzigern, hatte zu einer Gruppe von jungen Männern gehört, die der englische Generalgouverneur Lord Milner während und nach dem Burenkrieg in Südafrika als Mitarbeiter gewonnen hatte. Sie wurden bekannt unter dem Namen „Milner's Kindergarten". Er war mit den Rose Innes und mit Dorothy befreundet, die ihm Helmuth empfahlen. Da Curtis selbst kinderlos war, behandelte er Helmuth, dessen Charakter und Fähigkeiten er hoch schätzte, fast wie einen Sohn und brachte ihn mit vielen seiner Freunde und Bekannten zusammen. Durch ihn lernten Helmuth und Freya auch Michael und Grizel Balfour kennen.

In Südafrika hatten Curtis und seine Mitarbeiter zu dem verhältnismäßig raschen Zustandekommen der Südafrikanischen Union beigetragen. Nach ihrer Rückkehr nach England befaßten sie sich mit der Frage, wie den einzelnen Mitgliedern des British Empire mehr Unabhängigkeit vom Mutterland gewährt, also ein Zusammenschluß freier und gleicher Einheiten herbeigeführt werden könne, ohne das Ganze dem Zerfall auszusetzen. Das Organ dieser Bestrebungen war die Vierteljahreszeitschrift *Round Table,* die dann der Gruppe selbst den Namen gab. Die Mitglieder des *Round Table* trafen sich regelmäßig, oft in London, zu Wochenenden auch in einem Landhaus. Es gab weder eine feste Organisation noch besondere Voraussetzungen für die Mitgliedschaft, die flexibel blieb. Der *Round Table*-Gruppe ist das Zustandekommen des „British Commonwealth of Nations" zu verdanken, übrigens ein Name, den Curtis geprägt hatte. Auf seine Initiative hin entstand auch das „Royal Institute of Foreign Affairs", als „Chatham House" bekannt. Das Institut dient der besseren Unterrichtung der öffentlichen Meinung über außenpolitische Fragen und gibt überparteiliche wissenschaftliche Studien zur Außenpolitik heraus. Daß ein solches Institut unbedingt geschaffen werden mußte, ging Curtis auf, als er 1919 als Mitglied der britischen Delegation bei der Friedenskonferenz den Einfluß der schlecht informierten öffentlichen Meinung auf die Diplomatie erlebte. Durch seine Beschäftigung mit Formen des Zusammenschlusses von Nationen kam Curtis schließlich dazu, sich mit einer globalen Ordnung zu befassen, denn er war der Meinung, Kriege ließen sich nur verhindern, wenn die Staaten in eine organische Beziehung zueinander gebracht werden könnten. Er legte diese Gedanken auf weltgeschichtlichem Hintergrund in einem dreibändigen Werk dar, das den kühnen Titel *Civitas Dei*[3] trägt.

Es gehörte zu den Merkwürdigkeiten der englischen Gesellschaft, daß Curtis sehr einflußreich war und vieles erreichte, ohne eine öffentliche Stellung zu bekleiden. Der ganze Einfluß des *Round Table* beruhte hauptsächlich darauf, daß man Freunde in hohen Stellungen hatte, aber nicht selbst dort saß. Curtis brachte durch seine starke Persönlichkeit und seine Prophetenstimme die Leute immer wieder dazu, auf ihn zu hören. Schon 1924 war er zum „Fellow" des „All Souls College" in Oxford gewählt worden. Es ist schwierig zu sagen, ob er die Wahl seinem Einfluß verdankte oder umgekehrt.

All Souls College, ein Relikt der mittelalterlichen englischen Universität, trägt seinen Namen zu Ehren der in der Schlacht von Azincourt 1415 gefallenen Soldaten. Es ist ein reiches College ohne Studenten, eingerichtet zur Förderung des Denkens und Forschens, nicht zum Lehren und ohne Residenzpflicht. Das „Institute of Advanced Studies" in Princeton in den Vereinigten Staaten soll All Souls College nachgebildet sein. Die Fellows regieren sich selbst und wählen auch ihren Nachwuchs selbst, teils für eine begrenzte Dauer, teils auf Lebenszeit. Neun Lehrstuhlinhaber der Universität Oxford und ein paar andere Würdenträger der Universität sind von Amts wegen Fellows, dazu kommen sieben weitere, die sich in anderen Berufen ausgezeichnet haben. Zu diesen gehörte Lionel Curtis.

In den Jahren 1935–1939 waren zum Beispiel auch Lord Halifax, Sir John Simon und Geoffrey Dawson, der Herausgeber der *Times,* Fellows von All Souls. An Wochenenden versammelten sich gewöhnlich einige von ihnen zum gemeinsamen

Abendessen. Wenn Moltke in England war, nahm Curtis ihn immer als Gast zu diesen Zusammenkünften mit. So lernte er viele außergewöhnliche Männer kennen, darunter auch hervorragende Juristen. Und da er auch Lord Lothian und Lord Astor durch Curtis kennenlernte, kam er mit einigen der bedeutendsten Vertreter der Appeasement-Politik[4] in Verbindung, deren Vorgehen er energisch bekämpfte. Obwohl er im Januar 1936 nach einem dieser Besuche Freya geschrieben hatte: „Ich habe ein paar wichtige Gesichtspunkte ein paar nicht minder wichtigen Köpfen eingehämmert", gelang es ihm nicht, sie umzustimmen, was nicht weiter verwunderlich war, da bei ihnen auch die Kritik von Männern mit mehr Autorität und Erfahrung nichts gefruchtet hatte.
Leider gibt es wenig Aufzeichnungen Helmuth von Moltkes zu diesem Thema. Doch in einem Brief an Curtis schildert er ausführlich ein Gespräch von zehn Minuten mit Lord Lothian. Dieser, übrigens ein Anhänger der Christian Science, hatte 1934 Hitler interviewt und im Januar zwei Artikel für die *Times* über ihn geschrieben, in denen er behauptete, Hitler sei wirklich für den Frieden. In diesem Gespräch mit Moltke bestritt Lothian, daß es so etwas wie internationales Recht gebe; zwischen den Nationen herrsche Anarchie. Moltke widersprach. Es gebe ungeschriebene internationale Regeln. Das beweise der Krieg von 1914–1918, der in gewissem Grade ein Sanktionskrieg gegen die Macht gewesen sei, die die ungeschriebenen Regeln oder besser die ungeschriebenen Gewohnheiten internationalen Verhaltens gebrochen habe. Lothian wiederholte die damals in England weitverbreitete Meinung, Großbritanniens und Frankreichs Nachkriegspolitik gegenüber Deutschland, besonders im Versailler Vertrag und bei der Besetzung des Ruhrgebietes 1923, müsse für Hitlers Aufstieg verantwortlich gemacht werden. Moltke antwortete, das werde in Deutschland oft als willkommene Entschuldigung angeführt, seiner Ansicht nach sei dieser Einfluß aber sehr übertrieben worden. Er als Deutscher könnte Lothians Ansicht, mit der Zeit würden die radikaleren Nazis verschwinden, unmöglich akzeptieren. Lothian blieb dabei, daß eine Politik der Konzessionen die Nazis ändern werde. Moltke hielt das für einen Trugschluß und erklärte, die Annahme, daß man jemanden, der mit Krieg drohe, durch Nachgiebigkeit davon abhalte, solche Drohungen zu wiederholen, sei verfehlt. Er faßte dann das Gespräch folgendermaßen zusammen:

* Juni 1935
... Ich fürchte, daß diese Politik in England Erfolg haben wird ... Ich fürchte, daß sie sich als für Deutschland irreführend erweisen wird; sie wird unsere Regierung in ihrem Glauben bestärken, wir könnten mit der britischen Neutralität rechnen, während in Wirklichkeit England an Frankreichs Seite kämpfen wird, falls in Europa Krieg ausbricht. Diese Möglichkeit der Irreführung anderer fürchte ich bei der englischen Gleichgewichtspolitik am allermeisten: England ist in diesem Kampf nicht Schiedsrichter, sondern Partei; aber Englands nachgiebige Politik führt dazu, daß die Deutschen glauben, es sei Schiedsrichter ...

Im All Souls begegnete Helmuth von Moltke auch Bischof Headlam von Gloucester (1862–1947). Er war Vorsitzender des Auslandsausschusses der anglikanischen Kirche und galt in Großbritannien als führender christlicher Verteidiger der Nationalsozialisten. Sie sprachen über die Lage der Evangelischen Kirche in Deutschland. Im November ließ Moltke ihm durch einen Geistlichen bestellen, er solle einen Protest zugunsten der Evangelischen Kirche vorbereiten:

* November 1935
... Die jetzige Stille ist nur vorübergehend. Verschiedene feindliche Maßnahmen gegen die Kirche, wie zum Beispiel strengere Zensur ihrer Zeitungen, sind für die Zukunft geplant. 1937, nach der Olympiade, können noch drastischere Maßnahmen erwartet werden ...

Statt eines Protestes schrieb Bischof Headlam eine Woche später dem Bischof von Chichester, George Bell, der in diesen Fragen ganz anderer Meinung war, er halte die Berichte des deutschen Bischofs Theodor Heckel für zuverlässiger als diejenigen Helmuth von Moltkes: „Moltke scheint ein erbitterter Gegner des ganzen Hitler-Regimes zu sein und ist offenbar entschlossen, den Kirchenkampf aufrechtzuerhalten, weil er mit Recht annimmt, das werde dem Nationalsozialismus schaden."[5] Wenn man Helmuth von Moltkes damalige religiöse Indifferenz in Betracht zieht, wirkt die Bemerkung nicht ungerecht, obwohl sich die Beurteilung als falsch erwies.
Im November 1937 schrieb Moltke seinen Großeltern: „Ich habe jetzt mehr Freunde in London als in Berlin." Auch Adam von Trott zu Solz begegnete er zuerst in England. Der Dichter A. L. Rowse brachte sie in All Souls zusammen. In der Beschreibung, die Rowse von dieser Begegnung gibt, kommt Moltke besser weg, obwohl Rowses Aussage, dieser habe „dunkel und glänzend wie ein Schwert" ausgesehen, auf Adam mindestens genauso zutraf.[6] Beide waren dunkelhaarige, auffallende Männer, beide sehr groß. Sie hatten auch in anderer Hinsicht manches gemeinsam: Sie waren Söhne von Grundbesitzern und hingen sehr an ihrer engsten Heimat; ihre Mütter waren angelsächsisch; sie waren Antinazis und von Beruf Juristen. Aber sie waren ganz verschiedene Menschen. Trotts Beredsamkeit stand im Gegensatz zu Moltkes Zurückhaltung. Trott war viel intellektueller. Er hatte ein Buch über Hegel geschrieben, während Helmuth von Moltke vielleicht keine Zeile Hegel gelesen hatte, obwohl man Schule und Universität kaum durchlaufen konnte, ohne das Wichtigste über Hegel erfahren und die Hegelsche Dialektik und die Lehre vom Staat gelernt zu haben. Aber Hegel war eben nichts für Moltke. Lilian Mowrer erzählt, wie er eine schwierige Diskussion über das Absolute unterbrach: „Was soll das heißen, es gibt nichts absolut Schlechtes *(bad)*? Es gibt fehlerhafte *(bad)* Grammatik und faule *(bad)* Eier!" Bei ihrer Begegnung in All Souls hatten sie politische Meinungsverschiedenheiten. Trott war für Appeasement, eine Politik, die Moltke, wie das

Gespräch mit Lothian zeigt, bekämpfte.[7] Das trug Moltke wohl auch A. L. Rowses Sympathie ein, der darin ganz seiner Meinung war. Trott versuchte, dem treu zu bleiben, was er als wahre deutsche Tradition betrachtete, obwohl er tiefen Abscheu empfand vor der nazistischen Verhöhnung von Recht und Moral; er war Patriot. Moltke war frei – manche würden sagen: allzu frei – von herkömmlichem Patriotismus und entschied über Wert und Unwert einer Sache nie nach nationalen Gesichtspunkten. Deshalb ist es verständlich, daß sie sich damals nicht sofort anfreundeten, sondern erst im Krieg, als die Umstände ein gemeinsames Ziel und enge Zusammenarbeit erforderten.

Hitler beleidigt die Armee
1938

Obwohl Helmuth James von Moltke von nun an regelmäßig nach London fuhr und lange Wochenenden und seine freie Zeit in Kreisau verbrachte, bedrückte ihn im Laufe der folgenden Jahre seine Berliner Existenz immer mehr.
Schon am 9. September 1935 schrieb er seiner Frau Freya nach Kreisau: „Gerade heute beim Dösen in der Bahn ist mir eingefallen, daß es mir keinerlei Gemütsbewegung bereiten würde, wenn ich mich morgen wieder von Lewinski trennen sollte."
Während der Olympiade 1936 hatten er und Lewinski sich geweigert, Fahnen aus den Bürofenstern zu hängen, doch sie wurden später bei festlichen Anlässen von Reichs wegen angebracht.

Berlin, den 27. Juni 1936
... Berlin ist fürchterlich. Unter den Linden schiebt sich eine geschlossene Masse Menschen vorbei, um die Fahnen zu besehen. Und was für Menschen. Ich habe nie gewußt, daß es so etwas gibt. Wahrscheinlich sind das die Nationalsozialisten, die ich ja auch nicht kenne ...

Er war empört, daß zur Olympiade die ganze Welt nach Berlin strömte und Hitler und seinem Regime, seiner Ordnung, Sauberkeit, Tüchtigkeit und Organisation Anerkennung und Bewunderung zollte, während die Konzentrationslager ihre deutschen Häftlinge kaum mehr fassen konnten.

Berlin, den 31. Januar 1938
... Die Stadt ist widerlich, und jeder Tag festigt in mir die Überzeugung, daß es richtig ist, die Arbeit hier auf ein Mindestmaß zu beschränken, sobald es finanziell erträglich scheint. Wenn es in drei oder vier Jahren in London nicht geht, dann werde ich mich doch noch ganz nach Kreisau zurückziehen und dort mit Dir verbauern ...

Verschiedenes kam zusammen, ihm das Leben schwerzumachen. Da war vor allem die praktische juristische Arbeit. Ein guter Teil bestand darin, das Los der Juden und anderer Opfer der Nazi-Tyrannei nach Möglichkeit zu erleichtern und ihnen zur Auswanderung zu verhelfen. „Es ist schwer, immer zusehen zu müssen, wie es anderen schlecht geht", schrieb er am 31. Januar 1938. Aber er sah nicht nur zu. Ein Beispiel: Als zwei seiner jüdischen Mandanten verschwanden, verfolgte er ihre Spur mit kühler Hartnäckigkeit bis ins Hauptquartier der Gestapo in Wien. Weiter kam er nicht. Darauf fuhr er nach Wien und fragte dort selbst nach. Man warnte ihn, er habe den Verstand verloren und werde nur selbst dabei zu Schaden kommen, aber er blieb dabei, erhielt die Auskunft, die er brauchte und konnte ihre Sache weiterverfolgen.

Der Anschluß Österreichs zerstörte den Schwarzwald-Kreis. Einige Freunde nahmen sich das Leben. Zweimal besuchte Helmuth von Moltke die Schwarzwalds in Wien. Zwischen diesen Besuchen traf er „Fraudoktor" in Kopenhagen und war deprimiert über die schlechten Aussichten für ihre Zukunft.

Auch der Vater machte ihm das Leben nicht leicht. Er war durch den Tod seiner Frau vereinsamt und fühlte sich nirgends zu Hause. Zwar hatte er in Berlin zuerst mit Helmuth und Freya zusammen gewohnt, doch das nahe Zusammenleben zweier Generationen erwies sich besonders für den Vater als unbefriedigend. Und in Kreisau hatte er nichts mehr zu sagen. So beschloß er, wieder zu heiraten (1937). Grundsätzlich konnten seine Kinder das verstehen, doch seine zweite Frau war nicht in der Lage, sich in die Gefühle seiner Kinder zu versetzen, die noch um ihre Mutter trauerten und nicht wirklich bereit waren, sie zu akzeptieren. Helmuth traf der Entschluß des Vaters besonders hart, weil das gerade sanierte Gut nun vertraglich belastet werden sollte mit einer Rente auf Lebenszeit für die noch junge Frau. „Sie ist seine Schülerin. [Christian Science], geschieden, lahm, mit einem Sohn von elf Jahren, ohne Geld und aus Memel. Vorläufig sehe ich noch keinen Ausweg in der Angelegenheit, weder familienmäßig noch finanziell", schrieb Helmuth von Moltke am 19. 9. 1937 nach Kreisau. Als der Vater seine neue Frau Weihnachten ins Berghaus bringen wollte, erklärte Helmuth in Übereinstimmung mit seinen vier Geschwistern, Weihnachten sei für sie noch zu sehr mit der Erinnerung an ihre Mutter verbunden, so daß seine zweite Frau da nicht willkommen sei. Schließlich wurde alles geregelt, doch starb der Vater bereits achtzehn Monate später. Die vertraglich festgesetzten Leistungen an seine Witwe wurden bis zum Verlust von Kreisau 1945 erfüllt.

Berlin hatte aber für Helmuth von Moltke auch Vorteile. Dort konnte man noch vieles unbemerkt und unbeschadet unternehmen, was in der Provinz nicht mehr möglich war. In Berlin saßen Leute, mit denen sich arbeiten ließ; dort hatte er Freunde.

Man hatte da auch am meisten Aussicht, den Wust offizieller Propaganda zu durchstoßen und festzustellen, was wirklich vorging. Dazu verhalfen ihm auch einige freundschaftliche Beziehungen zu Ausländern, zum Beispiel zu Wallace Deuel, dem Korrespondenten der *Chicago Daily News*, den er ziemlich regelmäßig sah. Die Zeitung hatte seinen Vorgänger Mowrer nach Erscheinen seines Buches *Germany Puts the Clock Back* auf Goebbels' Druck hin nach Paris versetzt. Moltke lud die Deuels nach Kreisau ein, doch weil sie fürchteten, ihm zu schaden, lehnten sie unter irgendwelchen Vorwänden mehrmals ab. Als er dann dahinterkam, berichtet Wallace Deuel, habe er gesagt: „Ich habe kürzlich alte Familienpapiere durchgesehen und festgestellt, daß die Moltkes bei Unruhen mehr als einmal auf der Seite der Verlierer gewesen sind, und daß auch der eine oder andere seinen Kopf dabei verloren hat. Das wird wohl dieses Mal wieder so kommen. Aber wir sind viele, und einige werden überleben. Inzwischen will ich selbst bestimmen, mit wem ich umgehe.“[1] So kamen die Deuels für ein Wochenende nach Kreisau.

Gleich nach dem Anschluß Österreichs im März 1938 bat Helmuth von Moltke Michael Balfour um den Besuch eines englischen Freundes in Berlin. Michael Balfour kam sofort selbst, und Moltke berichtete ihm den Hergang der Absetzung der Generale Blomberg und Fritsch. Balfour fragte ihn nicht nach seiner Quelle, zweifelte aber nicht an der Wahrheit des Berichtes und übergab ihn an Mittelsmänner, von denen er erwarten konnte, daß sie ihn an den Premierminister und an den Außenminister weiterleiten würden. Moltke lag daran, den Engländern Hitlers ganze Gefährlichkeit vor Augen zu führen.

Folgendes war geschehen: Am 12. Januar waren Hitler und Göring Trauzeugen bei der Hochzeit des Kriegsministers General von Blomberg gewesen. Unmittelbar danach wurde durch Polizeiberichte die fragwürdige Vergangenheit der Braut bekannt. Göring hatte alles gewußt, aber Hitler gab sich getäuscht und tobte. Blomberg mußte am 4. Februar zurücktreten. Gleich darauf wurde der gegebene Nachfolger, der Oberbefehlshaber des Heeres, General von Fritsch, der Homosexualität beschuldigt. Hitler forderte den Rücktritt von Fritsch und gab ihm keine Gelegenheit, sich zu verteidigen. Dann enttäuschte er Görings Hoffnung, Kriegsminister zu werden, wodurch die Armee der Luftwaffe unterstellt worden wäre, und übernahm das Kriegsministerium selbst. Gleichzeitig folgte als Außenminister Ribbentrop auf Neurath, und Funk wurde an Stelle von Schacht Wirtschaftsminister. Unmittelbar danach annektierte Hitler Österreich, lenkte damit die Aufmerksamkeit von Fritsch ab und überging die Forderung der Generäle, ihn öffentlich zu rehabilitieren. Fritsch war, wie sich nach mühevollen Nachforschungen feststellen ließ, absichtlich mit einem wesentlich rangjüngeren Offizier namens Frisch verwechselt und deshalb vor Gericht freigesprochen worden.

Das waren Tatsachen, die Helmuth von Moltke damals wußte. Noch nicht bekannt war ihm hingegen – doch es hätte ihn wohl nicht im geringsten verwundert –, daß Hitler Fritsch und Blomberg eliminieren wollte, weil die Generale bei einer geheimen Konferenz im vorhergehenden November angesichts von Hitlers Expansionsplänen Bedenken geäußert hatten. Von nun an nahm Hitler die Strategie selbst in die Hand; nach vier Jahren glänzender Erfolge richtete er damit Deutschland zugrunde. Gleichzeitig distanzierte er sich immer mehr von den führenden Offizieren und ihren Freunden.

Die Generäle hatten für die Weimarer Republik nie viel übrig gehabt. Einige, die die Lage falsch einschätzten, trugen sogar erheblich zu ihrem Untergang und zu Hitlers Aufstieg bei. Sie begrüßten Hitlers außenpolitisches Programm in den ersten Jahren seiner Regierung, denn es enthielt alles, was sie seit 1919 gern verwirklicht gesehen hätten – den Austritt aus dem Völkerbund, die Wiederbewaffnung, die Wiederbesetzung des Rheinlandes mit deutschem Militär. Und die nächsten Stadien – die Vereinigung mit Österreich und den deutschsprachigen Teilen der Tschechoslowakei, die Beseitigung des polnischen Korridors – führten im Osten den Prozeß der Annullierung des Versailler Vertrages zu Ende. Doch die Geschwindigkeit, mit der Hitler vorgehen wollte, brachte Risiken mit sich, die die Generäle zu hoch fanden. Um seine Pläne auszuführen, mußte Hitler in eine Position kommen, die ihm erlaubte, über ihren Rat hinwegzugehen. Das gelang ihm, aber er tat dies auch dann noch, als der Rat vollkommen richtig war.

Das alles veränderte die Lage im Innern erheblich. In den Jahren 1935/36 hatte die Gestapo jede Form von Opposition so gut wie unmöglich gemacht. Viele Arbeiter blieben Gegner des Nationalsozialismus, aber sie konnten nicht viel mehr tun, als miteinander in Verbindung bleiben und in zäher Kleinarbeit Widerstand leisten, wo sich Gelegenheit dazu bot.

Bei den Protestanten war der glimpfliche Ausgang des Niemöller-Prozesses im März 1938 ein Pyrrhus-Sieg. Niemöller kam sofort ins Konzentrationslager, und die aufsässigen Pastoren wurden durch eine Reihe verwaltungstechnischer und finanzieller Maßnahmen, die im einzelnen belanglos schienen, im ganzen genommen aber zerstörerisch wirkten, dazu gezwungen, sich zu unterwerfen. Ähnliches geschah mit der katholischen Kirche nach Verkündigung der päpstlichen Enzyklika „Mit brennender Sorge" im März 1937. Von nun an war eine mehr oder weniger systematische Opposition offenbar nur noch innerhalb einer Institution möglich, die in der Lage war, sich selbst zu schützen.

Solche Institutionen zogen daher die entschlossenen Gegner des Regimes an. Da gab es das Auswärtige Amt. Nach Ribbentrops Ernennung war es buchstäblich in zwei Lager gespalten, mit dem Außenminister und seinem persönlichen Stab in einem Gebäude und den Berufsdiplomaten unter Staatssekretär Ernst von Weizsäcker in einem anderen, wobei beide Gruppen einander auszuschalten suchten. Aber bei weitem am wichtigsten war die Armee, denn auf sie war Hitler bei seinen Plänen angewiesen. Sie hatte Waffen zu ihrer Verteidigung, die sie gegebenenfalls auch gegen Hitler wenden konnte.

Die Ansicht, Hitler sei eine Gefahr für Deutschland, gewann nach der Krise mit Fritsch in der Armee immer mehr an Boden. Das war eine wichtige Entwicklung. Blomberg war Hitler immer hörig gewesen; er trug seinen Spitznamen „Gummilöwe" zu Recht und hatte sich durch seine Heirat selbst in Mißkredit gebracht. Fritsch hingegen war ein hochgeachteter Offizier, und die Art, wie man ihn ausgebootet hatte, sowie die Tatsache, daß er nicht rehabilitiert wurde, als die Wahrheit zutage trat, rief in der Armee Empörung hervor. Viele Offiziere waren bereit gewesen, die Nationalsozialisten regieren zu lassen und ihre Methoden zu übersehen, weil sie dachten, Hitler tue es „für Deutschland". Als man endlich erkannte, was vor sich ging, schwand diese Toleranz. Auch die Art und Weise, wie die Kirchen behandelt wurden, tat in der Armee ihre Wirkung, denn viele Offiziere waren praktizierende Christen. Es gab sogar Offiziere, die es mit ihrem Gewissen in Einklang bringen konnten, gegen den Führer zu konspirieren und den Eid auf ihn zu brechen, zu dem sie durch die nach Hindenburgs Tod 1934 von Blomberg vorgelegte Formel des Diensteides gezwungen worden waren.

Angesichts der Pläne Hitlers für einen Angriff auf die Tschechoslowakei baute sich im Sommer 1938 der Widerstand in der Armee schnell auf. Er konzentrierte sich um General Beck, den Chef des Generalstabes, und wurde von Weizsäcker und anderen Beamten des AA unterstützt. Man plante eine neue Regierung mit Carl Goerdeler. Goerdeler (1884–1945) war Mitglied der Deutschen Volkspartei gewesen. Er hatte sein Amt als Oberbürgermeister von Leipzig niedergelegt, weil in Leipzig gegen seinen Willen das Denkmal des Komponisten Mendelssohn entfernt worden war. Er wurde Reichskommissar für Preisbildung, legte aber auch dieses Amt nieder, weil er mit der Kriegshetze der Nazis nichts zu tun haben wollte. Von diesem Zeitpunkt an suchte er Hitler zu stürzen. Die Verschwörer rechneten damit, daß ein Angriff auf die Tschechoslowakei Europa an den Rand eines Krieges bringen würde. Diese außenpolitische Krise sollte den Anlaß liefern, Hitler zu beseitigen.

Helmuth von Moltke wußte höchstens am Rande von diesen Plänen. Im Mai 1938 hatte Halder, der im Oktober auf Beck als Chef des Generalstabes folgte, im Verlauf einer Stabsübung in Schlesien das Grab des Feldmarschalls in Kreisau besucht und sich etwa eine Stunde lang mit Moltke unterhalten, aber nur allgemein. Später hatten sie durch den Juristen Etscheid wieder Kontakt, aber es läßt sich nicht nachweisen, daß das 1938 war. Hans Lukaschek, der 1933 von seinem Posten als Oberpräsident von Oberschlesien entfernt worden war und nun als Rechtsanwalt in Breslau lebte, berichtete nach dem Krieg, Moltke habe ihn im Sommer 1938 zwischen Mitte Juni und Mitte August besucht und mit ihm von der Verschwörung und von der Notwendigkeit gesprochen, Männer mit Erfahrung zusammenzubringen, die entschieden, was nachher zu geschehen habe.

Auch wenn Lukaschek sich nicht getäuscht und diesem Gespräch Äußerungen zugeschrieben hat, die tatsächlich viel später fielen, dann beweist seine Darstellung doch nicht, daß Moltke genauere Kenntnis von der Verschwörung hatte. Es gibt dafür nämlich sonst keine Anhaltspunkte.[2]

In Helmuth von Moltkes Überlegungen, wie er seine Zukunft am besten einrichten könne, finden sich keinerlei Anzeichen, daß er mit einem baldigen Sturz des Regimes rechnete. 1937 war er mit seiner Frau zum zweiten Mal in Südafrika gewesen, und sie entschieden sich wieder gegen die Auswanderung. Am 2. November 1937 wurde ihr erster Sohn, Helmuth Caspar, geboren. Aber er war zu besorgt über die Zukunft und hielt den Wert des Lebens immer noch für zu gering, als daß ihm seine Vaterschaft willkommen gewesen wäre. Daß ein Kind unterwegs war, belastete sein eigenes Leben. Doch sobald aus der Erwartung ein kleiner Mensch geworden war, gewann „Freyas Söhnchen" sein Herz und erwärmte und erheiterte das Leben der Eltern.

Im März trennte sich Moltke von Lewinski. Er schrieb Freya dazu:

Berlin, den 5. Mai 1938

... Welch ein hervorragender Mann ist er doch ... Jedes Wort, das er gesagt hat, war weise, lauter und ohne jede Pose. Ich freue mich, daß ich ihm begegnet bin und ein Land, das einem solchen Mann keine ausreichende Anerkennung zu Teil werden lassen kann, ist nur zu bedauern. [Er sagte mir]: „Gehen Sie fort aus diesem komischen Land, es wird Ihnen hier nie gut gehen; ich bin ja leider zu alt ..."

Helmuth von Moltke wollte sich einer größeren Anwaltsfirma mit jüngeren Mitarbeitern, die ihn gelegentlich vertreten konnten, anschließen. Paul Leverkühn, seit 1915 wiederholt Mitglied verschiedener internationaler Kommissionen zur Regelung internationaler Wirtschaftsrechtsfragen während und nach dem Ersten Weltkrieg, nahm ihn gern in seine Firma auf.
Berlin wurde durch diesen Wechsel aber nicht anziehender.

Berlin, den 2. August 1938
... Ich kann die Unsinnigkeit dieser Existenz nicht mehr lange ertragen. Ist es nicht besser, die falschen Werte und Fiktionen hier aufzugeben und in allergrößter Bescheidenheit irgendwo zu leben, wo man nicht ständig auch von außen bedrückt ist? Ich habe das Gefühl, daß ich lieber in einem freien Lande hungere als daß ich hier dazu beitrage, den respektablen Schein aufrecht zu erhalten. Das tun wir doch alle. Wir stellen uns als Fassade vor die Scheußlichkeiten, die täglich exerziert werden, und nur deshalb, weil man uns verhältnismäßig lange stehen läßt, bevor man uns von hinten annagt. Ich habe ganz einfach keine Lust mehr ...

Im Zug von Kreisau nach Berlin hatte er die von Eve Curie verfaßte Biographie der Madame Curie gelesen. Er sagte darüber: „Ein ganz großartiges Buch ist es wirklich, aber ich bin davon so traurig geworden, daß ich beinahe am Schlesischen Bahnhof wieder umgedreht wäre." Im gleichen Brief kam er noch einmal darauf zurück:

... Die Curies sind ein erstaunliches Paar gewesen. Aber mehr als man ihre Vorzüge bewundert, muß man betrübt sein, daß solche Vorzüge den exakten Wissenschaften zugeordnet werden, als ohnehin die Geisteswissenschaften bereits im Rückstand waren. Wie anders könnte die Welt aussehen, wenn Leute dieses Kalibers sich den sozialen Wissenschaften zugewandt hätten. So ist die Diskrepanz nur noch größer geworden, und heute ist es diesen Wissenschaftlern zu danken, daß die Ungeeignetsten die Werkzeuge haben, mit denen sie andere regieren und sich an der Macht halten können ...

In der folgenden Nacht dachte er weiter über die Zukunft nach. Es sei besser für sie alle, wenn Freya und Caspar so lange als möglich im Berghaus blieben und von dem lebten, was sie aus Deutschland doch nicht herausnehmen dürften, während er sich außerhalb Deutschlands zuerst ohne sie freier bewegen und das Berghaus zwischendurch als seinen Ruheplatz „so gewiß als Arche Noah" benutzen könne. Er bezweifelte, im Ausland als Jurist so viel verdienen zu können, daß es für ein Leben in der Stadt ausreichte. Besser wäre es wohl, halb als Farmer in der südlichen Hemisphäre zu leben, aber ganz aufgeben wolle er die Juristerei nicht. Freya müsse ja auch für den Fall, „daß ich draufgehe", sich und Caspar selbst ernähren können, alles andere sei zu sehr „Mondschein". Er schlug dann vor, sie solle sich so frei von ihren Kreisauer Pflichten machen, daß sie in Schweidnitz oder Breslau Landwirtschaft – vielleicht insbesondere Viehzucht – studieren könne.

Eines wurde ihm bei diesem Grübeln klar: Es war notwendig, die Qualifikation als Barrister zu erwerben. Auch Kriegsdrohungen sollten ihn nicht davon abhalten, das so rasch als möglich zu erreichen.

Die tschechische Krise

Im Oktober 1937 bestand Helmuth James von Moltke in London sein erstes, im Mai 1938 sein zweites Examen. Anfang Oktober 1938 wollte er das Schlußexamen machen. Er mußte dafür innerhalb von sechs Wochen 95 kurze Aufsätze schreiben. Um seine Chancen zu verbessern, fuhr er am 12. August nach London und blieb dort bis zum Examen. Er wohnte in der winzigen Stadtwohnung von Lionel Curtis in der Nähe des St. James's Square und arbeitete zwölf Stunden täglich. Curtis selbst hielt sich in Neuseeland auf; in Oxford herrschten Sommerferien. Helmuth von Moltke blieb deshalb fast ganz sich selbst überlassen. Nur an den Wochenenden besuchte er Freunde. So kam es, daß er sich während des Höhepunktes der tschechischen Krise, als England und Frankreich den Krieg durch Nachgeben noch einmal vermieden, nicht in Deutschland befand und auf Zeitungen angewiesen war. Darum konnte er auch mit einem Komplott gegen Hitler nicht viel zu tun gehabt haben.
Wie immer beschäftigte er sich lebhaft mit der englischen Politik und der Reaktion der Engländer im allgemeinen. So hatte er zum Beispiel eine Debatte im englischen Parlament nach dem Anschluß Österreichs kommentiert:

London, den 5. März 1938
... Nur Churchill erhebt sich über das Niveau des allgemeinen Sumpfes, und von den in der *Times* kaum beachteten Oppositionsrednern vielleicht Henderson und Alexander. Am liebsten würde ich in der *Times* einen Brief sehen, in dem lediglich steht: Would not a cryptic saying meet the position: if you will not cross the Rubicon you will destroy a great Empire.[1] ...

Aber im Mai schrieb er:

London, den 14. Mai 1938
... Ich habe das Gefühl, daß eine grundlegende Veränderung vor sich gegangen ist. Je mehr ich so gerüchteweise höre, umso mehr drängt sich mir die Meinung auf, daß England und Frankreich entschlossen sind, in der allernächsten Zeit einen Streit herbeizuführen, der in einem schallenden Sieg oder in einem Krieg enden muß. Ob aber die Tschechei ein geeigneter Kriegsgrund ist, erscheint mir sehr zweifelhaft ...

Zum ersten Mal machten sich die Engländer damals mit Erschrecken klar, daß die Tschechoslowakei von Deutschland überfallen werden konnte, und Helmuth von Moltke war beeindruckt von Englands offensichtlicher Kampfbereitschaft. Allerdings muß ihm am folgenden Wochenende eine Begegnung mit dem amerikanischen Flieger Charles Lindbergh zu denken gegeben haben. Lindbergh war gerade von der deutschen Luftwaffe hofiert worden, und sein Bericht, daß sie der britischen und französischen Luftwaffe weitaus überlegen war, wirkte höchst beunruhigend. Im August war es dann soweit, der große Nervenkrieg begann:

London, den 26. August 1938
... Es ist nicht mehr die nervöse Ängstlichkeit des Mai und Juni, es ist vielmehr die Gewißheit, daß man durch den Sturm hindurch muß und jetzt nicht mehr mit der Wimper zuckt, sondern den vorgesehenen Kurs steuert, ohne sich umzusehen ...

London, den 8. September 1938
... Ich habe die Empfindung, daß die Stimmung aus irgendeinem Grunde zuversichtlicher ist, und man scheint der Auffassung zu sein, daß wir den Sudetendeutschen nicht und unter gar keinen Umständen mit Waffengewalt zu Hilfe kommen würden ...

London, den 9. September 1938
... Heute war hier das Gerücht verbreitet, der Chef des Stabes, Beck, sei zurückgetreten ...

In Wirklichkeit war Beck schon am 18. August zurückgetreten, was aber mit seinem Einverständnis erst am 19. Oktober veröffentlicht wurde.

London, den 13. September 1938
... Die Krise scheint jetzt unmittelbar bevorzustehen, und das Kabinett scheint heute einiger als gestern. Die Reaktion auf die Führerrede [am Abend zuvor zum Abschluß des Nürnberger Parteitages] ist durchweg feindlich, was mich wundert. Ich hatte erwartet, daß es gelingen würde, einen Teil der englischen Meinung zu gewinnen ...

London, den 14. September 1938
... Mit aller Gewalt kann ich mir nicht vorstellen, daß wir in dieser Frage es auf einen Krieg ankommen lassen, denn wenn wir warten, wird uns das meiste von

dem, was wir gewinnen könnten, in den Schoß fallen. Ich glaube, einige Engländer finden meine Zuversicht in die Erhaltung des Friedens etwas aufreizend ...

Am 15. September fuhr Chamberlain nach Berchtesgaden.

London, den 15. September 1938
... Die Ereignisse hier waren ungeheuer lehrreich. Es ist der Regierung in wenigen Tagen gelungen, das ganze Volk, mit verschwindenden Ausnahmen, mit dem Willen zu kämpfen zu erfüllen, und ich habe dem Prozeß mit Spannung zugesehen. Käme es zum Kriege, so würde er hier vom ersten Tag an mit Begeisterung geführt ... Nun sieht es ja so aus, als würde es ohne alles abgehen. Merkwürdigerweise habe ich in all der Aufregung über diese Leistung der Einigung eines Volkes durch Warten und Geduld nie an den Krieg ernsthaft geglaubt ...

London, den 17. September 1938
... Die Situation ist verwirrt und vernebelt, und Chamberlain wird bald etwas sagen müssen, wenn er nicht die öffentliche Meinung zerflattern sehen will. Die Disziplin, die vorige Woche so bemerkenswert war, hat nachgelassen, und einige populäre, wenn auch nicht politisch gewichtige Blätter treiben ihre eigene Politik. Das ändert nichts daran, daß ein Fingerzeig der Regierung die öffentliche Meinung wieder einigen wird ...
Ein Drogist, bei dem ich eine Tube Kolynos kaufte, sagte: „What fine weather, what bloody politics: the 12th of March was a beautiful day, Sir."[2] Das ist doch eine schöne Geschichte. – Es ist ein komisches Land, und je mehr man davon sieht, um so eindrucksvoller [sic] ist die raffiniert und kompliziert gesicherte Einfachheit. Ich habe wieder viel gelernt in den Wochen ...

London, den 18. September 1938
... Jetzt, nachdem die Engländer dem Führer[3] persönlich gesagt haben, daß sie kämpfen werden, wenn etwas geschieht, nehme ich nicht an, daß wir kämpfen werden. Mir scheint die Absicht, Selbstmord zu begehen, doch zu fern zu liegen ... Ich bin der Meinung, daß Chamberlain nur die noch zweifelhaften Gemüter auf seine Seite bekommen will. Ich glaube nicht daran, daß irgendein Kompromiß im Augenblick zustande kommt, und wenn alle Beteiligten die Nerven behalten, können wir an der Unannehmlichkeit vorbeikommen ...

London, den 19. September 1938
... Man ist ganz Zuschauer, aber das ist anstrengend genug, weil es schließlich um Prinzipien geht, die allein das Leben in Europa erträglich machen. Werden

sie über Bord geworfen, dann muß man so schnell wie möglich gehen . . . Ich kann mir nicht vorstellen, daß Chamberlain eine ernsthafte Teilung der Tschechei in Erwägung zieht, und wenn er es tut, scheint es mir sehr zweifelhaft, ob er nicht darüber stürzen würde . . .

London, den 20. September 1938
. . . Der Tag war angefüllt mit der ungeheuren Niederlage der Franzosen und Engländer, für die es eigentlich keine rechte Erklärung gibt. Man hat den Eindruck, daß die Beschämung darüber, daß man mal wieder eine kleine Nation, der man Unterstützung versprochen hatte, hat schmählich sitzen lassen, und daß man sich in Grund und Boden schämen muß, daß man es hat wieder so weit kommen lassen. Dann kommt das Gefühl, daß das noch nicht das Ende der Erniedrigungen sein wird, sondern daß man auch in anderen Sachen wird seine Politik ändern müssen. Es ist nicht abzusehen, was dieser Entschluß innenpolitisch für beide Länder bedeuten wird. Man hat das Gefühl, daß das Ergebnis das Ende der jetzt am Ruder befindlichen Regierungen sein wird.
Gegenüber dem Gefühl der Beschämung kommt das Gefühl der Erleichterung, daß die unmittelbare Kriegsgefahr vorüber ist, nicht ernsthaft auf . . .

Am 22. September 1938 kam Chamberlain nach Godesberg.

London, den 22. September 1938
. . . Dies ist ein merkwürdiges Land. Die ungeheure Vielfalt wird einem klar in solchen Tagen. Wochen hindurch haben sich die vielen Einzelströmungen zusammengefunden, gleichsam kristallisiert, und heute zerfällt der Kristall wieder, aber anders, als er zusammengekommen war; alle haben neue Gesichtspunkte gesehen, keiner ist stur bei seiner Meinung geblieben, und – was immer die Folge dieser Ereignisse international und weltgeschichtlich sein mag – alle sind aus der gemeinsamen Anstrengung und Vereinigung reicher davon gegangen, auch die enttäuscht und verbittert sind. Es muß ein Vergnügen sein, dieses Volk zu regieren und aus dem steten Wechsel der Kristallisationspunkte immer neue Antriebskräfte zu ziehen . . .

London, den 26. September 1938
. . . Nach wie vor halte ich es für ganz wahnsinnig zu glauben, daß wir Ende der Woche mit England im Krieg liegen werden. Mir scheint doch, daß der Führer nur einen Krieg anfangen wird, wenn er ihn isoliert halten kann, da, nach allem, was man hier hört, Chamberlain ihm gesagt hat, daß England kämpfen würde, kann ich mir nicht vorstellen, daß irgend etwas geschieht . . . Es hat wenig Sinn zu arbeiten, wenn man sich so beunruhigt fühlt . . . Ich [kann]mir nach wie vor

nicht vorstellen, daß wir die ganze Vernichtungsmaschinerie in Gang [setzen] und [bin] der Meinung, daß es Unrecht [ist], wegen dieses allgemeinen Kriegsgeschreis die Nerven zu verlieren und abzureisen. Schließlich, je gefaßter und ruhiger und unberührter der Einzelne bleibt, umso größer ist die Aussicht, daß nichts geschieht ...

London, den 27. September 1938
... Gestern habe ich mich dank der dummen Zeitungen beeinflussen lassen und habe schlecht gearbeitet. Da ich so wenig Zeit habe, kann ich mir das nicht leisten und lese jetzt einfach die Zeitung erst im Bett. Das Ergebnis heute war großartig ...

London, den 28. September 1938
... [John] Foster[4] und ich scheinen die einzigen Männer in London zu sein, die glauben, daß es keinen Krieg gibt. Foster hat das der Führerrede entnommen, und ich halte es einfach schlechthin für ausgeschlossen. Nachdem England, Frankreich und Rußland definitiv erklärt haben, sie würden kämpfen, kann ich mir nicht vorstellen, daß der Führer in die CSR einmarschieren läßt, um das Land einige Wochen früher zu haben. Da wir das Gebiet ja bekommen, kann es doch keinen Weltkrieg wert sein, es vierzehn Tage früher verwüstet statt vierzehn Tage später unversehrt zu erhalten. Kurz, ich halte das Gerede für Unfug ...

Am 29. September 1938 wurde die Münchener Konferenz beendet:

London, den 30. September 1938
... Die Stimmung hier ist heute eine ungeheure Erleichterung. Wenn man sich auch mit den kommenden Ereignissen abgefunden hatte und sie mit Fassung und Entschlossenheit auf sich nahm, so war die Mitteilung, daß es nicht nötig sei, doch für alle eine Erlösung. Ich glaube, es wäre ganz gleichgültig, was Chamberlain jetzt brächte, alles würde als ein Geschenk empfunden werden. Immerhin war die Entschlossenheit und Willigkeit des ganzen Volkes doch eine bemerkenswerte Demonstration ...

London, den 1. Oktober 1938
... Jetzt bricht hier wohl ein neues Zeitalter an, wenn nicht ein Wunder geschieht, und wenn die Einwohner dieses Landes es noch kaum bemerkten, so haben wir dafür doch viel geschärftere Sinne. Es wird gewiß nicht das letzte Aufflackern des Alten gewesen sein, das ich erlebt habe, aber ich glaube nicht, daß es noch jemals wieder so nah an den Sieg über das Neue kommen wird. Unter dem Schein alt-

ehrwürdiger Institutionen wird sich die soziale Struktur dieses Landes wohl nicht minder wandeln als sie sich in Deutschland gewandelt hat...

Am 5. Oktober schrieb Helmuth von Moltke einen ziemlich alarmierenden Brief an seine Großmutter:

*London, den 5. Oktober 1938
...In England ist eine wilde antisemitische Propaganda ausgebrochen; die ganze Beaverbrook Presse hat die Kampagne aufgegriffen und veröffentlicht jeden Tag einen Auszug aus Hitlers *Mein Kampf*, und schon heute kann man die Zeichen sehen, daß der Faschismus hier im Aufsteigen ist. Ich habe es am stärksten gespürt, als ich mit John Martin [einem bekannten Manager der Goldminen in Südafrika] und mit einigen Leuten seiner Firma in der City gegessen habe. Sie sind alle ganz unpolitische Leute, aber die Art, wie sie für die Stärkung der Verwaltungsmaschine und für die Macht der Exekutive eintraten, die offensichtliche Befriedigung, die sie darüber zeigten, daß es Chamberlain gelungen war zu regieren, ohne die Meinung des Parlaments zu berücksichtigen – das zeigt alles deutlich, in welche Richtung es geht. Wenn nicht sehr bald eine starke Reaktion kommt, dann wird England faschistisch. Obwohl das sicher alles in sehr anständigen Formen und unter dem Mantel unveränderter Grundsätze vor sich gehen wird, sind die Folgen unvorstellbar schrecklich...

Am gleichen Tag schrieb er seiner Frau:

London, den 5. Oktober 1938
...Es wäre fast ein Wunder, wenn ich mit dem Examen zu Rande gekommen wäre. Ich habe eben geschrieben, was ich für richtig hielt, aber im besten Falle ist es „intelligent guess work“...

Doch er bestand das Examen.

Die letzten Friedensmonate

Hitlers Gegner in Deutschland hatten auf einen internationalen Konflikt gesetzt. Um einen tschechischen Widerstand mit Sicherheit überwinden zu können, beließ der deutsche Generalstab lediglich acht Divisionen an der Westfront. Hätte Frankreich seine im Grunde defensive, auf die Maginotlinie gestützte Strategie aufgegeben und angegriffen, wäre es für Deutschland gefährlich geworden. Der französische General Gamelin hielt die deutschen Befestigungen im Westen für „de la marmelade". Auch war die Ansicht verbreitet, Deutschland sei einem Zweifrontenkrieg nicht gewachsen, sofern auch Großbritannien zu seinen Gegnern gehöre. Die Verschwörer in Berlin hatten deshalb geplant, Hitler und seine Gefolgschaft zu verhaften und notfalls zu erschießen, sobald er Befehl zum Angriff auf die Tschechoslowakei geben würde. Falls er es aber aufgeben sollte, wenn er feststellte, daß England und Frankreich tatsächlich bereit wären, in einen Krieg einzutreten, so würde dieser Prestigeverlust ihrer Ansicht nach möglicherweise seine Stellung gefährden.
Was die Beteiligten getan hätten, wenn es wirklich zum Angriff Deutschlands auf die Tschechoslowakei gekommen wäre, wird man niemals beantworten können. Die Verschwörer in Berlin behaupteten, die Nachrichten von Chamberlains Besuch in Berchtesgaden und von der Konferenz in München seien jedesmal in dem Moment eingetroffen, als sie gerade zum Handeln ansetzen wollten. Doch Hitler hatte die Lage richtiger eingeschätzt als seine Gegner. Und ob er sich wirklich in die Ecke hätte manövrieren lassen, wie sie es sich bereits ausmalten, ist schwer zu sagen. Wie dem auch sei, sie fühlten sich im Stich gelassen und waren überzeugt, daß das Dritte Reich sofort oder in naher Zukunft sein Ende gefunden hätte, wenn England fest geblieben wäre und Frankreich zur Festigkeit ermahnt hätte, statt es zu entmutigen.
Helmuth von Moltke hatte Verständnis für diese Ansicht, als er im Oktober 1938 nach Deutschland zurückkehrte. Im November war er schon wieder in England und sandte Lionel Curtis nachträglich eine lange Analyse. Zuerst pries er wieder die Standfestigkeit und Einigkeit des englischen Volkes, wie er es schon seiner Frau gegenüber getan hatte, und fuhr dann fort:

*Berlin, den 20. November 1938
... Ich kehrte in tiefer Besorgnis über Europas Zukunft nach Deutschland zurück. Wenn dieser Kontinent für längere Zeit unter die Herrschaft der Nazis geriete, würde unsere in Jahrhunderten aufgebaute und letztlich auf das Christentum und die Klassik gegründete Zivilisation verschwinden, und wir wissen nicht, was

stattdessen entstände. Aber was auch entstehen mag, es würde anders sein als das, wozu wir erzogen worden und wofür wir eingetreten sind. Als ich wieder in Deutschland war, merkte ich sofort, daß der radikale Flügel der Partei die Oberhand bekommen hatte und daß schreckliche innerdeutsche Entwicklungen zu erwarten waren. So hatte ich gleich sehr viel Arbeit damit, mich aufs Schlimmste gefaßt zu machen und vor allem Juden aus dem Land zu bringen. Etwa eine Woche vor vom Raths Ermordung begannen die Parteiorgane Andeutungen über Ghettos und Vermögenseinziehung zu machen, und unter normalen Umständen hätte der Weg von den Tageszeitungen bis zu den amtlichen Gesetzblättern drei bis sechs Monate gedauert. Der Mord hat natürlich die Ereignisse beschleunigt, und was dann passierte, ist allgemein bekannt . . .

Der letzte Absatz bezieht sich auf die Ermordung des jungen Diplomaten vom Rath an der deutschen Botschaft in Paris am 7. November. Der Mörder war ein junger Jude, dessen Eltern gerade aus Deutschland nach Polen vertrieben worden waren, wo sie übrigens nicht viel weniger brutal behandelt wurden. Goebbels nahm den Mord zum Vorwand, jüdische Geschäfte und Synagogen angreifen, plündern und zerstören zu lassen: die Kristallnacht am 9. November 1938. Die deutschen Juden wurden von fast allen wirtschaftlichen Tätigkeiten ausgeschlossen. Viele entschlossen sich daraufhin, das Land zu verlassen, hatten aber nur bis Ende des Monats Frist zur Erledigung der Formalitäten. Das führte zu vielen Komplikationen, die gerade Fragen des internationalen Wirtschaftsrechts betrafen, und es war nicht verwunderlich, daß Moltke am 12. Dezember schrieb, er spüre die Anstrengungen der letzten Wochen.
Im Winter 1938/39 scheint Helmuth von Moltke die Verbindung mit alten Freunden langsam wieder aufgenommen zu haben. Horst von Einsiedel, Adolf Reichwein und Arnold von Borsig (dessen Familie die Borsig-Werke gegründet hatte) kamen in seinen Briefen vor. Bei Borsig begegnete er einem früheren Reichsbannerführer, Theo Haubach, den er, Carl Zuckmayer zufolge, schon 1927 zusammen mit seinem Freund Mierendorff in Zuckmayers Haus bei Salzburg getroffen hatte, woran sich Moltke aber offenbar nicht erinnerte.[1] Durch Einsiedel erneuerte er seine Bekanntschaft mit Otto von der Gablentz und sah regelmäßig Eduard Waetjen, einen Rechtsanwalt in Berlin und Freund der Deichmanns. Mit ihm besprach er systematisch bestimmte Themen: die deutsch-amerikanischen Beziehungen (Waetjens Mutter war Amerikanerin) und die Reorganisation der deutschen Gesellschaft nach dem Zusammenbruch des Dritten Reiches.
Solche Diskussionen leiteten unmittelbar über zu Moltkes Aktivitäten während des Krieges. Man könnte sie deshalb als Beginn des „Kreisauer Kreises" bezeichnen. Ob mit Berechtigung, bleibt allerdings fraglich. Historiker neigen dazu, Ursprünge herauszustellen, daher ist eine gewisse Skepsis geboten. Andererseits gibt es Dokumente von 1940, die deutlich zeigen, daß zuvor etwas geschehen war. Wahrscheinlich kann die Frage „Wann hat alles angefangen?" genausowenig klar beantwortet werden wie die Frage „Wer gehörte zum Kreisauer Kreis?".

Für intelligente Gegner des Regimes war es selbstverständlich, Deutschlands und Europas Gegenwart und Zukunft zu diskutieren. Helmuth von Moltke war keine Ausnahme. Zuerst verfolgten diese Gespräche wohl kein konkretes Ziel. Das dürfte sich geändert haben, als sich während der tschechischen Krise und danach herausstellte, daß die Widerstandsgruppen keine klaren, übereinstimmenden Vorstellungen von dem hatten, was auf Hitlers Sturz folgen sollte. Man war sich nur einig, daß es anders als die Weimarer Republik sein müsse. Bei Kriegsausbruch hatte Helmuth von Moltke schon erkannt, wie wichtig die Bereitschaft einer Gruppe war, gegebenenfalls mit klaren Plänen die Regierung zu übernehmen. Aber zu welchem Zeitpunkt er auf diesen Gedanken kam oder wann er sich zum ersten Mal entschloß, etwas dafür zu tun, ist ihm damals vielleicht selbst nicht bewußt geworden; nachträglich läßt es sich gewiß nicht bestimmen. Sein Verhalten während der Krise um Fritsch zeigt, daß er in der Lage war, sich zuverlässige Informationen zu beschaffen, aber daraus folgt noch nicht, daß er an der Planung von Unternehmungen aktiv teilgenommen hatte. Es gibt indessen vier Aufzeichnungen, die Anmerkungen in seiner unverkennbaren Handschrift zeigen und mit der Zahl „1939“ (ohne Monatsangabe) versehen sind, nämlich:

1. Bemerkungen zur Theorie der Selbstverwaltunng – 8 Thesen
2. Bemerkungen zur Hochschulbildung
3. Arbeitsplan über Raum und Grenzen der Selbstverwaltung
4. Die kleinen Gemeinschaften

Der erste Absatz der letzten Aufzeichnung verdient zitiert zu werden, weil er die Vorstellungen wiedergibt, die den Waldenburger Arbeitslagern zugrunde lagen und gleichzeitig in Richtung der späteren Pläne für eine Welt nach dem Krieg weist:

... Ich gehe davon aus, daß es für eine europäische Ordnung unerträglich ist, wenn der einzelne Mensch isoliert und nur auf eine große Gemeinschaft, den Staat, ausgerichtet wird. Der Vereinzelung entspricht die Masse. Gegenüber der großen Gemeinschaft, dem Staat, oder etwaigen noch größeren Gemeinschaften, wird nur der das rechte Verantwortungsgefühl haben, der in kleineren Gemeinschaften in irgendeiner Form an der Verantwortung mitträgt, anderenfalls entwickelt sich bei denen, die nur regieren, das Gefühl, daß sie niemandem Verantwortung schuldig sind als der Klasse der Regierenden. – Eine solche Entwicklung mag Rußland oder asiatischen Ländern angemessen sein; eine europäische Ordnung wird nicht aus ihr erwachsen ...

Über seine eigenen Pläne schrieb Moltke an Curtis:

*London, den 15. Februar 1939
... Heute fahre ich wieder nach Deutschland zurück. Ich muß sagen, noch nie bin ich weggefahren mit so pessimistischen Ansichten über die Zukunft von West-

europa, dem ich mich zugehörig fühle. Und gleichzeitig kann ich einfach nicht sehen, wo ich etwas Nützliches oder Konstruktives tun könnte. Meiner Meinung nach geht es jetzt nicht um die Frage, wie man sich bis zum Sturz der cäsarischen Regime durchschlagen soll, sondern darum, wie man das übrige Westeuropa davor schützen kann, diesen Regimes zum Opfer zu fallen oder selbst solche Regime zu entwickeln. Die Lähmung, die dieses Land befallen hat, starrt einem überall ins Gesicht. Und zugleich ist während des letzten Jahres alles getan worden, meinen lieben Führer und Kanzler zu stärken und zu festigen: Dadurch war er in der Lage, ganz Deutschland von jeder feindlichen Bewegung zu säubern. Wo voriges Jahr eine Chance für einen Wechsel war, da ist jetzt nichts. Ein Wechsel des Regimes hängt darum vom Nachlassen seiner Macht infolge Erschöpfung ab; und es besteht kein Anlaß, das zu unseren Lebzeiten zu erwarten.

Meine eigenen Angelegenheiten sehe ich folgendermaßen: Meine Arbeit in Berlin muß zu einem Ende kommen. Sie quält mich, denn bei meinem Beruf unterstützt man zwangsläufig diejenigen, deren Geist das Land beherrscht. Aber es ist auch gefährlich, so weiterzumachen, weil man mir nicht erlauben wird, ewig unentschieden zu bleiben und doch meinen Paß, meine Devisenbewilligung usw. zu behalten.

Ich habe zwei Möglichkeiten. Ich kann nach Kreisau zurückkehren und dort mein Land bestellen mit allen Annehmlichkeiten und Nachteilen des Landlebens und mit der absoluten Gewißheit, daß ich niemals im Leben etwas Nützliches tun kann, das heißt etwas, das diejenigen unterstützt, denen ich mich zugehörig fühle.

Die andere Möglichkeit ist, nach England zu kommen und mein Glück als Barrister zu versuchen. Die Erfolgschancen sind 1 zu 99. Aber selbst wenn ich Erfolg haben sollte, so wäre das nur ein kleiner Vorteil gegenüber einem Leben in Kreisau. Der einzige wirkliche Vorteil läge in der Möglichkeit, Caspar eine Erziehung zu geben, die er in Deutschland nicht bekommen könnnte. Was mich wirklich anzieht, ist nicht die vage Chance, die ich als Barrister habe, sondern daß ich vielleicht nützlich sein könnte, das europäische Glaubensbekenntnis gegen das cäsarische zu verteidigen und vielleicht neu zu formulieren. Kurz, was mich wirklich anzieht, ist, auf der richtigen Seite zu sein.

Aber dieses Mal hat mich beunruhigt, daß ich nicht weiß, ob ich überhaupt erwünscht wäre. Diesen Geist der Vergeblichkeit, des Defätismus, der Lähmung, der sich in den letzten Monaten in diesem Land so schnell verbreitet hat und im August und September noch nicht zu bemerken war, kenne ich so gut. Dieser Geist herrschte in Deutschland von 1930 bis 1933. Bald wird es so weit sein, daß Sie gute Leute verlieren, und bestimmt brauchen Sie dann keine Ausländer, wenn deren Vorsätze auch noch so gut sind.

Das ist die Frage, die mich bedrängt und mich wieder zweifeln läßt, ob ich mich nicht besser lebendig begraben lasse in Kreisau. Andererseits habe ich das Gefühl, daß es meine Pflicht und Schuldigkeit ist, den Versuch zu unternehmen, auf der richtigen Seite zu sein, was immer es für Unannehmlichkeiten, Schwierigkeiten und Opfer mit sich bringen mag. Ich darf nicht einfach sagen, ich könne mich ja zur Ruhe setzen, da die Aussichten auf einen sofortigen oder baldigen Wechsel

in Deutschland geschwunden seien. Ich bin also im Zwiespalt mit mir selbst, und diese Komplikation kommt noch zu den von außen auferlegten Komplikationen hinzu.
Ich würde natürlich gern noch ein Jahr warten. Aber das kann ich nicht. Bald werde ich eingezogen, und dann werde ich von der SA kontrolliert. Die Paßvorschriften werden verschärft, und es ist schon jetzt schwierig, einen Paß zu bekommen, wenn man keinen sehr gewichtigen Grund zum Reisen hat. In Deutschland werden Besuche von Ausländern bei Deutschen fraglos beobachtet, und man wird die Isolierung jedes einzelnen Deutschen von ausländischen Kontakten noch weitertreiben . . .

In seiner Antwort machte Lionel Curtis Helmuth von Moltke auf eine Rede von Goebbels aufmerksam, in der dieser die Kriegsgerüchte dementierte, und auf ein Angebot Hitlers, Hollands Unabhängigkeit zu garantieren. Helmuth von Moltkes Erwiderung war: „Hüte Dich vor den Iden des März!", und genau an diesem Tag wurde der Rumpfstaat der Tschechoslowakei besetzt.[2] Inzwischen war er nach Deutschland zurückgekehrt und erlebte darum die heftige Reaktion der öffentlichen Meinung in England nicht mehr. (Schon die Kristallnacht rief dort Empörung hervor.) Vielleicht hätte Moltke sonst den Defätismus der Engländer im Februar 1939 nicht ebenso überschätzt wie die Einigkeit im September 1938.
Im Sommer 1939 vereinbarte Helmuth von Moltke, daß er einen Raum übernehmen wolle im Büro von John Foster und Donald Somervell, der damals „Attorney-General"[3] war. Er bestellte dafür sogar Möbel. Als er im Juni mit seiner Frau zum letzten Mal in England war, sagte er seinen Freunden, sie planten, einen großen Teil des kommenden Winters in London zu verbringen. Im Juni schilderte er seinem Großvater ausführlich seine Lage:

*London, den 25. Juni 1939
. . . Die Arbeit in Berlin ist sehr unbefriedigend. Nicht ihrem Umfang, sondern ihrer Natur nach. Die Gerichte funktionieren in allen wichtigen Fällen praktisch nicht mehr, und die Arbeit an Urkunden ist infolge der Rechtsunsicherheit zurückgegangen, denn der Wert jeder Abmachung steht in Frage. Langfristige Auslandssachen, auf die ich mich spezialisiert hatte, sind praktisch zum Stillstand gekommen. Die anfallende Arbeit ist Geist und Gewissen abträglich. Sie erfordert Verhandlungen mit den verschiedenen Ministerien, die das Land beherrschen; es wird von einem erwartet, daß man bestechen und Verbindungen zu einflußreichen Staats- und Parteibeamten herstellen kann. Das ist die Folge eines Regierungssystems, das Beamte aller Ränge zu Entscheidungen ermächtigt, die Erfolg in Mißerfolg verwandeln können oder umgekehrt, die aber nicht als quasirichterliche Entscheidungen ergehen, sondern auf Grund von Nützlichkeitserwägungen, welche eine unparteiische Person weder kontrolliert noch kontrollieren kann und welche allen möglichen Einflüssen oft zweifelhafter Natur unterliegen.

Ich brauche dieses Thema nicht auszuführen. Ein Mensch mit Selbstachtung kann nicht einverstanden damit sein, unter solchen Bedingungen zu arbeiten, es sei denn, er muß unter allen Umständen seinen Lebensunterhalt verdienen ... Ich nehme mich nur noch der wenigen, sehr wenigen Fälle an, in denen das Recht noch die wichtigste Determinante ist, und ich entwerfe noch die Urkunden, die sich mit internationalen Investitionen, internationalen Testamenten oder erbrechtlichen Zuwendungen und mit internationalen Export-/Importgeschäften befassen. Für das Aufsetzen solcher Urkunden bin ich nicht auf Berlin angewiesen, denn solche Sachen kommen aus allen Teilen Europas, aus Brüssel, Köln, Breslau und Wien ... Mit solchen Arbeiten verdiene ich in meinem Berliner Büro genug, um den Haushalt im Berghaus aufrechtzuerhalten und alle meine Ausgaben und Steuern in Deutschland zu bezahlen.

Natürlich ist mein Beruf in Deutschland nicht auf einmal, sondern nach und nach so heruntergekommen. Gerade weil ich das voraussah, habe ich ja begonnen, mich in Berlin auf mein Barristerexamen vorzubereiten und feste Verbindungen mit großen Solicitor-Firmen[4] herzustellen, die sich in London mit internationalen Angelegenheiten befassen. Ich glaube, daß ich jetzt in London genügend Fuß gefaßt habe, um es dort mit der Arbeit zu versuchen.

Die deutschen Behörden haben mir eine Devisengenehmigung erteilt, die mir erlaubt, einen ausreichenden Anteil des in London verdienten Geldes dortzubehalten, und darum hoffe ich, dort soviel zu verdienen, daß ich meine Zeit zwischen London und Kreisau teilen kann. Das ist das Endziel, falls alles gut geht. Am Anfang muß ich mit meiner Arbeit in Berlin in gewissem Umfang in Verbindung bleiben und mir eine Tür offenhalten, falls es in London schiefgehen sollte. In London habe ich drei Arten von Arbeit vor: a) Ich hoffe, einige Vertragsentwürfe im internationalen Geschäftsverkehr und in Familienangelegenheiten zu bekommen; es gibt keinen Grund, warum Solicitor-Firmen, die mir solche Arbeit nach Berlin geschickt haben, nicht bereit sein sollten, sie mir nach London zu schicken. Ich habe schon eine Prozeßvollmacht über zwei Jahre von einer Firma für 150 Pfund Sterling im Jahr. b) Ein gewisser Teil meiner Arbeit in Berlin erreicht mich auch in London. Wenn sie in Berlin anfällt, kann man sie mir von dort einfach nachschicken, und statt in Berlin lasse ich mich dann in London bezahlen. c) Das dritte ist wissenschaftliche Arbeit für die Londoner Universität. Man hat mir für ein bestimmtes Forschungsprojekt über Internationales Recht 200 Pfund Sterling für zwei Jahre bewilligt[5] ... Ich finde deshalb, daß es so günstig aussieht, wie es unter den gegenwärtigen Umständen überhaupt möglich ist. Da die Aussichten in Deutschland finster sind, wäre ich töricht, es nicht in London zu versuchen ...

Die Pläne konnten nicht verwirklicht werden, weil der Krieg ausbrach. Schon im Juni stellte Helmuth von Moltke in England fest, daß alle seine Freunde mit dem Ausbruch des Krieges in naher Zukunft rechneten. Fast gegen besseres Wissen weigerte er sich, daran zu glauben. Den russisch-deutschen Vertrag hatte er, wie so viele andere, nicht für möglich gehalten. Am 24. August, drei Tage nach Bekanntwerden des Vertrages, schrieb er von Berlin an Michael Balfour: „Ich bin jetzt hier ganz fest angebunden, weil ich dabei bin, mich für meine Herbstpläne [die Arbeit in London] freizumachen." Der gleiche Brief enthielt auch einen Appell an Michael Balfour, in England gegen Deutschfeindlichkeit anzugehen, die der Krieg hervorbringen würde:

* Berlin, den 24. August 1939
... Diese Tage machen viele Hoffnungen zunichte, aber ich vertraue darauf, daß wir später wieder von vorne beginnen können. Wir müssen wieder anfangen, und ich hoffe, Du wirst es als Deine Pflicht betrachten, möglichst viele Leute im Gleichgewicht zu halten. Später kann man dann weiter sehen ...

Moltke, der einige Wochen in Kreisau verbracht hatte, war am 21. August nach Berlin gefahren, um sich eine Arbeit zu suchen, die ihn im Kriegsfall davor bewahren würde, eingezogen zu werden. Am 1. September 1939 brach Hitler mit seiner ganzen Militärmacht in Polen ein. Noch am 25. August hatte er ein Beistandsangebot an England gerichtet für den Fall, daß England bereit sei, Deutschland in Polen freie Hand zu lassen. In einem Briefwechsel mit Daladier hatte er versucht, eine französische Intervention zugunsten Polens zu verhindern. Beide Bemühungen schlugen fehl. Am 3. September erklärten England und Frankreich gemeinsam Deutschland den Krieg.

Berlin, den 4. September 1939
... Hier herrscht eine Stimmung, die sich bis zum physischen Übelsein steigert. Es könnte gar nicht schlimmer sein ...

Berlin, den 5. September 1939
... Dieser Krieg hat etwas gespenstisch Unwirkliches. Die Menschen stützen und tragen ihn nicht. Gestern, als Henderson abfuhr, ging ich gerade in der Wilhelmstraße vorbei. Vielleicht 300 oder 400 Menschen standen da, aber kein Laut des Mißfallens, kein Pfiff, kein Wort ertönte; man hatte das Gefühl, sie werden jeden Augenblick klatschen. Völlig unverständlich. Die Menschen sind apathisch. Es ist wie ein *„danse macabre"*, auf der Bühne von Unbekannten getanzt, und keiner scheint das Gefühl zu haben, daß er der Nächste ist, der von der Maschine zertrümmert werden wird. Es ist das Maschinelle, menschlich Unbeteiligte, das diesem Krieg den Schwung nimmt. Es wird dem Sieg jedenfalls die Begeisterung, vielleicht auch der Niederlage den Stachel nehmen. Welch ein Krieg, der mit Drohungen an die Adresse derer beginnt, die ihr Hab und Gut, ihr Leben, ihre Freunde, Männer, Frauen, Söhne und Töchter opfern sollen ...

Die Abwehr

Binnen vierzehn Tagen nach Kriegsausbruch wurde Helmuth James von Moltke als Kriegsverwaltungsrat in die Abteilung „Ausland" der Abwehr im Oberkommando der Wehrmacht (OKW) dienstverpflichtet. Offiziere der Abwehr hatten schon seit dem 11. August mit dem Institut für Ausländisches Öffentliches Recht und Völkerrecht der Kaiser-Wilhelm (jetzt Max-Planck)-Gesellschaft verhandelt, denn sie brauchten im Krieg eine Verstärkung der fachmännischen Beratung in internationaler Kriegsrechtsregelung. Helmuth von Moltke hatte schon als Rechtsanwalt mit dem Institut zu tun gehabt. Zum Beispiel hatte er Aufsätze über das Recht des British Commonwealth für die Institutszeitschrift geschrieben. Er wurde nun vom Direktor des Instituts, Viktor Bruns, der Abwehr empfohlen. Bruns selbst, ein älterer Mann, ging nicht zur Abwehr, aber sein Vertreter Ernst Martin Schmitz erhielt auch eine Anstellung.

Diese Ernennung hatte für Moltke verschiedene Vorteile. 1. Sie verschaffte ihm die offizielle Berechtigung, mit der Welt in Verbindung zu bleiben. So las er während des ganzen Krieges die *Times* und die englischen Parlamentsberichte. 2. Er konnte sich voll dafür einsetzen, daß Deutschland in seiner Kriegführung an den Regeln des Internationalen Rechts festhielt. 3. Obwohl er keine Uniform trug und überhaupt nicht gern von andern Leuten herumkommandiert wurde, war er in dieser Stellung Angehöriger der Wehrmacht. Er genoß ihren Schutz gegenüber der Partei; zum Beispiel wurden die Personalakten eines Angehörigen der Abwehr von der Polizei zur Abwehr verlegt. Da er von Anfang an erwartete, daß der Krieg den Sturz der Nazis zur Folge haben würde, hielt er es für wichtig, Leute in der Verwaltung zu haben, die dazu beitragen konnten, den Wiederaufbau nach der Katastrophe in vernünftige Bahnen zu lenken. Das OKW schien eine günstige Stelle, um im entscheidenden Augenblick Einfluß auszuüben. Er hatte zwar nicht erwartet, daß seine Mitarbeiter dort überzeugte Nazis sein würden, konnte aber auch noch nicht ahnen, daß er ins Nervenzentrum der Gruppe kam, die Hitler stürzen wollte, an eine Stelle, die General Jodl im Nürnberger Prozeß später als Verschwörernest bezeichnete.

Den Namen „Abwehr" erhielt der militärische Geheimdienst der deutschen Armee im Jahre 1921, als jede Bezeichnung, die die leiseste Spur von Aggressivität enthielt, bei den Alliierten Verdacht erweckte. Die Abteilung bestand ursprünglich aus sechs Offizieren, wurde im Zuge der Wiederbewaffnung vergrößert und war nun als „Amtsgruppe Auslandsnachrichten und Abwehr im Verteidigungsministerium" bekannt. An ihrer Spitze stand seit 1935 ein Marineoffizier, Konteradmiral Wilhelm Canaris. Als nach der Krise vom Februar 1938 das OKW entstand, wurde der Geheimdienst „Amt Ausland/Abwehr" genannt und

in drei Hauptabteilungen gegliedert: in die Abteilung Ausland (später: Amtsgruppe Ausland), der von 1938–1945 Konteradmiral Leopold Bürkner vorstand; in die Abteilung Z, die die Personalabteilung, die Finanzen und die Verwaltung betreute, unter Generalmajor Hans Oster, der gleichzeitig als Chef der Zentralabteilung fungierte; und in die eigentliche Abwehr, die sich in drei Untergruppen aufgliederte: Spionage, Sabotage und Gegenspionage.
Die Abteilung Ausland diente hauptsächlich der Verbindung zwischen dem OKW und dem AA und der gegenseitigen Orientierung über die jeweiligen Gesichtspunkte. Innerhalb dieser Arbeit befaßte sich die Abteilung Ausland auch mit der Auswertung des von anderen Abwehrabteilungen gesammelten Geheimdienstmaterials und anderer, meist nicht geheimer Materialien, die sie selbst sammelte. Offiziell wurde die Auswertung nicht im OKW gemacht, sondern von den drei Wehrmachtsteilen (Armee, Marine, Luftwaffe) und dem Auswärtigen Amt, aber das hätte nicht nur Canaris, sondern auch Keitel, den Chef des OKW, von der Auswertung anderer abhängig gemacht. So scheint Bürkners Abteilung eine der wenigen Stellen in der gesamten deutschen Militärmaschinerie gewesen zu sein, in der man einen klaren Überblick über den Krieg gewinnen konnte. Die Abteilung bestand aus sieben Zweigen, von denen Nr. VI unter Oberstleutnant Tafel für das Internationale Recht zuständig war. Dieser Zweig zerfiel wiederum in sieben Unterabteilungen. Helmuth von Moltke war anfänglich für Wirtschaftskriegsfragen verantwortlich.
Die ganze Abteilung war 1939 im OKW-Gebäude untergebracht, das je einen Eingang am Tirpitzufer (jetzt Reichpietschufer) und an der Bendlerstraße (jetzt Stauffenbergstraße) hatte. Es war günstig für Moltke, daß sein Schwager Carl Deichmann nicht weit davon eine Garagenwohnung in der Derfflingerstraße besaß, die er übernahm; dort wohnte er, bis 1943 Wohnung und Amt von Bomben zerstört wurden. So konnte er zum Mittagessen nach Hause gehen, und bei der Gelegenheit fanden viele seiner wichtigsten Zusammenkünfte statt.
Canaris (1887–1945) wurde oft „der kleine Grieche" genannt: Doch seine Familie soll aus der Lombardei stammen, war aber seit mehreren Generationen in Deutschland ansässig. Einer seiner Mitarbeiter sagte von ihm: „Der Admiral sieht nach gar nicht viel aus, aber er hat es faustdick hinter den Ohren."[1] Kultiviert, scharfsinnig, wendig, zutiefst pessimistisch und außerdem undurchdringlich, wie der Leiter eines Geheimdienstes sein muß, wußte er viel zuviel über die Nazis, um tatenlos hinnehmen zu können, was er für krasse Dummheit hielt und als unmenschliche Brutalität erkannte. Deshalb arbeitete er auf den Sturz des Regimes hin. Und wenn er in seinen Bemühungen je nachgelassen hätte, waren andere da, die ihm keine Ruhe ließen: Hans Oster (1888–1945), der Berufsoffizier im Generalstab und von Anfang an ein Gegner des Nationalsozialismus war; Hans von Dohnanyi (1902–1945), Osters rechte Hand, der 1933–1938 persönlicher Referent des Justizministers Franz Gürtner, 1938/39 Reichsgerichtsrat gewesen war und bei Kriegsausbruch zur Abwehr eingezogen wurde; Oberst Helmuth Groscurth (1898–1943), Canaris' Verbindungsoffizier zum OKH. Helmuth von Moltkes Amtschef, Leopold Bürkner (geb. 1894), der sich als Marineattaché mit

Die Arbeit in der Abwehr
September - Dezember 1939

Helmuth James von Moltke nahm nun eine Arbeit in Angriff, bei der es um eine wichtige prinzipielle Frage ging. Die Haager Konventionen von 1899 und 1907 über das Kriegsrecht waren zu einer Zeit formuliert worden, als Kriege noch ausschließlich von feindlichen Armeen ausgefochten wurden. Das Leben der Zivilbevölkerung blieb davon verhältnismäßig unberührt. Seit man aber im Krieg über die Besiegung des Feindes in der Schlacht hinaus auf Vernichtung des Nachschubs und Zerstörung der Industrie und des Durchhaltewillens der Bevölkerung abzielte, wurden viele Rechtsvorschriften ungenügend, und es entstanden zahllose neue Situationen, für die es keine Vereinbarungen gab. Im Luftkrieg konnte man zwischen „Kombattant" und „Nicht-Kombattant" überhaupt nicht unterscheiden. Die neuen Methoden der Kriegführung mußten die Zivilisten größeren Risiken und mehr unverdientem Leiden als früher aussetzen. In dieser Situation – und besonders im Jahr 1939 in Deutschland – hatten die Juristen zwei Alternativen.
Die führenden Nazis, die weder Achtung noch Verständnis für das Recht hatten, wollten es lediglich als Instrument zur Förderung ihrer Zwecke benutzen und erwarteten von ihren juristischen Ratgebern Rechtfertigungen ihrer geplanten Unternehmungen. Wenn sich passende Vorwände nicht finden ließen, mußte das Recht eben verächtlich gemacht werden. Diese Linie wurde im allgemeinen von der Wehrmachtsrechtsabteilung des OKW, also der außerhalb der Abwehr arbeitenden, im OKW für Rechtsfragen zuständigen Abteilung, und von dessen Referent für Völkerrecht, Wagner, verfolgt, den Moltke „Giftzwerg" nannte.
Die andere Möglichkeit war, bestehende Rechtsvorschriften so anzuwenden, daß sie der Ausdehnung der Kriegsmaßnahmen entgegenwirkten. Indem man auf den eigentlichen Sinn der Rechtsvorschriften hinwies, konnte man unter Umständen das Leiden, das der Krieg mit sich brachte, in Schranken halten. Mit Unterstützung von Canaris machten die Juristen der Abwehr ihren Einfluß in der zweiten Richtung geltend und erleichterten dadurch das Los vieler Menschen, die nie von ihren Bemühungen erfuhren. Ihre beiden Hauptargumente waren: 1. Die Bereitschaft, sich an Rechtsvorschriften zu halten, sei tief in der Armee verankert. Die Offiziere würden vorziehen, nach Möglichkeit auf seiten des sanktionierten Rechts zu bleiben. 2. Willkürliche Grausamkeiten würden auf die Dauer Deutschland schaden, Vergeltungsmaßnahmen herausfordern und die Aufgabe der militärischen Führer noch komplizieren. Helmuth von Moltke und seine Mitarbeiter haben mit viel Zeitaufwand versucht, Offiziere und auch Parteifunktionäre davon zu überzeugen, daß das Recht nicht nur eine lästige Erfindung von Weltverbesserern sei, um die Durchschlagskraft des deutschen Vorgehens zu hemmen, sondern etwas, das, wie die Erfahrung gezeigt hatte, auf die Dauer im deutschen Interesse lag.[1]

Leider wurde die Abwehr in ihren Bemühungen behindert durch ein Übereinkommen, das sie vom politischen Sektor ausschloß; und gerade dort kam es zu den schlimmsten Ausschreitungen der Nazis. Die Abwehr versuchte mit großer Findigkeit, diese Einschränkung zu umgehen. Die schwersten Verletzungen anerkannter Vorschriften waren jedoch schon begangen worden, bevor die Abwehr zum Zuge kam. Im Auftrag von Hitler und Göring folgten SS und SD der Armee nach Polen, um die polnische Oberschicht, die katholische Geistlichkeit und die Juden auszurotten. Sie nahmen unter dem Vorwand, die Militärgerichte arbeiteten zu langsam und gingen zu milde mit den Partisanen um, die Sache selbst in die Hand und brachten zahllose Menschen um, die keine Partisanen waren und nach dem Kriegsrecht hätten geschützt werden müssen. Das wurde in höheren Offizierskreisen bekannt und löste Empörung aus. Aber es war niemand bereit – besonders nicht in der Euphorie des Sieges –, einen direkten Zusammenstoß mit der Partei zu riskieren, was unvermeidlich gewesen wäre, wenn die Armee darauf bestanden hätte, daß sie in den von ihr eroberten Gebieten auch zu entscheiden habe, welche Maßnahmen zu treffen seien. Dieselbe Situation mit dem gleichen verhängnisvollen Ergebnis hat sich dann während des Krieges in vielen Ländern wiederholt.

Der Erfolg des polnischen Feldzuges hatte viel dazu beigetragen, den durch Englands und Frankreichs Kriegserklärung ausgelösten Schock zu überwinden. Am 10. Oktober beorderte Hitler die Chefs der drei Wehrmachtsteile zu sich und befahl, einen Feldzug im Westen vorzubereiten. Die Generäle hielten den November für den denkbar schlechtesten Zeitpunkt und bezweifelten, die vereinigten Armeen Frankreichs und Englands schlagen zu können. Halder, der damalige Chef des Generalstabes, und ein paar andere Generäle dachten deshalb wieder daran, Hitler mit Gewalt zu entfernen, worin sie von Oster und Groscurth, Beck und Goerdeler eifrig bestärkt wurden. Man wollte aber vorher von Frankreich und England die Zusage erhalten, daß sie innere Wirren in Deutschland nicht ausnutzen und bereit sein würden, unter vernünftigen Bedingungen mit einer neuen deutschen Regierung Frieden zu schließen. Im Winter wurde in der Schweiz, in Skandinavien und besonders im Vatikan unter aktiver Teilnahme von Pius XII. darüber verhandelt. England und Frankreich waren einer Zusammenarbeit nicht abgeneigt. Sie wollten nur Gewißheit haben, daß das Angebot ernst gemeint war und daß wirklich etwas gegen Hitler unternommen wurde.[2]

Der Krieg auf See verlief anders. Die Marine war die einzige Waffengattung, die ununterbrochen kämpfte, doch sie war in verschiedener Hinsicht behindert. Erstens hatte sie noch nicht genügend Unterseeboote. Zweitens hielten es der Befehlshaber der Flotte, Admiral Boehm, und sein Stabschef, Kapitän zur See Weichold, vorläufig für zu gefährlich, ihre leichten Schiffe in der Nähe der englischen Küste offensiv einzusetzen. Drittens hatte die Regierung nach den Erfahrungen des Ersten Weltkrieges strenge Vorschriften erlassen zur Verhinderung von U-Boot- und Flugzeugangriffen auf neutrale Schiffe beziehungsweise solche, die neutrale Passagiere beförderten. Als sich herausstellte, daß die Engländer weniger zimperlich waren, änderte man diese Vorschriften zwar ab, zum Beispiel durch die Erweiterung der Liste der Konterbandgüter, aber auch dann konnte England noch alle lebenswichtigen Güter importieren und seine Exporte unbehelligt abwickeln. Mitte Oktober beschloß Admiral Raeder, der Oberbefehlshaber der Marine, harte Maßnahmen zu ergreifen. Er ersetzte Boehm und Weichold durch unternehmendere Offiziere, legte Hitler ein Gutachten im Umfang von 38 Seiten vor und beantragte, eine Äußerung Chamberlains vom 26. September als Vorwand zu nehmen, um die „Belagerung von England" zu erklären. Das Gutachten legt unter anderem dar:

... Das Hauptobjekt der Seekriegsführung ist das Handelsschiff, und zwar nicht nur das feindliche, sondern überhaupt jedes Handelsschiff, das zur Versorgung der feindlichen Kriegswirtschaft in der Einfuhr sowie in der Ausfuhr die See befährt ... Hierbei sind die größten militärischen Erfolgsaussichten zu erwarten, wenn mit rücksichtsloser Schärfe gegen die englischen Seeverbindungen überall da, wo sie für uns erreichbar sind, vorgegangen wird mit dem Endziel, jede Einfuhr nach England sowie jede Ausfuhr aus England zu verhindern. Die Schonung der neutralen Interessen ist anzustreben, soweit es ohne Beeinträchtigung militärischer Erfordernisse möglich ist. Eine Stützung der getroffenen militärischen Maßnahmen auf das bestehende Völkerrecht bleibt erwünscht; militärisch als notwendig erkannte Maßnahmen müssen aber ... auch dann durchgeführt werden, wenn das geltende Völkerrecht nicht auf sie Anwendung finden kann. Grundsätzlich muß daher das militärische zur Brechung der feindlichen Widerstandskraft wirksame Kriegsmittel rechtspolitisch gestützt werden, auch wenn damit neues Seekriegsrecht geschaffen wird ... Ist die Entscheidung für die schärfste Handelskriegsform ... gefallen, so muß an ihr unter allen Umständen und endgültig festgehalten werden ... Sämtliche Einsprüche der Neutralen müssen zurückgewiesen werden ... Je brutaler die Handelskriegsführung, um so früher die Wirkung, um so kürzer also der Krieg ...[3]

Das Gutachten empfahl, die Neutralen aufzufordern, bewaffnete feindliche Handelsschiffe ihren Häfen fernzuhalten, ihren Staatsangehörigen die Benutzung feindlicher Schiffe zu untersagen und ihre eigenen Schiffe nicht in den Bereich der feindlichen Küste zu bringen. Dadurch könnten alliierte Handelsschiffe ohne Warnung und neutrale nach Warnung – und notfalls aus einiger Entfernung – versenkt werden. Auch die Bombardierung feindlicher Häfen, die bisher nicht angegriffen worden waren, wurde empfohlen. Gegen Raeder war einzuwenden, durch die von ihm vorgeschlagenen Maßnahmen verliere man das Wohlwollen der Neutralen, was in keinem Verhältnis stehe zu den für Deutschland im Augenblick erreichbaren Vorteilen. Durch Zurückhaltung beim Versenken und Befolgung der Konventionen des Internationalen Rechts würde man dagegen die Neutralen „moralisch für sich gewinnen".
Bis zum Ende des Jahres 1940 wurde darüber eine heftige Debatte geführt, auf die in Helmuth von Moltkes Briefen immer wieder angespielt wird. Doch da die

Akten der Abwehr durch Bombenangriffe vernichtet worden sind, kann man heute in vielen Fällen nicht mehr im einzelnen feststellen, worauf er sich bezieht. Das Hauptforum, auf dem solches ausgefochten wurde, war ein Sonderstab im OKW, der am 23. Oktober gebildet wurde, um Fragen des Handelskrieges und wirtschaftlicher Kampfmaßnahmen (HWK) zu koordinieren. Um die Bedeutung des Sonderstabes zu betonen, ernannte Raeder einen höheren Offizier, Vizeadmiral Karlgeorg Schuster, zu dessen Leiter, und Kapitän Weichold wurde als Stabschef untergebracht. Armee, Marine und Luftwaffe sowie das AA und die mit wirtschaftlichen Fragen befaßten Ministerien delegierten Vertreter, und Helmuth von Moltke wurde juristischer Mitarbeiter. Auf die Dauer erfüllte der Sonderstab die in ihn gesetzten Erwartungen nicht, und Schuster soll erklärt haben, er sei ein totgeborenes Kind gewesen.
Fast einen Monat lang beklagte sich Helmuth von Moltke über zuwenig Arbeit. Doch das änderte sich bald.

Berlin, den 14. Oktober 1939
... Die letzten 24 Stunden waren insofern interessant, als ich zwei heftige Wortgefechte in der Abteilung hatte, das eine über Seekriegsfragen, das andere über die Pflicht, die Vorgesetzten und besonders die oberste Leitung der Wehrmachtstelle auch über ungünstige Nachrichten zu unterrichten. Bei der ersten Unterhaltung[4] waren die Marineleute unglaublich stur und uneinsichtig. Die zweite war sensationell, weil mir erklärt wurde, daß man verhindern müsse, daß eine Nervenkrise entstehe, und daß man daher nur mit Auswahl auch nach oben weitergeben müsse. Schön, nicht wahr? Ich bin wirklich glücklich, daß ich in meiner rein technischen Arbeit auf all diesen Gebieten keine Verantwortung zu tragen habe ...

Berlin, den 18. Oktober 1939
... Heute ist mir unter boshaften Bemerkungen von Schmitz und Tafel die Ernennungsurkunde zum Kriegsverwaltungsrat ausgehändigt worden. Sonst ist im Amt nichts passiert. Ungünstige Nachrichten gibt es in Menge, aber daran werden wir uns ja gewöhnen müssen. Ich soll ein Referat über die Beschlagnahme feindlichen Eigentums vor den Referenten der zuständigen Ministerien halten. Es wird wohl aber erst in einer Woche etwa soweit sein. Im Grund paßt mir das. Man kann dabei doch manchen Unfug verhüten ...

Berlin, den 25. Oktober 1939
... Hier geht sonst alles weiter. Mehr und mehr Leute erkennen das Unglück, das auf uns los rollt, und im Verhältnis zur Verschlechterung der allgemeinen Stimmung verbessert sich meine ...

Berlin, den 29. Oktober 1939
... Die Zeiten sind schlecht, und es ist keine Aussicht darauf, daß sie besser werden. Mit dem Kopf kann ich keinen Grund finden, warum sich irgend etwas bessern sollte in vielen Jahren. Und leider kann ich reichlich Gründe finden, warum die Zeiten noch wesentlich schlechter werden werden ... Im Augenblick sieht es übrigens so aus, als sei wieder ein kleiner Aufschub erreicht worden. Wenn es wenigstens bis zum Frühjahr wäre. Im Sommer sind alle Sachen leichter zu ertragen als im Winter ...

Am 17. November beschloß Hitler, 1. feindliche Passagierschiffe ohne Warnung zu torpedieren, falls festgestellt werden konnte, daß sie bewaffnet waren, und 2. alle Tanker, einschließlich der neutralen, in den von den Vereinigten Staaten in Verbindung mit ihrer Neutralitätsgesetzgebung als Gefahrenzonen deklarierten Gebieten zu torpedieren.[5] Am 24. November erging an die Neutralen die Warnung, für ihre Sicherheit in der Nordsee könne nicht länger garantiert werden, es sei denn, sie bewegten sich auf eigens festgelegten Kursen. Diese Maßnahmen waren erheblich weniger drastisch als die ursprünglich von Raeder vorgeschlagenen. Wahrscheinlich sind es die zur Abänderung führenden Erörterungen, die sich in einigen Briefen widerspiegeln:

Berlin, den 30. Oktober 1939
... Aus einem ruhigen Tag, den ich erwartet hatte, ist ein stürmischer Tag geworden. Am Morgen um 10 kam der Entwurf eines neuen Gesetzes auf meinen Tisch geflattert, das noch heute erledigt werden sollte und mit dem ich ganz und gar uneinverstanden war. Ich habe mich maßlos quer legen müssen, und das hat bisher zu dem Erfolg geführt, daß morgen eine neue Sitzung aller beteiligten Ministerien stattfindet, in der ich Armer als Hauptakteur erscheinen muß ...

Berlin, den 10. November 1939
... Heute ist wieder ein sehr langer Tag, der auch noch längst nicht zu Ende ist. Ich bin durch die neue Aufgabe tatsächlich mit einer der allergrößten Fragen der Gesamtführung befaßt und vielleicht in der Lage, im Detail Unglück zu verhüten. Bei der Größe der Frage ist allerdings das Detail auch noch von einem Ausmaß, das ich mir nie hätte träumen lassen und das Tausende und Zehntausende von Menschen betrifft. Ich habe die Sache heute morgen in die Hand bekommen und sitze seitdem daran; jetzt ist es 7. Jetzt geht es an die Ausarbeitung, und ehe die fertig ist, ist der größere Teil der Nacht um. Dann muß ich meine Meinung durch all die Stellen durchkämpfen, und vor Mitte nächster Woche ist kein Ende abzusehen ...

Berlin, den 11. November 1939

... In letzter Zeit, das heißt seit Mittwoch, habe ich schlecht geschlafen, weil mich die Aufgaben zu sehr aufgeregt haben. Die Notwendigkeit, um Menschenleben kämpfen zu müssen, ist zwar erfreulich, aber wahnsinnig aufregend. Morgen werde ich bei den Chefs [der vier Abwehrabteilungen in der täglichen Lagebesprechung bei Oster und Canaris] praktisch wohl den ganzen Tag Vortrag halten, und damit beginnt der eigentliche Hauptkampf ...

Berlin, den 12. November 1939

... Heute morgen bin ich um 9 ins OKW gegangen, und jetzt um 5 bin ich von dort fort gekommen; aber ich habe, soweit das bereits möglich war, einen Erfolg davongetragen. Das wird jetzt wohl jeden Tag dieser Woche so gehen. Die Besprechung habe ich mit einem Vortrag eröffnet, der allein fast zwei Stunden dauerte und sich zum großen Teil mit Fragen der Strategie befassen mußte, einem Gebiet, in dem ich mich nicht gerade wohlfühle. Aber es ging gut, und die Leute meiner Abteilung, auf die es zunächst ankommt, sind überzeugt. Das ist ein wichtiger Schritt, weil ich von jetzt an nicht mehr nur meine eigene Meinung vertrete, sondern die der Abteilung. Die nächste Etappe ist, daß ich die beiden anderen Abteilungen des OKW [Rechts- und Wirtschaftsabteilung] überzeuge, und dann ist meine Meinung glücklich zu der des OKW geworden. Darüber wird die Woche noch hingehen. Immerhin habe ich die Sache so vorbereitet, daß ich eigentlich durchkommen muß ... Ich fange an, müde zu werden. Ich glaube, ich werde mich an die neue Verantwortung erst gewöhnen müssen. Ich hoffe, daß ich dann lerne, sie besser zu tragen, als ich es jetzt tue. Augenblicklich regt es mich zu sehr auf; auf die Dauer könnte ich das nicht aushalten. Es ist ein Segen, daß ich Schmitz neben mir habe. So habe ich immer jemanden, mit dem ich Sachen besprechen kann ...

Berlin, den 13. November 1939

... Heute morgen habe ich schon wieder einen Vortrag in dieser Sache gehabt; jetzt ist es 12, und damit wird über Mittag eine kleine Pause eintreten. Um drei geht der Kampf weiter. Ich bin sehr gespannt, was ich durchsetzen werde. Das schlimmste Unglück, das bevorstand, scheint abgeblasen zu sein. Es erscheint noch wie ein Wunder, und man wagt noch nicht daran zu glauben. Aber es scheint richtig zu sein. Dann hätten wir immerhin etwas Zeit gewonnen und könnten hoffen, daß das Schlimmste auf dem Gebiet uns erspart bliebe ...

Berlin, den 15. November 1939

... Die Hoffnung, die ich gestern hatte, daß dieses schlimmste Unglück an uns vorübergehen würde, hat sich verflüchtigt. Es ist nur ganz wenig davon übrig geblieben ...

Berlin, den 16. November 1939
... Ich habe drei Stunden vorgetragen. Ich war tüchtig erschöpft, aber ich scheine mich durchgesetzt zu haben. Langsam sehe ich mich in der Lage, eine der wüsten Maßnahmen wenigstens zu torpedieren. Es wird aber noch weiterer Arbeit bedürfen. Nach dem Vortrag bin ich ins Büro gegangen, habe eineinhalb Stunden diktiert, und jetzt bin ich richtig und gründlich müde ...

Anfang Oktober erzählte Halder Groscurth, er nehme schon seit einiger Zeit eine Pistole mit sich, wenn er zu „Emil“ – so nannten sie untereinander Hitler – befohlen werde, könne sich aber nicht entschließen, sie zu benutzen.[6] Er und auch andere redeten außerdem Brauchitsch, dem Oberbefehlshaber des Heeres, zu, er solle Hitler am 5. November sagen, ein Angriff im Westen sei undenkbar; aber Hitler tobte und ließ seinen Oberbefehlshaber einfach stehen. Schließlich war es das schlechte Wetter, das den Aufschub bewirkte, und nicht die Aufsässigkeit der Generäle. Und bevor das neue Datum heranrückte, kam Verschiedenes dazwischen. Am 8. November gelang es dem Schreiner Georg Elser beinahe, Hitler zu töten. Er hatte im Münchener Bürgerbräukeller, wo er anscheinend alleine arbeitete, eine Bombe eingebaut. Sie explodierte, als die Parteigenossen sich wie alljährlich dort versammelten, um ihren mißglückten Putsch von 1923 zu feiern. Doch Hitler hatte seine Rede abgekürzt, um den Zug zu erreichen, und verließ den Saal, früher als erwartet, unmittelbar vor der Explosion.[7] Am Tag darauf wurden zwei britische Geheimagenten, die wochenlang der Meinung gewesen waren, eine Revolte der deutschen Armee zu fördern, in Wirklichkeit aber mit zwei SD-Leuten verhandelt hatten, gewaltsam von Holland nach Deutschland gebracht. Obwohl sie nichts mit dem Attentatsversuch in München zu tun hatten, schob die deutsche Propaganda die Verantwortung dafür jetzt ihnen, also dem englischen Geheimdienst, in die Schuhe. Das Ergebnis war, daß alle noch vorsichtiger wurden. Auch das Angriffsdatum wurde mehr als einmal hinausgeschoben, bis ins neue Jahr. Doch am 22. November erklärte Hitler General von Brauchitsch und den anderen Chefs der Wehrmacht, er sei entschlossen anzugreifen; dabei beschimpfte er sie derart wegen ihres „Defätismus“, daß sie keine Neigung verspürten, etwas gegen ihn zu unternehmen.

Berlin, den 17. November 1939
... Ich habe miserabel geschlafen, weil ich augenblicklich über die Möglichkeit, die Katastrophe, die unmittelbar bevorzustehen schien, abzuwenden, zu aufgeregt bin. In den letzten Tagen hat sich diese Möglichkeit ein wenig aufgetan, und vielleicht läßt sie sich nutzen. Aber bei mir sind alle anderen Gedanken einfach ausgelöscht. Der Tag ist fast rum, es ist 6 Uhr abends. Dem Ziel bin ich heute mehrere Schritte näher gekommen. Da ich aber nicht selbst handeln kann, sondern mich darauf beschränken muß, anderen Argumente zu liefern, die diese zum Handeln treiben, so ist jeder Schritt mit einer unsäglichen Anstrengung verbunden ...

Berlin, den 20. November 1939

... Heute ist weniger zu tun. Ich will es mir diese Woche überhaupt bequem machen, weil ich am Donnerstag das Referat habe und dafür frisch sein will. Das Auditorium besteht im wesentlichen aus den oberen Referenten der Ministerien, einigen Admiralen und Botschaftern. Also ein erlauchter Kreis. Es wird sehr komisch werden ...

Berlin, den 25. November 1939

... Gestern habe ich nicht geschrieben. Von früh an habe ich bis spät in die Nacht in einer Minorität von 1:25 eine Kriegsmaßnahme bekämpft. Es war eine viehische Anstrengung, zumal die Anderen mir immer mit einem bereits vorliegenden Führerbefehl opponierten [wahrscheinlich eine frühe Version der Weisung Nr. 9 für die Kriegführung gegen die feindliche Wirtschaft, die schließlich zum Erlaß vom 29. November führte]. Es wurde also gestern gegen mich entschieden. Heute morgen habe ich die Sache meinem Chef [Bürkner] vorgetragen, der mich voll gedeckt hat, und mit dieser Deckung habe ich heute morgen den Kampf wieder aufgenommen und so gegen zwei Uhr erreicht, daß einige Ressorts schwankend wurden und die Angelegenheit nochmals bei ihren Ministern vortragen wollen. Sobald das geschehen ist, soll eine neue Besprechung stattfinden, und zwar entweder heute abend oder morgen früh. Inzwischen habe ich die Juristen der anderen Ressorts mobilisiert. Die würden zwar von alleine nie den Mut gefunden haben zu revoltieren, aber die Tatsache, daß mein Chef mich deckte und daß damit ein hoher Militär dahinter stand, hat ihnen den nötigen Mut gegeben. Jetzt steht die Sache so, daß es mir gelungen ist, die Leute wankend zu machen, und so hoffe ich, daß ich mich doch noch gegen die fünfundzwanzigfache Übermacht durchsetzen kann ...

Berlin, den 27. November 1939

... Heute habe ich in meiner Sache gesiegt. Aber es war wie ein Sieg über die Hydra. Einen Kopf habe ich dem Ungeheuer abgehauen, und 10 neue sind gewachsen. Jedenfalls habe ich mich nach dem Sieg so elend gefühlt, daß ich nach Haus gegangen bin und Tee getrunken habe ...

Berlin, den 28. November 1939

... Nach den hektischen Ereignissen der letzten Tage, deren Ergebnis heute zur letzten Entscheidung kommt – in einer Stunde beginnt die Besprechung beim Führer – kommt es mir wie ein Anticlimax vor, mich wieder mit den Dingen des normalen Alltags zu befassen. Gestern besonders hatte ich das Gefühl, daß ich dazu nicht mehr die nötige Spannkraft haben würde. Heute aber habe ich mich wieder daran gewöhnt, und vielleicht bleibt morgen schon nichts weiter übrig, als daß ich meinen Panzerschrankschlüssel sorgsamer noch hüte als bisher ...

Die Weisung für die wirtschaftliche Kriegführung gegen England, die Hitler schließlich am 29. November unterschrieb[8], verband die wirtschaftliche Seite des Krieges enger mit den geplanten Landoperationen. An der Differenz der beiden Dokumente lassen sich Erfolg und Mißerfolg Helmuth von Moltkes und seiner Kollegen ermessen. England wurde als „Träger des Kampfwillens und führende Macht der Feinde" und seine Niederwerfung als notwendig für den Endsieg bezeichnet. Es müsse mit wirtschaftlichen Waffen angegriffen werden, die in enger Verbindung mit den militärischen anzuwenden seien. Die Aufgabe von Flotte und Luftwaffe, den Krieg auf die englische Industrie auszudehnen, sei ausschlaggebend für den Erfolg der Armee gegen die anglo-französischen Armeen im Felde und bei der Sicherung eines französischen Küstenabschnittes gegen England hin.

Anfang Dezember war Moltke, wieder mit Bürkners Unterstützung, in eine neue Schlacht verstrickt. Sein hauptsächlicher Gegenspieler war der Sachverständige des Auswärtigen Amtes in Wirtschaftsfragen, Botschafter Karl Ritter, der während des ganzen Krieges Verbindungsoffizier zum OKW war. Ritter wurde 1949 in Nürnberg zu vier Jahren Gefängnis verurteilt. Seine Aktivitäten werden anhand eines Telegramms deutlich, das er am 6. Dezember 1939 an siebzehn diplomatische Missionen richtete.[9] Er erklärte, es seien bis dahin 150 neutrale Schiffe festgehalten worden, und ihre Zahl nehme täglich zu. Das AA versuche, bei diplomatischen Erörterungen dieser Frage rechtliche Gesichtspunkte zu vermeiden, da die Rechtsbasis für eine solche Beschlagnahme zweifelhaft sei. Es wolle ein geregeltes, gut funktionierendes Kontrollsystem irgendwelcher Art vermeiden, weil das wahrscheinlich die Freigabe der Schiffe zur Folge gehabt hätte. Die verschiedenen neutralen Exporteure sollten durch Hinhalten und Schikanen dazu gebracht werden, keine Güter mehr an andere Neutrale oder an Staaten zu liefern, mit denen Deutschland im Krieg lag. Zu diesem Komplex gehörte auch die Streitfrage, wie man vorgehen wolle, wenn ein neutraler Staat einige seiner Schiffe von den Engländern chartern ließ. Das AA schlug als Vergeltungsmaßnahme vor, man solle dann alle anderen Schiffe dieses Staates für beschlagnahmbar erklären. Ausland/Abwehr vertrat für das OKW die Meinung, das verstoße gegen das Internationale Recht.[10]

Berlin, den 9. Dezember 1939

... Gestern abend habe ich ohne wesentliche Tätigkeit einen Sieg über Ritter erfochten, der in einer immerhin wichtigen Frage sich unter dem konzentrischen Angriff aller zurückziehen mußte. Er hatte seine Karten ganz einfach überspielt. Wieviel das für die Zukunft bedeuten wird, ist allerdings noch nicht klar.

Montag ist wieder ein Großkampftag. Ich habe deswegen heute die Montagsschlacht eingehend vorbereitet und werde morgen, Sonntag, früh zum Chef gehen. Die Aussichten für diese Schlacht scheinen mir im ganzen besser zu sein als die Aussichten bisher waren. Jedenfalls hat die letzte Woche doch einige Leute auf meine Seite gebracht, die ursprünglich nicht auf meiner Seite waren ...

Berlin, den 10. Dezember 1939
... Gestern nachmittag hat mir Schuster einen seiner Leute herübergeschickt und hat mir sagen lassen, er habe sich in der von mir so heftig umkämpften Frage meinem Standpunkt angeschlossen; da das ein Novum sei, wolle er diese Frage nochmals am Montag – wo andere Fragen zu besprechen sind – auf die Tagesordnung setzen; ich sollte meinen Standpunkt noch einmal formulieren. – Nun, ich bin neugierig, wie diese Sache weitergehen wird. Damit verlegt sich die Hauptlast von meinen Schultern auf die des Admirals, der zwar mehr Durchschlagskraft hat, aber auch verwundbarer ist, weil er mehr zu verlieren hat...

Berlin, den 11. Dezember 1939
... Heute haben wir eine Sitzung von 12.30 bis 3.30 gehabt, aus der ich befriedigend als Sieger hervorgegangen bin. Ritter hat sich mit der Bemerkung zurückgezogen, in der Kriegskunst müsse man geschmeidig sein, in der Wirtschaftskriegskunst auch. Dieses Kapitel ist nun hoffentlich geschlossen. – Wir haben zugleich ein neues Kapitel eröffnet, bei dem ich mit mehr Glück operieren konnte. Die Sache wird neu bearbeitet und ich hoffe zuversichtlich, daß diese Geschichte besser läuft. Nachdem ich mich mit dem ersten Eclat durchgesetzt habe, wird das andere wohl leichter gehen. Jedenfalls hat es den Anschein, und Ritter war bereits viel zahmer...

Berlin, den 12. Dezember 1939
... Mir geht es gut. Ich habe keine große Aktivität mehr in mir und keine große Lust, vor Weihnachten noch viel zu tun. Ich möchte lieber wenig oder nichts tun und mich ins...[11] Ausgerechnet an dieser Stelle klingelte das Telefon und ich wurde zu einer Sitzung abgerufen, die gerade jetzt, um halb 7, zu Ende ist, das heißt sie war früher zu Ende, aber ich bin gerade jetzt ins Institut gelangt. – Immerhin ist inzwischen das zweite Projekt von Ritter geplatzt. Mit der Ruhe war also wieder nichts, und morgen um 10.30 habe ich schon wieder eine Sitzung...

Berlin, den 13. Dezember 1939
... Sieh mal, ... welch schöne Briefchen heute kamen [von den Großeltern]... Sie sind an Carl [Deichmann, der jetzt hauptsächlich in Holland lebte] gegangen, der sie mir von Köln geschickt hat... Das war also heute morgen meine Hauptfreude. Im übrigen habe ich überhaupt einen angenehmen Tag, weil meine Hoffnung auf eine baldige Beendigung dieses Krieges ordentlich Nahrung bekommen hat. Ich bin jetzt schon bereit zu wetten, daß wir nächstes Weihnachten im Nachkriegsschlamassel feiern...

Berlin, den 17. Dezember 1939 [Sonntag]
... Ich ernte jetzt bereits die ersten Früchte meiner Saat in den Monaten September und Oktober. Überhaupt, wenn ich die 4 Monate übersehe, so finde ich, daß ich noch nie soviel Übel verhütet und soviel Gutes erreicht habe. Es erstaunt mich. Und das Angenehme ist, daß es nie jemand erfahren wird oder bemerken wird, so daß man nicht sieht, daß etwas dagegen unternommen werden kann. Überhaupt hält die Ferienstimmung an. Es ist sehr unrecht von mir, aber nach der Anspannung der letzten Monate und besonders der letzten Wochen muß ich mich etwas gehen lassen, wenn ich nicht gänzlich überdreht werden will. – Ich kämpfe noch mit mir, ob ich in der nächsten Woche eine Sache im Institut anfangen soll oder nicht.
Heute wird ein ganz friedlicher Tag. Ich werde hier im Büro bis Mittag arbeiten, wohl so bis 2 oder 3. Dann gehe ich nach Hause essen und arbeite und lese zu Hause weiter, trinke Tee, telefoniere mit Dir, esse Abendbrot und gehe schlafen. Die einzige menschliche Stimme, die ich am ganzen Tag hören werde, wird die Deine am Telefon sein. Das sind Tage, die ich sehr schätze. Man ist dann einmal 36 Stunden in völliger Ruhe und kann gar nicht abgelenkt werden. Merkwürdigerweise kann ich solche Tage nur bei schönem Wetter genießen. Bei Regen irritieren sie mich ...

Berlin, den 20. Dezember 1939
... Gestern packte mich plötzlich die Angst, daß eine bestimmte Sache, die ich immerzu hingehalten habe – nicht in offener Feldschlacht, sondern so durch meine bloße Anwesenheit – während meiner Abwesenheit gemacht werden würde. Ich glaubte ein Anzeichen dafür bemerken zu können, daß meine Abwesenheit bewußt benutzt werden sollte. Ich habe mich also daran gesetzt, noch schnell ein Gutachten darüber zu machen und mindestens meine Abteilung auf diesen Standpunkt festzulegen. So habe ich plötzlich noch einmal alle Hände voll zu tun. Auch sonst hat sich noch so manches angesammelt ...

Man hat angenommen, daß sich das auf Raeders Vorschläge von Mitte Oktober bezieht. Doch diese Fragen waren durch Hitlers Weisung vom 29. November zum großen Teil entschieden. Außerdem war Helmuth von Moltke nicht so einflußreich, daß er Vorschläge, die der Oberbefehlshaber der Marine Hitler zweieinhalb Monate zuvor gemacht hatte, dadurch unwirksam machen konnte, daß er sie liegenließ. Es könnte sich aber um Einzelfragen bei diesen Vorschlägen handeln, über die noch nicht entschieden war.

Warten auf den Angriff
Januar bis April 1940

Vom Ende des Polenfeldzuges bis zum Beginn des Westfeldzuges lebte Europa in einem Zustand der Spannung. England und Frankreich hatten Deutschland den Krieg erklärt, aber keiner griff an. Wie würde es weitergehen? Ließ sich die Ausdehnung des Krieges noch aufhalten oder verhindern?
Am 5. Januar kehrte Helmuth James von Moltke aus Kreisau, wo er Weihnachten verbracht hatte, nach Berlin zurück, und mit dem Jahreswechsel begann eine bedeutsame neue Freundschaft.

Berlin, den 16. Januar 1940
... Zu Mittag habe ich mit Peter Yorck, dem Bruder von Davy [Hans Adolf von Moltkes Frau], gegessen oder vielmehr bei ihm. Er wohnt draußen am Botanischen Garten in einem winzigen Haus, das sehr nett eingerichtet ist. Ich glaube wir haben uns sehr gut verständigt, und ich werde ihn wohl öfters sehen ...

Helmuth von Moltke und Peter Yorck waren sich gelegentlich begegnet. Sie hatten zur gleichen Zeit in Breslau studiert, hatten beide an den schlesischen Arbeitslagern teilgenommen, waren sich aber in diesen Tagen nicht nähergekommen. Auch Yorck, der drei Jahre älter war als Moltke, entstammte einer in der preußischen Geschichte berühmt gewordenen Familie. Sein Ur-Urgroßvater, General David Yorck von Wartenburg, hatte 1812 mit dem russischen General Diebitsch auf eigene Faust die Konvention von Tauroggen geschlossen und damit die Freiheitskriege ausgelöst. Der König von Preußen verlieh ihm für seine Dienste das schöne Schloß Kleinöls, früher eine Malteser-Kommende, mit viel fruchtbarem, schwarzem schlesischem Ackerboden. Seine Kleinölser Nachkommen trugen zum geistigen Leben Deutschlands lebhaft bei. Viele bekannte Künstler und Gelehrte wurden ihre Freunde. Ludwig Tieck hatte zum Beispiel Peter Yorcks Großvater seine Bücher vermacht. Sie bildeten den Kern einer auf 150 000 Bände angewachsenen Privatbibliothek, einzigartig in Schlesien. Joachim Ringelnatz war einige Zeit ihr Bibliothekar. Die Yorcks waren loyale, aber immer unabhängige Untertanen der Krone Preußens. Kennzeichnend für Peter Yorcks Vater sind einige Sätze, die er 1920 in seiner Studie *Bismarcks Vermächtnis* in der Zeitschrift *Die Tradition* schrieb: „Herrschen ist Dienen (recht eigentlich politisches Luthertum). Eigentum ist nicht eigentlich Möglichkeit des Genusses (Comfort), nicht persönliche Macht, sondern ein höchstes Kulturgut, zu verwalten im Interesse der Allgemeinheit. Das Einzelvermögen ist Funktion der staatlichen Gesamtmacht. So berechtigt das

Eigentum nicht nur, sondern es verpflichtet."[1] Das ist durch und durch preußisch gedacht. – Peter Yorcks Mutter kam aus Süddeutschland und stammte von Götz von Berlichingen ab. Peter war ihr zweiter Sohn. Er studierte in Bonn Jura und machte seinen Referendar, Doktor und Assessor in Breslau. Immer hat er sich seinem geistigen Erbe stark verpflichtet gefühlt und sein eigenes Handeln an dem seiner Vorväter gemessen. 1930 heiratete er Marion Winter kurz vor ihrem Assessorexamen. 1934 kam er zur Behandlung von Landwirtschafts- und Preisbildungsfragen ans Oberpräsidium in Breslau. Oberpräsident war damals der Gauleiter in Schlesien, Josef Wagner (1899–1945), ein kirchentreuer Katholik und in seinen Methoden gemäßigter Nationalsozialist. Wagner wurde nach Goerdelers Rücktritt im Oktober 1936 Preiskommissar. Er holte Peter Yorck zur Bearbeitung von Grundsatzfragen und zur Organisation von Preisbildungs- und Preiskontrollstellen nach Berlin. Peter blieb im Büro des Preiskommissars, solange Wagner das Amt innehatte; 1939 machte er als Leutnant der Reserve den Polenfeldzug mit. Wagner sah mehr aufs Können seiner Mitarbeiter als auf ihre Parteizugehörigkeit; sein Amt war deshalb voller Anti-Nazis. Aber sie hatten in ihrem Arbeitsbereich weniger Gelegenheit, etwas gegen das Dritte Reich zu unternehmen, als beispielsweise die Abwehr.

Yorck war ein Mann, der nicht an seinen Vorteil und wenig an sich selbst dachte. Er zog Fragen dem Antworten vor, sprach mit Bedacht und hörte gerne zu. Er war unvoreingenommen und offen für die politischen, wirtschaftlichen und sozialen Entwicklungen seiner Zeit, aber er ging nicht so weit wie Helmuth von Moltke, der das Privateigentum eingeschränkt und Deutschland in Europa integriert sehen wollte. Deutsche Erwägungen standen bei Peter Yorck viel mehr im Vordergrund. Da Moltke Yorcks tolerante Klugheit überaus schätzte, lernte er durch ihn zum erstenmal nationale Gefühle verstehen. Peter Yorcks Lebensstil war besinnlicher, allen Musen zugetan; er hatte nicht Moltkes drängende Unermüdlichkeit. Aber sie waren sich einig, daß der Nationalsozialismus überwunden und beseitigt werden müsse.

Eine Reihe von Freunden ähnlicher Herkunft teilten Yorcks Abscheu vor dem NS-Regime, unter anderen Fritz Dietlof Graf von der Schulenburg, Ulrich Wilhelm Graf Schwerin von Schwanenfeld, Albrecht von Kessel, Nikolaus Graf Üxküll und die Stauffenbergs, die Yorcks Vettern waren. Später bezeichnete die Gestapo diesen Kreis als „Grafengruppe". Schon seit einiger Zeit hatte Peter Yorck mit einigen von diesen und anderen Diskussionen geführt, ähnlich wie Helmuth von Moltke mit seinen Freunden. Nun wurden die beiden allmählich zu Verbindungsgliedern zwischen diesen Gruppen. Moltke hat nie der „Grafengruppe" angehört. Er war diesen Männern eher fremd. Sie fanden, es fehle ihm an Treue zu seinem Stand und zu seinem Land, und sie sahen in ihm einen Theoretiker. Er hingegen war der Meinung, daß sie den Umfang der Veränderungen nicht erkannten, die in Deutschland, ja in ganz Europa durch den Krieg hervorgerufen werden würden.

Helmuth von Moltkes nächster Brief beschreibt einen Versuch, Deutschen das Verhalten der Engländer verständlich zu machen:

Berlin, den 17. Januar 1940
... Ich bin in den letzten Tagen entsetzt gewesen zu sehen, wie sehr sich eine Unterschätzung der Engländer ausgebreitet hat. Da ich der Meinung bin, daß diese Unterschätzung die Friedensmöglichkeiten zu beeinträchtigen geeignet ist, will ich etwas dagegen unternehmen. Zumal ich der Urheber dieser Einstellung bin, weil ich auf einige englische, die Schwierigkeiten darstellende Artikel hingewiesen und Auszüge daraus gemacht habe. Ich habe daraus geschlossen, daß die Engländer mit ihrer üblichen Nüchternheit die Gefahr der gegenwärtigen wirtschaftlichen Tendenz erkannt haben und daß bald mit der Abstellung der Mängel zu rechnen sei. Die anderen haben diese Artikel als Schwächesymptome gewertet, mit der Begründung, der Engländer werde nie eine Schwäche zugeben, wenn sie nicht schon sehr ernst sei. Die Leute sind mit Blindheit geschlagen. Was aber das tollste ist, ist, daß die Seekriegsleitung, die seit längerer Zeit keine Erfolge mehr gehabt hat, nun ernstlich in ihrer Konferenz unter sich behauptet, diese Schwäche sei auf ihre Leistungen zurückzuführen. Das ist eine ganz gefährliche Illusion ...

Zwei Tage später schlug er im HWK vor, man solle versuchen, Deutschlands geographische Lage positiv zur Förderung des Handels innerhalb der europäischen Länder zu nutzen und Englands Handel mit Osteuropa zu übernehmen, statt nur negativ die englischen Exporte in diese Länder zu blockieren. Das unterstütze die neutralen Länder und schaffe eine bessere Stimmung gegenüber Deutschland; darüber hinaus bereite man damit eine künftige europäische Wirtschaftsgemeinschaft vor, die er als ein wesentliches Ziel jeder Nachkriegsregelung ansah. Am 29. Januar legte er eine Studie[2] vor, die diesen Gedanken ausführte, und regte an, die Bearbeitung dieser Frage einem besonderen, unter dem HWK arbeitenden Ausschuß zu übertragen:

... Eine solche Regelung bedarf langfristiger Planung; deswegen kommt es nicht darauf an, festzustellen, daß wir im Augenblick transportmäßig mehr nicht leisten können; vielmehr muß geprüft werden, welche Maßnahmen auf dem Transportgebiet langfristig ergriffen werden müssen, damit wir unsere geographische Lage voll ausnutzen können ...

Er schlug vor, eine Zentralstelle für Transportpolitik einzurichten, in der die Wehrmacht vertreten wäre. Die verwaltungsmäßige Durchführung solle dezentralisiert, nämlich durch die deutschen Konsulate erfolgen, so daß der Handel ungehindert von einem Land ins andere fließen könne.

Die Frage eines Angriffs im Westen blieb inzwischen weiter offen. Am 10. Januar verirrten sich zwei deutsche Luftwaffenoffiziere im Nebel und landeten hinter der belgischen Grenze. Sie hatten die deutschen Angriffspläne bei sich. Die Folgen waren nicht so ernst, wie man erwarten sollte, weil diese Landung auf der Gegenseite als gezielte Irreführung gewertet wurde. Und gerade die neuen Pläne, die nun gemacht werden mußten, entschieden im kommenden Mai den Feldzug zugunsten Deutschlands. Doch ihre Ausarbeitung bedeutete einen Aufschub. Helmuth von Moltkes Abteilung stand offenbar im Mittelpunkt der Geschehnisse, denn am Tag nach der Panne verbrachte Bürkner, obwohl er eigentlich mit der Sache nichts zu tun hatte, zweieinhalb Stunden bei Hitler.[3]

Berlin, den 23. Januar 1940
... Das Unglück ist jetzt endgültig abgeblasen. Endgültig heißt für längere Zeit, wohl Monate. Ich fühle mich ungeheuer erleichtert. Außerdem, und um uns an den ständigen Wechsel von ganz unten nach ganz oben und umgekehrt zu gewöhnen, ist seit drei Tagen ein ganz kleiner Silberstreifen erschienen. Er ist sehr klein, aber der erste seit dem 1. 9. Ich wage zwar nicht zu hoffen, aber ich bin in der glücklichen Lage, ein ganz klein wenig an der Vorbereitung dieses Streifens mitarbeiten zu können ...

Wahrscheinlich bezieht er sich hier auf einen Versuch, die Befehlshaber der Armee im Westen zu veranlassen, Hitlers Befehle nicht zu befolgen. Ihr Unbehagen über die geplanten militärischen Operationen war noch erhöht worden durch die Geschichten, die über die Ausschreitungen in Polen durchsickerten.

Berlin, den 25. Januar 1940
... Ich habe gestern den ganzen Tag an einer einzigen Sache im OKW gearbeitet. Das habe ich immer am liebsten. Ich habe mir auch die Vorgänge aus dem vorigen Krieg heraussuchen lassen und eine Sache richtig gründlich gemacht. Um 5 brachte ich es noch zum Chef, in der Erwartung, daß er es schnell durchsehen und unterhauen würde. Für alle Fälle sagte ich jedoch noch, er solle den Chef der operativen Abteilung der Kriegsmarine anrufen, um sicher zu gehen, daß die Sache nicht verhauen würde, ehe wir etwas machen könnten. Und siehe da, wir erwischten die Angelegenheit noch am letzten Zipfel. Sie war im Begriff, grob daneben gehauen zu werden. So sind wir denn gleich losgezogen und haben erfolgreich gebremst. Das freut einen immer ...

Berlin, den 28. Januar 1940
... Ich bin voller Hoffnungen. Wir werden unzweifelhaft ein rasend anstrengendes und aufregendes Halbjahr vor uns haben. Aber die Aussichten, daß es viel-

leicht doch gut ausgeht, sind heute größer als je seit dem 1. 9. 39. Es scheint, daß die Tage, an denen Du das letzte Mal hier warst, einen Wendepunkt bedeutet haben, und zwar wegen des Ereignisses, über das ich berichtete ...

Das dürfte das Bekanntwerden der deutschen Angriffspläne durch die Panne vom 10. Januar und die verschiedenen Versuche, auf Brauchitsch Druck auszuüben, betreffen. Die Hoffnung war allerdings unbegründet, denn Brauchitsch war seit dem Zusammenstoß mit Hitler im November zu eingeschüchtert, um etwas zu riskieren. Der Brief fährt fort:

... Gestern bei Kiep[4] habe ich mich lange mit Schuster unterhalten. Er war sehr nett mit mir. Ich habe ihm einen Rat gegeben. Das hatte ich mir seit langem vorgenommen, hatte aber doch etwas Sorge. Es war ein Rat über die Art und Weise, in der er seine Arbeit tun solle. Er war aber sichtlich erfreut darüber, so daß ich annehme, daß ich einen in ihm vorhandenen Gedanken bestärkt habe. Er sagte mir, ich solle ihm derartige Anregungen stets geben und ihn nur immer aufsuchen, wenn ich so etwas hätte. Das ist doch sehr freundlich, nicht? ...

Berlin, den 29. Januar 1940
... Schuster hat mich heute gefragt, ob ich zu ihm kommen wollte. Ich bin neugierig, ob das was wird. Es wird viel von einer Sitzung morgen abhängen, bei der ein Operationsplan von mir [vom 19. Januar] besprochen werden wird. Wird beschlossen, diesen Plan ernstlich zu studieren, dann werde ich wohl hinüberverschoben, und Schmitz wird meine Arbeit bekommen ...

Berlin, den 9. Februar 1940
... Um 11 mußte ich zu einer Sitzung zu Schuster, auf der einige wesentliche Fragen erörtert wurden [in Verbindung mit dem schon erwähnten Plan], und um 2.30 war bereits wieder eine Sitzung „im kleinsten militärischen Kreise", bei der ich der einzige Teilnehmer war, der nicht Generalsrang bekleidete. So war das also ziemlich komisch. Nachher mußte ich noch Bürkner unterrichten, und so war es 5, ehe ich mich versehen hatte. Ich beschloß dann, nach Hause zu gehen und einen Tee zu trinken. Das habe ich gerade getan. Leider ohne Dich. Jetzt kommt Frl. Breslauer [seine Sekretärin], mit der ich arbeiten will, und dann will ich den Rest des Tages der Steuererklärung widmen ...

Berlin, den 13. Februar 1940
... Heute habe ich meinen Dienst bei Schuster angetreten und sitze jetzt halbtägig hier und halbtägig bei Schmitz. Die neue Arbeit eröffnet erhebliche Mög-

lichkeiten, scheint mir. Ich bin sehr gespannt, wie das werden wird. Jedenfalls ist es viel wahrscheinlicher, daß ich jetzt an alle entscheidenden Dinge herankomme, als bisher. Denn hier sind wir ein Stab von nur 5 Leuten, außer Schuster, und daher wird sich eine viel engere Zusammenarbeit ergeben als bei der großen Abteilung Ausland ...

Berlin, den 14. Februar 1940
... Es ist 12 Uhr nachts und ich bin eben erst nach Hause gekommen ... Ich habe jetzt also glücklich 4 Büros und 4 Sekretärinnen [im HWK, in der Abwehr, im Institut und in seinem Rechtsanwaltsbüro] ... Es war ein toller Tag. Langsam aber wird sich alles einrichten, und es wird weniger anstrengend werden. Es ist jetzt mehr mein Bedürfnis, bei Schuster keinesfalls zu fehlen, wenn ich gebraucht werde. Nach ein, zwei Monaten kenne ich den Arbeitsrhythmus dort, die kennen meine Methoden, und dann kommt es nicht mehr so darauf an, daß ich immer da bin ...

Berlin, den 15. Februar 1940
... Es ist ganz merkwürdig, wenn man nun plötzlich an einer Stelle sitzt, an der man die Operationspläne automatisch und selbstverständlich bekommt, während man sie früher immer nur mit Mühe und stückweise sah. Heute zitierte ich in einem Bericht einen Operationsvorschlag, der gemacht worden war und den ich schon immer kannte. Worauf mir nur ganz kühl gesagt wurde, das sei einfach ungehörig, ich dürfe nur den Operationsbefehl zitieren. Etwas, was bei meiner früheren Dienststelle nicht einmal Canaris regelmäßig bekommt ...

Helmuth von Moltke hatte sein altes Ziel, gut orientiert zu sein, ohne Frage wieder erreicht. Doch das erleichterte sein Leben ganz und gar nicht. Er wußte von den Plänen einer Invasion Dänemarks und Norwegens. Offenbar war ihm auch bekannt, daß Brauchitsch und Halder über den Druck, den der Widerstand auf sie ausübte, wachsenden Unwillen an den Tag legten, der sich dann am 15. Februar in der Entfernung Groscurths von seinem Posten als Verbindungsoffizier zwischen Hauptquartier, Armee und Abwehr äußerte.

Berlin, den 18. Februar 1940
... Ich bin unverändert sehr beunruhigt. Die Hoffnungen vom vorigen Monat sind zerstoben, statt dessen sind eine große Reihe unglücklicher Tatsachen zusammengekommen. Zugleich ist die Dummheit an einigen der hohen militärischen Stellen so eklatant und schreiend, daß man es überhaupt nicht faßt ...

Am 14. Februar entdeckte ein englisches Aufklärungsflugzeug in norwegischen Gewässern das deutsche Schiff „Altmark“ mit Kurs auf Deutschland. Die „Altmark" hatte als Versorgungsschiff des deutschen Kriegsschiffes „Graf Spee" gedient, das sich im Dezember des Vorjahres in der La-Plata-Mündung selbst versenken mußte. Die Engländer wußten, daß die „Altmark" etwa 300 englische Kriegsgefangene an Bord hatte: sie waren von Schiffen gerettet worden, die die „Graf Spee" versenkt hatte. Da die Norweger diese nicht entdeckt hatten, ließen sie die „Altmark" passieren. In der Nacht vom 16. auf den 17. Februar griff der britische Zerstörer „Cossack" die „Altmark" noch in norwegischen Gewässern an und befreite die Kriegsgefangenen. Dieser Fall machte natürlich den mit Internationalem Recht befaßten Juristen auf beiden Seiten viel zu schaffen.

Berlin, den 20. Februar 1940

... Heute wieder ein voller Tag, und er ist noch längst nicht zu Ende. Die „Altmark" beschäftigt uns sehr, aber alle Fragen der Seekriegsführung des Frühjahrs und Frühsommers machen viel Arbeit. So habe ich im Augenblick richtig stramm zu tun. Schmitz übrigens auch. Heute habe ich im Kasino gegessen, und das war säuisch. Ich habe nur eine Suppe gegessen, weil ich fand, daß das übrige vorläufig noch unter meiner Würde sei. Nachmittags hatten wir eine Sitzung, und als die kurz nach 6 zu Ende war, hatte ich Mordshunger, den ich mit einem Tee stillte, an dem ich jetzt nippe. Nachher kommt Einsiedel und wird mit mir essen. Für morgen habe ich ein Phantasie-Programm: erstens Vorbereitung einer großen Sitzung für Donnerstagnachmittag, das heißt Anfertigung der Tagesordnung, Abfassung des Vortrages von Schuster und Besprechung dieser beiden Opera mit Weichold und Schuster; zweitens ein Referat über den gegenwärtigen Stand der Handelskriegsführung und über die operativen Ziele im Handelskrieg vor den außenpolitischen und wirtschaftlichen Gruppen meiner Abteilung; drittens Vortrag im Stabe von Schuster über die völkerrechtliche Lage und die völkerrechtlichen Konsequenzen des Falles „Altmark". Jedes dieser Programme ist tagfüllend, und der Teufel weiß, wie ich die zusammen mit der laufenden Arbeit in einen Tag zwängen kann ...

Berlin, den 21. Februar 1940

... Der Tag ist überraschend gnädig vorübergegangen. Es ist halb 6 Uhr und ich sitze bereits zu Hause und habe Tee getrunken. Ich muß mich allerdings mit Vermögenserklärung und ähnlichen Dingen befassen, sonst wäre ich nicht schon nach Hause zurückgekehrt. Nachher, so um 8, kommt Deuel. Ja, meine Vorbereitungsarbeit für die morgige Sitzung wurde im wesentlichen akzeptiert, so daß ich sie nicht umzuarbeiten brauchte, und das Referat über den Stand des Wirtschaftskrieges ist auf morgen 2 Uhr vertagt, und das Referat über die „Altmark" war entsprechend schlecht. So habe ich mich durch den Tag geschlagen ...

Berlin, den 22. Februar 1940
... Es geschieht eigentlich nichts. Man wartet auf den Frühling und das Unglück, welches er mit sich bringen wird. Die Auswege werden immer geringer und unwahrscheinlicher. Ich bin jetzt wieder soweit, daß ich kaum an etwas anderes denken kann. Das ist sehr wenig angenehm ...

Berlin, den 5. März 1940
... An den Angriff im Westen glaube ich aber heute weniger denn je. Aber wie soll dieser Starrkrampf gelöst werden ...
... Hier sieht wieder alles grau in grau aus. Die Aussichten auf eine Richtungsänderung, die Anfang des Jahres zu bestehen schienen, sind wieder geschwunden. Es ist merkwürdig, daß sich selbst bei mir, gegen alle Tatsachen, immer noch die Überzeugung hält, daß es nicht lange dauern wird. Wenn ich mich ehrlich frage, so weiß ich keine Antwort, und doch habe ich das Gefühl, daß es nicht nur Hoffnung ist ...

Berlin, den 6. März 1940
... Die Sitzung gestern ging großartig und wie am Schnürchen. Während alle gerechnet hatten, daß es zwei oder zweieinhalb Stunden dauern würde, waren wir nach einer Stunde und zehn Minuten fertig. Es ist mir sehr angenehm, daß diese erste Sache von mir so sichtlich klappte, besonders da es eine Sache war, die noch vor kurzer Zeit ein schrecklicher Zankapfel war ...

Berlin, den 7. März 1940
... Heute gab es einen großen Sturm, und ich frage mich, ob man sich nicht endlich entschließt, mich hinauszuwerfen. Ich unterlag wieder in dem großen Gremium, dieses Mal verlassen von Bürkner, in einer Frage, die m. E. einen ganz entscheidenden Einfluß auf die deutsche Stellung in der Nachkriegswelt haben wird. So wichtig wie die Polenfrage, nur auf einem anderen Gebiet.[5] Nachdem die Sitzung zu Ende war, ging ich zu Weichold und sagte, ich sei in einer Minorität von 1 zu X geblieben. Ich hätte aber mich nicht überzeugen können, und ich bäte von dem Recht Gebrauch machen zu dürfen, das ein jeder Beamter hat, seine abweichende Stellungnahme zu Protokoll zu den Akten geben zu dürfen. Großer Sturm: Ich sei Offizier; für den gäbe es das nicht, da hätte man einfach zu gehorchen. Ich sagte, es täte mir leid, hier stünde eine Verantwortung vor der Geschichte auf dem Spiele und die ginge für mich der Pflicht zu gehorchen vor. Die Sache kam vor den Admiral [Schuster], und nach 5 Minuten war er meiner Meinung. Er war es offenbar immerzu gewesen, jedenfalls schwankend, und mein Widerstand hatte seinen Mut gestärkt. In der Sitzung hatte er natürlich nichts sagen können, weil er ja die Meinung anderer zu registrieren und abzustimmen, aber nicht einen eigenen Standpunkt zu vertreten hat.

Ergebnis: Der Admiral wird zwar die Meinung der Ressorts offiziell vertreten, aber seine abweichende persönliche Meinung zu Protokoll geben und dieses Protokoll mit beim Führer vortragen. Damit entfiel für mich natürlich der Grund, meine abweichende Auffassung vorzutragen, und ich war aus der Feuerlinie heraus. Aber ob der Admiral das überleben wird, bildlich gesprochen, weiß ich nicht ...

Berlin, den 8. März 1940

... Heute habe ich also einen großen Triumph gefeiert. Der gestrige Kampf setzte sich heute fort, und die militärischen Koryphäen wurden alle mobil gemacht. Schließlich gelang es Schuster, Keitel auf meine Linie zu ziehen, und um 6.30 kam der Führerbefehl in meinem Sinne und mit meinen Gründen an.[6] Es ist ja ein Skandal, daß so etwas möglich ist, ohne daß die ganze Regierung auseinanderplatzt, denn schließlich geht es ja nicht, daß ein Minister den gemeinschaftlichen Beschluß aller anderen Minister sabotiert. Aber es ist ein großes Unglück verhütet worden, und es ist mir trotz allem eine Befriedigung zu denken, daß viele nichtdeutsche Frauen die Weiterexistenz ihrer Männer Deinem Mann verdanken. Denn diese Entscheidung ist im Grunde nur und ganz allein die Deines Mannes gegen alle anderen Ministerien und gegen meinen eigenen Vorgesetzten. Ist das nicht erfreulich? – Übrigens wissen es nur fünf Leute: Schuster, Weichold, Bürkner, Tafel, Schmitz. Also behalte es ganz für Dich ...

Berlin, den 10. März 1940

... Gestern war ich wieder in einem Zustand, daß mein Kopf einem perpetuum mobile glich. Er wollte überhaupt nicht mehr aufhören, an die Dinge zu denken, mit denen er sich jetzt hauptamtlich befassen muß. Der Kampf darum, unnütze Zerstörung zu vermeiden, erfüllt mich so vollkommen, daß ich manchmal gar nichts anderes denken kann. Die ganze letzte Woche hat unter den zwei Schlagworten gestanden, die ich geprägt habe und die beide gesessen haben. Das eine heißt: Zerstörung mit Kriegsgewinn ist Kriegführung; Zerstörung ohne Aussicht, dadurch den Krieg zu gewinnen, ist Barbarei; und das andere heißt: Ich will den Krieg gewinnen, Sie aber wollen Erfolge melden. Beides verträgt sich nicht miteinander. – Es ist eine merkwürdige Erfahrung, daß selbst in der Kriegführung im Grunde nur ethische Prinzipien Aussicht haben, recht zu behalten. Wer etwas anderes meint, hat einfach nicht weiter gedacht.

Im Grunde stehe ich ja diesem Krieg gegenüber wie ein Testamentsvollstrecker, der mit Entsetzen sieht, wie die Erben sich um eine Erbschaft prügeln, die infolge des Streits immer weniger wird. Er sieht, wie die Erben alle ihre Energie in diesen Streit stecken, wie sie dadurch verlernen, nützlich zu arbeiten und schließlich nicht nur die Erbschaft verprozessieren, sondern zugleich auch noch ihre eigenen Fähigkeiten mit in den Strauß werfen. – Und nun steht man daneben mit der Verpflichtung, jeden Weg zu suchen, der aus diesem Streit herauszuführen geeignet ist. Und immer, wenn man hofft, da oder dort könnte einer sein, dann stellt sich heraus, daß es doch kein Weg ist, dann denkt man, man hätte vielleicht nicht alles getan, nicht sorgsam genug gesucht und überlegt und geforscht. Dieser Kreislauf hat mich mal wieder gräßlich gepackt...

Berlin, den 12. März 1940
... Seit Sonnabend bin ich also wieder in einem Großkampf gegen einen bestimmten strategischen Plan. Ich habe mich wirklich wahnsinnig eingesetzt, leider ohne jeden Erfolg. Morgen will ich nun eine Pause machen, weil ich einfach nicht mehr kann. Ich habe vor Müdigkeit Kopfschmerzen, und das hat ja keinen Sinn. – Heute habe ich einen neuen Schlachtplan zur Wiederaufnahme des Projekts ausgedacht. Dann muß ich aber erst einmal bestimmte Leute, darunter Bürkner, Schuster und Weichold, veranlassen, einen älteren Aufsatz von Schmitz zu lesen. Damit werde ich eine Pause kriegen...

Berlin, den 13. März 1940
... Zu erzählen ist eigentlich nichts. Es regnet und ist scheußlich draußen. Ich habe heute dem Admiral [Schuster] einen längeren Vortrag über das Verhältnis von Völkerrecht und Strategie gehalten. Er hört sich das immer sehr freundlich an, obwohl ich nicht umhin kann, manche militärischen Maßnahmen für falsch zu erklären...

Berlin, den 17. März 1940 [Sonntag]
... Heute ist ein langer, ruhiger Tag. So hoffe ich wenigstens, denn noch ist es Morgen. Ich stand langsam auf, wusch mich ein wenig, frühstückte köstlich und lauschte dann der Suite in h-Moll. Ich habe sie schon sehr lieb gewonnen. Dann habe ich wieder ein wenig in der Bibel gelesen, eine Tätigkeit, die ich jetzt mit mehr Freude betreibe denn je zuvor. Früher waren das für mich im Grunde Geschichten, zum mindesten das Alte Testament, heute aber ist mir all das Gegenwart. Es hat für mich eine ganz andere Spannung als je zuvor. Früher hat mich auch die Langatmigkeit des Unwesentlichen und die Knappheit des Wesentlichen geärgert, heute aber habe ich gelernt, daß man das Wesentliche in einem Satz sagen kann oder gar nicht. Darum, wenn einer versucht, das Wesentliche auszubreiten, so ist es ein sicheres Zeichen, daß er es überhaupt nicht sagen kann... jetzt kommst Du ja bald und dann dauert es auch gar nicht mehr lange, bis ich nach Kreisau komme. So sehe ich der nächsten, sehr sorgenreichen Zeit doch mit einem angenehmen Ausblick entgegen...

Bis zum 11. April war Freya mit ihrem kleinen Sohn in Berlin. Am 9. April hatten deutsche Truppen Dänemark und Norwegen besetzt.

Berlin, den 13. April 1940
... Heute beginnt der Prozeß, durch den Dänemark allmählich Polen angeglichen werden soll.[7] Ich habe mein möglichstes getan, das zu verhindern; aber die Leute, die etwas hätten tun müssen, hatten sich bereits damit einverstanden erklärt, als ich erst davon erfuhr ...

Berlin, den 14. April 1940
... Ich bin morgens erst ins Amt gegangen, um die Lage zu prüfen. Dabei geriet ich mit Bürkner in ein Gespräch über die strategischen Fragen der gegenwärtigen Operation. Damit haben wir uns eine Stunde vertrieben. Leider mehr zu seinem Nutzen als zu meinem.

Ich fing an, mich bei ihm zu beklagen, daß wir immer nur über das „Wie" von Operationen unterrichtet würden, während uns das eigentliche interessante „Warum" vorenthalten würde, so daß wir aufs Raten angewiesen seien. Ich habe das immer und immer wieder festgestellt. Es scheint ein deutscher Charakterzug zu sein, dem „Ob" größerer Fragen aus dem Wege zu gehen und statt dessen das „Wie" in den Vordergrund zu schieben und sich daran zu erfreuen, wie gut man das macht. Dabei wird dann immer und immer wieder übersehen, ob man das, was man gut macht, überhaupt machen sollte. Die Deutschen scheinen eine ausgesprochene Begabung für das Taktische zu haben, strategisch aber hoffnungslos zu sein.

Dieser Fehler, ins Militärische übersetzt, bedeutet nun, daß diese Männer aus Freude an Operationen und Siegen vollkommen das Ziel übersehen, daß nämlich der Sinn eines Krieges darin besteht, den Krieg zu gewinnen. Anstatt bei jeder Frage darüber nachzudenken, ob ihre Lösung so gefunden ist, daß sie den Gewinn des Krieges näher bringt, denken sie darüber nach, wie diese Frage am besten zu lösen ist. Es ist mir passiert, daß jemand wie aus einem Traum auffuhr, wenn ich ganz naiv fragte, ob er denn glaube, daß sein Vorschlag dazu angetan sei, den Gewinn des Krieges zu fördern. Eigentlich habe ich nur Schuster und Weichold bisher nicht auf diesem Fehler ertappt.

So ist es mit dieser Operation im Norden. Ich habe jetzt schon eine ganze Reihe von Leuten gefragt, warum wir Norwegen besetzt haben. Und noch hat mir keiner eine befriedigende Antwort geben können. Aber nicht nur, daß die Antwort mich nicht befriedigt hätte, nein, am Ende der Unterhaltung habe ich jedesmal bemerkt, daß die Antwort meinen Gesprächspartner auch nicht befriedigte, oder vielmehr nicht mehr befriedigte. Es ist sogar so, daß ich vorläufig noch eine bessere Antwort weiß als die anderen; nur scheint diese Lösungsmöglichkeit bisher niemandem aufgegangen zu sein, denn sie würde gewisse Vorbereitungen erfordern, die nicht getroffen worden sind.

Also in der Unterhaltung über diese Frage habe ich mich mit Bürkner verweilt. Dann kam Canaris dazu, und wir haben von vorne angefangen. Aber C. ist wirklich militärisch sehr primitiv ...

Hier erwähnt Helmuth von Moltke zum ersten Mal in einem Brief, er sei mit Canaris zusammen gewesen. Der Chef der Abwehr würde aber wohl kaum mit einem Untergebenen ein Thema dieser Art besprochen haben, wenn er ihn nicht genau gekannt hätte. Canaris' Sekretärin berichtet, Moltke habe mehrfach mit dem Admiral zu tun gehabt und dieser habe ihm vertraut. Halder sagte, Canaris habe Moltke in seiner Gegenwart mehr als einmal gelobt.

Berlin, den 16. April 1940
... Ich habe seit Tagen keine Zeitungen mehr gelesen. Und heute hatte ich mit einem Mann zu tun, dessen Urteilsfähigkeit ich hochschätze, der aber in seinen Informationen auf die Presse angewiesen ist. Der hatte ein Bild von den Ereignissen, welches um 180 Grad anders war als das Bild, welches ich habe, und er hat mich in die größte Verlegenheit durch seine Bemerkungen versetzt. Es war geradezu komisch. Was mag wohl in den Zeitungen stehen?
Ich bin bis an den Rand gefüllt mit den Ereignissen und insbesondere in Erwartung weiterer Ereignisse. Mir scheint, daß alles viel schneller gehen wird, als ich je vermutet habe, und in das nächste halbe Jahr wird ein Prozeß zusammengedrängt werden, der normalerweise Jahre, vielleicht Jahrzehnte dauern würde. Ich kann nicht von dem Gedanken los, daß ich immerzu überlegen und planen muß, um einen Schritt vor den Ereignissen zu bleiben. Hoffentlich kommen die 14 Tage Anfang Mai noch zurecht, denn das wird wohl mein letzter Urlaub für längere Zeit sein...

Berlin, den 18. April 1940
... Heute Nacht hatte ich einen aufregenden Traum. Ich war dienstlich nach Holland geschickt worden und hatte dort ein Wochenende. Darauf beschloß ich, mit einem amerikanischen Paß nach London zu fahren, dem Paß eines Freundes, der im übrigen in dem Traum nicht vorkam. Ich kam Samstag früh in London an und fuhr von Liverpool-Street-Station nach 5 Duke-of-York-Street [Wohnung von Lionel Curtis], wo ich Michael Balfour, der diese Wohnung seit Februar gemietet hatte, bei der Morgentoilette überraschte. Er mußte dann ins Amt gehen, und ich ging in den Temple und setzte mich in John Fosters Zimmer, von wo ich telephonierte und wo mich die verschiedensten Freunde und Bekannten besuchten. L. C. [Lionel Curtis] war leider nicht in London. Ich sollte aus irgendeinem militärischen Grunde nicht nach Oxford fahren, und so sagte er, er käme herauf. Wir sind dann am Sonntag durch London gegangen, durch die Parks, in denen es schon sehr frühlingshaft war. C. war etwas dicker geworden, war aber wohl und kregel. – Aus irgendeinem ungeklärten Grunde verpaßte ich den Nachtzug, der mich am Montag früh wieder zu meiner Arbeit im Haag bringen sollte. Und damit kam das unangenehme Ende eines sonst sehr netten Traumes: Ich fühlte mich in der Zwangslage, zwischen zwei Alternativen wählen zu können: entweder in England als Spion oder in Deutschland als Verräter erschossen zu werden. Darüber erwachte ich...

Nach den schlechten Erfahrungen in Polen verlangte die Armee in Norwegen, daß alle Deutschen dort, einschließlich der Polizei, ihrem Befehl unterstellt sein müßten. Hitler machte zuerst Schwierigkeiten, willigte dann ein und ernannte am 19. April doch Terboven zum Reichskommissar. Wenige Tage später teilte er dessen Stab einen höheren SS- und Polizeiführer zu.

Berlin, den 22. April 1940
... Heute war wieder ein entsetzlicher Tag, weil wir jetzt anfangen, uns in Norwegen zu benehmen wie in Polen. Es ist entsetzlich. SS ist hingeschickt, und die organisatorischen Veränderungen, die beschlossen worden sind, wirst Du ja in einigen Tagen in der Zeitung lesen. Und das alles macht das Militär mit. Ich bin gräßlich niedergeschlagen ...

Am 25. April fuhr Helmuth von Moltke für einen Tag zu einer Sitzung des Prisengerichtes nach Hamburg. Er war mit den Urteilen unzufrieden und erklärte eines für „unzweifelhaft direkt falsch". Das Interessanteste an der Reise war, daß er sie mit Berthold von Stauffenberg unternahm, dem älteren Bruder von Claus von Stauffenberg und Vetter von Peter Yorck. Er hatte von ihm schon vor fünf Jahren am Haager Gerichtshof gehört. Berthold von Stauffenberg war Berater für Fragen des Internationalen Seekriegsrechtes beim Oberkommando der Marine. Sie faßten offenbar beide ihre Aufgaben ganz ähnlich auf. Auch Stauffenberg benutzte sein Amt, um die Leiden von Menschen zu erleichtern, die nie von ihm hören würden. Er war ein lauterer, gütiger und stiller Mann. Dichtung und Kunst bedeuteten ihm viel. Wie sein Bruder Claus gehörte er zu den Freunden Stefan Georges. Der Dichter hatte ihn zu seinem Erben eingesetzt. Helmuth von Moltke lagen Georges Elite-Vorstellungen nicht, und er zog die Gedichte seines Freundes Erich Kästner vor. Obwohl Stauffenberg und Moltke sich schätzten und achteten, wurden sie nie enge Freunde.

Eine Depression und ihre Überwindung

Mai bis Juni 1940

Im Mai fuhr Helmuth James von Moltke für drei Wochen nach Kreisau. Er war deshalb am 10. Mai, als der Westfeldzug begann, nicht im Amt, und zehn Tage später, als er wieder zurück war, hatte Holland kapituliert. Der entscheidende Durchbruch in den Ardennen war erfolgt, und die deutsche Wehrmacht drängte an den Kanal.

Diese Ereignisse und ihre Folgen bewirkten bei Helmuth von Moltke eine tiefe Niedergeschlagenheit. Das zeigen nicht nur die Briefe aus dieser Zeit, sondern noch deutlicher einige aus den folgenden Monaten, in denen er sich selbst schwere Vorwürfe machte, daß er sich so habe umwerfen lassen. Schon auf dem Rückweg nach Berlin am 19. Mai schrieb er: „Weiß der Himmel, was ich in Berlin soll. Der Hauptzweck meiner Arbeit ist weggefallen.“ Zwei Tage später machte er seine Situation so deutlich:

Berlin, den 21. Mai 1940

... Ich dresche jetzt auf einem Nebengeleise leeres Stroh, denn alles, was ich hätte tun können, ist überholt ... Ich würde überhaupt im Augenblick am liebsten nichts tun, weil ich nichts sehe, was ich mit Nutzen tun kann. Alles ist im Fluß, und in wenigen Tagen, Wochen, Monaten werden alle Voraussetzungen auf den Kopf gestellt ...

Berlin, den 25. Mai 1940

... Heute habe ich wieder fast nichts gearbeitet. Ich werde mich wohl allmählich wieder aufraffen. Nachmittags will ich ins Institut, und vielleicht wird mir da wohler. Es ist mir noch nie passiert, daß eine äußere Lage, die ich zu betrachten habe, physisches Unwohlsein zur Folge hat. Das ist ganz merkwürdig. Manchmal kann ich nichts essen, manchmal fühle ich mich so, als müßte ich mich übergeben, und manchmal leide ich an Schnell-fix-mach-hurtig. Diese Phänomene betrachte ich mit Interesse und ohne Anteilnahme. Ich erzähle sie auch nur als Kuriosa ...

Er war nicht der einzige in Westeuropa, der in diesen Tagen das Gefühl hatte, die Welt gehe aus den Fugen. Aber für den deutschen Widerstand war die Aussicht fast noch düsterer als für die Menschen in den überrannten Ländern. Helmuth von Moltke empfand die Lage besonders deprimierend, weil er im Gegensatz zu manchen seiner nationaler gesinnten Freunde nie etwas Positives in Hitler

gesehen hatte. Allerdings hielt er es nur in ganz pessimistischen Augenblicken für möglich, daß das Dritte Reich ihn selbst überdauern werde. Doch er und seine Freunde hatten erlebt, wie eine Hoffnung nach der anderen schwand. Alle Gegner Hitlers – Kommunisten, Sozialdemokraten, Demokraten, Protestanten und Katholiken – waren aus dem Weg geräumt worden. So hatten die Chefs der Wehrmacht nicht den Mut gehabt, etwas zu unternehmen, selbst als sie überzeugt waren, Hitler werde Deutschland ruinieren. Und jetzt schienen seine glänzenden Siege ihr Zögern zu rechtfertigen. „Im Amt geschieht gar nichts", schrieb Moltke am 29. Mai. „Wir werden gar nicht mehr gehört und bekommen nur von Zeit zu Zeit zu erfahren, was alles geschehen ist." Als in den vergangenen zwei Jahren klar geworden war, daß ein Umsturz von innen praktisch ausgeschlossen war, bestand zunächst noch die Hoffnung, das Vorgehen der anderen Nationen könnte in Deutschland zu einem Regierungswechsel führen. Aber dann zeigte sich, daß sie so uneinig waren wie seine Gegner innerhalb Deutschlands. Jetzt fehlte ihnen auch die militärische Kraft. All das schien zu beweisen, daß das Dritte Reich auf jeden Fall noch auf unabsehbare Zeit bestehen würde, wenn auch vielleicht nicht die tausend Jahre, mit denen es prahlte. Anscheinend war es unmöglich, etwas gegen das Regime und seine Grausamkeiten zu tun. Wer dem Führer nicht in Reih' und Glied folgte, mußte damit rechnen, von jeder sinnvollen Tätigkeit und vom Broterwerb ausgeschlossen zu werden; er konnte sogar sein Leben verlieren.
Helmuth von Moltkes Niedergeschlagenheit in diesen Wochen wurde noch durch andere Ereignisse verstärkt. Martin Gauger, ein Gesinnungsfreund, den er zum Abendessen erwartete, hatte angeblich Selbstmord begangen. Später stellte sich heraus, daß er den Selbstmord simuliert hatte und nach Holland geflohen war. Im Amt wurden Moltkes Pläne durch den Sieg im Westen völlig verdorben. Er hatte noch im Januar vorgeschlagen, den innereuropäischen Handel zu entwickeln und dabei Deutschlands geographische Lage auszunutzen.

Berlin, den 24. Mai 1940
... Jetzt können wir dort diktieren, wo ich planen wollte. Ich habe kein Wort gesagt, aber es war mir doch sehr schmerzlich zu sehen, wie das, mit dem ich eine Nachkriegszusammenarbeit fördern wollte, nun mißbraucht werden soll zur Aussaugung der Besiegten. Meine Argumente von vor vier Monaten, die damals keiner recht hören wollte, schallten mir von allen Seiten als letzte Weisheit entgegen, selbst in dem Brief des Führers an den König von Schweden befaßt sich ein ganzer Absatz mit dieser Frage, und ein Satz daraus stammt aus einer Denkschrift von mir. So wird dieses Projekt voll durch die jetzt dahinterstehende Macht korrumpiert. Ist der Krieg vorbei, wird man es nicht mehr brauchen können, weil es kompromittiert sein wird. Es ist, als hätte man ein Haus für eine Menge Gäste entworfen und hätte auch bereits das Baumaterial herangekarrt. In dem Augenblick aber, in dem die Gäste kommen, den Bau zu inspizieren, nehmen die Arbeiter die Materialien, um sie den Gästen an den Kopf zu werfen ...

In diesen Wochen herrschte herrliches Sommerwetter, und Helmuth von Moltke wäre gerne in Kreisau gewesen, im Frieden seines Hauses und dem relativ wohlgeordneten landwirtschaftlichen Betrieb. Diese ihn zu dieser Zeit besonders bedrängende Sehnsucht verließ ihn fast nie bis an sein Ende. Alle seine Briefe sind voll von Kreisau, von der Bearbeitung und dem Stand der Felder, von Anweisungen und Vorschlägen, vom Garten und von den Tieren, vor allem von den Bienen. Seit Freya von Moltke im Juni für den Berghausgarten Bienenstöcke angeschafft hatte, die sie selbst betreute, wurde das Gedeihen der Bienen eine unerschöpfliche Quelle brieflichen Austauschs.

Berlin, den 26. Mai 1940
... Ich habe eine sehr große Sorge: daß nämlich dieser Krieg sich ins Ungeahnte ausweitet. Daß die USA hineingezogen werden, sei es, indem sie den Alliierten helfen, sei es, indem die Engländer den Krieg von Kanada aus führen wollen, worauf die USA einfach mitmachen müssen. Kommt das, und gerät Europa, teils willig, teils widerwillig, unter unsere Herrschaft, so wird sich der Krieg in einen Kampf der westlichen Hemisphäre gegen Europa verwandeln, ein Krieg, der hundert Jahre dauern kann und der kein Ende zu haben braucht und der nur die Existenz von uns allen beeinträchtigen wird. Carl [Deichmann] und ich haben einmal geprüft, wo wir uns noch in der Welt zeigen können, ohne gefangengesetzt oder nicht hineingelassen zu werden. Mit Ausnahme von Italien konnten wir kein Land entdecken.
Vielen Dank für den Bericht über die Blumen und Büsche. Hoffentlich gelingt alles schön. Ich hatte den Eindruck, daß sich auch der neugepflanzte Flieder ganz hinten in unserer Plantage gut machen würde. Der, der immer etwas später kommt. Schneide die Büsche ein wenig zurück. Ich habe im vorigen Jahre wenig geschnitten, und sie werden sonst lang und spergelig und bilden nicht genügend Blütenholz. Das gilt auch für den kleinen blühenden Prunus; ich hatte ihm die zwei langen Triebe stehen lassen, weil ich fürchtete, daß er sonst zwischen Flieder und Jasmin nicht genügend Licht bekommen würde. Sorge bitte auch dafür, daß der kleine zartästige Flieder, der vorne steht, genügend Luft bekommt, und schneide den alten Flieder, der auf der Südseite steht, und den kleinen robusten Busch, der seine Nordseite deckt, so weit zurück, daß der kleine sich entfalten kann. Wenn der Kleine gut treibt, würde ich so weit gehen, den ganz großen Ast des alten wegzunehmen ...

Helmuth von Moltke empfand Kreisau als „friedlichen Hafen“ für sich und die Seinen, doch in seinem Krisenzustand war es auch eine Gefahr, da man dort der Wirklichkeit entfliehen konnte.

Berlin, den 25. Mai 1940
... Alle Menschen, die ich sehe, benutze ich als Ablenkung, und dadurch werde ich nie fertig. Ganz Kreisau war ja auch nicht nur schön und lieb, sondern auch eine Ablenkung, und ich muß diese Sache nun einmal überwinden ...

Als seine Frau ihm berichtete, eine Hausgenossin habe ihr in Kreisau vorgeworfen, sie stecke den Kopf in den Sand, weil sie abgelehnt habe, sich regelmäßig die täglichen Wehrmachtsberichte im Radio anzuhören, schrieb er:

Berlin, den 1. Juni 1940
... Zur Frage des Kopf-in-den-Sand-Steckens, was wir angeblich in Kreisau betreiben, habe ich folgendes zu sagen: Es ist unsere Pflicht, das Widerliche zu erkennen, es zu analysieren und es in einer höheren, synthetischen Schau zu überwinden und damit für uns nutzbar zu machen. Wer davor wegsieht, weil ihm entweder die Fähigkeit fehlt, zu erkennen, oder die Kraft, das Erkannte zu überwinden, der steckt den Kopf in den Sand. Ob man aber Einzelheiten in sich aufnimmt, ob man sie diskutiert, ob man sie am Donnerstag oder Freitag erfährt, ist vollkommen gleichgültig. Im Gegenteil, die Sucht, die Einzelheiten zu erfahren, führt dazu, daß man darauf viel zuviel Gewicht legt und darüber die genau so wichtige Aufgabe übersieht, diese Tatsache zu sublimieren und in ihr richtiges Verhältnis zu bringen. Wenn man hinter diesen Einzelheiten herjagt, dann hat man auch nicht die Kraft zu ihrer Überwindung. Daß die Fähigkeit zur Überwindung in einer friedlichen Atmosphäre größer ist als in einer gehetzten, ist sicher, und jeder, der um sich diese friedliche Atmosphäre zu verbreiten imstande ist, ist ein lebendiger Träger und Antreiber in der richtigen Richtung. Frieden ist etwas anderes als *complacency* [Selbstzufriedenheit]. Wer, um sich den äußeren Frieden zu erhalten, schwarz weiß sein läßt und böse gut, der verdient den Frieden nicht, der steckt den Kopf in den Sand. Wer aber jeden Tag weiß, was gut ist und was böse, und daran nicht irre wird, wie groß auch der Triumph des Bösen zu sein scheint, der hat den ersten Stein zur Überwindung des Bösen gelegt. Darum ist die Atmosphäre des Friedens von ungeheurer Wichtigkeit, und man muß sie nicht gefährden ... es ist komisch, daß gerade ich Dir das jetzt schreibe, wo ich mit nichts recht zu Rande komme. Aber vielleicht weiß ich es darum auch so genau. Ich hoffe, daß ich bis zum achten wieder zurückgefunden habe zu der erforderlichen Sicherheit. Du aber verteidige die Methoden, mit denen das Berghaus so friedlich gehalten worden ist, und mache auf diesem Gebiet keine Kompromisse ...

Helmuth von Moltke überwand die Depression, indem er sich der hoffnungslosen Lage zum Trotz der Frage zuwandte: Wenn wir je wieder von vorne anfangen könnten, was für eine Gesellschaft würden wir dann in Deutschland verwirklichen? Damit hatte er sich zwar schon früher beschäftigt, aber nicht mit der glei-

chen Intensität. In dieser Frage lag jetzt ein Glaubensbekenntnis, eine Bekräftigung seines Glaubens, daß der NS und seine Unmenschlichkeit schließlich unterliegen würden und die Zeit kommen werde, wo es möglich und notwendig war wiederaufzubauen. Diese Entscheidung gab ihm sein inneres Gleichgewicht zurück. Sie spornte ihn auch an zu einer Tätigkeit, die er in den kommenden vier Jahren als seine Hauptaufgabe ansah und die schließlich seinen Tod herbeiführte.
Er begann klassische Texte zur Politik zu lesen: Das erste erwähnte Buch ist Voltaires Biographie Karls XII. Dann folgen Spinoza, Kant, der Freiherr vom Stein, Tolstoi. George Kennan beschreibt, wie er Moltke einmal über dem Studium des *Federalist* antraf[1], einer Sammlung von Aufsätzen über die Verfassung der Vereinigten Staaten, die zu den klassischen Texten der amerikanischen Verfassungsgeschichte gehört. Sie wurden 1787 von Alexander Hamilton, James Madison und John Jay als Verteidigung der zur Abstimmung stehenden Verfassung geschrieben. Sicher hatte Lionel Curtis ihn auf diese Sammlung hingewiesen.
Auch *Civitas Dei* von Lionel Curtis benutzte Helmuth von Moltke häufig. Anhand dieser Studien versuchte er, die Fragen politischer und wirtschaftlicher Organisation grundsätzlich zu durchdenken. Am 16. Juni, sechs Tage vor dem französischen Waffenstillstand, schrieb er Horst von Einsiedel, am 17. Juni Peter Yorck. Die ersten Abschnitte dieser Briefe zeigen deutlich, worum es ihm ging.

Berlin, den 16. Juni 1940
... Lieber Einsiedel, wir sind uns über manche Dinge nicht klar geworden, weil wir dachten, die Verhältnisse würden uns zu Hilfe kommen und es uns ermöglichen, in der Praxis auszuprobieren, was wir theoretisch nicht recht faßten und vielleicht auch nicht fassen konnten. Heute ist die Lage anders. Die Verhältnisse werden uns nicht zu Hilfe kommen, und wir werden sie erst meistern, nachdem wir uns über sie klar geworden sind und sie innerlich bezwungen haben. Wir sind von dem Umschwung noch so weit entfernt wie Voltaire von der Französischen Revolution, als er sich zur Übung machte, seine Briefe mit den Worten zu schließen: *écrasez l'infâme*[2]. Wie lange muß ihm damals der Weg erschienen sein, und wie kurz erscheint er uns heute, der Weg zwischen geistiger Überwindung und tatsächlichem Umschwung. Damit muß man sich trösten und neu denken.
Zu der Organisation oder Planung der Wirtschaft habe ich eine Reihe von Fragen, die ich Dir gerne mit der Bitte um gelegentliche Beantwortung vorgelegt hätte. Mir scheint zunächst, daß die Gefahr besteht, daß eine geplante Wirtschaft eine Stellung im Menschenleben einnehmen kann, die alle Nachteile eines vergotteten Staates hat und noch unmittelbar vom Standpunkt des Nutzens angesehen wird. Wie läßt sich diese Gefahr beseitigen? ...

Er nannte dann einige Grundsätze der Wirtschaft und erbat sich dazu Einsiedels Kritik. Dieser Brief und der folgende zeigen deutlich, daß in den vorhergehenden Monaten bereits Diskussionen stattgefunden hatten.

Berlin, den 17. Juni 1940
... Lieber Yorck, nun, da wir damit rechnen müssen, einen Triumph des Bösen zu erleben und, während wir gerüstet waren, alles Leid und Unglück auf uns zu nehmen, statt dessen im Begriff sind, einen viel schlimmeren Sumpf von äußerem Glück, Wohlbehagen und Wohlstand durchwaten zu müssen, ist es wichtiger als je, sich über die Grundlagen einer positiven Staatslehre klar zu werden. Zu dieser Klärung – meines eigenen Kopfes, nicht des Ihren – möchte ich mit diesem Briefe etwas beitragen, indem ich an eine Unterhaltung zwischen Ihnen, Schulenburg und mir vor nicht ganz vierzehn Tagen anknüpfte.
Sie erinnern sich vielleicht der Wette: Schulenburg war bereit zu wetten, daß innerhalb von zehn Jahren ein Staat bestehen würde, den wir voll billigen können. Ich war bereit, die Negative dieser Behauptung aufrechtzuerhalten. Wir kamen zur Frage der Definition eines solchen Staates, und ich schlug als Kriterium die Gerechtigkeit vor, so daß Schulenburg also gewonnen haben sollte, wenn wir innerhalb von zehn Jahren in den Grenzen, die durch die menschliche Unzulänglichkeit gesetzt sind, einen gerechten Staat hätten.
Damit blieb übrig die Definition der Gerechtigkeit, und wir einigten uns darauf, daß Gerechtigkeit darin bestünde, daß im Rahmen des Staatsganzen ein jeder sich voll entfalten und entwickeln könnte. Die nächste Stufe dieser Unterhaltung und die, an welche ich anknüpfen möchte, erreichten wir, als Sie sagten, dieser freien Entfaltungsmöglichkeit eines jeden wollten Sie eine schwere Hypothek aufladen, worauf ich meinte, für die Zwecke unserer Wette sei diesem Gedanken durch die Einschränkung „im Rahmen des Staatsganzen" genügend Rechnung getragen. [Offenbar hatte Yorck gesagt, wenn dem Einzelnen so viel Freiheit zugebilligt werde, bestehe für den Staat die Gefahr der Anarchie. Moltke hatte dagegen eingewandt, daß das Recht des Einzelnen die Pflicht einschließe, der Gemeinschaft zu dienen; das sei ein hinreichender Schutz vor Anarchie.]
Wir haben die Unterhaltung damit abgebrochen. Ich möchte, an dieser Stelle beginnend, mich mit Ihnen über den Begriff und Umfang dieser „Hypothek" unterhalten, denn dort liegt eines der wichtigsten grundlegenden Probleme für eine Staatserneuerung, und wir dürfen die Frage nicht so liegenlassen wie in jener Unterhaltung ...

Anschließend zählte er drei Grundsätze der politischen Theorie auf und bat Yorck, sich dazu zu äußern.
Die Entwicklung dieser Gedanken, denen Helmuth von Moltke und seine Freunde im Laufe dreier Jahre nach recht dilettantischen Anfängen eine immer genauere, wenn auch unvollendete Formulierung gaben, soll nicht im einzelnen geschildert

werden, denn die Texte und wichtigeren erhaltenen Dokumente sind bereits veröffentlicht. Hier soll nur der chronologische Ablauf wiedergegeben und – an späterer Stelle – die schließlich erreichte Position umrissen werden.
Peter Yorck antwortete am 7. Juli. Er gab zu bedenken, ob es richtig sei, den deutschen Sieg vorbehaltlos als einen Triumph des Bösen zu bezeichnen. „Selbst wenn, wie ich hoffe – wir zur Zeit den pathetischen Abschluß einer Epoche erleben, muß auf die Keime geachtet werden, die das neue Leben aus den Ruinen treiben sollen." Yorcks Optimismus stützte sich auf eine Reise durch die besetzten Gebiete im Westen. Er fand dort „weder haßerfüllte noch niedergezwungene Menschen, deren Streben Revision und Revanche ist. Sondern ich fand europäische Bereitschaft auf dem Boden der vollzogenen Tatsachen und die Anschauung, daß die bisherige Geistesverfassung der menschlichen Wirklichkeit nicht entsprochen habe und daß das Junge nicht durchgedrungen sei".
Helmuth von Moltkes Antwort beginnt:

Berlin, den 12. Juli 1940
... Ihren ersten Punkt, der sich mit der gegenwärtigen Lage befaßt, möchte ich vorweg beantworten.
Ich habe mein ganzes bewußtes Leben lang mit Menschen anderer Nationen zusammengearbeitet und habe insbesondere seit 1935 ganz systematisch versucht, den „neuen" Kräften in England bei ihrer Durchsetzung gegen die dort herrschende vorletzte Generation (die letzte ist im Weltkrieg praktisch verschwunden) zu helfen, weil ich glaubte, daß nur die Durchsetzung dieser neuen Generation in Großbritannien den Krieg verhindern könnte. Ich bin daher der Auffassung, daß diese Fühlung mit diesen Menschen sobald wie möglich wiederhergestellt werden muß.
Das gilt für die geistige Gemeinschaft. Für die staatliche Wirklichkeit gilt dies jedoch m. E. nicht ...

Diesen letzten Punkt entwickelte er anschließend und meinte, wer den Zusammenbruch der alten Ordnung verursacht habe, sei unfähig, eine neue zu schaffen.
Am 15. Juli schrieb Moltke wieder an Yorck und Einsiedel. Yorck schickte ihm einen Aufsatz *Das Bild des abendländischen Staates*, den dieser am 21. Juli zurücksandte und begründete, warum er ihn nicht überzeugend finde. Sie trafen sich am 20. Juli und 23. August, und zwischen dem 16. und 19. August waren Peter und Marion Yorck, Einsiedel und Waetjen für ein Wochenende in Kreisau. Dort wurden die verschiedenen Fragen ausführlich besprochen. Es ist jedoch unzutreffend, schon diesen Besuch als eine formelle Konferenz anzusehen. Waetjen zufolge war an diesem Wochenende „Erziehung" das Hauptthema, aber Freya von Moltke und Marion Yorck stimmen überein, daß die Gespräche allgemein und nicht auf ein Thema beschränkt waren. Am 1. September schrieb Moltke noch einmal an Yorck, dann verbrachte er mit seiner Frau ein paar Tage

bei den Yorcks in Kauern, einem Teil von Kleinöls. Am 9. August hatte Otto von der Gablentz einen (nicht mehr erhaltenen) Brief beantwortet, der von „Staat und Ethik" sowie von „Staat und Kirche" handelte. Helmuth von Moltke schrieb am 31. August zurück und erhielt am 7. September Antwort.[3]
Diesen ganzen Austausch regte Helmuth von Moltke an, zur Klärung seines eigenen Kopfes, wie er sagte, und er entwarf auch am 20. Oktober ein Memorandum von acht Seiten *Über die Grundlagen der Staatslehre*, das die Ergebnisse dieser ersten Zeit zusammenfaßt.[4] Am 9. November diskutierte er darüber mit Einsiedel und Gablentz, am 10. November mit Yorck, und am 16. schrieb er Yorck und Gablentz, um noch bestehende Meinungsverschiedenheiten möglichst zu beseitigen.
Adam von Trott, der erst im März aus Amerika zurückgekehrt war, besuchte Helmuth von Moltke am 27. Mai und am 11. September; offenbar kam es aber nur zu einem allgemeinen Meinungsaustausch. Am 27. Mai traf er auch Hans Peters und am 28. Juni und 20. August Adolf Reichwein. Fritz von der Schulenburg, der mit Moltke gewettet hatte, war ab 7. Juni bei seinem Regiment und trat deshalb nicht in Erscheinung.

Helmuth James von Moltke arbeitete weiterhin mit wechselnder Intensität in der Abwehr und im HWK. Seine Briefe zeigen, daß er nicht mehr der Meinung war, in diesem Bereich sei noch Grundsätzliches zu erreichen. Hitler machte, was er wollte, und solange die deutschen Armeen erfolgreich waren, bestand wenig Aussicht, daß der Krieg anders geführt oder die besetzten Gebiete anders regiert würden. Am 30. Juni schrieb er, es gehe ihm besser, weil er nichts mehr erwarte und daher ohne Anspannung lebe, „mehr betrachtend als handelnd". Er könne nur noch hoffen, „im Detail Unglück zu verhüten".
Ende Mai wurde Admiral Schuster zum Marineoberbefehlshaber in Frankreich ernannt. Ihm folgte im HWK Admiral Groos, der den Ruf hatte, „ein sehr netter und gebildeter Mann, in erster Linie Historiker" zu sein. Bald darauf wurde Weichold oberster Verbindungsoffizier für die Marine in Italien. Sein Posten im HWK wurde nicht mehr besetzt.

Berlin, den 21. August 1940
... Mit Groos hatte ich heute eine längere Unterhaltung über die Grundlagen der Seekriegsführung. Ich bin ja über unsere Seekriegsleitung ziemlich kritisch und ganz entsetzt über das Auswärtige Amt, welches sich stets ganz übertriebene Vorstellungen von den Wirkungsmöglichkeiten der Marine und der Luftwaffe im Seekrieg macht. Bei denen wachsen die Bäume immer in den Himmel. Ich habe wieder tüchtig Differenzen mit ihnen und habe Groos darin – leider zu sehr – auf meiner Seite. Das leider zu sehr bezieht sich darauf, daß Groos ganz auf meine Vorschläge eingegangen ist und jetzt von dem AA nicht mehr als Schiedsrichter, sondern selbst als Partei angesehen wird. Das ist etwas unglücklich ...

Am 17. August wurde den neutralen Staaten mitgeteilt, man habe die Gefahrenzone für ihre Schiffe im Atlantik erheblich ausgedehnt. Vielleicht hatte der Disput mit dem AA damit zu tun. Offenbar verlor das HWK immer mehr an Bedeutung. Bei der Abwehr war das anders. Ende Juni kämpften Helmuth von Moltke und Schmitz in einer Sitzung der Akademie für Deutsches Recht gegen ein Memorandum von Himmler, das die Behandlung von Polen in den besetzten Gebieten betraf:

Berlin, den 27. Juni 1940
... Es wurden dabei wirklich unglaubliche Thesen vertreten, und Schmitz und ich haben immer abwechselnd gesprochen. Es war einfach toll. Leider nutzt es nichts, aber immerhin haben wir unsere eigene Ehre gerettet ...

Fünf Tage später führten sie „einen großen Kampf" gegen den Sklavenhandel, „daß heißt den Handel mit Leuten, die wir anderen ausliefern wollten, um dafür ähnliche Gegenleistungen auszutauschen".

Um diese Zeit war auch die Rede davon, Moltke zu den Waffenstillstandsverhandlungen mit Frankreich und zur Vorbereitung der Friedensverhandlungen nach Wiesbaden zu schicken. Daraus wurde nichts, weil er darauf bestand, als einziger Jurist der Wehrmacht dort aufzutreten. Er wollte nämlich lieber in Berlin bleiben, wo er mancherlei zu tun hatte und Kreisau näher war. Seine Taktik ging dahin, gute Bedingungen herauszuholen und die Aufgabe dann Schmitz zu überlassen, den er ohnehin für geeigneter hielt. Neben seinen persönlichen Aktivitäten beschäftigte ihn auch noch ein anderer Plan.[5] Am 20. Juni hatten Moltke und Schmitz ein Memorandum für General Keitel entworfen. Es begann:

... Der Zeitpunkt der Wiederherstellung des Friedens gibt eine Gelegenheit, für die Grundsätze des Kriegsrechts, welche sich in diesem Kriege in unserem Sinn bewährt haben, unter Berücksichtigung der durch den Frieden veränderten Lage die Anerkennung aller Staaten und damit deren allgemeine Verbindlichkeit zu erreichen. Dieses könnte durch eine allgemeine Erklärung aller Kriegführenden und wichtigen Neutralen über die Rechtsgrundsätze auf folgenden Gebieten herbeigeführt werden: Seekrieg, Luftkrieg, Landkrieg, Wirtschaftskrieg und Neutralität ...[6]

Das Memorandum legt dann dar, Deutschland werde durch die vorgeschlagene Initiative die ihm noch feindlich gesinnten Neutralen gewinnen. Sie sei eine logische Erweiterung der deutschen Bemühungen seit Kriegsausbruch, den britischen Standpunkt hinsichtlich der Rechte einer kriegführenden Seemacht zu unterminieren. Das OKW solle einen Sachverständigenausschuß mit der Auf-

stellung eines Arbeitsprogrammes betrauen, auf Grund dessen der Gladisch-Ausschuß für Kriegsrecht die endgültigen Vorschläge ausarbeiten solle. Admiral Gladisch, vormals Oberbefehlshaber der Marine, war 1935–1938 Leiter eines noch bestehenden „Ausschusses Kriegsrecht", der dem OKW angegliedert war und in dem die drei Waffengattungen, das AA und das Justizministerium vertreten waren. Gladisch, ein Freund von Canaris, war auch im Vorstand des Instituts für Internationales Öffentliches Recht.
Keitel, inzwischen Feldmarschall, hatte sich schon zuvor einverstanden erklärt, Moltke und Schmitz in Fragen des Internationalen Rechts bei der Vorbereitung einer Friedenskonferenz freie Hand zu lassen. Jetzt stimmte er auch der Bildung eines Ausschusses zur Fortbildung des Kriegsrechts zu, dem unter dem Vorsitz von Gladisch Helmuth von Moltke, Schmitz und Berthold von Stauffenberg angehören sollten. Die Sache war möglichst geheimzuhalten, um an oberster Stelle keinen Widerspruch zu erregen. Am 30. August wurde in einer Sitzung die hypothetische Lage, von der die Arbeit ausging, folgendermaßen beschrieben:

... Deutschland steht an der Spitze eines europäischen Staatenblocks, dem England nicht angeschlossen ist. Der Schwerpunkt Englands liegt in einer transatlantischen Kombination mit den USA. Deutschland verfügt über Kolonien in Afrika und ist im Besitz maritimer Stützpunkte im Atlantik sowie einer ausreichenden Kriegs- und Handelsflotte (Kriegsflotte in Größe *second to one*). Als Gegner sind, abgesehen von der transatlantischen Kombination, in zweiter und dritter Linie Rußland und Japan ins Auge zu fassen ...

Unter den gegebenen Umständen lag es nahe, mit dem Seekriegsrecht anzufangen. Anläßlich der ersten formellen Sitzung des Ausschusses am 7. September sprach Gladisch im angedeuteten Sinne (die Protokolle sind erhalten). Die zweite Sitzung fand am 30. September statt, als Helmuth von Moltke gerade in Kreisau war; er übersandte aber ein Gutachten über die Bedeutung von Rechtsgrundsätzen auch für den Wirtschaftskrieg. Obwohl der Kreis im großen ganzen mit ihm sympathisierte, war man doch ziemlich konsterniert, mit welcher Schärfe er darlegte, was für Folgen es haben könne, wenn man Grundsätze der Kriegführung nur deshalb vorschlage, weil sie Deutschland gerade nützlich seien. Man schob seine Vorschläge beiseite und beschloß statt dessen, Kataloge der wichtigsten Probleme im Land-, See- und Luftkrieg sowie bei Neutralität aufzustellen.
Als am 8. Oktober der Seekriegskatalog diskutiert wurde, plädierte Moltke für Abschaffung oder zumindest Einschränkung des Seebeute- und Banngutrechts. Bei der Debatte über die Probleme des Landkrieges betonte er, wie wichtig es sei, bis zum Ende des Krieges oder gleich danach die Fragen der Ausbildung und des Einsatzes farbiger Truppen zu regeln. Er vertrat die englische Auffassung: Da die Länder mit farbiger Bevölkerung bald unabhängig würden, müsse ihnen gestattet werden, Truppen auszubilden. Afrika nahm er aus. Da man nicht vorhabe,

die Unabhängigkeit auf Afrika auszudehnen, sei die Ausbildung afrikanischer Truppen nur eine Gefahr.
Die Protokolle der Diskussion über die Rechte einer Besatzungsmacht enthalten einen interessanten Abschnitt[7]:

... Graf Moltke sagt, die Landkriegsordnung baue auf dem Begriff des privaten Eigentums auf. Dies sei überholt.
Der Leiter fragt, ob man das für alle Staaten sagen könne.
Graf Moltke meint, man könne es für alle europäischen sagen. Das werde nach diesem Krieg noch mehr so sein, und zwar auch in Amerika. Man müsse das Prinzip aufstellen, daß der Wirtschaftskörper des besetzten Gebietes erhalten bleiben müsse. Man dürfe nicht große Fabriken abmontieren, man dürfe Betriebsgeheimnisse nicht wegnehmen. Auf die Dauer eines Krieges gesehen habe die Fabrik die in Belgien und in Frankreich bestimmte Produkte herstellte und die jetzt abmontiert worden sei, in dem Wirtschaftskörper Belgiens bzw. Frankreichs eine Funktion ausgeübt, die auch für den Besetzenden nützlich sei. Man bekäme sonst an dieser Stelle Arbeitslosigkeit und Unzufriedenheit. Diese bekämpfe man, indem man die Leute hier arbeiten ließe. Die Folge sei, daß ein Mann, der in Belgien gelernter Dreher für eine bestimmte Arbeit gewesen sei, hier etwas ganz anderes mache, von seiner Familie getrennt sei und daher unzufrieden. Wir hätten hingegen wirtschaftlich gesehen erheblich Besseres erzielt, wenn wir die Fabrik da gelassen hätten, wo sie war. Hierin liege zwar vielleicht ein kurzfristiger Nachteil, aber bestimmt ein langfristiger Vorteil.[8]
Der Leiter glaubt nicht, daß diese Frage eine kriegsrechtliche Angelegenheit sei ...

Bei der nächsten Sitzung erreichte Moltke dann doch, daß der Wirtschaftskrieg gesondert behandelt wurde. Vor allem aber machten er und Schmitz die wichtige Bemerkung, im Rahmen des Internationalen Rechts sei die Neutralität durch die technische Entwicklung am stärksten beeinträchtigt worden. Außerdem fragte Moltke, ob es mit den Grundsätzen der Neutralität vereinbar sei, wenn ein kriegführender auf einen neutralen Staat Druck ausübe, damit dieser seine Wirtschaft auf den Wirtschaftskrieg des kriegführenden Staates ausrichte. Da kriegführende Staaten die Zahl ihrer Gegner ja nicht vergrößern wollten, müßten sie daran interessiert sein, daß möglichst viele Staaten ihre Neutralität bewahrten. Das sei am leichtesten zu erreichen, wenn sie ihrerseits die Neutralität respektierten.
Aber solche Vorschläge hatten in Nazi-Deutschland keine Aussicht, verwirklicht zu werden. Als sich die Kriegslage verschlechterte und Deutschland immer weniger Aussichten hatte, seinen Willen durchzusetzen, verlief die Arbeit des Ausschusses allmählich im Sande.
Im August wurden die Amtsroutine und die Spannung wegen des bevorstehenden Angriffs auf England durch eine sechstägige Reise nach Belgien und Frankreich unterbrochen. Helmuth von Moltke fuhr mit Otto Kiep, Kieps Vorgesetztem

Ernst Woermann, der Leiter der politischen Abteilung des AA war, und einem gewissen Major Graf von Schlieffen[9], der auch in der Abteilung Ausland arbeitete. Kiep hatte diese Besichtigungsreise für seinen Vorgesetzten arrangiert und Moltke zum Vergnügen mitgenommen. Dieser beschrieb die Reise in einem Brief über vierzehn Seiten, die auch einiges von allgemeinem Interesse enthalten. Die Gruppe brach am 7. August um sechs Uhr früh von Berlin auf und fuhr mit dem Auto über Köln und durch die Eifel nach Spa und Lüttich.

Brüssel, den 8. August 1940
... Auf dem Weg nach Lüttich war das Bild das einer friedlichen Landschaft, in die, ohne Sinn und Verstand, in gewissen Abständen eine blinde Faust hineingeschlagen hatte. Eigentlich ist es besser zu beschreiben, als wenn alle sieben Meilen der berühmte Siebenmeilenstiefel niedergekommen sei. [Sie besichtigten die Befestigungen bei Lüttich und fuhren dann weiter nach Brüssel.] Der totalitäre Krieg scheint eine Wiederholung der innenpolitischen Entwicklung zu sein. Er läßt die materiellen Werte intakt und zerstört Menschen. Das spürt man überall. Würde er die materiellen Werte zerstören, so wüßten die Menschen, deren Denkfähigkeit ja meist durch die faßbaren Vorstellungen begrenzt sind, wogegen sie sich wehren und wie sie sich wehren sollten. Aber so findet die Zerstörung ihres Inneren keinen Niederschlag in der Welt der Vorstellungen, der Sachen, der Materie. Damit übersteigt der Prozeß ihr Fassungsvermögen, und sie wissen nicht, was sie dagegen tun und wie sie sich regenerieren sollen.
Das andere, was die Fahrt von Lüttich nach Brüssel so außerordentlich interessant machte, war der Kulturzustand der Landwirtschaft. Ich habe solche Felder noch nie gesehen und glaube auch nicht, daß es solche Felder in Deutschland geben kann. Solche Felder sind nämlich nur möglich bei einem Hochstand der landwirtschaftlichen Arbeiterschaft, der bei unserer gegenwärtigen Politik jedenfalls nicht erreicht werden wird ...

Von Brüssel waren sie alle sehr beeindruckt:

Paris, den 9. August 1940
... Die Läden machen für unsere Augen den Eindruck, als müßten sie vor Herrlichkeiten bersten. Wenn man aber genau hinsieht, so sieht man, daß in jedem Laden die hintersten Fächer der sonstigen Behälter völlig leer sind und daß diese Fülle nur Schein ist. Es ist wie im Bienenstand mit wenigen Bienen: Nur die am nächsten gelegenen Waben sind mit Honig gefüllt, die Mehrzahl ist bereits leer. Das Auskaufen geht schamlos vor sich. Alle Offiziere und gewiß auch die Mannschaften kaufen auf Teufel komm heraus, und das in einem Land, welches vor einer Hungersnot und Warenknappheit steht, wie sie in Westeuropa noch nicht dagewesen ist ... Das Aufkaufen der Deutschen soll insbesondere zwei Formen angenommen haben, die besonders übel sind: „Kraft-durch-Freude"-Fahrten

rheinischer Hausfrauen – wobei keiner weiß, woher sie ihre Ausweise bekommen hatten – und Einkäufe von Offizieren mit Köfferchen und Burschen. Das hat offenbar besonders böses Blut gemacht, und diese beiden Formen gibt es nicht mehr. Aber es ist eben auch nicht mehr viel da ... Wir hatten ein phantastisches Abendessen [mit dem Militärbefehlshaber General von Falkenhausen[10]]: Kaviar, Schinken in Burgunder, Ente, Crêpes. Dann gab es offenbar hervorragend zu trinken: Wodka, einen Bordeaux „Enfant Jesus", einen Champagner und Armagnac. Ich habe das zwar alles nicht getrunken, aber die anderen schienen in Seligkeit zu schwelgen. Nachher, so um halb zwölf, gingen wir wieder in Falkenhausens Hotel zurück, wo es Whisky und Bier gab. Woermann war richtig blau, und die meisten anderen, einschließlich Kiep, sehr angeheitert, so daß die einzigen völlig Nüchternen Falkenhausen und ich waren, und in der Zeit von halb zwölf bis halb zwei haben wir uns meist allein unterhalten. Das war mir sehr angenehm, weil ich bei Tisch notwendigerweise zu weit weg gesessen hatte, um mit ihm sprechen zu können.
Die Unterhaltung bei Tisch war mäßig ... Außerdem ärgerte ich mich bei Tisch über das üppige Essen in dem vor dem Hunger stehenden Land, und das störte mich natürlich, denn ich wollte nicht unhöflich sein und doch auch nicht den Schein erwecken, als billigte ich diese Sache. Nachdem sie sich aber entschuldigt hatten, überwand ich das, und so waren die zwei Nachtstunden mit Falkenhausen, als die anderen alle außer Konkurrenz waren infolge der Alkoholeinwirkung, sehr nett. Er ist ein hervorragender und mutiger Mann, und wir haben im wesentlichen über die wirtschaftliche Lage Belgiens gesprochen, über die Ausplünderung des Landes durch uns, über die wirtschaftlichen und politischen Folgen dieser Ausplünderung. Schließlich hat er mir gesagt, wo er die Grenzen seiner Mitwirkung sieht und an welcher Stelle er die weitere Arbeit ablehnt ... Der ganze Blickpunkt des Mannes ist auf den Menschen ausgerichtet, nicht auf irgendeine *gloire* oder *grandeur*. Er ist sichtlich tief bekümmert, daß wir uns im ganzen wieder so benehmen, daß wir uns nicht werden halten können. Folgender Ausspruch von ihm blieb mir haften: „Meinen durchziehenden Kollegen sage ich immer, eure Aufgabe ist es, so schnell wie möglich und so gründlich wie möglich zu zerstören, und dafür bekommt ihr alle Ehren und Auszeichnungen; meine Aufgabe ist es, so schnell wie möglich und so gründlich wie möglich wiederherzustellen, aber das ist im Gegensatz zu eurer Tätigkeit ein ganz langsamer Prozeß, der keine äußeren Ehren einbringt." ...

Als Helmuth von Moltke wieder in Berlin war, erzählte er Wallace Deuel, er habe versucht, Falkenhausen klarzumachen, daß er moralisch und gemäß dem Internationalen Recht für die Behandlung Belgiens und der Belgier durch die Partei verantwortlich sei. Der General sei entsetzt gewesen bei dem Gedanken, man könnte ihm eine Schuld an den Maßnahmen der SS und der Parteileute beimessen. Er sei nur ein gewöhnlicher Soldat und in keiner Weise verantwortlich für die Handlungen der Partei.[11]

Am nächsten Tag fuhren sie weiter an die flämische Küste, nach Dünkirchen und Calais, wo die Vorbereitungen für die Invasion Englands zu sehen waren, und von dort nach Paris.

Paris, den 13. August 1940
... Die Kontrolle des Militärs in Paris ist sehr streng, und das ist segensreich. Du siehst keine Soldaten mit Mädchen im Auto fahren, und die wenigen, die sich danebenbenehmen, werden unwahrscheinlich streng bestraft ... Die deutschen Zivilisten und Parteivertreter machen dafür einen weniger schönen Eindruck. Man sieht hohe Funktionäre mit Frau im großen Wagen durch die Stadt ziehen und Einkäufe machen. Überhaupt das Kaufen. Man kann als Deutscher einfach nicht in einen Laden gehen ...
Die vielen entlassenen französischen Soldaten auf den Straßen machen keinen niedergeschlagenen Eindruck, und im ganzen hat man das Gefühl, daß die Widerstandskraft der Franzosen schon vor Beginn des Kampfes gering war. Die Flugzeuge sind nicht aufgestiegen, ehe die Deutschen angriffen, die Truppen sind unter Führung ihrer Offiziere weggelaufen, die Truppen in Befestigungen und Tanks haben die Waffen gestreckt, sobald nur der Anschein eines Angriffs gemacht wurde ... Das Urteil [eines jugoslawischen Bekannten] war: „Ich gehe nach Jugoslawien, sobald mir die Ausreise erlaubt wird; in einem Land, dessen Männer den Mut und den Willen zu arbeiten und dessen Frauen jedes Gefühl von Treue verloren haben, kann man nicht leben. Dieses Land kann nur wiedererstehen unter einem bolschewistischen Regime, nachdem die Gleichheit in der Armut den Boden dafür bereitet haben wird." ...

In Paris und Brüssel wurde viel über die Aussichten einer Invasion Englands gesprochen.

Berlin, den 14. August 1940
... Das, was sich an Bedeutsamem aus diesen Unterhaltungen berichten läßt, ist, daß offenbar kein Soldat mit Einsicht in die Lage an den Erfolg der jetzt anlaufenden Aktion glaubt, so daß alle mit einem langen Kriege rechnen. Aber haben die Soldaten mit Einsicht nicht bisher unrecht gehabt, und werden wir nicht entgegen unser aller Beurteilung vielleicht in England doch einen moralischen Kollaps erleben? Ich glaube es nicht. Falkenhausen faßte sein Urteil wie folgt zusammen: „Wenn ich nicht in diesem Jahre bereits mehrere militärische Wunder erlebt hätte, so würde ich sagen, daß diese Aktion aussichtslos ist." [Auf dem Rückweg inspizierten sie noch die Maginot-Linie.] Der Anblick dieses ganzen Systems ist beeindruckend, weil die sorgfältige und durchdachte Planung so offenbar ist und weil man sich bei dem Anblick dieser Vorkehrungen sagen muß, daß diese Linie nicht zu durchbrechen ist, wenn sie wirklich verteidigt wird. Zu-

gleich ist der Aufwand, diese Geldverschwendung, diese Landverschwendung, durch die Tausende von Quadratkilometern der nutzbaren Bebauung entzogen worden sind, deprimierend. Dieses ganze Gebiet ist einfach ein Distel- und sonstiges Unkraut-Samenzuchtgebiet, und der Wind, der gerade darüber hinfegte, trug ganze Ladungen ausgereiften Distelsamen mit sich, deutsches Land verpestend, das vielleicht hundert Kilometer entfernt lag und nicht wußte, woher es die vielen Disteln bekam. Kurz, ein solches Verteidigungssystem ist unorganisch und krankhaft. Wenn es nicht gelingt, ohne solche Dinge auszukommen, innerhalb Europas, meine ich, dann verdienen wir es nicht besser. Das Ganze ist, bei aller Bewunderung für die Planung, ein krankhafter und ansteckender Ausschlag, den es nie wieder geben darf ...

Ein paar Tage später kämpfte Moltke in Berlin „wie ein Löwe" um das Leben eines französischen Offiziers, den Göring erschießen lassen wollte. Erst am folgenden Tag, als die Frage Hitler vorgelegt werden sollte, stellte sich heraus, daß der Offizier gar nicht existierte. „Das war also wirklich ausgesprochen komisch und eine typische Panne", schrieb er am 22. August 1940.

Berlin, den 24. August 1940
... Die letzte Rede von Churchill war ganz hervorragend, und man gewinnt das Gefühl, daß die Engländer vielleicht jetzt die kritische Periode innerlich überwunden haben. Die Rede ist bescheidener und sicherer, zuversichtlicher. Sie betont, daß alle ihr Bestes geben müssen, und endet etwa mit folgendem Satz: *And if we exert ourselves to the limit of our capacity, and after we have done all that is in our power, we can only pray that God may consider us worthy to give victory to our cause.*[12] Es ist ein anderer Ton: Der liebe Gott wird nicht mehr als Champion auf die eigene Seite gestellt, sondern es wird ihm anheimgestellt, zu prüfen, ob die Engländer des Sieges wert sind.
Militärisch vermag sich noch niemand ein Bild zu machen. Von der großen Entscheidung trennen uns nur noch einige Wochen, und von ihr wird ungeheuer viel abhängen. Politisch sind das Wichtigste die rapiden Vorbereitungen der USA, zu einer vollen Union mit dem Empire zu gelangen. Ich habe den Eindruck, daß diese Union, unter welchem Titel auch immer sie versteckt werden mag, in Wirklichkeit vor Ende des Jahres bereits da sein wird, und damit ist dann die zweite große Entscheidung dieses Jahres gefallen. So sieht es also so aus, als stünden Wandlungen allergrößten Ausmaßes bevor ...

Berlin, den 25. August 1940
... Gestern habe ich einen sehr angenehmen Nachmittag verbracht. Ich habe immerzu auf dem Sofa gesessen und die Heizlampe angehabt, bis so etwa um neun die Heizung warm wurde. Erst habe ich etwas gearbeitet, dann etwa fünfzig

Seiten im Voltaire gelesen, danach ein wenig nachgedacht, eine Patience gelegt und Goethes pädagogische Theorien überflogen. Erinnerst Du Dich, da kommt die Erziehung dran, und die Kinder werden zu den drei Ehrfurchten erzogen: Ehrfurcht vor dem, was über uns ist, Ehrfurcht vor dem, was unter uns ist, und Ehrfurcht vor dem, was uns gleich ist. Welch eine großartige Formulierung. NS hat uns wieder gelehrt, die Ehrfurcht vor dem, was unter uns ist, das heißt also den Dingen, dem Blut, der Abstammung, unserem Körper. Insoweit hat er recht, und wir wollen die Lehre nicht vergessen. Er hat aber getötet die Ehrfurcht vor dem, was über uns ist, nämlich Gott, oder wie immer Du es bezeichnen magst, und hat versucht, diesen unter uns zu ziehen durch die Vergottung diesseitiger Dinge, die unter die Rubrik der Ehrfurcht vor dem, was unter uns ist, fallen. Der NS hat aber weiter zerstört die Ehrfurcht vor dem, was uns gleich ist, indem er ebenfalls einen Teil derjenigen, die uns gleich sind, unter uns zu stellen versucht. – Der Liberalismus entarteter Form hingegen lehrt die Ehrfurcht vor dem, was uns gleich ist, unter Vernachlässigung der beiden anderen Ehrfurchten. Aber im Gleichgewicht gerade liegt die Weisheit, und diese Weisheit kann eigentlich nur der liberale Landmann haben, weil allen anderen die Beziehung zu den lebendigsten Dingen unter uns soweit fehlt, daß sie diese Ehrfurcht kaum bekommen können.

Je mehr ich darüber nachdenke, um so mehr empfinde ich, daß „Freiheit" und „natürliche Ordnung" die beiden Gegenpole sind, zwischen denen sich die Staatskunst bewegen muß. Und diese beiden Pole sind weiterer Auflösung und Definition nicht zugänglich. Jeder Versuch, an ihnen herumzukratzen, ist zwecklos: Es sind Begriffe, die uns lediglich durch die Anschauung gegeben sind, nicht durch den Verstand. Daher sind alle Diskussionen darüber so völlig unfruchtbar. Ein Mensch kann nur frei sein im Rahmen der natürlichen Ordnung, und eine Ordnung ist nur natürlich, wenn sie den Menschen frei läßt. Wann dieser Zustand erreicht ist, das werden wir nicht beschreiben können, wir werden es sehen und fühlen; wie er zu erreichen ist, das kann niemand sagen, das müssen wir probieren. Es ist ein Prozeß von *trial and error.*

Gestern abend habe ich mir den reizenden Mozart vorgespielt, den Du mir besorgt hattest. Er ist bezaubernd und so ungeheuer einprägsam. Immer wenn ich das Grammophon benutze, denke ich an Casparchen. Er muß so früh wie es nur möglich ist, an Zuhören gewöhnt werden. Ich vermisse das in meiner Kindheit vollständig. Wir haben immer nur selbst Musikstunden gehabt und haben daher stets nur Stümper gehört, nie etwas Fertiges, Vollendetes ...

Berlin, den 8. September 1940

... Ich habe den ganzen Morgen gelesen: Voltaire, die *Times* und ein Buch, das Yorck mir in die Hand gedrückt hat: Jünger, *Der Arbeiter*, welches mir aber romantischer Humbug zu sein scheint ...

Berlin, den 10. September 1940
... Das Essen mit [Ernst] Brandenburg [Ministerialdirektor im Verkehrsministerium] war doch lohnend. Ein guter Mann. Immer wieder bin ich erstaunt, wie sehr alle diese Menschen ihre Orientierung verloren haben. Es ist nicht anders wie beim Blinde-Kuh-Spielen: Sie sind mit verbundenen Augen im Kreise gedreht worden und wissen jetzt nicht mehr, wo rechts und links, vorn und hinten ist ...

Berlin, den 11. September 1940
... [Adam] Trott erschien gestern mit [Peter] Bielenberg[13], weniger um Nachrichten auszutauschen, wie ich angenommen hatte, sondern um zu hören, in welcher Richtung man jetzt halten müßte. Auch hier gilt dasselbe, daß sie nämlich so etwas wie die Orientierung verloren haben und sich nun von äußeren Ereignissen beeindrucken lassen und von diesen Ereignissen Lösungen erwarten, die sie in sich nicht glauben finden zu können. Es ist eine Art Hoffnung auf ein Wunder oder ein Geschenk des Himmels ...

Berlin, den 10. Oktober 1940
... Gestern abend war Deuel da. Sein Nachfolger ist eingetroffen, und er fährt am 11. 12. von Lissabon ab. Er ist darüber sehr erleichtert. [Alexander] Kirk[14] fährt morgen ab. Das Fehlen dieser beiden wird für mich eine sehr große Lücke bedeuten. Die Lage in USA scheint unverändert zu sein: Es ist kaum noch eine Frage des „Ob", vielmehr eine des „Wann".
Ich geniere mich etwas, daß ich im Mai, so Ende des Monats, und Anfang Juni über die Kriegslage eine so schwankende Meinung gehabt habe. Es ist mir peinlich, daß ich mich von den Ereignissen so habe beeindrucken lassen. Seit Juli etwa hat meine Einsicht dann wieder die Oberhand gewonnen, aber heute kommt mir dieses Zwischenspiel des Schwankens doch einfach lächerlich vor.
Was wird dieser Krieg nicht alles aufräumen! Er bietet eine wirklich große Chance, zu einer Zeit wirklicher Stabilität durchzustoßen. Es ist für mich so zum Greifen nahe, daß ich keine Geduld mehr habe, und es ist mir gräßlich, dieses Gesicht für mich behalten zu müssen. Aber ich muß abwarten und den komischen Tanz mitmachen. Und dabei ist diese Lösung von schrecklichen Gefahren bedroht, durch die alles zerstört werden kann. Ich glaube diese Gefahren zu sehen, ich sehe sie wachsen, und doch kann ich nichts tun als in der Krise, die durch diese Gefahren heraufbeschworen wird, zu warten und zuzusehen.
Ich habe eine Menge zu tun, und es wird in den nächsten Wochen wohl sogar sehr viel werden. Im Grunde habe ich nur ein Ziel: einen Stab von Soldaten zu bekommen, die sich über die Probleme eines Friedensvertrages klar sind und mit denen man arbeiten kann. Es handelt sich nicht um hohe Offiziere, sondern um Leute meiner Preislage, die, in Vorzimmern sitzend, die wirkliche Arbeit tun müssen.

Übrigens sind meine Gedanken doch noch vornehmlich in Kreisau: bei dem Staudenbeet, bei den Steinen für den Zaun, bei den Walnußbäumen, bei der Bestellung der Kirschbäume für den Hang, bei der Hackfruchternte, der Bienenfütterung usw. Ich muß jetzt davoneilen...

Berlin, den 6. November 1940

... Die Präsidentenwahl ist vorüber. Ich hatte zwar erwartet, daß Roosevelt wiedergewählt werden würde; aber ich verstehe von USA nichts, und so war ich in meiner Meinung mir selbst gegenüber zurückhaltend. Aber dieses Ergebnis ist doch überwältigend. Die letzten Ziffern, die ich gehört habe, sind 447 zu 84 für Roosevelt. Diese Wahl kann ein Markstein in der Weltgeschichte bedeuten: für USA Abkehr von der Besetzung aller wichtigen Punkte durch die siegende Partei und Ausbildung eines *permanent civil service;* für die Welt die Erringung der Handlungsfreiheit für einen wirklich fähigen Organisator und Gegner der Diktaturen. Wenn Roosevelt die Chance nutzen sollte, so könnte er als einer der größten Männer aller Zeiten in die Geschichte eingehen, als der Mann, dem es gelungen ist, die Befreiungskriege wieder rückgängig zu machen, die Fusion von Empire und USA durchzuführen und damit die unbestrittene und unbestreitbare Vorherrschaft wieder aufzurichten, die die Voraussetzung für einen stabilen Frieden ist. Es ist ein ganz großer Tag, und ich fühle mich so, als müßte ich mir dauernd zuprosten. Wie lang und wie schwer und wie steil der Weg auch sein mag, solange er in die richtige Richtung geht, ist alles in Ordnung. Er führt noch über viele Schwierigkeiten; aber mit dem heutigen Tage ist nicht nur eine Klippe überwunden, vielmehr ist zugleich mit der Wiedererlangung der Handlungsfreiheit der USA eine Voraussetzung dafür geschaffen, daß auch künftige Klippen überwunden werden können.

Richtig, eines wollte ich Dir noch erzählen: am Montagabend habe ich von 11.30 bis 1 Uhr in der Bahnhofshalle in Breslau, Hauptbahnhof, gesessen, und zwar, da der Wartesaal übervoll war, auf der Gepäckbank der Gepäckaufbewahrung, so an einer Ecke. Während dieser neunzig Minuten habe ich mir angesehen, was da durchkam: 90 Prozent Soldaten: ältere Leute, die müde und lustlos aussahen und mit Paketen aller Art beladen waren; junge Kerle, besonders der Luftwaffe, die sichtlich stolz waren und denen das Leben in dieser Form gefiel; ältere Berufssoldaten; das meiste waren aber typische Besatzungstruppen. Zu den Soldaten gehörten auch die Mädchen, die sich an sie heranmachten. Dazwischen einige Polen, die als Arbeiter ins Reich kamen; sie sahen durchweg elender und ärmlicher aus als unsere Polen, und es wäre mir unerträglich gewesen, hätte sich einer von ihnen neben mich gesetzt, so schmutzig waren sie.

Aber alle diese Leute, die da vorbeizogen, waren Typen und keine Menschen. Es war Schlacht- und Arbeitsmaterial, es waren Maschinen, die eine bestimmte Funktion in einem Prozeß haben. Ich habe buchstäblich außer meinem sehr netten Gepäckträger keinen einzigen Menschen gesehen. Die Bewegung, in die alle diese Wesen gerissen worden sind, hat ihre menschlichen Verbindungen zerrissen. In

Afrika nennt man das *detribalised* und knüpft daran die Vorstellung, daß damit die Neger unregierbar und regierungsunfähig werden. Aber bei uns ist es der gleiche Vorgang . . .

Berlin, den 10. November 1940

. . . Heute steht Molotows bevorstehender Besuch in der Zeitung. Das ist das Ergebnis einer Handschreiberei des Führers an Stalinchen. Es ist immerhin von erheblichem Interesse, ob es uns gelingt, die Russen so günstig zu halten wie bisher. Die Situation hat sich ihnen gegenüber in den letzten Wochen jedenfalls wieder entschärft. Mehr als die Bestätigung dieser Tatsache erwarte ich von dem Besuch nicht . . .

Berlin, den 11. November 1940

. . . Gestern mittag war ich bei Yorcks. Wir waren allein, weil ich mit ihm etwas besprechen wollte, und das taten wir dann auch, wie ich hoffe, zur beiderseitigen Förderung. Es war, wie immer, sehr nett. Ich freue mich schon auf die Zeit, wenn ich mit Dir gleichfalls so friedlich leben kann. Vielleicht kommt sie doch einmal. Es muß nur in Kreisau sein und nicht in der Stadt.

Meine laufende Arbeit interessiert mich im Augenblick gar nicht. Ich kann nichts Nützliches tun und muß mich mit kleinem Mist beschäftigen. Meine Gedanken sind ständig entweder bei den Fragen der Regelung nach dem Kriege oder bei Kreisau. Zwischen diesen beiden Dingen pendele ich. Haben die beiden Alten denn schon eine ganze Menge Steine gesetzt? Das kann doch gar nicht so schnell gehen. Was ist noch viel im Garten zu tun: Himbeeren ausschneiden, Himbeeren und Stauden pflanzen, Laub zusammenfahren (macht das eigentlich inzwischen Caspar mit seinem Wagen?), umgraben, Bäume roden, Nußbäume pflanzen, Baumscheiben graben – bitte auch für die Azaleen – und diese mit Mist bedecken, Bäume abkratzen . . .

Berlin, den 28. November 1940

. . . Deuel und ich waren gestern ganz elegisch über unseren letzten Abend. Es ist mir richtig schmerzlich, daß er nun nicht mehr kommen wird, da ich ihn gerne habe und die Unterhaltung mit ihm stets eine große Hilfe für mich war. Von all den Männern, die ich so sehe und mit denen ich mich eingehend unterhalte, ist er der einzige, der von mir nicht sozusagen eine Stärkung im Glauben will. Selbst Yorck, der in etwa der Selbständigste ist, will das. Darum, bei aller Freundschaft, strengen mich die andern alle mehr an als Deuel. – Zum Abschied schenkte ich ihm die beiden Platten Mozart-Ouvertüren und den Mozart von Paumgartner . . .

Helmuth von Moltke gab Deuel an diesem Abend drei Botschaften für Freunde außerhalb Deutschlands mit: a) Er selber denke noch genau wie vor dem Krieg, und andere Leute auch. b) Er sei pessimistisch hinsichtlich wirksamer innerdeutscher Opposition. c) Hitler tue alles, was er nur könne, um alle Deutschen zu kompromittieren, damit dann niemand da sei, mit dem die Alliierten Frieden schließen könnten und wollten. – Deuel betonte auch, Helmuth von Moltke habe ihm nie etwas mitgeteilt, was selbst ein Nazi als militärisches Geheimnis hätte betrachten können.

Berlin, den 2. Dezember 1940
... Es ging wieder den ganzen Tag ohne Punkt und Komma, und ich bin entsprechend erledigt. Aber immerhin ist eine Sache [geregelt worden], die sehr gefährlich aussah, weil unser Hermann [Göring] sich sehr festgelegt hatte. Ich habe maßlos intrigiert und so einen Rückzug des Reichsmarschalls erreicht, der auch noch wie ein Erfolg für ihn aussieht. – Das alles ist natürlich sinnlos, aber es ist doch eine ausgesprochen gute Übung im Manövrieren.

Am 11. Dezember kam Helmuth von Moltke mit Peter Yorck und Hermann Abs, dem Leiter der Auslandsabteilung der Deutschen Bank, zusammen, der mit Yorck seit 1929 bekannt war und im folgenden Jahr an den Diskussionen über finanzielle und wirtschaftliche Fragen teilnahm. Am 12. Dezember besuchte er General von Rabenau[15], der mit der Vorbereitung einer Feier zum 50. Todestag des Feldmarschalls von Moltke im kommenden April befaßt war, weil er in der Familienstiftung des Feldmarschalls die Armee vertrat. Er traf bei ihm den österreichischen General Glaise-Horstenau[16] und einen Chinesen namens Chi, der Privatsekretär von Tschiang Kai-schek gewesen war und mit den beiden deutschen Militärberatern in China, General von Seekt und General von Falkenhausen, zu tun gehabt hatte. Die beiden Generäle waren in Deutschland bzw. in Österreich die höchsten Autoritäten für Militärgeschichte. Die Unterhaltung kam schließlich auf den Krieg.

Berlin, den 14. Dezember 1940
... Und siehe da, Dr. Chi war der erste Mensch außer Deuel, der eine ähnliche strategische Grundkonzeption hatte wie ich. Ich weiß allerdings nicht, wie weit er sie von vornherein hatte. Aber als ich bemerkte, daß ich bei ihm an Boden gewann, war ich so entzückt, daß ich mich nicht enthalten konnte, eine Art Vortrag über die Strategie von Kriegen zwischen Weltmächten zu halten. Bei jedem Wort von mir wuchs seine Zustimmung, und während die beiden Landgeneräle am Anfang noch einige Einwürfe gewagt hatten, sprachen nach zehn Minuten nur noch Chi und ich, und wir hatten die beiden Berufssoldaten einfach an die Wand gedrückt. Das hat über eine Stunde gedauert, während derer die beiden Generäle keinen Fuß auf den Boden kriegten; sie saßen nur da und lauschten und sagten

von Zeit zu Zeit „ach so“, während wir beide das Hohelied der Seebeherrschung sangen als der einzig großen Macht in der Welt. Ich habe mich nachher etwas geniert und habe Rabenau einen Entschuldigungsbrief geschrieben ...
Vor uns steht vielleicht nur die eine Aufgabe: das Chaos bei uns zu meistern. Gelingt uns das, dann haben wir eine Periode des Friedens, des sicheren Friedens vor uns, die unsere längste Lebenszeit überdauert. Ich unterschätze die Schwierigkeiten sicher nicht, aber hier ist ein Krieg, der die brennenden Fragen wirklich entscheidet, dem nicht ein neuer Krieg über die gleichen Fragen folgt. Heute erlebe ich die Gefühle noch einmal, die ich 1930 hatte, als ich den Weg aus dem Chaos für Kreisau sah. Natürlich kann es schiefgehen; aber das ist etwas anderes als eine ausweglose Lage ...

Zwischenspiel
Januar bis 22. Juni 1941

Die ersten Wochen des neuen Jahres brachten nicht viel Neues. Helmuth von Moltke hatte Weihnachten und den Jahreswechsel in Kreisau verbracht und unternahm auch in den folgenden Wochen nicht viel. Am 1. Februar begegnete er bei Yorck Albrecht Haushofer, dem Sohn von Professor Karl Haushofer, dessen „Geopolitik" großen Einfluß gehabt hatte, unter anderen auch auf Hitler und Rudolf Heß, der sein Schüler gewesen war. Albrecht Haushofer, 1903 geboren, lehrte auf dem gleichen Gebiet wie sein Vater und hatte einige Zeit in der Informationsabteilung des AA gearbeitet. Er kannte England recht gut und hatte versucht, die führenden Nationalsozialisten durch Heß über die Gefahr aufzuklären, die ihnen drohte, wenn sie sich Englands Feindschaft zuzogen. Im September 1940 versuchte er mit Wissen von Heß und wahrscheinlich auch von Hitler durch den Herzog von Hamilton, dem er 1936 zum ersten Mal begegnet war, Verhandlungen über einen Kompromißfrieden einzuleiten. Hamilton antwortete nicht, und im April 1941 versuchte Haushofer dasselbe nochmals über den Schweizer Carl Burckhardt, der einmal Hoher Kommissar in Danzig gewesen war. Goerdelers Freunde unterstützten diesen Plan. Bevor aber etwas erreicht wurde und ohne daß Haushofer davon wußte, flog dann Heß am 10. Mai nach Schottland. Haushofer wurde daraufhin verhaftet, aber bald wieder entlassen, blieb jedoch suspekt.[1] Helmuth von Moltke fand offenbar den Abend bei Yorck im ganzen befriedigend. „Yorck und ich können doch sehr gut miteinander, wenn ich auch doch ein ganzes Stück weiter links stehe als er", schrieb er am 4. Februar 1941. Mit Haushofer hatte er sich besser verstanden als früher. Er traf ihn am 19. April und 10. Dezember wieder.[2] Ab 15. Februar 1941 nahm Moltke sechs Wochen Krankheitsurlaub, den er während seiner Krise im vorhergehenden Sommer beantragt hatte und der jetzt bewilligt wurde.

Berlin, den 25. Januar 1941
... Schuld an meiner „Krankheit" bin ich selber allein. Ich bin mit meiner Lebensführung im Jahre 1940 ganz und gar unzufrieden; ich habe kardinale Fehler gemacht, die ich hoffentlich nie wiederholen werde; ich habe mein Gleichgewicht in skandalöser Weise verloren und nicht gerade mit Grazie wiedererlangt; an das Jahr 1940 werde ich immer als ein ganz schwarzes Jahr zurückdenken; ich war ihm wirklich nicht gewachsen, und ich kann nur dankbar und froh sein, wenn ich mit einer Kur, die 1000 RM kostet, wieder dahin komme, wo ich im April 1940 war, und wenn ich damit die Sünden der sechs Monate von Mai bis Ende Oktober abbüße ...

Vielleicht ist es Dir entgangen, daß ich Dir verdanke, daß ich die sechs üblen Monate hinter mich gebracht habe; nun, wenn Du es nicht weißt, kann ich es Dir ja explicite sagen ...

Freya und Helmuth von Moltke fuhren in die Dolomiten und dann über Rom nach Taormina, wo sie seinen jüngsten Bruder Carl Bernd trafen, der Obergefreiter bei der Luftwaffe war. Er hatte sich geweigert, in Hitlers Armee Offizier zu werden. Dieser Besuch war später ein Trost, denn im folgenden Dezember wurde er über Nordafrika abgeschossen.
Nach dieser Reise blieben noch ein paar Wochen für Kreisau. Als sich dann Moltkes Stimmung besserte, war dieser Wandel nicht so sehr dem Urlaub, als vielmehr der veränderten Gesamtsituation zuzuschreiben.

Berlin, den 27. März 1941
... Viel zu berichten gibt es nicht. Ich arbeite halt vor mich hin, tags im Amt, abends im Büro, wo viel fertig zu machen und aufzuräumen ist. Dazwischen träume ich von blühenden Büschen, Obstbäumen, Rigolen, Äckern, Bienen, Mistfahren, Bestellungsplänen usw. Wenn ich an diese angenehmen Tätigkeiten denke, dann kommt mir alles, was ich hier tue, irreal und schemenhaft und ganz und gar unwesentlich vor. Ich habe ja nie unter dem Zwang gestanden, in der Stadt bleiben zu müssen, und daher nie bemerkt, wie groß mein Bedürfnis ist, am Land zu leben. Jetzt weiß ich es aber ...

Berlin, den 29. März 1941
... Für mich ist nichts geschehen, seit ich im August vorigen Jahres Frankreich besuchte. Es wundert mich, aber so ist es. Ich suche nach neuen Erkenntnissen, geänderten Auffassungen, verbesserten Plänen. Aber alle meine Gedanken beginnen nicht heute, sondern an einem Punkt, der noch in der Zukunft liegt. Warum eigentlich? Kann ich, will ich die Realität nicht sehen, oder sehe ich durch den Schleier des Scheins die Wirklichkeit? Eine Beurteilung der Lage, die in einer solchen Zeit acht Monate konstant bleibt in jedem Detail, ist mir selbst verdächtig und unheimlich – und doch kann ich sie nicht ändern.
Ich dachte, nach den fünf Wochen würde ich alles anders sehen, neue Einfälle haben ... Ich bin aber mit den alten Augen zurückgekommen ...
Ich habe nur ein Bestreben, nur einen Wunsch: nach Kreisau zu kommen, mich um den Betrieb und den Garten zu kümmern, selbst zu graben und zu hacken, zu pflanzen und zu schneiden und zu warten, bis die Ereignisse hinter meiner Vorstellung her sind, sie eingeholt haben. Aber das ist ja die Einstellung des Kaisers Barbarossa, der wartet, bis die Raben fliegen ...

Zu Beginn des Krieges war Helmuth von Moltke einem militärärztlichen Gutachten zufolge nur bürodiensttauglich. In seinen Briefen berichtete er hie und da über Kopfschmerzen, Schlaflosigkeit, Erkältungen, Halsentzündung oder Grippe. Doch nun begann seine Gesundheit sich erheblich zu bessern. Das lag daran, daß der Sturz der Nazis von einem Glaubensartikel zu einem absehbaren Ereignis wurde. Er sah die Möglichkeit vor sich, konstruktive Arbeit für die Allgemeinheit zu leisten. Immer schon hatte er viel von sich verlangt, wenn er es für notwendig hielt. So auch jetzt. Seine Briefe aus den ihm noch verbleibenden Jahren der Freiheit berichten von einem immer anstrengender werdenden Arbeitsprogramm. Aber die wachsende Gewißheit, daß er doch in der Welt zu etwas nütze sein konnte, machte es leicht für ihn, dies auszuhalten. Im Oktober 1943 wurde er sogar für kv. (kriegsverwendungsfähig) erklärt.
Am 24. April gab es wieder eine Gelegenheit, nach Kreisau zu fahren, allerdings zusammen mit General von Rabenau, drei weiteren Generälen, seinem Vetter Hans Adolf von Moltke, den Yorcks und verschiedenen anderen Familienmitgliedern. Der 50. Todestag des Feldmarschalls wurde begangen. Die Regierung hatte die bescheidene Grabkapelle des Feldmarschalls abreißen und ein großes Mausoleum bauen wollen, was Helmuth von Moltke mit dem Einwand, das widerspreche dem Stil des Feldmarschalls, hartnäckig und erfolgreich ablehnte. Statt eines neuen Mausoleums hatte er von der Armee zwei Tonnen Pferdemist aus der Schweidnitzer Garnison erbeten – und auch erhalten. Aber die Grabkapelle und der ganze Kapellenberg wurden zu Ehren des 50. Todestages verschönt, Bäume wurden gefällt und blühende Büsche gepflanzt. Die Feier in Kreisau blieb eine Angelegenheit der Familie und der Wehrmacht; die Partei war nicht vertreten, und geflaggt wurde auch nicht.

In diesen Tagen schloß Helmuth von Moltke ein Schriftstück ab, das seine Ansichten über die soziale Situation Europas, die Nachkriegsziele, die wahrscheinliche Lage bei Kriegsende und eine Liste von Fragen enthielt, die beantwortet werden mußten – kurz, eine Zusammenfassung seiner bisherigen Tätigkeit und einen Plan für die zukünftige.[3] Zwei Tage vor dem deutschen Angriff auf Rußland schrieb er eine zweite, von elf auf drei Seiten gekürzte Fassung nieder.
Im Amt entdeckte er nach seiner Rückkehr aus dem Urlaub – oder glaubte, entdeckt zu haben –, daß Admiral Groos den britischen Botschafter in der Schweiz, Sir David Kelly, loswerden wollte und die Abwehr angewiesen hatte, die Gestapo mit seiner Ermordung zu beauftragen. Moltke ging zu Bürkner und erreichte ein absolutes Veto. Es sei für eine Wehrmachtsorganisation unzulässig, ein solches Ersuchen an die Gestapo zu richten.[4]

Berlin, den 27. April 1941
... Zu berichten ist gar nichts. Ich tue nichts als lesen. Es interessiert mich sehr, denn es führt meine Kenntnis der Gedanken unserer Freunde auf der anderen Seite [der Angelsachsen] weiter. Es ist erstaunlich, wie schwer es im Kriege ist,

der gedanklichen Isolierung zu entgehen, selbst wenn man an einer verhältnismäßig so begünstigten Stelle sitzt wie ich. Die Abschneidung von Informationen, die wir teils als notwendige Maßnahme selbst betreiben, die uns zum Teil aber durch die Blockade und den Rückgang des Verkehrs mit der äußeren Welt aufgezwungen ist, hat doch geradezu verheerende Folgen, und es wird große Mühe kosten, wieder in den gleichen Schritt mit der Weltentwicklung zu kommen, wenn dieser Krieg einmal vorüber sein wird ...

Berlin, den 29. April 1941

... Hier sind plötzlich große grundsätzliche Kämpfe um Schmitz entbrannt, der selbst in Belgrad sitzt. [Am 6. April waren die Deutschen in Jugoslawien eingedrungen.] Ich muß sehen, ihn so gut zu verteidigen, wie ich kann. Glücklicherweise habe ich mich in den Vordergrund gespielt und werde so wohl morgen oder übermorgen zu Canaris zum Vortrag befohlen werden. Das interessiert mich sehr, weil es sich um eine Frage fundamentalster Grundsätze handelt, deren Entscheidung Canaris nicht ausweichen kann. Ich werde sie jedenfalls ganz und ausschließlich grundsätzlich aufziehen und sehen, was geschieht. Ich werde mit Canaris alleine sein, so daß er keinen Grund zur Verstellung hat, der nicht in mir liegt ... Mein Grundthema lautet: Was Recht ist, nützt dem Volke, was Völkerrecht ist, nützt der Kriegführung. Und ich werde es auch so formulieren. Vielleicht fliege ich raus. Wenn nicht, dann sitze ich fester ...

Berlin, den 30. April 1941

... Die Besprechung mit Canaris dauerte eine Stunde und war durchaus befriedigend. Ich habe über meine Auffassung gar keine Zweifel gelassen, und er hat mir durchaus zugestimmt. Es ist noch nichts entschieden, aber ich hoffe, daß diese Angelegenheit gut vorankommen wird. Mir jedenfalls war es angenehm zu wissen, wo C. steht ...

Berlin, den 9. Mai 1941

... Gestern mittag habe ich mit Hans Peters [dem Breslauer Dozenten] gegessen. Er war nett wie immer. Das Interessanteste ist, daß er bei dem Luftwaffenführungsstab ganz offensichtlich in einer ganz anderen Umgebung lebt als die, an die ich hier gewöhnt bin. Dort herrscht ganz offenbar Parteigläubigkeit und Hurrapatriotismus in einem Maße, welches ich sonst nie treffe. Es geht so weit, daß sie dort die Bemerkung in der letzten Führerrede über die Rüstung des Jahres 1942 dahin auslegen, das sei lediglich eine Finte zur Täuschung der Engländer, in Wirklichkeit sei es in diesem Jahr zu Ende ...

Berlin, den 13. Mai 1941
... Ich bin in Gedanken immerzu in Kreisau und überlege mir, wie alles aussieht, und plane, was man alles tun kann. Aber über dem allem schwebt eine dunkle Wolke der ungewissen, ungeklärten politischen Entscheidung, die bevorsteht. Niemand weiß, wann sie kommt, keiner weiß, ob er sie beeinflussen kann[5] ...

Berlin, den 15. Mai 1941
... Die Unterhaltungen mit Trott und [Hans Bernd von] Haeften waren sehr befriedigend. Bei der letzten Besprechung hatte ich sie beide nicht so recht überzeugt oder für meine Linie gewonnen. Aber gestern abend hatte ich einen guten Tag und habe Haeftens harte Schale spielend durchstoßen, und Trott lief dann mit. Es ist eine große Anstrengung, solche Leute für „die große Lösung" zu gewinnen, weil sie zu sehr die Routine kennen. Ist es dann aber einmal gelungen, dann hat man auch einen zuverlässigen Wegbereiter – ich meine Haeften ...

Hans Bernd von Haeften (1905–1944), Sohn eines Offiziers, war seit 1933 im diplomatischen Dienst. Er hatte eine schwache Konstitution, aber eine sehr feste Gesinnung. Vom Christentum und vom Humanismus tief geprägt, war er von Anfang an ein unbeirrbarer Gegner des Nationalsozialismus. Er hatte auf seinem Posten in Wien die Partei gegen sich aufgebracht, weil er einen Mann, der zu ihren Gründungsmitgliedern gehörte, als Betrüger entlarvt hatte. Ende 1940 kam er nach Berlin zurück und arbeitete eng mit Adam von Trott zusammen, der ihn mit Peter Yorck und Helmuth von Moltke bekannt gemacht hatte, da Haeften verzweifelt war, den Nazis zusehen zu müssen, ohne etwas tun zu können.

Berlin, den 17. Mai 1941
... Gestern mittag waren Yorck, Kessel, Haeften und ich zusammen. Es war sehr nett und lohnend. Haeften habe ich nur gegen großen Widerstand überzeugt, aber ich rechne darauf, daß er jetzt eisern festbleibt ...

Berlin, den 21. Mai 1941
... Kurz nach fünf wachte ich dann definitiv auf, und zwar aus einem Traum, in dem ich Hans Adolf [von Moltke] von den Grundsätzen des vierten Reichs zu überzeugen versucht hatte. Es war ein ganz interessanter Traum, denn H. A. gebrauchte sehr richtige und durchaus nicht von der Hand zu weisende Argumente. Nachdem ich diesen Traum liquidiert hatte, wandte ich mich wieder dem Berghaus, seinem Garten und den Bienchen zu, meinem liebsten Meditationsobjekt. Ich hatte mir nämlich überlegt, daß wir unter dem Bienenstand das Stück Land mit Stachel- und Johannisbeeren vollpflanzen sollten und darunter allerhand honigende Blümchen aussäen könnten ...

Berlin, den 29. Mai 1941
... Heute nachmittag gehe ich zu einer Sitzung zu [Friedrich] Gramsch [Ministerialdirektor beim Kommissar für den Vierjahresplan], in der er und ich die beiden Hauptkombattanten sein werden. Da es sich um eine große, grundsätzliche Frage weitsichtiger Planung handelt, freut mich das natürlich sehr. Es geht nichts über einen guten Gegenspieler; für den würde ich sogar schlechte Bundesgenossen in Kauf nehmen, obwohl es noch schöner ist, alleine zu sein wie heute ...

Der neue Ansatz
22. Juni bis Dezember 1941

Der Krieg in Rußland

Der russische Feldzug war schon neun Tage im Gange, ehe Helmuth von Moltke über ihn zu berichten begann. Seine anfängliche Haltung scheint nicht zu der der Jahre 1938–1940 zu passen, wo er hoffte, Hitler werde von den Engländern und Franzosen geschlagen werden. Man hätte das dann auch in bezug auf Rußland voraussetzen können. Doch in diesem Falle nun erwartete er, ja er wünschte fast einen deutschen Sieg. Das lag daran, daß er Nationalsozialismus und Kommunismus zumindest in ihren Methoden für ziemlich gleichartig hielt. So hatte er sich in einem Brief an seine Großmutter Rose Innes vom 20. November 1938 beklagt, der „ganze Standpunkt und die Atmosphäre" in Deutschland seien „entschieden bolschewistisch". Seine sozialen Anschauungen mögen zwar „ein ganzes Stück weiter links" als diejenigen Peter Yorcks gewesen sein, aber er wollte Freiheit und Verantwortung des einzelnen erweitert sehen. Sowohl der Kommunismus wie der Nationalsozialismus taten aber seiner Meinung nach das Gegenteil. Das erklärt seine Besorgnis über die schlechten Nachrichten von der russischen Front.

Berlin, den 1. Juli 1941
. . . Wenig erbaut bin ich über die Nachrichten militärischer Art. In Rußland sind wir noch nicht einmal bis an die Hauptverteidigungslinie heran, und dabei hat es jetzt schon sehr schwere Kämpfe mit sehr großen Verlusten gegeben. Ich nehme ja trotzdem an, daß es ganz gut gehen wird, aber es ist jedenfalls keine Rede davon, daß das ein militärischer Spaziergang ist, unterstützt durch Unruhen in Rußland. Auch die Tatsache, daß der Metropolit von Moskau die russische Kriegführung unterstützt, spricht nicht für Zersetzungserscheinungen. – Das alles ist ernstlich bedenklich, denn das mindeste, was es bedeutet, ist, daß dieser Feldzug erhebliche Verluste kosten wird. Außerdem sieht das so aus, als könnte es den Russen gelingen, sich intakt nach Osten zurückzuziehen . . .

Berlin, den 3. Juli 1941
. . . Der russische Krieg gefällt mir noch immer nicht; immerhin setzt heute der neue große Angriff ein, und vielleicht hat der entscheidendere Ergebnisse als diese erste Schlacht. – Aber die Kampfmoral und die taktische Führung der Russen sind über alles Erwarten gut, und ich komme zu der Erkenntnis, daß wir über Rußland doch offenbar ganz falsch unterrichtet waren: das gilt jedenfalls für mich . . .

Berlin, den 4. Juli 1941
... Im heutigen Bericht stand ausdrücklich, daß die Russen „auch rollende Stuka-Angriffe aushalten". Das konnten bisher nur Engländer. Auch die Tatsache, daß mehr als die Hälfte der bei Bialystock bekämpften Armeen sich hat schlagen lassen und nur der Rest sich ergab, legt ein beredtes Zeugnis für die Qualität des Heeres ab ...

Berlin, den 8. Juli 1941
... Gestern kam ein Mann aus dem F.H.Qu. [Führerhauptquartier] zurück und erklärte, er habe den Eindruck, daß man dort zufrieden sei mit den Fortschritten; man glaube, in einigen Tagen einen Durchstoß geschafft zu haben, und werde dann die ganze Linie von hinten aufrollen können. Ich kann nicht beurteilen, ob diese Diagnose richtig ist, aber sie ist sicher möglich. Immerhin wird jetzt seit einigen Tagen an einer völlig unbeweglichen Front gekämpft, und mir sieht das alles nicht nach Durchbruch aus, vielmehr nach geordnetem russischem Rückzug ...

Berlin, den 13. Juli 1941
... Wir sind jetzt beim Durchstoß auf Moskau. M. E. ist das ein sinnloses Unternehmen. Es scheinen Zweifel daran zu bestehen, ob das Unternehmen mit Rücksicht auf den Zustand unserer Panzer erfolgreich durchgeführt werden kann. Aber darüber sind alle einig: Wenn es gelingt, dann müssen nachher alle unsere Panzer in die Reparatur. Und was dann werden soll, ist mir rätselhaft, denn der Preis dieses Krieges ist ja nicht Moskau, sondern Ukraine und Kaukasus – und um das zu erreichen, werden wir jedes nur mögliche Kampfmittel einsetzen müssen. Moskau ist dem gegenüber eine *sideshow* und eine Belastung, weil es ernährungsmäßig ein großes Industriegebiet ist, so daß unsere Truppen nicht lange aus diesem Gebiet leben können. – Kurz, dieses Unternehmen macht mir den Eindruck, als hätte man im Hauptquartier die Nerven verloren. Wenn das der Fall sein sollte, dann wehe uns! ...

Berlin, den 16. Juli 1941
... Vom Krieg im Osten werden optimistische Auffassungen verbreitet. Hoffentlich stimmen sie. Die Version des Generalstabes soll sein: Die Russen haben keine Reserven mehr in erreichbarer Nähe; sobald die jetzt im Gange befindliche Schlacht geschlagen ist, ist daher der Weg frei. Das wäre immerhin etwas. Aber wohin? Nach Moskau? Es ist ein unabsehbares Abenteuer, und es reut mich sehr, daß ich es im Innern meines Herzens gebilligt habe. Ich habe, durch Vorurteile verführt, geglaubt, Rußland würde von innen zusammenbrechen, und wir könnten dann in dem Gebiet eine Ordnung schaffen, die uns ungefährlich sein würde. Aber davon ist nichts zu spüren: Weit hinter der Front kämpfen russische Soldaten weiter, aber auch Bauern und Arbeiter; es ist genau wie in China. Wir

haben etwas Schreckliches angerührt, und es wird viele Opfer kosten und sicher gute Leute ...

Berlin, den 21. Juli 1941
... Der Krieg im Osten geht langsam weiter. Es wird jetzt einiges geändert, und man hofft, damit einige besonders zähe Widerstandsnester ausräumen zu können. Ich bin aber immer zweifelhafter über das militärische Ergebnis. – Moskau soll jetzt bombardiert werden; das scheint mir ein Zeichen der Schwäche zu sein, denn welchen Sinn hätte ein solcher Angriff, wenn man bald da wäre. Ich habe heute eben den Eindruck, daß Kiew, Moskau und Leningrad auch in der neuen Woche noch nicht fallen werden ...

Helmuth von Moltke täuschte sich nicht: Kiew wurde erst am 19. September, Moskau und Leningrad wurden nie eingenommen.

Berlin, den 22. Juli 1941
... Die Russen scheinen jetzt Fallschirmspringer in ganz kleinen Gruppen von zwei oder drei Mann zu verwenden, die tief in Deutschland Sabotageakte begehen; so haben sie gestern den Hindenburgkanal[1] zerstört; er ist ausgelaufen, und es wird sechs Monate dauern, bis er wieder arbeitet. Die militärische Lage im Osten gefällt mir unverändert nicht. Nach den neuesten Eindrücken (also nicht etwa zuverlässigen Nachrichten) gehen die Russen in der Ukraine systematisch zurück, ernten ab und schaffen das geerntete Getreide nach Osten. Wenn ihnen das gelingt, dann stoßen wir in eine völlige Leere, und was dann werden soll, weiß der liebe Himmel. Eines jedenfalls scheint mir sicher: Zwischen heute und dem 1. April nächsten Jahres kommen in dem Gebiet zwischen Ural und Portugal mehr Menschen elendiglich um als jemals zuvor in der Weltgeschichte. Und diese Saat wird aufgehen. Wer den Wind säet, wird den Sturm ernten, aber wenn das schon der Wind ist, wie wird der Sturm aussehen? ...

Berlin, den 25. August 1941
... Churchill hat eine ganz große Rede gehalten [im Rundfunk am 24. August, über das Treffen mit Roosevelt zur Verkündung der Atlantikcharta]. Wieder eine der Reden, die in die Weltgeschichte als klassisch eingehen werden. Es ist weniger der sachliche Gehalt als die Form und die ungeheure Überlegenheit, die die Rede zu ihrer Höhe emporhebt. Man hat beim Lesen das Gefühl, als spräche der Mann über uns, die wir in der geschichtlichen Niederung stehen, hinweg zu den Großen, den Staatsmännern der klassischen Vergangenheit ...

Berlin, den 26. August 1941
... Die Nachrichten aus dem Osten sind wieder schrecklich. Wir haben offenbar doch sehr, sehr große Verluste. Das wäre aber noch erträglich, wenn nicht Hekatomben von Leichen auf unseren Schultern lägen. Immer wieder hört man Nachrichten, daß von Transporten von Gefangenen oder Juden nur 20 Prozent ankommen, daß in Gefangenenlagern Hunger herrscht, daß Typhus und alle anderen Mangel-Epidemien ausgebrochen seien, daß unsere eigenen Leute vor Erschöpfung zusammenbrächen. Was wird passieren, wenn das ganze Volk sich klar ist, daß dieser Krieg verloren ist, und zwar ganz anders verloren als der vorige? Das mit einer Blutschuld, die zu unseren Lebzeiten nicht gesühnt und nie vergessen werden kann, mit einer Wirtschaft, die völlig zerrüttet ist? Werden die Männer aufstehen, die imstande sind, aus dieser Strafe die Buße und Reue und damit allmählich die neuen Lebenskräfte zu destillieren? Oder wird alles im Chaos untergehen? In zwölf Monaten werden wir die Antwort auf die meisten dieser Fragen wissen ...

Berlin, den 6. September 1941
... Die Kriegslage erscheint mir schlechter, als selbst ich es für diesen Zeitpunkt erwartet hatte. Und wenn die Lage sich weiter zu unseren Ungunsten klärt, dann verlieren wir auch die Verhandlungsfähgikeit, die wir dringend benötigen ... Wir müssen uns immerzu vergegenwärtigen, daß wir ganz grauen Tagen entgegengehen, Tagen, deren Sorgen und Leid wir uns noch gar nicht auszumalen vermögen ...

Berlin, den 24. September 1941
... Neuigkeiten gibt es sonst nicht. In den USA wird wohl in den nächsten Tagen das Neutralitätsgesetz aufgehoben werden, und damit wird die Bahn für den Einsatz amerikanischer Schiffe nach England und nach Murmansk und Archangelsk frei. – Hier herrscht bei den Soldaten Siegestaumel. Mir scheint, daß er dieses Mal nicht echt ist, sondern überhöht, weil jeder sich noch einmal richtig fühlen will, ehe die rächende Nemesis ihn ergreift. – Aber es ist doch wieder eindrucksvoll zu sehen, wie diese Leute über dem Gedanken an die einzelne Schlacht das Endziel, nämlich das Gewinnen des Krieges, vergessen ...

Berlin, den 26. September 1941
... Im Süden sind die Hoffnungen noch immer hochgespannt, und man spricht von dem Kaukasus für November. Mir scheint, daß das militärisch sehr optimistisch gedacht ist; es scheint mir aber auch militärisch wenig Sinn zu haben, wenn man nicht vorher die Flankenbedrohung durch die nördlich stehenden Armeen Timoschenkos ausschaltet. Je länger die Flanken, um so gefährlicher ist Timoschenko. – Aber selbst wenn man das Ziel erreicht und die Gefahr bannen

kann, so sehe ich nicht, was das am Ergebnis ändern soll, außer daß die Rückzugslinie länger und der Rückzug schwieriger und verlustreicher wird ...

Im September kam Oberstleutnant Tafel, Moltkes Vorgesetzter und Leiter des Zweiges VI der Abteilung Ausland, an die Front und wurde durch einen ehemaligen Polizeioffizier, Werner Oxé, ersetzt. Als Oxé sein Amt antrat, war er wohl kein ausgesprochener Anti-Nazi, ließ aber seinen Untergebenen freie Hand.

Berlin, den 28. September 1941
... Die Tage rasen dahin. Es kommt mir so schnell vor, weil ich den Verfall sehe und jeder Tag, der vergeht, ohne daß diesem Elend und Morden Einhalt geboten worden ist, einer verpaßten Zeit gleichkommt. Außerdem kostet jeder Tag 6000 Deutsche und 15 000 Russen Tote und Verwundete. Jede Stunde kostet 250 Deutsche und 600 Russen, jede Minute 4 Deutsche und 10 Russen. Das ist ein schrecklicher Preis, der jetzt für Untätigkeit und Zögern gezahlt werden muß. – Dank des Widerstandes bei Kiew haben die Russen sich jetzt wieder gefangen. Eine neue Linie steht da; gewiß, sie hat kaum noch Panzer und weniger Geschütze, aber auch wir haben wesentlich weniger Panzer und Geschütze, und die anderen haben gewiß genauso viel Flugzeuge wie vorher. Woher, weiß kein Mensch, aber so ist es. Und die russischen Nachrichten verraten eine solche absolute Sicherheit: „Wir haben viele Männer verloren, wir haben sehr viel Material verloren, aber die Deutschen haben vergessen, daß, wenn wir in unserem Lande kämpfen, unsere Armee nur unsere Vorhut ist, und daß jeder Russe in diesem Falle ein Kämpfer ist." Das sind große Worte, sehr große Worte; und wenn sie wahr sind, dann ist Rußland unbesiegbar. Und diese Worte scheinen wahr zu sein, und was den Russen an Willen fehlte, das haben unsere Maßnahmen ihnen beigebracht ...

Berlin, den 30. September 1941
... Die Tage gehen dahin, die schrecklichsten Dinge geschehen, und ganz Europa steht vor einem furchtbaren Winter, der Elend und Not in einem Ausmaß bringen wird, wie es in dem Gebiet zwischen Ural und Spanien noch nicht dagewesen ist. Und in diesem Elend gibt es nur wenige Inseln, und auch diese können nicht erwarten, auf die Dauer verschont zu bleiben ...

Am 8. Oktober befahl Hitler seinem Pressechef Otto Dietrich, der Öffentlichkeit bekanntzugeben, der Ostfeldzug sei so gut wie abgeschlossen und die russische Armee geschlagen. Goebbels, Dietrichs Vorgesetzter, hatte keine Macht, ihn zu bremsen, und war wütend über diese Verletzung von Grundregeln der Vorsicht in der Propaganda. Später wurde die Maßnahme damit entschuldigt, die Generäle hätten sonst die Nerven verloren und wären zurückgegangen.

Berlin, den 9. Oktober 1941
... Die Nachrichten aus dem Osten sind hervorragend. Entgegen den Erwartungen aller scheint die Armee Timoschenkos die schwächste der drei Armeen zu sein. Der Widerstand wird erstmalig nicht als sehr schwer und sehr konzentriert beurteilt, und man kann sich des Eindrucks nicht erwehren, daß es so vor dem Winter doch noch gelingen könnte, einen totalen Zusammenbruch der russischen Front zu erzwingen. Es würde ja objektiv nichts ändern, würde aber doch einen kolossalen moralischen Auftrieb im Innern bedeuten, vielleicht auch in der Außenwelt, sprich neutrale Länder und besetzte Gebiete. Aber wir müssen es abwarten ...

Berlin, den 17. Oktober 1941
... Das Wetter an der Front ist sehr schlecht ... Ich kann mich des Eindrucks nicht erwehren, daß der Sieg wieder nicht einmal in dem beschränkten Sinne durchschlagend gewesen ist, den ich mir vorgestellt hatte ...

Berlin, den 18. November 1941
... Der Krieg macht mir einen üblen Eindruck. Hier läuft der Witz um: „Feldzug im Osten des großen Erfolges wegen um einen weiteren Monat verlängert." Eine bittere Bemerkung. Ich glaube nicht, daß wir vor Neujahr noch wesentliche Fortschritte machen werden ... Die unglücklichen Millionen von Truppen, die jetzt da draußen frieren, naß sind, umkommen. Ein Vergleich mit dem Weltkrieg 14/18 ist nicht möglich, denn damals waren es weniger Menschen, für die daher besser gesorgt werden konnte, und die Häuser, in denen sie bleiben konnten, gab es immerhin. Jetzt ist beides anders. Wie wird das Heer sein, das wir im nächsten März wieder vorfinden? Kein erheblicher Urlaub, keine ausreichende Versorgung, keine Unterkunft, keine zureichende Bekleidung, kein militärischer Erfolg? ...

Nachkriegspläne

Nach dem zuletzt zitierten Brief treten Kommentare zur Lage an der Ostfront zurück. Als Japan am 7. Dezember 1941 in Pearl Harbor die amerikanische Flotte ohne vorherige Kriegserklärung angriff, war Helmuth James von Moltke in Wien und äußerte sich nicht zum Eintritt der Vereinigten Staaten in den Krieg. Die fünfeinhalb Monate zwischen dem Beginn des Feldzugs in Rußland am 22. Juni 1941 und dem 7. Dezember hatten die Weltlage vollkommen verändert, was allerdings erst nach knapp einem Jahr – im November 1942 – zutage trat. Ende 1941 war es selbst Hitler klar, daß der Versuch, auch Rußland durch einen Blitzkrieg zu besiegen, fehlgeschlagen war. Deutschland konnte höchstens noch nach einem langen Kampf gewinnen, der seine Reserven wie nie zuvor beanspruchen würde. Und sollte es zu einer länger dauernden Kraftprobe kommen, waren die Reserven, über die Deutschland, Italien und Japan an Menschen, industrieller Kapazität und Rohstoffen zusammen verfügten, geringer als die der Gegenseite, vor allem weil diese ja auch die See beherrschte. Wer sich in Deutschland über diese Tatsachen Rechenschaft ablegte, mußte daraus folgern, daß Deutschland den Krieg verloren hatte und daß es nur noch darum ging, möglichst viel aus dem Wrack zu retten und einen Kompromißfrieden zu schließen. Da aber Hitler zu einem Kompromiß offensichtlich nicht bereit war und die andere Seite, wenn überhaupt, ihn als Partner gar nicht akzeptiert hätte, wurde es immer dringender, ihn und seine nächsten Mitarbeiter zu entfernen. Das gab Plänen, die sich mit seinem Sturz und einer neuen Regierung befaßten, neue Impulse.

Ursprünglich war geplant, Hitler durch einen Staatsstreich zu beseitigen. Einige kommandierende Offiziere sollten ihm den Gehorsam verweigern und durch Zwang oder Überredung die Regierungsmaschinerie in ihre Gewalt bringen. Wenn das gelänge, mußte man sich möglichst rasch Hitlers Person bemächtigen und ihn allenfalls auch beseitigen. Seine Ermordung wurde aber zuerst nicht als Voraussetzung eines Staatsstreiches betrachtet. Dazu kam es erst durch die mangelnde Bereitschaft der Generäle, die Revolte auszulösen. Die Befehlshaber an der Front, die am besten wußten, wie verhängnisvoll Hitlers Führung war, befürchteten nämlich, ein solcher Aufstand bringe auch eine Kapitulation vor dem Feind mit sich, da ein Krieg im Innern mit einem Krieg nach außen schwer vereinbar sei. Die übrigen Generäle trauten sich nicht und fürchteten ebenfalls einen Bürgerkrieg; soweit sie außerhalb Berlins waren, zweifelten sie an dem Erfolg eines von ihnen begonnenen Staatsstreiches. Diejenigen jüngeren Offiziere, die der Meinung waren, es müsse unbedingt etwas geschehen, wußten wiederum, daß sie ohne die Unterstützung ihrer Vorgesetzten keine Aussicht auf Erfolg hatten. Es war ihnen aber auch klar, daß eine solche Unterstützung leichter zu erreichen war, wenn durch eine Ermordung Hitlers die Krise einfach heraufbeschworen wurde. Deshalb betrachtete man allmählich ein Attentat als unausweichliche Voraussetzung für den Staatsstreich.

Helmuth von Moltke war zuerst der Meinung gewesen, den Staatsstreich müsse man den Generälen überlassen. Er hatte einmal zu Hans Christoph Stauffenberg, einem Vetter von Berthold, den er schon 1938 in England kennengelernt hatte und der während des Krieges auch in der Abteilung Ausland der Abwehr arbeitete, gesagt: „Wir sind keine Verschwörer, wir dürfen es gar nicht erst versuchen; es würde schiefgehen, wir würden es dilettantisch machen."[2]

Doch dann traute er den Generälen immer weniger zu, daß sie zu einem Staatsstreich bereit oder fähig seien. Er war sich aber bewußt, was Hitler täglich an menschlichen Leiden kostete – deshalb wirkte er mehr als einmal bei der Vorbereitung eines Staatsstreiches mit.

Seine Äußerungen Stauffenberg gegenüber endeten mit den Worten: „Wir sollten uns aber mit der Frage befassen, was geschehen soll, wenn jemand doch Hitler zu Fall bringen sollte oder wenn er ein Flugzeugunglück hat. Ein solches Ereignis darf uns nicht unvorbereitet finden." Dieser Vorbereitung wandte er sich nun zu. Die Gruppe von Männern, die er und Peter Yorck zusammenbrachte, war weder gleicher Meinung noch geistesverwandt. Aber sie repräsentierte die Schichten der deutschen Gesellschaft, die zum Wiederaufbau beitragen konnten. Helmuth von Moltke war der Ansicht, diese Männer müßten erst gelernt haben, einander zu vertrauen, und ihr Ziel sei zunächst in Diskussionen zu klären, damit später zum entscheidenden Zeitpunkt die Chance bestünde, durch gemeinsames Handeln Einfluß auszuüben. Deshalb wurde beschlossen, systematische Erklärungen ihrer Ansichten zu allen wichtigeren politischen Fragen auszuarbeiten.

Moltke selbst hatte sich mit der Struktur Deutschlands nach Hitlers Sturz ja schon lange beschäftigt. Sie war das Thema vieler zwangloser Gespräche mit Freunden wie Horst von Einsiedel, Eduard Waetjen und seinem Vetter Carl Dietrich von Trotha gewesen. Der Kreis wurde allmählich größer durch Leute wie Gablentz, Reichwein, Furtwängler und Yorck. Und bereits vor dem russischen Feldzug hatte er versucht, weitere Verbindungen anzuknüpfen. Das verfolgte er nach dem 22. Juni noch zielbewußter. Er verstärkte besonders die Kontakte einerseits mit den Kirchen, die bisher hauptsächlich durch Gablentz hergestellt worden waren, der mit dem zum Genfer Büro des vorläufigen Weltkirchenrates gehörenden Hans Schönfeld in fortlaufender Verbindung war, und andererseits mit den Arbeitern, deren Gesichtspunkte vor allem Reichwein vertrat.

Am 1. September 1941 schrieb Moltke: „Morgen Mittag ißt ein neuer Stauffenberg bei mir, . . ." Das war Hans Christoph; ihn fragte er jetzt: „Sie haben doch einen Vetter Claus im Führerhauptquartier. Wäre mit dem nichts zu machen?"[3] Hans Christoph antwortete, er habe Claus schon einige Zeit nicht mehr gesehen, wolle sich aber erkundigen. Das tat er auch, und zwar über Berthold, den Bruder von Claus, der diesem sehr nahestand. Ein paar Wochen später antwortete Claus auf dem gleichen Wege. „Während des Krieges darf man so etwas nicht versuchen, vor allem nicht während eines Krieges gegen den Bolschewismus. Aber nachher, wenn wir nach Hause kommen, dann werden wir die braune Pest herauswerfen." Moltke forderte damals Hans Christoph auf, eine Abhandlung über das Verhältnis zwischen England und dem Commonwealth zu schreiben, was er aber nach einiger Überlegung ablehnte, da er sich nicht kompetent fühlte.

Am 4. Juli wird zum ersten Mal Carlo Mierendorff erwähnt. 1897 geboren, hatte er schon den Ersten Weltkrieg mitgemacht, zuletzt als Offizier. Dann studierte er in Darmstadt und Heidelberg und verlegte sich, zunehmend besorgt über den Zustand der Welt, von Kunst und Literatur auf Politik. Seine Freunde nannten ihn Herrn Vielgeschrey, weil er über alles eine entschiedene Meinung zu äußern pflegte. Er trat der SPD bei, als diese Partei eben begann, aus ihrer Isolierung herauszukommen. Er hoffte, dazu beizutragen, sie der neuen Situation anzupassen, in der sie nicht mehr sich selbst genügte, sondern ein Zentrum der Erneuerung für die ganze Gesellschaft werden konnte. 1933 hatte er sich in der Partei hochgedient und war gerade Reichstagsabgeordneter geworden. Obwohl er sich bei den Nazis sehr unbeliebt gemacht hatte und zum Zeitpunkt, als Hitler an die Macht kam, in der Schweiz war, wollte er seine Genossen nicht im Stich lassen, kehrte nach Deutschland zurück und kam sofort für fünf Jahre ins KZ. Nach seiner Entlassung arbeitete er bei einer Firma, die synthetisches Benzin vertrieb.

Er mußte jeden Verdacht vermeiden, denn es war ihm verboten worden, alte politische Freunde zu treffen. Einsiedel machte ihn mit Moltke bekannt, dem er nicht nur als kluger, mutiger und unterhaltender Mann der Praxis willkommen war, sondern auch als Verbindungsglied zu den Arbeitern, wodurch eine Lücke geschlossen wurde, deren sich die Gruppe sehr bewußt gewesen war.[4]
Moltkes Briefe schildern wieder, was vorging:

Berlin, den 12. Juli 1941
[Über ein Mittagessen mit Gramsch und seinem Mitarbeiter Kadgien:] ... Die Unterhaltung war für mich weitgehend eine Überraschung, denn es stellte sich ein Grad der Übereinstimmung in der Diagnose wie auch in der Vorstellung dessen, was *post festum* erfolgen müßte, heraus, wie ich es mir nie erwartet hätte ... Sie waren wohl genauso weidlich überrascht, wie sie entdeckten, daß ich mich mit der gleichen Tätigkeit seit längerer Zeit befasse ...

Berlin, den 13. Juli 1941
[Über einen Abend mit Yorck und Einsiedel:] ... Ich hatte den Eindruck, daß etwas herauskam; die beiden anderen bestritten den Hauptteil des Abends, und ich saß so mehr als Kritiker und Schiedsrichter dabei, da ich ja von diesen Sachen doch weniger verstehe als die beiden. [Offenbar ging es um wirtschaftliche Fragen.]

Berlin, den 16. Juli 1941
[Über ein Mittagessen mit Gablentz und Yorck:] ... Das Fest dauerte von halb 2 bis halb 5, Du siehst, ein ausgedehntes Fest. G. war in guter Form. Im Winter hatten wir uns festgeredet, und abgesehen davon, daß ich ja inzwischen auch einiges zugelernt habe, hatte das ihm auch leid getan, und er hatte sich mit den Fragen, über die wir anderer Meinung gewesen waren, beschäftigt und war auch zu neuen Resultaten gekommen und sichtlich erleichtert, daß ich die Unterhaltung wieder anknüpfte. Yorck hat hauptsächlich zugehört, manchmal etwas beigetragen und häufig gelächelt, weil es ihn amüsierte ...

Berlin, den 22. Juli 1941
[Über einen Abend mit Gablentz und Yorck:] ... Gestern abend bei Yorck hat das Fest bis halb ein Uhr nachts gedauert. In Nikolassee [eine Kellerwohnung, die Moltke gemietet hatte, um während nächtlicher Bombenangriffe nicht aufstehen zu müssen] bin ich prompt eingeschlafen, aber um vier Uhr aufgewacht, bis fünf Uhr wach gewesen und habe dann nur noch wirr und unruhig geschlafen und wüstes Zeug geträumt. Wie wüst, kannst Du daraus ersehen, daß Reichwein mir gegenübersaß, erklärte, er habe Lose in der italienischen Staatslotterie und

werde so lange spielen, bis er genug verdient habe, um sich mit diesem Geld in Malta oder Cypern niederzulassen. Schön, nicht wahr?
Die Unterhaltung mit Yorck und Gablentz war befriedigend. Yorck und ich sind nur schon ein bißchen zu gut aufeinander eingespielt, so daß der Dritte sich leicht als Opfer und nicht recht als Partner vorkommt; es fiel mir jedenfalls gestern auf. Aber Gablentz war uns immerhin darin weit überlegen, daß er von der konkreten Lage der protestantischen Kirche und von Theologie immerhin etwas versteht...

Berlin, den 21. August 1941
[Über ein Mittagessen mit Trott[5]:] ... Er fährt übermorgen auf Urlaub und kommt erst Mitte September zurück. Ich hatte einiges mit ihm zu besprechen, besonders aber ihm geeignete Schulaufgaben zu stellen. [Moltke meint hier den Entwurf eines Memorandums über Außenpolitik.]

Am 5. September war Helmuth von Moltke bei dem katholischen Bischof von Berlin, Konrad Graf Preysing. Das war eine wichtige neue Verbindung. Nicht nur, weil es sich um einen hohen Würdenträger handelte, sondern auch, weil damit ein weiterer Sektor der Gesellschaft in die Gespräche hineingebracht wurde. Preysing, der Jurist und Diplomat gewesen war, bevor er Priester wurde, war 1935 mit 55 Jahren in dem überwiegend protestantischen Berlin – der Vatikan hatte hier 1919 einen Bischofssitz begründet – Bischof geworden. In der katholischen Hierarchie war er neben Graf Galen, dem Bischof von Münster, der entschlossenste Gegner der Nazis. Preysing hat zwischen 1934 und 1944 mehr Briefe vom Papst bekommen als irgendein anderer deutscher Bischof. Helmuth von Moltke war von Hans Peters, der katholisch war, und vom Justitiar des Ordinariats, Happ, bei ihm eingeführt worden. Er wohnte in einem schönen, aus dem 18. Jahrhundert stammenden Haus an der Friedrichstraße, wo früher der Generalstab einquartiert gewesen war; Feldmarschall Moltke hatte dort als junger Mann gearbeitet.

Berlin, den 6. September 1941
... Gestern der Nachmittag mit Preysing war sehr befriedigend. Mir schien, er war auch befriedigt. Die zweieinhalb Stunden vergingen rasch, und wir hatten ein großes Gebiet der menschlichen Beziehungen berührt oder gestreift. Jedenfalls hat er mich gleich aufgefordert wiederzukommen, und das will ich jetzt in regelmäßigen Abständen von etwa drei Wochen tun... Ich befragte P. nach Galen [dessen drei Predigten gegen die Einführung der Euthanasie durch die Nazis soeben von allen Kanzeln Westfalens verlesen worden waren]. Er versicherte mir, das sei ein ganz durchschnittlicher Zeitgenosse von durchaus beschränkten Geistesgaben, der daher bis in die jüngste Zeit hinein nicht gesehen habe, wohin die Reise geht, und dann immer zum Paktieren geneigt habe.[6] Um so eindrucks-

voller ist es, daß ihn jetzt der Heilige Geist erleuchtet hat und erfüllt. Wieviel bedeutsamer ist dieses Zeichen, als wenn es sich um einen überragend klugen Mann gehandelt hätte . . .[7]

Am 10. September traf Moltke mittags Hans von Dohnanyi und Justus Delbrück. Anschließend fuhren sie zusammen zu einer Spring- und Dressurschau der Berliner Reitschule bei Berlin. Er erwähnt im August 1940 zum erstenmal, er habe Dohnanyi getroffen. Justus Dellbrück (1902–1944), ein Freund von Dohnanyi, war bis zum Krieg als Jurist in der Industrie tätig gewesen und wurde bei Ausbruch des Krieges zur Abteilung Z der Abwehr eingezogen.

Berlin, den 13. September 1941
[Über ein Mittagessen mit Yorck:] . . . Unzweifelhaft kann ich gegenwärtig mit ihm [Yorck] besser und schneller und nützlicher als mit sonst irgend jemandem. Außerdem sind wir so völlig gleich, ich meine gleichgestellt. Bei Einsiedel, mit dem ich ziemlich genau so gut kann, ist aus irgendwelchen Gründen bei mir eine gewisse Überlegenheit, und das stört mich immer. Yorck ist eigentlich der einzige, mit dem ich mich wirklich beratschlage, bei all den anderen handelt es sich in Wahrheit um eine in die Form der Beratschlagung gekleidete Anfrage, wie weit sie mitmachen und was sie tun wollen. Das läßt dann immer wieder die Verantwortung bei mir, oder mindestens den Schwerpunkt der Verantwortung . . .

Am 17. September sah Helmuth von Moltke Theodor Steltzer, den er im Herbst 1940 durch Gablentz kennengelernt hatte.[8] Steltzer hat später berichtet: „Als ich ihn [Helmuth] kennenlernte, lag eine große Melancholie über ihm, die später nachließ, als sich unsere Gespräche zu konkreten Plänen verdichteten . . . Ich hatte das Gefühl, daß er die Lage als hoffnungslos ansah und nicht an einen Erfolg unseres Einsatzes glaubte." Steltzer (1885–1967) hatte als Generalstabsoffizier im Ersten Weltkrieg bei General Wilhelm Gröner Transporte und Munitionsversorgung organisiert. Er kehrte mit der Überzeugung zurück, die deutsche Gesellschaft müsse von Grund auf verändert werden. Da das seiner Meinung nach von oben nicht geschah, machte er als Landrat von Rendsburg in Schleswig-Holstein neue Versuche auf unterer Ebene, vor allem nahm er sich der Volksbildung mit Hilfe der Volkshochschule an und befaßte sich mit Verwaltungsreformen. 1933 wurde er beurlaubt und aufgrund einer aus der Luft gegriffenen Beschuldigung einige Zeit inhaftiert. Durch die Arbeit der Ökumene hatte er Verbindungen zur Schweiz und zu Skandinavien. 1939 wurde er als Reserveoffizier eingezogen und 1940 als Transportoffizier dem Oberbefehlshaber in Norwegen zugeteilt. Dort entwickelte er Beziehungen zur norwegischen Résistance und besonders zu Bischof Berggrav.
Am 23. September fand ein Abendessen mit Einsiedel und Harald Poelchau statt.

Harald Poelchau, Sohn eines evangelischen Pfarrers, war Schüler und Freund des Theologen Paul Tillich, der für einen religiösen Sozialismus eintrat und kurz nach 1933 in die Vereinigten Staaten auswanderte. Poelchau wurde 1933 Gefängnispfarrer in Berlin-Tegel.

Berlin, den 24. September 1941
... Gestern abend hatte ich eine sehr interessante Unterhaltung mit Einsiedel und Poelchau. P. hat mir sehr gut gefallen: jung, aufgeschlossen und einsatzfähig. Wie ein Mann, der Woche um Woche vielen Hinrichtungen beiwohnt, seine seelische Eindrucksfähigkeit und seine Nerven behalten kann und dann noch gut gelaunt sein kann, ist mir ein Rätsel. – Er berichtete recht einfallsreich, und, für mich auch neu, über die Stimmung in der Arbeiterschaft, mit der er offenbar einen ganz engen Konnex hält ...

Berlin, den 25. September 1941
[Über ein Mittagessen mit Gladisch, Yorck und Steltzer:] ... Die Unterhaltung war gut und von brutaler Offenheit, was mich bei Gladisch etwas überraschte ...

Am 26. September traf Helmuth von Moltke Dohnanyi und Carl Ludwig von Guttenberg zum Mittagessen. Guttenberg (1902–1945) war zu Beginn des Krieges in die Abteilung Z der Abwehr eingezogen worden. Er kam aus einer konservativen, katholischen bayerischen Familie und gab 1934–1943 die Zeitschrift „Weiße Blätter" heraus, die die entsprechenden Richtungen vertrat.[9]

Berlin, den 27. September 1941
... Das Essen gestern mit Dohnanyi und Guttenberg war sehr nett. Beide waren frisch und munter. D. insbesondere so auf Touren, wie ich ihn noch nie erlebt habe. Wir haben uns sachlich erfreulich unterhalten, erfreulich besonders, weil D. endlich seinen Text geliefert hat [*Über die Rechtmäßigkeit des Eides auf Hitler und das Recht auf Widerstand*] und es nun bald weitergehen kann, haben auch einige Fortschritte erzielt und verschiedentlich sehr gelacht ...

Am 28. September fand eine wichtige Begegnung mit Yorck und General Beck statt. Seit Beck aus Opposition gegen Hitler im August 1938 sein Amt als Chef des Generalstabes der Armee niedergelegt hatte, wurde er als Führer des Widerstandes und mögliches Staatsoberhaupt nach Hitlers Sturz betrachtet. Yorck hatte bereits Beziehungen zu verschiedenen anderen Männern, die Beck nahestanden.

Berlin, den 29. September 1941
... Es war ein gelungener Abend, und man kann nur hoffen, daß er zum Schmieden des Eisens beiträgt ...

Berlin, den 9. Oktober 1941
... Es war insofern eindrucksvoll, als er [Poelchau] gerade benachrichtigt worden war, daß fünf von seinen Schützlingen um sieben Uhr abends eröffnet werden sollte, daß sie am heutigen Morgen um fünf hingerichtet werden würden. Er sitzt dann von sieben bis fünf bei ihnen, ließ sich aber heute nacht vertreten. Ich habe mir diese Nacht beschreiben lassen: Sie ist grauenvoll und doch irgendwie erhaben. Er sagte aber, daß kein Mensch so vorbereitet in den Tod ginge wie diese Leute; und er sagte, daß in den acht Jahren seiner Praxis noch keiner – mit Ausnahme hysterischer Frauen – nicht ruhig zum Schafott gegangen wäre. Welch eine Leistung eine solche Nacht bedeutet. Es ist grauenhaft und schrecklich; aber es ruft doch Fragen auf, die in dieser Unbedingtheit, Nacktheit und Absolutheit sonst nicht auftreten. Er bietet nie das Abendmahl an, aber fünfzig Prozent der von ihm Betreuten verlangen es aus eigenem Antrieb ...

Bei einer Sitzung der Akademie für Deutsches Recht traf Helmuth von Moltke am 10. Oktober Carlo Schmid, der ein Referat hielt. Schmid war Privatdozent für Staatsrecht in Tübingen und bei der deutschen Militärregierung in Lille dienstverpflichtet. Er wußte schon, daß Carlo Schmid seinen Plänen gewogen war, und der Vortrag gefiel ihm so gut, daß er Schmid auf der Stelle zum Essen einlud. Daraus ergab sich ein dauernder Kontakt. Moltke hoffte, Carlo Schmid könne eine Verbindung zwischen der Gruppe und der französischen Résistance herstellen (Schmids Mutter war Französin).
Über das Wochenende vom 11.–12. Oktober fuhr Moltke mit Peter und Marion Yorck, Adam und Clarita Trott und dem Ehepaar Wussow[10] nach Groß-Behnitz, dreißig Kilometer westlich von Berlin, dem Gut der Borsigs. Es gehörte jetzt Arnolds jüngerem Bruder Ernst. Innerhalb der nächsten achtzehn Monate traf man sich noch dreimal in Groß-Behnitz, später auch in größerem Kreise (13. bis 16. März 1942; 25.–27. Juli 1942; 2.–7. Februar 1943). Diese Besuche waren nach außen rein geselliger Natur. Der Gastgeber war geschulter Landwirt, und es sollte erörtert werden, was nach dem Krieg auf dem Gebiet der Landwirtschaft geschehen könne. Yorck hatte die Sache in die Wege geleitet. Die Diskussion am ersten Abend wurde von Wussow und Borsig eröffnet, „verwandelte sich aber nach zehn Minuten zu einem Duell zwischen Trott und mir über die Frage der Berechtigung, sich über den Staatsaufbau Gedanken zu machen". Moltkes Vorgehen wurde von manchen kritisiert. Sie meinten, es sei Zeitverschwendung, für eine unvorhersehbare Situation zu planen. Solche Pläne würden durch den Gang der Ereignisse, die dann wirklich zum Sturz der Nazis führen würden, mehr oder weniger überholt. Er vertrat daraufhin die These, daß „die Berechtigung dazu in

der Brust eines jeden Menschen liege und keines äußeren Anlasses bedürfe". Er meinte wohl damit, jeder gewissenhafte Mensch müsse das Dritte Reich als böse erkennen und sich daher Gedanken darüber machen, was man an seine Stelle setzen wolle. Er war an diesem Abend „in guter Form" und wurde von Yorck unterstützt, so daß er im ganzen die Oberhand behielt. Natürlich müßten die Pläne später den Ereignissen angepaßt werden. Sie wurden auch nicht als endgültig oder sankrosankt angesehen. Aber ihre Formulierung machte den Teilnehmern deutlich, wo die Probleme lagen, und legten die prinzipielle Richtung fest, in welcher Antworten gesucht werden mußten.
Auf einem langen Spaziergang am nächsten Tag sprach Moltke mit Borsig über die Landwirtschaft.

Berlin, den 13. Oktober 1941
... Er vertrat dabei ganz liberale Thesen: „Bewegung zum besseren Wirt über den Konkurs", „freies Spiel der Kräfte" usw.; ich hingegen die These, daß man sich erst ein Bild davon machen müsse, welcher Art das Leben auf dem Lande sein solle, wie viele Menschen dort leben müßten und was für Menschen, und daß man dann diejenigen Mittel anwenden müßte, die geeignet seien, dieses Ziel zu erreichen ohne Rücksicht darauf, ob diese Mittel einem sonst sehr gut in das Konzept paßten, weil es sich um die Heilung eines krankhaften Zustandes handele. B. war aber rasend zäh, ich wohl auch nicht in bester Form, und so ging die Unterhaltung aus wie das Hornberger Schießen ...

Berlin, den 15. Oktober 1941
[Über einen Abend mit Pater Rösch und Guttenberg:] ... Guttenberg kam mit dem obersten Jesuiten der Jesuiten-Provinz München, die Württemberg, Baden und Allgäu einschließt. Soweit ich habe feststellen können, untersteht er unmittelbar dem Obersten Jesuiten in Rom. Ein Bauernsohn mit einem hervorragenden Kopf, gewandt, gebildet, fundiert. Er hat mir sehr gut gefallen. Wir haben auch über konkrete Fragen der Seelsorge, der Erziehung und des Ausgleichs mit den Protestanten gesprochen, und der Mann schien vernünftig, sachlich, zu erheblichen Konzessionen bereit ...

Pater Rösch schilderte diese Begegnung zwanzig Jahre später selbst: Er war in Berlin, um mit dem OKH zu verhandeln, und hörte auf der Straße über den Lautsprecher eine Rede Hitlers, in der mitgeteilt wurde, Rußland sei geschlagen. Das machte ihm große Sorgen, denn es war ihm klar, daß das Ende des Krieges ein Signal für erneute Angriffe der Nazis auf die Kirche war, besonders aber auf die Jesuiten. Gerade in diesem Augenblick traf er Guttenberg, den er in Bayern kennengelernt hatte. Da eine offene Unterhaltung auf der Straße natürlich unmöglich war, forderte Guttenberg Rösch auf, ihm zu folgen, ohne zu zeigen, daß sie sich kannten. „Wenn ich an einer Gartentüre stehenbleibe und mir eine Zigarette anzünde, gehen Sie bei der nächsten Gartentüre hinein, auf eine große Garage zu, um sie herum, an der Rückwand steigen Sie eine Treppe hinauf. Dort läuten Sie. Mein Name ist das Stichwort. Ich komme auf einem ganz anderen Wege nach."[11] Während der folgenden Unterhaltung wurde Moltke von Rösch gefragt, ob er Hitlers Rede gehört habe. Er antwortete, sie interessiere ihn nicht, denn er habe bessere Information und kenne die Wahrheit. Als Rösch ihm den Inhalt dann erzählte, sei Moltke über die Lügen entsetzt gewesen und habe berichtet, was er über die Reserven der Russen aus amtlichen Berichten wisse. „Denken Sie daran, Pater Rösch, falls wir dann noch am Leben sind, im Frühsommer 1945 werden die Russen in Berlin sein, es sei denn, es gelingt jemandem, Hitler die Führung zu entreißen."[12] Das sei notwendig und sei Aufgabe der Generäle. Dann müßten die Russen aufgehalten werden. Nur so könne ein erträglicher Frieden erreicht und Europa gerettet werden. Dann erörterten sie die innere Lage Deutschlands und die Stellung der Kirchen. Moltke sagte: „Wir müssen kämpfen, alles tun, um zu retten, was zu retten ist; denn die anderen haben auch wieder Angst; wenn sie Widerstand finden, zucken sie zurück und zögern." Und als sie über die evangelische Kirche sprachen, habe er gesagt: „Eines will ich als evangelischer Christ Ihnen sagen: Das Christentum in Deutschland kann nur durch die deutschen Bischöfe und den Papst gerettet werden." Darum sei es seiner Ansicht nach wichtig, daß die Kirchen zusammenarbeiteten. Anschließend habe ihn Moltke gefragt, ob er zu einer solchen Zusammenarbeit bereit sei, was er bejahte.

Am 15. Oktober traf Helmuth von Moltke Dohnanyi und Oster. Er erwähnt in allen seinen Briefen nur diese Zusammenkunft mit Oster und eine weitere am 16. November und berichtet darüber keine Einzelheiten. Gerade diese Tatsachen und die häufige Erwähnung Dohnanyis zu dieser Zeit, die Besprechung mit Beck und ein paar andere Vorgänge in den nächsten Monaten lassen darauf schließen, daß er an Plänen für einen Staatsstreich beteiligt war. Es gibt außerdem Beweise, daß Leuschner im Winter 1941/42 Vorbereitungen traf, zugleich mit der Militärrevolte einen Generalstreik auszurufen.[13] Diese Pläne wurden durch die zunehmenden Meinungsverschiedenheiten zwischen Hitler und Brauchitsch über die Unternehmungen an der Ostfront während des kommenden Winters gefördert.

Am 13. November sah Helmuth von Moltke Preysing wieder. Bei dieser Gelegenheit diskutierten sie zuerst ein Memorandum, das Peters über die Kirchenfrage geschrieben hatte und das sie beide nicht ganz befriedigend fanden. Dann sprachen sie über die Beschlagnahme der Sankt-Clemens-Kirche [in Berlin-Lichterfelde] durch die Gestapo. Preysings schriftlicher Protest an den Innenminister war nicht beantwortet worden, und Moltke drängte darauf, die Sache weiterzutreiben. Das tat Preysing dann auch, indem er noch einen Brief an die Gestapo schrieb. Als darauf auch keine Antwort erfolgte, setzte er den Katholiken seiner Diözese den ganzen Fall in einem Hirtenbrief auseinander. Das veranlaßte Goebbels, sich zu beschweren, daß „einige [Nazi-]Besserwisser sehr unklug gehandelt hätten".[14]

Das dritte Thema der Besprechung war die gerade ausgebrochene neue Welle von Judenverfolgungen.

Berlin, den 14. November 1941
... [Preysing] hatte am Morgen Juden gefirmt, die am Abend nach Litzmannstadt abtransportiert werden sollten; das sei wohl seine schönste Erinnerung gewesen. Sie bekommen dort 1/4 unserer Lebensmittelrationen. – Sein Dompropst von St. Hedwig [Bernhard Lichtenberg] ist wegen Heimtücke angeklagt, weil er für die Juden gebetet hat, und die Nachricht über seine Vernehmung kam gerade:
„Wie stehen Sie zur Rassenfrage?" „Ich unterscheide nur zwischen Christen und Nicht-Christen; die einen schließe ich als meine Brüder in mein Gebet ein, für die anderen bitte ich um Erleuchtung."
„Wie stehen Sie zum Staat?" „Sei untertan der Obrigkeit, die über dich gesetzt ist, sagt der Apostel Paulus."
„Wie stehen Sie zum Führer?" „Er ist nicht mein Führer, denn das ist er nur für Parteigenossen und in seiner Funktion als Parteichef. Ich bin aber nicht Mitglied und kenne nur einen Führer Jesum Christum. Meine Stellung zu Hitler als Staatschef ergibt sich aus meiner Stellung zum Staat."
„Wenn Sie sich nicht ändern, werden wir Sie zu Ihren lieben Juden nach Litzmannstadt schicken." „Gerade darum wollte ich bitten, denn was könnte es für einen alten Geistlichen Schöneres geben, als diesen zum Tode geweihten jüdischen Christen beizustehen."
Das Ganze ein ehemaliger Zentrumsbonze ...

In diesen Wochen hatten die Gespräche innerhalb der Gruppen solche Fortschritte gemacht, daß Helmuth von Moltke seiner Frau am 27. November schreiben konnte, er habe mit Peter Yorck die Verteilung der Themen für das Wochenendtreffen in Kreisau besprochen.[15] Es war schon für Februar in Aussicht genommen, dann aber auf Pfingsten verschoben worden. Moltkes Unternehmungen zu dieser Zeit waren aber noch anderer Art. Am 16. November hatte er nicht nur Oster getroffen, sondern er fuhr auch nach Stettin, wo er General Föhrenbach[16] aufsuchte.

Stettin, den 16. und 17. November 1941
... Er ist ein alter General, wie man sich ihn am besten vorstellen kann: klug, überlegen, einsatzbereit, bescheiden ... Er ist so ein wenig, wie ich mir vorstelle, daß der Feldmarschall gewesen sein muß. Das Bemerkenswerteste ist eigentlich seine Entschlußfähigkeit. Mein Vortrag über den immerhin sehr komplizierten Vorschlag dauerte fünfzehn Minuten, dann erwiderte er zehn Minuten, und dann erörterten wir die Argumente in Rede und Gegenrede noch fünfzehn Minuten, und damit hatten wir das Thema regelrecht erschöpft. Er verabschiedete sich mit

den Worten: „Die Sache ist sehr gut. Ich weiß keinen besseren Weg, aber ich bin dafür nicht gut genug." Das ist doch eindrucksvoll. So hätte auch Daddy [sein Großvater James Rose Innes] sprechen können und der alte Feldmarschall ...

Helmuth von Moltke schreibt aber mit gutem Grund nichts über den Vorschlag, den er Föhrenbach gemacht hatte, denn es scheint nichts weniger als der Antrag gewesen zu sein, der alte General möge den Staatsstreich gegen Hitler anführen. General Halder erwähnte in einem Brief nach dem Krieg, ein geeigneter Mann, der den Staatsstreich hätte führen können, habe gefehlt und stellte fest: „Föhrenbach war zu alt und zu unbekannt."[17] Moltke war jedenfalls nicht voll erfolgreich bei ihm, vielmehr hatte sich Föhrenbach Bedenkzeit erbeten. „Föhrenbach wollte die ganze Frage noch einmal am 18. Dezember in Berlin erörtern mit mir und Beck, und ich bin überzeugt, daß wir ihn dann bekommen werden", schrieb er am 17. November. Am Abend nach seiner Rückkehr traf er Dohnanyi, um eine Zusammenkunft mit Beck am 22. November und eine andere mit Halder zu verabreden, der noch Generalstabschef der Armee war. „Ich hoffe, daß es nun gelingen wird, vor Weihnachten noch zwei oder drei große Fortschritte zu erzielen."
Anfang Dezember war Moltke in Wien, angeblich, um sich einen Anzug machen zu lassen. Es liegt nahe, daß er Ersatz oder Verstärkung für Föhrenbach suchte. 1943 war er jedenfalls der Meinung, eine Herausforderung Hitlers könne im Südosten beginnen. Brauchitschs Kontroverse mit Hitler spitzte sich in der Tat zu; aber wieder kam nichts dabei heraus. Am 17. Dezember wiederholte der Feldmarschall nach mehreren Herzanfällen sein Rücktrittsangebot. Hitler nahm es zwei Tage später an und gab bekannt, er werde den Posten selbst übernehmen.

Berlin, den 8. Februar 1942
... An die Stelle des mir vor Weihnachten immer wieder entgegengehaltenen „es ist zu früh" ist jetzt getreten „es ist zu spät". Es ist traurig zu sehen, wie recht Peter und ich in unserer Diagnose hatten, daß der 18. Dezember 1941 der „richtige" Tag war ...

Was auch immer hinter den Kulissen vorgegangen sein mochte, man konnte jedenfalls nach dieser Episode und ihrem Resultat von den Armeeführern keine Initiative mehr erwarten. Möglicherweise gehören hierher auch die Vorgänge um den Tod des bekannten Luftwaffengenerals Ernst Udet, eines berühmten Kampffliegers des Ersten Weltkrieges. Angeblich war er am 17. November einem Unfall zum Opfer gefallen. In Wirklichkeit hatte er sich das Leben genommen, weil seine Umsturzpläne gegen Hitler aufgedeckt worden waren. Die Sache wurde vertuscht, und er erhielt ein Staatsbegräbnis. (Diese Nachricht inspirierte Carl Zuckmayer, der Udet kannte, zu seinem Drama *Des Teufels General*, das er Helmuth von Moltke, Carlo Mierendorff und Theo Haubach widmete.)

Hier muß auch von einer Begegnung berichtet werden, die zwischen dem 11. und 18. Dezember 1941 stattfand. Wir wissen von ihr nur durch eine Tagebucheintragung Ulrich von Hassells (1881–1944) am 21. Dezember (er war von den Nazis 1937 von seinem Posten als deutscher Botschafter in Italien abberufen worden und stand Beck und Goerdeler nahe):

... Ich hatte immer das Bedenken, daß wir zu wenig Kontakt mit jüngeren Kreisen hatten. Dieser Wunsch ist jetzt erfüllt worden; gerade dabei haben sich nun neue, große Schwierigkeiten gezeigt. Zuerst hatte ich ein langes Gespräch mit Saler [Trott], bei dem er leidenschaftlich dafür focht, nach innen und außen jeden Anstrich von „Reaktion", „Herrenklub", „Militarismus" zu vermeiden, daher, obwohl auch er Monarchist sei, keinesfalls jetzt Monarchie, andernfalls würde jedes Echo im Volk fehlen und im Ausland kein Vertrauen erworben werden. „Bekehrte", das heißt christlich betonte Sozialdemokraten, von denen er einen früheren Abgeordneten namentlich nannte [mit großer Wahrscheinlichkeit Mierendorff], würden in solchem Falle niemals mitgehen und die nächste Garnitur abwarten. Zu dem Negativen führte er als Positivum den Gedanken an, als stärksten international bekannten Exponenten des Anti-Hitlerismus einerseits, als volkstümliche und bei den Angelsachsen Echo findende Reform andererseits, N. [Niemöller] zum Reichskanzler zu machen [hier irrt sich Hassell, denn Niemöller war als Staatsoberhaupt vorgeschlagen]. Danach traf ich mich mit dem klugen, feingebildeten Blum [Peter Yorck], einem echten Sproß seiner geistig hochstehenden, manchmal etwas theoretisierenden Familie, der ähnliche Gedanken entwickelte. Schließlich ging ich vor einigen Tagen auf Blums Aufforderung noch einmal zu ihm, wo ich Hellman [Helmuth von Moltke], Saler und Burger [Guttenberg] fand und von allen vieren mit großer Passion (Anführer war Saler) bearbeitet wurde. Am Tage meiner Abreise hieb dann noch bei Geißler [Popitz] Dortmund [Schulenburg] in die gleiche Kerbe. Er war wohl von den fünf Junioren der nüchternste, am meisten politische, andererseits gegen den Kronprinz am stärksten eingenommen [den Goerdeler zum Staatsoberhaupt machen wollte] ...[18]

Noch eine andere Bekannschaft Moltkes von 1941 muß man hier erwähnen, obwohl der Zusammenhang mit den Plänen für ein Nachkriegsdeutschland in diesem Falle ein ganz anderer war. Als Alexander Kirk im Oktober 1940 die amerikanische Botschaft verließ, gab er seine Beziehung zu Moltke, die delikateste und wertvollste, die er besaß, an seinen ersten Sekretär, George Kennan, weiter. Moltke erwähnte einen Besuch Kennans in der Derfflingerstraße:

Berlin, den 13. September 1941
... Sehr nett. Es kommt jetzt mehr heraus als aus den Abenden bei Deuel. Er hat einen Vorschlag von mir, etwas Bestimmtes zu tun, angenommen, will Weih-

nachten den Dienst quittieren, nach Hause fahren und sich dieser Aufgabe widmen.[19] Er ist ein guter und netter Mann, und ich hoffe, daß er sich wirklich als ein Aktivum für uns erweisen wird. – Mich wundert es immer, wenn Leute mir sagen, man müsse Menschen an einer Sache interessieren, ihnen ihr eigenes Interesse vorführen und vorstellen; das kann ich nicht, weil ich selbst nicht so denke; und meine Erfahrung ist genau umgekehrt: Die meisten Menschen wollen ja gerade davon überzeugt sein, daß sie etwas ohne eigenes Interesse tun, und gerade danach sehnen sie sich. *You know, my personal affairs are all in a muddle just now and I did not know how to get out of it; but this work will put me right again and I hope by that way to be able to repay my debt of gratitude to Europe for the most important 15 years of my existence.*[20] So spricht Kennan. Ich weiß nicht, was er mit dem ersten meint, sein Privatleben kenne ich überhaupt nicht. Aber was ich immer und immer wieder finde ist Dankbarkeit, wenn man jemandem sagt: Das tue, es ist nützlich und bringt dir nichts, höchstens Arbeit, Sorgen und Gefahr. – Ich habe weiß Gott keinen Grund, die Menschen, mit denen ich umgehe, gering einzuschätzen ...

Die letzte von vier Begegnungen, die Moltke erwähnt, fand fünf Tage vor Pearl Harbor in Kennans Haus statt. Kennan schildert zuerst Besuche in der Derfflingerstraße während der Verdunkelung und berichtet dann, Helmuth von Moltke sei nach Beginn des russischen Feldzuges aus irgendwelchen Gründen weniger vorsichtig geworden:

... Einmal kam er sogar ganz fröhlich zu meiner Frau und mir zum Mittagessen. Ein andermal erstaunte und erschreckte er mich, indem er am hellichten Tage in die Amerikanische Botschaft spazierte und nach mir fragte. Ich empfing ihn sofort, ging mit ihm hinaus auf den Balkon, wo die Verkehrsgeräusche unsere Stimmen für Mikrophone vermutlich unhörbar gemacht hätten, und fragte ihn, wie er das riskieren könne. „Ach wissen Sie", sagte er, „die Gestapo würde nie auf die Idee kommen, daß jemand, der sich so offen zeigt, andere als legitime Zwecke verfolgt."

... Für mich ist Moltke eine so große moralische Figur und zugleich ein Mann mit so umfassenden und geradezu erleuchteten Ideen, wie mir im Zweiten Weltkrieg auf beiden Seiten der Front kein anderer begegnet ist. Sogar damals schon – in den Jahren 1940 und 1941 – hatte er über die ganze schmutzige Arroganz und den scheinbaren Triumph des Hitlerregimes hinweg die endgültige Katastrophe erblickt, ihre Qualen durchlitten, sie akzeptiert und sich innerlich darauf eingestellt, und er bereitete sich nun selbst auf die Notwendigkeit vor – wie er gern später auch seine Mitbürger vorbereitet hätte –, wieder ganz von vorne damit zu beginnen, durch Niederlage und Demütigung hindurch, ein neues staatliches Gebäude auf einem neuen und besseren moralischen Fundament zu errichten.

... Das Bild dieses einsam ringenden Menschen, einem der wenigen echten protestantischen Märtyrer unserer Tage, ist mir in all den folgenden Jahren eine moralische Stütze und eine stete Quelle politischer und geistiger Inspiration geblieben ...[21]

Um Schlimmeres zu verhüten

Schon vor dem russischen Feldzug befand sich die Abwehr in Widerspruch zur Nazi-Führung über die Behandlung der eroberten Gebiete. Am 13. Mai hatte Keitel einen Befehl unterzeichnet, der die sofortige Erschießung jedes Russen anordnete, der die deutschen Unternehmungen behinderte, und zwar ohne Aburteilung; deutsche Truppen hingegen sollten für ihre Vergehen gegen Russen straffrei ausgehen, es sei denn, daß ihre Handlungen den Erfolg der Deutschen selbst beeinträchtigten. Ein Anhang – der berüchtigte Kommissarbefehl – setzte fest, daß politische Kommissare und andere Gefangene, die den Verdacht erregten, überzeugte Kommunisten zu sein, „liquidiert" werden sollten, sobald sie identifiziert worden seien. Am 8. September wurde vom Chef des Allgemeinen Wehrmachtsamtes (AWA) im OKW, General Hermann Reinecke, ein zusätzlicher Befehl unterzeichnet, der diese Instruktion verschärfte und vorsah, daß die Kommissare der SS übergeben wurden[22]. Reinecke war Vertreter der harten Linie unter den OKW-Abteilungschefs, und zwischen ihm und Canaris herrschten Spannungen. Canaris war der Ranghöhere, doch er bemühte sich, möglichst nichts mit Reinecke zu tun zu haben. Ende 1943 führte Hitler dem Widerspruch der Wehrmacht zum Trotz politische Kommissare in der deutschen Armee ein. Partei und Generäle stritten sich, wer die Aufsicht über die Kommissare ausüben sollte. Sie wurde dann Reinecke übertragen, der Soldat und überzeugter Nazi war.

Die Sowjetunion war der Haager Konvention von 1907 und der Genfer Rote-Kreuz-Konvention von 1929 formell nie beigetreten. Das erschwerte den Widerstand gegen die geplante Maßnahme der Nazis.

Helmuth von Moltke und sein Mitarbeiter Jaenicke entwarfen für Bürkner und Canaris eine Denkschrift, die neben den vielen Beweisen nationalsozialistischer Grausamkeit wie ein Lichtblick erscheint. Canaris unterschrieb sie am 15. September. Sie beginnt mit der Feststellung, daß schon seit dem 18. Jahrhundert ein allgemeines Übereinkommen zwischen den Völkern bestanden habe, demzufolge Kriegsgefangene von der weiteren Teilnahme an Feindseligkeiten ausgeschlossen, aber keinerlei Bestrafung und Racheakten unterworfen werden durften. „Dieser Grundsatz hat sich in Zusammenhang mit der bei allen Heeren geltenden Anschauung entwickelt, daß es der militärischen Auffassung widerspreche, Wehrlose zu töten oder zu verletzen." Die Denkschrift bewies dann, daß die schon erlassenen Befehle im Widerspruch zu diesem anerkannten Prinzip stünden, und setzte in sieben weiteren Paragraphen auseinander, daß die Anwendung dieser Befehle das Ansehen der deutschen Armee schädigen und ihre Aufgabe erschweren werde. Ein Anhang zitierte Instruktionen, die das Volkskommissariat für Verteidigungswesen der UdSSR ausgegeben hatte. Sofern diese befolgt würden, legte die Denkschrift weiter dar, falle der Hauptgrund für die geplante deutsche Maßnahme weg, da dann die Behandlung deutscher Gefangener den internationalen Vereinbarungen nahezu entspreche. Aber Keitel schob diese Argumente beiseite und kommentierte die Denkschrift: „Die Bedenken entsprechen den soldatischen Auffassungen vom ritterlichen Krieg! Hier handelt es sich um die Vernichtung einer Weltanschauung. Deshalb billige ich die Maßnahmen und decke sie." Diese Bemerkung hat ihn später vor dem Nürnberger Gericht belastet. Moltke ließ auch Beweismaterial zirkulieren, das die Behauptung widerlegte, die Russen machten keine deutschen Gefangenen. Als die Nazi-Behörden Briefe, die von deutschen Kriegsgefangenen in Rußland nach Deutschland gelangten, abfingen, um ihre Version aufrechtzuerhalten, brachten Mitglieder der Abwehr solche Briefe an sich und steckten sie, in kleine Mengen verteilt, in die Berliner Briefkästen, so daß sie ihre Adressaten doch erreichten.

Berlin, den 14. November 1941
... In der Gefangenensache hat sich mein Hauptgegner, General Reinecke, endlich gezwungen gesehen vorzuschlagen, daß das Rote Kreuz sich um die Betreuung deutscher, in Kriegsgefangenschaft geratener Soldaten bemüht; die Folge muß sein, daß wir das Rote Kreuz auch zu uns hereinlassen und damit unsere Methoden ändern ...

Das AWA hatte gemeinsam mit Himmler vorgeschlagen, für jeden in russischer Kriegsgefangenschaft getöteten deutschen Soldaten fünfhundert Juden nach Osten transportieren zu lassen. Durch diese Vergeltungsmaßnahme sollte die jüdische Bevölkerung in den feindlichen Ländern dazu gezwungen werden, sich für eine menschliche Behandlung der deutschen Gefangenen einzusetzen. Die Abteilung Ausland konnte mit Leichtigkeit beweisen, daß diesem Vorschlag jede rechtliche Grundlage fehlte und daß er praktisch undurchführbar war. Die Behandlung der russischen Gefangenen verbesserte sich dann offenbar ein wenig, weil einerseits die Angst vor dem, was ihnen in deutscher Gefangenschaft bevorstand, die russischen Soldaten zu verzweifeltem Widerstand antrieb, und weil andererseits die deutsche Kriegsmaschinerie immer mehr Arbeitskräfte benötigte.

Berlin, den 6. November 1941
... Es kommen Weisungen aus dem Hauptquartier, die einen an dem Verstand der dort sitzenden Leute zweifeln lassen. Es ist, im ganzen genommen, direkt komisch. Plötzlich sollen jetzt die russischen Gefangenen im großen in der gesamten Wirtschaft eingesetzt werden, und in einem Nebensatz steht dabei: „Ausreichende Ernährung ist eine selbstverständliche Voraussetzung." Sie tun so, als wüßten sie von ihren früheren Befehlen gar nichts ...

Berlin, den 16. September 1941

... Die allgemeine schlechte Lage mit ihren Reaktionen in den besetzten Gebieten führt zu einer Welle von Schrecklichkeitsmaßnahmen, mit denen versucht werden soll, diese Gebiete in Gehorsam zu halten. Endlich hat man erkannt, daß die Todesstrafe nicht mehr wirkt, aber statt daraus den Schluß zu ziehen, daß man eben mit den Menschen regieren muß statt gegen sie, zieht man den Schluß, daß Schrecklicheres als der Tod gefunden werden muß. Dafür hat sich der Führer persönlich ein paar Varianten erdacht, die immerhin bemerkenswert sind [Massenexekutionen und Erschießen von Geiseln]. – Alles wird auf uns herniederkommen, und mit Recht. – Das sind alles Zeichen einer Schwäche und Zersetzung, die uns nur unangenehm sein kann ...

Berlin, den 21. Oktober 1941

... Der Tag ist so voller grauenhafter Nachrichten, daß ich nicht in Ruhe schreiben kann, obwohl ich mich um fünf zurückgezogen und eben einen Tee getrunken habe. Das, was mir augenblicklich am nächsten geht, sind die mangelhaften Reaktionen des Militärs. Falkenhausen und Stülpnagel [Militärbefehlshaber in Belgien und Frankreich] sind an ihre Plätze zurückgekehrt, statt nach den letzten Vorfällen abzugehen; neue, schreckliche Befehle werden gegeben, und niemand scheint etwas dabei zu finden. Wie soll man die Mitschuld tragen?

In Serbien sind an einem Ort zwei Dörfer eingeäschert worden, 1700 Männer und 240 Frauen von den Einwohnern sind hingerichtet. Das ist die „Strafe" für den Überfall auf drei deutsche Soldaten. In Griechenland sind 240 Männer eines Dorfes erschossen worden. Das Dorf wurde niedergebrannt, Frauen und Kinder an der Stätte zurückgelassen, um ihre Männer und Väter und ihre Heimstatt zu beweinen. In Frankreich finden umfangreiche Erschießungen statt, während ich hier schreibe. So werden täglich sicher mehr als tausend Menschen ermordet, und wieder Tausende deutscher Männer werden an den Mord gewöhnt. Und das alles ist noch ein Kinderspiel gegen das, was in Polen und Rußland geschieht. Darf ich denn das erfahren und trotzdem in meiner geheizten Wohnung am Tisch sitzen und Tee trinken? Mach ich mich dadurch nicht mitschuldig? Was sage ich, wenn man mich fragt: Und was hast Du während dieser Zeit getan?

Seit Sonnabend werden die Berliner Juden zusammengetrieben. Abends um 21.15 werden sie abgeholt und über Nacht in eine Synagoge gesperrt. Dann geht es mit dem, was sie in der Hand tragen können, ab nach Litzmannstadt und Smolensk. Man will es uns ersparen zu sehen, daß man sie einfach in Hunger und Kälte verrecken läßt, und tut das daher in Litzmannstadt und Smolensk. Eine Bekannte von Kiep hat gesehen, wie ein Jude auf der Straße zusammenbrach; als sie ihm aufhelfen wollte, trat ein Schutzmann dazwischen, verwehrte es ihr und gab dem auf dem Boden liegenden Körper einen Tritt, damit er in die Gosse rollte; dann wandte er sich mit einem Rest von Schamgefühl an die Dame und sagte: „So ist es uns befohlen."

Wie kann jemand so etwas wissen und dennoch frei herumlaufen? Mit welchem

Recht? Ist es nicht unvermeidlich, daß er dann eines Tages auch dran kommt und daß man ihn auch in die Gosse rollt? – Das alles sind ja nur Wetterleuchten, denn der Sturm steht vor uns. – Wenn ich nur das entsetzliche Gefühl loswerden könnte, daß ich mich selbst habe korrumpieren lassen, daß ich nicht mehr scharf genug auf solche Sachen reagiere, daß sie mich quälen, ohne daß spontane Reaktionen entstehen ...

Auf seine eigene Verzweiflung folgte zwei Wochen später seine Entrüstung über die Ansichten eines Bekannten.

Berlin, den 6. November 1941
... Das Kennzeichen für seine Einstellung ist Angst vor einer Verantwortung für einen Kreis, den er mit seinen beiden Augen nicht überblicken kann. Die ganze Frage des körperlichen Muts, die scheinbar dabeisteht, ist nichts als Tarnung. Sicher ist es bequemer, sich nur für einige wenige Leute verantwortlich zu fühlen und zugleich mit Scheuklappen nicht zu sehen oder vielmehr nicht sehen zu wollen, was für Unheil durch die Art angerichtet wird, in der man sich dieser Verantwortung entledigt, nicht sehen wollen, daß man Mord und Raub verteidigt. In Wirklichkeit sind diese Menschen die Crux und das Übel, nicht die Verbrecher. Verbrecher gibt es überall und hat es überall gegeben, aber es ist die unabweisbare Aufgabe aller Rechtschaffenen, die Verbrechen klein zu halten, und wer sich dieser Aufgabe entzieht, der ist mehr schuld an den Verbrechen als der Verbrecher selbst ...

Zwei Tage später kommt er noch einmal auf dieses Thema zurück:

Berlin, den 8. November 1941
... Ich bin so bitter, um nicht zu sagen geladen, auf diesen Typ, weil ich mit niemandem so viele Schwierigkeiten habe wie mit diesen bequemen Männern. Das ist die Sorte Männer, die uns in der Welt den Ruf einträgt, daß wir nicht einmal imstande seien, uns zu regieren, geschweige denn andere. Es ist in diesen Männern ein Mangel an Weltweite, an Blick dafür, daß keine Handlung im Universum verlorengeht, daß alles zusammenhängt, daß ein Mord in Warschau Rückwirkungen in Calcutta und Sydney, am Nordpol und in Kurdistan hat, nicht politische Rückwirkungen, sondern moralische. An diese Selbstaufgabe, die der Krieg angeblich verlangt, glaube ich nur noch beschränkt. Das ist eine Form der Selbstbefriedigung, des Mantels, der nachher herumgehängt wird. Der Satz von ... ist Blödsinn, denn man kämpft nicht für irgend etwas, sondern gegen irgend etwas: Haß ist die Dominante des Krieges, nicht Liebe. Feigheit, Muckertum, Massenpsychose züchtet der Krieg. Sieh einmal an: Gestern war ich in einer Sitzung im

AA wegen Judenverfolgung. Es war das erste Mal, daß ich dienstlich mit dieser Frage befaßt war. Ich habe gegen 24 Männer ganz einsam eine Verordnung angegriffen und im Augenblick auch aufgehalten, die bereits die Zustimmung aller Minister und des Chefs OKW gefunden hatte. Und dann kam ich zurück, und der eigentliche Referent im OKW fragte mich: Warum haben Sie das getan? Sie können es ja doch nicht ändern, natürlich führen diese Maßnahmen zur Katastrophe ... Für den Charme und die Qualitäten dieser Männer habe ich durchaus ein Organ, aber ihre Handlungen sind von der Zweckmäßigkeit bestimmt und sind bar jeden moralischen Fundus. Sie sind wie Chamäleons: in einer gesunden Gesellschaft machen sie einen gesunden Eindruck, in der kranken, wie der unseren, machen sie einen kranken. In Wahrheit sind sie weder das eine noch das andere. Sie sind Füllsel. Auch Füllsel muß es geben. Aber unerträglich ist es, wenn Füllsel, der die kranken Teile vergrößert, so tut, als habe er eine moralische Berechtigung. – Ich weiß, ich bin rasend streng, und ich werde auch immer strenger. Aber es ist nötig, sonst gerät man unbewußt in zweideutige Gesellschaft ...

Berlin, den 9. November 1941
... Den Morgen habe ich heute mit einigen jüdischen Leuten verbracht, deren Dispositionen vor ihrer Deportation zu besprechen waren. In den letzten drei Tagen haben wieder etwa 10 000 die Aufforderung erhalten, sich bereitzuhalten. Es war erfreulich zu sehen, wie gut diese Leute ihre Haltung bewahrten, und ich kann uns nur wünschen, daß wir uns nicht schlechter benehmen, wenn wir dran sind ...

Berlin, den 11. November 1941
... Der Tag war mühsam. In dem Kampf gegen die neueste Judenverfolgung [wahrscheinlich eine Verordnung über die Behandlung von Juden, die in Rußland in deutsche Hände fielen] habe ich immerhin erreicht, daß die drei wichtigsten Generäle des OKW dem vierten geschrieben haben, um ihm zu sagen, daß er sofort die von ihm für den Chef OKW erteilte Zustimmung zurückziehen muß. Der nächste Gang ist also der, ob er es nun tut. Danach wird dann erst der eigentliche Kampf losgehen. Wäre es nicht großartig, wegen einer solchen Sache aus diesem Verein herausgeworfen zu werden? ...

Berlin, den 12. November 1941
... Im Kampf für Juden und Russen, bzw. gegen die Verwilderung militärischen Denkens, habe ich so überraschende Fortschritte gemacht, daß ich von einer offenen Tür in die andere stürze, und daher fällt der Brief aus. Bericht folgt morgen ...

Berlin, den 13. November 1941

... Die letzten Tage waren rasend mühsam, weniger weil etwas Wesentliches erreichbar wäre, als vielmehr deshalb, weil ich mich bemühen mußte, die anständigen Leute auf eine Linie zu einigen. Ich habe auch zwei Nächte sehr wenig geschlafen, weil ich so um drei bereits erwachte und an die Juden und Russen dachte. Um noch einmal auf ... zu kommen. Meine Geduld mit diesen Leuten ist gänzlich am Ende, und doch darf ich mir das nicht merken lassen; es ist manchmal kaum erträglich. So z. B. ... gestern ... Er war völlig gebrochen. Aber denkst Du, jetzt fühlte er die Verpflichtung, etwas zu tun, um den Unrat zu beseitigen, der mit seiner Hilfe angesammelt worden ist? Weit gefehlt! Als ich auch nur sagte, man müsse eben sehr vieles rechtzeitig abschreiben, sagte er mit sichtlicher Entrüstung: Nie kann man das abschreiben! Und in zwölf Monaten wird er wieder seinen Segen einem Freicorps geben, das gegen feindliche Besatzungstruppen operiert, die sich bemühen, die Ordnung aufrechtzuerhalten. Und wenn ich ihn etwa daran erinnerte, daß ich ihm genau das, was er jetzt sieht, in den ersten Kriegsmonaten und vor Kriegsausbruch gesagt habe, und daß er mir erwiderte: „Dann sorge mal für eine optimistischere Auffassung in deinen Kreisen", so wird er meine damalige Diagnose immer noch für etwas halten, was kein patriotischer Mann denken, geschweige denn ansprechen darf. Ich sage nichts mehr. Ich habe diese Leute abgeschrieben, will von ihnen nichts mehr und will mich nur hüten, sie nicht eher gegen mich aufzubringen, als notwendig ist. Du wirst aber wohl verstehen, daß in meinem Inneren keine Geduld für diese Leute übrig ist und keine Geduld für ihre Verteidigung. Für sie gilt das Motto, daß sie glauben, sich retten zu können:

If together we cling,
Singing God Save the King
And throw men overboard to the sharks.[23]

Ja, was ist denn nun los gewesen? Ich kann mich an diese zwei Tage nur noch schlecht erinnern. Russische Gefangene, evakuierte Juden, russische Gefangene, erschossene Geiseln, allmähliches Übergreifen der in den besetzten Gebieten „erprobten" Maßnahmen auf das Reichsgebiet, wieder evakuierte Juden, russische Gefangene, ein Nervensanatorium, wo diejenigen SS-Leute gepflegt werden, die beim Exekutionieren von Frauen und Kindern zusammengebrochen sind. Das ist die Welt dieser zwei Tage gewesen. Gestern habe ich mich von einem früher berühmten jüdischen Anwalt verabschiedet, der das E.K. I u. II, den Hohenzollernschen Hausorden, das goldene Verwundetenabzeichen hat und sich mit seiner Frau heute umbringen wird, weil er heute abend geholt werden soll. Er hat eine nette Tochter von wohl neunzehn Jahren, die will leben und ist entschlossen, das ihr Bevorstehende durchzustehen. Ich habe ihr meine „permanente" Adresse gegeben für den Fall, daß wir und sie den Strudel überstehen und unsere Adresse dann noch stimmen sollte. Sehr wahrscheinlich schien es uns allen nicht.

Dabei ist es mir tatsächlich gelungen, dem Rad der Judenverfolgung zumindest hemmend ein wenig in die Speichen zu fahren. Meine selbstherrliche Vertretung der Interessen der Wehrmacht ist von Canaris und von Thomas [General Georg

Thomas, 1890–1946, Chef des Wehrwirtschafts- und Rüstungsamtes/OKW, ein Anti-Nazi] gedeckt worden. Ich habe beide Briefe diktiert, und beide waren sichtlich erfreut, wie denn überhaupt, sobald einer steht, erstaunlich viele andere auch stehen. Aber einer muß eben immer erst vorangehen; von alleine wird so etwas nicht. Und ganz abgesehen von der großen Unannehmlichkeit und Anstrengung des Vorangehens: Wie selten habe ich Gelegenheit, es zu tun? Der Erfolg freut einen dann auch. So war es nett zu sehen, wie ein alter Oberst plötzlich einen ganz roten Kopf kriegte, sichtlich vor Freude darüber, daß einmal etwas getan wurde ...

Berlin, den 14. November 1941
... Ich habe nächtelang schlecht geschlafen, habe tage- und nächtelang mein Gehirn nach Lösungen zermartert und war ganz einfach teils müde, teils angefüllt. Es ist in dieser Woche manches weitergegangen: In der Judensache habe ich ein Veto des OKW für den Augenblick erreicht ...

Berlin, den 17. November 1941
... Den ganzen Tag habe ich wieder mit den Juden verbracht, habe tatsächlich alle Abteilungen des OKW in dieser Frage hinter mich gebracht. Heute nacht fährt nun ein Oberst zu Keitel, um ihm morgen vorzuschlagen, daß gegen die beabsichtigte Verordnung Einspruch eingelegt wird. In zwei oder drei Tagen werde ich also wohl wissen, ob ich auf dem beschränkten Gebiet nun wirklich einen Sieg errungen habe. [Das war nicht der Fall, Keitel lehnte seine Auffassung wieder ab.]
Hunger, Krankheit und Angst verbreiten sich derweil unter unserer Herrschaft. Welche Folgen das haben wird, wie schnell die Folgen einsetzen werden, weiß noch kein Mensch. Eines steht nur ganz fest: die apokalyptischen Reiter sind Anfänger gegenüber dem, was uns bevorsteht: *certus an, incertus quando.*[24] Jeder Tag bringt neue grauenhafte Einblicke in die Tiefen, zu denen Menschen sinken können. Aber in vielen Punkten ist der Boden erreicht ...

Berlin, den 18. November 1941
... Dabei ist im Innern die Lage noch wesentlich schlechter, als ich es mir vorgestellt hatte. Durch Judenverfolgung und Kirchensturm ist eine rasende Unruhe hervorgerufen worden. Die Versprechungen auf militärische Erfolge, auf Urlaub oder Rückkehr von Soldaten werden nicht eingehalten und können nicht eingehalten werden. Der Hunger naht für jeden sichtbar, es gibt auch sonst nichts zu kaufen, es gibt keine Hilfskräfte für die notwendigen Arbeiten ...

Berlin, den 11. Dezember 1941

... Brief ist ein solcher wirrer Unsinn, daß man sich wundert, wie ein an sich intelligenter Mann in einen solchen Zustand der Geistesverwirrung geraten kann. Es ist ein Zeichen seiner Bequemlichkeit: Da er sein Schicksal so nimmt, wie es kommt, malt er sich ein Bild der Welt, in das dieses Schicksal hineinpaßt. In diesem Bild ist aber alles verquer. Die Überschätzung der Materie und der Macht, die Überbewertung des Krieges zu allen anderen Faktoren der Politik, die Mißachtung des Individuums, die Unkenntnis der ersten Grundlage aller europäischen Kultur, daß nämlich jeder Mensch ein selbständiger Schöpfungsgedanke Gottes ist, dieser Rückschritt in das Alte Testament und in asiatische Vorstellungen. – Nun, die kommende Zeit wird seine Vorstellungen wohl wandeln ...

Alles, was Helmuth James von Moltke erlebte, trug dazu bei, seinen Glauben zu vertiefen. „Wie immer mit allen Leuten, die wirklich meiner Auffassung zuneigen, waren wir bereits nach zehn Minuten bei der Frage der Religion angelangt, und ich habe wenige Unterhaltungen erlebt, die so konzentriert und befriedigend waren“, schrieb er am 11. Oktober 1941 über sein Gespräch mit Carlo Schmid. An seinen Freund Lionel Curtis schrieb er im April 1942 von Schweden aus:

... Vielleicht erinnern Sie sich, daß ich in Gesprächen vor dem Kriege der Meinung war, daß der Glaube an Gott nicht wesentlich sei, um dahin zu kommen, wo wir jetzt sind. Heute weiß ich, daß ich unrecht hatte, ganz und gar unrecht. Sie wissen, daß ich die Nazis vom ersten Tag an bekämpft habe, aber der Grad von Gefährdung und Opferbereitschaft, der heute von uns verlangt wird und vielleicht morgen von uns verlangt werden wird, setzt mehr als gute ethische Prinzipien voraus, besonders da wir wissen, daß der Erfolg unseres Kampfes wahrscheinlich den totalen Zusammenbruch unserer nationalen Einheit bedeuten wird. Aber wir sind bereit, dem ins Gesicht zu sehen ...

So oder ähnlich dachten die meisten seiner Freunde. Angesichts der Ruchlosigkeit des Regimes, des Leidens und Sterbens ihrer Mitmenschen, für das sie sich mitschuldig fühlen mußten, angesichts der Gefahr, in der sie lebten, in der Not ihrer Existenz wurden sie von der lebendigen, revolutionären Wahrheit hinter den alten und oft unverständlich und leer gewordenen Worten und Formen des ererbten Glaubens ergriffen – eine Erfahrung, die nicht beschrieben, sondern nur gemacht werden kann. Sie hätten wohl alle den Worten zugestimmt: „Ja, das Christentum ist heute bankrott. Aber nicht widerlegt. Das Christentum ist verschiedentlich bankrott gewesen. Wenn es bankrott macht, beginnt es von vorne; darin liegt seine Kraft.“[25] Viele der aktivsten Gegner Hitlers waren oder wurden mit der Zeit überzeugte Christen. Wenn die Welt vor totalitären, unmenschlichen

Regierungen bewahrt werden sollte, mußte der einzelne einen Glauben finden, mit dem er leben und sterben konnte. Das war für sie von zentraler Bedeutung.

Berlin, den 11. Oktober 1941
... Um vier erwachte ich und dachte über Kreisau, die Meinen und den Krieg nach, eine Tätigkeit, die mich nicht quälte, sondern mich angenehm in den neuen Tag hinüberleitete. Bei dieser Gelegenheit wurde ich mir einer Wandlung bewußt, die während des Krieges in mir vorgegangen ist und die ich nur einer tieferen Erkenntnis christlicher Grundsätze zuzuschreiben vermag. Ich glaube nicht, daß ich weniger pessimistisch bin als früher, ich glaube nicht, daß ich das Leid der Menschheit jetzt, wo es grob materialistische Formen angenommen hat, weniger fühle, ich finde auch heute, daß der Mörder mehr zu bedauern ist als der Gemordete, aber trotzdem trage ich es leichter; es hemmt mich weniger als früher. Die Erkenntnis, daß das, was ich tue, sinnlos ist, hindert mich nicht, es zu tun, weil ich viel fester als früher davon überzeugt bin, daß nur das, was man in Erkenntnis der Sinnlosigkeit alles Handelns tut, überhaupt einen Sinn hat. Manchmal hadere ich mit mir selbst, indem ich mir vorwerfe, ich hätte mir diese Theorie aus Bequemlichkeit zurechtgelegt; vielleicht ist es auch so; ich vermag aber dennoch nicht, davon zu lassen ...

Am 23. September 1941 war Helmuth und Freya von Moltkes zweiter Sohn Konrad in Kreisau geboren worden. Harald Poelchau besuchte an diesem Tage zufällig Moltke in Berlin. Im Nebenzimmer klingelte das Telefon. Moltke kam zurück, ohne sich über den Anruf zu äußern, und das Zusammensein nahm seinen normalen Fortgang. Später erfuhr Poelchau, Moltke habe am Telefon die Geburt seines Sohnes erfahren.
Nach einem kurzen Besuch in Kreisau schrieb er:

Berlin, den 3. November 1941
... Hoffentlich läßt sich das Inselchen erhalten, damit man wenigstens einen Fuß im Frieden niedersetzen kann. Ach, es gefällt mir ja so sehr gut, und ich freue mich schon auf die Rückkehr ...

Fortschritte
Januar bis Pfingsten 1942

Ja, Serpuchoff!
– so beginnt einer von Moltkes ersten Briefen im neuen Jahr. Diesen Namen gab er dem Russen, der nach der deutschen Niederlage Kreisau übernehmen und im Berghaus residieren würde. In Wirklichkeit war es der Name einer 95 Kilometer südlich von Moskau gelegenen Stadt. Serpuchoff wurde fast ein Freund des Hauses, obwohl Moltke ihn hauptsächlich zitierte, wenn seine Frau mit einem Glas besonders guter Marmelade, einer Wurst oder einem Stück Schinken nicht herausrücken wollte. Dann sagte er: „Aha, Du willst das für Serpuchoff aufbewahren!"

Helmuth von Moltke machte sich keine Illusionen über die Zukunft Ostdeutschlands. 1941 lud er den ihm befreundeten Maler Karl Schmidt-Rottluff nach Kreisau ein, um dort zu malen, damit die Bilder als Erinnerung an Kreisau vielleicht erhalten blieben. Rösch hatte er im Oktober vorausgesagt, die Russen würden nach Berlin kommen. Und George Kennan berichtet, er habe auch gesagt: „Meine eigene Heimat Schlesien wird entweder an die Tschechen oder an die Polen fallen."[1] Steltzer zufolge äußerte er, er habe nichts dagegen einzuwenden, daß Schlesien an Polen oder an die CSR falle mit Warschau bzw. Prag als Hauptstadt.[2] Um dieses ausgesprochene Fehlen nationalen Empfindens richtig einzuschätzen, muß man bedenken, daß er der Meinung war, Hitler habe den Verlust der deutschen Ostprovinzen durch den Überfall auf Polen und den erfolglosen Angriff auf Rußland selbst herbeigeführt. Vor allem aber war er überzeugt, Europa müsse als kontinentale Einheit zusammenarbeiten, wenn seiner Selbstzerstörung und seinem Zerfall ein Ende gesetzt werden sollte.

Über das Benehmen Serpuchoffs und seiner Gefährten machte er sich allerdings keine Illusionen. Er schrieb im Januar 1942, daß er mit Mierendorff gesprochen habe und zu der Einsicht gekommen sei, es wäre gleichsam Selbstmord, wenn seine Frau im Berghaus abwarten würde, bis die Russen kämen; und er erwähnte Bekannte in Österreich, zu denen sie gegebenenfalls mit den Kindern flüchten könnte. Später änderte er seine Meinung, und Freya von Moltke blieb bis Oktober 1945 in Schlesien.

Zunächst kamen nur russische Kriegsgefangene als Arbeiter im Gutsbetrieb nach Kreisau. Moltke ließ für sie mittags Suppe kochen und sorgte dafür, daß sie ihre Toten auf dem Friedhof begraben durften, was nicht erlaubt war. Voller Zorn erzählte er einmal Bischof Preysing, ein hungriger Russe, der aus der Reihe getreten sei, um sich eine rohe Rübe zu holen, sei von der Wache auf der Stelle erschossen worden. Die einzige Frage des Lagerkommandanten sei gewesen, wieviel Schuß das gekostet habe.[3]

Etwas später hatte Helmuth von Moltke eine seltsame, wenn auch unzutreffende Zukunftsvision. Er kam vom Begräbnis eines Kreisauer Bauern und besah sich anschließend den Kapellenberg. Auf dem Rückweg verfiel er auf der Dorfstraße in einen Traumzustand:

Berlin, den 23. März 1942
... Ich war ein ganz alter Mann und hatte Euch alle überlebt. Ich ging langsam, aber ganz stetig. Es war Dein Todestag, und ich war von Deinem Grabe gekommen. Du warst schon zwanzig Jahre tot ... Ich hatte alles erreicht, was ich wollte; die Welt sah so aus, wie ich es gewollt hatte, aber es hatte eine rasende Anstrengung gekostet, und Du hattest den Erfolg nicht mehr gesehen. Das war der größte Schmerz: Ich hatte Dir nicht mehr sagen können, daß die vielen Opfer und Verzichte und Anstrengungen ihren Lohn gefunden hatten. Ich dachte an diese Opfer und Mühen, und ob der Erfolg diese wert gewesen sei. Und dann dachte ich, obwohl es mir weh tat: Und wenn es selbst bedeutet hat, daß ich mich habe quälen müssen, daß Du nicht gehabt hast, was Du beanspruchen konntest, daß ich keine Familie und keine Freunde mehr habe, weil ich die erste nicht beachtet und die zweiten überlebt habe, wenn es auch bedeutet, daß ich nicht einmal ein angenehmes Alter habe, sondern mit einer Haushälterin allein hier wohne – ich mußte doch so handeln und würde es wieder tun.
Und in diesem Augenblick war ich bei Reetz und war sechzig Jahre jünger. Merkwürdig, nicht wahr? Es ist die Feldmarschall-Legende, und es ist Daddy ohne Granny und ohne Mami. Während ich das schreibe, erkenne ich jedes Gefühl wieder ...

Freya von Moltke war mit den Kindern für vier Wochen in der Schweiz. Die Briefe mußten also die Grenze passieren und unterlagen der Zensur; sie enthalten deshalb in dieser Zeit keine interessanten Neuigkeiten. Die Freiheit, mit der Moltke für gewöhnlich schrieb, mag vielleicht überraschen. Aber bei der Absendung in Berlin waren seine Briefe schwer zu identifizieren. Und in Kreisau stand man sich gut mit dem Postmeister. Wären Briefe in Schweidnitz oder unterwegs aufgehalten worden, hätten die Schreibenden die Verzögerung sofort bemerkt. Die Korrespondenz hatte ja nicht erst bei Kriegsausbruch begonnen. Moltkes in Berlin eingehende Post hätte man zwar kontrollieren können, aber die Briefe seiner Frau enthielten nichts Belastendes. Seine winzige Handschrift war auch ein gewisser Schutz. Sie war so schwer lesbar, daß bei Verwendung einiger Abkürzungen und Deckworte fast nichts zu entziffern war, es sei denn, jemand wußte genau Bescheid oder hatte Übung im Entschlüsseln von Briefen.
Im Januar wurde Moltkes Mitarbeiter Schmitz, den er sehr geschätzt hatte, bei einem Unfall tödlich verletzt. An seine Stelle trat im Juni Wilhelm Wengler, der auch dem Kaiser-Wilhelm-Institut für Internationales Recht angehört hatte und sich nach dem Krieg als Spezialist für Internationales Recht einen Namen machte.

Ab 15. Dezember 1941 erwähnt Moltke Wilhelm Leuschner, fast immer als „Onkel". Leuschner war damals 54 Jahre alt, Sozialdemokrat, ehemaliger Vorsitzender des Allgemeinen Deutschen Gewerkschaftsbundes, 1928–33 hessischer Innenminister und hatte mehrere Jahre im Konzentrationslager verbracht. Er war Goerdelers wichtigste Verbindung zu den Arbeitern und wurde durch Mierendorff mit Moltke bekanntgemacht als ein guter Mann für alle Arbeiter- und Gewerkschaftsfragen.
Als Moltke im Januar von Kreisau nach Berlin zurückkehrte, schrieb er:

Berlin, den 6. Januar 1942
... Jetzt befinde ich mich wieder in jener Weltuntergangsatmosphäre, die, voller Voraussicht des nun drohenden Übels, doch kein Mittel sieht, es zu wenden. Es stehen uns unvorstellbar schreckliche Monate bevor ... Hitler hat befohlen, daß keine Rückzugsbewegungen ausgeführt werden dürfen, und die Folge ist, daß wir es den Russen ermöglichen, unsere Front allmählich zu zertrümmern, ohne daß sie dadurch, daß wir uns zurückziehen, Nachschubschwierigkeiten bekommen. Die Folge wird sein, daß die Russen zwar keine wesentlichen territorialen Fortschritte machen, aber unser Ostheer einfach an Ort und Stelle vernichten werden. Und die Soldaten sehen das immer noch nicht. Sie sind eben keine Feldherren, sondern Techniker, Militärtechniker, und das Ganze ist ein gigantisches Verbrechen ...

Der Gerechtigkeit halber muß gesagt werden, daß ein paar Generäle doch den Befehl zum Rückzug aus hoffnungslosen Stellungen gaben. Sie verloren daraufhin ihr Kommando, wurden entlassen oder sogar zum Tode verurteilt.
Am 9. Januar schilderte Helmuth von Moltke seine zufriedenstellenden Beziehungen zu Gablentz, Mierendorff, Preysing und Haeften und fuhr dann fort: „So ist menschlich Vieles erfreulich, nur ist kaum noch zu sehen, wie man daraus praktisch noch wird Kapital schlagen können."

Berlin, den 10. Januar 1942
[Nach einem „feinen" Abendessen bei einem Stahl-Großindustriellen:] ... Von meinem Standpunkt aus war es ein überflüssiger Abend, aber es war wieder einmal lehrreich zu sehen, wie vielen Leuten immer noch nicht die Augen aufgegangen sind über die wahren Ursachen, und die immer noch nicht die Fehler bei sich suchen, sondern bei anderen. „Die Engländer sind an allem schuld. Wir haben dies oder jenes ja nicht gewollt." Edgar von Üxküll [ein Freund von Hans Adolf von Moltke] und ich waren ganz entschiedene Bundesgenossen, um diesen Leuten klarzumachen, daß sie bei der Einstellung genau das verdienen, was sie bekommen ...

Der nächste Brief war neun Tage vor dem Termin geschrieben, an dem Heydrich in Wannsee eine Sitzung einberief, in der er fünfzehn Vertretern der SS und verschiedenen Ministerien den Plan der Naziregierung auseinandersetzte, die gesamten elf Millionen Juden, die in Reichweite waren, auszurotten.

Berlin, den 11. Januar 1942
... ich kann mich gar nicht mehr von dem Gedanken trennen, wie wird dem deutschen Volk gesagt werden, was jetzt geschieht und was in den nächsten Wochen geschehen wird, wie werden die Menschen darauf reagieren? Wenn nicht ein Wunder geschieht, dann werden selbst meine seit Kriegsbeginn geäußerten Kassandra-Rufe von der Wirklichkeit noch weit in den Schatten gestellt werden. Wird dann noch irgendein Mann imstande sein, das Chaos zu meistern? Wird jeder einzelne seine Schuld erkennen? Wird Ostdeutschland, sprich Preußen, dann plötzlich missioniert und christianisiert werden? Oder wird alles im Strudel des heidnischen Materialismus verschwinden? Zum Besseren oder Schlimmeren ist jedenfalls mit der Schlacht, die in den Weihnachtstagen begann, eine neue Zeit angebrochen, eine Zeit, die eine größere Wende bedeutet als die Kanonade von Valmy. Vielleicht ist das das endgültige Ende des Heiligen Römischen Reiches, vielleicht seine Wiederauferstehung ...

Berlin, den 14. Januar 1942
... Am Abend war ich bei M., wo ich meine geschäftliche Aufgabe bestens geregelt habe, so daß der Abend insoweit erfolgreich war. Sonst waren lauter leidliche Männer da, bei denen bemerkenswert war, wie gut sie über ihr eigentliches Gebiet Bescheid wußten, und wie wenig sie von irgendeiner Frage wußten, die darüber hinausging ...

Berlin, den 23. Januar 1942
... hoffentlich kannst Du den dunklen Wolken einen rosigen Schein abgewinnen. Jetzt mußt Du Dich munter halten, das Schlimmste in Rechnung stellen, aber für das weniger Schlimme Dich einsetzen. Wenn wir die Nerven und die Kräfte behalten, dann werden wir schon durchkommen ...

Berlin, den 24. Januar 1942
... Sei nicht *downcast*. Das hat gar keinen Zweck. Wir werden noch sehr viele, sehr schlechte Nachrichten über uns ergehen lassen müssen, ohne daß wir unsere Handlungsfreiheit verlieren dürfen. Churchill hat mal eine Rede mit dem Satz beendet: *And so we can state that Great Britain is still the sole master of its destiny.*[4] Das ist ein sehr gutes Wort ...

Berlin, den 26. Januar 1942

... Bei uns sind die Geheimhaltebestimmungen noch verschärft worden. Es ist jetzt so, daß ein militärischer Lagebericht überhaupt nicht mehr gemacht werden darf, daß der sogenannte Lagevortrag wegfällt, und daß den Lagebericht, der draußen gemacht wird, nur noch Canaris persönlich sehen darf. Das ist ein Bände sprechendes Symptom dafür, wie die äußere und die innere Lage von Hitler eingeschätzt wird ...

Berlin, den 27. Januar 1942

... Ja, es ist gut, wenn Du jetzt bald wieder Mut faßt. Ohne Mut ist gar nichts zu machen. Man muß sich nur vornehmen, daß man sich durch nichts kleinkriegen und von dem rechten Weg abbringen läßt. Ob man dann die Kraft hat, das durchzuhalten, und die Fähigkeit, den rechten Weg immer zu erkennen, steht nicht allein bei einem; aber der Wille tut es ...

Vom 13. bis 16. März fand eine zweite Zusammenkunft in Groß-Behnitz statt. Diesmal fehlten Trott und Wussow, dafür waren Friedrich von Zitzewitz-Muttrin, ein pommerscher Grundbesitzer und Freund der Borsigs, Frau von zur Mühlen, die Witwe Karl Ohles, Pater Hans Galli, ein von Pater Rösch geschickter Landwirtschaftsexperte, und Fritz Christiansen-Weniger anwesend. Als Moltke diesen zu der Zusammenkunft einlud und ihm auseinandersetzte, worum es ging, nahm Christiansen zwar an, sagte aber, er halte diese Arbeit für gefährlicher als einen Einsatz an der vordersten Front, worauf er die Antwort erhielt: „Darüber müssen wir uns klar sein."
Vom 10. bis 18. April wurde Helmuth von Moltke unerwartet für die Abwehr nach Skandinavien geschickt. Im Februar hatte Quisling, der Ministerpräsident von Norwegen, Meinungsverschiedenheiten mit der Kirche gehabt, wer für die Jugendarbeit zuständig sei. Als er dem Propst der Kathedrale von Trondheim untersagte, Gottesdienste abzuhalten, legten zuerst die norwegischen Bischöfe und am 5. April auch die übrigen Geistlichen ihre Ämter nieder. Quislings Antwort war die Verhaftung Berggravs am Ostersonntag, der Bischof von Oslo und Führer des norwegischen Widerstandes war. Moltke und Steltzer hatten diese Möglichkeit schon vorher erörtert, wobei die Schwierigkeit bestand, daß es dem deutschen Oberbefehlshaber verboten war, über das Vorgehen der SS Bericht zu erstatten. Sie hatten verabredet, Steltzer solle ein Kennwort nach Berlin telegrafieren, falls die Situation prekär wurde. Nach Empfang dieses Telegramms beschlossen Canaris und Oster, zwei Mitglieder ihres Stabes zur Klärung der Lage nach Oslo zu schicken. Sie sollten bei den Zivilbehörden deutlich machen, daß eine beunruhigte norwegische Bevölkerung deutsche Truppen in Norwegen binden würde, die andernorts dringend benötigt wurden. Andererseits sollten sie die Norweger ermutigen, nicht nachzugeben. Für diese Mission fiel die Wahl auf Helmuth von Moltke und Dietrich Bonhoeffer, der zu dieser Zeit auch in der Abwehr arbeitete,

und zwar unter seinem Schwager Dohnanyi. Sie setzten mit der Saßnitz-Trälleborg-Fähre über und fuhren über Malmö nach Oslo. Unterwegs vermied Moltke nach Möglichkeit Begegnungen mit den Mitreisenden:

Oslo, den 15. April 1942
... Das Schiff war bequem, die Reisegefährten einfach peinlich und furchtbar. Ich hätte am liebsten nur englisch gesprochen, um mich von dieser Bande von Räubern und Knoten zu distanzieren. Abgesehen von ein oder zwei Leuten, die erträglich waren, und den Stewards und einigen deutschen Vorarbeitern, die dritter Klasse fuhren, war auf dem Schiff nichts als Abschaum des deutschen Mittelstandes. Angestellte von Firmen, die in Oslo arbeiten und deren Unterhaltungsgegenstand in Schieber-Geschäften bestand und im Versuch, soviel wie möglich auf dem Schiff zu essen, zu trinken und zu rauchen und Vorräte zu kaufen. So bildeten sich vor dem Zigarettenverkaufsstand sofort Schlangen. Glücklicherweise waren die Mahlzeiten sehr bescheiden, und die Knoten fluchten auch reichlich darüber. Zum Mittagessen um vier war ich schon nicht gegangen, weil ich dem nicht gewachsen war, eine Stunde lang mit den Leuten in einem Zimmer zu sitzen; ich hätte mich vor den Stewards zu sehr geniert. Ich aß dann später und so gut wie allein. Nur der Kapitän und der erste Offizier und vielleicht fünf Leute aßen zu der Zeit ...

In Oslo widmeten sich Moltke und Bonhoeffer einerseits dem deutschen Oberbefehlshaber Falkenhorst[5] und seinem Stab, andererseits norwegischen Widerstandskämpfern, die sie durch Steltzers Vermittlung heimlich trafen. Moltke benutzte die Gelegenheit, um über die Arbeit seiner Freunde zu berichten. Es wurde auch diskutiert, ob man den König und den Kronprinzen von Norwegen, die beide in London waren, darum angehen könne, einen Kontakt zwischen den Alliierten und dem deutschen Widerstand zu vermitteln. Das erschien jedoch verfrüht. Helmuth von Moltke litt während des ganzen Aufenthaltes an einer fiebrigen Erkältung. Vielleicht fanden deshalb seine norwegischen Gastgeber, er sehe aus wie der heilige Sebastian.[6]

Oslo, den 17. April 1942
... Sachlich habe ich den Eindruck eines Erfolges, sowohl hinsichtlich des offenen wie des verdeckten Teiles. Ich habe mich mit allen beteiligten Soldaten – bis auf den Generaloberst – über Inhalt und Petitum meines Berichts an Admiral Canaris geeinigt, und daran lag mir natürlich sehr viel ...

Die Sicherheitsbehörden hatten geplant, Berggrav am Tage von Moltkes und Bonhoeffers Ankunft vor ein „Volksgericht“ zu stellen, was aber verschoben

wurde. Am dritten und letzten Tag ihres Aufenthaltes in Oslo traf ein Telegramm Martin Bormanns ein, der Stellvertreter des Führers und Leiter der nationalsozialistischen Parteikanzlei war. Es wies den Reichskommissar an, Berggrav in sein Haus in einem Vorort von Oslo zu bringen und unter Hausarrest zu stellen. Das geschah wahrscheinlich auf Veranlassung Himmlers, der Berggrav 1941 getroffen hatte, keinesfalls jedoch auf die Vorstellungen der beiden Abgesandten hin. Aus Briefen ergibt sich, daß Moltke sich mit Falkenhorst über seinen Bericht an Canaris erst am 15. April einigte, als das Telegramm bereits eintraf. Die Wachen des Bischofs erklärten ihm, sie seien auf seiner Seite und würden ihm jederzeit eine Uniform zur Verfügung stellen, wenn er ausgehen wolle. Sie würden dann eine Puppe in sein Bett legen, damit sie bei Anfragen erklären könnten, er schlafe. Steltzer beunruhigte sich einmal bei einer Zusammenkunft mit norwegischen Widerstandskämpfern über das Auftauchen eines bärtigen Polizisten. Dieser sagte zu ihm: „Steltzer? Kennen Sie mich nicht mehr?“, nahm Mütze, Brille und Schnurrbärtchen ab und verwandelte sich wieder in den Bischof von Oslo. Als er gefragt wurde, auf welchem Wege er gekommen sei, antwortete er: „Mit der Vorortbahn.“
Moltke und Bonhoeffer reisten von Oslo über Stockholm nach Kopenhagen. Vor der Besetzung Norwegens im April 1940 hatten norwegische Firmen bei schwedischen Werften Schiffe bestellt. Diese waren inzwischen fast fertig, doch die Schweden weigerten sich, sie an die Besatzungsmacht zu liefern. Moltke besuchte in dieser Sache die deutsche Botschaft in Stockholm, was aber nur ein Vorwand für den eigentlichen Zweck seines dortigen Aufenthaltes war: Er wollte mit Hilfe Maria Strindbergs Briefe an seine Freunde in feindlichen Ländern verschicken. Zwei davon blieben erhalten. Der erste ist an Lionel Curtis gerichtet:

* Stockholm, den 18. April 1942
... Ich will versuchen, diesen Brief durchzubekommen und Ihnen ein Bild der Zustände auf unserer Seite zu geben.
Es steht schlimmer und besser, als man es sich außerhalb Deutschlands vorstellen kann. Schlimmer, weil die Tyrannei, der Terror, der Zerfall aller Werte größer ist, als ich es mir je hätte vorstellen können. Die Zahl der Deutschen, die im November auf legalem Weg durch Verurteilung vor ordentlichen Gerichten getötet worden sind, beträgt 25 täglich, und vor Kriegsgerichten wenigstens 75 täglich. Täglich werden Hunderte in Konzentrationslagern und durch Erschießung ohne Gerichtsverhandlung getötet. Die ständige Gefahr, in der wir leben, ist furchtbar. Gleichzeitig ist der größte Teil der Bevölkerung entwurzelt, zur Zwangsarbeit eingezogen und über den ganzen Kontinent verstreut. Dadurch sind alle Bande der Natur und der Umgebung zerrissen, das Tier im Menschen ist frei geworden und herrscht. Die wenigen wirklich guten Leute, die versuchen, gegen die Flut anzukämpfen, sind isoliert, wenn sie in dieser ungewohnten Umgebung arbeiten, denn sie können ihren Kameraden nicht trauen und sind durch den Haß der Unterdrückten gefährdet, selbst wenn es ihnen gelingt, einige vor dem

Schlimmsten zu bewahren. Tausende von überlebenden Deutschen werden geistig tot und für eine normale Betätigung unbrauchbar sein.
Aber es steht auch besser, als Sie glauben werden, und das in mancher Hinsicht. Das Wichtigste ist das allmähliche geistige Erwachen, das verbunden ist mit der Bereitschaft, gegebenenfalls zu sterben. Das Rückgrat dieser Bewegung bilden die beiden christlichen Konfessionen, die protestantische wie die katholische. Die katholischen Kirchen sind jeden Sonntag voll, die protestantischen noch nicht, aber die Tendenz ist deutlich. Wir versuchen, auf dieser Grundlage aufzubauen, und ich hoffe, daß in wenigen Monaten greifbarere Beweise dafür außerhalb Deutschlands sichtbar werden. Viele Hunderte unserer Landsleute werden sterben müssen, bevor wir stark genug sein werden, aber sie sind heute bereit dazu. Das gilt auch für die junge Generation. Ich weiß von zwei Fällen, wo eine ganze Klasse von Schuljungen, eine in einem protestantischen, die andere in einem katholischen Teil des Landes, beschlossen hat, dem Aufruf der Pfarrer Folge zu leisten. Das wäre vor sechs Monaten unmöglich gewesen. Aber heute dämmert es einer nicht allzu breiten, aber aktiven Schicht, nicht daß sie betrogen worden sind, nicht daß ihnen eine schwere Zeit bevorsteht, nicht daß sie den Krieg verlieren könnten, sondern daß das, was geschieht, eine Sünde ist und daß sie persönlich verantwortlich sind für jede grausame Tat, die geschieht, nicht im weltlichen Sinne natürlich, sondern als Christen . . .
Der zweite große Vorteil, den wir langsam, aber stetig gewinnen, ist folgender: Die großen Gefahren, die uns bedrohen, sobald wir den Nationalsozialismus los sind, zwingen dazu, uns Europa nach dem Krieg vorzustellen. Wir haben nur dann Aussicht, unser Volk dazuzubringen, diese Schreckensherrschaft schließlich zu stürzen, wenn wir ihm ein Bild jenseits der schrecklichen, hoffnungslosen nächsten Zukunft zeigen können. Ein Bild, wonach zu streben, wofür zu arbeiten, woran zu glauben, wofür neu zu beginnen sich für das enttäuschte Volk lohnt. Für uns ist Europa nach dem Krieg weniger eine Frage von Grenzen und Soldaten, von komplizierten Organisationen oder großen Plänen. Europa nach dem Krieg ist die Frage: Wie kann das Bild des Menschen in den Herzen unserer Mitbürger wiederhergestellt werden? Das ist eine Frage der Religion, der Erziehung, der Bindungen an Arbeit und Familie, des richtigen Verhältnisses von Verantwortung und Rechten. Ich muß sagen, daß wir unter dem unglaublichen Druck, unter dem wir arbeiten müssen, Fortschritte gemacht haben, die eines Tages sichtbar sein werden. Können Sie sich vorstellen, was es bedeutet, als Gruppe zu arbeiten, wenn man das Telefon nicht benutzen kann, wenn man die Namen seiner nächsten Freunde anderen Freunden nicht nennen darf aus Angst, daß einer von ihnen erwischt werden und die Namen unter Druck preisgeben könnte?
Wir sind nach erheblichen Schwierigkeiten in Verbindung mit den christlichen Gruppen in den verschiedenen besetzten Gebieten mit Ausnahme Frankreichs, wo offenbar keine wirksame Opposition auf grundsätzlicher Basis, sondern nur gelegentliche Aktivität vorhanden ist. Diese Leute sind einfach glänzend und für uns eine Quelle der Stärke, weil sie vielen anderen Vertrauen einflößen. Natürlich haben sie es einfacher als wir: Selbst für die Armen im Geiste stehen moralische

und nationale Pflichten im Einklang, während bei uns der Konflikt der Pflichten offenkundig ist.
Glücklicherweise konnte ich die Arbeit meiner Freunde in England verfolgen. Ich hoffe, sie sind alle nach wie vor guten Mutes. Das schwerste Wegstück liegt noch vor uns, aber nichts ist schlimmer, als unterwegs nachzulassen. Vergeßt bitte nicht, daß wir darauf vertrauen, daß Ihr es durchsteht, ohne mit der Wimper zu zucken, wie wir auch bereit sind, unser Teil zu leisten, und vergeßt nicht, daß für uns ein sehr bitteres Ende in Sicht ist, wenn Ihr es überstanden habt. Wir hoffen, daß Ihr Euch klar darüber seid, daß wir bereit sind, Euch zu helfen, den Krieg und den Frieden zu gewinnen ...

Der zweite, nur 16 Zeilen lange Brief war an Michael Balfour gerichtet, er enthielt hauptsächlich Familiennachrichten, vor allem die Mitteilung von der Geburt Konrads und die Bitte, Balfour möchte sein Pate sein. Er enthielt aber auch den Satz:

*Stockholm, den 18. April 1942
... Ich hoffe, daß ich im Herbst wieder nach Stockholm kommen kann. Könntest Du dann vielleicht auch kommen? Wenn ja, so setz Dich bitte in Verbindung mit Frau Strindberg, Stockholm, Essingbrogaten. Ich glaube, daß ich jedes Datum im September oder Oktober einrichten kann und daß eine Begegnung sehr nützlich wäre ...

Michael Balfour arbeitete damals im britischen Ausschuß für politische Kriegführung („Political Warfare Executive“) und suchte bei seinen Vorgesetzten um Urlaub nach, damit er nach Stockholm fliegen könne, was nur mit einer Maschine der britischen Luftwaffe möglich war. Sie hatten nichts dagegen, waren aber nicht berechtigt, eine solche Genehmigung zu erteilen. Im Juli sah es noch so aus, als würde sie von höherer Stelle erteilt werden, aber kurz bevor Michael Balfour abreisen wollte, wurde ihm mitgeteilt, sein Gesuch sei abgewiesen. Er konnte nur noch einen Brief schreiben, der Moltke aber nie übergeben wurde, weil dieser sich weigerte, jemanden zu treffen, den er nicht kannte und der zu Deutschlands offiziellen Feinden gehörte. Ein Freund Balfours in einer Schlüsselposition sagte später zu ihm, er habe zwar erwartet, daß die Frage seiner Reise hohe Stellen erreichen werde, aber er sei doch etwas überrascht gewesen, daß sie bis zum Premierminister gelangte. Lionel Curtis war der Meinung, Churchill habe Helmuth von Moltke mit seinem Vetter Hans Adolf von Moltke, dem deutschen Botschafter in Madrid, verwechselt. Aber dem Außenministerium war der Unterschied zwischen den beiden Moltkes bekannnt.
Auf dem Weg von Kopenhagen nach Berlin besuchte Moltke in der Nähe von Stettin das Gut von Hans Schlange-Schöningen, der unter Brüning Reichsminister

für Landwirtschaft und Kommissar für Osthilfe, nach dem Krieg Leiter der deutschen Lebensmittelverwaltung in der britischen Zone und erster deutscher Botschafter in London war. Moltke interessierte sich für seinen landwirtschaftlichen Musterbetrieb und kaufte bei der Gelegenheit Pflanzen für den Berghausgarten. Dabei sprach er mit dem Gastgeber auch über politische Fragen und lud ihn ein, an dem Plan für ein Nachkriegsdeutschland mitzuarbeiten. Schlange-Schöningen gab eine zögernde Zusage. Ein höherer Beamter im Ruhestand und Freund Schlanges, Karl Passarge, war auch anwesend und traf Helmuth von Moltke und Peter Yorck später noch einmal in Berlin – ohne praktisches Ergebnis; zu einem zweiten Besuch im September kam es aus Terminschwierigkeiten nicht.

Nach seiner Rückkehr schrieb Moltke für Canaris und Oster einen Bericht. Er wurde an Keitel weitergeleitet, „der wieder eine seiner üblichen Naziphrasen darauf schrieb".[7] Moltke und Bonhoeffer haben sich wahrscheinlich nie wieder getroffen, obwohl sie beide Christen und beide unerbittliche Gegner Hitlers waren. Aber Moltke hatte schon gute Verbindungen zur evangelischen Kirche und wollte den Kreis seiner persönlichen Kontakte nicht unnötig vergrößern. Bonhoeffer galt zu dieser Zeit bereits als den Behörden verdächtig. Seine Anwesenheit bei Diskussionen hätte Aufmerksamkeit erregt. Im übrigen wollte er zu Pfingsten in der Schweiz sein.

Die erste Zusammenkunft in Kreisau fand also zu Pfingsten 1942 (22. bis 25. Mai) statt. Der Name „Kreisauer Kreis" stammt nicht von den Beteiligten, sondern von einem SD-Beamten, der nach dem 20. Juli 1944 die Untersuchung gegen diese Gruppe leitete. Der SD gab bei seinen Untersuchungen den regimefeindlichen Gruppen verschiedene Namen. So hatte die mit der Sowjetunion zusammenarbeitende Spionage- und Widerstandsgruppe, die ihr Hauptquartier im Luftfahrtministerium hatte, das Kennwort „Rote Kapelle", und nach dem 20. Juli 1944 gab es „Barock" – das waren Goerdeler und seine Freunde –, den „Kreisauer Kreis", den „Gewerkschaftsklüngel", den „Solf-Kreis", den „Thadden-Kreis" und die „Grafengruppe".

Der Kreisauer Kreis hat seinen Namen von drei Zusammenkünften, zu denen die Moltkes eine Reihe ihrer Freunde einluden, damit offene Fragen in Ruhe und unauffällig besprochen werden konnten. Er war alles andere als fest umrissen. Es gab keine Mitgliedschaft. Helmuth von Moltke und Peter Yorck hatten sich zuerst an ihre Freunde um Rat gewandt. Diese brachten neue Freunde hinzu, die Erfahrungen oder Verbindungen hatten, welche die eigenen ergänzten. Dieses Vorgehen war unter den damaligen Verhältnissen das einzig mögliche, weil solche politischen Diskussionen nur auf der Grundlage vollständigen Vertrauens geführt werden konnten. Die Frage, wer zum Kreisauer Kreis gehörte, kann nicht eindeutig beantwortet werden. Es wäre falsch, den Kreis auf diejenigen zu beschränken, die mindestens an einer der drei Kreisauer Zusammenkünfte teilnahmen. Es gab nämlich auch Männer, die zu bekannt oder zu verdächtig waren und deshalb nicht nach Kreisau kommen konnten. Auch in Klein-Öls, Kauern und

Groß-Behnitz wurden kleinere Wochenendtagungen abgehalten. In erster Linie waren die Kreisauer Zusammenkünfte eine Erweiterung der Begegnungen, die dauernd in Berlin stattfanden und deren Zentrum das kleine Haus der Yorcks in der Hortensienstraße 50 war. Ein zutreffenderes Bild vermittelt eine Liste derjenigen, die in Moltkes Briefen als Teilnehmer an Besprechungen genannt werden. Aber auch sie ist unvollständig; seine Briefe erfassen durchaus nicht alle Begegnungen, denn viele fanden ohne ihn statt. Und da manche Teilnehmer außerhalb Berlins arbeiteten, konnten sie nur ab und zu anwesend sein. Mit diesen Einschränkungen aber geben die aus Moltkes Briefen zusammengestellten Listen (am Ende dieses Kapitels) immerhin einen Anhaltspunkt dafür, wer in erster Linie beteiligt war.

Innerhalb dieser Gruppe kann Moltke zu Recht als die treibende Kraft bezeichnet werden. Er hatte den ganzen Prozeß in Bewegung gesetzt und hielt ihn in Gang. Er teilte bestimmten Personen bestimmte Aufgaben zu und fügte mit Yorck die einzelnen Teile zu einem Ganzen zusammen. In Kreisau wurden die immer auf eine einzige Ausfertigung beschränkten Dokumente verwahrt. Aber die Gruppe war ein Team selbständiger, unabhängiger Personen, von denen jeder über andere und besondere Kenntnisse und Erfahrungen verfügte, die sie in die Diskussion einbrachten. Auch Moltke selbst vertrat seine eigene Meinung energisch, aber seine Stimme war nur eine von vielen, und es war typisch für das Vorgehen dieser Gruppe, daß bindende Entscheidungen nur als Ergebnis offener Diskussion zustande kamen.

Die Zusammenkünfte in Kreisau waren durchaus nicht reine Arbeitstagungen, schon um die Aufmerksamkeit vom Hauptzweck abzulenken. Die Zeit wurde auch für Spaziergänge, allgemeine Unterhaltungen und gemeinsame Mahlzeiten verwendet. Ein Teil der Gäste mußte im Schloß wohnen, weil das Berghaus, wo während der ersten Zusammenkunft fünf Kinder wohnten, nicht alle aufnehmen konnte. Das Essen hatte genaue Planung erfordert und spielte eine den Kriegszeiten entsprechende Rolle. Aber hier galt wieder eine Grundregel Moltkes, daß man durch die Mißachtung berechtigter Vorschriften die prinzipielle Feindschaft dem Regime gegenüber nicht kompromittieren dürfe. Die Lage der in landwirtschaftlichen Betrieben Beschäftigten als sogenannte Selbstversorger war besser als diejenige der Städter; sie erlaubte, weil Lebensmittel nicht wie bei Städtern monatlich, sondern jährlich zugeteilt wurden, Freiheit in der Verteilung. Das kam Moltke bis zum Ende seines Lebens zugute, denn nur Kreisau machte die vielen Mahlzeiten in Berlin möglich, die wiederum den unentbehrlichen Rahmen für alle Besprechungen abgaben. In noch größerem Maßstab galt das für den Haushalt der Yorcks, wo Marion Yorck und die den Yorcks in Freundschaft und Treue eng verbundene Schlesierin Maria Krause dafür sorgten, daß Besucher zu allen Tages- und Nachtzeiten etwas zu essen bekamen. Wie wichtig das war, wird in Friedenszeiten leicht unterschätzt.

Peter und Marion Yorck brachten zu allen Wochenendtagungen Peters Schwester, die Ärztin Irene Yorck mit. Die anwesenden Frauen nahmen an allen Sitzungen und Diskussionen teil. Zwei der Teilnehmer formulierten die jeweils zu einem

Thema erreichten Ergebnisse. Diese Zusammenfassungen wurden dann dem gesamten Kreis vorgelegt, von ihm diskutiert und abgestimmt.
Die erste Zusammenkunft befaßte sich mit dem Verhältnis von Staat und Kirche und mit Bildungsfragen. Steltzer leitete die Diskussion über Staat und Kirche, Rösch legte den katholischen Standpunkt dar; Hans Peters sprach über das Konkordat von 1933, Reichwein über Schulen, Moltke über die Universitätsreform. Die Auswahl dieser ersten Themen hatte zum Teil mit der Gefährlichkeit des ganzen Unternehmens zu tun. Wäre diese erste größere Zusammenkunft aufgefallen, dann hätte sich dieses Thema vor den Nazis verteidigen lassen. (In der Tat wurde nach dem 20. Juli 1944 versucht, die ganze Arbeit des Kreisauer Kreises als Erörterung religiöser Fragen darzustellen – allerdings ohne Erfolg.) Aber sie hielten auch beide Themen für zentral. Was Schule und Hochschule angeht, bedarf das besonders angesichts der zerrüttenden Wirkung des Nationalsozialismus keiner Erklärung. Zu Kirche und Staat: Mehr als jedes andere europäische Land war Deutschland seit der Reformation durch den Gegensatz zwischen Katholizismus und Protestantismus gespalten worden, was sich sogar noch nach 1870 als Schwäche auswirkte. Auch zwischen Kirchen und Sozialdemokraten lag eine tiefe Kluft. Harald Poelchau, der an diesem Wochenende ebenfalls in Kreisau war, bedauerte immer die Tendenz der evangelischen Theologen, den Nachdruck nicht auf die von der Industrie geprägte Welt und auf den Klassenkampf zu legen, sondern auf Volk und Rasse. Es war für viele evangelische Christen typisch, die Aufgabe der Kirche darin zu sehen, sich mit der Rettung einzelner Seelen, nicht mit der Organisation der Gesellschaft zu befassen. Aber die Protestanten, die Helmuth von Moltke zur Zusammenarbeit herangezogen hatte, waren entschiedene Gegner dieser Anschauung. Wenn die tiefe Spaltung, die soviel dazu beigetragen hatte, die Qualität des politischen Lebens in Deutschland zu beeinträchtigen, auf freiheitlichen Grundlagen überwunden werden sollte, mußte sich die evangelische Kirche mit sozialen Reformen befassen, anstatt Menschen abzuweisen, weil sie Sozialisten waren. Der Katholizismus als hierarchisch organisierte Religion mußte lernen, sich mit einer freien Gesellschaft abzufinden, ein Prozeß, den die Erfahrungen mit einer areligiösen Diktatur beschleunigten.
In Deutschland galt es nicht nur ein neues Gemeinschaftsgefühl auf freiwilliger Basis zu entwickeln, sondern auch der Zerstörung aller menschlichen Werte im öffentlichen Bewußtsein entgegenzuwirken. Helmuth von Moltke und die meisten seiner Freunde glaubten, das könne nur auf religiöser Grundlage geschehen. Der Glaube an ein göttliches Wirken läßt sich allerdings nicht durchsetzen, indem man seine gesellschaftliche Notwendigkeit nachweist. Indessen wird dieser Einwand niemanden abhalten, dem sich der Glaube im Alltag bewährt hat. Darum wollten sie die Religion nun nicht mehr als trennenden, sondern als einigenden Faktor ins Leben einbeziehen.
Der lockere Zusammenschluß der Gruppe zeigt sich auch bei zwei im Frühjahr 1943 entstandenen Memoranden, die der britischen Regierung zugeleitet wurden.[8] Die Berichte über das Zustandekommen der Memoranden widersprechen sich. Ihr Inhalt wurde im Winter 1941/42 von Eugen Gerstenmaier aufgesetzt und

gemeinsam mit Trott und Haeften besprochen. Schönfeld[9] nahm es mit nach Genf, wo es von ihm und Albrecht von Kessel noch einmal überarbeitet wurde. Schließlich brachte Visser't Hooft[10] es mit nach London, wo es über den Bischof von Chichester, George Bell, an den britischen Außenminister Eden gelangte.[11] Eine zweite Denkschrift überreichte Schönfeld Bell am 1. Juni 1942 in Stockholm, die er selbst verfaßt hatte, aber unter Benutzung eines Memorandums von Trott sowie aufgrund von Gesprächen, die er auf seiner Deutschlandreise führte. Auch Dietrich Bonhoeffer wußte von Bells bevorstehendem Besuch in Schweden und fuhr mit einer Reisegenehmigung von Canaris und Oster nach Stockholm, um ihn auch zu treffen. Da Spannungen zwischen Bonhoeffer und dem deutschen Kirchlichen Außenamt (wo Gerstenmaier Referent für die ökumenischen Beziehungen der deutschen Evangelischen Kirche war) bestanden, vermutete Bonhoeffer vielleicht, Schönfelds gute Beziehungen zu diesem Amt könnten sich auf das, was er Bell über die Lage in Deutschland berichtete, nachteilig auswirken. Bonhoeffer und Schönfeld reisten ab Berlin in demselben Flugzeug.[12]

Es ist diskutiert worden, inwieweit diese beiden Memoranden als Kreisauer Dokumente angesehen werden können. Sie sind mit Sicherheit nicht in Kreisau besprochen worden, denn das erste wurde vor und das zweite nur eine Woche nach der ersten Kreisauer Zusammenkunft weitergeleitet. Fragt man hingegen, inwieweit die Memoranden die Ansichten Helmuth von Moltkes und seiner Freunde wiedergeben, kann man sagen, daß die verantwortlichen Verfasser entweder schon zu Moltkes nächsten Mitarbeitern gehörten oder, im Falle von Gerstenmaier, bald gehören sollten. Moltke hatte Trott im August 1941 gebeten, ein Memorandum über Außenpolitik zu schreiben, und sah ihn während des ganzen Winters ungefähr einmal im Monat, offenbar aber nicht zwischen dem 7. April und dem 17. Juni. Er war über Trotts Absichten in Genf informiert und sandte Lionel Curtis über Schönfeld und Bell schriftliche Grüße. Am 30. Juni 1942 berichtete er seiner Frau in einem Brief, Trott sei wieder in Genf gewesen und sei mit „den ersten englischen und amerikanischen Reaktionen auf unsere Bemühungen" zurückgekehrt, die „nicht uninteressant und ganz leidlich hoffnungsvoll" gewesen seien.

Gerstenmaier wird erst am 3. Juni in einem Brief erwähnt, Schönfeld überhaupt nicht, obwohl Moltke ihn gut kannte und er zweifellos zur Kreisauer Gruppe gehörte. Am 17. Juni schrieb Moltke vor seinem Zusammentreffen mit Adam von Trott, er sei „gespannt, ob er nun den Absprung finden", das heißt, voll an der Arbeit teilnehmen werde. Die in den Memoranden vertretenen Ansichten stammen jedenfalls von jenen Leuten, die später die Gruppe in Fragen der Außenpolitik entscheidend beeinflußten; diese Fragen waren aber zum damaligen Zeitpunkt noch nicht so präzise formuliert. Moltke war über die grundsätzliche Richtung der Memoranden orientiert, und es gibt keinen Anhaltspunkt dafür, daß er nicht einverstanden war. Die Initiative ging aber in diesen Fällen nicht von ihm aus.

In seinem Brief an Lionel Curtis spricht Moltke nicht von Verhandlungen. Vielleicht hatte er sie aber im Sinn, als er Michael Balfour vorschlug, ihn im Herbst in Schweden zu treffen. Der Brief an Curtis setzt voraus, daß der Krieg zu Ende geführt werden müsse. Seine Erfindung „Serpuchoff" und die anderen Bemerkungen zu Beginn dieses Kapitels lassen nicht darauf schließen, daß er erwartete, die Russen könnten vor Deutschland haltmachen. Das entspricht nicht ganz der Einstellung der von Visser't Hooft und Bischof Bell übermittelten Memoranden, die für einen Verhandlungsfrieden nach dem Sturz Hitlers zwischen einer neuen deutschen Regierung und den Engländern und Amerikanern eintreten.

In London erregten die Memoranden in zweierlei Hinsicht Zweifel: Erstens wurde nicht erwähnt, was mit der deutschen Wehrmacht geschehen sollte, und zweitens wurde nicht beachtet, daß sich England im Juli 1941 verpflichtet hatte, keinen Separatfrieden ohne Rußland zu schließen. Für ein Land, das gegen eine überlegene Koalition kämpft, liegt der Versuch auf der Hand, seine Feinde zu spalten. Die Nazis versuchten das ihrerseits später auch, und die Verfasser der Memoranden, die ihnen zuvorkamen, gerieten in den Verdacht, sie würden zwar nicht von den Nazis, aber von den Führern der deutschen Armee als naives Werkzeug benutzt. Den Führern des Widerstandes lag der Gedanke fern, daß die Briten und Amerikaner – das heißt Churchill und noch mehr Roosevelt, denn diese Fragen wurden auf allerhöchster Ebene entschieden – der Meinung waren, es sei gefährlicher, wenn Deutschland in Mitteleuropa weiterhin dominiere, als wenn die Russen bis an die Elbe kämen. Die Versuche des Widerstandes, Verhandlungen aufzunehmen, waren aber schon von vornherein zum Scheitern verurteilt, denn das Ausbleiben einer positiven Reaktion bei den Engländern und Amerikanern hatte einen viel tieferen Grund als bloße Nichtbeachtung der von Goerdeler, Trott und anderen übermittelten Vorschläge.[13]

Moltke dachte über diese Dinge wie die meisten seiner Freunde. Er ging vielleicht sogar noch weiter als sie in seiner Erwartung, daß die Engländer und Amerikaner an die Existenz und Vertrauenswürdigkeit demokratischer Deutscher zu glauben bereit waren.

Teilnehmer an Besprechungen

Die Angaben beruhen auf Moltkes Briefen[a], sind durch andere Informationen ergänzt und gelten nur mit den im Text genannten Einschränkungen.

	Kreisauer Zusammenkünfte[b]	*Besprechungen in Berlin und andernorts*				
		1940	1941	1942	1943–44	insgesamt
Helmuth und Freya von Moltke	1,2,3	18	45	39	39	141
Peter und Marion Yorck	1,2,3					
Irene Yorck	1,2,3					
Einsiedel	2,3	15	15	16	16	62
Trott	3	6	12	15	29	62

	Kreisauer Zusammenkünfte[b]	*Besprechungen in Berlin und andernorts* 1940	1941	1942	1943–44	insgesamt
Mierendorff	–	–	6 (4.7.)[c]	26	16	48
Waetjen	–	12	11	8	11	42
Reichwein	1,3	5 (28.6.)	10	13	10	38
Gerstenmaier	2,3	–	–	15 (3.6.)	18	33
Guttenberg	–	–	16 (10.5.)	11	5	32
Steltzer	1,2	–	5 (17.9.)	16	10	31
Haeften	–	–	11	9	10	30
König[d]	–	–	–	11	13	24
Peters	1,2	3	8	6	4	21
Preysing	–	–	4 (4.9.)	7	10	21
Gablentz	–	5	6	6	1	18
Trotha	–	2	4	6	5	17
Husen	3	–	–	2 (15.6.)	15	17
Furtwängler	–	14	1	–	–	15
Haubach	2	–	–	–	14	14
Görschen	–	–	–	5	8	13
Schulenburg	–	2	1	7	3	13
Dohnanyi	–	2	8	2	1	13
Gramsch	–	–	2	8	–	10
Kessel	–	5	4	1	–	10
Rösch	1	–	2 (13.10.)	4	4	10
Delp	2,3	–	–	7 (31.7.)	2	9
Poelchau	1	–	2	4	3	9
Abs	–	1 (11.12.)	6	1	–	8
Rantzau[e]	–	3	3	1	–	7
Leuschner	–	–	1 (15.12.)	4	1	6
Delbrück	–	–	1	1	4	6
Borsig	–	–	1	4	1	6
Leber	–	–	–	–	5 (8.8.)	5

Viermal erwähnt: Christiansen-Weniger, Haushofer, Lukaschek, Maass, B. von Stauffenberg, Wurm
Dreimal erwähnt: Beck, Bielenberg, Krüger[f], C. Schmid
Zweimal erwähnt: Blessing, Harnack[g], Lehndorff, Oster, C. Üxküll
Einmal erwähnt: Bonhoeffer, Popitz, Schlange-Schöningen, Schmölders

a) Die Zahlen beruhen auf sämtlichen an Freya gerichteten Briefen, nicht nur auf den in diesem Buch zitierten.
b) Die Zahlen in der ersten Kolonne bezeichnen die drei Zusammenkünfte in Kreisau, also keine Summe wie in den anderen Spalten.
c) Daten bezeichnen die erste Erwähnung in Briefen.

d) Im Falle von König lassen sich die Begegnungen an Hand seines Tagebuchs nachprüfen. Seine Eintragungen widersprechen Moltkes Angaben fast durchweg. Hier zeigt sich wieder, daß diese Zahlen mit Vorsicht betrachtet werden müssen.
e) Josias Clemens von Rantzau (1903–1950), Diplomat, starb in russischer Gefangenschaft.
f) Hans Krüger, Sozialdemokrat, ehemaliger Staatssekretär im Landwirtschaftsministerium.
g) Ernst von Harnack (1888–1945), 1911–1932 Staatsbeamter, als Sozialdemokrat entlassen, arbeitete mit Beck, Goerdeler und Leber zusammen, 1944 inhaftiert, im März 1945 hingerichtet.

Vorwiegend berufliche oder gesellschaftliche Beziehungen Helmuth von Moltkes wurden nicht erwähnt.

Die Wende
Pfingsten bis Weihnachten 1942

Nach dem Wochenende in Kreisau mußte zuerst der dort entstandene, etwa tausend Worte umfassende Text *Ergebnisse der Besprechungen vom 22. bis 25. Mai* denjenigen, die nicht teilgenommen hatten, vorgelegt und mit ihnen besprochen werden.[1] Helmuth von Moltke ging zu den führenden Leuten der Kirche und überließ Reichwein die Sozialisten und Gewerkschaftler. Beide hatten es nicht einfach. Moltke hatte zwei schwierige, lange Sitzungen mit Preysing, die zweite war „ein richtiger Großkampf". Glücklicherweise war er „in guter Form" und überwand viele Schwierigkeiten. Später unterstützten ihn auf seine Bitte hin noch Rösch und dessen Sekretär König. Sie fanden in dem Bischof „eine schwer zu knackende Nuß, aber auch nicht unbekehrbar". Zankapfel war wohl vor allem der Vorschlag, nach dem Krieg die Konfessionsschulen abzuschaffen und durch christliche, aber nicht konfessionell getrennte Schulen zu ersetzen, was von den meisten Teilnehmern als längst fälliger Schritt zur Überbrückung der Kluft zwischen Katholiken und Protestanten betrachtet wurde. Ein Großteil der Katholiken befürchtete aber, ihr Einfluß auf die Kinder werde dadurch eingeschränkt. Beunruhigend klang ihnen auch, daß ein Zusammenschluß aller Christen ohne Rücksicht auf ihr Bekenntnis, eine „Una Sancta", vorgeschlagen wurde. Dadurch sollte der christliche Standpunkt in allgemeinen politischen und sozialen Fragen zur Geltung gebracht werden. Gerade die Katholiken zögerten, darauf einzugehen, da sie noch in der Weimarer Republik eine eigene Partei, das Zentrum, hatten, die die politischen Interessen der katholischen Kirche vertrat.
Preysing lehnte die Gedanken der Kreisauer Niederschrift zwar nicht ab, war aber auch nicht bereit, sie seinen Amtsbrüdern vorzutragen. Rösch wandte sich deshalb an Kardinal Faulhaber in München, der aber eine ähnliche Haltung einnahm. Moltke ging es beim Erzbischof von Freiburg, Gröber, auch nicht viel besser.[2] Gröber wurde von der Gestapo streng überwacht, obwohl er vorübergehend Förderndes Mitglied der SS gewesen war. Er zog sich ihm gegenüber mit dem Hinweis auf technische Schwierigkeiten aus der Affäre. Zwar glaubte Moltke, einen Ausweg gefunden zu haben, aber es kam doch nichts dabei heraus.

Berlin, den 13. Juli 1942
... Solche Hindernisse sind immer ganz wichtige Augenblicke und geben einem Gelegenheit, eigene Meinungen und Methoden klarzumachen, die man bei glattlaufenden Sachen nicht hat. Das Entscheidende dabei ist nur immer, daß es einem gelingt, der Schwierigkeiten Herr zu werden. Noch sind wir leider nicht so weit, und die Spannung wird noch einige Zeit anhalten ...

Ende Juli wandten sie sich an Bischof Dietz von Fulda, waren aber auch hier wieder ziemlich erfolglos.
Bei den Protestanten war es leichter; zunächst mußte nur Bischof Wurm[3] von Württemberg überzeugt werden. Als Moltke versuchte, Verbindungen mit ihm aufzunehmen, kam er zum erstenmal mit Eugen Gerstenmaier näher in Kontakt, der etwa so alt war wie er selbst und aus Württemberg stammte. Zu dessen Arbeit im Außenamt der evangelischen Kirche kam seit Kriegsbeginn noch eine Tätigkeit in der Informationsabteilung des AA. Gerstenmaier hatte Moltke und Yorck 1939/40 nur flüchtig kennengelernt. Moltke erwähnte ihn zum erstenmal am 3. Juni 1942. Dank der Vorarbeit, die Gerstenmaier, Gablentz und andere geleistet hatten, war die Begegnung mit Wurm am 24. Juni, auf die sich Moltke sorgfältig vorbereitet hatte, so erfolgreich, daß es ihm nicht ganz geheuer schien. Am 19. Juli fand offenbar ein weiteres Gespräch statt.
Mierendorff war mit den Kreisauer Ergebnissen vollkommen einverstanden. Auch mit Leuschner ging zunächst alles glatt, doch dann ergaben sich Differenzen. Sie betrafen nicht so sehr einzelne Abschnitte des Kreisauer Memorandums, sondern waren methodischer Art. Helmuth von Moltke und seine Freunde wollten die Gesellschaft von unten nach oben aufbauen. Dem Gefühl der Isolierung in einer fremden Welt sollte ein starkes Gemeinschaftsgefühl auf regionaler Ebene entgegenwirken. Sie hatten deshalb wenig Zutrauen zu zentralen Organisationen, die von jedem einzelnen Loyalität forderten und die Bereitschaft zur lokalen Zusammenarbeit entsprechend dämpften. Leuschner hingegen stand in der Tradition der Gewerkschaften und war der Meinung, die Nazis seien nur deshalb an die Macht gekommen, weil die in verschiedenen Gewerkschaften organisierten Arbeiter nicht genügend zusammengehalten hätten. Das wollte er nach dem Krieg dadurch vermeiden, daß die Gewerkschaften gestärkt und ihre Anzahl reduziert werden sollten. (Manche Gewerkschaftler wollten sogar die von den Nazis geschaffene einheitliche Arbeitsfront beibehalten.) Daß die Kreisauer Gruppe solches Gewicht auf lokale Selbstverwaltung, ebenso wie auf die Selbstverwaltung im Betrieb – in der sogenannten Betriebsgewerkschaft – legte, beunruhigte ihn, weil er dadurch die Loyalität zur zentral organisierten Gewerkschaft gefährdet sah. Zudem gehörte der Klassenkampf zu den sozialistischen Grundsätzen (worüber die deutsche sozialdemokratische Praxis allerdings oft hinweggegangen war). Selbst für einen gemäßigten Sozialisten wie Leuschner war es deshalb nicht leicht, auf den Klassenkampf zu verzichten, es sei denn nach einem Sieg des Proletariats. Gerade diesen Verzicht aber strebte die Kreisauer Gruppe an, denn ihrer Meinung nach hatte der Kampf zwischen den Klassen der Entwicklung der deutschen Demokratie mehr geschadet als die Differenzen innerhalb der Arbeiterklasse. Die Kreisauer Gruppe hielt eine Selbstauflösung der Gewerkschaften für möglich, weil die Arbeiterschaft in der geplanten deutschen Gesellschaft soviel Mitspracherecht haben sollte, daß Gewerkschaften überflüssig wurden. Es war auf jeden Fall alles andere als leicht, einen Gewerkschaftsführer davon zu überzeugen, daß das alles nicht nur ein Phantasiegebilde war.
Am 7. Juli gab Leuschner nach einer anstrengenden Diskussion schließlich zu:

„Ja, wenn sich diese Faktoren wirklich so einstellen, dann ist eine völlig neue Lage gegeben, und in dieser Lage können wir auch zu neuen Ergebnissen kommen." Die folgende Woche brachte weitere Fortschritte. Leuschner ließ sich bei späteren Besprechungen und bei der nächsten Zusammenkunft in Kreisau von einem ehemaligen sozialistischen Jugendführer, Hermann Maass, vertreten. Maass war Angestellter in Leuschners Firma, die dieser zu seinem Lebensunterhalt und zu Tarnzwecken gegründet hatte. Er begann, heimlich ein Netz von Gewerkschaftszellen zu organisieren, um die Gegner der Nazis innerhalb der Arbeiterschaft wieder miteinander in Verbindung zu bringen, damit sie im Falle eines Staatsstreiches nicht unvorbereitet waren. Seine erste Begegnung mit Helmuth von Moltke fand am 30. Juli statt. Zwei Tage später sahen sie sich noch einmal. Am 31. Juli schrieb Moltke, er sei ein schwieriger Gesprächspartner, „auf seinem Gebiet hervorragend beschlagen, mit großem Verantwortungsgefühl und Ernst, gut vorbereitet".

Berlin, den 2. August 1942
... Gestern war also wieder eine der dramatischen Unterhaltungen, die dazu führen sollen, die Herren aus München und die Männer des Onkels [Leuschner] zusammenzuschweißen ... Der gute Maass ergötzte uns wieder mit professoralen Ausführungen von neunzig Minuten Länge ... Wir anderen schliefen durch lange Strecken des Vortrages, Peter und ich ganz schamlos, und Friedrich [Moltkes Deckname für Mierendorff] verlor im Schlaf immer die erkaltete Zigarre aus dem Munde, und davon erwachte er immer, sah mich an, lachte, hob sie auf und schlief dann wieder, bis er sie erneut verlor. Aber in diesen neunzig Minuten wurde uns doch klar, daß hier ein Mann sprach, der über den Zustand der Arbeiterschaft wirklich etwas zu sagen hatte, und in den neunzig Minuten gab es auch Höhepunkte, wo wir alle gemeinsam gespannt zuhörten, und manche Perle war zwischen den Banalitäten versteckt ... Ich glaube, es hätte nicht besser gehen können ... Aber der Konflikt, der Gegensatz, ist richtig und nötig ...

Maass hatte den Vorzug, nicht wild antiklerikal zu sein. Das war wichtig, denn Moltke wollte nun einen Vertreter der Arbeitnehmer mit einem Vertreter der Kirche zusammenbringen. Darum hatte er auf Röschs Vermittlung hin den jungen Jesuitenpater Alfred Delp, der für soziale Fragen großes Interesse hatte, in den Kreis eingeführt. Daß solche Begegnungen überhaupt mit einem gewissen Erfolg stattfanden, daß Vertreter der katholischen Kirche und der Sozialdemokraten begannen, sich über ein Sozialprogramm zu einigen, war ein beachtliches Ergebnis.

Die Abwehr stellte in dieser Zeit offenbar keine großen Anforderungen an Moltke, er erwähnte jedenfalls nichts dergleichen. Im September setzte er sich einmal für Portugal und einmal für Spanien ein. Er protestierte auch mit einigem Erfolg gegen die Fesselung von Kriegsgefangenen, die im August bei Dieppe vorgekom-

men war. Die Nazis gaben diese Praxis aber hauptsächlich deshalb auf, weil die Briten bei ihren deutschen Gefangenen mit entsprechenden Maßnahmen reagierten. Das bestätigte eines von Moltkes Hauptargumenten für die Beachtung internationaler Rechtsgrundsätze.[4]
Im Oktober hielt der Gladisch-Ausschuß für Revision des Kriegsrechts eine seiner periodischen Sitzungen ab.[5] Moltke benutzte sie, um das deutsche Vorgehen in Rußland wie folgt zu kritisieren:

... Zusammenfassend bin ich der Meinung, daß kriegswirtschaftlich gesehen die Besetzung der russischen Gebiete ein ausgesprochener Fehlschlag ist, zu einer Verzettelung der wirtschaftlichen Kräfte geführt hat und unabsehbare Ansprüche an den Nachschub von Investitionsgütern stellt, um die Wirtschaft in den besetzten Ostgebieten auch nur einigermaßen in Gang zu halten.

Im August war Helmuth von Moltke auf Urlaub in Kreisau; am 16. September flog er wieder nach Oslo.

Oslo, den 17. September 1942
... Die Einfahrt zum Oslofjord sahen wir noch, und dann fing es an zu gießen ... Der Flugplatz ist für diese große Maschine sehr klein, und wir waren plötzlich am Ende des Platzes. Aber es ging alles gut. Ich war natürlich der einzige mit Regenschirm und daher der einzige, der trocken ankam. Die anderen, voran ein General der Waffen-SS, der von einem gleichen abgeholt wurde, waren gut naß, ehe sie ihre Wagen erreichten ...

Moltke und Steltzer trafen viermal mit Leuten aus dem norwegischen Widerstand zusammen. Auch Bischof Berggrav war trotz Hausarrest für ein Gespräch von drei bis vier Stunden dabei. Moltke bestärkte die Norweger in ihrem Widerstand und zeigte ihnen die Kreisauer Memoranden, „die hier als Sensation ersten Ranges empfunden“ wurden. Seine Nachkriegspläne, besonders hinsichtlich einer europäischen Zusammenarbeit, trugen dazu bei, daß der Widerstand in Norwegen und später auch in anderen besetzten Gebieten nicht allen Deutschen ohne Ausnahme die gleiche Bitterkeit entgegenbrachte.
Auch der offizielle Teil der Reise verlief wieder zufriedenstellend. Falkenhorst empfing Moltke, dem an einem guten Verhältnis zu den deutschen Offizieren in Norwegen lag, besonders freundlich. General Rudolf Bamler[6] war inzwischen zum neuen Stabschef ernannt worden.

Oslo, den 17. September 1942

... Er ist ein eiskalter Mann und nicht uneingeschränkt angenehm, aber sehr intelligent, jedenfalls der intelligenteste der ganzen Tischrunde. Ich möchte mich hier so etablieren, daß mein gelegentliches Erscheinen wie ein Naturereignis betrachtet wird, das keiner weiteren Begründung bedarf ...

Zuletzt nahm Moltke noch an einem Ausflug teil, der ihm ermöglichte, mit Offizieren zu sprechen, deren Unterstützung er brauchte. Er endete in einem requirierten Haus „mit einem zauberhaften Blick über einen mit Dampfern, Segelschiffen, Booten, Fischerfahrzeugen, Kriegsschiffen belebten Teil des Oslofjordes. Das einzig Ekelhafte war das Gefühl, in eines Fremden Haus eingebrochen zu sein, so als Räuber darin zu sitzen, während der wahre Eigentümer, wie ich wußte, im KZ saß. Ich dachte an Herrn Serpuchoff, und so war das Ganze stark getrübt".
Von Oslo fuhr er nach Stockholm und sah dort sehr wahrscheinlich Adam von Trott, der drei Tage zuvor eingetroffen war. Von London aber war niemand gekommen.

Die zweite Wochenend-Zusammenkunft in Kreisau fand vom 16. bis 18. Oktober statt. Die Themen waren diesmal Staats- und Wirtschaftsaufbau. Der Ausbau der Selbstverwaltung und die Dezentralisation in einem Bundesstaat wurden erörtert. Teilnehmer waren die Yorcks, Delp, Gerstenmaier, Maass, Steltzer, Haubach, der Mierendorff mitvertrat, und Einsiedel, der Carl Dietrich und Margrit von Trotha, die gewöhnlich zu dritt zusammenarbeiteten, mitvertrat. Die Zeit war knapp, und die Themen konnten nicht erschöpfend behandelt werden. Das Arbeitspapier für die Wirtschaft wurde erst nach einer Nachtsitzung fertig.[7] Eigentlich waren für den Herbst zwei Zusammenkünfte in Kreisau geplant gewesen.
Vor und nach diesem Wochenende fanden in Berlin viele Besprechungen statt. Moltke war von Gerstenmaiers Beitrag besonders befriedigt.

Berlin, den 8. September 1942

... Gerstenmaier ist ein Mann, um den man sich Mühe geben muß und der nicht von alleine in die Kategorie fällt, die einem paßt, aber dafür lohnt es sich auch, und wenn es gelänge, ihn voll zu integrieren, so wäre das ein erheblicher Fortschritt ... Ich habe die Gelegenheit benutzt, mich über allerhand Fragen theologischer Dogmatik und der Kirchengeschichte belehren zu lassen, so über die heutige Bedeutung von Tridentinum und Augustana, die Stellung von Karl Barth usw. Es war jedenfalls lehrreich ...

Berlin, den 3. November 1942

... Jedenfalls ist es wirklich erfreulich, was für einen Zuwachs wir mit Gerstenmaier gewonnen haben ...

Gerstenmaier wurde bald der Hauptverbindungsmann der Gruppe zur evangelischen Kirche, Gablentz trat mehr in den Hintergrund. Auch Trott spielte von nun an bei den Besprechungen eine größere Rolle, aber die Zusammenarbeit war nicht immer einfach.

Berlin, den 5. November 1942
... Trott war wieder sehr widerspenstig, aber mit Gerstenmaiers Hilfe wurde er in einer dreistündigen Diskussion gezähmt. Er ist erstaunlich intelligent, aber dadurch sehr belastet. Es ist immer wieder komisch. Außerdem hat er ganz unerklärlicherweise mir gegenüber einen Minderwertigkeitskomplex, der ihn immer wieder zu sehr aggressiven Haltungen und Äußerungen veranlaßt ...

Im Herbst kam auch Schulenburg wieder und arbeitete im Ernährungsministerium.

Berlin, den 10. September 1942
... Um acht erschien Fritzi [Schulenburg] in bester Form. Ich habe mich noch nie so anregend und unstreitig mit ihm unterhalten. Wir haben so das ganze Gelände besichtigt, die Gründe für meine Maßnahmen erörtert, und im ganzen war er nicht nur befriedigt, sondern auch von der Notwendigkeit gewisser Dinge, die ihm ursprünglich nicht gefallen hatten, überzeugt. Wir kamen dann auf Rußland, wo er meine Meinung voll teilte, eigentlich noch darüber hinausging und von sich aus zum Beispiel sagte: „Das Verhältnis zwischen Offizier und Mann ist in der Roten Armee einfach schlechthin vorbildlich und eigentlich unerreichbar." Auch in allen anderen Punkten waren wir im Ergebnis einer Meinung, wenn wir auch in der Diagnose manchmal differieren. So schob er manches auf die gute Qualität des russischen Menschen, was ich für ein Ergebnis der Erziehung hielt ...

Berlin, den 11. November 1942
... Es dauert lange, bis Fritzi so ganz integriert ist, aber er ist auf dem besten Weg, und ich hoffe sehr, daß es nun bald gelungen sein wird. Er hatte zu den Kreisauer Texten eine ganze Menge *constructive criticism* zu offerieren, aber das bezog sich auf Einzelheiten, beruhte manchmal auf Mißverständnissen und ging zum Teil auf Dinge, die wir auch nie schön gefunden hatten, wie die „Reichsfachämter" ...

Berlin, den 25. November 1942
... Der leichte Abstand, den Fritzi immer von uns hatte, hat sich sichtlich verringert und ist wohl auf dem besten Wege, ganz zu verschwinden ...

Schulenburg soll nach Aussagen seiner Frau mehrfach gesagt haben: „Ich bin natürlich dumm, Moltke ist klug.“[8] Das hat er ironisch gemeint, und es enthält ein Element der Kritik. Schulenburgs intellektuelle Fähigkeiten waren beträchtlich, und er wußte das auch. Obwohl Schulenburg in diesem Winter oft mit Mitgliedern der Gruppe zusammenkam, wurde die Kluft nie ganz überbrückt. Schulenburg gehörte zu jenen, die das Planen der Kreisauer kritisierten, weil es von der Wirklichkeit zu weit entfernt sei; trotzdem hat auch er im Herbst 1943 eine detaillierte Niederschrift seiner eigenen Pläne erarbeitet.

Nach zwei Monaten sah Moltke Preysing wieder; der Bischof machte sich solche Sorgen, daß er ernstlich krank war. Moltke bedauerte, daß die katholischen Bischöfe sich ihrer politischen Macht nicht bewußt waren und sie nicht einsetzten. Seiner Meinung nach wäre das ihre Pflicht gewesen. Dadurch hätte manches verhütet werden können. Die Partei konnte es sich mitten im Krieg gar nicht leisten, gegen die Kirche und ihre Bischöfe vorzugehen. Das energische Auftreten Galens, des Bischofs von Münster, hatte das deutlich bewiesen. Darum schrieb Moltke am 3. Oktober an Preysing, er solle einen harten Kurs steuern. Der Brief erreichte diesen zu einem günstigen Zeitpunkt, denn die westdeutschen Bischöfe hatten ihn gerade beauftragt, einen Hirtenbrief neu zu formulieren, den der Bischof von Münster für sie aufgesetzt hatte. Am 28. Oktober traf Moltke den Bischof von Berlin in „blendender Verfassung“ an. Preysing zeigte ihm seinen Entwurf, und er hoffte, es werde „ein Meisterwerk“ daraus. Aber den anderen Bischöfen ging dieses Meisterwerk wohl doch zu weit, und Preysing mußte einen milderen Ton anschlagen. Als Moltke am 17. November die revidierte Fassung sah, schrieb er seiner Frau, sie sei „gut, aber nicht sehr gut, und nicht sehr eindringlich. Es ist an die gerichtet, die hören können, nicht an die Tauben“. Es handelte sich dabei um den Hirtenbrief über das Recht, der am 13. Dezember 1942 in allen westdeutschen Diözesen verlesen wurde und im In- und Ausland große Beachtung fand. Obwohl er etwas abstrakt formuliert war, lief er praktisch auf eine Verurteilung der nationalsozialistischen Maßnahmen hinaus.[9]

Mit Leuschner und seinen Freunden entwickelte sich zunächst alles zufriedenstellend. Maass kam einmal, um in einem Referat Leuschners Standpunkt klarzumachen. Später redeten Leuschner und Delp aneinander vorbei, was die ganze Arbeit aufhielt, bis Moltke kurz vor Weihnachten einen unsicheren Burgfrieden stiftete.

Inzwischen gingen die Greueltaten der Nazis weiter. Anfang Oktober wurden in Berlin 14 Norweger erschossen. Im gleichen Monat kam Helmuth von Moltke mit jemandem zusammen, der vor kurzem in Polen gewesen war und ihm zum ersten Mal über die Gaskammern der SS berichtete.

Berlin, den 10. Oktober 1942

... Ich habe es bisher nicht geglaubt, aber er hat mir versichert, daß es stimmte: In diesen Hochöfen werden täglich 6000 Menschen „verarbeitet“. Er war in einem Gefangenenlager, etwa sechs Kilometer entfernt, und die Offiziere dieses Lagers haben es ihm als absolut sicher berichtet. Außerdem haben sie ganz phantastische Geschichten über einige der dort eingesetzten Herren erzählt ...

Bei einem seiner Besuche erzählte Moltke Preysing, er sei in der Straßenbahn einer betrunkenen Krankenschwester begegnet. „Sie werden wohl entsetzt sein über meinen Zustand", sagte sie zu ihm. Er habe geantwortet: „Nein, ich bin nicht entsetzt, aber es tut mir leid, Sie so zu sehen." Darauf habe sie ihm erzählt: „Ich pflege in einem SS-Lazarett, und dort höre ich den ganzen Tag von den Kranken nur folgendes: ‚Nein, ich kann es nicht mehr tun! Ich tue es nicht mehr!' "
Bald darauf gab es im Amt Schwierigkeiten wegen der Behandlung von Kriegsgefangenen. Wie so oft war wieder einmal eine Entscheidung getroffen worden, ohne daß man die Abwehr herangezogen hatte.

Berlin, den 12. Oktober 1942
... und jetzt muß man zurück, und nun fragt man uns. Ich bin froh, daß es so geht, aber es hat einen stürmischen Tag bedeutet, und jetzt bin ich in großer Eile und in großem Druck ...

Berlin, den 23. Oktober 1942
... Im ganzen genommen wäre ich jetzt ohne meine Arbeit im Amt gerade gut ausgefüllt, aber die will leider auch einiges von mir. Es sind wieder einige ganz tolle Befehle im Werden, und ich muß sehen, daß meine teuren Chefs steif bleiben und nicht umfallen, damit uns jedenfalls keine Verantwortung trifft ...

Berlin, den 3. November 1942
... Gestern abend hatte ich noch eine entschiedene Aussprache mit Bürkner. Er wollte etwas nicht unterschreiben, woran mir sehr viel lag, und argumentierte mit mir über die Berechtigung eines reinen Mordbefehls des Führers. Darauf sagte ich ihm: „Sehen Sie, Herr Admiral, der Unterschied zwischen uns ist der, daß ich über solche Fragen nicht argumentieren kann. Solange es für mich Befehle gibt, die durch keinen Führerbefehl aufgehoben und denen auch gegen einen Führerbefehl Folge geleistet werden muß, kann ich solche Sachen nicht durchgehen lassen, denn für mich steht eben der Unterschied zwischen Gut und Böse, Recht und Unrecht a priori fest. Das ist kein Gegenstand von Zweckmäßigkeitserwägungen der Argumente." Darauf unterschrieb er anstandslos. Es interessierte mich, wieder einmal zu sehen, daß solche Leute eben durch eine entschiedene Haltung auf die richtige Seite zu ziehen sind ...

Bemerkungen über den Krieg kamen in den Briefen jetzt kaum noch vor. So wird zum Beispiel Stalingrad nicht erwähnt. Als die Nachricht von El Alamein und von der Landung der Alliierten in Marokko und Algerien eingetroffen war, äußerte er sich jedoch ausführlich über die Bedeutung dieser Ereignisse:

Berlin, den 7. November 1942
... Es wird mir richtig schwer, mich auf andere Sachen zu konzentrieren, denn immer wieder bemerke ich, daß meine Gedanken dort sind, während ich hier lese. In diesen Tagen wird ungeheuer viel entschieden, und von der Kühnheit und dem Erfolg der Operationen, die die Engländer heute unternehmen, wird ihr Prestige als Weltmacht entscheidender und auf eine viel längere Zeit beeinflußt werden als in irgendeiner Operation bisher. Es ist merkwürdig, wie plötzlich unendlich viele Dinge von einer Entscheidung abhängen. Das sind die wenigen Augenblicke, in denen ein Mann plötzlich in der Weltgeschichte wirklich zählen kann. Alles, was vorher war, alles, was nachher kommt, wird von Massen getragen, von anonymen Kräften und Menschen. Und dann plötzlich hat man das Gefühl, daß diese Kräfte alle den Atem anhalten, daß das Riesenorchester, das bisher gespielt hat, für ein, zwei Takte schweigt, um einem Solisten Gelegenheit zu geben, den Ton für den nächsten Satz anzuschlagen. Es ist nur ein Herzschlag Zeit, aber nach dem einen Ton, der einsam und allein ertönen wird, wird sich das ganze Orchester in dem nächsten Augenblick richten. Und auf diesen Ton wartet man. Man hat die mögliche Melodie im Ohr, man kann sich mehrere Variationen vorstellen, aber man weiß doch nicht, was kommt. Und so wird dieser eine Herzschlag unbeschreiblich lang. Während ich hier sitze, ist ja der Entschluß, auf den es ankommt, längst gefaßt, aber ich horche gespannt in die Welt hinaus, um den Ton aufzunehmen. Einen ähnlichen Augenblick hat es in diesem Krieg bisher nur einmal gegeben: nach Dünkirchen ...

Berlin, den 8. November 1942
... In vier Wochen wird jedenfalls, wenn nicht etwas ganz Überraschendes passiert, das Mittelmeer ein englischer See sein, in dem niemand anderer etwas zu sagen haben wird. Die Flotte, die am Freitagabend Gibraltar verließ, bestand aus 4 Schlachtschiffen, 4 Flugzeugträgern, 45 Kreuzern, 50 Zerstörern und 390 000 Tonnen Transportern. Das werden also wohl mindestens 4 Divisionen gewesen sein. Oom Jannie [Smuts] erlebt jetzt seine entscheidende Stunde, denn dieser Plan ist ganz gewiß seiner ...

Berlin, den 10. November 1942
... Ich kann mich nicht erinnern, mich in einem November so wohl und leistungsfähig gefühlt zu haben. Das Gefühl der nahenden Krise und Gefahr reizt mich ungeheuer, ich kann es gar nicht leugnen ...

... bin auch überzeugt, daß die meisten Deutschen nicht sehen, was im Mittelmeergebiet in diesen Tagen geschehen ist. Wahrscheinlich ist die Schlacht von El Alamein die Schlacht, die die formale Entscheidung des Krieges gebracht hat. Aber das mindeste ist doch, daß wir nun ganz gewiß auf die Defensive beschränkt sind und daß von Offensive keine Rede mehr sein kann. Ob die Zeitgenossen eigentlich die Schlacht von Trafalgar so wenig verstanden haben ...

Nach diesen Ereignissen war Moltke überzeugt, daß der Krieg schneller zu Ende gehen würde, als es in Wirklichkeit der Fall war. Um so dringender schien es ihm, die Pläne abzuschließen. Es mußte noch über Außenpolitik gesprochen werden, vor allem über Deutschlands Beziehungen zum übrigen Europa, „um in der Frage der Übersetzung auf das europäische Niveau weiterzukommen", wie er am 17. November schrieb. Auch mußte für die Tage unmittelbar nach einem Staatsstreich oder Zusammenbruch Vorsorge getroffen werden. Wahrscheinlich bezog sich darauf der „Personalplan", mit dem er noch vor Weihnachten fertig werden wollte. Doch die Schwierigkeiten mit Leuschner verzögerten die Sache, und 1943 wurde im großen und ganzen ein Jahr der Enttäuschung.

Debatten und Hemmnisse
Januar bis April 1943

Das erste Ereignis von Bedeutung im Jahr 1943 war die größte Zusammenkunft zwischen dem Kreisauer Kreis und der älteren Gruppe um Beck und Goerdeler, die je stattfand. Die Initiative ging von Johannes Popitz[1] einerseits und Gerstenmaier andererseits aus. Schulenburg hatte die Begegnung vermittelt; Gerstenmaier wurde von Trott unterstützt, Moltke war gegen eine solche Zusammenkunft und gab nur aus Rücksicht auf seine Freunde nach. Yorck stand der Sache offenbar weniger negativ gegenüber. Die Besprechung wurde am 8. Januar abends im Hause der Yorcks in der Hortensienstraße 50 abgehalten. Beck, Goerdeler, Hassell, Popitz und Jens Peter Jessen[2] vertraten die eine, Moltke, Yorck, Trott, Gerstenmaier und Schulenburg die andere Seite. Es gibt darüber zwei Berichte. Der erste stammt von Hassell:

... Recht interessant, aber im Grunde wenig befriedigend, eine große Aussprache der „Jungen" und „Alten" bei W [Peter Yorck]. Die „Jungen", die im Gegensatz zu den „Alten" nach außen als Einheit auftreten, wurden geistig von dem sehr witzigen, angelsächsisch und pazifistisch denkenden Hellmann [Helmuth von Moltke] geführt. Sehr gut gefiel mir wieder Roggenmüller [Gerstenmaier], mit dem Geißler [Popitz] und ich vorher eine Aussprache hatten. Geibel [Beck] leitete, reichlich weich und zurückhaltend. Scharfer, von Pfaff [Goerdeler] bewußt, aber erfolglos verschleierter Gegensatz zwischen ihm und den „Jungen" vor allem auf sozialem Gebiet. Pfaff ist doch eine Art Reaktionär. Die „Einheit" der „Jungen" bezieht sich übrigens eigentlich nicht auf Dortmund [Schulenburg], der viel realpolitischer ist. Ich freue mich, daß die „Jungen" zu mir Vertrauen haben, ihre Bedenken mit mir beraten ...[3]

Helmuth von Moltke, der sich selbst als „Leader of the Opposition" bezeichnete, schrieb folgendes:

Berlin, den 9. Januar 1943
... Mein Abend dauerte bis ein Uhr nachts. Es war merkwürdig, weil wir bis elf Uhr überhaupt nicht recht zum Konflikt kamen, sondern jeder Versuch, auf Grundsätze vorzustoßen, von der anderen Seite ins leicht Verbindliche umgebogen wurde. Schließlich ergab sich eine Chance, und zwar über das Thema, über das wir im Oktober in Kreisau die Nachtbesprechung hatten [die Vertretung der

Arbeiterschaft]. Nach einigem Vorgeplänkel von uns kam eine wirklich tolle Erklärung heraus: platt, phantasielos usw. Darauf nahm ich die Gelegenheit beim Wickel, erklärte, hierauf zu antworten hätte um 11.35 keinen Sinn mehr, denn nun beginne ja erst die wirkliche Diskussion. Wir würden also heute nicht antworten. Ich schoß dann noch einen lange im Köcher gehaltenen Giftpfeil „Kerenski-Lösung"[4] ab, der auch tüchtig und sichtbar saß – und damit endete die Sache dramatisch und glücklicherweise nicht platt. Wir aßen dann noch eine gelbe Erbsensuppe und Schnitten. Um zwölf waren die anderen weg, und wir hielten noch eine Manöverkritik: Trott, Eugen, Peter und ich ...

Goerdeler und Beck hatten ihre Vorstellungen von Deutschland nach dem Sturz der Nazis in einer langen, in der zweiten Hälfte 1941 abgefaßten Denkschrift *Das Ziel* dargelegt. Goerdeler entwarf und verteilte unermüdlich Pläne und Memoranden, tat das aber lieber auf eigene Faust, anstatt einen Plan zu entwickeln, der in Diskussionen mit anderen gemeinsam erarbeitet worden war. Er hörte überhaupt nicht gerne zu, sprach aber ganz offen über seine Pläne. Deshalb machten manche einen großen Bogen um ihn herum. Moltke nannte die Beck-Goerdeler-Gruppe die „Exzellenzen", weil viele von ihnen hohe Ämter innegehabt hatten. Sie kamen aus der Schicht von Offizieren und Beamten, die die Jahre vor 1914 bereits als junge Männer miterlebt hatten; die meisten waren zwischen 1919 und 1933 Mitglieder der Deutschnationalen Volkspartei oder der Deutschen Volkspartei gewesen. Moltke hatte dagegen bewußt Vertreter der Arbeiterschaft und der Kirchen zu den Diskussionen herangezogen, weil diese beiden Gruppen seiner Meinung nach entscheidend zum Aufbau eines neuen Deutschland beitragen konnten. Es stimmt, daß in mancher Hinsicht der Unterschied zwischen Goerdelers Plänen und denen der Kreisauer nicht groß erscheint: Beide Seiten maßen der Wiederherstellung von Recht und Anstand auf christlicher Grundlage große Bedeutung bei. Beide Seiten betonten die lokale Selbstverwaltung und wollten von unten nach oben aufbauen. Beide Seiten erwogen die Auflösung Preußens und eine Reorganisation Deutschlands in kleinere Einheiten mit ungefähr gleicher Bevölkerungszahl. Von beiden wird ein Parteiensystem nicht erwähnt. Beide strebten wirtschaftliche Zusammenarbeit auf europäischer Ebene an.

Doch neben diesen Gemeinsamkeiten gab es große Unterschiede. Auf wirtschaftlichem Gebiet schlug Goerdeler eine umfassende Rückkehr zum Individualismus und zum freien Markt vor, während den Kreisauern zufolge die Wirtschaft und die Tätigkeit jedes einzelnen der Gesellschaft und den Interessen des Bürgers dienen sollte. Das wiederum hätte eine gewisse staatliche Regulierung der Wirtschaft gemäß einem zentral gesteuerten Plan, die Sozialisierung der Schlüsselindustrien und, wie Moltke meinte, auch eine Verstaatlichung von Grund und Boden erfordert. Goerdeler war im Laufe der Zeit und auf Kritik hin auch dazu gekommen, den Gewerkschaften einen Platz im politischen Gefüge einzuräumen, wodurch er Leuschner für sich gewann. Aber seine Haltung gegenüber der Arbeiterschaft war noch patriarchalisch, während Moltke und seine Freunde die Arbeiter zu einem Hauptpfeiler der Verantwortung für den Staat machen wollten. Goerdeler zog auch ernsthaft die Wiedereinführung der Monarchie in Erwägung, wenn auch zunächst in Form einer Regentschaft. In der Außenpolitik räumte er Deutschland eine viel dominierendere Stellung ein als sie die Kreisauer für möglich hielten und unterschätzte, wie schwer es sein würde, das Wohlwollen der von Deutschland unterdrückten Völker zurückzugewinnen. Obwohl die Alliierten am 24. Januar 1943 ihre Forderung auf bedingungslose Kapitulation proklamiert hatten, glaubte er weiterhin, diese seien zu einem antikommunistischen Kreuzzug bereit. Noch im Herbst 1943 stellte er sich vor, Deutschland werde die Grenzen von 1914 im Osten, also große Gebiete des Polen von 1919 bis 1939, sowie Österreich, das Sudetenland und die deutschsprachigen Teile des Elsaß halten können. Die Kreisauer hatten nie präzise Vorstellungen in bezug auf Grenzen entwickelt. Helmuth von Moltke lag daran, Deutschland auf neuen Grundlagen wiederaufzubauen. Er suchte bewußt die Unterstützung jener Gesellschaftsschichten, denen bisher der ihnen zukommende Platz verweigert worden war. Außenpolitisch ging es ihm um eine politische Einheit Europas, und zu diesem Zweck hätte er Deutschland auch in mehrere Staaten innerhalb einer europäischen Föderation aufgelöst. Darin folgten ihm aber nur wenige seiner Freunde. Er hielt zwar Goerdelers Wunsch, neu anzufangen, für vollkommen aufrichtig, dessen Vorstellungen aber für so verfestigt, daß er nie erkennen würde, was dazu notwendig sei. Aus diesem Grunde bezweifelte er, daß eine Besprechung mit der anderen Gruppe Sinn hatte, und stellte dann eher grundsätzliche Fragen als solche, die an der Oberfläche lagen, in den Mittelpunkt. Goerdeler war genauso mißtrauisch: Er nannte die „Jungen" abschätzig „Salon-Bolschewiken", was der Kerenski-Bemerkung eine zusätzliche Pointe verleiht.

Als Hassell ein Jahr später von Moltkes Verhaftung hörte, wiederholte er seine Kritik, es fehle ihm an politischem Realismus. Der Vorwurf war vielleicht nicht ganz unberechtigt; er unterschätzte in diesen Jahren, wie sehr Politik die Kunst des Möglichen ist und wie häufig man Kompromisse machen muß. Statt dessen neigte er zu dem Glauben, wer an seinen Ansichten festhalte und sie überzeugend verfechte, werde sich auch durchsetzen. Allerdings muß man bedenken, daß er und die meisten seiner Freunde noch nicht vierzig waren und ohne Erfahrung in verantwortungsvollen hohen Ämtern. Zudem bekämpften sie unausgesetzt ein Regime, dessen Schlechtigkeit zumindest für alle, die ihre Grundsätze teilten, außer Frage stand. Das bestärkte sie in der Meinung, es liege auf der Hand, welches der rechte Weg sei. Dabei unterlagen die Kreisauer wie die Goerdeler-Gruppe dem Dilemma, daß die Grundtatsachen ihres Handelns von einem von ihnen als amoralisch abgelehnten Regime geschaffen wurden. Wenn Realismus heißt, von den Gegebenheiten ausgehen wie sie sind, so mußte jede Opposition zum Nationalsozialismus unrealistisch sein. In dieser Situation könnte durchaus gelten, daß die grundsätzliche, theoretisch fundierte Negierung bestehender Verhältnisse tatsächlich von größerem Realismus getragen war als Goerdelers Versuch, alte Koalitionen zu neuem Leben zu erwecken.

Es wäre wahrscheinlich mit Leichtigkeit möglich gewesen, eine gemeinsame Arbeitsbasis für beide Gruppen zu finden, wenn sie sich auf Fragen konzentriert hätten, die an der Oberfläche lagen. Man könnte Moltke vorwerfen, er habe eine Einigung zu einer Zeit verhindert, in der vor allem möglichst viele Leute zusammengebracht werden mußten, um die Nazis zu stürzen. Da er aber der Meinung war, der Sturz sei so oder so unvermeidlich, konzentrierte er sich auf das, was danach kam. Aus dieser Sicht war der erste Schritt der, mit jenen Elementen in Deutschlands Vergangenheit zu brechen, die Hitlers Machtergreifung ermöglicht hatten, selbst wenn sie jetzt zu seinen Gegnern gehörten. Auch mußten halbe Maßnahmen vermieden werden, um nicht dem Kommunismus, den er genauso ablehnte wie den Nationalsozialismus, den Weg zu bahnen. Darum die Warnung vor der „Kerenski-Lösung". Die deutschen Verhältnisse brachten es mit sich, daß die meisten Mitglieder des aktiven Widerstandes aus einer privilegierten Gesellschaftsschicht stammten, finanziell einigermaßen unabhängig waren und von Institutionen wie dem Generalstab gestützt wurden. Aber diese Leute repräsentierten nicht die Massen, die nach einem Sturz Hitlers ihre Fähigkeit, sich zu organisieren und somit ihren politischen Einfluß zurückgewinnen würden. Das Hitler unmittelbar folgende System mußte deshalb so sein, daß es auch diesen Menschen entgegenkam, nicht nur einer Elite. Doch die Umstände bei Hitlers Sturz und somit die Probleme, die eine Regierung nach Hitler lösen mußte, ließen sich nicht genau vorhersehen. Nur wenn man am Prinzipiellen festhielt und Details vermied, bestand deshalb Aussicht, über die Beschaffenheit einer solchen Regierung klare Entscheidungen treffen zu können, die auch in die Praxis umzusetzen waren.

Selbst im Lichte der diesen Ereignissen folgenden dreißig Jahre kann man diesen Fragen nach wie vor kaum gerecht werden. Kein Wunder also, daß sie zu erheblichen Meinungsverschiedenheiten unter Moltkes Freunden führten. Aber sie waren auch verschiedener Meinung über die unmittelbare Frage eines Attentates auf Hitler. Eine Reihe von Bemerkungen Moltkes zu diesem Thema sind erhalten und machen seinen Standpunkt ziemlich klar. Keinem konnte die Notwendigkeit, das Dritte Reich so schnell wie möglich zu beseitigen, dringender erscheinen als ihm. Allerdings mehr um der Leiden willen, die dieses Regime über die Menschen brachte, als wegen der Schädigung des deutschen Ansehens. Moltke befürwortete aus diesem Grunde ursprünglich einen Staatsstreich der Armee und war auch bereit, dazu beizutragen. Doch er hielt immer weniger von den Fähigkeiten der Generäle und äußerte einmal: „Wenn Generäle putschen, dann geht es fast immer haarscharf daneben."[5] Er hatte deshalb wenig Hoffnung, daß auf diese Weise etwas zu erreichen war. Die wachsende Einsicht, daß er damit wahrscheinlich recht hatte, veranlaßte manche seiner Freunde und andere Widerstandsleute, eine Ermordung Hitlers als notwendigen ersten Schritt, der die Generäle zum Handeln zwingen werde, zu bejahen. Moltke bekämpfte das – im Gegensatz zu Bonhoeffer – aus grundsätzlichen Erwägungen. Er sagte zu Hans Christoph Stauffenberg: „Warum sind wir denn gegen das Dritte Reich? Warum sind wir gegen den NS? Doch eigentlich, weil es ein System des Unrechts ist, und man darf

etwas Neues, eine Erneuerung, nicht mit einem neuen Unrecht anfangen. Mord aber bleibt Unrecht.“ Zu Pater Rösch sagte er: „Wir dürften uns nicht über den tausendfältigen Mord in KZs und wer weiß wo beklagen, wenn wir auch morden wollten!“[6] Wenn aber mit den Generälen nicht zu rechnen war, erhob sich die Frage, wie man Hitler überhaupt loswerden konnte. Helmuth von Moltke hätte darauf wahrscheinlich geantwortet: Das muß man dann eben den Alliierten überlassen. Hitler sollte schon deshalb an der Macht bleiben, um die Konsequenzen seiner Verbrechen zu tragen. Das hätte auch den Vorteil, daß den Deutschen klar würde, welches die Folgen solcher Verbrechen sind. Diese Demonstration würde aber abgeschwächt, wenn man den Tatsachen wieder ausweichen könnte, indem man behauptet, Deutschlands Niederlage sei auf innerdeutschen Verrat zurückzuführen. – Moltke war sich der Gefahr einer neuen Dolchstoßlegende sehr bewußt. Im Frühjahr 1943 lag es zudem besonders nahe, Hitlers Beseitigung den Alliierten zu überlassen, weil man zu der Zeit leicht unterschätzen konnte, wie lange die Alliierten noch brauchen würden, um das zu erreichen. Im Laufe des Jahres glaubte Moltke dann offenbar wieder weniger an diese Lösung. Goerdeler war gleichfalls gegen eine Ermordung Hitlers, hielt es aber immer noch für möglich, die Generäle zum Handeln zu bewegen.
Diese Debatten brachten viel Unruhe; zudem war Freya von Moltke krank. Deshalb fuhr er am 17. Januar schnell für ein Wochenende nach Kreisau, was er nur selten einrichten konnte.

Berlin, den 20. Januar 1943
... Besonders war es sehr angenehm, einmal ganz allein in Kreisau zu sein, ohne fremde Leute ... Hoffentlich wirst Du nur jetzt gesund. Denke daran, wie wichtig das sein kann. Ich habe bisher noch niemals die Möglichkeit einkalkuliert, daß wir etwas Notwendiges unterlassen müßten, weil Du dem nicht gewachsen sein könntest. Ich bin Dir auch sehr dankbar dafür, aber ich hoffe allerdings sehr, daß es dabei auch bleiben kann, denn gerade in der vor uns liegenden Zeit kann diese vollständige Dispositionsfreiheit sehr nötig sein. Pflege Dich! ...

In Berlin gingen dann die Debatten weiter:

Berlin, den 21. Januar 1943
... Ich wäre so gerne zu Hause bei Euch, habe gar keine Lust, hier zu sein. Ich kann ja doch nur warten. Ich bin zu sehr davon überzeugt, daß sich gar nichts anderes tun läßt, als daß ich an all die Geschäftigkeit der anderen glauben könnte. Warten ist eben viel schwieriger als Handeln, und daher ist es undankbar, Menschen dazu zu bewegen. Im Grunde bin ich eben nur mit Friedrich [Mierendorff] und Steltzer hierüber wirklich einig; die anderen folgen mir nur widerwillig ...

Helmuth James von Moltke

Das Schloß

Das Berghaus

Generalfeldmarschall von Moltke

Die Eltern Dorothy und Helmuth von Moltke

Dorothy und Freya von Moltke

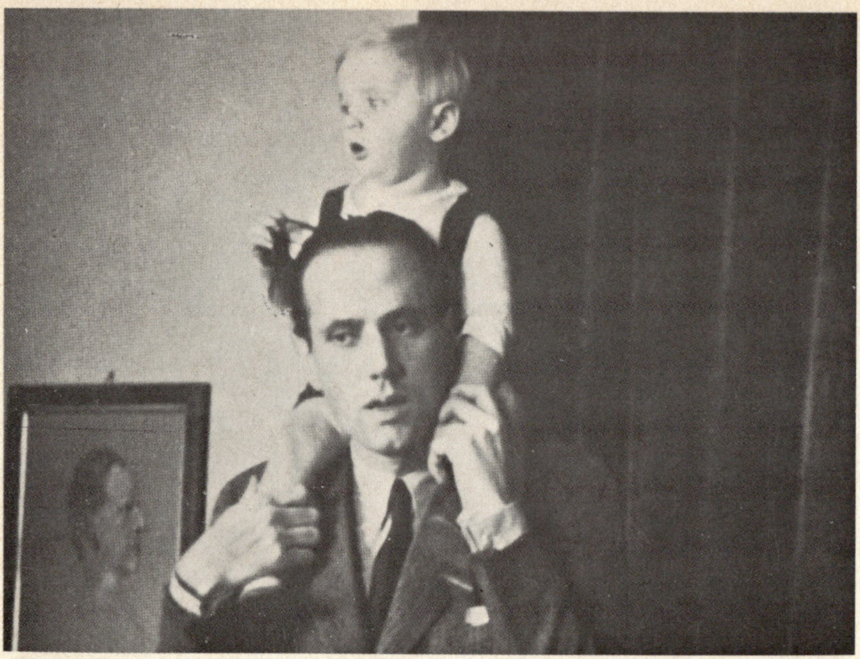

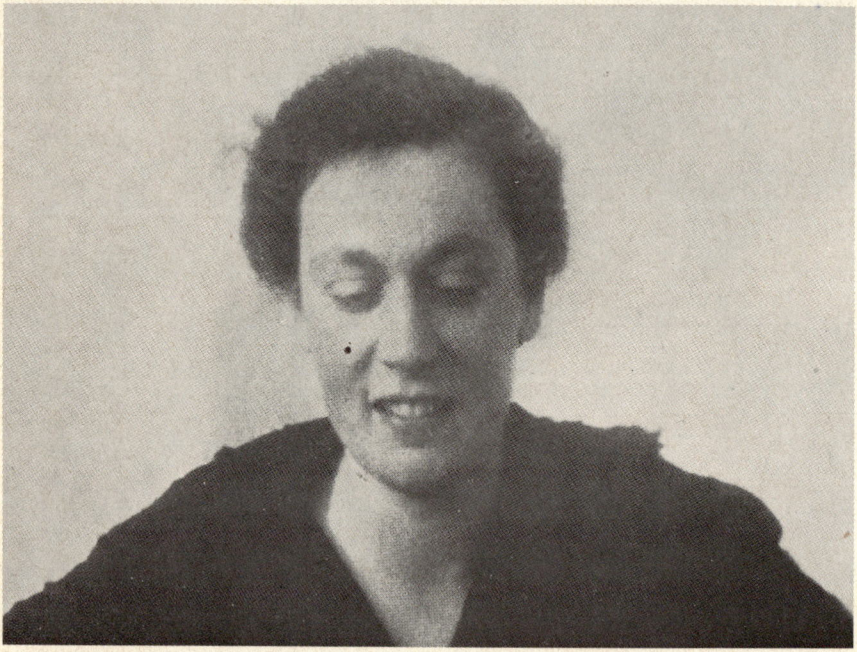

Helmuth James von Moltke und sein Sohn Caspar, 1938

Freya von Moltke, 1946

Vor dem Volksgerichtshof, Januar 1945

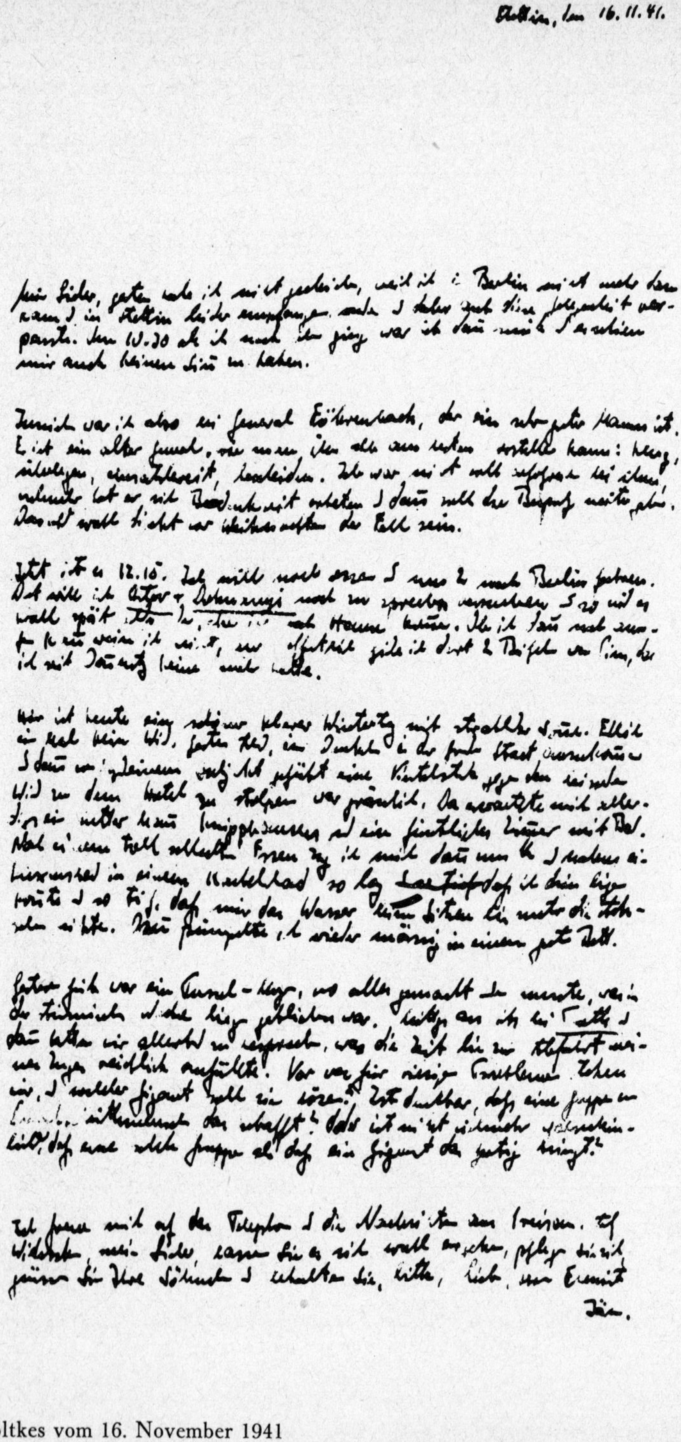

Brief Moltkes vom 16. November 1941

Berlin, den 22. Januar 1943
... Heute mittag waren Haeften, Peter und Gerstenmaier da... Etwas Neues hat sich nicht ergeben, nur sind die drei in der Beurteilung der Chancen viel positiver, als ich es bin, und das gibt in der Praxis eben doch zu erheblichen Differenzen Anlaß. Ich will ihnen auch eröffnen, daß es besser ist, sie tanzen diese Extratour ohne mich...

Nach einer vierstündigen Diskussion mit Yorck, Trott und Gerstenmaier:

Berlin, den 24. Januar 1943
... Ich bin froh, daß ich durch das Nachgeben über Neujahr und den anschließenden Versuch eines Ausgleichs mit den Exzellenzen Peter auf meiner Seite habe, der damals viel weniger negativ war als ich. Heute vertreten wir eine ziemlich einheitliche Linie. Ich fürchte aber, daß wir uns noch nicht werden durchsetzen können, sondern daß weitere Proben der Unmöglichkeit jenes Weges von uns verlangt werden.
... Die Diskussionen des letzten Monats haben mich sehr angestrengt. Ich fühle mich auf diesem Gebiet so leer gepumpt. Es liegt wohl daran, daß ich von Anfang an eine allein dastehende Linie vertrat, die ich also immer neu verfechten mußte, und daß ich mich dafür verantwortlich fühle, die Handlungsfähigkeit und die Kohärenz unseres Trupps nicht zu gefährden. Da die richtige Linie zu halten, ist mir schwer gefallen und wohl nicht immer gelungen. Mittwoch abend soll es bei mir weitergehen...

Berlin, den 26. Januar 1943
... Gestern abend war ich bei Peter, um die neue Lage zu besprechen. Wir sind glücklicherweise wieder völlig auf einer Linie, und heute bekam ich einen Brief von Steltzer, der mich in meiner verhältnismäßig intransigenten Linie bestätigte. Ich glaube, wir werden das auch durchziehen...

Berlin, den 4. März 1943
... Warum können Menschen eigentlich keine Geduld haben? Das scheint eine Tugend zu sein, die am allerschwersten zu erwerben ist. Ich habe es ja auch lieber, wenn alles schnell geht, aber ich bin doch relativ geduldig. Selbst König und Delp, die doch eigentlich kraft ihrer Disziplin das Warten gelernt haben müßten, können es nicht, und wenn auf eine Aktion der unvermeidliche Rückschlag kommt, so werden sie unruhig und sehen nicht, daß das Tal auch wieder durch eine Höhe abgelöst wird. Adam, den ich überforsch verließ, fand ich überängstlich wieder. Alle diese Gemütsbewegungen erscheinen mir so unökonomisch: Es muß doch soviel Kraft kosten, sie mitzumachen...

Am 10. Januar war Moltke in München und sah Rösch, König und Delp sowie den wichtigsten Verbindungsmann der Abwehr zum Vatikan, den Rechtsanwalt Josef Müller, den er schon durch Guttenberg kennengelernt hatte. Er traf auch den ehemaligen bayrischen Gesandten bei der Reichsregierung in Berlin, Franz Sperr, welcher eine bayerische Widerstandsgruppe leitete, den Rechtsanwalt Franz Reisert (ein enttäuschtes Parteimitglied) und Fürst Fugger von Glött. Reisert wurde später als Justizminister in Erwägung gezogen, Fugger als Landesverweser für Bayern. Fugger zufolge waren auch Steltzer und Mierendorff anwesend. Um die Bayern zu gewinnen, betonte Moltke, das zukünftige Deutschland müsse bundesstaatlich organisiert werden und in einem Staatenbund Europa aufgehen, wodurch Bayern erhebliche Autonomie gewänne. Doch er erschreckte sie auch, indem er nämlich vorschlug, Franken von Bayern abzutrennen. – Bei diesem Besuch hörte er offenbar auch eine Predigt Kardinal Faulhabers in der Michaelskirche; Rösch machte sie danach miteinander bekannt. Sie sprachen über die Stellung der Kirche im zukünftigen Staat, kamen aber nicht weit, denn Faulhaber bestand darauf, daß zwischen dem Vatikan und der deutschen Regierung ein Konkordat bzw. ein Vertrag bestehen müsse, der die Rechte der katholischen Kirche festlege.[7] (In diese Zeit fiel auch ein Kontakt zu Franz Rehrl, der bis 1938 Landeshauptmann von Salzburg gewesen war.)

Im Februar 1943 fand in München eine bedeutsame Kundgebung gegen den Nationalsozialismus statt. Eine kleine Gruppe von Studenten hatte schon seit Monaten anonyme Flugblätter gegen den Nationalsozialismus, die mit „Die Weiße Rose" unterzeichnet waren, mit der Post unter die Leute gebracht. Jetzt verteilten sie sie öffentlich in der Universität. Auf den Flugblättern wurde der Nationalsozialismus als „verabscheuungswürdigste Tyrannei, die unser Volk je erduldet hat", die „die höchsten Werte einer Nation vor die Säue" werfe, verurteilt. Die Studenten riefen zur Erhebung auf gegen die Partei, für Freiheit und Ehre. Die Erhebung blieb aus. Aber ein Pedell der Universität München hatte gesehen, wie zwei der Studenten, Hans und Sophie Scholl, Flugblätter von der Galerie in den Lichthof der Universität flattern ließen, und zeigte sie an. Sie wurden am 18. Februar verhaftet, am 22. Februar vom Volksgerichtshof in München zum Tode verurteilt und wenige Stunden später hingerichtet.

Eine geplante Begegnung zwischen Pater Delp und Professor Kurt Huber, der mit den Studenten zusammengearbeitet hatte und auch hingerichtet wurde, war nicht zustande gekommen.[8] Delp hätte der „Weißen Rose" vielleicht geraten, eine bessere, erfolgversprechendere Gelegenheit abzuwarten.

Die Geschwister Scholl und ihre Freunde sind das klassische Beispiel dafür, wie machtlos das rechtschaffene Individuum in einer modernen Tyrannei ist. Es wurde zwar bekannt, daß sie für ihre Prinzipien gestorben waren, und viele bewunderten und ehrten sie, aber Nachfolger fanden sie nicht.

Helmuth von Moltke war von diesem Ereignis sehr beeindruckt. Auf seine Bitte fuhr Ernst von Borsig, der in München studiert hatte, nach München, um festzustellen, ob noch irgend etwas im Gange sei.[9] Moltke und Yorck riefen auch Günther Schmölders[10] nach Berlin, weil sie hofften, ähnliches bereite sich auch in Köln vor; das traf aber nicht zu. Moltke verschaffte sich Informationen und den Text des Flugblattes, den er am 16. März nach Skandinavien mitnahm. Er teilte das Ereignis nicht nur der norwegischen Untergrundpresse mit, sondern auch Ivar Andersen, dem Herausgeber des *Svenska Dagbladet*.[11] Vielleicht war es kein Zufall, daß die ersten Berichte mit Einzelheiten über die Scholl-Aktion in der dritten Aprilwoche in zwei schwedischen Zeitungen erschienen, und nicht in der Schweizer Presse, die München viel näher war. – Moltke soll auch veranlaßt haben, daß eine Kopie des Flugblattes nach England gelangte.

Bei seinem Besuch in Oslo hatte er wieder ein langes Gespräch mit Berggrav, der von ihm sehr beeindruckt war. Er fragte den Bischof, ob ein Christ verantworten könne, Hitler zu töten, und erklärte, er persönlich sei immer dagegen gewesen, nicht so sehr aus christlichen Grundsätzen, sondern weil er bezweifle, daß eine Regierung, die mit einer solchen Tat beginne, sich gut entwickeln könne. Eine weitere, mehr praktische Schwierigkeit sei, daß eine Ermordung Hitlers in einem ganz kleinen Kreis vorbereitet werden müsse, damit nicht, wenn die Sache schief ginge, das ganze Netz des Widerstandes hineingezogen würde. An den Vorbereitungen für eine neue Regierung mußten aber zwangsläufig eine ganze Anzahl von Leuten beteiligt werden. Er betrachtete letzteres als seine Hauptaufgabe; wenn aber seine Unterstützung bei Hitlers Ermordung unbedingt erforderlich sei, werde er sein Teil dazu beitragen.[12] Berggrav sagte später, er sei nie in einer schwierigeren Sache um Rat gefragt worden. Er antwortete ihm, unter gewissen Umständen sei die Ermordung eines Tyrannen zu rechtfertigen, aber seiner Meinung nach sei es dazu schon zu spät. Wer eine solche Tat plane, müsse nicht nur über die Mittel verfügen, Hitler zu ermorden; er müsse auch, und das sei noch wichtiger, in der Lage sein, eine Regierung zu bilden, die Frieden schließen könne. Das werde aber seiner Meinung nach in diesem vorgerückten Stadium des Krieges keine neue deutsche Regierung mehr erreichen.

In Stockholm machte Moltke noch einen Versuch, die überaus verwickelte Angelegenheit der norwegischen Schiffe zu regeln. Auf deutscher Seite hatten sich zu viele Dienststellen damit befaßt, und keine war zu Entscheidungen ermächtigt. Er vereinbarte, in Zukunft solle die Gesandtschaft in Stockholm dafür zuständig sein, denn das war die einzige Stelle, die auf Grund aller erreichbaren Informationen neuesten Datums Entscheidungen treffen konnte.[13]

Am 18. März schrieb er seiner Frau, er werde am Samstagabend nach Stockholm fahren, weil ein Mann, den er sehen müsse, am Montag dort wegfahre. Steltzer mußte nach Berlin und konnte erst am Mittwochabend in Stockholm sein. „Bis dahin muß ich dort die Hauptschlacht schon geschlagen haben. Es ist ein wenig unglücklich, aber vielleicht auch so ganz gut, weil dadurch eben Donnerstag ein neuer Impetus dazukommt." Es ist nicht festzustellen, worauf sich das bezieht. Moltke übernachtete in Sigtuna bei Harry Johannsson, dem Leiter des dortigen Nordischen Ökumenischen Institutes. Johansson hatte schon ein Jahr zuvor mit der Zusammenkunft von Bell, Schönfeld und Bonhoeffer zu tun gehabt und brachte danach eine Gruppe von Schweden (einschließlich Ivar Andersens) zusammen, die Verbindungen zwischen dem deutschen Widerstand und den Alliierten herstellen konnten, falls die letzteren zu Verhandlungen bereit waren. Er hatte Moltke vielleicht schon im vorhergehenden Herbst getroffen, Adam von Trott jedenfalls bestimmt. Möglicherweise ist in seiner Gruppe die „Hauptschlacht" geschlagen worden. Johansson berichtet, Moltke habe am Morgen erwogen, ob er versuchen solle, nach England zu fliegen, um einflußreiche Kreise von der Existenz eines anderen Deutschland zu überzeugen. Er schrieb statt dessen Lionel Curtis einen Brief, den er Johansson zur Beförderung überließ. Darin schilderte er mit ungewöhnlicher Anschaulichkeit das Leben im damaligen Nazi-Deutschland und entfaltete dabei seine ganze Kraft der Darstellung und Analyse; der Brief soll deshalb ungekürzt wiedergegeben werden:

* Stockholm, den 25. März 1943
Lieber Herr Curtis,
es besteht die Möglichkeit, daß dieser Brief in Ihre Hände gelangt, ohne die Zensur passieren zu müssen. Ich möchte daher diese einmalige Gelegenheit benutzen, um Ihnen eine Analyse der Zustände in meinem Land zu geben und einige Vorschläge zu machen, wie man die Dinge beschleunigen könnte.

1.
Ich muß dazu eine Vorbemerkung machen. Was innenpolitische Entwicklungen angeht, mißtraue ich aus Erfahrung dem Urteil und der Diskretion aller der Leute, die mit einer Auslandsvertretung zu tun haben. Wir bekommen nämlich höchst vertrauliches Material aus praktisch jeder britischen und mehr noch aus jeder amerikanischen Gesandtschaft oder Botschaft. Wahrscheinlich zahlen uns Ihre Leute das heim, indem sie abhören, was für unsere Gesandtschaften bestimmt ist. Aber im ersteren Fall haben solche Informationen schon manchem, den wir schlecht entbehren können, das Leben gekostet. Ich habe den Eindruck, als seien Diplomaten so daran gewöhnt, in ihrem begrenzten Kreis zu leben, wo man sich aushorcht und lobt, daß sie den Tatsachen des Lebens ganz naiv gegenüberstehen. Manchmal hat man wirklich das Gefühl, die Diplomaten führten ein so abgeschirmtes Leben, daß sie sich gar nicht vorstellen können, wie sich das Leben auf unserem Kontinent wirklich abspielt. Mit großen Worten werden die Lebensbedingungen auf dem Kontinent beschrieben; aber ohne eine Vorstellung davon widerzuspiegeln, wie diese tatsächlich sind, haben solche Worte wenig Bedeutung für den, der sie gebraucht, und noch viel weniger für den, der sie hört.
Und auf derselben Ebene ist noch eine Warnung vor der dominierenden Denkweise der Geheimdienste gegenüber politischen Gesichtspunkten notwendig. Aus der Sicht der Geheimdienste ist es sehr einfach, daß alles, was ich tue, und mit mir viele Männer und Frauen, zur Zerstörung des Dritten Reiches beiträgt, also gegen den Hauptfeind gerichtet und daher lobenswert ist. Aber politisch gesehen gilt für Diktaturen oder Tyranneien dasselbe Gesetz wie für Demokratien: Man kann eine Regierung nur beseitigen, wenn man eine andere Regierung anzu-

bieten hat. Demnach kann mit der Zerstörung des Dritten Reiches erst begonnen werden, wenn man zumindest imstande ist, eine Alternative vorzuschlagen. Das kann ein Mann, der den Standpunkt des Geheimdienstes vertritt, nicht verstehen, und daraus können sich sehr ernste Folgen ergeben nicht nur für die Nachkriegszeit, sondern auch für die Chancen, das Dritte Reich von innen heraus zu zerstören.
Dieses Argument haben übrigens mehrere Leute aus den Untergrundorganisationen verschiedener besetzter Länder mir gegenüber vorgebracht.

2.
Außerhalb Deutschlands macht man sich folgende Schwierigkeiten nicht klar, mit denen wir zu kämpfen haben und die in Deutschland eine ganz andere Lage schaffen als in allen besetzten Ländern: Mangel an Einigkeit, Mangel an Leuten, Mangel an Kommunikation.
Mangel an Einigkeit: In allen von Hitler beherrschten Ländern außer Deutschland und Frankreich ist sich die Bevölkerung praktisch einig. In Norwegen oder Polen, in Griechenland, Jugoslawien oder Holland hat die überwältigende Mehrheit der Bevölkerung dieselbe Gesinnung. In Deutschland und in geringerem Maße auch in Frankreich ist das anders. Da gibt es viele, die vom Dritten Reich profitiert haben und wissen, daß mit dem Ende des Dritten Reiches auch ihre Zeit zu Ende geht. Zu dieser Kategorie gehören nicht nur ein paar hundert Menschen, nein, es sind Hunderttausende, und um ihre Zahl zu vermehren und neue Pfründe zu schaffen, wird alles korrumpiert. – Dann gibt es die Leute, die die Nazis nur als Gegengewicht zu dem vom Ausland auf Deutschland ausgeübten Druck unterstützt haben und sich jetzt nicht ohne weiteres aus dieser Verstrickung befreien können. Selbst wenn sie davon überzeugt sind, daß die Nazis unrecht haben, meinen sie, das werde durch uns früher zugefügtes Unrecht aufgewogen. – Außerdem gibt es eine dritte Auffassung, die von Goebbels' Propaganda und von der englischen Propaganda unterstützt wird: Wenn wir diesen Krieg verlieren, werden wir von unseren Feinden lebendig aufgefressen. Wir müssen ihn deshalb mit Hitler durchstehen und können ihn erst danach loswerden; man kann die Pferde nicht mitten im Fluß wechseln. – Diese Ansichten werden Sie so entschieden ablehnen wie ich, doch man muß sie als politisch wirksam in Rechnung stellen, weil sie Uneinigkeit hervorbringen. Während man also den Absichten fast jedes Holländers, Norwegers usw. trauen kann, muß man jeden Deutschen sorgfältig prüfen, um herauszubekommen, ob er zu gebrauchen ist oder nicht. Daß er Antinazi ist, genügt nicht.
Mangel an Leuten: Wir haben in unserem Land praktisch keine jungen Männer mehr, das heißt, Männer der Altersgruppen, die Revolutionen machen oder zumindest deren Vorhut bilden. Sie haben junge oder doch ziemlich junge Arbeiter in Ihren inländischen Betrieben. Ihre jungen Männer werden bei Ihnen im eigenen Land ausgebildet. Das ist bei uns ganz anders. Unsere jungen Männer befinden sich alle, selbst wenn sie erst ausgebildet werden, weit jenseits unserer Grenzen. Statt dessen haben wir mehr als 8 Millionen ausländische und potentiell

feindliche Arbeiter im Land, und ihre Zahl wird voraussichtlich auf 10 Millionen anwachsen. Es gibt hier keine Deutschen, die jünger sind als Jahrgang 1899. Bis auf die Geheimpolizei und die SS sind Ausnahmen hiervon unbedeutend. Die wenigen Aktiven, die übrigbleiben, sind schwer überarbeitet und am Ende ihrer Kräfte. Die Frauen sind, sofern sie nicht zu irgendwelcher Kriegsarbeit herangezogen werden, physisch, vor allem aber psychisch voll ausgelastet mit der Aufgabe, ihren Haushalt in Ordnung zu halten. Je stärker die wirtschaftliche Belastung, desto unwahrscheinlicher ist eine Revolution, da die Menschen ganz damit beschäftigt sind, überhaupt zu leben. Die Lebensmittelverteilung funktioniert ziemlich gut, obwohl sie auch viel Zeit in Anspruch nimmt. Versucht man aber etwas anderes zu kaufen, ist es überaus mühsam. Braucht man einen Briefumschlag, will man seine Schuhe reparieren, seinen Anzug ausbessern, seinen Mantel reinigen lassen oder sucht gar Nägel, eine Zahnbürste, Klebstoff oder einen Kochtopf, einen Gegenstand aus Porzellan oder Glas, will man sein Kind irgendwo absetzen oder benötigt man einen Arzt, so entdeckt man, daß die Erfüllung eines solchen Wunsches einen ganzen Tag Arbeit kostet. Man muß warten und rennen, herumstehen und handeln, drängen und bitten, und zuletzt bekommt man das Gewünschte wahrscheinlich nur, wenn man etwas dafür anzubieten hat, seien es Dienste oder Waren. Diese ganze zusätzliche Arbeit müssen die Frauen bewältigen. Während die Männer als Soldaten völlig vergessen, was arbeiten heißt, sind die Frauen vollkommen überarbeitet. Das heißt nicht nur, daß sie physisch von diesen Tätigkeiten in Anspruch genommen werden, was ja selbstverständlich ist; das Ärgste ist, daß ihre Gedanken vollständig von den Überlegungen in Anspruch genommen werden, wie sie bekommen können, was sie brauchen, sei es eine Zahnbürste oder einen Arzt. Der letzte Gedanke einer Frau vor dem Einschlafen ist höchstwahrscheinlich: „Ich darf nicht vergessen, daß sie sagten, um drei gebe es eventuell ein paar Briefumschläge, und beim Arzt hieß es, er werde vielleicht gegen 6.30 zurück sein. Aber was mache ich mit dem Kind, während ich auf den Arzt warte, es könnte neun Uhr werden, bis ich zurück bin.“ Da bleibt keine Zeit, überhaupt nur an den Krieg zu denken.

Mangel an Kommunikation: Das ist das Schlimmste. Können Sie sich vorstellen, was das bedeutet, wenn man

a) nicht telefonieren kann;
b) die Post nicht benutzen kann;
c) keinen Boten schicken kann, denn wahrscheinlich hat man keinen, und wenn man einen hat, kann man ihm nichts Schriftliches mitgeben, da die Polizei zuweilen Leute in Zügen, Straßenbahnen usw. nach Dokumenten durchsucht;
d) nicht einmal mit den Menschen sprechen kann, mit denen man völlig einig ist, weil die Verhörmethoden der Geheimpolizei zunächst den Willen brechen, den Verstand aber bei voller Klarheit belassen. Auf diese Weise wird das Opfer dazu gebracht, alles auszusagen, was es weiß. Deshalb darf man Mitteilungen nur denjenigen zukommen lassen, die sie unbedingt brauchen;
e) sich nicht einmal auf Gerüchte oder eine Flüsterkampagne verlassen kann, um Nachrichten zu verbreiten, da die Nachrichtensperre so wirksam ist, daß eine

in München gestartete Flüsterkampagne vielleicht nicht einmal bis Augsburg kommt.
Es gibt nur einen zuverlässigen Weg zur Verbreitung von Nachrichten, nämlich den Londoner Rundfunk, der von vielen wirklichen Gegnern des Nationalsozialismus und unzufriedenen Parteimitgliedern gehört wird.

3.
Zum Teil ist dieser teuflische Apparat von den Nazis erfunden worden, zum Teil ist er die direkte Folge des Krieges. Jedenfalls wird er von der herrschenden Schicht äußerst wirkungsvoll benutzt. Diese will vor allem die Armee vor den politischen Strömungen im Land abschirmen, was auch weitgehend gelingt. Nur Soldaten auf Urlaub und Mannschaften der Luftabwehr befinden sich im Land. Die Urlauber wollen nicht behelligt werden, und ihre Verwandten wollen sie nicht behelligen. Männer außer Landes erhalten nur dürftige briefliche Information, da die Frauen aus Furcht vor Unterdrückungsmaßnahmen, die immer wieder getroffen werden, nicht zu schreiben wagen. Im übrigen führen die Soldaten ein ziemlich isoliertes Leben. Sie treten meist in großer Zahl auf und müssen nur mit dem Feind fertig werden. Insbesondere die Offiziere führen zum großen Teil ein Leben, das ihren zivilen Status übersteigt. Der einfache Soldat weiß über die Zustände in Deutschland nicht mehr als Sie, wahrscheinlich sehr viel weniger. Im übrigen werden die Soldaten unentwegt Situationen ausgesetzt, die ihnen keine andere Möglichkeit lassen, als zu kämpfen. Ihre Gedanken kreisen genauso ausschließlich um den Feind wie diejenigen der Hausfrauen um ihre Bedürfnisse. „Der deutsche General und Soldat darf sich nie sicher fühlen, sonst will er sich ausruhen; er muß stets wissen, daß der Feind vor und hinter ihm steht und daß man nur eins tun kann, nämlich kämpfen." Das äußerte Hitler gegenüber Feldmarschall Manstein, der vorschlug, eine Stellung hinter der Front zu befestigen.
Aber auch in Deutschland selbst wissen die Leute nicht, was vorgeht. Ich glaube, mindestens neun Zehntel der Bevölkerung weiß nicht, daß wir Hunderttausende von Juden umgebracht haben. Man glaubt weiterhin, sie seien lediglich abgesondert worden und führten in etwa dasselbe Leben wie zuvor, nur weiter im Osten, woher sie stammten, vielleicht etwas armseliger, aber ohne Luftangriffe. Würde man diesen Leuten erzählen, was wirklich geschehen ist, bekäme man zur Antwort: Sie sind eben ein Opfer der britischen Propaganda. Wissen Sie nicht mehr, was für lächerliche Dinge über unser Verhalten in Belgien 1914/18 verbreitet wurden?
Eine andere Tatsache: Die Deutschen machen sich Sorgen um ihre Männer und Söhne, die in Rußland vermißt gemeldet worden sind. Die Russen haben, was sehr klug von ihnen war, unseren Männern erlaubt, nach Hause zu schreiben. Diese Briefe werden in Deutschland weggeschlossen oder vernichtet, keinesfalls aber an die Angehörigen weitergeleitet. Etwa tausend dieser Karten waren auf Grund eines technischen Fehlers der Zensur entgangen. Die Empfänger, die daraufhin auf normalem Weg zu antworten versuchten, wurden verhaftet, verhört und so lange festgehalten, bis ihnen klar wurde, was passieren würde, wenn sie

darüber sprächen, daß sie Nachricht von ihren Männern erhalten hätten. So etwas funktioniert in Deutschland monate-, vielleicht jahrelang, und dabei handelt es sich um Nachrichten, auf die man in Deutschland begierig wartet. Man kann das nicht, wie etwa bei dem Beispiel von den Juden, mit der Erklärung abtun, die Deutschen seien unpolitisch und wollten nicht hören, sie hätten Juden umgebracht. Nein, selbst die Sache mit der Post aus Rußland ist weder allgemein bekannt, noch glaubt sie jemand, wenn man sie erzählt. Wer solche Vorfälle erfährt, etwa die Beamten, die mit den Karten zu tun haben, oder deren Verwandten, der glaubt im allgemeinen, die Karten seien gefälscht und der Führer in seiner Großmut wolle verhindern, daß die hinterhältigen Russen unbegründete Hoffnungen weckten, die bei Bekanntwerden der Tatsachen zu noch tieferer Verzweiflung führen müßten.

Eine dritte Tatsache: Inzwischen gibt es bei uns neunzehn mit erheblicher Geschwindigkeit arbeitende Guillotinen. Die meisten Leute haben davon überhaupt keine Ahnung, und praktisch niemand weiß, wieviel Menschen täglich enthauptet werden. Meiner Schätzung nach sind es täglich etwa fünfzig, dazu kommen die, die in den Konzentrationslagern sterben. – Niemand kennt die genaue Zahl der Konzentrationslager oder ihrer Insassen. Nur wenige Kilometer von unserem Gut entfernt gibt es ein Konzentrationslager. Unser Landrat erzählte mir, er habe erst von der Existenz eines KZs in seinem Kreis erfahren, als er ersucht wurde, Maßnahmen anzuordnen, die das Übergreifen einer Typhusepidemie auf ein Nachbardorf verhindern sollten. Zu diesem Zeitpunkt bestand das Lager bereits monatelang. Berechnungen über die Anzahl der KZ-Insassen schwanken zwischen 150 000 und 350 000. Niemand weiß, wie viele täglich umkommen. Zufällig habe ich festgestellt, daß im KZ Dachau in einem einzigen Monat 160 Menschen gestorben sind. Außerdem wissen wir ziemlich zuverlässig, daß es 16 KZs mit eigenen Krematorien gibt. Wir haben vom Bau eines großen Konzentrationslagers in Oberschlesien gehört, welches für 40–50 000 Personen angelegt ist, von denen monatlich 3–4000 getötet werden sollen. Aber selbst ich bekomme alle diese Informationen nur in recht vager, undeutlicher und ungenauer Form, obwohl ich mich ja bemühe, so etwas herauszufinden. Mit Sicherheit wissen wir nur, daß Scharen von Deutschen, wahrscheinlich viele Hunderte, täglich auf verschiedene Weise getötet werden. Und diese Menschen sterben keinen ruhmvollen Tod wie diejenigen in den besetzten Ländern, die wenigstens im Bewußtsein sterben, daß ihre Landsleute sie für Helden halten. Unsere Leute sterben einen schmählichen Tod, sie wissen, daß man sie auf eine Stufe mit Räubern und Mördern stellt.

4.

Und wie steht es mit der Opposition[14], jenen Männern, „von denen man so viel hört und so wenig merkt“, wie man kürzlich einer Schlagzeile entnehmen konnte? Nun, erstens hat sie große Verluste. Die gut funktionierenden Guillotinen können eine beträchtliche Zahl von Männern verschlingen. Das ist eine ernste Sache. Nicht allein wegen des Verlustes an Menschenleben; den müssen wir in Kauf nehmen,

denn wir werden nicht ohne erhebliche Opfer an Menschen aus dem Dilemma herauskommen, in das man uns gebracht hat. Das schlimmste ist, daß dieser Tod schmählich ist. Er wird nicht zur Kenntnis genommen, und die Verwandten vertuschen ihn, nicht etwa weil daran etwas zu verheimlichen wäre, sondern weil sie von der Gestapo mit dem gleichen Schicksal bedacht würden, wenn sie zu erzählen wagten, was geschehen ist. In den übrigen von Hitler tyrannisierten Ländern hat sogar der gewöhnliche Verbrecher Aussicht, als Märtyrer angesehen zu werden. Bei uns ist das anders: Selbst der Märtyrer kann sicher sein, als gewöhnlicher Verbrecher zu gelten. Das macht den Tod sinnlos, und dies wiederum ist ein sehr wirksames Abschreckungsmittel. Zweitens hat die Opposition Sand ins Getriebe geworfen. Es wird niemals bekannt werden, inwieweit das den Interessen Ihrer Leute entgegenkam. Das Ausmaß dieser Tätigkeit ist sehr erheblich, besonders in der höheren Bürokratie. Es vergeht kaum eine Woche, in der mir nicht etwas auffällt, was jemand getan haben muß, um die Ausführung eines Befehls zu verhindern oder ihn wenigstens nicht voll wirksam werden zu lassen.
Drittens rettet die Opposition das Leben einzelner Menschen. Wir können nicht verhindern, daß wilde Befehle erteilt werden, aber wir können einzelne Menschen retten. Und das geschieht in allen Lebensbereichen. Leute, die offiziell hingerichtet wurden, sind noch am Leben; andere wurden rechtzeitig gewarnt und konnten fliehen. Das gilt insbesondere in den besetzten Ländern: Die Massenmorde lassen sich nicht leugnen, aber wenn einmal Bilanz gezogen wird, dann wird man vielleicht einsehen, daß durch das Dazwischentreten irgendeines Deutschen, sei es eines einfachen Soldaten, sei es eines Generals, eines Arbeiters oder eines hochgestellten Beamten, viele Tausende gerettet worden sind.
Viertens hat die Opposition viele Fehler gemacht. Der Hauptirrtum war, sich auf eine Aktion der Generäle zu verlassen. Diese Hoffnung war von vornherein aussichtslos, aber die meisten konnten nicht rechtzeitig davon überzeugt werden. Die französischen Generäle konnten Napoleon nicht beseitigen. Genauso ergeht es heute den Deutschen. Es würde zu weit führen, alle Gründe dafür auseinanderzusetzen. Der wichtigste soziologische Grund ist, daß wir eine Revolution brauchen, nicht einen Staatsstreich; und eine solche Revolution wird den Generälen niemals denselben Spielraum und dieselbe Stellung geben, wie sie ihnen von den Nazis eingeräumt worden sind und heute noch eingeräumt werden.
Fünftens hat die Opposition zweierlei getan, was meiner Meinung nach von Dauer sein wird: die Mobilisierung der Kirchen und die Wegbereitung für ein vollständig dezentralisiertes Deutschland. Die Kirchen haben in dieser Zeit Großartiges geleistet. Einige Predigten von prominenteren katholischen wie auch protestantischen Bischöfen sind im Ausland bekanntgeworden, insbesondere zwei Predigten des Berliner Bischofs Graf Preysing vom 16. Mai [?] und vom 20. Dezember 1942. Aber das Wichtigste ist die kontinuierliche Entwicklung, nämlich daß der gesamte Klerus fast ausnahmslos trotz intensiver Propaganda und dem Druck, der auf ihn ausgeübt wird, die großen Prinzipien aufrechterhalten hat. Ich weiß von keinem einzigen Pfarrer, der in einer von britischen Bomben zerstörten Kirche eine Predigt mit antibritischer Tendenz gehalten hat. Die Kirchen

sind Sonntag für Sonntag voll. Der Staat wagt sich im Augenblick nicht an die Kirche heran. Um eine direkte Konfrontation zu vermeiden, sind die Kirchen vielerorts als Lager für Möbel aus zerbombten Häusern beschlagnahmt worden; der Staat hofft, die Kirchenarbeit dadurch allmählich unmöglich zu machen.
Die Abwendung von der Idee eines stark zentralisierten deutschen Staates macht große Fortschritte. Während noch vor zwei Jahren die Vorstellung eines vollständig dezentralisierten Staates als Utopie galt, ist sie heute fast ein Gemeinplatz. Das wird die Übergangszeit zwischen Krieg und Frieden erleichtern und vielleicht eine Verständigung ermöglichen.

5.
Zwei allgemeine Beobachtungen wären noch hinzuzufügen: über Kriegsverbrecher und über die Gefahr des Kommunismus. Die Bestrafung politischer Verbrecher wird nach dem Ende des Dritten Reiches beim deutschen Volk diesmal sehr populär sein. Sie müssen bedenken, daß sich bei uns etwa 250 000 Menschen in Konzentrationslagern befinden; sicherlich noch einmal so viele sind von den Nazis umgebracht worden, und wahrscheinlich weitere 250 000 sind einmal im KZ gewesen, wurden dann freigelassen und sind nun an der Front oder arbeiten irgendwo. Diese 750 000 Menschen und/oder ihre Angehörigen haben nur einen Wunsch: den Mann zu töten, der für ihren besonderen Fall die Verantwortung trägt, und zwar auf schnellstem Weg, womöglich eigenhändig. Bis auf einige, die aus anderen Ländern kommen, vor allem aus Litauen, sind die Leute, die jetzt in den besetzten Gebieten Menschen umbringen, weitgehend dieselben, die Deutsche getötet und eingesperrt haben. – Übrigens stammt die Mehrzahl der brutalsten SD-Leute, Mörder usw., entweder aus Österreich oder dem Sudetenland. Die Schlägertypen aus dem kleindeutschen Gebiet sind nur eine Minderheit, und wahrscheinlich nur ganz wenige stammen aus Preußen. Darum besteht schon aus der deutschen Entwicklung heraus die Notwendigkeit, diese Leute vor den Richter zu bringen – vielleicht sogar ohne Gerichtsverhandlung zu beseitigen. Die Alternative dazu wäre [durch ein Gericht der Sieger], diese Schläger zu Nationalhelden zu machen, die für Deutschland leiden, statt von Deutschland bestraft zu werden.
Die „kommunistische Gefahr" ist in unserer Lage etwas sehr Reales. So wie die Dinge liegen, kommt aber diese Gefahr hauptsächlich aus den Reihen der Intellektuellen und nicht von den Arbeitern her. Die Arbeiter, die kommunistisch werden könnten, sind nämlich schon Nazis. Und diejenigen, die Nazis sind, können jederzeit wieder kommunistisch werden. Wenn man nicht aufpaßt, werden alle jene brutalen SA- und SS-Leute sich als verfolgte Kommunisten ausgeben, die sich jetzt an ihren Gegnern rächen müssen. Aber die Arbeiter, die jetzt keine Nazis sind, und das trifft für die Mehrheit der älteren und der Facharbeiter zu, haben jedes totalitäre Regime satt. Auf diese Arbeiter müssen wir bauen und nicht auf jene, die mit einem einfachen Farbenwechsel wegkommen wollen, ohne dabei ihre Gesinnung zu ändern. Der Kampf gegen den Nazismus ist nämlich nicht auf die eine oder andere Klasse beschränkt: Er wird innerhalb der Klassen

ausgetragen, und es gibt Anhänger jeglicher Weltanschauungen in allen Gesellschaftsschichten, den oberen wie den unteren. Wenn sich überhaupt etwas über Klassen sagen läßt, so ist es folgendes: Im allgemeinen ist der Mittelstand nazi oder zumindest von irgendeiner Form des Totalitarismus in hohem Maße infiziert. Der niedere preußische Adel ist, soweit er noch Land besitzt, am wenigsten anfällig, ja sogar fast immun gegen jede Art von Totalitarismus. Der höhere Adel, vom Herzog aufwärts, sowie der Adel Süd- und Westdeutschlands ist viel mehr von dieser Krankheit befallen; der städtische Adel gehört eigentlich zum Mittelstand. Soweit dieser Mittelstand anti-nazi ist, neigt er dazu, bolschewikenfreundlich, russenfreundlich usw. zu sein. Er ist sich seiner selbst nicht sicher und hofft auf die große neue Kraft, die aus dem Osten kommen soll.

6.
Meine Bitte geht nun in Anbetracht dieser Umstände dahin, eine feste Verbindung zwischen der deutschen Opposition und Großbritannien herzustellen, und zwar eine Verbindung, die nicht in Beziehungen zum Geheimdienst besteht und nicht in erster Linie zu Informationszwecken benutzt wird, sondern als eine politische Verbindung. Ich suche sie nicht, um eventuelle Friedensbedingungen oder die Möglichkeiten einer Nachkriegswelt zu besprechen, sondern als Hilfe für unseren Krieg gegen Hitler, unseren internen Krieg. Ich lege eine Aufzeichnung [nicht vorhanden] von mir bei über ein gewisses Ereignis, welches uns in der letzten Zeit beschäftigt hat. Wäre eine feste Verbindung mit Großbritannien vorhanden, so hätten wir eine gemeinsame Strategie absprechen können, um diese Umstände auszunutzen. Ohne diese Verbindung tappen wir im Dunkeln und können nur hoffen, daß die Information, die an Ihre Leute gelangt, nicht so benutzt wird, daß sie uns diskreditiert oder möglicherweise gefährdet. – Es wird wieder solche Gelegenheiten geben, und der Kontakt wird auch für andere Situationen von Nutzen sein. Ich hoffe aber, Sie verstehen anhand dieses einen Beispiels und ohne weitere Einzelheiten oder Beispiele, was ich meine.

7.
Wie läßt sich dies nun technisch bewerkstelligen? Wir brauchten einen Mann in Stockholm, der Mitteleuropa kennt und dessen besondere Aufgabe es wäre, unter der allgemeinen Oberaufsicht des Botschafters mit den verschiedenen Untergrundbewegungen in Europa, vor allem aber in Deutschland, Verbindung zu halten. Er müßte auf der Basis politischer Diskussion und Zusammenarbeit mit ihnen verhandeln. Wir würden ihn hier mit Adressen versehen, über die er mit Gruppen der Opposition in den verschiedenen Ländern unter Hitler Kontakt aufnehmen könnte. Am besten wäre ein Mann, den ich kenne oder von dem ich etwas weiß, denn die Zeit ist kostbar; es dauert doch immer eine Weile, bis man mit einem Fremden vertraut wird, und ein wirklich persönlicher Kontakt ist notwendig.
Was seine Position und Vollmachten angeht, sind zwei Hauptpunkte zu bedenken. Obwohl er der allgemeinen Oberaufsicht des Botschafters unterstehen

würde, sollte er nicht in die Geheimdienstarbeit verwickelt sein. Soweit ich feststellen kann, sind die Kanäle der Geheimdienste der verschiedenen Nationen alle dieselben, und die meisten Agenten arbeiten für mindestens zwei Parteien. Deshalb ist alles, was man dem Geheimdienst eines Landes anvertraut, nach einer gewissen Zeit den Geheimdiensten aller anderen auch bekannt. Infolgedessen sind die Geheimdienste aller Länder für alle geheim außer für den jeweiligen Gegner. Es mag zwar eine entscheidende Verzögerung eintreten, bis eine Information von einem Geheimdienst zum anderen durchsickert, aber zu guter Letzt kommt sie doch an, und man hat nicht viel gewonnen, wenn die Guillotine lediglich um drei Monate hinausgeschoben wird.
Zu den Vollmachten möchte ich folgende Bemerkung machen: Der Mann müßte in der Lage sein, unter Umständen einem von uns kurzfristig eine Reise nach England und zurück zu ermöglichen, so daß gemeinsame Pläne notfalls *viva voce* besprochen werden könnten.

Das wären also meine Vorschläge. Ich hoffe, Sie sind so freundlich, sie zu überdenken. Vielleicht werden sie Ihnen von einem unserer schwedischen Freunde überbracht. Andernfalls werden Sie die Adresse eines solchen Freundes erhalten, mit dem ein Mann, den Sie herschicken, Verbindung aufnehmen kann. Sie werden verstehen, daß Sie in diesem Zusammenhang meinen Namen bitte nicht erwähnen dürfen, es sei denn einem Mann gegenüber, der in so hoher Position ist, daß er selbst entscheiden kann, ohne die Information mit dem Namen an einen Vorgesetzten weiterreichen zu müssen. Unter keinen Umständen darf mein Name irgendwo schriftlich erwähnt werden.
Was mich betrifft, so würde ich natürlich vorziehen, Michael [Balfour] hier in Stockholm zu haben, sei es als Hauptverantwortlichen oder als dessen Berater.
Ich fühle mich nicht in der Lage, diesem Brief etwas Persönliches hinzuzufügen. Michael und Julian [Frisby] habe ich je einen Brief mit allen Nachrichten geschrieben. Sie wissen, daß sie Ihnen ihre Briefe zeigen sollen, und vielleicht sind Sie so gut, ihnen von diesem Brief zu zeigen, was Sie für wesentlich halten.
Alles Liebe an Sie beide
Ihr ...

Die Briefe an Michael Balfour und Julian Frisby erreichten die Adressaten mit gewöhnlicher Post. Sie waren mit „Maria Strindberg" unterzeichnet.
Der Brief an Curtis brachte Johansson in eine schwierige Situation. Es schien ihm zu riskant, ihn so, wie er war, durch die Post befördern zu lassen. Vielleicht fürchtete er auch, die schwedische Neutralität zu gefährden. Der Brief blieb deshalb bis zu seiner Veröffentlichung 1970 in seinem Archiv.[15] Als er aber im Juli 1943 von Tracy Strong, dem amerikanischen Generalsekretär des Christlichen Vereins Junger Männer, besucht wurde, bat er diesen, sich den Brief möglichst genau einzuprägen und ihn auf der Rückfahrt Bischof Bell vorzutragen, was auch geschah. Strong schrieb in England eine Zusammenfassung des Briefs von etwa einem Sechstel der ursprünglichen Länge ohne Hinweis auf die Quelle des Berichts. Bell

sandte dieses Dokument Lionel Curtis, erklärte ihm in einem Begleitbrief[16], wie es in seine Hände gekommen war, und unterstützte die Bitte, man solle einen vertrauenswürdigen Engländer nach Stockholm schicken, um mit dem Widerstand Kontakt aufzunehmen. Was Curtis dann mit dem Brief unternahm, ist nicht bekannt; es ist aber anzunehmen, daß er ihn ans Foreign Office und an die britische Abwehr (MI 5) weitergab. Bell schickte eine Abschrift des Dokuments an den Chef des „Political Warfare Executive", Sir Robert Bruce Lockhart, wo Michael Balfour arbeitete. Lockhart zeigte den Brief Michael Balfour aber nie und erwähnte ihn auch nicht. Möglicherweise ließ man sogar eine Abschrift ohne Erwähnung der Herkunft und ohne die Bitte um einen Verbindungsmann in der Dienststelle zirkulieren. Sie erregte aber in ihrer verstümmelten Form wohl wenig Aufmerksamkeit. Auf das Ersuchen, einen Engländer nach Stockholm zu schicken, erfolgte wahrscheinlich nichts. Denn zu Beginn des Jahres hatte die britische Vertretung in Stockholm, die von Moltkes bevorstehendem Besuch wußte, schon vergeblich versucht, Michael Balfour eine Zusammenkunft mit ihm in Stockholm zu ermöglichen. Ihr Ersuchen war abgelehnt worden aufgrund einer allgemeinen Weisung des Premierministers, Annäherungsversuche von Deutschen seien nicht zu beachten.

Als Moltke nach Berlin zurückkehrte, erfuhr er wahrscheinlich von zwei Fehlschlägen des Widerstandes, die ihn in seiner eigenen Ansicht nur bestärken konnten. Seit Anfang des Jahres und der Kapitulation von Stalingrad am 13. Januar 1943 hatte Oster in enger Zusammenarbeit mit General von Tresckow Hitlers Ermordung erneut betrieben. Nach ein paar vergeblichen Versuchen schmuggelte schließlich der Reserveleutnant Fabian von Schlabrendorff am 13. März eine Bombe in Hitlers Flugzeug. Der Versuch schlug fehl, weil die Flughöhe sich auf die Bombe auswirkte, so daß sie nicht explodierte. Ein zweiter Versuch am 21. März mißlang ebenfalls. Oberst Wolf von Gersdorff wollte sich selbst und Hitler mit einer Bombe, die er bei sich trug, in die Luft sprengen, während er ihm erbeutete Waffen vorführte. Hitler ging aber durch die Waffensammlung, ohne etwas zu besichtigen. Nichts konnte deutlicher zeigen, wie schwierig es war, an ihn heranzukommen. Die Kreisauer hatten von diesen Versuchen sicher nur wenig gewußt, da vorsichtshalber nur kleine Gruppen über solche Unternehmungen orientiert werden durften.

14 Tage später traf den Widerstand ein neuer Schlag. Reinhard Heydrich, der nicht nur Leiter des Reichssicherheitshauptamtes, sondern auch „Protektor" von Böhmen und Mähren war, wurde im Mai 1942 bei Prag von tschechischen Fallschirmspringern, die aus England kamen, ermordet, was für das tschechische Volk schreckliche Folgen hatte. Sein Posten beim RSHA blieb bis Januar 1943 unbesetzt; dann wurde der SS-General Kaltenbrunner, bis dahin Chef der Wiener Polizei, damit betraut. Das gab den Bemühungen, die Stellung der Abwehr zu untergraben, neuen Auftrieb. Sollte es gelingen, Angehörigen der Abwehr Hochverratsverfahren anzuhängen, war die unabhängige Existenz der Abwehr gefährdet. Deshalb zeigte man besonderes Interesse für Angehörige der Abwehr, die aus irgendeinem Grund mit der Polizei zu tun hatten.

Das galt für einen Geschäftsmann und portugiesischen Ehrenkonsul namens Schmidhuber, der in München für die Abwehr gearbeitet hatte. Er wurde im November 1942 wegen Devisenvergehen in Italien verhaftet und der Gestapo ausgeliefert. Dort wurde er von Manfred Roeder verhört, der sich gerade bei der Sprengung der Spionage- und Widerstandsgruppe „Rote Kapelle" hervorgetan hatte, die mit 46 Hinrichtungen endete.[17] Im Kreuzverhör belastete Schmidhuber verschiedene Mitglieder der Abwehr, vor allem Dohnanyi, Bonhoeffer und Josef Müller. Zuerst wurde ihnen nur vorgeworfen, Juden gerettet zu haben, indem sie sie als Agenten der Abwehr außer Landes geschickt und ihnen als Bezahlung für ihre Dienste ihr Geld überwiesen hätten. Aber dann kam viel mehr heraus, und am 5. April erschien Roeder mit einem Haftbefehl gegen Dohnanyi im Büro von Canaris. Dohnanyis Frau hat berichtet, Moltke habe diesen gewarnt[18], was ihn aber offenbar nicht veranlaßt hatte, alles belastende Material von seinem Schreibtisch zu räumen. Oster als sein Vorgesetzter mußte anwesend sein, während sein Büro durchsucht wurde, mißverstand einen Wink Dohnanyis und wurde von einem Gestapomann ertappt, als er ein Dokument verschwinden lassen wollte. Dohnanyi wurde verhaftet und bald darauf auch seine Frau, Dietrich Bonhoeffer und Josef Müller sowie Frau Müller. Noch schlimmer war vielleicht, daß auch Oster sein Amt niederlegen mußte und auf unbestimmte Zeit beurlaubt wurde. Der SD wußte allerdings nicht, daß er damit den Kern der Gruppe beseitigt hatte, die Hitler aus dem Weg räumen wollte. Im übrigen stand die gesamte Abwehr jetzt mehr unter Verdacht als je zuvor.

Canaris hat sicher gespürt, daß seine Stellung nicht mehr lange zu halten war. Die nahende Niederlage stärkte den Einfluß der radikalen Elemente unter den Nazis. Sie gingen immer rücksichtsloser vor, denn sie hatten keine Aussicht, bei einem Zusammenbruch ungestraft davonzukommen, und konnten zudem argumentieren, ein solcher Zusammenbruch sei nur noch durch drastische Maßnahmen zu verhindern. Himmler scheint wirklich ein Doppelspiel getrieben zu haben; er beließ Leute in Freiheit, von denen er wissen mußte, daß sie mit den Alliierten in Verbindung standen, und versuchte im August 1943 durch Popitz und den Rechtsanwalt Carl Langbehn, mit dem Widerstand in Verbindung zu kommen. Als aber eine alliierte, offenbar weder englische noch amerikanische Meldung aus der Schweiz über diese Annäherungsversuche von der Gestapo dechiffriert wurde, mußte der Reichsführer SS seine eigene Haut retten. Er schützte vor, als *agent provocateur* gehandelt zu haben, ließ Langbehn verhaften (Popitz aber nicht) und nutzte sein neues Amt als Innenminister gegen jeden aus, der wegen „Defätismus" oder „Wühlarbeit" angezeigt wurde. Im Laufe des Sommers begann Canaris, seine Auslandsorganisation umzubilden, damit sie weniger anfällig für eine Übernahme durch den SD war, ließ sich aber entgegen seiner früheren Gewohnheit nicht darauf ein, sich ernstlich für die Freilassung seiner Untergebenen einzusetzen.

Nach Dohnanyis Verhaftung fragte sich Moltke, wie lange er noch in Berlin weiterarbeiten könne. Um diese Zeit herum erkundigte er sich bei Wilhelm Adam, dem Landrat von Schweidnitz, ob er möglicherweise in der Provinzialverwaltung in Breslau arbeiten könnte. Er kritisierte Canaris aber trotzdem wegen seiner Untätigkeit. Wahrscheinlich wußte er längst nicht soviel über dessen Schwierigkeiten wie wir heute.

Berlin, den 5. Mai 1943
... Mit Bürkner hatte ich heute morgen eine Aussprache über die Schwächeanfälle des kleinen Matrosen und sagte ihm, so ginge das nicht. Bürkner war verständig und hat mir erlaubt, diese Sache dem kleinen Matrosen unter vier Augen vorzutragen. Das soll Anfang der neuen Woche geschehen. Ich bin gespannt, wie das ausgehen wird ...

Aber der nächste noch erhaltene Brief wurde 14 Tage später geschrieben und gibt keinen Hinweis auf das Ergebnis der Besprechung. Hans Bernd Gisevius, der zu dieser Zeit Verbindungsoffizier zwischen der Abwehr und der Schweiz war, hat allerdings ein Bild entworfen, das diese Lücke in gewissem Grade füllt:

... Noch heute sehe ich seine große, überschlanke Figur vor mir stehen – es muß kurz nach dem Einschlagen des Blitzes in unserem Amt gewesen sein. Unser Gespräch kreiste um die Frage, ob man den so sichtbar in seiner Stellung bedrohten Canaris bedrängen sollte, letzte Einflußmöglichkeiten auf die obersten Militärs im Sinne eines Zupackens gegen die Terrorherrschaft zu nutzen. Moltke befürwortete, der Admiral solle sich auf eine streng juristisch umgrenzte Aktion zugunsten der verhafteten Freunde beschränken. Moltke rührte sich nicht vom Fleck, er drückte eine dünne Akte an die Brust wie der Pfarrer die Bibel, in seinem in die Ferne gerichteten Blick leuchtete etwas Sektiererisches. Um so faszinierender war die gebändigte Kraft, mit der er sprach; trotz aller Schärfe der Diktion steigerte sich nicht einmal die Stimme, und seine Argumente blieben gleich nüchtern, verstandesmäßig, fast könnte ich sagen, völlig ungerührt und unbeirrbar: nicht anders, als plädiere er als der am Londoner Gericht zugelassene Barrister.
Unser Gespräch dehnte sich zu Stunden. Denn ich gestehe, nach allem, was sich in den letzten Jahren ereignet hatte, verstand ich ihn weniger denn je. Aber wenn ich überdenke, was selbst zwanzig Jahre danach auf deutschem Boden nicht etwa gegen die mißglückte Aktion des 20. Juli, sondern gegen das sittliche und politische Gebot eines Erhebungsversuches gesagt werden kann, dann beeile ich mich hinzuzufügen: Heute würde ich nicht mehr dieselbe Sicherheit aufbringen, mit dem toten Moltke zu rechten, wie ich dem lebenden widersprochen habe ...[19]

An der Arbeit
April bis August 1943

Während der verbleibenden zehn Monate in Freiheit fuhr Helmuth von Moltke fort wie zuvor: Er vervollständigte mit seinen Freunden die Entwürfe der Nachkriegspläne und arbeitete für die Abwehr in Berlin. Aber außerdem reiste er; zweimal nach Westeuropa, zweimal in die Türkei, einmal nach Polen, einmal nach Österreich, noch einmal nach Skandinavien und mehrmals nach Süddeutschland. Reisen und Arbeit hingen zusammen, doch man kann beides besser verfolgen, wenn man es getrennt behandelt.
Das alles brachte große Anstrengungen mit sich. Es war nicht immer ganz so schlimm wie am 6./7. August, als sein Terminkalender wie folgt aussah:

Berlin, den 8. August 1943
. . . Am Freitag mittag hatte Kiep hier gegessen, um halb drei kam Steltzer, um drei Peter, um halb vier Adam und Haeften, und dann mußte ich ins Amt und ins Büro, und um acht war ich wieder im Amt, wo ich mich mit Frl. Thiel [seiner Sekretärin] verabredet hatte, um die Aktenteilung fertig zu machen, für die ich über Tag einfach keine Zeit habe. Das dauerte so lange, daß ich erst um zwei im Bett lag, und um sechs mußte ich aufstehen, weil es im Amt gleich früh mit eiligen Sachen losging; diese beanspruchten mich bis elf. Um elf kam [Berthold] Stauffenberg, als er ging, Adam, und als dieser ging, Hans [Deichmann], der bis ein Uhr blieb. Dann hatte ich auch einige dringende Anordnungen zu geben und traf zu Hause schon Peter wartend vor, der mit Steltzer bei mir aß, um halb drei stieß Husen[1] zu uns, und bis wir fertig waren, war es 5.10 und ich mußte mich aufs Rad schwingen, um zu Konrad Preysing zu eilen, der mich um fünf erwartete; als ich um halb acht wieder einpassierte, saß Friedrich [Mierendorff] schon da, der bis zwölf blieb . . .

Trotzdem berichtet der einzige, der von allen diesen Besuchern noch am Leben ist (Hans Deichmann), Helmuth von Moltke habe entspannt gewirkt und sei in guter Verfassung gewesen.
In einem Brief an Michael Balfour vom 25. März schreibt Moltke:

* Berlin, den 25. März 1943
. . . Meine beiden jüngeren Mitarbeiter sind an die Front geschickt worden, und ihre Nachfolger sind verwundete Offiziere, die nach mehreren Jahren an der

Front das Arbeiten vollkommen verlernt haben. Es ist deshalb einfacher für mich, die Arbeit selbst zu machen, als sie ihnen anzuvertrauen. Das ist unbequem, aber die beiden Jungen werden zurechtkommen, denn sie haben den rechten Geist und den rechten Willen. Ich muß nur viel Geduld haben ...

Dabei hielt er es – seit der Verhaftung Dohnanyis – wohl immer für wahrscheinlich, daß seine Zeit beschränkt sein könnte.

Berlin, den 12. April 1943
... Hast Du nicht etwas zuviel zu tun? Du klangst ein wenig danach am Telefon. Schon' Dich. Die Zeit für unbegrenzte Anstrengungen ist noch nicht da, und für die mußt Du Dich pflegen. Du vor allen Dingen, denn Du mußt immer damit rechnen, daß es mich dann nicht mehr gibt, sei es physisch oder nur geographisch. Vergiß das, bitte, nicht ...

Berlin, den 19. Mai 1943
... Auch der Betrieb beschäftigt mich riesig: die Schafe und Kühe, das Futter und die neuen Bestellungspläne, das Bauen, der Brunnen in Wierischau, die neuen Maschinen usw. Es gibt so rasend viel zu tun, zu überlegen, zu planen, daß es mir um jeden Tag leid tut, den ich nicht zu Hause sein kann ...

In diesem ersten Brief nach einem kurzen Wochenende in Kreisau erwähnt er auch, er habe auf dem Rückweg nach Berlin im Zug Debatten im britischen Unterhaus und die Pläne von J. M. Keynes und Harry Dexter White für einen internationalen Geldfonds und eine internationale Bank studiert.

Berlin, den 27. Juni 1943 [ein Sonntag]
... Der Tag geht schon seinem Ende entgegen, und ich habe noch nicht geschrieben. Es ist ein schöner, sonniger Tag draußen, und an solchen Tagen ist es mir immer besonders schmerzlich, nicht zu Hause zu sein. Mir fällt dann immer ein, daß dieser Tag nun unwiederbringlich dahingeht.
Ich bin spät aufgestanden, weil wir Voralarm hatten und ich dann bis vier Uhr nicht wieder einschlafen konnte. So las ich und dachte über Kreisau nach und all die vielen Dinge, die da noch zu tun sind. Der Tag ging hin mit Kochen, Essen, *Times*, einigen Büchern und Patience. Er war nicht fruchtbar, weil es in mir nicht friedlich war. Ich hatte mal wieder das Gefühl, daß ich nur noch ganz kurze Zeit vor mir habe und daß ich so unendlich vieles ungetan zurücklassen muß. Das sind Tage, an denen es mir richtig schwerfällt, mich im Frieden zu erhalten ...

Berlin, den 17. Juli 1943
... Es gibt nichts weiter zu berichten. Langsam rinnt das Stundenglas aus, und die, die jahrelang nicht auf das Glas geschaut haben, sind jetzt ziemlich erschrocken darüber, wie wenig Sand noch darinnen ist. Es ist mir immer wieder schwer verständlich, wie Leute sich darüber Illusionen machen konnten ...

Zur Zeit von Dohnanyis Verhaftung befand sich Moltke mitten in der Kontroverse über die Wiedererfassung entlassener holländischer, belgischer und französischer Kriegsgefangener zur Zwangsarbeit in Deutschland, denn die Kriegsgefangenenfragen waren zu seinem Arbeitsgebiet hinzugekommen, nachdem sein Mitarbeiter Jaenicke Ende 1942 an die Front eingezogen wurde. 1940 war man in Deutschland der Meinung gewesen, der Krieg sei praktisch zu Ende, und hatte die Kriegsgefangenen in ihre Heimat entlassen. Niemand hatte sich darum gekümmert, ihren rechtlichen Status zu definieren. Jetzt verschlang die Ostfront soviel Mannschaft und Munition, daß die Arbeiter in Deutschland knapp wurden. Die deutschen Behörden wollten dem durch die Wiedereinberufung dieser Leute zur Zwangsarbeit entgegenwirken und Strafen aussetzen, falls sie nicht erschienen. Moltkes Abteilung hörte davon, wie gewöhnlich, sehr spät. Er selbst mußte mit Wengler und einer Sekretärin bis Mitternacht arbeiten und um acht gleich wieder beginnen; bis 11.30 hatte er dann Bürkners Unterschrift unter seiner Stellungnahme, die sofort per Fernschreiber an alle Militärbefehlshaber der Westgebiete ging. Dabei wurde offenbar der Standpunkt vertreten, die Freilassung habe den Kriegsgefangenen ihren Status als Zivilisten zurückgegeben. Einige hatten später mit dem Feind zusammengearbeitet und waren den Besatzungsstatuten gemäß bestraft worden. Das wäre unzulässig gewesen, wenn sie noch den Status von Kriegsgefangenen gehabt hätten. Wenn sie aber als Gefangene auf Ehrenwort entlassen worden wären, ohne daß sich dadurch ihr Status geändert hätte, dann verbot die Genfer Konvention, sie in der Rüstungsindustrie einzusetzen. Kehrten sie aber als Gefangene nach Deutschland zurück, hatten sie Anspruch darauf, der Armee und nicht der SS unterstellt zu werden.

Berlin, den 9. April 1943
... Ob es noch etwas nützen wird, weiß ich nicht, aber erstens habe ich mein Gewissen befriedigt, und zweitens wirkt es vielleicht doch als Bremse. Jedenfalls hat es im Führerhauptquartier eingeschlagen, denn die haben mich heute schon um mehr Erläuterungen zu unserem Fernschreiben angegangen ...

Eine Woche später berichtete er, er sei plötzlich ins AA bestellt worden, gegen das er alle einschlägigen Abteilungen des OKW mobilisiert hatte.

Berlin, den 16. April 1943
... Das AA war gerade im Umfallen, und ich kam gerade im richtigen Augenblick. So habe ich sie mit einer Spritze gestützt und die ganze Sache [Oskar] Schlitter [Beamter im AA] zugespielt, und so hoffe ich, sie wieder gerettet zu haben. Und was auch immer geschieht, ich habe vielen hunderttausend Menschen zehn Tage ihres Lebens gerettet, das heißt ihres normalen Lebens. Das freut einen doch immer ...

Aufschub war in der Tat alles, was er erreichte, denn am 29. April gab der Oberkommandierende von Holland, General Christiansen, die Wiedereinziehung der ehemaligen Kriegsgefangenen zur Arbeit in Deutschland bekannt. In Holland gab es daraufhin einen Generalstreik. Das war wieder eine jener Erfahrungen, die Moltke veranlaßt hatten, Wengler gegenüber zu äußern, wer den Ehrgeiz habe, seine Vorschläge verwirklicht zu sehen, brauche nicht zu ihnen zu kommen.[2] Eine weitere Kontroverse gab es um diese Zeit wegen der Geiselnahme. Eine Besatzungsmacht, die auf Widerstand stößt, darf nach Internationalem Recht Geiseln nehmen, sie aber nicht wie Sträflinge behandeln. Die Nazis hatten seit 1940 Geiseln genommen, bestraft und in manchen Fällen erschossen, um so weiterem Widerstand vorzubeugen. Wie Moltke vorausgesagt hatte, erreichten sie damit gerade das Gegenteil: Der Widerstand nahm zu. Moltke war in dieser Sache in ständiger Verbindung mit den Dienststellen in Belgien, hatte aber mehr Schwierigkeiten, Auskunft aus Holland und Frankreich zu erhalten. Das war der Hauptgrund für seine im übernächsten Kapitel geschilderten Reisen in diese Länder. Wahrscheinlich betraf seine Auseinandersetzung mit den Militärs, von der er im folgenden Brief berichtet, diese Frage.

Berlin, den 17. Juni 1943
... Ich ging gestern gleich in eine Sitzung, die bis 11 dauerte und mir viel Freude machte. Ich war nämlich in die Mördergrube von führerhörigen Generälen und Offizieren des OKW geraten und habe sie samt und sonders mit wilden Attacken in die Flucht geschlagen.[3] Sie wiesen mich darauf hin, daß dem, was ich wollte, ein Führerbefehl entgegenstünde, worauf ich erwiderte: „Aber, meine Herren, Sie können sich doch nicht hinter einem Führerbefehl verkriechen. Wir würden doch unsere Pflicht dem Führer gegenüber auf das gröbste verletzen, wenn wir hinter unseren ruhigen Schreibtischen zu feige wären, dem Führer zu sagen, daß er bei Erlaß jenes Befehls falsch beraten worden ist, und wenn wegen dieser unserer Feigheit draußen unsere Leute umgelegt werden!“ So in dieser Tonart etwa bin ich mit diesen ekelhaften Schleimern umgesprungen, und obwohl mal der eine oder der andere einen roten Kopf bekam, sind sie schließlich alle davongelaufen ...

Es wurde auch über die Behandlung von Staatsangehörigen aus Ländern wie Polen, Frankreich und Jugoslawien debattiert, deren offizielle Regierung sich Deutschland ergeben hatte und die später zu „freien" Einheiten übergingen, mit den Alliierten kämpften und dann gefangen wurden. Die Nazis wollten alle diese Leute als Partisanen sofort erschießen. Moltkes Abteilung hingegen versuchte, in jedem Fall stichhaltige Gründe des Internationalen Rechts zu finden, die ihnen Schutz gewährten. Die „freien" Franzosen, so wurde zuerst geltend gemacht, kämpften als Teil der britischen Armee, und nach 1942 vertrat man die Ansicht, sie kämpften unter einer eigenen De-facto-Regierung in Nordafrika. In bezug auf die Jugoslawen wurde angeführt, ob jemand Kombattant sei oder nicht, hänge nicht davon ab, welchem Staat sich der Betreffende selbst zurechne, sondern davon, ob ein kriegführender Staat wie zum Beispiel England dieses Gebiet und die uniformierten, offen Waffen führenden Truppen in seine strategischen Operationen einbeziehe. Ein britischer Offizier, Captain Christie Lawrence, beschrieb später, wie er nach seiner Gefangennahme in Jugoslawien nach Berlin gebracht worden war, wo er erschossen werden sollte, aber von Moltke gerettet wurde, dem es gelang, ihn als Kriegsgefangenen der Armee zu übergeben; dabei bekam er in Moltkes Wohnung noch ein englisches Frühstück. – Die Unzulänglichkeit des Internationalen Rechts mag dazu geführt haben, daß die aus Gründen der Menschlichkeit unternommenen Beweisführungen oft unbefriedigend blieben, doch das macht den Einfallsreichtum, mit dem sie entwickelt wurden, um so erstaunlicher.

Ende Juli veranlaßten britische und amerikanische Luftangriffe, besonders die auf Hamburg, und die Aussicht, daß bald Berlin drankommen werde, die Regierung zu drastischen Maßnahmen:

Berlin, den 2. August 1943

... Ich bin in ein Irrenhaus zurückgekehrt. Der Unterschied in der Atmosphäre zwischen vergangenem Freitag und heute ist riesig komisch. Es befindet sich alles in totaler Auflösung, und in weiteren vierzehn Tagen werden wir keinen Staatsapparat mehr haben. Gestern früh hat Dr. Goebbels seine Untertanen mit anliegendem Flugblatt [vom 1. 8. 1943] beglückt, aus dem die blanke Panik spricht. Nicht ein Wort der Zuversicht, des Trostes, nicht eine Mahnung zu Ruhe und Besonnenheit, nicht ein Hinweis darauf, wozu diese Opfer gebracht werden müssen, nicht eine Andeutung dahin, daß die Behörden Anordnungen getroffen haben, um die Bevölkerung zu schützen und für die betroffene Bevölkerung zu sorgen. Nichts als Angst und Panik. Aber dieses Flugblatt ist noch nichts gegen die Zustände in den Ministerien. Die gesamte Arbeit ruht. Es wird nur gepackt. Unsere Mädchen werden heute nach Hause geschickt, um ihre Sachen zu packen. Ich habe nur mit großer Mühe für uns einen Aufschub von vierzehn Tagen erreicht. Alles muß sofort geschehen, und alles soll sofort verschwinden ...

Berlin, den 3. August 1943
... Wir sind plötzlich im Mittelpunkt des Interesses, denn alles bemüht sich, unsere Akten zu retten, weil man mit diesen allein sich rechtfertigen kann. Es ist wahnsinnig komisch. Alles hackt auf mir rum, ich sollte meine Akten und mich selbst schleunigst evakuieren. Ich habe die größte Mühe, diesem Liebeswerben zu widerstehen, und tatsächlich wird es so werden, daß ich noch diese Woche nach Zossen verschwinde. Gräßlich! Dazu habe ich folgende Bitten: a) Kannst Du den von Dir ausgeliehenen Kocher zurückerobern und mir abgeben? Dann kann ich mir wenigstens einen Tee kochen. b) Kannst Du mal Z [Inspektor Zeumer] fragen, wer entwinkelte [auf Kriegszeit stillgelegte] Motorräder bei uns stehen hat, und versuchen, diese zu kaufen. Ich kaufe hier schon, was ich bekommen kann, aber leider habe ich erst ein kaputtes, und ich muß um jeden Preis mobil bleiben. Es ist klar, daß man diesen Leuten viel mehr wird zahlen müssen, als die Dinger wert sind.
Auf den Bahnhöfen sollen tolle Zustände herrschen. Die Polizei soll mit Gummiknüppeln diejenigen, die zu Hause bleiben müssen, von denjenigen trennen, die fahren dürfen. Die Panik ist einfach unbeschreiblich und wird dadurch noch geschürt, daß den Leuten gesagt wird, der Angriff käme bestimmt nächste Nacht, um sie zur Eile anzutreiben ...

Berlin, den 10. August 1943
... Hier herrscht wilde Umzugspanik. Es ist gräßlich. Man bekommt nichts fertig, die Leute, die man braucht, sind nicht da, und wenn sie da sind, interessieren sie sich nicht für sachliche Fragen, sondern nur für ihre Rettung ... Ich füge ein neues Testament bei. Ich bin jetzt zu der Meinung gelangt, daß es richtig ist, Caspar bekommt Kreisau und weiß es auch und richtet sich darauf ein ...

Der größte Teil von Moltkes Abteilung einschließlich Bürkners zog sich nach Zossen zurück, ein Teil des Instituts in den Harz. Er selbst wollte nicht fort, weil es dann schwierig gewesen wäre, mit seinen Freunden in Verbindung zu bleiben. Aus dem gleichen Grund packte er, praktisch wie er war, jedesmal, wenn die Sirene heulte, seinen Telefonapparat und nahm ihn mit in den Luftschutzkeller. Denn Ersatz gab es nicht, und ohne Telefon war es noch schwieriger, Verbindung zu halten. Er war jetzt mit Oxé und zwei weiteren Angehörigen der Abteilung allein. Das erleichterte ihm zwar in gewisser Weise, seinen eigenen Sachen ungestört nachzugehen, war aber schwierig, wenn er seine Mitarbeiter und Vorgesetzten konsultieren mußte, denn die Bahnverbindungen waren infolge von Bombardierungen oft unterbrochen. Er übernachtete jetzt in Peter Yorcks Haus und benutzte seine eigene Wohnung an der Derfflingerstraße nur noch tagsüber.
Die Besprechungen waren weitergegangen. Im April und Mai erwähnte er Zusammenkünfte mit Peter Yorck (der nicht mehr beim Reichspreiskommissar war, sondern in der Wirtschaftsabteilung des OKW arbeitete), Preysing, Lukaschek,

König, Trott, Görschen (einem deutschen Geschäftsmann holländischer Nationalität mit Wohnsitz in Den Haag, bei dem Carl Deichmann gearbeitet hatte und der seit vorigem Herbst Verbindungen zum holländischen Widerstand hergestellt hatte), Gerstenmaier (der gerade aus Rom zurückkam und von einer negativen Einstellung des Vatikans gegenüber Rußland berichtete, was Moltke überraschte, da er eher das Gegenteil erwartet hatte), Mierendorff, Reichwein, Einsiedel, Delbrück, Poelchau, Peters und Waetjen, der jetzt anstelle von Gisevius dem deutschen Generalkonsulat in Zürich zugeteilt war und Kontakte zu Amerikanern unter Allen Dulles hatte. Gisevius galt bei der Gestapo wegen seiner Verbindung zu Oster als verdächtig und wagte vorläufig nicht, die Schweiz zu verlassen. Am 6. Mai sah Moltke auch Bischof Wurm wieder, der mit anderen kirchlichen Würdenträgern in Berlin zusammentraf, um gegen die antijüdischen Maßnahmen zu protestieren. Aber es gab immer noch Schwierigkeiten wegen der zukünftigen Organisation und Funktion der Gewerkschaften.

Berlin, den 13. April 1943
... Abends kamen Reichwein und Friedrich [Mierendorff]. Sie waren in sehr guter Form und auch aufgepulvert. Aber leider hat Maass wieder einen ganz schweren Rückfall erlitten, seit er nicht unter ständiger Beobachtung ist. F. wurde ganz wütend über ihn, und R. machte eine herrliche Beschreibung über die Unterhaltung F.s mit M. [Maass]. F. habe ständig mit dem Rücken zu M. gekehrt dagesessen unter dem Vorwand, sich seine Füße an der Heizsonne zu wärmen. Es muß sehr schön gewesen sein. Trotzdem ist die Panne sehr unangenehm, und Onkel [Leuschner] und Genossen werden sich anstrengen müssen, die Scharte auszuwetzen ...

Berlin, den 14. April 1943
... Mit Adam [von Trott] und Eugen [Gerstenmaier] hatte ich eine eingehende Aussprache über außenpolitische Fragen, und zu meiner großen Freude waren die Differenzen der vorigen Aussprache vollkommen überwunden. Das lag einmal an einem etwas anderen Ansatzpunkt, zum anderen aber daran, daß sich inzwischen die militärische Lage für die beiden geklärt hat, daß die englische Diskussion und die Konflikte Rußland–Polen [nachdem die Deutschen das Massaker von Katyn aufgedeckt hatten] manches gefördert hatten. So war zu meiner Überraschung eine synoptische Schau entstanden. Insbesondere hatten sie meine These hinsichtlich der Insel England im wesentlichen akzeptiert[4] ...

Die dritte und letzte Wochenendzusammenkunft fand zu Pfingsten (12.–14. Juni) statt. Diesmal waren Peter, Marion und Irene Yorck, Delp, Gerstenmaier, Reichwein, Trott, Haubach, Paulus van Husen und Einsiedel anwesend. Es wurden drei Themen besprochen: Erstens die Außenpolitik der Nachkriegszeit, einschließlich der intereuropäischen wirtschaftlichen Beziehungen, worüber Adam von Trott referierte. Zweitens die Bestrafung der Nazi-Verbrechen und der deutschen Kriegsverbrechen. Viele Mitglieder des deutschen Widerstandes vertraten mit Nachdruck die Ansicht, die Bestrafung nazistischer Verbrechen müsse den Deutschen, diejenige von Kriegsverbrechen einem neutralen internationalen Gericht überlassen werden, etwa dem Haager Gerichtshof, jedenfalls nicht den Alliierten. Diese erinnerten aber daran, daß die Deutschen nach 1918 – allerdings gegen wesentlich geringfügigere Verbrechen – nicht wirksam vorgegangen waren, und äußerten schon 1942 die Absicht, die Kriegsverbrecher diesmal selbst vor Gericht zu stellen. Die Besprechungen in Kreisau versuchten zwischen diesen beiden Standpunkten zu vermitteln; sie gingen dabei von einem Entwurf Husens aus, der diskutiert und abgeändert wurde. – Das dritte Thema waren die Weisungen an die Landesverweser, die in allen Teilen Deutschlands den Zusammenbruch des Nazi-Regimes auffangen sollten. Helmuth von Moltke und seine Freunde waren schon längere Zeit auf der Suche nach geeigneten Landesverwesern; die Ende 1942 erwähnte Namensliste bezieht sich darauf. Es sind etwa sechs Namen bekannt. Später übernahmen Claus von Stauffenberg und andere Offiziere im Rahmen ihrer Pläne für einen Staatsstreich die Auswahl der Landesverweser; jedem Wehrkreisbefehlshaber sollte ein politischer Berater beigegeben werden, und die meisten der dafür vorgesehenen Leute kamen aus der Beck-Goerdeler-Gruppe.

Wie wenig formell die Kreisauer Abmachungen waren, macht die Tatsache anschaulich, daß Mierendorff, der nur aus Sicherheitsgründen nicht in Kreisau war, aber wieder von Haubach vertreten wurde, genau zur gleichen Zeit in Berlin mit anderen, deren Namen nicht bekannt sind, ein *Sozialistisches Arbeitsprogramm*[5] entwarf. Helmuth von Moltke bewahrte eine Abschrift davon mit anderen Kreisauer Dokumenten auf. Es handelte sich dabei um einen Aufruf zur Zusammenarbeit mit allen Nationen, in Europa insbesondere mit Großbritannien und Sowjetrußland. Das „Aktionskomitee" sollte auch Kommunisten aufnehmen.

Nach der dritten Kreisauer Zusammenkunft waren alle Hauptthemen erfaßt und Dokumente vorhanden, die die Beschlüsse festhielten. Im Laufe des Sommers wurden die Ergebnisse des letzten Kreisauer Wochenendes wieder mit den nicht anwesenden Mitgliedern und ihren Hintermännern besprochen. Teilnahme und Einigkeit in Kreisau machten übrigens nicht gegen Meinungsänderungen immun. So widerriefen zu Steltzers Entrüstung Lukaschek und Husen in der zweiten Hälfte 1943 ihre Zustimmung zu einer nichtkonfessionellen Schule und forderten erneut, jede Konfession solle ihre eigenen Schulen behalten. Es wurde deshalb in Berlin weitergearbeitet. Einerseits wollte man gerne über einen fertigen Plan verfügen, der, falls der Sturz der Nazis plötzlich kommen sollte, in die Praxis umgesetzt werden konnte, andererseits wußte man, daß die Vorschläge der weiteren internen Auseinandersetzung sowie Veränderungen der Weltlage entsprechend modifiziert werden müßten.

Zwischen Pfingsten und Ende August tauchten in den Briefen fast nur bereits bekannte Namen auf. Der einzig neue ist der [Karl] Blessings[6].

Berlin, den 25. August 1943
... Die letzten zwei Tage waren toll. Eigentlich war ich keine zehn Minuten je alleine, und so fing ich um 11 Uhr abends bei Peter zu arbeiten an, als Waetjen und Blessing, mit denen wir ein gutes und ganz förderliches Gespräch hatten, weggegangen waren.
... Conrad [Preysing] war wohlgemut und voller Bosheiten aus Fulda zurückgekommen. Es ist das schlimmste verhütet worden, und das, was wir wollten, ein energischer Hirtenbrief, soll Ende September kommen, aber es ist chemisch gereinigt, die letzten Flecken sind heraus, aber die Farbe auch. Traurig, nicht wahr ...

Das Hauptproblem war nach wie vor die Organisation der Gewerkschaften, und Mierendorff erwies sich als höchst hilfreich.

Berlin, den 8. August 1943
... Der Abend mit Friedrich [Mierendorff] war gerade wegen des sehr schwierigen Themas sehr befriedigend. Tatsächlich sind wir beide uns eben im Grunde immer einig, und demgegenüber sind alle anderen Dinge relativ einfach. Ich glaube schon, daß wir einen Weg gefunden haben, der zwar nicht das wiederherstellt, was war, aber zu einer positiven Lösung weiterführt ...

Berlin, den 10. August 1943
... Wir [Moltke, Husen, Steltzer, Trott] versammelten uns um acht wieder bei Peter, wo Friedrich und Haubach zu uns stießen. Friedrich war in ganz großer Form: klar, entschieden, klug, taktvoll, witzig, und in dieser Nachtsitzung, die bis fünf Uhr früh dauerte, wurde die Lücke, die der Onkel gerissen hatte, geschlossen, indem Friedrich dafür gesorgt hatte, daß dessen Genossen mit ihm zu uns gingen und den Onkel allein ließen, und es wurde ein ungeheurer Fortschritt in praktischer und theoretischer Richtung erzielt. Den Niederschlag dieser Nacht bringt Peter am Sonntag zu Marion, und die muß dafür sorgen, daß Du ihn bald zur Verwahrung erhältst ...

Im August wurde eine 2500 Worte umfassende Abhandlung *Grundsätze für die Neuordnung* in einem größeren Kreis beraten und angenommen. Es handelt sich dabei um eine Zusammenfassung von Beschlüssen, die bereits in den früheren Dokumenten niedergelegt worden waren; sie ersetzt diese aber nicht. Die *Grundsätze für die Neuordnung* sollten den *Weisungen an die Landesverweser* beigegeben werden, zwei Schriftstücken von 1000 bzw. 250 Worten, um die Verwaltung oder Übergangsregierung der Landesverweser festzulegen.[7].

Diese Schriftstücke tragen das Datum des 9. August. Es wurden jedoch bis zum 10. September kleinere Änderungen angebracht. Sie sind die letzten erhaltenen Entwürfe, an denen Moltke mitgearbeitet hat. Es scheint deshalb angebracht, im folgenden die Pläne darzulegen, die das Ergebnis der ganzen hier beschriebenen Aktivität darstellen.[8]

Pläne für eine Nachkriegsordnung

Vorbemerkung

Wer heute die Pläne liest, muß sich darüber klar sein, daß sie das Produkt einer Gruppe sind. Die Teilnehmer an den Besprechungen brachten ganz verschiedene Vorstellungen mit. Die Pläne kamen dann durch einen wechselseitigen Lernprozeß in fortgesetzten Gesprächen zustande. Sie sind nicht Niederschriften eines einzelnen oder einer homogenen Gruppe Gleichgesinnter, sondern sie tragen die Spannungen zwischen Sozialisten und Nicht-Sozialisten, Katholiken und Protestanten, Sozialisten und Katholiken – um nur einige zu nennen – aus. Wichtiger als die inhaltlichen Details der Pläne war der Einigungsprozeß selbst.

Auf ihrer Suche nach Formen für eine neue Demokratie in Deutschland waren sich Helmuth von Moltke und seine Freunde einig, daß Deutschland wieder ein Rechtsstaat werden müsse, in dem der einzelne möglichst frei von politischem und gesellschaftlichem Zwang leben konnte. Sie waren sich auch einig in der Ablehnung jeder totalitären Staatsform, verwarfen also den Kommunismus russischer Prägung. Einig waren sie sich auch darin, daß die neue Demokratie die historische Kontinuität nicht preisgeben und sich dabei auf diejenigen Kräfte im Volk stützen sollte, die als einzige dem Nationalsozialismus widerstanden hatten – auf die Christen und freiheitlich gesinnten Arbeiter. Aber sie waren in einem Dilemma. Die Weimarer Republik, der erste Versuch einer Demokratie in Deutschland, hatte dem Ansturm ihrer Gegner von rechts und links nicht standgehalten. Denn die bürgerlichen Schichten (einschließlich des ehemaligen Adels) hatten sie nie mit Überzeugung unterstützt, sondern traditionsgemäß am Obrigkeits- und Beamtenstaat festgehalten. Abgesehen von einer dünnen Schicht bürgerlicher Demokraten gab es nur in der sozialdemokratischen Arbeiterschaft eine Massenbewegung für die Demokratie. Doch die konservative Oberschicht ließ die Arbeiterschaft nie als staatstragendes Element gelten, obwohl die führenden Sozialdemokraten in kritischen Zeiten immer staatserhaltende Beschlüsse gefaßt hatten. Sie war noch weniger als die bürgerlichen Schichten anderer europäischer Länder fähig oder bereit, die politischen und gesellschaftlichen Konsequenzen aus der Entwicklung der Technik und der Industrialisierung zu ziehen, die die Struktur Deutschlands wie anderer Länder bereits vollkommen verändert hatte. Der Mißerfolg der Weimarer Republik und die blinde Bereitschaft großer Teile des Volkes, Hitler zu folgen, hatten gezeigt, daß die Demokratie in Deutschland noch nicht funktionierte. Wer sich mit der Frage befaßte, was auf den Sturz der Nazis folgen sollte, mußte davon ausgehen, daß in Deutschland im Gegensatz zu den westlichen Demokratien keine historischen Voraussetzungen und keine soziale

Integration existierten, die eine Demokratie begünstigt hätten. Im Hinblick darauf entstanden diese Pläne, die als Entwurf zur Schaffung der Voraussetzungen für eine Demokratie betrachtet werden müssen. Das ist auch der Grund, warum die Selbstverwaltung in „überschaubaren" politischen und wirtschaftlichen Einheiten, das heißt in Betrieben, Gemeinden und Kreisen, eine so große Rolle spielt. Der einzelne sollte zum Demokraten erzogen werden, indem man ihm Gelegenheit gab, sich in persönlicher Verantwortung an der Verwaltung seines Lebenskreises zu beteiligen. Auch wollte man dem Leben des einzelnen mehr Funktion und Sinn geben, um der Vermassung im modernen Industriestaat entgegenzuwirken. Auf diese Weise sollten alle Klassen in die Gemeinschaft einbezogen werden, über ihren Eigennutz hinaus und ohne an das Nationalgefühl zu appellieren, das die Nazis bis zum Exzeß ausgebeutet hatten.

Allgemeine Grundsätze

Helmuth von Moltke hatte geschrieben: „In dem einzelnen muß das Gefühl der inneren Gebundenheit an Werte, die nicht von dieser Welt sind, wiedererweckt werden, welches allein ermöglicht, ihm die Freiheit wiederzugeben; dadurch wird der einzelne ein Gefühl der Verantwortung wiederbekommen, welches zu einem Aufblühen wahrer Gemeinschaft führen wird."
Diese Haltung kommt auch in der Einleitung der *Grundsätze für die Neuordnung* zum Ausdruck:

Die Regierung des Deutschen Reiches sieht im Christentum die Grundlage für die sittliche und religiöse Erneuerung unseres Volkes, für die Überwindung von Haß und Lüge, für den Neuaufbau der europäischen Völkergemeinschaft.
Der Ausgangspunkt liegt in der verpflichtenden Besinnung des Menschen auf die göttliche Ordnung, die sein inneres und äußeres Dasein trägt. Erst wenn es gelingt, diese Ordnung zum Maßstab der Beziehungen zwischen Menschen und Völkern zu machen, kann die Zerrüttung unserer Zeit überwunden und ein echter Friedenszustand geschaffen werden.
Die innere Neuordnung des Reiches ist die Grundlage zur Durchsetzung eines gerechten und dauerhaften Friedens.
Im Zusammenbruch bindungslos gewordener, ausschließlich auf die Herrschaft der Technik gegründeter Machtgestaltung steht vor allem die europäische Menschheit vor dieser Aufgabe. Der Weg zu ihrer Lösung liegt offen in der entschlossenen und tatkräftigen Verwirklichung christlichen Lebensgutes. Die Reichsregierung ist daher entschlossen, folgende nach innen und außen unverzichtbare Forderungen mit allen ihr zur Verfügung stehenden Mitteln zu verwirklichen:

1. Das zertretene Recht muß wieder aufgerichtet und zur Herrschaft über alle Ordnungen des menschlichen Lebens gebracht werden. Unter dem Schutz gewis-

senhafter, unabhängiger und von Menschenfurcht freier Richter ist es Grundlage für alle zukünftige Friedensgestaltung.
2. Die Glaubens- und Gewissensfreiheit wird gewährleistet. Bestehende Gesetze und Anordnungen, die gegen diese Grundsätze verstoßen, werden sofort aufgehoben.
3. Brechung des totalen Gewissenszwanges und Anerkennung der unverletzlichen Würde der menschlichen Person als Grundlage der zu erstrebenden Rechts- und Friedensordnung. Jedermann wirkt in voller Verantwortung an den verschiedenen sozialen, politischen und internationalen Lebensbereichen mit. Das Recht auf Arbeit und Eigentum steht ohne Ansehen der Rassen-, Volks- und Glaubenszugehörigkeit unter öffentlichem Schutz.
4. Die Grundeinheit friedlichen Zusammenlebens ist die Familie. Sie steht unter öffentlichem Schutz, der neben der Erziehung auch die äußeren Lebensgüter Nahrung, Kleidung, Wohnung, Garten und Gesundheit sichern soll.
5. Die Arbeit muß so gestaltet sein, daß sie die persönliche Verantwortungsfreudigkeit fördert und nicht verkümmern läßt. Neben der Gestaltung der materiellen Arbeitsbedingungen und fortbildender Berufsschulung gehört dazu eine wirksame Mitverantwortung eines jeden an dem Betrieb und darüber hinaus an dem allgemeinen Wirtschaftszusammenhang, zu dem seine Arbeit beiträgt. Hierdurch soll er am Wachstum einer gesunden und dauerhaften Lebensordnung mitwirken, in der der einzelne, seine Familie und die Gemeinschaften in ausgeglichenen Wirtschaftsräumen ihre organische Entfaltung finden können. Die Wirtschaftsführung muß diese Grunderfordernisse gewährleisten.
6. Die persönliche politische Verantwortung eines jeden erfordert seine mitbestimmende Beteiligung an der neu zu belebenden Selbstverwaltung der kleinen und überschaubaren Gemeinschaften. In ihnen verwurzelt und bewährt, muß seine Mitbestimmung im Staat und in der Völkergemeinschaft durch selbstgewählte Vertreter gesichert und ihm so die lebendige Überzeugung der Mitverantwortung für das politische Gesamtgeschehen vermittelt werden.[9]
7. Die besondere Verantwortung und Treue, die jeder einzelne seinem nationalen Ursprung, seiner Sprache, der geistigen und geschichtlichen Überlieferung seines Volkes schuldet, muß geachtet und geschützt werden. Sie darf jedoch nicht zur politischen Machtzusammenballung, zur Herabwürdigung, Verfolgung oder Unterdrückung fremden Volkstums mißbraucht werden. Die freie und friedliche Entfaltung nationaler Kultur ist mit der Aufrechterhaltung absoluter einzelstaatlicher Souveränität nicht mehr zu vereinbaren. Der Friede erfordert die Schaffung einer die einzelnen Staaten umfassenden Ordnung. Sobald die freie Zustimmung aller beteiligten Völker gewährleistet ist, muß den Trägern dieser Ordnung das Recht zustehen, auch von jedem einzelnen Gehorsam, Ehrfurcht, notfalls auch den Einsatz von Leben und Eigentum für die höchste politische Autorität der Völkergemeinschaft zu fordern ...

Um diese Grundsätze heute würdigen zu können, muß man bedenken, daß sie wie ein Glaubensbekenntnis niedergeschrieben wurden, das denjenigen, die es vertraten, das Leben kosten konnte, weil es alles zusammenfaßte, was sie unwiderruflich von der Gewaltherrschaft in ihrem Lande trennte.

Politische Gliederung

Das Dokument legt anschließend dar, wie das Reich aufgebaut werden sollte. Der erste Satz lautet: „Das Reich bleibt die oberste Führungsmacht des deutschen Volkes." Das bedeutete vielleicht eine Art Niederlage für Moltke. Er hatte andere Vorstellungen, denn er wollte dezentralisieren, wünschte ein vereinigtes Europa und war überzeugt, daß Deutschland nach dem Krieg mit der Feindschaft aller seiner Nachbarn rechnen mußte. Man würde diesen Gegebenheiten Rechnung tragen, wenn Deutschland und Frankreich den Vereinigten Staaten von Europa nicht als politische Einheiten, sondern nach Aufteilung in mehrere kleinere Länder von der Größe Belgiens und Dänemarks beitraten. Doch obwohl seine Freunde den Verlust der nationalen Souveränität zugunsten eines bundesstaatlich gegliederten Europa (vgl. Punkt 7) in Betracht ziehen wollten, ging ihnen der Gedanke, Deutschland als gesonderte Einheit aufzulösen, zu weit. Von Moltkes Vorschlag blieb nur die Forderung übrig, das Reich müsse so aufgebaut werden, daß es in eine europäische Föderation eingegliedert werden könne. Die Verfassung des Reichs sollte von „echter Autorität, Mitarbeit und Mitverantwortung des Volkes getragen werden". Familie, Gemeinde und Land als natürliche Einheiten sollten daran teilhaben, wobei auf jeder Ebene die Grundsätze der Selbstverwaltung zu befolgen waren. In ihr sollten sich Freiheit und persönliche Verantwortung mit der erforderlichen Ordnung und Führung vereinigen.

Dieser Satz, wie überhaupt das ganze Dokument, erinnert an den Ausspruch: „Der Teufel sitzt immer im Detail." Solche Vorsätze schreiben sich leichter hin, als sie nachher in die Praxis umzusetzen sind. Der Hang der Kreisauer zu allgemeinen Prinzipien auf Kosten konkreter Vorschläge hat ihnen den Ruf eingebracht, sie seien bloße Theoretiker. Aber sie gingen aus zwei Gründen nicht mehr auf Einzelheiten ein. Sie waren sich in manchen Fragen selbst noch nicht einig, und außerdem bedachten sie die Hauptschwierigkeit jeder Form des Planens, daß man nämlich die Umstände, in denen Pläne verwirklicht werden, nicht voraussehen kann. Die Antwort der Kreisauer darauf wäre wohl gewesen: Wenn man sich vorher über die allgemeinen Grundsätze geeinigt hat, kann man sich nachher schneller entscheiden, wie sie in der konkreten Lage angewendet werden sollen; hat man jedoch die allgemeinen Grundsätze nicht festgelegt, muß man entweder improvisieren oder verliert bei der Erörterung von Grundsätzen kostbare Zeit (wofür das Frankfurter Paulskirchenparlament 1848 ein lehrreiches Beispiel war). Wer sich an allgemeine Grundsätze hielt, war in der damaligen Situation der Praxis näher, als wer sich auf Einzelheiten einließ.

„Die politische Willensbildung des Volkes vollzieht sich in einem Rahmen, der für den einzelnen überschaubar bleibt." Dieser Grundsatz wurde näher ausgeführt. Es war ein System indirekter Wahlen vorgesehen, das die Staatsbürger über 21 Jahren beiderlei Geschlechts berechtigte, auf der untersten Stufe des Staatsgebäudes, nämlich bei den Gemeindewahlen, und auf der nächsthöheren, bei den Wahlen in den Kreisen und kreisfreien Städten, direkt zu wählen. Familienoberhäupter hatten für jedes minderjährige Kind eine zusätzliche Stimme.[10] Wahlkreise, die für den einzelnen Wähler nicht überschaubar waren, sollten unterteilt werden. Auf den höheren Stufen waren indirekte Wahlen vorgesehen. Die direkt gewählten Kreis- und Stadtvertreter hatten die Abgeordneten für den Landtag zu wählen, und der Landtag die Abgeordneten für den Reichstag. Auf der Landtags- und Reichstagsebene sollte mindestens die Hälfte der Gewählten nicht der wählenden Körperschaft angehören. Die Länder sollten etwa drei bis fünf Millionen Einwohner umfassen, also kleiner sein als die Mehrzahl der westdeutschen Länder heute ist. Die Verwaltung jedes Landes war von einem Landesverweser zu überwachen, der vom Landtag auf zwölf Jahre gewählt und vom Staatsoberhaupt bestätigt werden sollte.

Neben dem Reichstag war ein Reichsrat vorgesehen, der aus den Landesverwesern, den Präsidenten des Reichstages und der Reichswirtschaftskammer und aus Reichsräten gebildet werden sollte, die vom Reichsverweser mit Zustimmung der Reichsregierung für acht Jahre zu berufen waren. Der Reichsrat hatte hauptsächlich beratende Funktion und mußte dem Reichstag Kandidaten zur Wahl des Staatsoberhauptes, des „Reichsverwesers", vorschlagen. Dieser sollte für eine jeweilige Amtsdauer von zwölf Jahren gewählt werden. Die Kreisauer Gruppe war einstimmig gegen eine Wiedereinführung der Monarchie.

An der Spitze der Reichsregierung stand der Reichskanzler, der mit Zustimmung des Reichstages (wahrscheinlich durch einfache Mehrheit, was aber nicht ausdrücklich gesagt wird) vom Reichsverweser zu ernennen war. Der Reichsverweser konnte den Kanzler jederzeit abberufen; die Abberufung wurde aber erst bei Ernennung eines neuen Kanzlers wirksam. Auch der Reichstag konnte den Reichskanzler mit Zweidrittelmehrheit seiner Abgeordneten abberufen, sofern er dem Reichsverweser gleichzeitig die Berufung eines neuen Reichskanzlers vorschlug. Diese Vorschrift hat Ähnlichkeit mit dem „konstruktiven Mißtrauensvotum" (Art. 67 des Grundgesetzes der Bundesrepublik Deutschland) und wurde aus der Verfassung von Baden-Württemberg übernommen. Die Konzeption des konstruktiven Mißtrauensvotums geht auf Carlo Schmid zurück. Dieser erfuhr erst im Mai 1972 von Michael Balfour, daß die *Grundsätze für die Neuordnung* diese Vorschrift enthalten. Ihm war die Idee dazu kurz nach 1933 gekommen. Bei seinen Begegnungen mit Helmuth von Moltke hatten sie viele Fragen des politischen Wiederaufbaus nach dem Krieg besprochen und sich gegenseitig beeinflußt. Carlo Schmid konnte sich nicht mehr mit Sicherheit erinnern, ob dabei auch das konstruktive Mißtrauensvotum diskutiert wurde.[11] Die Macht des Reichstages über den Kanzler wäre also den Kreisauer Plänen zufolge ziemlich beschränkt gewesen, und man fragt sich, wieweit die Einzelheiten wirklich durchdacht worden waren. Wenn zum Beispiel der Reichstag für einen Kanzler, den er ablehnte, einen Nachfolger wählte, konnte dieser dann vom Reichsverweser entlassen werden? Noch erstaunlicher ist, daß auch keine Möglichkeit vorgesehen war, den Reichstag vor Ablauf seiner Wahlperiode aufzulösen, und daß die Amtsperiode des Reichstages oder anderer Körperschaften nicht festgelegt wird. Solche Lücken gibt es nicht nur in den Kreisauer Dokumenten. Der wichtigste Beck-Goerdeler-Plan *(Das Ziel)* läßt offen, wie der Kanzler ernannt werden soll.

Die Kreisauer Pläne wurden, soweit sie vom Allgemeinen zum Einzelnen fortschritten, auch wirklich nicht als endgültig, sondern als vorläufig betrachtet. Die Mitglieder der Gruppe konnten ihre Verhaftung und Hinrichtung nach dem mißglückten Staatsstreich nicht voraussehen oder jedenfalls bei der Planung nicht berücksichtigen. Sie rechneten damit, nach dem Sturz der Nazis als Gruppe, in dauernder Verbindung untereinander, ihre Pläne ausarbeiten und ändern und die Grundsätze den wechselnden Umständen entsprechend anwenden zu können. Darum sollte man aus der letzten vorhandenen Fassung dieser Aufzeichnung nur vorsichtig Folgerungen über die spezifischen politischen Pläne der Verfasser ziehen. Das Mißlingen des Attentats auf Hitler am 20. Juli fixierte diese Pläne in ihrem damaligen Zwischenzustand.

Die anderen Minister sollten auf Vorschlag des Reichskanzlers vom Reichsverweser ernannt werden. Die Benutzung des Ausdrucks „Fachminister" läßt darauf schließen, daß ihre Verantwortung sich auf ihr eigenes Fach beschränken sollte. Man hat den Eindruck, daß sie mehr Fachexperten als Politiker sein sollten.

Von der wichtigen Frage nach dem Verhältnis von Legislative und Exekutive abgesehen, sind die auffälligsten Merkmale dieses ganzen Entwurfs die indirekten Wahlen und die offensichtliche Ausschaltung politischer Parteien. Über letzteres gingen offenbar die Meinungen auseinander. Auf Grund der Erfahrung mit der Weimarer Republik mit ihren vielen Parteien lehnten viele ein Parteiensystem ab. Man war der Meinung, daß Parteien trennend wirkten und Meinungsverschiedenheiten aufrechterhielten, statt sie zu überbrücken. Welches auch immer die Ansichten der Gruppenmitglieder vor Mai 1945 gewesen sein mögen, später arbeiteten jedenfalls einige der Überlebenden aktiv an der Neubildung von Parteien mit – Steltzer und Gablentz zum Beispiel waren Mitbegründer der CDU in Berlin.

Helmuth von Moltke ging es weniger um Parteienbildung als um die Belebung der überschaubaren Einheiten, nicht nur im politischen, sondern auch im wirtschaftlichen Bereich. Er wollte das Wahlrecht in den Gemeinde- und Kreiswahlen zum Schlüssel politischer Mitarbeit machen und die Leute dadurch für lokale Angelegenheiten interessieren. So konnten sie Selbstverwaltung in einem Kreis praktizieren, in dem sie Bescheid wußten, und Vertreter wählen, deren Charakter und Talente sie aus eigener Beobachtung beurteilen konnten. Da sich das auf allen Ebenen von unten bis oben wiederholen sollte, war zu hoffen, daß die besten Leute zur Wahl stehen würden. So sollte sich, für alle Klassen gleichmäßig offen, eine Schicht demokratisch handelnder Verantwortlicher bilden, von der die erfolgreiche Entwicklung des neuen Deutschland abhängen würde.

Dieser Gedanke ist vielleicht heute interessanter als zur Zeit, als er entwickelt wurde, denn er versucht, dem einzelnen Menschen wieder mehr Einfluß auf die

Führung eines allzu stark zentralisierten bürokratischen Staates zu verschaffen. Denn die Ausschaltung des Individuums ist ein Fehler, der der liberalen Demokratie heute oft vorgeworfen wird. Es stellt ein durchgehendes Merkmal der Kreisauer Pläne dar, lokalen Einheiten möglichst große Macht einzuräumen. Dezentralisierung zur Verhütung einer autoritären Regierung war übrigens einer der wenigen Punkte, in dem offenbar Deutsche und Angelsachsen, die sich während des Krieges mit der Nachkriegswelt befaßten, einig waren.

Die Pläne fordern aber in mancher Hinsicht Kritik heraus. Sie widersprechen merkwürdigerweise einem Grundsatz, den Moltke bei der Lektüre des *Federalist* oder in Gesprächen mit Lionel Curtis gelernt haben müßte, nämlich der Notwendigkeit einer direkten Beziehung zwischen der zentralen Regierung und dem einzelnen Staatsbürger. Das komplizierte Verfahren, das den Willen des einzelnen Wählers umständlich von der Gemeinde bis zum Reich weiterleitete, hätte die Teilnahme des einzelnen an der Regierungspolitik genauso verhindert, wie wenn er nur alle vier Jahre einmal seine Stimme abgegeben hätte. Und selbst wenn sich die unteren Einheiten wirklich als lebendig erwiesen, wäre es für die Reichsregierung wahrscheinlich schwierig gewesen, sie innerhalb der Bestimmungen zur Zusammenarbeit zu bringen. Diese Schwierigkeit wird nicht gelöst durch die Feststellung, die Macht der zentralen Regierung wäre streng begrenzt worden. Die Tendenz, die Macht der Zentralregierung zu vergrößern, ist heute deshalb so stark, weil es sonst so offensichtlich zu Verwirrung und Kraftverschwendung kommt, daß es nur vernünftig ist, sie durch Koordinierung im Zentrum auszuschließen. In der Wirtschafts- und Umweltplanung erkannten auch die Kreisauer die Notwendigkeit zentraler Verwaltung, vor allem diejenigen, die Erfahrung in der Verwaltung hatten wie zum Beispiel Schulenburg. Lokale Autonomie und Rücksicht auf individuelle Interessen können Verzögerung, Unentschiedenheit, Kurswechsel, Überschneidung der Kompetenzen, Inkonsequenz und Engstirnigkeit bedeuten. Diese Nachteile zu verhindern, ohne dem Durchschnittsbürger zuviel Freiheit und Verantwortung zu nehmen, die Notwendigkeit, Organisation mit Freiheit zu verbinden, ist vielleicht eine grundsätzliche Frage menschlicher Gesellschaftsformen, die immer relativ, nie absolut gelöst werden wird. Die Lösung ist jedenfalls seit 1943 nicht einfacher geworden. Die bloße Hoffnung, daß alle aufgeklärt und gewissenhaft handeln werden, kann leider nicht als Antwort angesehen werden.

Die Autoren der Dokumente haben ein weiteres Problem nicht erkannt, das sich einer Zentralregierung bei lokalen, nicht auf Parteien gestützten Wahlen gestellt hätte. Die Zentralregierung muß, wenn sie wirksam sein will, eine gewisse Sicherheit haben, daß sie ihre Absichten verwirklichen kann. Sie muß sich darauf verlassen können, daß eine Mehrheit der Mitglieder der Legislative koordiniert abstimmen wird. Nun ist es aber gerade die Funktion des Parteiensystems, für diese Sicherheit zu sorgen. Wenn die Mitglieder der zentralen gesetzgebenden Versammlung, aber auch der gesetzgebenden Körperschaften auf allen Ebenen, aus weisen und ehrenhaften Personen besteht, die alle so stimmen, wie es jedem einzelnen in jedem einzelnen Fall am besten erscheint, wird sich die Mehrheit und damit der Kurs von Tag zu Tag ändern und die Aufgabe der Exekutive fast unlösbar werden. Die andere Möglichkeit wäre, daß die weisen und ehrenhaften Personen die Notwendigkeit der Übereinstimmung erkennen und sich in einer Art Parteiensystem organisieren. Wenn sich aber erst einmal ein solches System entwickelt und die Aussichten einer Partei, Macht und Vorteile der zentralen Regierung in ihre Hand zu bekommen, davon abhängen, wer auf lokaler Ebene gewählt wird, werden auch die lokalen Wahlen bald parteilich organisiert, und die Gemeinde wird nicht mehr den besten Kandidaten wählen, sondern den Vertreter ihrer Politik. Ein Ausweg wäre natürlich, die Regierung in Gemeinde, Land und Reich davon zu befreien, bei jeder einzelnen Anordnung die Zustimmung der Legislative einholen zu müssen. Einige Kreisauer Vorschläge scheinen das zu befürworten.[12] Doch wie ist in diesem Fall eine verantwortliche Regierung möglich?

Moltkes Antwort wäre wahrscheinlich gewesen, eine Regierung, die für ihre einzelnen Handlungen einer Mehrheit verantwortlich sei, die aus einer Koalition von Parteien bestehe, könne eine kontinuierliche politische Linie nur verfolgen, wenn sie so wenig als möglich tue. Koalitionsregierungen sind oft schwach, besonders wenn mehr als zwei Parteien beteiligt sind. Jedenfalls hat ein Land, in dem die trennenden Kräfte stark und die integrierenden Kräfte schwach sind, überhaupt Schwierigkeiten, eine funktionierende Selbstverwaltung aufzubauen. Das führt zurück zum Hauptproblem, mit dem Moltke und seine Freunde kämpften. Wenn Deutschland für eine Selbstverwaltung im Sinne einer westlichen Demokratie nicht genügend integriert war, welche Regierungsform würde dann die Integrierung am meisten fördern und dabei einigermaßen wirkungsvoll sein? Niemand konnte 1941–1943 voraussehen, wie sehr man sich einmal zunächst auf die Christen (als politische Einheit) und auf die Arbeiter stützen würde, um die Parteipolitik in der Bundesrepublik zu vereinfachen. Und auch an diesem neuen System wird immer mehr bemängelt, es beteilige den einzelnen zu wenig an der Regelung seiner Angelegenheiten.

Religion und Erziehung

Anschließend beschäftigen sich die *Grundsätze für die Neuordnung* mit Religion und Erziehung. Hier war das erste Ziel, den Kirchen zurückzugeben, was ihnen das Dritte Reich genommen hatte. Glaubens- und Gewissensfreiheit mußten deshalb garantiert werden. Das Christentum sollte im kulturellen Leben, in Film und Rundfunk einen angemessenen Platz erhalten. Aber am wichtigsten war der Satz, das Verhältnis zwischen dem Reich einerseits und der evangelischen und der katholischen Kirche andererseits solle in freundschaftlichem Einvernehmen den vorliegenden Grundsätzen gemäß neu geregelt werden. Das bedeutete eine Konzession von Moltkes Seite, besonders da es weiter heißt, das 1933 geschlossene Konkordat solle unberührt bleiben. Helmuth von Moltke war entsetzt gewesen über die Folgen der hegelianischen Tendenz, den Staat zu vergotten. Er betrachtete ihn durchaus nicht als Quelle der Moralität und hatte ihm in einer früheren Niederschrift überhaupt keine moralische Qualität zugebilligt: „Der Staat ist amoralisch, weil er abstrakt ist."[13] Niemand konnte dann eine unmoralische Handlung damit entschuldigen, sie sei befohlen oder vom Gesetz nicht verboten gewesen. Er wollte deshalb – ähnlich wie Goerdeler – die deutschen Kirchen vom Staat trennen, mit dem sie immer eng verbunden gewesen waren. Aber noch heute steht die Zugehörigkeit zu einer Kirche auf jeder Steuererklärung und zieht die staatliche Finanzbehörde die Kirchensteuer ein. – Die Trennung der Kirchen vom Staat hatte Helmuth von Moltke wohl auch im Auge, als er Kardinal Faulhaber vorschlug, das Konkordat aufzugeben. Das Kreisauer Dokument spricht auch von e i n e r evangelischen Kirche. Die geplante Auflösung der existierenden Länder und die Bildung neuer Länder mit teilweise anderen Grenzen hätte natürlich zur Reorganisation und Vereinigung der Landeskirchen geführt. Von der vorübergehenden Einigung unter dem Druck der Nazis abgesehen wurde dieses Ziel aber nie erreicht. Noch heute besitzt Deutschland Landeskirchen wie vor dem Dritten Reich.

Nur 18 Zeilen beschäftigen sich mit Fragen der Erziehung. Ein vollständigeres Bild von den Ansichten der Gruppe zu diesem Thema gewinnt man aus dem Text, auf den man sich bei der ersten Kreisauer Zusammenkunft im Mai 1942 einigte. Auch hier geht es weniger um praktische Einzelheiten als um die Frage, was für eine Art Mensch die Schulen heranbilden sollten: Ein Kind sollte das Recht auf eine ihm angemessene Ausbildung haben. Das bedeutete, daß die Ausbildung eines Kindes, dessen Eltern die erforderlichen Mittel nicht aufbringen konnten, vom Staat übernommen wurde. Über die wichtige Frage der Finanzierung wird aber nichts Genaues gesagt. Die meisten katholischen Mitglieder der Gruppe akzeptierten wie die Protestanten die staatliche, christliche Gemeinschaftsschule. Dabei wurde das Wort „Gemeinschaftsschule" zwar nicht verwendet, doch der Sachverhalt geht aus dem Wortlaut hervor: „Die staatliche Schule ist eine christliche Schule mit Religionsunterricht beider Konfessionen als Pflichtfach." Das entsprach auch dem, worüber man sich Pfingsten 1942 in Kreisau einigte. Hinter dem „tätigen Lernen", das die Grundschulen vermitteln sollten, stand Adolf Reichweins Schul- und Lehrerfahrung.

Bei den Universitäten werden Hochschulen für fachliche Ausbildung und Reichsuniversitäten für Forschung und Lehre unterschieden, wobei die ersteren auf Spezialisierung, die letzteren auf Universalität ausgerichtet sind. Die Reichsuniversitäten sollten von fachlich bereits qualifizierten Studenten besucht werden; „geistig hervorragende" Persönlichkeiten und Forscher, die Bildung im umfassenden Sinn des Wortes vermitteln konnten, sollten lehren. Es war eine geschlossene Wohn- und Lebensgemeinschaft von Lernenden und Lehrenden geplant; mittelgroße Städte schienen deshalb der geeignete Ort für Reichsuniversitäten. Sie sollten den Magistergrad verleihen, der „in der Regel" für leitende Stellungen im öffentlichen Dienst als Voraussetzung angesehen wurde. Die enttäuschende Haltung der Universitäten gegenüber dem Nationalsozialismus, das Fehlen einer wirksamen Opposition seitens der Hochschullehrer und die Tatsache, daß die

Studierenden fast ausschließlich dem Mittelstand angehörten, war den Mitgliedern der Gruppe bewußt. In der Tat lag ihnen sehr viel daran, die Universitäten von der staatlichen Kontrolle zu befreien, die das Dritte Reich ausgeübt hatte, und ihre Autonomie zu garantieren.
Die größere Differenzierung der Hochschule stand nicht im Widerspruch zum Bemühen, in den Schulen eine Volkserziehung auf breiter Basis zu gewährleisten. Obwohl das ganze Erziehungssystem an der Leistung des einzelnen orientiert wurde, gelang es Reichwein, den anderen deutlich zu machen, daß die pädagogische Leistung in der Volksschule gleichberechtigt neben die traditionell an akademischen Wertvorstellungen orientierten Leistungsbegriffe der Gymnasien und Universitäten zu stellen sei. Es wurde deutlich erkannt, daß zwischen akademischer Ausbildung und Volkserziehung schwerwiegende Konflikte existieren, die es zu überwinden galt.

Industrie und Wirtschaft

Geordneter Leistungswettbewerb sollte das Grundprinzip der Wirtschaft sein. Er mußte sich im Rahmen staatlicher Wirtschaftslenkung vollziehen und unterlag hinsichtlich seiner Methoden ständiger staatlicher Aufsicht. Diese sollte der privaten Initiative möglichst viel Spielraum lassen und auch darüber wachen, daß sie nicht durch Monopole, Kartelle und Riesenkonzerne verdrängt wurde.
Das Interesse der Allgemeinheit erforderte nach Ansicht der Mehrzahl der Gruppenmitglieder die Verstaatlichung von Bergbau, Metallindustrie, Grundchemie und Energiewirtschaft.

... Alle in der Wirtschaft tätigen Menschen haben gleiche Mindestpflichten zu erfüllen. Dazu gehören Ehrlichkeit und Sauberkeit in der Wirtschaftsführung, Vertrags- und Arbeitstreue im Rahmen der abgeschlossenen Verträge.
... Die Existenzsicherung der Werktätigen ist um ihrer Menschenwürde willen Aufgabe der Wirtschaftsführung ...
Die Reichsregierung fördert die Entwicklung des Betriebes zu einer Wirtschaftsgemeinschaft der in ihm schaffenden Menschen. In einer solchen – Betriebsgewerkschaft genannten – Gemeinschaft wird die Beteiligung der Belegschaft an der Betriebsführung und an den Betriebsergebnissen, insbesondere auch dem Wertzuwachs des Betriebes, zwischen dem Eigentümer des Betriebes und der Vertretung der Belegschaft vereinbart ...

Diese Vorschläge übertrugen den Gedanken der Mitarbeit des einzelnen in überschaubaren Einheiten auf die Wirtschaft. Hier taucht auch die Idee der Mitbestimmung auf, die in der Bundesrepublik nach dem Krieg zunächst nur in der Stahlindustrie und in einzelnen Betrieben eingeführt worden ist. Nicht gelöst ist

das Problem, wie eine zentrale Wirtschaftsführung mit lokaler Autonomie vereinbart werden sollte; Moltke hatte allerdings in seinem Brief an Einsiedel vom 16. Juni 1940 deutlich gemacht, daß ihm diese Schwierigkeit bewußt war.
Die alle Werktätigen umfassende deutsche Gewerkschaft, der Leuschner große Bedeutung beimaß, sollte dazu beitragen, dieses System herbeizuführen. Dabei wurde ins Auge gefaßt, daß die deutsche Gewerkschaft nach Übernahme ihrer Aufgaben durch die Organe der wirtschaftlichen Selbstverwaltung und des Staates aufgelöst werden könnte. Das war durchaus nicht gegen die Arbeitnehmer gerichtet, im Gegenteil; die Kreisauer Gruppe wollte die Interessen der Arbeiterschaft so unmittelbar in wirtschaftlichen und staatlichen Organen verankern und die Teilnahme dieser Volksschichten an den politischen und wirtschaftlichen Aufgaben der Nation so ausbauen, daß die Werktätigen die Gewerkschaft als Instrument zur Durchsetzung ihrer Interessen nicht mehr benötigten. Mit anderen Worten, sie glaubten, soziale Eintracht sei eine Frage des guten Willens, Arbeitgeber und Arbeitnehmer müßten nicht unbedingt differieren, und Organisationen, die dazu da waren, um grundsätzliche Meinungsverschiedenheiten zum Ausdruck zu bringen, würden Reibungen nicht beseitigen, sondern vermehren.
Im übrigen befaßten sich die Dokumente über die Wirtschaft mit dem Aufbau der wirtschaftlichen Selbstverwaltung in Kammern für Handel, Industrie und Landwirtschaft, in denen Arbeitgeber und Arbeitnehmer paritätisch pflichtvertreten sein sollten, und mit dem Aufbau der staatlichen Wirtschaftverwaltung.
Das einzige existierende (unveröffentlichte) Gruppendokument über die Landwirtschaft ist eine vierseitige Zusammenfassung einer Diskussion in Groß-Behnitz vom März 1942. Die Materie war schwierig. Denn einerseits waren die Anwesenden entschieden der Meinung, eine gesunde Gesellschaft bedürfe einer gesunden Landwirtschaft. Sie hätten gerne auch hier das Prinzip des Aufbaus aus kleinen Einheiten befolgt. Doch sie kannten das Fiasko der Nazis, die versucht hatten, eine Landwirtschaft aus kleinen Bauernbetrieben aufzubauen, und verstanden zuviel von Landwirtschaft, als daß sie Kleinbetriebe für wirklich lebensfähig hielten. Deutschland mußte auf alle Fälle erhebliche Mengen an landwirtschaftlichen Erzeugnissen einführen, und in einer Zollunion, die zum Beispiel die Balkanländer einschloß, war die deutsche Landwirtschaft gefährdet. Die Sache konnte deshalb nicht einfach der freien Marktwirtschaft überlassen werden, und so schlugen sie verschiedene Maßnahmen vor, um den Verfall der landwirtschaftlichen Betriebe oder ihre Verwandlung in Lebensmittelfabriken zu verhindern.
Außer den in der Landwirtschaft Arbeitenden sollte die Existenz möglichst vieler anderer auf dem Lande Tätiger (wie Kaufleute, Ärzte und Lehrer) gefördert werden. Die Gefrierfleisch- und Konservenindustrie wollte man in ländlichen Gebieten ansiedeln. Die landwirtschaftliche Produktion war um ein Drittel zu erhöhen, damit die Bauern einen den Städtern vergleichbaren Lebensstandard erreichten. Das konnte vor allem durch richtigen Einsatz landwirtschaftlicher Maschinen, Steuerbegünstigung, Investitions- und Kreditlenkung und genossenschaftliche Zusammenarbeit erreicht werden. Der Einsatz von Maschinen bezweckte in erster Linie Arbeitserleichterung, nicht Erhöhung der Rentabilität. Die

notwendige staatliche und genossenschaftliche Hilfe durfte keine neue große Bürokratie erzeugen. Auch der Großgrundbesitz hatte unter bestimmten einschränkenden Bedingungen seinen Platz in dieser Ordnung.
So wurden viele Probleme, die sich angesichts einer ländlichen Bevölkerung in einem hochentwickelten Industrieland stellten, zwar diagnostiziert, Lösungen wurden jedoch nicht ausgearbeitet.

Außenpolitik

In den Aufzeichnungen, die Helmuth von Moltke 1941 am 50. Todestag des Feldmarschalls abschloß, hatte er dargelegt, bei Kriegsende werde eine Bereitschaft zur Einkehr und Buße vorhanden sein wie noch nie seit dem Jahre 999, als man das Ende der Welt erwartete. Er war der Meinung, daß dann eine Chance zur Neugestaltung der Welt gegeben sei, wie sie die Menschheit seit dem Zerfall der mittelalterlichen Kirche noch nicht gehabt habe. Zweifellos entsteht durch das militärische Übergewicht der Sieger und den totalen Machtverlust bei den Besiegten am Ende eines Krieges eine Situation, in der menschliche Institutionen und Beziehungen leichter umgeformt werden als sonst. Moltke glaubte, am Ende des Krieges müßten auf allen Seiten Offenheit und Bereitschaft zu einer großen Neuordnung herrschen. Doch ein großer Krieg erzeugt viel Haß, entfesselt zu viele Leidenschaften. Er war zu optimistisch, als er schrieb: „Sofern es dem Besiegten gelingt, den Sieger von seiner Verantwortung zu überzeugen, was ich für möglich halte, kann des Siegers Beispiel den Anstoß zu einer schnellen Entwicklung auf die aufgestellten Ziele hin geben."[14]
Die Kreisauer Gruppe machte in zwei Dokumenten über außenpolitische Fragen, die Pfingsten 1943 in Kreisau besprochen worden waren, Vorschläge, wie diese Gelegenheit genutzt werden sollte. Das erste, allgemeinere Dokument entspricht den grundsätzlichen Erklärungen für die Neuordnung im Inneren.[15] Das zweite Dokument, welches sich mit der Wirtschaftspolitik und ihrer Beziehung zur Außenpolitik befaßt, geht mehr ins Detail: Dieser Aufzeichnung zufolge ist die „wirtschaftliche Ordnung Europas Voraussetzung für eine wirtschaftliche Friedensordnung der Welt, in die sich Europa durch Beteiligung am Welthandel eingliedert"[16]. Die europäischen Länder müßten sich zu einer Arbeitsteilung zusammenfinden, die eine gleichmäßige Entwicklung aller produktiven Kräfte gewährleistet. Das sei der beste Weg, um die Folgen des Krieges rasch zu überwinden. Die europäische Wirtschaft müsse von den überkommenen nationalstaatlichen Beschränkungen befreit werden. Auch auf übernationaler Ebene müsse ihr Grundprinzip der geordnete Leistungswettbewerb sein, der sich unter der Aufsicht einer europäischen Wirtschaftsführung vollziehe. Zur Aufgabe dieser europäischen Wirtschaftsführung gehöre auch, durch Lenkung der Schwerindustrie, Beaufsichtigung der europäischen Kartelle und insbesondere der Steuer-, Kredit- und Verkehrspolitik das Zusammenwachsen der einzelnen Volkswirtschaften Europas zu einer organischen, gegliederten Einheit zu fördern.

Es folgt eine Liste von 14 Fragen, die in diesem Zusammenhang beantwortet werden müßten:
Welche Auswirkungen hat die europäische Zoll- und Währungsunion? Welche Ausgleichsmaßnahmen sind erforderlich?
Können die europäischen Binnenzölle sofort aufgehoben werden? Welche Funktionen haben sie für eine Übergangszeit?
Welche Sondermaßnahmen (zum Beispiel Warenverbringungsverbote zwecks Verhütung einer Ausplünderung noch relativ gut ausgestatteter Volkswirtschaften) sind für eine Übergangszeit erforderlich?
Welche Stellungnahme ergibt sich für Europa zu den Plänen von Keynes und White für einen internationalen Geldfonds und eine internationale Bank?
Welche Auswirkungen hat der Leistungswettbewerb auf die bestehende europäische Arbeitsteilung in Landwirtschaft und Industrie?
Welche Folgen des Leistungswettbewerbs im europäischen Rahmen werden unerwünscht sein? Mit welchen Maßnahmen verhütet man diese unerwünschten Folgen [in Brüssel heute „regionale Politik" genannt]?
Welche Produkte wird Europa zweckmäßigerweise ein- und ausführen, und in welchem Umfang? Welches ist der vermutliche Umfang der Welthandelsbeziehungen Europas? Und wie ist die Interessenlage bei den Welthandelspartnern?
Welche Parallelinstitutionen zu einer internationalen Bank erscheinen auf dem Gebiet des Güteraustauschs und Kapitalverkehrs erforderlich?
Inwieweit besteht Übereinstimmung unter den Gegnern [den Siegern], und wo liegen ihre Gegensätze?
Helmuth von Moltke konnte nicht wissen, daß die letzte Frage die wichtigste werden sollte. Denn die Russen wollten ein kommunistisches Europa herbeiführen und waren gegen alle Pläne der Integration eines demokratischen Europas, während die Amerikaner für eine Lösung auf weltweiter Basis eintraten („United Nations"). Moltke erwartete, daß England gestärkt und enger mit den Vereinigten Staaten verbunden aus dem Krieg hervorgehen würde. Er nahm auch an, Großbritannien und sein Empire würden politisch und militärisch so stark mit der europäischen Wirtschaftsgemeinschaft zusammenarbeiten, daß ein kriegerischer Konflikt in Zukunft ausgeschlossen war, dachte aber nicht an eine Mitgliedschaft Großbritanniens. Churchills und Attlees Einstellung ging in dieselbe Richtung, und de Gaulle war damit beschäftigt, Frankreich wieder zur Großmacht aufzubauen, mit dem Erfolg, daß 1945 in Europa niemand willens oder in der Lage war, die Gelegenheit zu Neuerungen zu nutzen und die wirtschaftliche Gemeinschaft zu schaffen, auf die Moltke und viele andere gehofft hatten. Zwar wurden in den folgenden dreißig Jahren in Europa die obigen Fragen präzisiert und manche sogar in die Praxis umgesetzt, aber es bleibt immer noch viel zu tun.

Erste Maßnahmen nach dem Zusammenbruch und die Bestrafung von Verbrechen

Wie die einführenden Sätze des Dokumentes *Erste Weisung an die Landesverweser* darlegen, war es dafür bestimmt, mit der Notlage fertig zu werden, die durch den Sturz der Nazis entstehen würde, und nicht für eine spätere Zeit, wenn Landesverweser verfassungsmäßig gewählt sein würden. Wie bereits erwähnt, verwandten sowohl die Kreisauer wie die Goerdeler-Gruppe viel Zeit und Energie darauf, an Leute heranzutreten, die in allen Teilen Deutschlands als leitende zivile Vertreter der provisorischen Zentralregierung die Führung übernehmen sollten. (Die Überlegung, daß Deutschland den Krieg verlieren könnte, und die vernünftige Vorsichtsmaßnahme, Landesverweser für die Zeit nach dem Zusammenbruch zu suchen, war in den Augen der Nazis ohne Frage Hochverrat.)

Das Dokument setzte voraus, daß zum Zeitpunkt seiner Anwendung die Verbindung zwischen der zentralen Regierung einerseits und den Ländern andererseits, möglicherweise sogar zwischen den einzelnen Ländern abgebrochen sein könnte. Jeder Landesverweser war dann verpflichtet, ohne Instruktionen aus eigener Initiative zu handeln. Vor allem sollte er auch bei der Besetzung von Posten selbständig entscheiden. Der Landesverweser mußte „die innere Zusammengehörigkeit der deutschen Länder als Kulturnation" erhalten und erhärten. Es war deshalb erwünscht, daß alle Landesverweser, auch wenn sie untereinander keine Verbindung hatten, zu einem Zeitpunkt, wo noch alles für einen neuen Anfang offen war, gleichgerichtet handelten. Wie das zu tun war, beschrieb das Dokument in seinen Anlagen. Eine der Anlagen waren die oben zitierten *Grundsätze für die Neuordnung*. Eine weitere Anlage bestand aus einer Karte, die Schulenburg (möglicherweise zusammen mit Haushofer) gezeichnet hatte; sie war als Plan für die Organisation von Genossenschaften durch das Ernährungsministerium getarnt und wies die Grenzen der neuen Länder auf.

Jeder Landesverweser war verpflichtet, so bald als möglich mit seinen Nachbarn Kontakt aufzunehmen. Die Wirtschaft sollte aufrechterhalten und ein allenfalls noch bestehendes Aufbringungs- und Verteilungssystem nicht gestört werden. Gesetze und Anordnungen, die einzelne wegen ihrer Zugehörigkeit zu einer bestimmten Nation, Rasse oder Religion benachteiligten, waren nicht anzuwenden, alle übrigen Gesetze und Verwaltungsanordnungen sollten zunächst grundsätzlich in Kraft bleiben. Die Freilassung zu Unrecht Inhaftierter sollte sofort in die Wege geleitet werden. Falls der Ausnahmezustand erklärt wurde, war der lokale Militärbefehlshaber den allgemeinen politischen Weisungen des Landesverwesers dennoch unterworfen.

Vorrang hatte die Aufgabe, die Kampfkraft der deutschen Wehrmacht aufrechtzuerhalten und das Eindringen feindlicher Streitkräfte ins Reichsgebiet zu verhindern. Für den Fall, daß eine Besetzung des Landes nicht aufgehalten werden konnte, war eine Sonderweisung beigefügt. Der Landesverweser mußte dann nach Möglichkeit den gegebenen Weisungen folgen und nur der tatsächlichen Gewalt, nicht ihrer Androhung weichen. Mit den feindlichen Militärbehörden mußte streng sachlich verhandelt werden, um den erforderlichen Ausgleich zwischen den Ansprüchen der Besatzung und den Bedürfnissen der Bevölkerung herbeizuführen. Der Besatzungsbehörde gegenüber war klarzustellen, daß der Landesverweser weder eine Einschränkung seiner Zuständigkeit noch eine Änderung der Grenzen seines Landes erörtern oder anerkennen könne. Die Landesverweser sollten die Bevölkerung ihrer Länder und ihre wirtschaftliche und politische Ordnung vor willkürlichen Übergriffen, landesverräterischer Zersetzung und nationalistischen Ausschreitungen schützen.

Sobald als möglich sollten sie auch den Wiederaufbau des Landes auf der Basis der *Grundsätze für die Neuordnung* in die Wege leiten. Es wird nicht gesagt, ob eine verfassunggebende Versammlung einzuberufen war oder ob die Grundsätze des neuen Systems der Bevölkerung zur Sanktionierung vorgelegt werden sollten. Obwohl diese Dokumente nur vorläufige Weisungen sein wollten, enthielten sie doch die Grundsätze für die Neuordnung, auf denen das neue Deutschland aufgebaut werden sollte. Man hätte also Vorschriften erwarten können, inwieweit die Zustimmung der Staatsbürger einzuholen war und was zu geschehen habe, wenn die Befragten oder ihre Vertreter etwas ändern wollten. Denn ein autoritäres Vorgehen paßte nicht zu der Haltung der meisten Gruppenmitglieder. Nichts beweist die Unvollständigkeit der Pläne deutlicher als die Tatsache, daß man überhaupt nicht daran gedacht hatte, diese grundsätzliche Frage zu erörtern. –

Die letzte Anlage gab Weisungen für die Bestrafung der „Rechtsschänder", wobei die Ergebnisse der dritten und letzten Kreisauer Zusammenkunft verwertet wurden. Nach Ansicht der Kreisauer gehörten Naziverbrecher vor die deutschen ordentlichen Gerichte und Kriegsverbrecher, also diejenigen, die sich in der Kriegführung rechtsschänderischer Handlungen schuldig gemacht hatten, nicht vor ein Tribunal der Sieger, sondern vor den Internationalen Gerichtshof in Den Haag. Das hätte auch den Vorteil gehabt, daß die Autorität des Internationalen Rechts gestärkt worden wäre.

Als Rechtsschänder war zu bestrafen, „wer wesentliche Grundsätze des göttlichen oder natürlichen Rechts, des Völkerrechts oder des in der Gemeinschaft der Völker überwiegend übereinstimmenden positiven Rechts freventlich mißachtet". Strafbar hatte sich auch gemacht, wer den Befehl zu rechtsschänderischen Handlungen gegeben hatte. Mittäterschaft, Beihilfe und Anstiftung sollten nach dem allgemeinen Strafrecht beurteilt werden. Bei einer auf Befehl begangenen Rechtsschändung sollte der Befehl kein Strafausschließungsgrund sein, es sei denn bei Nötigung.

Zunächst war geplant, diese Maßnahmen rückwirkend anzuwenden, doch dann entschied man sich für die Befolgung des Rechtsgrundsatzes *nulla poena sine lege* (keine Strafe ohne Gesetz). Denn gerade die Nazis hatten diesen Grundsatz mißachtet, was ihnen die Verfechter des Rechtsstandpunktes auch zum Vorwurf gemacht hatten. Zudem verließ sich die Gruppe darauf, daß die Verbrechen der Nazis sowieso unter allgemeine, schon bestehende positive Rechtsvorschriften fallen würden. Als Richtschnur zur Auswahl derjenigen, die vor Gericht zu stellen waren, sollte ein Absatz aus Macaulays „Geschichte Englands" dienen:

... Welche Maßstäbe ein Fürst nach einer Rebellion bei der Auswahl der zu bestrafenden Rebellen anlegen muß, ist leicht zu entscheiden. Die Anführer, die Männer von Rang, Vermögen und Bildung, deren Macht und Ränke die Menge in die Irre geführt haben, sind die richtigen Objekte für Strenge. Wenn erst einmal das Gemetzel auf dem Schlachtfeld vorüber ist, kann die verführte Bevölkerung nicht milde genug behandelt werden ...[17]

Wahrscheinlich brachte Paulus van Husen, der das Dokument entworfen hatte, dieses Zitat bei. Obwohl in dem Zitat die Lage eine ganz andere war, da Macaulay von Rebellen gegen eine politische Macht spricht, und nicht von Leuten, die den Krieg oder ihre bestehende Machtposition dazu benutzt hatten, unmenschliche Handlungen zu begehen, so bleibt die zugrunde liegende Regel deutlich und zutreffend: Rädelsführer sollten streng bestraft, die Bevölkerung milde behandelt werden. Die Diskussionen der Alliierten über Kriegsverbrechen waren dann so wirr, ja geradezu abwegig, weil sie nicht zwischen politischen Handlungen, wie nicht provozierter Gewaltanwendung in internationalen Angelegenheiten (Angriffskrieg), und anderen Handlungen unterschieden, die der Krieg an sich nicht erfordert und die moralisch zu verurteilen sind. Solange es keine wirksame internationale Autorität gibt, kann Gewaltanwendung zwischen Staaten nicht verhindert und daher auch nicht bedingungslos verurteilt werden. Der Krieg wird immer zu Handlungen führen, die unter anderen Umständen als kriminell gelten (z. B. das kaltblütige Töten von Menschen). Doch die Ermordung von Gefangenen und Flüchtlingen ist immer zu verurteilen. Helmuth von Moltke war, wie bereits berichtet wurde, immer bestrebt, das Internationale Recht so anzuwenden, daß die mit dem Krieg verbundene Grausamkeit eingeschränkt und der einzelne Mensch, vor allem aber der Nicht-Kombattant geschützt wurde. Deshalb hätte er wahrscheinlich die Kriegsverbrecherprozesse gebilligt, die in den vergangenen Jahren vor deutschen Gerichten geführt wurden. Mit den Nürnberger Prozessen, in denen die führenden Nazis und Kriegsverbrecher abgeurteilt wurden, wäre er wohl nicht so zufrieden gewesen.

Außer den Weisungen, die die Landesverweser in diesen Dokumenten bekamen, wurde ihnen noch aufgetragen, grundsätzlich alle führenden Nazis aus ihren Stellungen zu entfernen. Wie sich später erwies, warteten diese nicht, bis sie abgesetzt wurden, sondern versuchten zu verschwinden. Auch Personen, bei denen der Verdacht bestand, daß sie die provisorische Regierung an der Durchführung der notwendigen Maßnahmen hindern könnten, und Personen, deren persönliches Verschulden als Rechtsschänder offenbar war, sollten verhaftet werden. Letztere sollten möglichst umgehend auf dem ordentlichen Rechtsweg abgeurteilt werden.

Schlußfolgerungen

Das waren in großen Zügen die Gedanken, die Helmuth von Moltke mit seinen Freunden bis Ende 1943 entwickelt hatte. In den vergangenen Jahren wurde darüber diskutiert, inwieweit sie „fortschrittlich" oder „reaktionär" seien.[18] Eine gewisse Beachtung fand zum Beispiel eine Aussage von Maass, die er nach dem 20. Juli 1944 im Verhör gegenüber dem SD machte: „Die Grafengruppe, insbesondere z. B. Moltke" [der der Grafengruppe nie angehört hatte], habe „nicht nur staatspolitische, sondern auch gesellschaftspolitische Ziele verfolgt, das heißt, die Wiederherstellung und Erhaltung der Vorrechte einer bestimmten gesellschaftlich umgrenzten Gruppe von Personen."[19] Das ist aber fragwürdiges Beweismaterial, weil viele der Verhörten durch ihre Aussagen sich und andere retten wollten. Und das Reichssicherheitshauptamt selbst war angesichts der für sie erschreckend großen Zahl von Deutschen, die gegen das Naziregime gearbeitet hatten, daran interessiert, die ganze Sache zu diskreditieren, indem man egoistische und reaktionäre Beweggründe unterstellte. Deshalb wurde Beweismaterial, das diese Tendenz unterstrich, ganz besonders aufgebauscht.

Es ist richtig, daß die Mehrheit von Moltkes Freunden und der Mitglieder des Widerstandes überhaupt der sogenannten „Oberschicht" angehörten. Die drei ersten Leute, die Helmuth von Moltke als Sprecher für die Sozialdemokratie gewann, Reichwein, Mierendorff und Haubach, kamen auch nicht aus der Arbeiterschaft und waren alle drei akademisch gebildet. Letzteres traf zwar auf Leuschner, Maass und Leber nicht zu, doch auch sie hatten nicht im Produktionsprozeß gestanden. Deshalb sollte nicht die Herkunft, sondern das Ziel zum Kriterium genommen werden.

Die Kreisauer waren sicher keine sozialen Revolutionäre. Der Wunsch, Hitler und seine Genossen mit Gewalt zu beseitigen, mag sie zu Rebellen gemacht haben, doch ihr Hauptziel war, Deutschlands Gesellschaft mehr soziale Einheit zu geben. Eine Revolution bringt zuerst immer Bitterkeit und Entzweiung mit sich. Helmuth von Moltke und seine Freunde wollten weder weitermachen wie bisher noch die Zustände von vor 1933 wiederherstellen. Sie hatten nicht nur die Absicht, die Nazis zu stürzen, sondern waren für grundsätzliche Veränderungen. Entscheidend fanden sie, daß der religiösen Gleichgültigkeit entgegengewirkt wurde, und sie hätten dem Satz zugestimmt, daß „eine Gesellschaft, die nur an sich selbst glaubt, nicht lange an sich selbst glauben wird"[20]. Entscheidend fanden sie außerdem, daß eine Entwicklung bekämpft wurde, die Macht und Verantwortung auf der Ebene des Nationalstaates konzentrierte, und zwar zum Nachteil sowohl der kleinen Gemeinschaft als auch der internationalen Gemeinschaft. Zweifellos gerieten sie dadurch in Widerspruch zu zeitgenössischen Tendenzen. Berechtigt ist wohl die Kritik, daß sie sich zu stark von der Abneigung gegen die Gesellschaft, von der sie umgeben waren, bestimmen ließen, und nicht ausreichend bedachten, welche Kräfte diese Gesellschaft zu dem gemacht hatten, was sie war.

Doch wer die Haltung der Gruppe als reaktionär bezeichnet, kann mit Recht gefragt werden, was er damit eigentlich meint. Wenn das Wort allgemein Leute bezeichnet, die unverdiente Vorteile für sich wahren oder wiederherstellen wollen, war Moltke alles andere als reaktionär in diesem Sinne. Die Pläne, deren Ausarbeitung er angeregt hatte – sie können nicht „seine" Pläne genannt werden – waren vielleicht nicht in allem so angelegt, daß sie seine Ziele gewährleistet hätten, doch diese Kritik betrifft die Methode, nicht die Absichten. Er hoffte, daß sich die Welt in einer anderen Richtung bewegen werde. Das tat sie – bisher – nicht. Aber er wollte sie durchaus nicht rückwärts wenden. Er hatte Ansichten, die heute nicht weit verbreitet sind; so glaubte er, das Leben habe einen Sinn, Pflichten seien genauso wichtig wie Rechte, und Freiheit sei so wichtig wie Gleichheit. Er lehnte es ab, die Gesellschaft unter dem Aspekt des Klassenkampfes zu sehen oder dem materiellen Gewinn oder dem technischen Fortschritt Vorrang einzuräumen. Man würde ihn wohl heute als unorthodox bezeichnen.

Reisen
April bis Dezember 1943

* Stockholm, den 25. März 1943
... Ich bin eine Art Reisender geworden. Es vergeht kein Monat, ohne daß ich nicht in irgendein europäisches Land geschickt werde, oder besser: Ich schicke mich selbst. „Join the army and see the world" klingt mir etwas zu anspruchsvoll, aber „Join the army and see the continent" paßt ganz gut. Diese Reisen sind meist deprimierend für den Verstand, aber auch wieder ermutigend für den Geist. Man trifft unter den heute in Europa herrschenden Umständen nur die übelsten und die besten Leute, und wenn man die übelsten in angemessenem Abstand halten kann, sind die übrigen wirklich erstaunlich gut ...

So schrieb Helmuth von Moltke im März 1943 in einem Brief an Michael Balfour. Vom 7. bis 17. Februar war er nach Paris und Brüssel gereist, im März nach Skandinavien. Ende April/Anfang Mai fuhr er über Wien und Warschau nach Pulawy in Polen, wo Fritz Christiansen-Weniger ein großes agrarwissenschaftliches Institut mit 240 polnischen Wissenschaftlern leitete. In Krakau hatte er eine Unterredung mit Erzbischof Adam Sapieha. Christiansen vermittelte diese Begegnung, nahm aber nicht an ihr teil. Die SS war in Polen dazu übergegangen, als Vergeltungsmaßnahme für Unternehmungen des polnischen Widerstandes nachts Dörfer zu umzingeln und alle männlichen Einwohner entweder sofort zu erschießen oder als Arbeiter nach Deutschland zu schicken. Helmuth von Moltke wollte ein Verfahren entwickeln, durch das die Dörfer vorher gewarnt werden konnten, und hoffte, Christiansen werde sich der Sache annehmen. Dieser hielt sich aber für zu exponiert, denn er galt bereits als jemand, der Polen wie Menschen behandelte (im Juli 1944 wurde ein Haftbefehl gegen ihn erlassen, aber nicht vollzogen, da die SS vor den vorrückenden Russen floh). Moltke wollte deshalb sehen, ob mit Hilfe des Erzbischofs etwas unternommen werden konnte. Was sie besprachen und was darauf erfolgte, ist nicht bekannt, außer daß er bei seiner Ankunft in Pulawy zu Christiansen sagte, er sei mit dem Ergebnis vollkommen zufrieden.[1]
Auf seiner Reise ging Moltke einige Stunden durch Warschau. Eine große Rauchwolke hing über dem brennenden Ghetto, um das tagelang gekämpft worden war. In den D-Zügen durften nur Deutsche reisen. Zwei Männer schilderten anschaulich die Gefahren nächtlicher Bahnfahrten. Dann verließen sie ihn mit der Bemerkung, glücklicherweise könnten sie ja vor dem gefährlichsten Teil aussteigen. Aber es geschah nichts. – Das Ermutigendste an der Reise war die ausgezeichnete Arbeit, die Christiansen-Weniger leistete, und sein gutes Verhältnis zu den Polen,

die ihn und seine Familie vor ihren eigenen Partisanen schützten. Christiansens Chauffeur hatte vor 1914 russische Professoren, dann deutsche, dann polnische, dann wieder deutsche gefahren und wartete nun gelassen auf die nächste Gruppe.
Schon am 30. Mai reiste Moltke in den Westen, dieses Mal in erster Linie dienstlich. Er wollte mit den Befehlshabern in Holland, Belgien und Frankreich eine Abmachung gegen die Erschießung von Geiseln treffen. Die letzten Hinrichtungen hatten den Widerstand verschärft statt verringert, und er hielt den Zeitpunkt für günstig, diese Praxis als militärisch wirkungslos zu unterbinden. Das wollte er mit einem persönlichen Besuch erreichen. Gleichzeitig hoffte er neue oder bessere Kontakte mit den Widerstandsbewegungen herstellen zu können.
In Holland besuchte er zunächst das Hauptquartier der Armee bei Hilversum, wo man ihm als Transportmittel sofort ein Fahrrad aushändigte. Der Militärbefehlshaber war Luftwaffengeneral Christiansen[2].

Brüssel, den 5. Juni 1943
... [Er ist] genau der Typ eines netten Handelsschiffskapitäns, den wir auf unseren Reisen auf englischen und deutschen Schiffen immer wieder als Kapitän getroffen haben, vielleicht überdurchschnittlich intelligent. Von den hohen Fragen der Politik und Kriegsführung weiß er deshalb gar nichts, weil er die Fragestellung gar nicht kennt. Er ist davon ganz unberührt. Wie man einen solchen Mann zum Wehrmachtsbefehlshaber machen kann, verstehe ich einfach nicht. Er hat mir die Geschichte seiner Ernennung und seiner ersten Wochen in Holland erzählt und hat überhaupt nicht bemerkt, daß er dabei einen vollkommenen Bericht über die Gründe gegeben hat, warum die Sache in Holland schiefgehen mußte. Das konnte gar nicht gutgehen. So berichtete er zum Beispiel über seine erste Unterredung mit General Winkelman, dem Oberfefehlshaber der niederländischen Wehrmacht. Winkelman sagte: „Ich nehme an, Herr General, daß Sie sich im Rahmen des Völkerrechts und der Haager Konvention halten werden." „Wissen Sie, was ich geantwortet habe: ‚Herr General, haben Sie in der Schule je etwas von Völkerrecht gehört? Ich nicht. Völkerrecht ist etwas, das gibt es nur in der Zeitung.'" Und dann schallendes Gelächter des ganzen Kreises. [Generalleutnant Heinz von] Wühlisch [Stabschef in Holland], der wohl merkte, daß ich dieser ganzen Erzählung mit Spannung und Kritik gelauscht hatte, sagte, als wir uns im Auto zur Heimfahrt niedergelassen hatten: „Sie werden verstehen, daß es schwer ist, mit einem solchen Befehlshaber, sei es politisch oder militärisch, zu Rande zu kommen." Dabei ist Christiansen ein netter Mann. Aber es fehlen ihm eben gewisse Organe. Übrigens passierte zum Schluß noch eine Panne. Als er mir auf Wiedersehen sagte, drückte er mir ein Paket in die Hand, welches ich nun mitbringe. Es war riesig peinlich, aber ich konnte es unmöglich refüsieren, und so steht es nun unausgepackt neben meinem Koffer. Was denken sich diese Leute eigentlich. Das ist eben der Göring-Touch, der dort überall zu spüren ist ...

Christiansens Stab machte dennoch einen guten Eindruck auf Moltke. Seiner Meinung nach war die Mehrheit „guten Sinnes". Wühlisch, der als energischer Mann mit Nazigesinnung galt, suchte Geiselerschießungen nach Möglichkeit zu verhindern. Als Moltke Hilversum verließ, war er überzeugt, daß die Wehrmacht ihn gegenüber dem SD unterstützen werde. Im Hauptquartier des SD in Den Haag erlebte er dann eine Überraschung. Er wurde aufs freundlichste begrüßt, und man widmete ihm viel Zeit. An zwei Tagen unterhielt er sich stundenlang mit SD-General Harster[3], am zweiten Tag saß er sogar an dessen Krankenbett.

Brüssel, den 5. Juni 1943
... Er hatte also die Möglichkeit, sich um die Sache zu drücken, tat das aber absolut nicht, sondern war im Gegenteil sichtlich sehr interessiert. Für seine Mitarbeiter gilt das gleiche. Bei aller Fremdheit im Fundament, in der Grundhaltung, herrschte daher im Oberbau eine Gemeinschaft der Auffassung und der Interessenlage, die sehr erfreulich war. Zitate von Harster: „Gegen Schuldige bin ich wirklich scharf, sehr scharf sogar, aber Unschuldige zu erschießen, ist doch einfach blödsinnig!" „Jede Geiselerschießung ist das Eingeständnis eines persönlichen Bankrotts; es heißt doch einfach, den Täter haben wir nicht, oder nicht schnell genug, gefaßt." „Ich kann nicht erwarten, daß die Bevölkerung ruhig bleibt und die Banditen nicht unterstützt, wenn ich anfange, Unschuldige zu greifen." „Wenn Sie erreichen wollen, daß das Geiselnehmen und Geiselerschießen ganz und kategorisch verboten wird, so können Sie meiner Unterstützung gewiß sein." [Harster versprach, er werde die noch in Haft befindlichen Geiseln allmählich „klammheimlich" entlassen.] ... Das ganze wird auch nicht als Strohfeuer verpuffen, denn nach Pfingsten schicke ich ihm den Oberleutnant Diwald auf den Hals, dem er seine gesamten Akten zur Verfügung stellen will, und von der Art und Weise, wie er das tut, wird ja abhängen, ob man wirklich mit ihm rechnen kann oder nicht ...

Eine dritte Zusammenkunft in Holland fand mit Görschen und dem holländischen Widerstandsführer van Roijen statt, einem holländischen Diplomaten, der nach dem Krieg Außenminister und holländischer Botschafter in London wurde; er hatte im Dezember 1942 bereits Adam von Trott getroffen.

Brüssel, den 5. Juni 1943
... Der Holländer ist ein guter Mann mit ausgesprochenem Verständnis für die uns bewegenden Probleme, ein Deutschenhasser, aber klug genug zu sehen, daß nicht alle über einen Kamm zu scheren sind und daß auch den Deutschen eine Lebensmöglichkeit gegeben werden muß. Der Hauptahaß richtet sich übrigens nicht gegen uns, sondern gegen Mussert [den holländischen Naziführer]. Wir haben uns anderthalb Stunden unterhalten, und ich möchte annehmen, daß wir

mit diesem Mann ganz vertrauensvolle Beziehungen werden herstellen können. Tatsächlich werde ich ja infolge der guten Beziehungen mit dem SD diesem Mann und seinen Freunden wirklich helfen können, wenn sie sich von aktiver Sabotage fernhalten ...

Von Holland fuhr Helmuth von Moltke nach Brüssel, wo sein erster Besuch Falkenhausen galt,

Paris, den 7. Juni 1943
... der in sehr vertrauter Weise die Weltlage mit mir erörterte. Ich brachte ihn auf die Fragen, die uns gegenwärtig bewegen, und fand eine erfreuliche Übereinstimmung, eigentlich mehr, als ich erwartet hatte. Um elf kam [Harry von] Craushaar [Falkenhausens Stabschef für die Militärregierung], der über den Erfolg meiner Reise nach Holland sichtlich erfreut und überrascht war. Ich hoffe sehr, daß sich das als ausgesprochene Erleichterung für die Leute in Brüssel auswirken wird. Zu meiner großen Freude hat sich mein letzter Besuch [im Februar 1943] dahin ausgewirkt, daß seitdem keine Belgier mehr strafweise deportiert worden sind. Nun habe ich dieses Mal noch einen Vorstoß in einer besonderen Richtung gemacht, und Falkenhausen hat versprochen, sich danach zu richten. Außerdem habe ich mit Craushaar verabredet, daß er die dreihundert Geiseln, die er noch sitzen hat, aus der Gerichtshaft entläßt. Immerhin bedeuten diese Tage, daß ich zusammen mehr als 1000 Menschen die Freiheit verschafft habe, wenn alle halten, was sie versprochen haben ...

Wenn Falkenhausen befohlen wurde, Geiseln zu erschießen, ließ er Personen hinrichten, die schon aus anderen Gründen zum Tod verurteilt worden waren. Bei Falkenhausen traf Moltke abends auch Elisabeth Ruspoli[4] und Erwin Planck[5]. Am nächsten Morgen ging sein Zug nach Lille.

Paris, den 8. Juni 1943
... Dann fuhr ich kalt und müde ... durch ein unglaublich fruchtbares Land mit gepflegten Feldern und Gärten und besonders gepflegten Bäumen und Hecken. Es ist immer aufregend, so etwas zu sehen, denn im Vergleich dazu ist das beste, das wir leisten können, Stümperei. Trotzdem habe ich die Fahrt nicht genossen, denn es war zu gemeines kaltes Wetter. Außerdem fuhr ich mit lauter Deutschen, die durch die Bank gräßlich waren. Vier Blitzmädchen [Wehrmachtshelferinnen] unterhielten sich über die Frage, ob der Bosporus eigentlich in Norwegen liege. Das lohnt sich doch. In Lille an der Bahn holte mich [Carlo] Schmid ab, bei dem ich einen heißen Kaffee, zwei Eier und Brot, Butter und Gelee bekam, Dinge, die ihm aus der Bevölkerung zugetragen werden. Ich hatte Schmid zwei Stunden lang

zu informieren und die Linie mit ihm abzustimmen, habe aber aus seinen Berichten den Eindruck gewonnen, daß er gut vorbereitet und ganz nette Erfolge hat. [Dann aßen sie im „Deutschen Haus zu Mittag.] Es gab dort eben alles. Das Tollste war aber das Publikum: Schieber, Schieber und wieder Schieber. Teils in Zivil, teils aber Zahlmeister, Gefreite und Unteroffiziere, die das für 20 RM pro Kopf mit irgendwelchen Mädchen aßen. Alles Leute, die sichtlich nach dem Motto leben: Genieße den Krieg, der Frieden wird fürchterlich! ...

Am nächsten Tag besuchte Helmuth von Moltke in Paris den deutschen Oberbefehlshaber von Frankreich, General von Stülpnagel, der 14 Monate später der einzige Kommandierende General außerhalb Deutschlands war, der am 20. Juli erfolgreich gegen die SS vorging.

Paris, den 8. Juni 1943
... Er liegt jedenfalls in der mich interessierenden Frage [der Behandlung von Geiseln] ganz richtig, so daß ich an ihm eine gute Unterstützung haben werde. Die bloße Tatsache, daß er mir seinen geheimsten Bericht über diese Sache anvertraut, den er selbst Falkenhausen nicht gegeben hat, ist ein angenehmer Vertrauensbeweis. Er hat mir jedenfalls versichert, daß er keine Geiseln mehr erschießen lassen würde, was immer man ihm befehle ...

Auch Stülpnagels Stabsoffiziere waren alle bereit, auf Moltkes Vorschläge zur Umgehung von Führerbefehlen einzugehen. – Sein nächster Besuch galt dem Hauptquartier des Oberkommandierenden in Westeuropa (Gerd von Rundstedt) in Saint-Germain. Er fand den ersten Stabsoffizier zwar verständnisvoll wenn auch „etwas leichtgewichtig", äußerte sich aber befriedigt über Rundstedts Chef des Stabes, General Blumentritt, der seiner Meinung nach weder an Stülpnagel noch an Falkenhausen heranreichte, aber auf seine Vorschläge „zur Umgehung von Führerbefehlen" einging, was ihm vorerst am wichtigsten war. Da ihm Stülpnagel für diese Besuche sein Auto zur Verfügung gestellt hatte, salutierten die Posten zweimal bei seinem Erscheinen. Das erste Mal brachten sie ihn, als er bei strömendem Regen mit Regenschirm ausstieg, in die Verlegenheit, „sie durch Handhochheben zu grüßen", was sich bei Blumentritt wiederholte. „Schon das Geräusch kann ich nicht leiden", schrieb er an Freya von Moltke.
Zwischendurch hatte er auch Gottfried von Falkenhausen besucht, einen Neffen des Generals in Brüssel, der Angehöriger der deutschen Botschaft in Paris war.

Paris, den 8. Juni 1943
... Ich habe eigentlich über meine Gewohnheit hinaus geredet und ein wenig viel gesagt. Aber Falkenhausen hat hier eine ganz nette Stellung im Rahmen der

nicht NS-Deutschen, und so dachte ich, daß es ganz gut sei, auch diesen hier klarzumachen, daß jeder etwas beitragen kann und auch beitragen muß. Sonst hoffen hier nämlich alle immer wieder auf die Generäle, obwohl sie es eigentlich besser wissen müßten ...

Laut Falkenhausen sagte Moltke auf dem Weg zum Hotel über Hitler: „Lassen Sie ihn leben. Er und seine Partei müssen bis zum Ende die Verantwortung für das verhängnisvolle Schicksal tragen, das sie dem deutschen Volk bereitet haben, nur so läßt sich die NS-Ideologie ausrotten."[6]
Drei Monate später reiste Helmuth von Moltke noch einmal in den Westen. Zu seiner Enttäuschung war Harster plötzlich von Holland nach Italien versetzt worden, das an dem Tag, an dem er von Berlin abreiste, bedingungslos kapituliert hatte. Harsters Nachfolger Erich Naumann versprach ihm zwar auch Unterstützung, aber er hatte kein Vertrauen in ihn und fürchtete, wie er am 12. September 1943 schrieb, „daß dieser unbedeutende und weiche Mann jedem Geschrei nach Erschießung nachgeben wird". Seine Befürchtung sollte sich als richtig erweisen. – Moltke fuhr dann weiter nach Brüssel. Dort gab es, wie er wußte, zwar keine Schwierigkeiten in der Geiselfrage, aber er wollte mit Falkenhausen noch einmal über die politische Zukunft sprechen. Er mußte zusammen mit andern Gästen ein langes Wochenende mit gesellschaftlichen Vergnügungen in Falkenhausens Landhaus verbringen und hatte kaum Gelegenheit, mit Falkenhausen zu sprechen. Erst am Montag kam er dazu; er hatte den Eindruck, der General habe absichtlich seine Geduld auf die Probe gestellt. Dann war jedenfalls alles „in Butter". „Ein merkwürdiger Mann, aber mit großen Ansätzen dazu, ein weiser alter Mann zu werden", charakterisierte er ihn in einem Brief vom 15. September. Nach dem Krieg berichtete Falkenhausen, Moltke habe damals zu ihm gesagt: „Trotz aller Bedenken bleibt uns keine andere Wahl übrig, als Hitler physisch zu eliminieren." Als Falkenhausen erwiderte, der Krieg müsse so schnell wie möglich beendet werden, um Schlimmeres zu verhüten, habe er geantwortet: „Ja, so ist es wohl, aber ich glaube, das deutsche Volk muß erst einmal ganz herunter."[7]
Die Reise führte dann wieder nach Paris, wo er nur kurz mit Stülpnagel sprach. Auf dem Rückweg fuhr er über Köln.

Berlin, den 18. September 1943
... Köln sieht allerdings unwahrscheinlich aus. Wenn Du mit der Bahn um die Innenstadt herum nach Godesberg fährst, so siehst Du eben fast den ganzen Dom und nicht mehr nur die Türme, weil von der Bahn bis zum Rhein eigentlich nichts mehr ganz heil ist. Es ist ein trostloser Anblick ...

Dreimal besprach sich Helmuth von Moltke in diesem Sommer mit seinen Freunden in München. Einmal fuhr er nach Graz, wo er einen Bekannten der Yorcks,

Hauptmann Wilhelm Taucher, Professor der Ökonomie, traf. Wofür er ihn zu gewinnen suchte, ob als Landesverweser oder für irgendeine andere Aufgabe, steht nicht fest. Er schrieb am 30. August 1943, die Unterhaltung mit Taucher sei „im Diagnostischen schlecht, im Willensmäßigen befriedigend" gewesen. Das dritte Mal kam er durch München auf dem Rückweg von Sigmaringen, wo er mit einer ausgelagerten Reichsstelle dienstlich zu tun hatte. Er übernachtete bei seinem Kollegen von der Abwehr, Hans Christoph Stauffenberg, den er aufgefordert haben soll, an einer Kreisauer Zusammenkunft teilzunehmen, was darauf schließen läßt, daß er eine weitere noch für möglich und wünschenswert hielt.
Aus dienstlichen Gründen war er Ende September auch für einen Tag im Führerhauptquartier. Bis zum Mittagessen war „ein Weg gefunden, auf dem die von mir verteidigten Grundsätze aufrechterhalten werden konnten, ohne zu praktisch unmöglichen Konsequenzen zu führen", schrieb er am 28. September 1943. Nachmittags wurde weiterverhandelt, aber zwischendurch fuhr er rasch nach Steinort, einem Besitz des Grafen Heinrich Lehndorff am Mauersee. Lehndorff war mit den Yorcks befreundet und als Landesverweser für Ostpreußen vorgesehen. In Steinort hatte Außenminister von Ribbentrop Quartier genommen.

Berlin, den 28. September 1943
... Das Haus ist von außen nicht schön; ein großer Kasten, an dem viele Generationen gebaut haben, mit schönem altem Gebälk, schönen alten Möbeln und einer merkwürdigen, riesigen Handstickerei aus dem 17. Jahrhundert. Das ganze macht einen sehr gewachsenen Eindruck. Der Herr Reichsaußenminister lag im Bett und hielt eine Ansprache an die Welt. Das Haus war in Unordnung, weil die Wasserleitung nicht ging und das Bad des RAM in Kesseln auf allen Feuerstellen des Hauses bereitet werden mußte ...

Über Nacht fuhr er nach Berlin zurück. Dort besuchte ihn seinem Brief vom 30. September zufolge noch „ein Mann von Adam, ... der ziemlich lange blieb und ein Reinfall war. Adam fand, daß ich sehr unfreundlich mit ihm war, aber er hatte Limonade statt Blut in den Adern, und darüber hilft ja alle Gemütlichkeit nicht hinweg".
Noch am gleichen Abend fuhr er nach Skandinavien. Die Reise erschien ihm dringend, und es mußte in aller Eile ein Vorwand für sie gefunden werden. In Berlin war nämlich bekanntgeworden, daß nun auch die Juden in Dänemark in die östlichen Todeslager deportiert werden sollten, und er wollte versuchen, sie zu retten. Die Lage in Dänemark war aber komplizierter, als er übersehen konnte. Trotz deutscher Besatzung gab es in Dänemark noch eine auf mehrere Parteien gestützte parlamentarische Regierung, der es gelungen war, die deutsche Einmischung in Grenzen zu halten und bemerkenswerterweise auch die dänischen Juden zu schützen. Als sich die Lage für die Deutschen verschlechterte, wurden aber die Dänen immer kühner; der Widerstand nahm zu, und der deutsche Ober-

kommandierende General von Hannecken erklärte auf Hitlers Befehl am 28. September den Ausnahmezustand. Hannecken war ein ziemlich rauher Soldat, der 1945 wegen Unterschlagung verurteilt und zum Major degradiert wurde.[9] Er stand mit dem deutschen Gesandten, Werner Best[10], auf Kriegsfuß.
Best war Jurist und Beamter, achtunddreißig Jahre alt und einer der wenigen Intellektuellen in der nationalsozialistischen Partei, die nicht verschroben waren. Er war ehrgeizig und wollte sich daher in Dänemark auszeichnen. Als erstes mußte er Hanneckens Macht untergraben, was er durch eine Verstärkung seiner eigenen Truppe, der Polizei, zu erreichen hoffte. Er konnte aber Berlin nur dazu bewegen, Polizeiverstärkungen zu schicken, wenn er erklärte, die Zeit für eine Judenrazzia sei gekommen. Er wußte zwar, daß dadurch die Krise in Dänemark beschleunigt würde, aber gerade sie lieferte ihm ja den Vorwand, mehr Polizeikräfte anzufordern. Wenn seine Karriere als führender Mann der Deutschen in Dänemark in einer solchen Atmosphäre begann, war es allerdings fraglich, ob ihm dieser Schachzug auch den erwünschten Erfolg brachte. Er wollte es deshalb besonders klug machen und die angeforderte Polizei gar nicht einsetzen. Er ließ in Dänemark Andeutungen über bevorstehende anti-jüdische Aktionen durchsickern und berichtete die daraufhin entstandene Empörung nach Berlin. Aber das war zu schlau. Zwar wurden Polizeitruppen nach Dänemark abkommandiert, zunächst aber nicht seinem Befehl unterstellt, und außerdem bestand man in Berlin darauf, daß die Razzia stattfand. Infolge seiner Vorwarnung war sie ein totaler Mißerfolg, und Best erntete die Geringschätzung seiner Vorgesetzten und den Haß der Dänen. Er blieb bis zum Ende des Krieges für Dänemark verantwortlich, das nicht kooperierte und immer unruhiger wurde.
Helmuth von Moltke beschrieb Hannecken in seinem Brief vom 5. Oktober als törichten, lauten Mann, „der völlig fehl am Platze, höchstens für den Kasernenhof gemacht ist. Best ist ihm turmhoch überlegen ... Er ist kein schlechter Mann, er ist jedenfalls klug". Moltke spürte auch, daß die Komplikationen darauf zurückzuführen waren, daß Best Hannecken ausschalten wollte. Doch er konnte natürlich Bests verwickeltes Manöver nicht durchschauen.

Oslo, den 5. Oktober 1943
... Das Unglück ist eben, daß die Dänen die Folgen dieser Unfähigkeit tragen müssen, und m. E. steuern wir da in ganz komplizierte und schwierige Lagen hinein, in denen Konflikte mit den dänischen Gerichten und den dänischen Verwaltungsbehörden gar nicht ausbleiben können. Ich bin also ziemlich beunruhigt abgefahren, wenn ich auch mit allen, mit denen ich gesprochen habe, über das Erschießen ganz eingehende und durchaus befriedigende Erörterungen hatte. Sie haben mir alle versichert, daß sie sich darüber klar seien, daß das Erschießen einzelner nichts nutzen und politisch ungeheuer viel schaden würde. Am meisten hat mich beruhigt, daß Best auf diesem Punkt ganz kategorisch war. Nur weiß ich nicht, wie er sich auf die Dauer seine Stellung denkt, denn wenn er nicht H. wegbeißt, so wird das nie gehen ...

Moltke hielt Oberkriegsgerichtsrat Kanter, „der seine Kategorien kennt", für den einzigen vernünftigen Mann unter den Militärs. Als man die Geiselnahme in Erwägung gezogen hatte, äußerte Kanter, sie sei zwar zulässig zum Schutz von Gebäuden, dürfe aber nicht erfolgen, um ein gutes Verhalten der Bevölkerung sicherzustellen. Gegen Hinrichtungen protestierte er. Um sich gegen die Kritik seiner Kollegen abzusichern, wandte er sich an Karl Sack, den Leiter der Rechtsabteilung des OKW in Berlin, einen entschiedenen Nazi-Gegner, der ihn an Moltke verwies. Vor dessen Besuch in Dänemark war Kanter gewarnt worden, dieser stehe schon unter SD-Beobachtung, er solle sich von ihm fernhalten.
Moltke begnügte sich aber nicht damit, führende Leute der Wehrmacht vor den Schwierigkeiten zu warnen, die sie sich durch scharfes Vorgehen einbrocken konnten. Er suchte auch eine alte Freundin aus dem Schwarzwald-Kreis auf, die Journalistin Merete Bonnesen. Das war ziemlich schwierig, denn nachdem der Ausnahmezustand erklärt worden war, hatte man sie drei Tage lang festgehalten. Er berichtete in seinem Brief vom 5. Oktober, sie und ihr Bruder Kim seien „von dem Gefühl der völligen Unsicherheit stark beeindruckt. Als ich ihnen versicherte, daß man sich daran gewöhnte, wollten sie es absolut nicht glauben". Kim Bonnesen arbeitete im dänischen Ministerium für soziale Angelegenheiten. Als er von Moltke erfuhr, daß eine Razzia gegen Juden bevorstand, gab er die Nachricht sofort an hohe Stellen im Außenministerium weiter. Der Leiter dieses Amtes wußte aber schon seit drei Tagen Bescheid durch Georg Duckwitz, einen Diplomaten in Bests Stab. Früh am nächsten Morgen klingelte es bei Kim Bonnesen; draußen stand Moltke und sagte strahlend: Hitler wollte sechstausend kriegen und hat noch keine zweihundert. Er war nicht der einzige, der für diese Sache sein Leben riskiert hatte, doch der Erfolg war ihm sicher auch sein Risiko wert.
Am 3. Oktober traf Helmuth von Moltke in Oslo ein, wo Ungeduld und gedrückte Stimmung herrschten, da der Widerstand keine Fortschritte erzielt hatte und einem weiteren langen Besatzungswinter entgegensah. Nach Schweden kam er nicht, weil sein Visum nicht eintraf; statt dessen fuhr er über Kopenhagen zurück, wo er nochmals kurz seine Freunde und Kanter traf. Der Ausnahmezustand war zwar aufgehoben, die Atmosphäre aber noch schlechter.
Nun sind nur noch die Reisen nach Istanbul zu beschreiben. Die erste unternahm Moltke vom 5. bis 10. Juli, die zweite vom 11. bis 16. Dezember. Von der ersten Reise gibt es einen langen Brief mit einer lebhaften, begeisterten Schilderung der Stadt, über die zweite Reise berichtete er nicht nach Hause. Er benutzte auch seinen Aufenthalt in der Türkei dazu, persönliche Briefe an verschiedene englische und südafrikanische Freunde zu schreiben. Vorwand für beide Reisen waren Verhandlungen über eine Flotte von Donauschiffen, die einer französischen Gesellschaft gehört hatten. Einer ihrer Direktoren floh 1940 von Frankreich nach England, und als Deutschland 1941 Griechenland und Jugoslawien angriff, befahl er der Flotte, durch den Bosporus zu fahren und sich im Marmarameer internieren zu lassen. Die Deutschen hatten inzwischen das Pariser Büro der Gesellschaft mit kooperativen Franzosen besetzt, die einen Prozeß gegen die türkische Regierung auf Herausgabe der Schiffe anstrengten. Moltke nahm auf seiner ersten Reise

Wengler mit, der die Verhandlungen führen sollte. Nur an der Besprechung mit Franz von Papen, damals deutscher Botschafter in der Türkei, nahm er selbst auch teil. Dabei stellte er fest, daß Papen wirklich so unfähig war, wie ihm nachgesagt wurde. Als dieser während der Verhandlung aus dem Zimmer gerufen wurde, sagte Moltke zu Wengler: „Er ist doch ein jämmerlicher Mann[11]."

In Istanbul wollte er aber vor allen Dingen wieder versuchen, mit den Alliierten Verbindung aufzunehmen. Das wurde jetzt für den Widerstand immer wichtiger. Trott war im Januar in der Schweiz und im Juni in der Türkei, im September wieder in der Schweiz und Ende November in Schweden gewesen, wo er mit zwei britischen Beamten Kontakt gehabt hatte. Canaris, der Moltkes Reisen ermöglichte, war angeblich über seine wirklichen Absichten informiert.

Istanbul eignete sich aus verschiedenen Gründen für einen solchen Versuch. Es war von westlichen Ländern her leichter zugänglich als Schweden und die Schweiz, die man von England aus nur über deutsch besetztes Territorium erreichen konnte. Außerdem kannte Moltke gute Antinazis in der deutschen Kolonie. Der Hauptvertreter der dortigen Abwehr war Paul Leverkühn, sein Rechtsanwaltskollege von 1938/39. Hans Wilbrandt, der seit 1934 in der Türkei lebte, hatte er als Wirtschaftsprüfer für eine Frankfurter Bank im Zusammenhang mit Kreisauer Finanzproblemen kennengelernt. Der stärkste Anziehungspunkt war vielleicht, daß Alexander Kirk, den Moltke aus Berlin gut kannte, jetzt amerikanischer Botschafter in Kairo war.

Während seines Aufenthaltes im Juli lernte Moltke durch Wilbrandt Alexander Rüstow kennen, einen deutschen Soziologen, der 1934 in die Türkei ausgewandert war und Verbindungen zum amerikanischen Geheimdienst (OSS) hatte. Sie besprachen miteinander ein Projekt, wonach ein deutscher Generalstabsoffizier mit detaillierten militärischen Plänen unter dem Vorwand eines Flugzeugunglücks in England abspringen und mit den Westalliierten eine gemeinsame Operation verabreden sollte. Den anglo-amerikanischen Truppen sollte die deutsche Westfront geöffnet werden, während im Osten weitergekämpft würde. Moltke hatte offenbar versichern können, er habe diesen Plan mit hohen deutschen Offizieren besprochen. Dann erklärte er wieder, er sei gegen ein Attentat auf Hitler, nicht aber gegen seine gewaltsame Entfernung. Er griff die Forderung nach einer bedingungslosen Kapitulation an und sagte, er werde bei Verhandlungen alles tun, um die Alliierten davon abzubringen. Rüstow konnte seine Haltung zwar verstehen, versicherte ihm aber, jeder Versuch in dieser Richtung sei hoffnungslos. Seiner Meinung nach würden die Bedingungen der Alliierten bei einer solchen Verhandlung sogar noch schlechter ausfallen als nach einem Zusammenbruch des nationalsozialistischen Regimes. Das Hauptziel sei zunächst, daß Deutschland nur von den Westalliierten besetzt werde. Rüstow lehnte es ab, weitere Hilfestellung zu geben, wenn er sich mit dieser Ausgangslage nicht abfinde, worauf er widerstrebend nachgab. Ein Brief Moltkes an Dorothy Thompson, die einen gewissen Einfluß auf Roosevelt hatte, wurde an die Amerikaner weitergegeben, erreichte aber sein Ziel nie. (Offenbar hatte Helmuth von Moltke auch vergeblich versucht, durch einen mit Trott bekannten Diplomaten an den Patriarchen von Konstantinopel zu gelangen, um durch ihn mit Würdenträgern der Kirche in England und so schließlich mit Churchill selbst Kontakt zu bekommen.) Da in der restlichen Zeit nichts mehr unternommen werden konnte, bat er Rüstow, mit Kirk Verbindung aufzunehmen, damit er diesen in Istanbul treffen oder heimlich für einen oder zwei Tage nach Kairo fliegen könne. Sobald eine dieser Möglichkeiten gegeben sei, solle man ihm in Berlin eine verabredete Nachricht schicken, und er werde wieder nach Istanbul kommen. Kirk erhielt tatsächlich durch das OSS die Botschaft. Da er aber wußte, daß es in Istanbul von Spionen wimmelte und sowohl seine wie Moltkes Anwesenheit nicht geheimgehalten werden konnte, teilte er dem OSS-Verbindungsmann mit, eine Zusammenkunft in Istanbul sei seiner Meinung nach zu gefährlich für Moltke.[2] Dessen Vorschlag, nach Kairo zu fliegen, wurde offenbar gar nicht erwogen. Es gab keine Möglichkeit, Kairo mit einem Zivilflugzeug zu erreichen, und die Benutzung einer amerikanischen Militärmaschine hätte ausführliche Erklärungen an die türkische Regierung erforderlich gemacht, wodurch aber wieder die Gefahr bestand, daß etwas durchsickerte. Der Vorschlag war also undurchführbar. Das OSS wollte das Projekt aber nicht fallen lassen und gab Rüstow zu verstehen, wenn Moltke im Dezember in die Türkei komme, werde man auf seine Bedingungen eingehen. Offenbar war geplant, ihn mit jemandem zusammenzubringen, der seine Zuverlässigkeit mit entsprechenden Papieren belegen konnte.

Als Moltke dann wieder nach Istanbul kam, war Kirk nicht da, und von einem Flug nach Kairo war keine Rede. Auch mit den Verhandlungen, die die Amerikaner statt dessen angeboten hatten, war offenbar etwas schiefgegangen. Wahrscheinlich hatte das Hauptquartier des OSS keine Vollmacht erteilt. Moltke schrieb deshalb folgenden Brief an Kirk:

*Istanbul 1943

Lieber Herr Kirk,

darf ich Ihnen auf diese Weise meine besten Grüße und Wünsche und meine aufrichtige Empfehlung übermitteln. Vielleicht sollte ich zuerst auseinandersetzen, warum ich mit solcher Entschiedenheit erklärt habe, ich könne niemanden sonst treffen, bevor ich Sie nicht gesehen hätte. Sie werden verstehen, daß jede Diskussion über die Mittel und Wege, diesen Krieg zu beenden und Frieden zu schließen, von beiden Seiten volles Vertrauen erfordert. Von Ihrer Seite, weil die Vollmachten, die ich beibringen könnte, zwangsläufig unvollständig wären und ihren Wert nur durch die Tat beweisen könnten; von meiner Seite aus Sicherheitsgründen und auch aus politischen Gründen. Mir erscheint es notwendig, daß sich mein Partner in einem solchen Gespräch eine Vorstellung davon machen kann, wie das Leben in meinem Lande aussieht, und außerdem die nötige Diskretion aufbringt, alles, was ich sagen würde, so zu gebrauchen, daß es weder mir selbst noch der Sache eines grundsätzlichen, dauernden Friedens schadet. Deshalb muß ich sicher sein, mit jemandem zu sprechen, dessen persönliche Loyalität außer Frage steht und der in der Lage ist, die komplizierte und verwirrte Situation meines Landes und mehrerer anderer Länder des kontinentalen Europa politisch zu beurteilen. Persönliche Bekanntschaft zwischen denen, die für die Führung eines solchen Gespräches verantwortlich sind, ist deshalb offensichtlich Voraussetzung, und ich persönlich kenne in diesem Umkreis außer Ihnen keinen Amerikaner, auf den das alles zutrifft. Ich hoffe, daß Sie diese Lage verstehen und mögliche Unannehmlichkeiten, die sich für Sie daraus ergeben könnten, entschuldigen werden.

Jede Besprechung müßte mit einer Analyse der militärischen und politischen Situation beginnen. Ich habe den Eindruck, daß trotz der Ermahnungen seitens des Präsidenten und Churchills manche Leute eine baldige Beendung des Krieges in Europa erwarten.

Ich würde gerne Ihre Meinung zu diesem Punkt erfahren, denn er ist von fundamentaler Bedeutung für eine mögliche Zusammenarbeit: Wäre ein schnelles Ende in Sicht, würde die Zusammenarbeit technisch viel leichter und politisch viel schwieriger werden.

Ich wiederum könnte Ihnen einen Bericht über die politische Lage in Deutschland liefern. Sie kennen Mitteleuropa und totalitäre Staaten im allgemeinen und wären deshalb in der Lage, den Wert meiner Vollmachten abzuschätzen, obwohl darüber vor dem entscheidenden Ereignis niemand Genaues sagen kann. Ein solcher Bericht würde Ihnen auch die Möglichkeiten und Grenzen militärischer oder politischer Unterstützung zeigen, die wir im Hinblick auf unser gemeinsames Ziel leisten können. Ich fürchte, daß jemand, der nie in einem totalitären Staat gelebt hat, die Grenzen einer solchen Unterstützung nicht einsieht und sogar die bestehenden Möglichkeiten nur mit großer Mühe erkennt.

Auch die politische Lage nach einem Waffenstillstand müßte in Betracht gezogen werden, wenigstens insoweit, als sie einen Teil der Beurteilung der gegenwärtigen Lage darstellt. Sie können sich sicher vorstellen, daß das Beispiel Italiens die Hoffnung auf einen innerdeutschen Kurswechsel erheblich dämpfte; es müßte klargestellt werden, wie man eine Wiederholung vermeiden kann.

Wenn diese Fragen der Beurteilung der gegenwärtigen Situation erledigt sind, kommt der Hauptpunkt, die Zusammenarbeit. Sie müßte bis in ihre militärischen und politischen Möglichkeiten hinein verfolgt werden. Sie werden einsehen, daß eine gewisse Übereinstimmung der Planung in politischer Hinsicht die Voraussetzung für eine wirksame militärische Zusammenarbeit bildet. Was die militärische Zusammenarbeit angeht, bin ich der Meinung, daß aus militärischen und politischen Gründen nur eine solche Zusammenarbeit in Frage käme, die auf einen Schlag einen Umschwung herbeiführt. Das erfordert Geduld; man muß warten, warten und nochmals warten, bis militärische Macht in großem Umfang und wirksam eingesetzt werden kann, damit sie mit Sicherheit erfolgreich ist, wenn unsere Hilfe noch hinzukommt.

Das wäre meiner Meinung nach das Gebiet, das behandelt werden müßte, und ich glaube, daß wir ziemlich schnell einig wären. Das übrige ist keine politische, sondern eine technische Frage, wofür ich nicht zuständig bin. Doch wir müßten uns über Mittel und Wege einigen, wie die Techniker auf beiden Seiten Kontakt aufnehmen können.

Den Ort für eine Diskussion können Sie bestimmen. Wenn ich das nächste Mal komme, kann ich Istanbul für 48 Stunden verlassen. Ich bin darin ganz auf Sie angewiesen und vertraue darauf, daß die von Ihnen getroffenen Vorkehrungen mein Risiko niedrig halten. Was den Zeitpunkt betrifft: Wenn ich mich mit meiner Arbeit zu Hause beeile, könnte ich frühestens Mitte Februar und spätestens Mitte April wieder hier sein.
Mit besten Wünschen für Weihnachten und Neujahr . . .

Steinhardt, der amerikanische Botschafter in der Türkei, lehnte es zuerst ab, diesen Brief weiterzugeben. Er bestand auf einer Zusammenkunft Moltkes mit seinem Militärattaché, Brigadegeneral Tindall. Sie fand im Istanbuler Büro des OSS statt mit dem Ergebnis, das er befürchtet hatte. Sie mißtrauten sich gegenseitig. Tindall war nicht unbeeindruckt, suchte aber militärische Information aus ihm herauszuholen, die Moltke nicht geben wollte. Der Brief an Kirk wurde zwar befördert, erreichte aber seinen Adressaten nie. Wilbrandt zufolge sah Moltke seine Verhaftung voraus, wollte Weihnachten mit seiner Familie verbringen und soll Konstantinopel mit den Worten verlassen haben: „Nun ist alles verloren!“ Am 10. Januar erhielt Rüstow einen Brief, der den Eindruck erwecken wollte, er komme von Kirk, was aber nicht der Fall war. Es stand lediglich drin: „Ich würde immer gerne mit Ihnen zusammenkommen, aber unsere Begegnung hätte nicht viel Sinn, denn es ist meine persönliche Überzeugung, daß nur die bedingungslose Kapitulation der deutschen Streitkräfte den Krieg in Europa beenden kann.“ Bevor dieser Brief eintraf, aber nach Moltkes Abreise, verfaßten Wilbrandt und Rüstow eine Erklärung, die die von Moltke geäußerten Ansichten wiedergeben sollte. Nachdem ein erster Entwurf auf deutsch gemacht worden war, wurde er von einem Deutschen, der auch in Instanbul im Exil lebte, ins Englische übersetzt. Die einzige vorhandene Abschrift liegt in englischer Sprache vor.

Dezember 1943
Exposé
über die Bereitschaft einer mächtigen deutschen Gruppe, militärische Operationen der Alliierten gegen Nazi-Deutschland vorzubereiten und zu unterstützen.[13]

Vorbemerkung: Das folgende Exposé legt Einstellung und Pläne einer überaus einflußreichen Gruppe der innerdeutschen Opposition hinsichtlich einer Beschleunigung des Sieges der Alliierten und der Abschaffung des Nazismus dar. Es ist aufgesetzt worden auf Grund zahlreicher und eingehender Gespräche und Diskussionen mit einem führenden Mitglied dieser Gruppe über die politische Zukunft eines freien, demokratischen und vom Nationalsozialismus gründlich gereinigten Deutschland und über die größtmögliche Beihilfe, die entschlossene deutsche Patrioten gegenwärtig leisten können, damit dieses Deutschland sichere Wirklichkeit wird.

Das Exposé soll klar und knapp die Anschauungen und Absichten dieser Gruppe verantwortungsvoller demokratischer Deutscher innerhalb Deutschlands wiedergeben.

Hintergrund und Stellung der deutschen Oppositionsgruppe
Von der nationalsozialistischen Parteihierarchie und ihren untergeordneten Organen und Funktionären abgesehen, sind in Deutschland zwei mit politischer Macht ausgestattete Elemente vorhanden: das Offizierskorps der Wehrmacht und höhere Staatsbeamte, die zumindest in der Ministerialbürokratie ein recht dichtes Netz bilden und durch persönliche Bekanntschaft, dienstlichen Kontakt und oft langjährige Freundschaft miteinander verbunden sind.
Innerhalb der sich überschneidenden Kreise der hohen Beamtenschaft und der Berufsoffiziere lassen sich drei Kategorien unterscheiden:
1. Politisch neutrale Spezialisten, die von ihren Dienstpflichten völlig in Anspruch genommen werden und entweder zu unentschieden oder zu vorsichtig sind, um ihre Anschauungen zu äußern oder sich politisch aktiv zu engagieren. Sie stellen die Mehrheit dar, besonders unter den Berufsoffizieren;
2. überzeugte Nationalsozialisten;
3. entschlossene und bewußte Gegner des Nationalsozialismus. Die dritte Kategorie ist wieder in zwei Flügel geteilt; der eine befürwortet eine „östliche", prorussische Ausrichtung, der andere eine „westliche", pro-angelsächsische Tendenz. Der erstere ist wesentlich stärker als der letztere, besonders in der Wehrmacht; in der Luftwaffe hat er die Übermacht. Die treibende Kraft hinter dem östlichen Flügel ist die feste und traditionelle Überzeugung einer Interessengemeinschaft zwischen zwei sich gegenseitig ergänzenden Mächten, Deutschland und Rußland, welche zu der historischen Zusammenarbeit zwischen Preußen und dem russischen Zarenreich und zwischen dem republikanischen Deutschland und Sowjetrußland zur Zeit von Rapallo (1922) führte, als die Reichswehr und die Rote Armee ein weitreichendes Übereinkommen hinsichtlich militärischer Zusammenarbeit und wechselseitiger Ausbildungsmöglichkeiten trafen. Historische Bande dieser Art werden gefestigt vom tiefen Eindruck, den die Stärke und das Durchhaltevermögen der Roten Armee und das Geschick ihres Oberkommandos gemacht haben. Im östlichen Flügel hat die Gründung des Bundes Deutscher Offiziere in Moskau starken Widerhall gefunden, um so mehr, als die Führer des Bundes in der Wehrmacht als (den Maßstäben ihres Berufsstandes entsprechend) hervorragende und persönlich integre Offiziere gelten. Diese Gruppe stand lange in unmittelbarer Verbindung, auch laufend im Funkverkehr mit der Sowjetregierung, bis eine Unvorsichtigkeit auf russischer Seite zur Verhaftung und Hinrichtung vieler hochgestellter Offiziere und Beamten Anfang 1943 führte.
Die westliche Gruppe der Opposition ist zwar zahlenmäßig schwächer, wird aber von vielen Schlüsselkräften in der Militär- und Beamtenhierarchie einschließlich Offizieren aller Ränge und Schlüsselmitgliedern des OKW vertreten. Sie steht außerdem in enger Fühlung mit den katholischen Bischöfen, der protestantischen Bekenntniskirche, führenden Kreisen der ehemaligen Gewerkschaften und Arbei-

terorganisationen sowie einflußreichen Männern der Industrie und Intellektuellen. Diese Gruppe sucht jetzt eine praktische Grundlage für eine wirksame Zusammenarbeit mit den angelsächsischen Alliierten zu schaffen.

Voraussetzungen einer Zusammenarbeit mit den Alliierten
Die in Zukunft wesentlichen Faktoren und gegenwärtigen politischen Argumente, die die logischen Voraussetzungen einer erfolgreichen Zusammenarbeit zwischen der westlichen Gruppe der deutschen demokratischen Opposition und den Alliierten darstellen, sind folgende:
1. Die Mitglieder der Gruppe betrachten eine eindeutige Niederlage und eine Besetzung Deutschlands als moralisch und politisch notwendig für die Zukunft der Nation.
2. Die Gruppe ist von der Berechtigung der alliierten Forderung auf bedingungslose Kapitulation überzeugt und ist sich darüber im klaren, daß Diskussionen über Friedensbedingungen vor erfolgter Kapitulation verfrüht sind. Ihre proangelsächsische Einstellung beruht auf der Überzeugung, daß sie mit den verantwortlichen Staatsmännern auf alliierter Seite über die Ziele bezüglich der zukünftigen Organisation menschlicher Beziehungen grundsätzlich übereinstimmt, und auf der Einsicht, daß sich angesichts der natürlichen Interessenkonvergenz zwischen einem Deutschland nach den Nazis und den anderen demokratischen Nationen zwangsläufig eine fruchtbare Zusammenarbeit zwischen ihnen ergeben muß. Die demokratischen Deutschen betrachten diese übereinstimmende Zielsetzung als weit sicherere Garantie für einen Zustand der Gleichheit und Würde nach dem Krieg, als sie ihnen eine formelle Zusicherung der Alliierten gegenwärtig geben könnte, vorausgesetzt, daß solche Zusicherungen überhaupt gemacht würden.
3. Eine wichtige Voraussetzung für den Erfolg des in den folgenden Abschnitten entworfenen Plans ist eine nach wie vor intakte Ostfront, die aber gleichzeitig in bedrohliche Nähe der deutschen Grenze, etwa die Linie TILSIT-LEMBERG, rücken sollte. Eine solche Situation würde radikale Entscheidungen im Westen vor dem nationalen Bewußtsein rechtfertigen als die einzigen Mittel, der übermächtigen Gefahr im Osten zuvorzukommen.
4. Die Gruppe ist bereit, einen möglichst weitreichenden militärischen Kooperationsplan mit den Alliierten zu verwirklichen, vorausgesetzt, daß die Auswertung der militärischen Information, Mittel und Autorität, die der Gruppe zur Verfügung stehen, mit einem umfassenden militärischen Einsatz der Alliierten kombiniert wird, so daß ein rascher, entscheidender Erfolg auf breiter Front praktisch sicher ist.
Dieser Sieg über Hitler, gefolgt von einer möglichst raschen Besetzung ganz Deutschlands durch die Aliierten, würde die politische Situation auf einen Schlag so verändern, daß die wirkliche Stimme Deutschlands laut würde, die das Wirken der Gruppe freudig begrüßen würde als kühne, wahrhaft patriotische Tat, vergleichbar mit der Tauroggener Konvention, die der preußische General Yorck 1812 mit den Russen schloß.

5. Sollte jedoch die Invasion von Westeuropa im selben Stil eingeleitet werden wie der Angriff auf das italienische Festland, würde die Beihilfe der Gruppe nicht nur nicht kriegsentscheidend wirken, sondern sogar noch zur Bildung einer neuen Dolchstoßlegende beitragen sowie die Patrioten, die den Versuch unternahmen, vor der Nation kompromittieren und für die Zukunft aktionsunfähig machen. Zweifellos würden halbe Maßnahmen der Sache mehr schaden als nützen, weshalb die Gruppe zu einer Zusammenarbeit mit begrenzten Zielen nicht bereit ist.
6. Wenn beschlossen wird, die zweite Front im Westen durch einen übermächtigen, umfassenden Einsatz zu schaffen und diesem eine überwältigende Streitmacht mit dem Ziel einer totalen Besetzung Deutschlands folgen zu lassen, ist die Gruppe bereit, den Einsatz der Alliierten mit ihrer ganzen Macht und allen ihr zur Verfügung stehenden wichtigen Hilfsmitteln zu unterstützen. Zu diesem Zweck wäre sie nach genauer Verabredung und Vorbereitung bereit, einen hohen Offizier als ihren mit allen Vollmachten und Informationen versehenen Beauftragten in ein bestimmtes alliiertes Land fliegen zu lassen, um die Pläne für die Zusammenarbeit mit dem alliierten Oberkommando zu koordinieren.
7. Mit der Bereitschaft einer ausreichenden Zahl intakter Einheiten der Wehrmacht, die nach dem Operationsplan der Gruppe ausgegebenen Befehle zu befolgen und mit den Alliierten zusammenzuarbeiten, könnte nur gerechnet werden, wenn die obigen Voraussetzungen mit hinreichender Sicherheit erfüllt werden. Andernfalls bestünde die ernste Gefahr, daß die Befehle und Operationen, die von den zur Gruppe gehörigen Befehlshabern und Stäben vereinbart wurden, im entscheidenden Augenblick aus Mangel an Unterstützung nicht verwirklicht oder nur mit großer Schwierigkeit vollzogen werden könnten.
8. Die Gruppe würde dafür sorgen, daß gleichzeitig mit der Landung der Alliierten eine provisorische antinazistische Regierung gebildet würde, die nichtmilitärische Aufgaben, welche sich aus der Zusammenarbeit mit den Alliierten und der damit verbundenen politischen Umwälzung ergäben, übernehmen würde. Die Zusammensetzung dieser provisorischen Regierung würde im voraus festgelegt.
9. Die Gruppe, der Persönlichkeiten ganz verschiedener liberaler und demokratischer Parteien und Anschauungen angehören, sieht in der Möglichkeit einer Bolschewisierung Deutschlands durch das Aufkommen eines nationalen Kommunismus eine drohende tödliche Gefahr für Deutschland und die Gemeinschaft der europäischen Nationen. Sie ist entschlossen, dieser Gefahr mit allen möglichen Mitteln entgegenzuwirken und insbesondere zu verhindern, daß der Krieg durch einen Sieg der Roten Armee beendet wird, welchem eine russische Besetzung Deutschlands vor Ankunft der angelsächsischen Armeen folgen würde. Andererseits darf sich zwischen der zukünftigen demokratischen Regierung und den deutschen Arbeitermassen kein Gegensatz entwickeln. Eine nichtkommunistische demokratische Innenpolitik wird nur in Verbindung mit einer aufrichtigen Politik der Zusammenarbeit mit Rußland möglich sein, welche jede Feindseligkeit oder Mißhelligkeit mit dieser Macht beseitigen soll. In diesem Sinne sollte man sich die starken pro-russischen Kreise in Deutschland nicht zum Gegner machen,

sondern sie in einen allgemeinen aufbauenden Einsatz einzubeziehen und zu gewinnen suchen. Was schließlich um jeden Preis vermieden werden muß, ist die Entwicklung einer Situation, die eine demokratische Regierung dem Vorwurf aussetzen würde, sie stelle ausländische Interessen über nationale Angelegenheiten, was nationalistische, kommunistische und russophile Kräfte gegen diese Regierung vereinigen würde.

10. Die geplante demokratische Regierung sollte, um dem Linksradikalismus den Wind aus den Segeln zu nehmen, innenpolitisch mit einem sehr starken linken Flügel operieren und sich entschieden auf die Sozialdemokraten und die organisierte Arbeiterschaft stützen, wenn nötig sogar die Zusammenarbeit mit persönlich integren, unabhängigen Kommunisten anstreben.

11. Der erste Standort der demokratischen Gegenregierung wäre unter den vorausgesetzten Umständen am besten Süddeutschland, vielleicht Österreich. Es wäre wünschenswert, die Zivilbevölkerung dieses Gebietes nicht wahllosen Luftangriffen auszusetzen, da die ausgebombte Bevölkerung erfahrungsgemäß so erschöpft und durch die Anstrengung, für ihr nacktes Überleben und ihren Lebensunterhalt zu sorgen, so in Anspruch genommen ist, daß sie für eine revolutionäre Tätigkeit nicht in Betracht kommt.

Das OSS in Istanbul sandte dieses Dokument über das Hauptquartier in Algier in die Vereinigten Staaten, wo es angeblich Präsident Roosevelt vorgelegt wurde. Rüstow zufolge zog der Präsident Felix Frankfurter[14] zu Rate, der schon einmal ablehnend über Trott geurteilt hatte und jetzt die Ansicht vertrat, es handle sich um einen Köder von Leuten, die sich nicht aufrichtig äußerten.

Nicht geklärt ist das Verhältnis zwischen diesem Dokument und einem andern in Briefform auf Papier der deutschen Botschaft in Ankara, das mit „Leverkühn" unterzeichnet ist. Es wurde bald darauf von General Donovan, dem Leiter des OSS, in die Vereinigten Staaten gebracht und in New York Professor Karl Brandt von der Stanford Universität (Kalifornien) vorgelegt. Dieser hatte schon 1939 mit Adam von Trott gesprochen und war der Meinung, Trott sei verschroben, aber aufrichtig. Obwohl Brandt das Dokument für echt hielt und General Donovan Verhandlungen mit dem Widerstand empfahl, lehnte Roosevelt entschieden ab, „mit diesen ostdeutschen Junkern" zu verhandeln.[15]

Da Moltke das Wilbrandt-Rüstow-Dokument offenbar nie gesehen hat, kann es nur mit Vorbehalt als Darlegung seiner Ansichten betrachtet werden. Die Diktion jedenfalls ist nicht charakteristisch für ihn, und es steht fest, daß es erst nach seiner Abreise geschrieben wurde. Vielleicht drückte er sich im Gespräch schärfer aus, als er es schriftlich getan hätte. Der Vorschlag, vor den Westmächten zu kapitulieren und im Osten die Linie Tilsit-Lemberg zu halten, ist in Kreisau nicht erörtert worden, aber das dritte Kreisauer Wochenende fand ja auch statt, bevor die Engländer und Amerikaner in Sizilien gelandet waren. Bis Dezember 1943 war die Aussicht auf eine Invasion über den Kanal viel realer geworden, und Moltke und seine Freunde müssen besprochen haben, wie sie darauf reagieren wollten. Die Indizien sprechen dafür, daß er einen Plan dieser Art in Istanbul vorlegte.

Überraschender für den heutigen Leser ist die Bedeutung, die das Dokument jener innerdeutschen Gruppe zuschreibt, von der gesagt wird, sie begünstige eine Annäherung an die Russen, denn es liegen relativ wenige Hinweise hierfür vor. Diese Beurteilung entspricht auch nicht den Ansichten der Kreisauer Gruppe. Da der Versuch, eine Verbindung mit dem Westen herzustellen, immer wieder mißlang, waren diejenigen, die zu Pfingsten 1943 nach Kreisau kamen, der Idee nicht abgeneigt, die russische Reaktion zu sondieren, und zwar über die russische Botschafterin in Schweden, was aber mißlang.

Im folgenden Monat überredeten emigrierte deutsche Kommunisten in Rußland einundzwanzig deutsche Kriegsgefangene, sich mit ihnen in einem „Nationalen Komitee Freies Deutschland" zusammenzuschließen, und im August folgte der konservativere „Bund deutscher Offiziere".[16] Die Berichte über die Reaktionen, die diese Entwicklung bei den deutschen Truppen und innerhalb Deutschlands hervorriefen, weichen voneinander ab. Die Russen waren offenbar eher von der Wirkung enttäuscht und verloren das Interesse an der Bewegung, nachdem ein Ziel damit erreicht war: Roosevelt und Churchill einzuschüchtern und zu veranlassen, in Teheran Stalins Forderungen hinsichtlich der russischen Westfront anzunehmen. Bei manchen Deutschen, die die Aussagen der Offiziersgruppe für bare Münze hielten, hat sie aber die Hoffnung erweckt, die Russen würden vielleicht auf eine bedingungslose Kapitulation verzichten und unter leichteren Bedingungen Frieden schließen. Das beunruhigte den nicht-kommunistischen Widerstand.

Der Nachdruck, den das Istanbuler Dokument auf eine Ost-Orientierung legt, entspricht jedoch den damaligen Bemühungen des Widerstandes, zu denen auch Trotts Besprechungen in Stockholm und ein Memorandum von Goerdeler, das wahrscheinlich von dem schwedischen Bankier Jakob Wallenberg an die Briten weitergegeben werden sollte, gehören: Die Angelsachsen sollten Angst bekommen vor der Gefahr eines sich in Mitteleuropa festsetzenden Kommunismus. Der Widerstand hatte zwar diese Befürchtungen tatsächlich, aber nichts konnte bei der im Winter 1943/44 in London und Washington herrschenden Atmosphäre mehr dazu angetan sein, eine Abweisung der Annäherungsversuche herbeizuführen. Die Briten und noch mehr die Amerikaner hatten sich fest entschlossen, bis zum Sieg mit den Russen zusammen weiterzukämpfen. Jeder Versuch der Deutschen, das westliche Mißtrauen gegenüber dem Kommunismus auszuspielen, wurde als nationalistisch motivierter Schachzug betrachtet, der Deutschland vor der Zerstörung seiner physischen und militärischen Macht bewahren sollte. Mit großer Mühe hatten Roosevelt und Churchill auf der Konferenz von Teheran Stalins Verdacht zerstreut, der Westen strebe einen Sonderfrieden an (was ihn vielleicht veranlaßt hätte, ihn seinerseits noch vorher zu schließen). Sie lehnten deshalb alles entschieden ab, was dieses schwer gewonnene Vertrauen erschüttern konnte. Gerade als Moltke im Dezember 1943 zum zweiten Mal in Istanbul war, begann die „European Advisory Commission" in London zu tagen und entwarf

Pläne für eine gemeinsame Besetzung Deutschlands in Zonen, wie sie dann 1945 auch entstanden. Diese Aussicht nahm den in Paragraph 9 des Wilbrandt-Rüstow-Memorandums geschilderten Gefahren einen guten Teil ihres Schreckens.

Aber es gab noch andere Gründe, warum das Dokument zum Scheitern verurteilt war. Es besteht zum Beispiel ein gewisser innerer Widerspruch zwischen dem 1. und dem 3. Paragraphen, wahrscheinlich deshalb, weil Rüstow darauf bestand, die bedingungslose Kapitulation müsse akzeptiert werden, mit dem Ergebnis, daß die Pläne, die voraussetzten, daß auf die bedingungslose Kapitulation verzichtet werden könnte, rasch und somit unvollständig geändert wurden. Wie konnte behauptet werden, die Deutschen hätten eine unbestreitbare militärische Niederlage erlitten (in dieser Hinsicht war der Westen entschlossen, den Fehler von 1918 nicht zu wiederholen), wenn sie im Osten weiterhin erfolgreich Widerstand geleistet und im Westen den Kampf freiwillig eingestellt hätten? Auch ist der erste Satz des Paragraphen 2, der auf jeden Versuch, Bedingungen zu stellen, verzichtet, unvereinbar mit den Paragraphen 4 bis 7, die tatsächlich solche Bedingungen enthalten.

Die militärischen Vorschläge wären sehr schwer durchführbar gewesen. Die Alliierten verfügten damals in Großbritannien weder über die Truppen noch über die notwendigen Transportmittel, um die verlangte klare Überlegenheit zu gewährleisten. Sogar im folgenden Sommer wären noch Schwierigkeiten entstanden: Die deutsche Kooperation sollte erst einsetzen, wenn die Alliierten sich schnell bewegen und rasch siegen konnten. Dazu waren sie aber nur in der Lage, wenn die Deutschen kooperierten, das heißt ihren Widerstand einstellten. Der Feldzug in Italien war ja schließlich auch nicht so langsam geplant gewesen.

Aber letztlich lagen die Schwierigkeiten tiefer. Roosevelt und Churchill hatten beschlossen, nicht nur gegen den Nationalsozialismus, sondern auch gegen den deutschen Militarismus und Nationalismus zu kämpfen. Das Vorhandensein ehrenhafter und liberal gesinnter Deutscher wurde von den Kreisen, die auf alliierter Seite die Politik machten, im allgemeinen nicht bestritten. Die Frage war jedoch, wie viele es gab, und der in dieser Frage liegende Zweifel der Alliierten ist verständlich, wenn man bedenkt, daß sogar viele Widerstandskämpfer national denkende Konservative gewesen waren. Die Erfahrungen seit 1919 hatten deutlich gezeigt, daß es nicht genügte, in Deutschland eine demokratische Verfassung einzuführen und dann zu hoffen, daß alles gutginge. Aus der Sicht der westlichen Alliierten war die Aufgabe, eine Situation zu schaffen, in der die Deutschen geneigt sein würden, Loyalität gegenüber einer solchen Verfassung zu empfinden und sie in demokratischem Geist zu handhaben. Man entschloß sich daher dazu, den Deutschen durch eine vollständige und unleugbare Niederlage mit anschließender totaler Entwaffnung vor Augen zu führen, wohin exzessiver Nationalismus führt. Für eine so klare militärische Entscheidung war aber die Zusammenarbeit mit den Russen bis zum Ende notwendig. Und wenn die Alliierten nicht über die polnischen Interessen rücksichtslos hinweggehen wollten, war die von den Russen geforderte Grenzregelung auch für die Deutschen des Widerstandes unannehmbar. Denn hätten sie diese Grenzregelung angenommen, dann wären ihre Landsleute nie davon zu überzeugen gewesen, daß der Widerstand, indem er Hitler stürzte, die Interessen Deutschlands besser vertrat als Hitler, also patriotisch handelte. Es gab im Widerstand viele, die, solange die Kriegslage es erlaubte, die Bismarckschen Grenzen von 1871 für Deutschland wiederhergestellt sehen wollten. Nur wenige waren bereit, einer vollkommenen Eliminierung der deutschen Macht zuzustimmen.[17] Moltkes Einsicht, daß sich das nicht vermeiden ließ, und seine Weigerung, der Erhaltung Deutschlands in den bestehenden Grenzen Vorrang zu geben, brachten ihm vor allem den Vorwurf ein, es fehle ihm an Patriotismus. Doch gerade wegen dieser Haltung des Widerstandes bestand im Grunde keine Möglichkeit effektiver Zusammenarbeit mit den Alliierten, solange die militärische Entscheidung noch nicht gefallen war. Ein direkter Kontakt mit den Alliierten hätte vielleicht das gegenseitige Verständnis gefördert, aber unter Umständen auch nur die gegenseitige Erbitterung vertieft. Und die Verbindungsleute, die unbedingt erforderlich gewesen wären, hätten möglicherweise auf beiden Seiten den Verdacht erregt, dem Standpunkt, den sie zu vertreten hatten, nicht gerecht zu werden.

Die letzten Wochen in Freiheit
Oktober 1943 bis Januar 1944

Im Herbst 1943 wurde es in Berlin in jeder Hinsicht immer schwieriger.

Berlin, den 18. Oktober 1943
... Heute früh war ich beim Truppenarzt und werde nun wohl endlich kv [kriegsverwendungsfähig] werden. Jedenfalls war der Mann so gräßlich barsch und unfreundlich, daß ich das annehme. Welch widerlicher Geist des Mißtrauens und des Willens zum Fertigmachen herrscht da. Ekelhaft! – Dann ging ein sehr unangenehmer Tag an, weil einfach zuviel Arbeit auf meinem Tisch landet, und mit aller Geschwindigkeit kann ich eigentlich reell nicht fertigwerden ...

Im September war Viktor Bruns gestorben, der Direktor des Instituts für Ausländisches Öffentliches Recht und Völkerrecht an der Universität Berlin. Helmuth von Moltke versuchte, den Einfluß des OKW geltend zu machen, um die Ernennung von Berthold von Stauffenberg zu Bruns' Nachfolger zu erreichen. Ein anderes Mitglied des Instituts setzte sich für einen Verwandten von Bruns ein, der ein freundlicheres Verhältnis zum Regime hatte. Als Teil der Intrige gegen Stauffenberg wurde ein holländischer SS-General veranlaßt, Wengler bei der Kaiser-Wilhelm-Gesellschaft wegen defätistischer Äußerungen zu denunzieren, die er angeblich gegenüber einem Holländer (keinem Juristen) gemacht hatte, als er von diesem in einer Frage des Kolonialrechtes zu Rate gezogen worden war.

Berlin, den 18. Oktober 1943
... Gegen Wengler, der noch in Istanbul ist, ist eine scheußliche Denunziation gekommen, die offenbar in den Kampf um den Direktorenposten des Instituts gehört: Man schießt auf Wengler, um mich zu disqualifizieren, bei der Besetzung mitzureden. An der Geschichte kann kein wahres Wort sein. Immerhin kommt sie mit allem Ernst vom SD, und ich kann es mir nicht leisten, darüber zur Tagesordnung überzugehen ...

Berlin, den 20. Oktober 1943
... Heute wird es einen stürmischen Tag geben, und darum will ich lieber jetzt am Morgen schreiben, ehe es losgeht. – Gestern also ging es mit dem Ärger über Wenglers Affäre los. Ich mußte darüber mit [Berthold] Stauffenberg sprechen,

der die ganze Sache angedreht hat. Daneben gibt es massenhaft Arbeit, es fließt nur so immer heran. Weiß der liebe Himmel, warum das plötzlich so ist. Gestern wurde Oxé von den beiden Generälen in Belgrad und Agram angerufen und gebeten, ich möchte einmal da hinkommen. Das hat mir gerade noch gefehlt. Dort kann ich ja doch nichts mehr nützen ...

Berlin, den 22. Oktober 1943

... Der heutige Tag litt etwas darunter, daß ich um halb ein Uhr aufbrechen mußte, um mit Oxé einen meiner intimsten Gegner aus dem OKW, Geheimrat Wagner, zu beerdigen. Er ist mit über 70 Jahren jetzt gestorben, und ich kann nur sagen, drei Jahre zu spät. Vieles hätte verhütet werden können, wenn der zähe, eigensinnige alte Mann nicht dagesessen hätte. Er hieß bei uns nur der Giftzwerg. Er war ein hervorragender Strafjurist und betrachtete alles unter rein innerstaatlichen Gesichtspunkten. Nun, jetzt ist er also tot, und sein Nachfolger [Waltzog] ist ein Mann, mit dem ich jedenfalls sehr viel leichter werde arbeiten können.

Reichwein war gestern abend in sehr guter Form ... Mir scheint, daß es ihm schon besser geht, seit seine Familie untergebracht ist. [Reichweins waren in Berlin total ausgebombt worden, und Frau Reichwein wohnte jetzt mit ihren vier Kindern im Dachgeschoß des Kreisauer Schlosses.] ...

Berlin, den 24. Oktober 1943

... Sonnabend früh fuhren Oxé und ich [in Sachen Wengler] zu Bürkner nach Zeppelin [Deckname für Zossen], wo wir an einem schönen, warmen Herbsttag um halb neun eintrafen und gleich zu Bürkner gingen, von wo wir nach zwei Stunden voll befriedigt wieder herauskamen. Alles war glatt über die Bühne gegangen. Wir fuhren gleich zurück und gingen von der Bahn zu Ministerialdirektor Sack, dem Chef des Heeresrechtswesens, wo mein Reichskriegsgerichtsrat Kanter aus Kopenhagen auf mich wartete. Mit ihm und Sack besprachen wir dann die dänischen Angelegenheiten, die sich immer mehr zuspitzen. Wir kamen auch zu einem Programm, an dem sich weiterarbeiten läßt ... Nachdem ich die Eingänge durchgelesen hatte, kam Oxé, um mir zu eröffnen, daß Bürkner, entgegen unserer Verabredung am Samstagvormittag, angeordnet hätte, daß Wengler nicht weiter zu beschäftigen sei. Darauf wurde ich fuchsteufelswild und sagte Oxé, daß ich nicht bleiben würde, wenn diese Entscheidung aufrechterhalten würde, denn a) könne man mir nicht zumuten zu arbeiten, wenn mir im entscheidenden Augenblick die Hilfsarbeiter weggenommen würden, und b), und das sei viel gravierender, sei ich nicht bereit zuzulassen, daß meine Hilfsarbeiter einfach wie der letzte Dreck fallengelassen würden, sobald eine noch so blödsinnige Denunziation gegen sie vorgebracht würde ... Diese Sache mit Wengler ist eine ganz große Schweinerei. Abgesehen davon kommt sie mir jetzt so ungelegen wie nur möglich, denn ich kann einfach nicht weg, wenn hier nicht irgend jemand ist, der etwas vom Geschäft versteht. Ich habe Oxé gesagt, ich führe aber auf alle Fälle [nach Kreisau auf Urlaub], und wenn er die Sache mit Wengler nicht geradeböge, so sei das seine Sache, er und Bürkner könnten dann ihren Dreck mal vierzehn Tage alleine machen. Aber ich kann das wirklich sehr schlecht tun. Immerhin war ich so böse, daß Oxé schließlich alles tun wird, um die Sache wieder in die Reihe zu bringen ...

Berlin, den 26. Oktober 1943
... Im Bett war ich um zwei Uhr und mußte um sechs pünktlich aufstehen, weil Wengler um acht zu mir kommen wollte. Bis zehn haben wir dann an dem Fall Wengler operiert, der immer schlechter und schlechter wird. Das ganze ist eine Gemeinheit ...

Berlin, den 27. Oktober 1943
... Von mir ist eigentlich nichts zu berichten als Arbeit, Arbeit und noch einmal Arbeit. Dabei eine Sache verantwortungsvoller und schwieriger als die andere. – Glücklicherweise kommt die Sache Wengler jetzt in ein vernünftiges Geleise: Er wird die Sache gegen sich selbst anzeigen, und wir werden auf schnelle Durchführung des Verfahrens drängen; so wird sich hoffentlich innerhalb weniger Wochen die ganze Haltlosigkeit jener Denunziation erweisen. Inzwischen ist ein ganz leidlicher Mann als Vertreter bestellt, und Wengler sitzt bei uns während meiner Abwesenheit so rum, unter dem Vorwand, seine Reiseberichte fertigzustellen. So wird es wohl leidlich gehen ...

Doch der Fall Wengler machte weiter Ärger. Eine der Schwierigkeiten war, daß der einzige ungünstige Zeuge, der holländische SS-General, der die Geschichte erfunden hatte, an der Ostfront war. Versuche, ihn zur Aussage nach Berlin zurückzuholen, schlugen fehl. Inzwischen erreichte der nationalsozialistische Präsident der Kaiser-Wilhelm-Gesellschaft, Teschow, daß der Vorschlag von Canaris, Berthold von Stauffenberg zum Leiter des Instituts zu ernennen, abgewiesen wurde.

Berlin, den 27. Oktober 1943
... Gestern nachmittag und abend haben wir einige Sachen im Institut besprochen [wahrscheinlich Kriegsgefangenen-Probleme]. Dadurch hoffe ich, jetzt wenigstens zwei sehr wichtige Sachen so fundiert zu bekommen, daß ich ruhig darüber schlafen kann. Das Anstrengende einer so langen Sitzung ist für mich, der ich ja schließlich dafür sorgen muß, daß etwas praktisch Brauchbares herauskommt, daß ich nach einem langen Tag dann noch vier verschiedenen Problemen auf wissenschaftlicher Grundlage gewachsen sein muß, während mir gegenüber für jedes

Problem ein Mann sitzt, der sich womöglich tagelang mit diesem einen Problem befaßt hat. Es ist so etwas, wie mit vier Partnern Schach spielen ...

Berlin, den 6. November 1943
... Wie lieb leuchten die sieben Täglein aus der Vergangenheit hervor. Ob sie auch eine Zukunft versprechen, weiß man nicht, aber man muß für das Vergangene dankbar sein ... Es ist nur ein Trost, daß meine Rückkehr von jedem Gesichtspunkt aus unbedingt nötig war. Oxé hat in der Sache Wengler etwas verbockt, was ich gerade noch werde in Ordnung bringen können, im Amt ist überhaupt sehr viel zu richten. – Außerdem ist Adam mit Mitteilungen [von Schweden] zurückgekommen, die er erst mit mir besprechen will, und die ungeheure Aktivität von Neumann [Julius Leber[1]] und Genossen ist etwas außer Tuchfühlung geraten ...

Leber, auch „Julius" oder „Ersatz-Onkel" genannt, spielte eine immer bedeutsamere Rolle in der Verschwörung. Seiner ganzen Natur nach paßte er besser zu den Kreisauern als Leuschner (der „Onkel") und war wie dieser ein einflußreicher Mann der Sozialdemokratie.

Berlin, den 7. November 1943
... Gestern mittag kam Friedrich. Es stellte sich heraus, daß mein Urlaub schon inopportun gewesen war, denn die waren etwas gar zu stürmisch vorgegangen und hatten in etwa die Tuchfühlung verloren. Ich muß jetzt sehen, wie ich meine Garde hinterher bekomme. Das wird beachtliche Schwierigkeiten machen. – Aber im Grunde bin ich froh, daß nun plötzlich so viel Impetus da ist. Man will mich jetzt als Soldat ausbilden. Acht Wochen Grundausbildung. Von meiner Person aus gesehen ist nicht das geringste dagegen zu sagen, aber mir geht inzwischen meine ganze Arbeit kaputt ...

Berlin, den 9. November 1943
... Ich weiß nicht, ob Du Dir vorstellen kannst, wie man sich fühlt, wenn stündlich mehr und mehr Papier auf einen einflutet und man dieses Krams nicht Herr wird. Ich sitze hier an meinem Schreibtisch einfach unter Papier, auf allen Tischen, Regalen und Ablageplätzen liegen Akten, die bearbeitet werden müssen, und wegen der Berge verbrauche ich einen großen Teil meiner Zeit damit, die Dringlichkeit der einzelnen Sachen zu regeln. Dabei geht stetig das Telefon aus allen Hauptstädten der von uns besetzten Gebiete, von allen Dienststellen hier. Ich werde der Sache schon Herr werden, aber es ist gräßlich.
Dazu kommt, daß meine privaten Präokkupationen mich sehr mit Beschlag belegen. Gestern mittag war Haubach da bis halb vier, um halb sieben Friedrich bis

neun Uhr, dann Peter und Adam. Wir durchlaufen eine grundsätzliche Gefahrenzone, in der manche hoffen, das Boot schwimmfähiger zu machen, indem sie Grundsätze opfern, dabei aber vergessen, daß sie dadurch dem Boot die Steuerbarkeit nehmen ...

Berlin, den 11. November 1943
... Im Keller des OKW habe ich ganz unerwartet Gelegenheit, Dir noch zu schreiben. Gestern habe ich nicht geschrieben, weil es einfach unmöglich war. Den ganzen gestrigen Vormittag habe ich damit verbracht, aufzuräumen und mich für den auf nachmittags angesetzten Vortrag bei Bürkner vorzubereiten. Es war eine große Menge verschiedener Sachen, die norwegische, dänische, holländische, französische, italienische, balkanesische, türkische, polnische, russische, schwedische und spanische Fragen betrafen. Wie Du siehst, eine Rundfahrt um ganz Europa.
Ich fuhr dann raus, und um dreiviertel drei fing ich mit meinem Vortrag bei Bürkner an, nach einer Stunde gingen wir zu Canaris, von wo wir nach einer weiteren Stunde zurückkamen, und dann ging es noch eineinhalb Stunden weiter bei Bürkner allein. Es war unglaublich anstrengend, aber sehr fruchtbar, denn beide, Bürkner und Canaris, hatten genug Zeit, und wir kamen wirklich vorwärts. Es war an sich ein richtig angenehmer Arbeitstag.
Sachlich drohen erhebliche Gefahren. Friedrich und Neumann befinden sich auf Abwegen, die denen des Onkels nicht unähnlich sind. Es wird großer Anstrengung bedürfen, sie wieder auf den alten Pfad zurückzuführen. Die werden auch gemacht werden, aber das ist eben mal wieder einer der periodischen Anfälle. Hoffentlich geht er vorüber ...

Berlin, den 13. November 1943
... Ich habe aber Bürkner erklärt, daß ich das jetzige Arbeitsvolumen unmöglich längere Zeit hintereinander durchhalten könnte und daß ich vor allem erst einmal Wengler zurückhaben möchte. Das hat dann endlich zu entschiedenen Maßnahmen geführt, und gestern hat das Kommandantur-Gericht die Aufklärung übernommen. Ich hoffe, daß es nun vorwärtsgehen wird.
Gestern waren wieder Sachbearbeiter vom SD da, um sich bei mir nach der völkerrechtlichen Lage in einigen Fragen zu erkundigen. Diese neue und innige Beziehung finde ich rasend komisch, und manchmal macht sie mich arg bedenklich. Aber die Leute machen weiter auf mich einen recht guten Eindruck, und die praktischen Ergebnisse sind sehr befriedigend. Mein ganzer Laden lacht natürlich über diese Sache, und Canaris strahlt. Hoffentlich geht es weiter so ...

Berlin, den 14. November 1943
... Mein Schreibtisch ist wieder frei. Damit ist ein Stein von meinem Herzen gerollt ... Mittags war Gerstenmaier bei mir. Wir haben so einen allgemeinen

Überblick gehalten, der nichts weniger als erfreulich, aber in einer so angenehmen Atmosphäre der Vertrautheit vor sich ging, daß ich jedenfalls mit den erfreulichsten Gefühlen an diese zwei Stunden zurückdenke. Steltzer war auch schon wieder da, kommt wahrscheinlich noch einmal gegen Abend. Um fünf kommt Husen, um sechs Friedrich, und dann beginnt die Großschlacht.
Es wird mir wohl nicht gelingen, Friedrich wieder auf den rechten Weg zurückzubringen, fürchte ich. Er ist zu tief engagiert. Es tut mir leid, einmal um ihn persönlich, zum anderen auch sachlich. Denn die Tatsache, daß diese Abirrung möglich war, zeigt doch, daß der Zustand der Reife noch nicht erreicht ist, und das ist bedauerlich und mit Leid und Trauer für die Zukunft geladen. Nun, Tatsachen bleiben Tatsachen, auch wenn sie unangenehm sind ...

Berlin, den 17. November 1943
... leider ist es also nichts mit der Abreise morgen. Ich kann frühestens Freitag fahren, denn am Freitag will Canaris eine Besprechung mit Steengracht[2] [Weizsäckers Nachfolger als Staatssekretär im Auswärtigen Amt] und Papen haben [wahrscheinlich die Donauschiffe betreffend], zu der ich zugezogen werden soll. Das ist sozusagen auch unvermeidlich, da ich wahrscheinlich der einzige bin, der genau weiß, was los ist ... Die Reise nach Instanbul ist vorläufig auf den 2. 12. festgesetzt ... Auch unser Abend war sehr nett. Haubach war allein da, und er hat sich bestens gezeigt. Merkwürdig, wie dieser Mann in letzter Zeit gewachsen ist. Hoffentlich bleibt es dabei ...

Berlin, den 24. November 1943
... hier sitze ich in dem Bunker meines Amts ... Zwischen diesem ersten Satz und jetzt liegen mehrere Stunden. Ich habe inzwischen Hans Carls [von Hülsen] Haus besucht, das total entzwei ist. Ein Flugzeug ist mit voller Bombenlast auf das Haus gestürzt. Es ist ein Trümmerhaufen, der dann noch gebrannt hat. Daher ist es ganz ausgeschlossen, daß noch jemand darunter lebt ... Die Innenstadt ist ein Trümmerfeld. Vom Tirpitzufer steht kein Haus mehr, desgleichen von der Bendlerstraße. Auch Tiergartenstraße ist ganz ausgebrannt. In dem ganzen sogenannten Tiergartenviertel stehen nur noch zwei Häuser, soweit ich sehen kann: das große Haus des Fremdenverkehrs und mein Büro in der Viktoriastraße; Eden Hotel, die ganze Tauentzienstraße, die Budapesterstraße, Kleiststraße, aber auch Behrenstraße, Friedrichstraße, Unter den Linden, Pariser Platz usw.: das alles existiert nicht mehr, abgesehen von einzelnen Häusern. Mir geht es gut. Von der Derfflingerstraße ist einiges gerettet ...

Berlin, den 26. November 1943
... leider ist mein Laden im Amt noch nicht wieder funktionsfähig, da unsere Büro-Offiziere, unsere Chefs etc. vollkommen versagen. Statt daß nun ein Mann

herkommt und sich darum kümmert, daß wir neue Büros, neue Telefone, neue Schreibmaschinen, Schränke, Papier usw. bekommen, bleiben sie alle selig draußen wohnen; und wenn sie einmal in die Stadt kommen, dann nur um zu erklären, wir sollten tun, was wir für gut hielten ...

Gestern früh war ich draußen bei Bürkner und Canaris. Es soll bei der Reise nach Istanbul bleiben, falls es gelingt, die verbrannten Pässe schnell genug zu ersetzen und die notwendigen Visen zu bekommen. Da wird also heute wohl Dampf dahinter gemacht werden. – Der Ausflug hat mich fast den ganzen Tag gekostet. Wir waren erst um vier wieder in der Stadt, denn es ist eine tolle Tour mit dauerndem Umsteigen, denn zwischen zwei Bahnhöfen geht das rechte Gleis, zwischen den zwei nächsten nur das linke. Aber es geht, und schließlich kamen wir sogar bis Potsdamer Platz, während man gestern nur bis Schöneberg vordringen konnte.

In der Stadt gibt es noch kein Wasser, Licht oder Gas, hier draußen fehlt nur das Gas. Außerdem gibt es in der Stadt kein Brot und überhaupt fast keine Lebensmittel. Die Speisungen sollen gräßlich sein: Kohl mit Wasser ohne Kartoffeln ...

Berlin, den 27. November 1943

... Die zivilen obersten Reichsbehörden bleiben in Berlin. Das freut mich natürlich. Alle militärischen Dienststellen gehen raus. Das völlige Versagen der militärischen Stellen, die Unfähigkeit zu improvisieren, die Gleichgültigkeit der Chefs, die draußen sitzen, gegenüber der Existenz, aber auch der Arbeitsfähigkeit ihrer Mitarbeiter in der Stadt ist geradezu unwahrscheinlich und übertrifft alle Erwartungen: Außer meinem Oxé ist kein einziger Berufsoffizier mehr in Berlin. Wir sind hier ein Club von Reservisten: ein Direktor der Deutschen Bank, ein Direktor der Colonia, ein Pressemann und ich, die den Laden mit Mädchen und Ordonnanzen aufrechterhalten. Von draußen läßt sich keiner sehen, keiner kümmert sich um uns, nur Aufträge geben sie uns, die wir aber eisern ablehnen. Wir haben uns jetzt selbständig gemacht, beschaffen uns unsere Geschäftsbedürfnisse allein, haben Benzin erobert und regieren so, als gäbe es draußen niemanden. Und so ist es bei allen militärischen Stellen; sie denken daran, wie sie sich das Leben bequem machen können, und der Rest ist ihnen egal. Ribbentrop und Goebbels – für die ich wahrlich keine Liebe habe – kümmern sich hingegen um alles: besuchen ihre Verletzten und Geschädigten, besichtigen ihre dienstlichen Schadensstellen, sehen zu, daß ihre Ämter wieder arbeiten können, und Ribbi insbesondere weigert sich, nach Ostpreußen zurückzufahren, sondern bleibt eisern in Berlin.

Bleibe wo Du bist und rühre Dich nicht, auch wenn Du von mir nichts hörst. Jeden Abend, wenn die Angriffe losgehen und wir uns im Keller niedergelassen haben, denke ich voll Zärtlichkeit daran, daß Deine Söhnchen jetzt süß pümpeln und daß Du selbst wohl friedlich an Deinem Schreibtisch sitzt. Und das ist riesig tröstlich ...

Berlin, den 28. November 1943
... Gestern Mittag waren Carlo und Julius da. C. ging weg, ehe wir so recht in Schuß gekommen waren, und das Ergebnis der dann fortgesetzten Unterhaltung war außerordentlich bedauerlich. Es bedeutet das Ende einer Hoffnung, und mir scheint das Abbrennen der Derfflingerstraße durchaus symbolisch berechtigt zu sein. Heute kommen Carlo und Theo [Haubach] noch einmal. Wenn das ganze Rezept, in das Julius sich hat einspannen lassen, nicht so völlig blödsinnig wäre, dann wäre alles gleichgültig. Aber das ist es.
Hans Carl ist auch gestern nicht ausgegraben worden. Ich muß heute wieder vorbei. Welch rasende Zeit diese Gänge jetzt alle nehmen; heute habe ich kein Auto, und mit dem Rad kostet es mich mindestens eine Stunde hin und zurück. Denn man muß um Krater radeln, muß das Rad über Schutthaufen führen, die über die Straße gefallen sind, muß auch mal bei zu üblen Scherben absteigen. Das alles kostet Zeit, und dabei ist der Tag so kurz. Wenn man um 8.30 drin ist, dann muß man erst in den Bunker gehen, weil dort alle Akten aufbewahrt werden; dann gehe ich ins Haus des Fremdenverkehrs, wo es nicht geheizt ist und wo man ohnehin nur bis drei etwa arbeiten kann, weil es kein Licht gibt. Dazwischen gehe ich immer noch einmal zum Bunker zum Essen um zwölf Uhr. Um fünf fahre ich nach Hause, wo um sechs gegessen wird, damit bis zum Alarm um 7.30 alles aufgewaschen ist. Es gibt ja auch hier noch kein Gas, in der Stadt auch noch kein Wasser und kein Licht ...

Berlin, den 29. November 1943
... Du fragtest, ob man das alles aushalten kann. Das ist gar nicht so schwierig. Viel schwieriger ist, daß man dabei nicht sich selbst verhärtet. Ich ertappe mich immerzu dabei. Am auffälligsten war es, als ich die Teile von Editha und Hans Carl sah. Ich überwand meine Bewegung und mein Grauen, und dann ging es ganz leicht. Aber es ist eine falsche Reaktion. Man muß die Verteidigung der Gleichgültigkeit überwinden, man darf sich nicht panzern, sondern man muß es ertragen. Um den Tod und das Grauen zu ertragen, neigt man dazu, in sich die Menschlichkeit zu töten, und das ist die viel größere Gefahr, als daß man es nicht ertragen könnte.
Gestern sah ich ein eindrucksvolles Bild: In einem der Trümmerhaufen, an denen ich vorbeifuhr, war anscheinend ein Geschäft für Faschingssachen gewesen. Deren hatten sich Kinder im Alter von vier bis vierzehn Jahren bemächtigt, hatten sich bunte Mützchen angezogen, hielten Fähnchen und Lampions in der Hand, warfen Konfetti und zogen lange Papierschlangen hinter sich her, und in diesem Aufzug zogen sie über die Trümmer. Ein unheimliches Bild, ein apokalyptisches Bild ...

Berlin, den 30. November 1943
... Gestern Nachmittag war ich draußen bei Conrad [Preysing, dessen Haus in der Friedrichstraße zerbombt war und der jetzt in einem katholischen Kranken-

haus im Norden Berlins wohnte]. Er war leider ziemlich mitgenommen und hatte so die Tendenz, Berlin einfach abzuschreiben. Eigentlich hatte er es bereits abgeschrieben. Das hat mich etwas enttäuscht. Seine Schäflein scheinen etwas auseinandergelaufen zu sein, und er scheint nicht recht zu wissen, wie er sie wieder zusammenholen kann. Er sitzt zu weit ab vom Schuß, denn man fährt immerhin eine Stunde S-Bahn. Das alles ist also nicht sehr schön. Ich glaube allerdings, daß es weitgehend rein körperlich bedingt ist, weil er eben ein krankes Herz hat, und das ist wirklich nicht das Wahre. Abends kam Friedrich. Endlich haben meine wochenlangen Attacken auf den verfolgten Kurs gefruchtet, und er hat den Ernst der Lage begriffen. Er war gestern ganz mitgenommen davon, und ich war entsprechend heiter. Jedenfalls habe ich endlich den Eindruck, daß ich werde wieder oder noch etwas ausrichten können, und so bin ich auf dem Gebiet wieder voller Hoffnung . . .

Am 4. Dezember wurde Carlo Mierendorff während eines Besuchs in Leipzig bei einem Luftangriff von einer Bombe getötet. Das war ein schwerer Schlag. „Ach, wie hat die nächste Welt um uns sich durch diesen Tod verändert. Und wieviel Erbe gibt es treu zu bewahren!" schrieb Adolf Reichwein an einen gemeinsamen Freund.

Berlin, den 5. Dezember 1943

. . . Peter, Marion, Fritzi und ich [waren] in der Kirche und bei einer Predigt von Lilje[3]. Die Predigt war sehr gut, über das Grauen in der Geschichte und über den Ernst der Geschichte. Eine große Adventspredigt, die sich mit der Ankunft des Herrn am Ende aller Geschichte befaßte. Trotzdem diese Predigt intellektuell sehr ansprechend und anregend war, muß ich sagen, daß mich der Kirchgang in Gräditz mehr befriedigt, weil das Gemeinschaftsgefühl eben viel wärmer ist. Das hat mich mal wieder davon überzeugt, daß, so schön auch eine Predigt sein mag, das Entscheidende das Zusammengehörigkeitsgefühl der Gemeinde ist, und daran fehlt es eben in einer Großstadtgemeinde für mein Gefühl . . . Fritzi [Schulenburg] kam zum Essen, wobei es Deine Hähnchen gab, die sehr lecker waren. Fritzi war nett und scheint wieder einmal einen Weg zurück zu machen. Er sitzt jetzt um sieben Uhr abends immer noch hier, und Reichwein, der inzwischen dazugekommen ist, und er debattieren die Volksschulfragen, während ich am Schreibtisch sitze und nur von Zeit zu Zeit etwas einwerfe. Sie sind gerade bei Pestalozzi angekommen. Ich bin gespannt, wie der Tag weitergehen wird und ob wir Fritzi wieder stärker an uns binden . . . Nun wird, wenn ich nach der Türkei fahren sollte, nichts Ernsthaftes mehr in diesem Jahr geschehen. Das ist mir nicht sehr lieb; aber ich habe nur die Wahl, das in Kauf zu nehmen oder nicht nach Istanbul zu fahren, und da ich nach Istanbul muß, wenn es physisch geht, habe ich keine wirkliche Wahl.

Komischerweise kann ich nicht recht an die Reise glauben. Ich kann mich der Erwartung nicht erwehren, daß noch irgend etwas dazwischenkommen wird. Dabei habe ich meinen Paß schon, die Devisen liegen bereits im Bunker, und an dem Flugplatz kann es eigentlich auch nicht fehlen ...

Dann flog er wirklich und kam von Istanbul aus noch einmal über Weihnachten nach Kreisau. Dort mußte er sich vor allen Dingen um seine Söhne sorgen, die ernstlich krank waren, und schon vor Ende des Jahres kehrte er nach Berlin zurück.

Berlin, den 28. Dezember 1943
... Ich bin gut gereist ... Ich bin gleich in unsere neuen Diensträume gegangen, zehn Radminuten von Peter [in Lichterfelde] entfernt und fürstlich, in einer Schule. Ich habe ein ganzes Klassenzimmer für mich.
Sonst hier nichts Neues. Wie mag es Caspar gehen, und wie dem kleinen Söhnchen. Wie lieb war es trotz aller Widrigkeiten bei Dir. Wie angenehm für mich zu denken, daß es immer so bleiben kann, hoffentlich ...

Berlin, den 29. Dezember 1943
... Zu arbeiten gab es fast noch gar nichts, denn sie hatten alle die Eingänge, die auf mich warteten, über Weihnachten rausschaffen lassen.
Peter und Marion sind in Groß-Behnitz, und ich habe mir noch einen Soldaten herbestellt, der nachts hier schläft, weil man ja allein der kleinsten Brandbombe gegenüber machtlos ist.
Die Pakete aus Stockholm sind da mit himmlischen Spielsachen. Ich habe sie mir angesehen und wieder verpackt, damit sie schleunigst per Post an Dich weitergehen können. Ich hoffe, daß das funktionieren wird ...

Berlin, den 31. Dezember 1943
... Gestern abend habe ich meinen Türkei-Bericht fertigbekommen und auch die Vorschläge für das weitere Verfahren ausgearbeitet. Heute habe ich das bei Bürkner durchgezogen, und nun geht die Kleinarbeit an, die notwendig ist, das alles in die Wirklichkeit um- und das anderen Leuten gegenüber durchzusetzen.
Am Abend gestern kam noch eine unangenehme, das Gewissen belastende Sache, und ich konnte sie nicht ordentlich bearbeiten, weil sie heute schon Keitel vorgetragen werden sollte. Ich habe das nicht gern, und es hingen wieder 220 Menschenleben daran.
Gestern abend war der ältere Bruder Stauffenberg da. Ein guter Mann, besser als mein Stauffi, männlicher und mit mehr Charakter ...

Helmuth von Moltke spricht hier offenbar von Claus von Stauffenberg, obwohl dieser tatsächlich zwei Jahre jünger war als „sein Stauffi", Berthold. Er hatte Claus von Stauffenberg bei den Yorcks getroffen. Wie berichtet, hatte er von Claus über dessen Vetter Hans Christoph Stauffenberg einmal eine abschlägige Antwort bekommen. Viel später, wahrscheinlich im Herbst 1943, sagte er zu Hans Christoph: „Na, mit Ihrem Vetter Claus ist inzwischen ja doch einiges zu machen."

Man könnte aus Moltkes Sätzen in dem Brief an Freya vom 31. Dezember (die einzige Erwähnung von Claus in den Briefen) schließen, daß er ihn an diesem Abend zum erstenmal traf. Claus von Stauffenberg war aber seit seiner Ankunft in Berlin Ende September bis Weihnachten bei mehreren Zusammenkünften in der Hortensienstraße anwesend. Daran erinnerten sich sowohl Marion Yorck wie Eugen Gerstenmaier. Sie hielten es für wahrscheinlich, daß die beiden sich trotz Moltkes häufiger Abwesenheit in diesem Herbst mindestens bei einem solchen Abend getroffen hatten. Mit Bestimmtheit konnten sich allerdings weder sie noch Paulus van Husen äußern. Er war jedenfalls durch Peter Yorck und Schulenburg über die Aktivitäten Claus von Stauffenbergs, die er mit einer gewissen Besorgnis verfolgte, unterrichtet; so sagte er einmal halb scherzhaft zu Adam von Trott, der sich sehr für ein Attentat einsetzte: „Ich werde nicht zulassen, daß Sie Stauffenberg treffen."[4] Im Laufe des Spätherbstes erzählte Helmuth von Moltke seiner Frau, Werner von Haeften sei von Stauffenberg so tief beeindruckt gewesen, daß er ihn gebeten habe, ihn von der Arbeit bei ihm zu entbinden, damit er zu Stauffenberg gehen könne. Stauffenberg seinerseits konnte mit Moltke nichts anfangen. Feste Schlüsse lassen sich über die Zahl der Begegnungen zwischen ihm und Claus Stauffenberg nicht ziehen, doch ist sicher, daß sie im Herbst 1943 nicht eng zusammenarbeiteten.

Claus von Stauffenberg hatte im April 1943 in Tunesien ein Auge, eine Hand und zwei Finger der andern Hand verloren. Nach seiner Genesung von dieser schweren Verwundung wurde er im August zum Chef des Stabes bei General Olbricht ernannt, dem Chef des Allgemeinen Heeresamtes (AHA) in Berlin, der wichtigsten Abteilung des Ersatzheeres unter General Fromm. Stauffenberg übernahm diesen Posten am 1. Oktober. Er war als hervorragender Generalstabsoffizier höchst geeignet dafür; zweifellos hatten ihn aber Henning von Tresckow und Olbricht, zwei der aktivsten Verschwörer, aus einem anderen Grund auf diesen Posten gebracht. Sie wollten mit ihm zusammen als Ersatz für Osters Amt in der Abwehr, das ja durch den SD im vorhergehenden April außer Gefecht gesetzt worden war, ein neues Aktionszentrum schaffen. Stauffenberg hatte seinem Onkel Nikolaus Üxküll schon versprochen, er werde sich der Verschwörung anschließen; das bestätigte er im August auch Olbricht gegenüber.[5] Sobald er sein Amt angetreten hatte, ja schon vorher, überholte und straffte er die vorhandenen Pläne für einen Staatsstreich. Man hatte sie unter dem Kennwort „Walküre" angeblich für den Fall eines Aufstandes ausländischer Arbeiter oder einer Revolte der SS entworfen. Die Operation sollte schon im Laufe des Herbstes ausgelöst werden, aber es bot sich keine Gelegenheit, Hitler zu ermorden. Das jedoch wurde immer mehr als wesentliche Voraussetzung eines Staatsstreichs angesehen. Zunächst hielt man es noch für unmöglich, daß derjenige, der den Staatsstreich leitete, auch der Attentäter sein könnte. Auch hatte Stauffenberg als Olbrichts Chef des Stabes nicht regelmäßig Zutritt zu Hitler.

Diese Vorbereitungen haben zweifellos zwischen Moltke und seinen Freunden zu erneuten Diskussionen über die Notwendigkeit eines Attentats geführt. Zumal Stauffenberg, als die „Walküre"-Pläne vorlagen und das Attentat noch nicht ausgeführt werden konnte, sich der politischen Seite zuwandte. Moltkes schon zitierte Äußerungen in den Briefen zwischen dem 6. und 30. November können sich auf das vieldiskutierte Problem der Gewerkschaftsorganisation beziehen, doch es ist wahrscheinlicher, daß es um die aktuelleren, durch Stauffenbergs Auftreten entstandenen Fragen ging. Trotzdem schreibt er in seinem Brief vom 31. Dezember weiter:

Berlin, den 31. Dezember 1943

... Ich habe das Gefühl eines vollständigen Stillstandes überall. Alles macht einen eingefrorenen, festgefahrenen Eindruck. Solche Perioden hat es immer gegeben, und sie haben sich als genauso trügerisch erwiesen wie die Perioden, in denen sich alles zu entfalten und zu entwickeln, vielleicht sogar stürmisch vorwärtszudrängen schien. So nehme ich diesen scheinbaren Stillstand nicht tragisch.

Der arme Falkenhausen hat leider sehr unangenehme Schwierigkeiten. Prinzessin Ruspoli ist verhaftet, und sein Chef des Stabes, Harbou, hat sich das Leben genommen. Es tut mir riesig leid. Ich hoffe nur, daß er die Krise übersteht, und danach sieht es zur Zeit eigentlich aus. Immerhin ist das ganze so, daß man besser nicht darüber redet, damit es nicht erst durch die Gerüchtemaschine aufgebauscht wird ...

Berlin, den 2. Januar 1944

... Welch ein Jahr liegt vor uns! Hinter diesem Jahr werden, falls wir es überleben, alle anderen Jahre verblassen. Wir waren gestern früh in der Kirche und haben das Jahr mit einer mächtigen Predigt von Lilje über Joel 2, 21 begonnen. Ich glaube, daß das die beste Predigt war, die ich bisher gehört habe; und sie war so grundlegend für das Jahr 44 ... wir können nur hoffen, daß wir die Kraft haben werden, uns der Aufgabe, die dieses Jahr uns stellen wird, würdig zu erweisen. Und wie könnten wir das, wenn wir nicht bei allem Übel, das uns zustoßen wird, bei all dem Leid, bei all den Schmerzen, die wir werden erdulden müssen, wüßten, daß wir in Gottes Hand stehen. Das darfst Du nie vergessen.

Das Telephönchen brachte mir eine Freudennachricht: die Rückkehr von Casparchen [aus dem Krankenhaus]. Wie gut, daß er wieder da ist und daß auch Konrad wieder wohl ist. Hoffentlich bleibt das so, und hoffentlich kannst Du dieser Tage mit Deinen Söhnchen [nachträglich] liebe Weihnachten feiern.

Um zwölf war Adam bei Peter, und anschließend kam Julius, mit dem wir bis jetzt – 6.30 – geredet haben. Er ist ein überzeugend guter Mann, der allerdings jetzt, wo Carlo fehlt, doch sehr einseitig im rein Praktischen ist und die geistigen Kräfte sehr viel geringer wertet als ich ...

Berlin, den 4. Januar 1944
Ich bin sehr gespannt, wie lange es nun noch möglich sein wird, das relativ geordnete Leben zu führen, das wir führen. Hans [Deichmann] war ganz erstaunt, was alles noch klappt, und meinte, in Italien sei das schon längst nicht mehr so: Dort fahre eben kein Zug mehr, und wenn man kein Auto habe, so sei man eben unbeweglich; es gebe auch nur verhältnismäßig wenige Telefone, die funktionierten. Mailand sei auch viel zerstörter als Berlin beispielsweise; im ganzen sei also die Desorganisation viel ärger. Nun, das wird alles noch kommen. Man wird aber durch diese Gewißheit so dankbar für das, was es noch gibt: daß ich hier in einem geheizten Zimmer allein an einem sauberen Schreibtisch sitze und Dir schreiben kann, daß Licht durch die Scheiben fällt! [Anstatt daß die Fenster vernagelt waren, nachdem das Glas durch Bomben zerstört worden war.] Ich habe heute die ungestörte Nacht mit vollen Zügen genossen. Als ich um 2 erwachte und man auf die Sirene wartete, allerdings gleich wieder einschlief und dann um 6 Uhr wieder wach wurde, da war ich so dankbar, wieder einmal richtig ausgeschlafen zu sein. Der Tag sieht sich eben in ausgeschlafenem Zustand viel leichter an ...

Berlin, den 6. Januar 1944
... Gestern bin ich wenigstens mit der Lektüre all der aufgelaufenen Sachen fertig geworden und weiß nun, was zu tun ist. Es handelt sich im wesentlichen um vier große Komplexe: Behandlung der Banden und Freikorps auf dem Balkan, dänische Fragen, italienische Fragen und die türkischen Sachen, die sich aus meiner Reise nach Istanbul ergeben. Danach gibt es einige Sachen aus dem Kriegsgefangenen- und Interniertenrecht. Jedenfalls sind das alles Dinge, die sich im Laufe der nächsten vierzehn Tage ein gut Stück weiterbringen lassen müßten.
Die Pläne sind jetzt zunächst so, daß ich am 21. 1. nachmittags nach Breslau fahre, dort übernachte und am 22. früh der Sitzung des Schiedsgerichts beiwohne [wo er Peter Yorck vertreten sollte]. Dann würde ich nach Hause kommen, also wohl im günstigsten Fall um drei Uhr, vielleicht erst abends. In der Nacht von Montag zu Dienstag (24./25.) würde ich dann, von Oxé aufgerollt, nach Wien weiterreisen, Dienstag zu Mittwoch nach Agram, Donnerstag zu Freitag nach Klagenfurt, Freitag über Tag nach München und in der Nacht von Samstag auf Sonntag von München zurück nach Berlin. Damit würden für Kreisau zwei, vielleicht zweieinhalb Tage herauskommen. Im Februar gedenke ich dann eine Westtournée einzulegen und im März entweder nach Schweden-Norwegen oder nach der Türkei zu reisen ... Natürlich kommt es einem komisch vor, solche Pläne zu machen, wenn man vielleicht wenige Stunden später schon nicht mehr weiß, wo man schlafen soll, selbst wenn man noch lebt ...

Berlin, den 7. Januar 1944
... Die ganze Welt surrt von Gerüchten über die kommende Invasion. Ich bin gespannt, ob das nun wirklich passieren wird. Ich habe immer noch das Gefühl, daß das noch einige Zeit auf sich warten lassen wird. Das ist zum Teil eine Frage der Nerven. Alle solche Operationen haben nur Sinn, wenn sie mit so überlegener Kraft geführt werden, daß von Anfang an am Ausgang kein Zweifel sein kann. Solange das nicht der Fall ist, sollte eine solche Sache nicht gemacht werden. [Diese Äußerungen sollten mit denjenigen des Istanbuler Memorandums verglichen werden.]
Wie mag es Euch gehen? Ob Du wohl bei Asta sitzt und Deine beiden Söhnchen oben wohl versorgt hast? Hoffentlich ist das Bild so friedlich, wie ich es mir vorstelle. Das ist mir ein ständiger Trost. Ach, bliebe Euch dieser Frieden doch noch einige Zeit erhalten ...

Berlin, den 9. Januar 1944
... Heute früh ... bin ich um zehn zu Julius geradelt, bei dem ich bis ein Uhr blieb. Es war ein nützlicher und im ganzen befriedigender Morgen. Ich werde mich aber neu anstrengen müssen, diesen Mann in unsere Bahnen zu lenken. Der Mann ist viel bäurischer als Carlo und mir viel weniger verwandt. Es wird also nicht die spontane Gleichrichtung geben, die uns Stabilität verliehen hat. Aber ich bin doch ganz hoffnungsvoll. Peter muß eben mehr ran und auch ein Mal die Woche hin ...

Berlin, den 13. Januar 1944
... Um neun kam ein Mann vom SD, der bis 12.30 bei uns saß ...

Berlin, den 16. Januar 1944
... Wie mag es jetzt bei Dir aussehen? Ob Deine Söhnchen jetzt ins Bett gehen? Ob Du ihnen vorliest? Ob Ihr sonst etwas unternehmt? Ob es Asta wieder besser geht oder ob Du mit ihr Sorge hast? Ich hoffe nur, bei Dir ist Frieden außen, aber vor allem innen ...
Ich freue mich rasend auf das Wiedersehen. Hoffentlich klappt es ...

Am 19. Januar erschien der SD mit einem Haftbefehl gegen Moltke in seinem Amt. Sein Mitarbeiter Wengler war zwei Tage zuvor wegen der schon erwähnten Beschuldigung verhaftet worden.

Der Spion

Im Sommer 1943 empfing Bianca Segantini, die Tochter des italienischen Malers Giovanni Segantini, in Sils Maria im Engadin das deutsche Ehepaar Reckzeh. Sie hatte den Mann, Paul Reckzeh, als Jungen gut gekannt, als er mit seinen Eltern regelmäßig nach Sils gekommen war. Jetzt hatte er angerufen und gesagt, er sei für eine ärztliche Behandlung und zu ethnologischen Studien in die Schweiz gekommen. Bei dieser Gelegenheit wolle er sie als alte Freundin, die er immer sehr geschätzt habe, wiedersehen und ihr seine Frau vorstellen. Ein paar Tage später kam er mit seiner Frau. Auf den Vorschlag der Gastgeberin, politische Gespräche zu vermeiden, gingen sie nicht ein, vielmehr brachten sie ihre kritische Haltung gegenüber dem Dritten Reich klar zum Ausdruck. Da sich die junge Frau beklagte, sie habe niemanden in Berlin, dem sie sich anvertrauen könne, bot ihr Bianca Segantini an, sie mit Fräulein von Thadden bekanntzumachen. Diese war Leiterin eines fortschrittlichen Mädcheninternats in der Nähe von Heidelberg gewesen, von den Nazis aber herausgedrängt worden. Vor dem Krieg war sie oft nach Sils gekommen. Am folgenden Tag rief Reckzeh nochmals an, bedankte sich für die freundliche Aufnahme und bat um eine schriftliche Empfehlung an Fräulein von Thadden, da unter den in Deutschland herrschenden Umständen eine mündliche Erklärung nicht ausreiche.

Als Reckzeh Anfang September Fräulein von Thadden besuchte, hatte diese gerade vor, in einer Wohnung in Berlin, die man ihr zur Verfügung gestellt hatte, den Geburtstag ihrer Schwester zu feiern und bei der Gelegenheit vielfach empfangene Gastfreundschaft zu erwidern. Sie wollte vor allem Frau Solf einladen, die Witwe eines bekannten Orientalisten, der sieben Jahre lang unter dem Kaiser Kolonialminister und noch vierzig Tage lang unter Prinz Max von Baden der letzte kaiserliche Außenminister gewesen war. Frau Solf hatte in Berlin eine Art von Salon, in dem politische Fragen ziemlich frei und dem nationalsozialistischen Regime gegenüber kritisch erörtert wurden. Aus diesem Grund und weil ja praktisch nicht viel dabei herauskam, mieden die Angehörigen des Widerstandes (so auch Helmuth von Moltke) solche Zusammenkünfte.

Fräulein von Thadden hatte auch einige Leute aus dem Solf-Kreis eingeladen, darunter Moltkes Bekannten Kiep, der im AA arbeitete, und einen ehemaligen Diplomaten mit seiner Tochter. Um ihrer Sympathie für den jungen Antinazi Ausdruck zu geben, der ihr von ihrer guten Freundin in der Schweiz empfohlen worden war, lud Fräulein von Thadden auch Reckzeh ein (seine Frau war inzwischen von der Bildfläche verschwunden). Es war gerade der Tag nach der Kapitulation Italiens, und so lag es nahe, daß im Gespräch eine ähnliche Entwicklung in Deutschland in Betracht gezogen wurde. Man war sich einig, daß der

Krieg unwiderruflich verloren war und Hitler bald durch Männer ersetzt werden müsse, mit denen die Alliierten zu verhandeln bereit waren. Dabei wurde der Name Goerdelers erwähnt. Bevor Reckzeh sich verabschiedete, sagte er, er fahre bald wieder in die Schweiz und könne Briefe mitnehmen. Einer der Diplomaten antwortete, dazu sei doch die Post da, aber Fräulein von Thadden schrieb ein paar Zeilen an ihren Verwandten Siegmund-Schultze, der für den Weltkirchenrat tätig war. Am folgenden Tag bereute sie es, wollte bei Reckzeh den Brief wieder abholen und war erleichtert, von seinem Vater zu hören, Reckzeh habe es auch für zu gefährlich gehalten und den Brief vernichtet.

Ein paar Tage später bekam ein Beamter namens Plaas, der mit dem Widerstand sympathisierte und in der Abteilung arbeitete, die Telefongespräche abhörte, vom SD den Auftrag, das Telefon Frau Solfs und einer Anzahl ihrer Freunde zu überwachen. Darunter war auch Goerdeler, obwohl er sich schon seit einiger Zeit bei Frau Solf nicht mehr hatte blicken lassen. Der Beamte informierte Hauptmann Gehre, der in der Abteilung Z der Abwehr arbeitete, dieser Moltke, und dieser Kiep.[1] Die Auswahl der zu Überwachenden legte nahe, daß Reckzeh ein Spion war. – Tatsächlich hatte ihn der SD in die Schweiz geschickt, um Fährten aufzuspüren, die zu Widerstandskreisen in Deutschland zurückführten.[2]

Der SD beließ oft Verdächtige in Freiheit, weil er hoffte, dadurch weitere Informationen zu bekommen. Nun machten aber Frau Solf und die meisten ihrer Freunde in diesem Stadium einen schweren, wenn auch begreiflichen Fehler: Sie lehnten Reckzehs weitere Annäherungsversuche ab und beschränkten den Gebrauch des Telefons auf ein Minimum. Übrigens war Siegmund-Schultze, der nichts von Reckzehs Kontakt mit Fräulein von Thadden wußte, von sich aus zu einem Urteil über den Charakter dieses Herrn gekommen und hatte ihm das auch offen gesagt, als Reckzeh ihn im Herbst wieder besuchen wollte. Der SD merkte dadurch, daß die Gruppe gewarnt worden war, also wohl keine neuen Informationen liefern würde. Er verhaftete deshalb zwischen dem 10. und 12. Januar 1944 Kiep, Frau Solf, ihre Tochter, Fräulein von Thadden, und eine Anzahl anderer Leute.

Natürlich wollte der SD vor allem erfahren, über welche Kanäle die Warnung erfolgt war. Im Laufe der Verhöre wurde Helmuth von Moltkes Name genannt. Das kam dem SD gelegen. Schon seit einiger Zeit war nach einem plausiblen Vorwand gesucht worden, um an diesen Mann heranzukommen, der eine einflußreiche Stellung in der Abwehr hatte, die man so gerne abgeschafft sehen wollte. Jetzt konnte gegen ihn Anklage erhoben werden. Es war zwar kein schweres Vergehen, gab aber Anlaß, ihn hinter Schloß und Riegel zu setzen, und das war zunächst das Hauptziel. Von seinen in diesem Buch ausführlich beschriebenen Aktivitäten war hingegen nichts bekannt. Angeblich wurden gleichzeitig noch dreiundsiebzig andere Leute verhaftet, deren Äußerungen oder Aktivitäten Reckzeh in Erfahrung gebracht hatte.[3]

Das Verhängnis nimmt seinen Lauf

Mit der Verhaftung von Moltke und Wengler kam die Arbeit in ihrer Abteilung der Abwehr zum Stillstand. Sie konnte nur fortgesetzt werden, wenn Oxé die Erlaubnis erhielt, Akten ins Gefängnis zu bringen und sich mit Moltke zu beraten, wie die einzelnen Fälle behandelt werden sollten. Während der noch verbleibenden 15 Kriegsmonate nahmen aber die Naziverbrechen gegen das Internationale Recht an Zahl und Schwere zu. Das lag zum Teil daran, daß fanatische Nazis jetzt, wo die Niederlage immer unausweichlicher wurde, vor nichts mehr zurückschreckten, um sie vielleicht doch noch abzuwenden oder wenigstens möglichst viele Menschen mit sich in den Abgrund zu ziehen. So hätte Helmuth von Moltke wohl immer größere Schwierigkeiten gehabt, die Grausamkeiten einzuschränken.

Auch mit der Unabhängigkeit der Abwehr ging es zu Ende. Als Adam von Trott im Juni 1943 in Istanbul war, fragte ihn Leverkühn, für den er früher einmal gearbeitet hatte, ob er einem jungen Deutschen aus Lübeck, Erich Vermehren, behilflich sein könne, der mit seiner Frau in der Abwehr arbeitete und zu Leverkühns Stab versetzt werden wolle. Die beiden brauchten für ihre Visen eine Empfehlung des AA, die Trott beizubringen versprach. Bald darauf konnte das Paar nach Istanbul umziehen. Vermehren war auch mit Kiep befreundet, der ihn als Rhodes-Scholar[1] vorgeschlagen hatte, was wegen Vermehrens negativer Einstellung zum NS abgelehnt worden war. Kurz nach Kieps und Moltkes Verhaftung wurde Vermehren nach Berlin zurückbeordert. In Anbetracht der gesamten Verhältnisse, einschließlich Moltkes kürzlichen Besuchen in der Türkei, mußten sie bei dieser Aufforderung das Schlimmste befürchten. Sie nahmen deshalb Verbindung mit den Engländern auf und gingen Anfang Februar zu ihnen über. Später dementierten sie energisch, den Codeschlüssel der Abwehr mitgenommen, also die Todsünde der Spione schlechthin begangen zu haben. Gerade das wurde aber in Deutschland verbreitet, und die Publizität, die die Engländer diesem Fall gaben, wirkte sich für Vermehrens Familie und Freunde in Deutschland schlecht aus.

Kurz zuvor waren auch zwei andere Abwehragenten in der Türkei geflohen. Nun erregte Canaris auch noch Hitlers Wut, indem er einen pessimistischen Bericht über die deutschen Aussichten im Osten vorlegte. Das alles zusammen verhalf Himmler, Kaltenbrunner und dem SD zum vorletzten Stadium ihres Sieges über die Abwehr. Am 18. Februar unterschrieb Hitler einen Erlaß, in dem er die Hauptabteilungen der Abwehr Himmler unterstellte und ihn zum Chef der vereinigten Geheim- und Abwehrdienste ernannte, während die Auslandsabteilung, in der Helmuth von Moltke gearbeitet hatte, dem Kommandostab des Wehrmachtsführungsstabes zugeteilt wurde. Hitler enthob Canaris seines Postens und beurlaubte ihn. Anfang Juli wurde er zum Chef des HWK ernannt, was inzwischen nur noch eine Sinekure war. Vorher gelang es ihm noch, in der Abteilung Z als Osters Nachfolger Oberst Georg Hansen einzusetzen, der auch zum Widerstand gehörte und wertvolle Informationen weitergab, bis schließlich die Organisation nach dem 20. Juli 44 zusammenbrach und Hansen hingerichtet wurde. Doch der Niedergang der Abwehr als eines wirksamen Zentrums der Widerstandsplanung, der mit Osters Entlassung und Dohnanyis Verhaftung begonnen hatte, war jetzt so gut wie vollendet. An Stelle der Abwehr war nun das AHA unter Olbricht und Claus von Stauffenberg getreten.

Eugen Gerstenmaier versichert, daß Moltkes Freunde nach seiner Verhaftung ihre Gespräche über verschiedene Gesichtspunkte der Planung fortsetzten; so ist zum Beispiel bekannt, daß die vieldiskutierte Frage der Konfessionsschulen im Juni 1944 abermals besprochen wurde. Paulus van Husen berichtet, daß die Zusammenkünfte noch intensiver und häufiger wurden. Steltzer, der allerdings meistens in Norwegen war, sagte: „Mit seiner Verhaftung hörte unsere politische Arbeit als Gemeinschaftsarbeit auf, und was später geschah, erfolgte auf die Verantwortung jedes einzelnen." Peter Yorck teilte einem Amtsbruder Pater Königs mit, die ganze Arbeit liege still. Es ist wahrscheinlich, daß Zeit und Energie der Gruppe zu einem großen Teil der Frage einer Zusammenarbeit mit Stauffenberg gewidmet war.[2]

Am Abend des Tages, an dem Helmuth von Moltke verhaftet wurde, kam Stauffenberg zu Peter Yorck und sprach über die Notwendigkeit einer Ermordung Hitlers. Um die prinzipiellen Gründe gegen eine solche Tat zu widerlegen, betonte er, daß die Greueltaten, die Tag für Tag in den Todeslagern und auch andernorts verübt wurden, nur durch einen Sturz der Nazis ein Ende finden würden. Peter Yorck war lange nicht zu überzeugen, Rösch und Steltzer überhaupt nicht. Doch andere Mitglieder der Gruppe wie Gerstenmaier, Trott und Delp waren immer Stauffenbergs Meinung gewesen. Stauffenbergs Kontakte zu Trott und Schulenburg, Männer seiner Generation, wurden immer enger. Beck war nach wie vor als Staatsoberhaupt und Goerdeler als Kanzler einer neuen Regierung vorgesehen, aber Goerdeler war schon so bekannt geworden, daß er aus Sicherheitsgründen nicht mehr von den Einzelheiten der Planung unterrichtet wurde. Goerdeler war beunruhigt, daß Stauffenberg ihn überging und direkt mit den anderen Zivilisten verhandelte. Man trat an Leuschner heran, ob er bereit sei, Goerdeler als Kanzler zu ersetzen, und als er ablehnte, weil er lieber die Gewerkschaften reorganisieren wollte, versuchte man Leber für dieses Amt zu gewinnen.

Den ganzen Frühling über gelang es den Verschwörern nicht, an Hitler heranzukommen und ihn zu töten. Aber Ende Mai trat ein Wechsel ein. Fromm, der Oberkommandierende des Ersatzheeres und Vorgesetzte Olbrichts, machte Stauffenberg zu seinem eigenen Stabschef, ohne die Absicht, die Verschwörung damit zu unterstützen. Wer diesen Posten innehatte, mußte periodisch an Hitlers täglichen Lagebesprechungen teilnehmen. Die Verschwörer erreichten nun, was sie seit langem angestrebt hatten: daß einer von ihnen sicheren Zutritt zu Hitler hatte. Trotzdem zögerte Stauffenberg zuerst, die Rolle des Attentäters zu übernehmen. Seine Bedenken galten der Schwierigkeit, in Ostpreußen oder Bayern eine Bombe zur Explosion zu bringen und fast gleichzeitig von Berlin aus die militärische Machtübernahme zu leiten.

Aber im Laufe des Sommers, als der 1. Juli, der Tag seines Dienstantritts, näherkam, veranlaßten ihn zwei Ereignisse, seine Zweifel zu überwinden. Das erste war die Folge von Diskussionen einiger Freunde Moltkes über eine mögliche Zusammenarbeit mit den Kommunisten. Besonders Reichwein war dafür, mit den Kommunisten Kontakt aufzunehmen, die ein Gegengewicht zu Leuten wie Goerdeler und Popitz darstellen und gewährleisten sollten, daß die Arbeiterschaft eine neue Regierung voll unterstützte. Die meisten Mitglieder der Gruppe befürworteten im Sinne von Absatz 9 des Istanbuler Memorandums, daß man die starken pro-russischen Kreise zu einer gemeinsamen konstruktiven Anstrengung heranziehen müsse, um einen „Nationalkommunismus" zu vermeiden. Stauffenberg sympathisierte mit dieser Haltung, aber es steht nicht fest, inwieweit er das daraufhin beschlossene Vorgehen gebilligt hatte.[3] Am 21. Juni berichtete Julius Leber, der zuerst gegen eine Zusammenarbeit mit den Kommunisten gewesen war, bei einer Zusammenkunft in Yorcks Haus von erneuten Annäherungsversuchen zweier Kommunisten, mit denen er fünf Jahre im KZ gewesen war. Er glaubte, daß ihnen gegenüber die Bedenken nicht angebracht waren, die Lukaschek und Husen geäußert hatten, nämlich daß Kommunisten nur aus dem KZ entlassen würden, wenn sie einwilligten, als Spione zur arbeiten. Obwohl auch Leuschner und Jakob Kaiser, die nicht anwesend waren, Zweifel hatten, wurde beschlossen, das Risiko einzugehen. Die Begegnung fand am nächsten Tag im Haus eines Arztes statt. Es war vorher abgemacht worden, daß nur zwei Personen von jeder Seite anwesend sein sollten, aber der Mann, der als Vermittler auftrat, brachte einen dritten Kommunisten mit. Einer von ihnen begrüßte entgegen der Verabredung Leber mit seinem Namen. Die von ihnen geäußerten politischen Ansichten, angeblich diejenigen des geheimen kommunistischen Zentralkomitees, waren so gemäßigt, daß Leber Verdacht schöpfte und ablehnte, sich zu Staatsstreichplänen zu äußern. Er nahm auch nicht an einer weiteren Zusammenkunft am 4. Juli teil. Reichwein hingegen ging hin und wurde zusammen mit den Kommunisten verhaftet. Zwei von ihnen, Saefkow und Bästlein, waren guten Glaubens gekommen, doch der dritte, Rambow, war ein Spion. Leber wurde am nächsten Morgen verhaftet.

Stauffenberg fühlte sich Leber persönlich verpflichtet und hielt es für notwendig, daß dieser an einer neuen Regierung beteiligt sei. Er war deshalb entschlossen, ihn zu retten. Außerdem stand Leber dem Zentrum der Verschwörung so nahe, daß man nicht wissen konnte, was die Gestapo unter Umständen aus ihm herauspressen würde. Heute läßt das Beweismaterial darauf schließen, daß der SD schon viel wußte und Himmler möglicherweise das Ergebnis des Staatsstreichversuchs abwarten wollte, bevor er über sein Verhalten entschied. Doch die Verschwörer konnten das nicht wissen, und als sie am 18. Juli von Goerdelers bevorstehender Verhaftung erfuhren, meinten sie, ihre Zeit sei sehr begrenzt.

Aber auch die Kriegslage bewog sie zu raschem Handeln. Am 22. Juni hatte eine russische Offensive eingesetzt, bei der die Russen mehr Gefangene machten als in Stalingrad. Sie riß riesige Löcher in die deutsche Front. Die Alliierten waren im Westen gelandet und rückten stetig vor, und die geographische Lage der Normandie brachte es mit sich, daß die Amerikaner nur bis Avranches zu kommen brauchten (das sie am 31. Juli auch erreichten). Dann wäre ein Durchbruch, der die deutsche Stellung in Frankreich unhaltbar machen würde, nicht mehr zu vermeiden. Das machte Oberstleutnant Cäsar von Hofacker, ein Vetter der Stauffenbergs, der als Verbindungsmann zwischen den Verschwörern und Stülpnagels Stab diente, bei seinem Besuch in Berlin am 16. Juli ganz klar.
Der Widerstand konnte nicht voraussehen, daß es den Deutschen nach dem Durchbruch noch einmal gelingen würde, den Ansturm der Engländer und Amerikaner an der Westfront aufzufangen und dann ihren Widerstand um einen weiteren Winter zu verlängern. Sie mußten davon ausgehen, daß die Niederlage im Feld in wenigen Wochen eintreten werde. (In der Militärgeschichte diskutiert man heute noch darüber, ob das für die Alliierten bei besserer Kriegführung und mehr Glück nicht erreichbar gewesen wäre.) Deshalb war es höchste Zeit, etwas zu unternehmen, wenn die Welt nicht sagen sollte, das gesamte deutsche Volk habe Hitler bis zum bitteren Ende unterstützt. In den Augen Stauffenbergs und derer, die hinter ihm standen, war die letzte Chance gekommen, wenigstens einen dürftigen Rest des deutschen Ansehens zu retten und dadurch eventuell die Härte der Niederlage zu mildern. Berthold von Stauffenberg sagte am 16. Juli zu seiner Frau: „Das Furchtbarste ist zu wissen, daß es nicht gelingen kann und daß man es dennoch für unser Land und unsere Kinder tun muß."[4] Sein Bruder Claus sagte: „Es ist Zeit, daß jetzt etwas getan wird. Derjenige allerdings, der etwas zu tun wagt, muß sich bewußt sein, daß er wohl als Verräter in die deutsche Geschichte eingehen wird. Unterläßt er jedoch die Tat, dann wäre er ein Verräter vor seinem eigenen Gewissen."[5] Als Tresckow gefragt wurde, ob es nach der Invasion der Normandie noch Sinne habe, etwas zu unternehmen, war seine Antwort: „Das Attentat auf Hitler muß erfolgen, coûte que coûte. Sollte es nicht gelingen, so muß trotzdem der Staatsstreich versucht werden. Denn es kommt nicht mehr auf den praktischen Zweck an, sondern darauf, daß die deutsche Widerstandsbewegung vor der Welt und vor der Geschichte unter Einsatz des Lebens den entscheidenden Wurf gewagt hat. Alles andere ist daneben gleichgültig."[6] Diese Beweggründe gebieten Achtung; und es ist unbestreitbar, daß Stauffenberg und diejenigen, die ihn unterstützten, durch ihre Tat der Welt die Existenz eines „anderen Deutschland" bewiesen haben.
Hier muß aber noch erörtert werden, welche Haltung Moltke dem Attentat vom 20. Juli 1944 gegenüber eingenommen hätte, falls er in Freiheit gewesen wäre. Hätte er auf seiner prinzipiellen Ablehnung beharrt, oder wäre er wie Yorck und Hans Bernd von Haeften dafür gewonnen worden, weil es galt, das Ansehen Deutschlands zu retten? Man muß sich diese Frage stellen, obwohl sie offensichtlich nicht mit Bestimmtheit beantwortet werden kann, schon deshalb nicht, weil die Urteile von Menschen, die im Gefängnis und angesichts des Todes

leben, nicht immer mit den Ansichten übereinstimmen, die sie in Freiheit gehabt hätten.

Nach dem Mißlingen des Attentats, aber bevor der SD feststellte, daß Moltke mit den Tätern in Verbindung gestanden hatte, und deshalb ein unbewachtes Gespräch mit ihm noch möglich war, hatte Freya von Moltke eine Sprecherlaubnis, und seine erste Äußerung war: „Wenn ich frei gewesen wäre, wäre das nicht passiert." Während seines Prozesses betonte er seinen konsequenten Widerstand gegen Hitlers Ermordung. Doch das lag in der Linie der Verteidigung, so daß man keine Schlüsse daraus ziehen kann. Sein letzter Brief an seine Söhne vom 11. Oktober 1944 ist beweiskräftiger; in ihm schreibt er, er habe „nie Gewaltakte wie den 20. Juli gewollt oder gefördert, sondern ihre Vorbereitung im Gegenteil bekämpft, weil ich aus vielerlei Gründen solche Maßnahmen mißbilligte und vor allem glaubte, daß damit das geistige Grundübel gerade nicht beseitigt würde". Er gehöre mit den Männern des 20. Juli nicht in einen Topf. In seinem Bericht über seinen Prozeß vom 11. Januar 1945 sagt er, die Vorsehung habe ihn in dem Augenblick von der Bühne entfernt, „in dem Gefahr bestand, daß ich in aktive Putschvorbereitungen hineingezogen wurde". Man würde aber wohl zu weit gehen, wenn man daraus schließen wollte, er wäre dann dazu bewegt worden, das Attentat (im Gegensatz zum Staatsstreich) zu billigen. Näher liegt sicher die Deutung, daß der Kontakt mit Stauffenberg die Festigkeit seiner Verteidigung geschwächt hätte. Als Eugen Gerstenmaier und er nach dem Prozeß noch einige Tage zusammen im Gefängnis Tegel waren, gelang es Gerstenmaier, mit ihm eine Stunde ungestört zu reden.[7] Sie besprachen nochmals die theologischen, moralischen und politischen Gesichtspunkte, die einige von ihnen veranlaßt hatten, Stauffenberg zu unterstützen, und Gerstenmaier appellierte an Moltke, seinen Frieden mit ihnen zu machen und ihren Standpunkt zu akzeptieren. Dieser betonte daraufhin bereitwillig sein Gemeinschaftsgefühl ihnen gegenüber und versuchte nicht weiter zu argumentieren. Er widerrief aber auch seine früheren Ansichten nicht ausdrücklich.

Gewiß läßt sich nicht ausschließen, daß er Stauffenbergs Vorhaben gebilligt hätte, wenn er in Freiheit gewesen wäre. Seine Bemerkungen Falkenhausen gegenüber zehn Monate zuvor legen das nahe, sofern dieser sich richtig erinnert hat. Doch die Richtung, die ihm weit mehr entsprach, war eine andere. Mit der erfolgreichen Landung der Alliierten in der Normandie war endlich die Situation gegeben, auf die der Widerstand während des ganzen Krieges gewartet hatte. Wenn er der Linie des Istanbuler Dokumentes gefolgt wäre, hätte er seinen Freunden empfohlen, sich nicht weiter mit Hitler zu befassen, sondern sich darauf zu konzentrieren, mit den Engländern und Amerikanern zusammenzuarbeiten, die Front im Westen zu öffnen, ihnen den Einmarsch in Deutschland zu erleichtern und vielleicht in Süddeutschland oder Österreich die Revolte in Gang zu bringen. Dann wäre die Zeit für eine „gesteuerte Niederlage" dagewesen, die einmal als sein Ziel bezeichnet worden ist.[8]

Bisher wurde das Attentat immer als die notwendige Voraussetzung für einen Staatsstreich betrachtet, weil es die Generäle zur Teilnahme veranlaßt hätte.

Doch die bevorstehende Niederlage im Feld, die im Juni 1944 wie nie zuvor drohte, hätte die gleiche Wirkung gehabt. Hätte man Hitler in diesem Monat ungestört gelassen, wäre es kaum denkbar gewesen, daß er die deutsche Politik bis zur Einnahme Berlins weiter hätte bestimmen können. Nachdem die Verschwörung mißlungen und schrecklich gerächt worden war, kam ein weiterer Versuch natürlich nicht mehr in Frage. Wären die zahlreichen Teilnehmer am Leben und auf ihren Posten geblieben (was angesichts der Verhaftung Goerdelers nicht unbedingt zu erwarten war), hätten sie wahrscheinlich nach dem Zusammenbruch der deutschen Front in Frankreich wirksam eingreifen können. Die Lage am 20. August – die Alliierten vor Paris und die Deutschen in wilder Flucht – war ganz anders als am 20. Juli. Vielleicht haben die Ereignisse dieses Tages, die den Krieg verkürzen sollten, ihn im Grunde verlängert.

Wenn das auch eher die Richtung war, die Helmuth von Moltke eingeschlagen hätte, so ist es doch nach wie vor unwahrscheinlich, daß es ihm gelungen wäre, Stauffenberg zu beeinflussen oder zurückzuhalten. Wäre es ihm aber gelungen, hätte nach dem Krieg größere Uneinigkeit unter dem deutschen Volk entstehen können als durch das mißglückte Attentat auf Hitler. Denn eine Kapitulation gegen den Willen der obersten staatlichen Macht hat in jedem Fall etwas von Verrat an sich; sie erfordert auch nicht den persönlichen Mut eines Attentats. Zudem hätte Moltke seine Freunde in eine heftige Gewissenskrise bringen können. Denn der Hauptzweck einer vorzeitigen Kapitulation war ja, Deutschland den Westalliierten zu übergeben, nicht aber den Russen. Die Westalliierten hätten aber bestimmt – wie schon Otto John, Stauffenbergs Abgesandtem gegenüber, und auch wieder 1945 – auf bedingungsloser, gleichzeitig an allen Fronten erfolgender Kapitulation beharrt. Wenn aber die deutschen Generäle im Westen erst einmal Waffenstillstand erbaten, hätten sie nach Bekanntgabe der Bedingungen wohl kaum wirksam weiterkämpfen können.

Im nüchternen Licht nachträglicher Betrachtung sieht es vielleicht so aus, als habe es zwei Wege gegeben, die Hitlers Gegner zum Vorteil ihres Landes und ihrer selbst hätten einschlagen können. Der erste war, während des Krieges einen Regierungswechsel herbeizuführen, und zwar so zeitig, daß er den Ausgang des Krieges noch hätte beeinflussen können. Das wäre der Fall gewesen, wenn einer der Versuche im März 1943 Erfolg gehabt hätte. Aber auch ein solches Ereignis hätte die Frage offengelassen, ob es nicht vorteilhafter gewesen wäre, weiterzukämpfen, und der Beweis, daß übertriebener nationaler Ehrgeiz sich nicht bezahlt macht, wäre nicht erbracht worden. Nachdem der Wendepunkt des Krieges erreicht war und die Koalition der Engländer, Amerikaner und Russen unabhängig von der innerdeutschen Lage einen vollen Sieg in Reichweite hatte, gab es für den Widerstand offensichtlich den zweiten Weg, Hitlers Sturz dieser Koalition zu überlassen und Kräfte und Menschen für die Situation im Nachkriegsdeutschland aufzusparen. Ein nach dem Wendepunkt unternommener Versuch bedeutete im Falle des Mißlingens den sinnlosen Verlust von Menschenleben, und wenn er erfolgreich war, mußte er seine Urheber fast mit Sicherheit in Gegensatz zu den Siegern bringen. Denn die Verschwörer hätten von diesen eine Anerkennung ihrer Handlung erwartet, wozu die Sieger nicht, oder jedenfalls nicht so, wie die Verschwörer erwartet hätten, bereit gewesen wären.

Doch diese Analyse läßt die moralische und menschliche Seite außer acht. Man kann sagen, die herrschenden oder früher in Deutschland herrschenden Klassen mußten für ihre mangelnde Loyalität gegenüber der Weimarer Republik büßen, sowie dafür, daß sie Hitlers Machtergreifung nicht verhinderten. Daß diese Schuld zum großen Teil von denen beglichen wurde, die sie am wenigsten verschuldet hatten, ist leider der Lauf der Welt und keine Widerlegung dieser Ansicht. Man muß zudem die Natur des Widerstandes an sich in Betracht ziehen. Es hätte ungeheuerliche Gleichgültigkeit gegenüber Greuel und Leiden bedeutet, bis zum Ende der Feindseligkeiten nichts zu unternehmen, und daneben einen solchen Mangel an Entschlußkraft, daß es am Ende des Krieges wahrscheinlich nur noch ein paar sich widersprechende Gruppen gegeben hätte – keine vielversprechende Grundlage für einen neuen Staat. Von charaktervollen Menschen kann man nicht erwarten, daß sie Böses mitansehen, ohne einzugreifen. Zusammenhalten ließ sich der Widerstand nur durch gemeinsames Planen. Zwangsläufig mußte das Planen der Zivilisten Theorie bleiben, aber von den Militärs konnte man nicht erwarten, daß sie auf das Handeln verzichteten, als sie sich imstande glaubten, eine Situation herbeizuführen, in der die Pläne, die auf dem Papier standen, verwirklicht werden konnten. Da lag die menschliche Natur in Widerstreit mit kluger Berechnung.

Helmuth von Moltke war wohl selbst von diesem Dilemma bedrängt. Er hatte es sich zur Gewohnheit gemacht, über das unmittelbar vor ihm liegende Ziel hinauszublicken und sich zu fragen, was anschließend zu geschehen habe. Mit seiner analytischen Begabung erkannte er, was gegen die Anwendung von Methoden sprach, die man gerade den Nazis vorwarf, und wie gefährlich es sein konnte, wenn man Hitler zum Märtyrer machte. Er erkannte auch, wie wichtig es war, daß die Folgen des Nationalsozialismus deutlich sichtbar wurden, damit er seine Anziehungskraft auf die Deutschen verlor. Alle diese Überlegungen sprachen dafür, abzuwarten, bis die Niederlage sich vollzogen hatte. Aber andererseits lag es ihm auch gar nicht, untätig zu bleiben. Die den Menschen zugefügten grausamen Leiden waren ihm sehr gegenwärtig; sein Mitgefühl war tief. Seine Tätigkeit während des Krieges war ein beständiges Suchen nach einem Weg, der beiden Notwendigkeiten genügte. Eine sehr schwere Aufgabe. Da ist es kein Wunder, daß die Meinung, die er äußerte, sich mit dem wechselnden Bild der Ereignisse manchmal änderte.

In Haft

Nach seiner Verhaftung wurde Helmuth von Moltke ins Hauptquartier des SD, das Reichssicherheitshauptamt (RSHA) in der Prinz-Albrecht-Straße, gebracht, in dessen Keller ein berüchtigtes Gefängnis lag. Im SD arbeiteten Leute, die zu den klügsten Anhängern des nationalsozialistischen Regimes gehörten, an das viele von ihnen wirklich glaubten. Nach außen hin konnten sie bei aller Grausamkeit liebenswürdig, glatt und höflich sein. Das machte sie besonders unheimlich. Sie waren unmenschlich, weil ihre Überzeugungen unmenschlich waren, anerkannten aber Intelligenz und feste Gesinnung. Ihre Methoden waren sehr unterschiedlich. Verhöre fanden in bequemen Ledersesseln oder unter Bogenlampen und mit Folterungen statt. Helmuth von Moltke wurde nie gefoltert, vielleicht zuerst aus Achtung vor dem Namen des Feldmarschalls. Später – ließ Himmler Freya von Moltke ausdrücklich mitteilen – nahmen sie darauf keine Rücksicht mehr. Im Herbst glaubte Moltke einmal, man habe ihm Drogen in die Suppe getan, um ihn zum Sprechen zu bringen.

Am 25. Januar wurde er zum ersten Mal verhört, anschließend in sein Büro im HWK gebracht, um Unterlagen beizubringen. Ein weiteres Verhör fand am 6. Februar im Büro des SD in der Nähe des Kurfürstendammes statt; seine Mitarbeiter Oxé und Jaenicke waren anwesend. Jaenicke, der eingezogen war, wurde vermutlich eigens dazu nach Berlin zurückgeholt. Das Verhör betraf hauptsächlich die Donauschiffe, die Moltke den Anlaß zu seinen Istanbuler Reisen geliefert hatten. Das Schlimmste in diesen Wochen waren die nächtlichen Luftangriffe der Alliierten. Die Wachen zogen sich dann in den Luftschutzkeller zurück und ließen die Gefangenen in Handschellen in den Zellen, damit sie im Falle eines Treffers nicht so leicht flüchten konnten. Einmal fiel eine Luftmine auf die Straße direkt vor sein Zellenfenster zu ebener Erde, doch sie explodierte nicht. Er glaubte daraufhin, es sei ein Zeichen, daß sein Leben verschont würde, und das machte ihm Mut, sich zu wehren. Der SD sah dann ein, daß Gefangene, aus denen man noch etwas herausholen wollte, besser nicht im Zentrum Berlins untergebracht wurden. Er kam deshalb am 7. Februar mit Kiep, Albrecht von Bernstorff und Hilger van Scherpenberg, alles Leute aus dem Solf-Kreis, nach Ravensbrück bei Fürstenberg in Mecklenburg, etwa 80 Kilometer nördlich von Berlin.

Ravensbrück war eigentlich ein KZ für Frauen, aber im eben fertiggestellten Gefängnisflügel des KZ wurden jetzt auch politische Gefangene untergebracht. Moltkes erste Zelle lag neben derjenigen Marie Louise Sarrés, der Schwägerin seines Freundes Eduard Waetjen. Sie war im Herbst zuvor wegen der Verhandlungen zwischen Langbehn und Himmler verhaftet worden, ohne viel von der Sache zu wissen – aber sehr wenig war schon zuviel. Bernstorff, dessen Zelle an ihre anschloß, wurde auch – zu Unrecht – verdächtigt, mit der Langbehnschen Angelegenheit zu tun gehabt zu haben; er wurde schwer mißhandelt. Im unteren Stockwerk war Isa Vermehren, Erichs Schwester, eine Freundin von Moltkes Bruder Willo, die wegen Erich und zur Abschreckung anderer in Sippenhaft war. Auch die Prinzessin Ruspoli, Falkenhausens Freundin, die Moltke in Brüssel kennengelernt hatte, befand sich in diesem Gefängnis. Er gab ihr eine Abschrift von *If*, einem Gedicht Rudyard Kiplings, das er bewunderte, und lieh Marie Louise Sarré *Civitas Dei* von Lionel Curtis. Was Wärme, Licht und Sonne anging, waren die Zellen sehr verschieden, und es wurde oft gewechselt, je nach dem Ansehen, das ein Sträfling gerade hatte. Das Gefängnis wurde auch für KZ-Insassen benutzt, und von manchen Zellen aus mußte man die grausame Behandlung der KZ-Insassen mitansehen.

Am 23. Februar und vom 28. bis 29. Februar wurde Moltke zu Verhören nach Berlin gebracht. Das zweite Mal, nachts, sah er sich gegen Ende des zwölfstündigen Verhörs gezwungen, gegenüber einem Amtskollegen eine feindliche Haltung einzunehmen. Am 14. März protestierte er brieflich bei Kriminalrat Leo Lange, der die Untersuchung führte, gegen seine fortgesetzte Haft, weil keine ernstliche Anklage gegen ihn vorliege, und verlangte seine Entlassung. Am 24. März besuchten ihn Lange und sein Kollege Huppenkothen[1]. Sie erklärten, eine Entlassung komme nicht in Frage, vielmehr werde sein Fall als ernster betrachtet als zu Beginn, man ziehe eine Anklage wegen Verrates in Erwägung. Am 26. März schrieb er an Huppenkothen, es sei beschwerlich, sachliche Angelegenheiten nicht mit seinen Mitarbeitern im Amt besprechen zu können. Darauf bekam er keine Antwort.

In Ravensbrück war Moltke in sogenannter Schutzhaft. Er und die anderen Gefangenen durften eigene Kleider tragen, Bücher und Zeitungen haben, Briefe empfangen und schreiben und sich täglich eine Stunde lang draußen im Hof aufhalten. Hier traf er sich mit den anderen Gefangenen und konnte sich mit ihnen unterhalten. Sie wurden in wechselnden Gruppen herausgelassen, und es spielte eine große Rolle, mit wem man spazierenging. Zu einigen Leuten des Wachpersonals hatte Moltke ein durchaus freundliches Verhältnis. Ostersonntag wurde er unerwartet von einem der Lagerbeamten und einer Sekretärin zu einem zehn Kilometer langen Spaziergang abgeholt. Sie besuchten unterwegs ein Gasthaus, von wo er Peter Yorck in Berlin anrufen konnte. Oxé der sich als treuer Freund erwies, besuchte Moltke dann und wann mit Akten aus dem Amt, und manchmal schickte er die Sekretärin des Amts, Fräulein Thiel. (Kanter in Kopenhagen erhielt eine Zeitlang Briefe von Moltke, ohne Absender.) Er las weiterhin die englischen Parlamentsdebatten. Noch am 10. August freute er sich über einen Bericht aus dem Oberhaus mit der Feststellung, Samuel Johnson habe gesagt, ein Mann, der die nötigen Eigenschaften habe, ins Gefängnis zu kommen, würde nie daran denken, zur See zu gehen, denn im Gefängnis sei die Unterkunft viel bequemer, das Essen besser und die Gesellschaft sympathischer, und dazu komme noch, daß man nicht Gefahr laufe zu ertrinken.[2]

Freya von Moltke schrieb täglich, er dreimal in der Woche, aber natürlich wurden die Briefe gelesen und beschränkten sich auf Familien- und Landwirtschaftsangelegenheiten. Einmal im Monat durfte sie ihn besuchen und brachte ihm zusätzliche Lebensmittel: Eier, Honig, Obst, Butter, Tee und andere, möglichst gute Sachen sowie auch Wäsche und Bücher und die Kreisauer Wirtschaftsbücher, die sie zusammen besprachen. Sie trafen sich nicht in Ravensbrück, sondern in einer Baracke der Polizeischule Drögen, wo das RSHA eine bombensichere Amtsstelle hatte. Er wurde im Auto nach Drögen gefahren, manchmal samt seinem Teetopf. Auf dem Rückweg wurde seine Frau gelegentlich mitgenommen und am Bahnhof Fürstenwalde abgesetzt. So lernte sie einige Beamte kennen. Sie waren immer freundlich, so daß sie einmal zu ihm sagte: „Das sind doch ganz nette Leute." – „Außer daß sie Fingernägel ausreißen", gab er zur Antwort. Aber sie konnten in einer Ecke der Baracke allein an einem Tisch sitzen und miteinander sprechen, ohne daß sie wirklich überwacht wurden. Einmal benötigte man den Raum anderweitig, und sie wurden nach oben in Kriminalrat Langes Schlafzimmer geführt; Moltke mahnte durch Zeichen zu besonderer Vorsicht. Die Beamten wußten über die Familienangelegenheiten und die Bewirtschaftung des Guts durch die dauernde Lektüre der Briefe so genau Bescheid, daß sie Bemerkungen machten wie: „Es ist ja schrecklich, was für Pech Sie dieses Jahr mit Ihren Gänsen gehabt haben!" Freya von Moltke wurde nie verhört, und in Kreisau wurde auch nie eine Haussuchung gemacht. Die Polizei hätte allerdings wohl kaum in den Bienenstöcken gesucht, wo sie seine Briefe verwahrte, und die Dokumente waren sicher auf dem Dachboden des Schlosses versteckt. Trotz unvermeidlicher Befürchtungen waren sie beide ganz wohlgemut. Der SD hatte nichts Ernstliches gegen ihn vorbringen können, und so hofften sie, daß er wieder entlassen werde.

Anfang Juli kam die Solf-Thadden-Gruppe vor den Volksgerichtshof. Elisabeth von Thadden und Otto Kiep wurden zum Tode verurteilt, einige andere zu Gefängnis, andere wurden freigesprochen. Für Frau Solf und ihre Tochter legten die Japaner erfolgreich Fürsprache ein. (Ihr Mann hatte als Botschafter in Japan viel dazu beigetragen, die Beziehungen der beiden Länder zu verbessern.) Moltke wurde nicht angeklagt, und nach dem Prozeß schien seine Entlassung bevorzustehen. Ein höherer Gestapobeamter suchte ihn auf, um seine Zukunft mit ihm zu erörtern. Eine Rückkehr zur Abwehr kam nicht in Frage, obwohl seine Vorgesetzten ihn dringend anforderten und vorschlugen, er solle unter Aufsicht in Kreisau für sie arbeiten. Der SD wollte ihn in der Munitionsindustrie einsetzen, wogegen er nichts einzuwenden hatte.

Am 20. Juli wurde Peter Yorck am frühen Nachmittag in die Diensträume des Heimatheeres in der Bendlerstraße gerufen. Zwischen 17.00 und 17.30 Uhr rief er Gerstenmaier an und bat ihn, gleichfalls zu kommen. Hans Berndt von Haeftens jüngerer Bruder Werner, den Moltke für Stauffenberg freigegeben hatte, fungierte den ganzen Tag als Stauffenbergs Adjutant. Er war einer der fünf Männer, die Fromm noch in der gleichen Nacht an Ort und Stelle erschießen ließ. Yorck wurde verhaftet, mit sieben anderen Offizieren am 8. August vom Volksgerichtshof zum Tode verurteilt und danach sofort hingerichtet. Auch Gerstenmaier wurde in der Bendlerstraße verhaftet; man hatte ihn zuerst mit Gisevius verwechselt, der auch dort war, aber fliehen konnte. Gerstenmaier kam nicht mit den Offizieren vor Gericht.

Zuerst glaubten die Nazis wirklich, die Sache sei nur von ein paar Offizieren der Armee ausgegangen. Hitler redete in seiner Radioansprache nach Mitternacht am 21. Juli von einer „ganz kleinen Clique ehrgeiziger, skrupelloser und zugleich verbrecherisch dummer Offiziere". Doch die Untersuchungskommission, die auf Hitlers Befehl von Kaltenbrunner gebildet wurde, deckte bald belastendes Material gegen eine große Zahl von Leuten in führenden Stellungen auf. Es wurden angeblich insgesamt 7000 Personen verhaftet, allerdings waren darunter etwa 5000 Politiker aus der Weimarer Zeit und Parteifunktionäre, die man am 22. August festnahm, obwohl sie keine direkten Beziehungen zu den Ereignissen des vorigen Monats hatten. Die bekanntesten Kreisauer, die der Verhaftung entgingen, waren Einsiedel, Trotha, Gablentz, Peters, Rösch, König (der sich versteckt hielt) und Poelchau. Das Ausmaß der Verschwörung und das Licht, das sie auf die wirkliche Haltung vieler führender Offiziere und Beamten gegenüber dem Regime warf, brachten die Führer des Dritten Reiches aus der Fassung. Der Prozeß und die Hinrichtungen vom 8. August wurden noch groß publiziert, doch dann erfuhr man nichts mehr von Entdeckungen und Bestrafungen. Yorck konnte, bevor er starb, Poelchau noch sagen, der SD sei bis jetzt nicht auf der Kreisauer Fährte.

Anfang August machte Freya von Moltke ihren gewohnten Besuch in Drögen. Dabei einigten sie sich, er werde in einem Brief angeben, wieviel von den 80 Morgen Kreisauer Koppel umgepflügt werden sollten. 100 Prozent bedeutete, sein Fall sei hoffnungslos, 50 Prozent, er habe gute Chancen, null Prozent, man habe nichts entdeckt. Es war aber fast unvermeidlich, daß sein Name irgendwann auftauchte. In den an Bormann und Hitler geschickten täglichen Untersuchungsberichten wird er zum ersten Mal am 10. August zusammen mit der geplanten Ernennung von Rehrl zum Landesverweser von Salzburg genannt.[3] Er selbst wurde erst in der Nacht vom 15. auf den 16. August vernommen, am folgenden Tag mit Leber, am übernächsten Tag mit Haubach zusammen, wobei sie, wie sein bis zum 18. August geführtes Tagebuch aus Ravensbrück berichtet, aneinandergefesselt wurden. Bis zum 25. August hatte sich schon eine dicke Akte angesammelt, und seine Frau erhielt einen Brief, sie solle 75 Prozent der Koppel umpflügen lassen. Er wurde daraufhin in Ravensbrück natürlich ganz anders behandelt. Als Freya von Moltke auf gut Glück, ohne Besuchserlaubnis, nach Drögen kam, sagte man ihr: „Gut, daß Sie kommen. Da können Sie gleich die Sachen Ihres Mannes mitnehmen." Man händigte ihr seinen Koffer aus. Er enthielt seine Kleider, Bücher und alle Gegenstände, deren Gebrauch ihm erlaubt gewesen war: Uhr, Lampe, Teetopf; zwei kleine Heftchen, seine Tagebücher waren unter seinen Kleidern verborgen. Er trug nun den blau und weiß gestreiften Drillichanzug der KZ-Insassen. Nachdem ein Häftling Selbstmord begangen hatte, wurde allen Gefangenen Gürtel und Hosenträger weggenommen. Isa Vermehren beschrieb ihn in ihrem Buch folgendermaßen:

... Seine Haltung in diesen Wochen war über die Maßen beeindruckend. Seine freundschaftliche Teilnahme für uns alle war immer gleichbleibend aufgeschlossen und herzlich. Immer verkleidete sich die tiefe Skepsis seines Wesens mit einem unbekümmerten, etwas ironischen Lächeln. „Hoffnung ist nicht mein Metier", sagte er einmal freundlich, und in dem Schornstein des Krematoriums hat er nie etwas anderes erblickt als das tägliche Memento ...[4]

Er bekam eine schlechte Zelle neben General Halder. Sie unterhielten sich durch den Ventilator, unter anderem auch über die russische Strategie. Sie waren sich einig, daß der russische Vorstoß nach Westen wahrscheinlich nördlich der tschechischen Grenze und des Gebirges erfolge, so daß die Kreisauer Gegend verhältnismäßig unberührt bleiben werde. So geschah es dann auch wirklich.
Freya von Moltke fuhr am 28. September wieder nach Drögen, um wenigstens etwas zu erfahren. Für alle Fälle nahm sie einen Anzug mit. Wieder wurde sie wie eine alte Bekannte begrüßt: „Das paßt ja gut, Ihr Mann ist gerade nach Berlin gekommen und braucht einen Anzug." Auf der Fahrt nach Berlin stieg der Beamte, der sich für ihre Gänse interessiert hatte, in ihr Abteil ein. Er half ihr mit dem Gepäck, und sie fragte ohne Hoffnung, und doch hoffnungsvoll: „Diese Verlegung nach Berlin ist doch wohl nicht ernst?" Der Mann sagte: „Ich fürchte, doch." Vom Bahnhof aus ging sie sofort zum SS-Gefängnis Lehrter Straße, wo Moltke angeblich war. Ein langer, dünner SS-Mann in der Aufnahme, der später unter den Gefangenen in der Lehrter Straße und ihren Verwandten als großzügiger Helfer bekannt wurde, sagte ihr, ihr Mann sei soeben ins Gefängnis Tegel gebracht worden, weil dieses Gefängnis zu stark zerbombt sei. Gleich vom S-Bahnhof Lehrter Straße rief sie Poelchau an, der von Moltkes Ankunft in Tegel noch nichts wußte, ihr aber sagte, sie solle am nächsten Morgen in seine Sprechstunde im Gefängnis kommen. Als sie dort auf ihn wartete, betrat Reichweins Frau Romai – denn auch Reichwein war vorübergehend nach Tegel verlegt worden – den im Labyrinth des Gefängnisses gelegenen Warteraum. Sie war ganz blaß und sagte: „Ich habe eben Helmuth am Haupteingang gesehen." Freya von Moltke rannte los und kam gerade zurecht, als er von zwei SS-Leuten über den Hof geführt wurde, in ein Auto einstieg und durchs Tor gefahren wurde. Er sah sie auch, aber sie ließen sich nichts anmerken. Poelchau besuchte ihn am Abend mit einem Brief von ihr und brachte ihr am nächsten Tag eine Antwort. Von da an konnten sie sich dank Poelchaus Hilfe täglich schreiben.
Auf einer seiner Fahrten von und zu Verhören war Moltke einmal mit Steltzer und ein paar anderen allein. „Machen Sie sich nichts vor", sagte er bei der Gelegenheit, „wenn Sie das getan haben, was Sie eben berichtet haben, werden Sie gehängt."[5] Es war aber nicht leicht, eine Anklage gegen Moltke zu erheben, denn es lag ja nicht viel vor. Da er seit Januar in Haft gewesen war, konnte er nicht unmittelbar am Unternehmen des 20. Juli beteiligt gewesen sein. Er war auch nicht wie Reichwein, der im Oktober verurteilt und hingerichtet wurde, bei einer Kontaktaufnahme mit Kommunisten aufgegriffen worden. Auch konnte er mühe-

los nachweisen, daß seine Ansichten nicht denjenigen der Goerdeler-Gruppe entsprachen und daß er immer gegen Hitlers Ermordung gewesen war. Alle, die etwas mit den Kreisauer Zusammenkünften zu tun gehabt hatten, stellten ihre Tätigkeit so theoretisch und zufällig wie möglich dar. Seine Aktivitäten außerhalb Deutschlands wurden nie aufgedeckt, nur einmal wurde seine Reise nach Norwegen mit Bonhoeffer erwähnt. Dem SD fielen auch keine Kreisauer Dokumente oder Briefe in die Hände. Die Ermittlungen gegen Moltke, Delp, Gerstenmaier, Steltzter und Haubach übernahm Neuhaus. Er und seine Kollegen wurden nicht klug aus Moltke und hielten ihn für einen Sonderling, worin dieser sie bestärkte, weil er dadurch dem Tod zu entgehen hoffte.

Gerstenmaier suchte ihn in diesen Monaten zu überzeugen, er müsse an sein Überleben glauben, wenn er überleben wolle. Aber Moltke ging nicht ganz so weit. Dazu war er zu nüchtern und der Pessimismus zu sehr seine Gewohnheit. Er war weder ganz ohne Hoffnung, noch ganz ohne Illusionen. Wenn Märtyrer Menschen sind, die demütig ihr Schicksal auf sich nehmen, ohne etwas dagegen zu tun, so war er sicher kein Märtyrer, denn er kämpfte um sein Leben, indem er die bestmögliche Verteidigung für sich und seine Freunde aufzubauen versuchte. Lange und immer wieder war ihm der Wert seines Lebens zweifelhaft gewesen, jetzt wollte er leben. Er und seine Frau mit ihm glaubten, daß sein Leben sich sinnvoll gefügt hatte, und er hielt es für möglich, daß dieser Sinn ihn zurück ins Leben und zu neuen Aufgaben in einem neuen Deutschland, das sich endlich abzeichnete, führen würde. Eine Zeitlang hielt er es für möglich, daß man ihn am Leben lassen werde, um seine Beziehungen in England auszunutzen. Von ein paar Krisenstunden abgesehen, die nur Poelchau erlebt hatte, war er im Grunde auf den Tod wie auf das Leben vorbereitet. Aber die Nazis waren entschlossen, ihn zu töten, wie schwer es auch sein würde, einen formellen Grund zu finden. Und damit hatten sie von ihrem Standpunkt aus recht: Als Freya „Gestapo-Müller“ aufsuchte, sagte er: „Wir werden nicht den gleichen Fehler machen, der 1918 begangen wurde. Wir werden unsere innerdeutschen Feinde nicht am Leben lassen.“ Sie spürten wohl, daß Helmuth von Moltke manches verkörperte, was ihnen fehlte und dauerhaften Erfolg verwehrte: unbeirrbare, klare menschliche Grundsätze. Wenn sie selbst stürzten, wollten sie sich wenigstens vorher noch rächen.

Es war verwunderlich, daß Freya von Moltke immer frei blieb und nie verhört wurde, daß nie der Versuch gemacht wurde, ihr die Kinder wegzunehmen, und daß in Kreisau keine Haussuchung stattfand. All das geschah den meisten Frauen und Kindern der in den Staatsstreichversuch verwickelten Männer, teils weil man Beweismaterial suchte, teils aus Rache. Es lag vielleicht daran, daß der SD Helmuth und Freya von Moltke neun Monate lang unter genauer Beobachtung hatte, daß es zahllose Fälle zu bearbeiten gab und die Verhältnisse immer chaotischer wurden; man hatte vermutlich den Entschluß gefaßt, ihn selbst zu töten, aber die Familie in Ruhe zu lassen.

Freya von Moltke war in diesen Monaten meist in Berlin und wohnte in Lichterfelde bei C. D. von Trotha, da das Haus der Yorcks inzwischen mit seinem gesamten Inventar von der SS übernommen worden war; als Marion Yorck nach ihrer Entlassung – die meisten Frauen waren etwa drei Monate im Gefängnis – an ihrer eigenen Haustür klingelte, öffnete ihr eine fremde Frau, die ihre Kleider trug. – Später blieb Freya von Moltke oft bei Poelchaus in Tegel, wo sie immer Frieden fand und sich ihrem Mann am nächsten fühlte. Der Direktor und die Wächter des Tegeler Gefängnisses ahnten wohl, was der Pfarrer für Moltke und die anderen politischen Gefangenen tat. Einmal wurde er auch verwarnt, er gehe immer mit einer vollen Aktentasche in die Zellen und komme mit einer leeren heraus. (Er brachte den Gefangenen täglich zusätzliche Kost, Bücher und Briefe.) Daraufhin verbarg er die kostbare Fracht im Futter seines Anzuges. Doch das Gefängnis war dem regulären Strafvollzug des Justizministeriums unterstellt, nicht der SS; zudem war der Zusammenbruch in Sicht; es handelte sich auch um ungewöhnliche Gefangene. Das Wachpersonal drückte deshalb ein Auge zu. Freya von Moltke bekam im November und Dezember vom Volksgerichtshof Besuchserlaubnis, um Kreisauer Angelegenheiten mit ihrem Mann zu besprechen. Dieser bereitete seine Verteidigung vor; sie schrieb zu diesem Zweck Himmler, suchte Müller auf und gab Mitteilungen an Steltzer, Haubach, Lukaschek und Reisert weiter, die alle im Gefängnis an der Lehrter Straße saßen.

Doch es war alles umsonst. Der Prozeß wurde zweimal verschoben; am 9. und 10. Januar fand er dann statt. Die ursprüngliche Anklage wegen Hochverrats wurde mangels Beweisen fallengelassen, doch es blieb das Vergehen, von einer Verschwörung gewußt und sie nicht angezeigt zu haben. Das genügte für ein Todesurteil. (Sogar ein katholischer Priester, der als Beichtvater davon erfahren hatte, wurde hingerichtet.) Da war auch das unbestreitbare Vergehen, eine ablehnende Haltung gegenüber dem Nationalsozialismus eingenommen zu haben. Er hatte besprochen, was nach der Niederlage erfolgen sollte, und war an Leute herangetreten mit der Frage, ob sie als Landesverweser tätig werden wollten. – Mit ihm erschienen Gerstenmaier, Steltzer, Delp, Sperr, Reisert und Fugger vor dem Volksgerichtshof.

Moltke hatte in Tegel einen schweren Ischias-Anfall und konnte eine Weile weder stehen noch gehen. Auf Anordnung des an sich unfreundlichen Gefängnisarztes wurden ihm deshalb sogar die Handschellen abgenommen, die den Gefangenen, außer bei den Mahlzeiten, Tag und Nacht angelegt wurden. Als der Prozeß sich näherte, ging es ihm besser, aber er hatte Bedenken, ob er es schaffe, so lange zu stehen, denn alle Angeklagten mußten vor Freisler stehen. Seine Frau suchte deshalb Freisler auf, erklärte die Lage und bat um einen Stuhl, den er auch erhielt.[6]

Prozeß und Tod

Der Prozeß fand am 9. und 10. Januar 1945 in einem requirierten Gebäude in der Bellevue-Straße nahe dem Potsdamer Platz in Berlin statt. 1942 war Roland Freisler Präsident des 1934 gegründeten Volksgerichtshofes geworden. Freisler war 1914–1918 in russischer Kriegsgefangenschaft und angeblich 1918 in Kassel Kommunist gewesen, bevor er 1925 Nationalsozialist wurde. Vor seiner Ernennung zum Präsidenten war er Staatssekretär im Justizministerium. Diesen Wechsel hatte er offenbar als Rückschlag in seiner Karriere empfunden, den er dadurch wettmachen wollte, daß er sich auf seinem neuen Posten einen Namen machte. Bei seiner Prozeßführung soll er sich diejenige Andrej Wyschinskijs während der russischen Säuberungsprozesse zum Vorbild genommen haben. Er besaß die Gaben eines guten Juristen, hatte aber keine Bedenken, gleichzeitig die Rolle des Anklägers und des Richters zu spielen. Delp sagte von Freisler, er sei schlau, nervös, eitel und arrogant und verhalte sich dauernd so, daß sein Gegner in eine untergeordnete Stellung gedrängt werde. Alle Fragen seien sorgfältig vorbereitet gewesen, und wehe, wenn die Antworten nicht dem entsprachen, was Freisler erwartet hatte.

Zwischen dem zweiten Verhandlungstag und der Urteilsverkündung lag ein freier Tag. Helmuth von Moltke zweifelte nicht, wie das Urteil ausfallen werde, und benutzte die freie Zeit, um in zwei Briefen an seine Frau vom 10. und 11. Januar die Verhandlung zu schildern. Dieser Bericht ist schon veröffentlicht worden, kann aber nur im Zusammenhang und als Höhepunkt seines ganzen Lebens richtig verstanden werden.[1] Der letzte Absatz des Briefes vom 10. Januar zeigt, daß er nicht damit rechnete, daß der SD den Brief zu Gesicht bekommen könnte. Nicht deshalb liegt in seinem Bericht die Betonung darauf, daß sie gehängt würden, „weil wir zusammen gedacht haben“. Diese Bemerkung bezog sich nur auf den Prozeß. Er hätte nie von sich gesagt, seine Aktivitäten gegen das Dritte Reich seien nur auf das Denken beschränkt gewesen. Aber es befriedigte ihn, daß seine Feinde ihn schon auf Grund seines Denkens verurteilen mußten. Ganz gelang ihm das allerdings nicht, denn jemand schrieb auf sein Urteil: „Er hat mehr getan als nur gedacht.“

Berlin, den 10. Januar 1945

... denk' mal, wie schön, daß ich noch einmal hier nach Tegel zurückgebracht worden bin, daß die Würfel, deren Fall schon genau feststeht, sozusagen auf der Kante noch einmal halten. So kann ich noch in Frieden einen Bericht schreiben.

Erst mal den Schluß vorweg: Um 3 Uhr etwa verlas Schulze [der Staatsanwalt], der keinen üblen Eindruck machte, die Anträge: Moltke: Tod und Vermögenseinziehung; Delp: desgleichen; Gerstenmaier: Tod; Reisert und Sperr: desgleichen; Fugger: drei Jahre Zuchthaus; Steltzer und Haubach: abgetrennt. Dann kamen die Verteidiger, eigentlich alle ganz nett, keiner tückisch. Dann die Schlußworte des Angeklagten, wobei Dein Mann als einziger verzichtete. Eugen war, wie ich am Schlußwort merkte, etwas unruhig.

Nun kommt der Gang der Verhandlung. Alle diese Nachrichten sind natürlich verboten.

Es war in einem kleinen Saal, der zum Brechen voll war. Anscheinend ein früheres Schulzimmer. Nach einer langen Einleitung von Freisler über Formalien – Geheimhaltung, Verbot des Mitschreibens und so weiter – verlas Schulze die Anklage, und zwar nur den kurzen Text, der auch im Haftbefehl stand. Dann kam Delp dran, mit dem seine zwei Polizisten vortraten. Die Verhandlung spielte sich so ab: Freisler, den Hercher [sein Verteidiger] sehr richtig beschrieben hat: begabt, genial und nicht klug, und zwar alles dreies in der Potenz, erzählt den Lebenslauf, man bejaht oder ergänzt, und dann kommen diejenigen Tatfragen, die ihn interessieren. Da schneidet er aus dem Tatbestand eben Dinge heraus, die ihm passen, und läßt ganze Teile weg. Bei Delp fing es damit an, wie er Peter und mich kennengelernt hat, was zuerst in Berlin besprochen ist, und dann kam Kreisau Herbst 42 dran. Auch hier die Form: Vortrag von Freisler, in den man Antworten, Einreden, eventuell neue Tatsachen einbauen kann; besteht aber die Möglichkeit, daß man damit den Duktus stören könnte, so wird er ungeduldig, zeigt an, daß er es doch nicht glaubt, oder brüllt einen an. Der Aufbau für Kreisau so: zuerst waren es allgemeine Erörterungen mehr grundsätzlicher Art, dann wurde der praktische Fall der Niederlage erörtert, und zum Schluß wurden Landesverweser gesucht. Die erste Phase möge noch angehen, obwohl überraschend sei, daß alle diese Besprechungen ohne einen einzigen Nationalsozialisten stattfanden, dafür aber mit Geistlichen und lauter Leuten, die sich später am 20. Juli beteiligt hätten. – Die zweite Phase aber sei bereits schwärzester Defätismus allerdunkelster Art, und das dritte offene Vorbereitung zum Hochverrat. – Dann kamen die Münchener Besprechungen dran.

Das stellte sich zwar alles als viel harmloser heraus, als es in der Anklage stand, aber es hagelte Pflaumen gegen die katholischen Geistlichen und gegen die Jesuiten: Zustimmung zum Tyrannenmord-Mariano[2]; uneheliche Kinder; Deutschfeindlichkeit und so weiter, und so weiter. Das alles mit Gebrüll mittlerer Art und Güte. Auch die Tatsache, daß Delp bei den Besprechungen weggegangen war, die in seiner Wohnung stattfanden, wurde ihm als echt jesuitisch zur Last gelegt: „Gerade dadurch dokumentieren Sie ja selbst, daß Sie genau wußten, daß da Hochverrat getrieben wurde, aus dem Sie gerne das Köpfchen mit der Tonsur, den geweihten, heiligen Mann heraushalten wollten. Der ging derweil wohl in die Kirche, um dafür zu beten, daß das Komplott auch in Gott wohlgefälliger Form gelänge." – Dann kam Delps Besuch bei Stauffenberg dran. Und schließlich die am 21. Juli erfolgte Mitteilung Sperrs davon, daß Stauffenberg ihm Andeutungen über einen Umsturz gemacht habe. Diese beiden letzten Punkte gingen glimpflich ab. Bemerkenswert in der ganzen Vernehmung, daß in jedem zweiten Satz von Freisler irgendwie vorkam: „der Moltke-Kreis", „Moltkes Pläne", „gehört auch zu Moltke" und so weiter.

Als Rechtsgrundsätze wurden verkündet:

„Der Volksgerichtshof steht auf dem Standpunkt, daß eine Verratstat schon der begeht, der es unterläßt, solche defätistischen Äußerungen wie die von Moltke, wenn sie von einem Mann seines Ansehens und seiner Stellung geäußert werden, anzuzeigen." – „Vorbereitung zum Hochverrat begeht schon der, der hochpolitische Fragen mit Leuten erörtert, die in keiner Weise dafür kompetent sind, insbesondere nicht mindestens irgendwie tätig der Partei angehören." – „Vorbereitung zum Hochverrat begeht jeder, der sich irgendein Urteil über eine Angelegenheit anmaßt, die der Führer zu entscheiden hat." – „Vorbereitung zum Hochverrat begeht, der zwar selbst jede Gewalthandlung ablehnt, aber Vorbereitungen für den Fall trifft, daß ein anderer, nämlich der Feind, die Regierung mit Gewalt beseitigt; dann rechnet er eben mit der Gewalt des Feindes." Und so ging es immer weiter. Daraus gibt es nur einen Schluß: Hochverrat begeht, wer dem Herrn Freisler nicht paßt.

Dann kam Sperr. Der zog sich aus der Kreisauer Affäre – mit Recht ein wenig auf meine Kosten – einigermaßen heraus. Es wurde ihm aber folgendes vorgehalten: „Warum haben Sie nicht angezeigt? Sehen Sie, wie wichtig das gewesen wäre: Der Moltke-Kreis war bis zu einem gewissen Grade der Geist des Grafen-Kreises, und der wieder hat die politische Vorbereitung für den 20. Juli gemacht; denn der Motor des 20. Juli war ja keineswegs Herr Goerdeler, der wahre Motor steckte in diesen jungen Männern." Sperr im ganzen freundlich behandelt. Nun Reisert. Er wurde sehr freundlich behandelt. Er hat drei Besprechungen mit mir gehabt, und es wurde ihm vor allem zur Last gelegt, daß er nicht schon nach der ersten bemerkt hätte, daß ich ein Hochverräter und schwerer Defätist sei, und dann noch zwei andere Besprechungen mit mir gehabt hätte. Ihm wurde vor allem der Vorwurf gemacht, nicht angezeigt zu haben. Schließlich Fugger. Der machte einen sehr guten Eindruck. Er war eine Zeitlang elend gewesen und hatte sich nun wieder erholt, war bescheiden, sicher, hat keinen von uns belastet, sprach nett bayerisch und hat mir noch nie so gut gefallen wie gestern; ganz ohne Nerven, während er hier immer schreckliche Angst gehabt hatte. Er gab sofort zu, daß, nach dem, was ihm heute gesagt worden sei, ihm klar sei, daß er hätte anzeigen müssen, und er wurde so gnädig entlassen, daß ich gestern abend dachte, er würde freigesprochen werden.

Hingegen war auch in den anderen Vernehmungen der Name Moltke immerzu zu hören. Wie ein roter Faden zog sich das durch alles durch, und nach den oben angeführten „Richtlinien" des VGH war ja klar, daß ich umgebracht werden sollte.

Nun vielleicht eine kleine Einschiebung über das Bild:

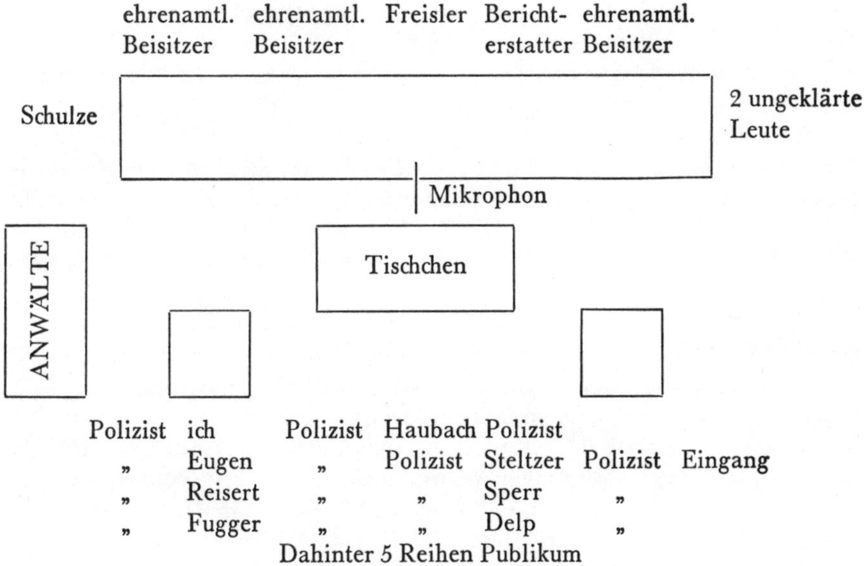

Die ganze Verhandlung wurde durch das Mikrophon auf Stahlbänder für das Archiv aufgenommen. Du wirst sie Dir also, solltest Du Lust dazu haben, später einmal vorspielen lassen können. Man tritt vor den Tisch, die beiden Polizisten mit, die sich rechts und links auf die beiden Stühle setzen; für Reisert und mich wurde sofort und ohne daß wir fragten ein Stuhl bereitgestellt. Schulze, Freisler und Berichterstatter in roten Roben. Typisch war ein Vorfall: Aus irgendeinem Grunde wurde ein StGB gebraucht, weil Freisler was daraus vorlesen wollte. Es stellte sich aber heraus, daß keines aufzufinden war.

Nun kommt der zweite Tag. Da fing es mit mir an. In mildem Ton ging es los, sehr schnell, sozusagen rapid; Gott sei Dank, daß ich flink bin und F.s Tempo spielend mitmachte; das machte übrigens sichtlich uns beiden Freude. Aber wenn er das bei einem Mann exerziert, der nicht ganz so schnell ist, so ist der verurteilt, ehe er bemerkt hat, daß F. die Personalien hinter sich gelassen hat. Bis einschließlich der Besprechung mit Goerdeler und meiner Stellung dazu durchaus glatt und ohne viel Aufhebens. Dann kam mein Einwand, Polizei und Abwehr hätten davon gewußt. Da bekam F. Tobsuchtsanfall Nr. 1. Alles, was Delp zuvor erlebt hatte, war einfach eine Spielerei dagegen. Ein Orkan brach los: Er hieb auf den Tisch, lief an so rot wie seine Robe und tobte: „So etwas verbitte ich mir, so etwas höre ich mir gar nicht an.“ Und so ging das immerfort. Da ich ohnehin wußte, was rauskam, war mir das alles ganz gleich: Ich sah ihm eisig in die Augen, was er offenbar nicht schätzte, und plötzlich konnte ich nicht umhin zu lächeln. Das ging nun zu den Beisitzern, die rechts von Freisler saßen, und zu Schulze. Den Blick von Schulze hättest Du sehen müssen. Ich glaube, wenn ein Mensch von der Brücke über dem Krokodilteich im Zoo hinunterspringt, so kann der Aufruhr nicht größer sein. Na schön, damit war das Thema erschöpft. Nun kam aber Kreisau, und da hielt er sich nicht lange bei den Präliminarien auf, sondern steuerte schnurstracks auf zwei Dinge los: a) Defätismus, b) das Aussuchen von Landesverwesern. Über beides neue Tobsuchtsanfälle gleicher Güte, und als ich mit der Verteidigung kam, das alles sei aus dienstlicher Wurzel hervorgegangen, dritter Tobsuchtsanfall: „Alle Behörden Adolf Hitlers arbeiten auf der Grundlage des Sieges, und das ist im OKW nicht anders wie woanders; so etwas höre ich mir gar nicht an, und selbst wenn es nicht so wäre, so hat eben jeder einzelne Mann die Pflicht, selbständig den Siegesglauben zu verbreiten." Und so in langen Tiraden.

Nun kam aber die Quintessenz: „Wer war denn da? Ein Jesuitenpater! Ausgerechnet ein Jesuitenpater! Ein protestantischer Geistlicher, drei Leute, die später wegen Beteiligung am 20. Juli zum Tode verurteilt worden sind! Und kein einziger Nationalsozialist! Kein einziger! Und da will ich doch nur sagen: Nun ist aber das Feigenblatt ab!" „Ein Jesuitenpater, und ausgerechnet mit dem besprechen Sie Fragen des zivilen Widerstandes! Und den Jesuitenprovinzial kennen Sie auch! Und der war auch einmal in Kreisau! Ein Jesuitenprovinzial, einer der höchsten Beamten von Deutschlands gefährlichsten Feinden, der besucht den Grafen Moltke in Kreisau! Und da schämen Sie sich nicht! Kein Deutscher kann doch einen Jesuiten auch nur mit der Feuerzange anfassen! Leute, die wegen ihrer Haltung von der Ausübung des Wehrdienstes ausgeschlossen sind! Wenn ich weiß, in einer Stadt ist ein Jesuitenprovinzial, so ist das für mich fast ein Grund, gar nicht in die Stadt zu gehen! – Und der andere Geistliche, was hatte der dort zu suchen? Die sollen sich ums Jenseits kümmern, aber uns hier in Ruhe lassen. – Und Bischöfe besuchen Sie! Was haben Sie bei einem Bischof, bei irgendeinem Bischof, verloren? Wo ist Ihre Befehlsstelle? Ihre Befehlsstelle ist der Führer und die NSDAP! Für Sie so gut wie für jeden anderen Deutschen, und wer sich seine Befehle in noch so getarnter Form bei den Hütern des Jenseits holt, der holt sie sich beim Feind und wird so behandelt werden!" Und so ging das weiter. Aber das war in einer Tonart, der gegenüber die früheren Tobsuchtsanfälle noch wie das sanfte Säuseln eines Windchens waren.

Ergebnis dieser Vernehmung „gegen mich" – denn zu sagen „meiner Vernehmung" wäre Quatsch –: ganz Kreisau und jede dazugehörige Teilunterhaltung ist Vorbereitung zum Hochverrat.

Ja, richtig, das muß ich noch sagen: nach diesem Höhepunkt ging es in fünf Minuten zum Schluß: Die Unterredungen in Fulda und München, das alles kam überhaupt nicht mehr dran, sondern F. meinte, das können wir uns wohl schenken, und fragte: Haben Sie noch etwas zu sagen? Worauf ich nach einigem Zögern, leider, erwiderte: „Nein!" Und damit war ich fertig. Nun geht es in der Zusammenfassung weiter: Wenn die anderen Leute, deren Namen vorgekommen sind – übrigens nicht in der Verhandlung, denn nachdem die Sache so lief, haben wir uns alle gehütet, auch nur noch einen Namen zu nennen –, noch nicht verhaftet sind, so vielleicht als *quantité négligeable.* Werden sie aber verhaftet und haben sie irgendeine Kenntnis gehabt, die über die rein gesellschaftliche Unterhaltung über solche Fragen hinausgeht oder die diese Fragen in Zusammenhang mit möglicher Niederlage bringen, so müssen sie mit Todesstrafe rechnen.

Letzten Endes entspricht diese Zuspitzung auf das kirchliche Gebiet dem inneren Sachverhalt und zeigt, daß F. eben doch ein guter politischer Richter ist. Das hat den ungeheuren Vorteil, daß wir nun für etwas umgebracht werden, was wir a) getan haben und was b) sich lohnt. Aber daß ich als Märtyrer für den heiligen Ignatius von Loyola sterbe – und darauf kommt es letztlich hinaus, denn alles andere war daneben nebensächlich –, ist wahrlich ein Witz, und ich zittere schon vor dem väterlichen Zorn von Papi, der doch so antikatholisch war. Das andere wird er billigen, aber das? Auch Mami wird wohl nicht ganz einverstanden sein.

(Eben fällt mir noch etwas zum Tatbestand ein. Mich fragte er: „Sehen Sie ein, daß Sie schuldig sind?“ Ich sagte im wesentlichen nein. Darauf Freisler: „Sehen Sie, wenn Sie das immer noch nicht erkennen, wenn Sie immer noch darüber belehrt werden müssen, dann zeigt das eben, daß Sie anders denken und damit sich selbst aus der kämpfenden Volksgemeinschaft ausgeschlossen haben.“) Das Schöne an dem so aufgezogenen Urteil ist folgendes: Wir haben keine Gewalt anwenden wollen – ist festgestellt; wir haben keinen einzigen organisatorischen Schritt unternommen, mit keinem einzigen Mann über die Frage gesprochen, ob er einen Posten übernehmen wolle – ist festgestellt; in der Anklage stand es anders. Wir haben nur gedacht, und zwar eigentlich nur Delp, Gerstenmaier und ich, die anderen gelten als Mitläufer, und Peter und Adam als Verbindungsleute zu Schulenburg etc. Und vor den Gedanken dieser drei einsamen Männer, den bloßen Gedanken, hat der NS eine solche Angst, daß er alles, was damit infiziert ist, ausrotten will. Wenn das nicht ein Kompliment ist. Wir sind nach dieser Verhandlung aus dem Goerdeler-Mist raus, wir sind aus jeder praktischen Handlung heraus, wir werden gehenkt, weil wir zusammen gedacht haben. Freisler hat recht, tausendmal recht; und wenn wir schon umkommen müssen, dann bin ich allerdings dafür, daß wir über dieses Thema fallen.

Ich finde, und nun komme ich zum Praktischen, daß diese Sache, richtig aufgemacht, sogar noch ein wenig besser ist als der berühmte Fall Huber. Denn es ist noch weniger geschehen. Es ist ja nicht einmal ein Flugblatt hergestellt worden. Es sind eben nur Gedanken ohne die Absicht der Gewalt. Die Schutzbehauptungen, die wir alle aufgestellt haben: Polizei weiß, dienstliche Ursache, Eugen hat nichts kapiert, Delp ist immer gerade nicht dabeigewesen, die muß man streichen, wie sie auch Freisler mit Recht gestrichen hat. Und dann bleibt übrig ein Gedanke: Womit kann im Chaos das Christentum ein Rettungsanker sein? Dieser eine einzige Gedanke fordert morgen wahrscheinlich fünf Köpfe und später noch die von Steltzer und Haubach und wohl auch Husen. Aber dadurch, daß in dieser Verhandlung das Trio eben Delp, Eugen, Moltke heißt und der Rest nur durch „Ansteckung“ dies trägt, dadurch, daß keiner dabei ist, der etwas anderes vertrat, keiner, der zu den Arbeitern gehörte, keiner, der irgendein weltliches Interesse betreute, dadurch, daß festgestellt ist, daß ich großgrundbesitzerfeindlich war,

keine Standesinteressen, überhaupt keine eigenen Interessen, ja nicht einmal die meines Landes vertrat, sondern menschheitliche, dadurch hat Freisler uns unbewußt einen ganz großen Dienst getan, sofern es gelingt, diese Geschichte zu verbreiten und auszunutzen. Und zwar m. E. im Inland und draußen. Durch diese Personalzusammenstellung ist dokumentiert, daß nicht Pläne, nicht Vorbereitungen, sondern der Geist als solcher verfolgt werden soll. Vivat Freisler!
Das auszunutzen ist nicht Deine Aufgabe. Da wir vor allem für den heiligen Ignatius sterben, sollen seine Jünger sich drum kümmern. Aber Du mußt ihnen diese Geschichte liefern, und wen sie von Wurms Leuten zuziehen, ist gleich. Am besten wahrscheinlich Pressel [württembergischer Oberkirchenrat]. Ich berede das morgen noch mit Poelchau. Kommt es raus, daß Du diesen Brief empfangen und weitergegeben hast, so wirst Du auch umgebracht. Tattenbach muß das klar auf sich nehmen und im Notfall sagen, er habe es von Delp mit der letzten Wäsche bekommen. Gib dies Exemplar nicht aus der Hand, sondern nur eine Abschrift, und bei der muß sofort so übersetzt werden, daß es von Delp stammen kann, also bei ihm in der Ich-Form.
So, das ist dieser Teil; der Rest kommt gesondert.

Tegel, den 10. Januar 1945
... zunächst muß ich sagen, daß ganz offenbar die letzten 24 Stunden eines Lebens gar nicht anders sind als irgendwelche anderen. Ich hatte mir immer eingebildet, man fühle das nur als Schreck, daß man sich sagt: Nun geht die Sonne das letztemal für Dich unter, nun geht die Uhr nur noch zweimal bis 12, nun gehst Du das letztemal zu Bett. Von all dem ist keine Rede. Ob ich wohl ein wenig überkandidelt bin? Denn ich kann nicht leugnen, daß ich mich in geradezu gehobener Stimmung befinde. Ich bitte nur den Herrn im Himmel, daß er mich darin erhalten möge, denn für das Fleisch ist es sicher leichter, so zu sterben. Wie gnädig ist der Herr mit mir gewesen! Selbst auf die Gefahr hin, daß das hysterisch klingt: Ich bin so voll Dank, eigentlich ist für nichts anderes Platz. Er hat mich die zwei Tage so fest und klar geführt: Der ganze Saal hätte brüllen können wie der Herr Freisler, und sämtliche Wände hätten wackeln können, und es hätte mir gar nichts gemacht; es war wahrlich so, wie es im Jesaja 43, 2 heißt: Denn so du durch Wasser gehst, will ich bei dir sein, daß dich die Ströme nicht sollen ersäufen; und so du ins Feuer gehst, sollst du nicht brennen, und die Flamme soll dich nicht versengen. – Nämlich Deine Seele. Mir war, als ich zum Schlußwort aufgerufen wurde, so zumute, daß ich beinahe gesagt hätte: Ich habe nur eines zu meiner Verteidigung anzuführen:

Nehmen Sie den Leib,
Gut, Ehr, Kind und Weib,
laß fahren dahin, sie haben's kein Gewinn,
das Reich muß uns doch bleiben.

Aber das hätte doch die anderen nur belastet; so sagte ich nur: „Ich habe nicht die Absicht, etwas zu sagen, Herr Präsident."

Es ist nun noch ein schweres Stück Weges vor mir, und ich kann nur bitten, daß der Herr mir weiter so gnädig ist, wie er war. Für heute abend hatte Eugen uns aufgeschrieben Lukas 5, 1–11. Er hatte es anders gemeint; aber es bleibt wahr, daß dies für mich ein Tag eines großen Fischzuges war und daß ich heute abend mit Recht sagen kann: „Herr, gehe von mir hinaus. Ich bin ein sündiger Mensch." Und was haben wir, meine Liebe, gestern Schönes gelesen: „Wir haben aber solchen Schatz in irdenen Gefäßen, auf daß die überschwengliche Kraft sei Gottes und nicht von uns. Wir haben allenthalben Trübsal, aber wir ängsten uns nicht. Uns ist bange, aber wir verzagen nicht. Wir leiden Verfolgung, aber wir werden nicht verlassen. Wir werden unterdrückt, aber wir kommen nicht um. Und tragen allezeit das Sterben des Herrn Jesu an unserem Leibe, auf daß auch das Leben des Herrn Jesu an unserem Leibe offenbar werde." Dank, mein Herz, vor allem dem Herrn, dank, mein Herz, Dir für Deine Fürbitte, Dank allen anderen, die für uns und für mich gebeten haben. Dein Mann, Dein schwacher, feiger, „komplizierter", sehr durchschnittlicher Mann, der hat das erleben dürfen. Wenn ich jetzt gerettet werden würde – was ja bei Gott nicht wahrscheinlicher oder unwahrscheinlicher ist als vor einer Woche –, so muß ich sagen, daß ich erst einmal mich wieder zurechtfinden müßte, so ungeheuer war die Demonstration von Gottes Gegenwart und Allmacht. Er vermag sie eben auch zu demonstrieren, und zwar ganz unmißverständlich zu demonstrieren, wenn er genau das tut, was einem nicht paßt. Alles andere ist Quatsch.

Darum kann ich nur eines sagen, mein liebes Herz: Möge Gott Dir so gnädig sein wie mir, dann macht selbst der tote Ehemann gar nichts. Seine Allmacht vermag er eben auch zu demonstrieren, wenn Du Eierkuchen für die Söhnchen machst oder Puschti beseitigst, obwohl es das hoffentlich nicht mehr gibt. Ich sollte wohl von Dir Abschied nehmen – ich vermag's nicht; ich sollte wohl Deinen Alltag bedauern und betrauern – ich vermag's nicht. Ich sollte wohl der Lasten gedenken, die jetzt auf Dich fallen – ich vermag's nicht. Ich kann Dir nur eines sagen: Wenn Du das Gefühl absoluter Geborgenheit erhältst, wenn der Herr es Dir schenkt, was Du ohne diese Zeit und ihren Abschluß nicht hättest, so hinterlasse ich Dir einen nichtkonfiszierbaren Schatz, demgegenüber selbst mein Leben nicht wiegt. Diese Römer, diese armseligen Kreaturen von Schulze und Freisler ...: nicht einmal begreifen würden sie, wie wenig sie nehmen können!

Ich schreibe morgen weiter, aber da man nie weiß, was geschieht, will ich in dem Brief jedenfalls jedes Thema berührt haben. Ich weiß natürlich nicht, ob ich nun morgen hingerichtet werde. Es mag sein, daß ich noch vernommen, verprügelt oder aufgespeichert werde. Kratze, bitte, an den Türen; denn vielleicht hält sie das doch von zu argen Prügeln ab. Wenn ich auch nach der heutigen Erfahrung weiß, daß Gott auch diese Prügel zu nichts machen kann, selbst wenn ich keinen heilen Knochen am Leibe behalte, ehe ich gehenkt werde, wenn ich also im Augenblick keine Angst davor habe, so möchte ich das lieber vermeiden. – So, gute Nacht, sei getrost und unverzagt.

Hercher, der ja ein lieber Mann ist, der war etwas schockiert über meine gute Laune; daran siehst Du, daß es gar nicht zu unterdrücken war.

11. Januar 1945
... ich habe nur Lust, mich ein wenig mit Dir zu unterhalten. Zu sagen habe ich eigentlich nichts. Die materiellen Konsequenzen haben wir eingehend erörtert. Du wirst Dich da schon irgendwie durchwinden, und setzt sich ein anderer nach Kreisau, so wirst Du das auch meistern. Laß Dich nur von nichts anfechten. Das lohnt sich wahrhaftig nicht. Ich bin unbedingt dafür, daß Ihr sorgt, daß die Russen meinen Tod erfahren. Vielleicht ermöglicht Dir das, in Kreisau zu bleiben. Das Rumziehen in dem Rest-Deutschland ist auf alle Fälle gräßlich. Bleibt das Dritte Reich über Erwarten doch, was ich mir in meinen kühnsten Phantasien nicht vorstellen kann, so mußt Du sehen, wie Du die Söhnchen dem Gift entziehst. Ich habe natürlich nichts dagegen, wenn Du dann auch Deutschland verläßt. Tu, was Du für richtig hältst und meine nicht, Du seiest so oder so durch irgendeinen Wunsch von mir gebunden. Ich habe Dir immer wieder gesagt: Die tote Hand kann nicht regieren ...
Ich denke mit ungetrübter Freude an Dich und die Söhnchen, an Kreisau und all die Menschen da; der Abschied fällt mir im Augenblick gar nicht schwer. Vielleicht kommt das noch. Aber im Augenblick ist es mir keine Mühe. Mir ist ganz und gar nicht nach Abschied zumute. Woher das kommt, weiß ich nicht. Aber es ist nicht ein Anflug von dem, was mich nach Deinem ersten Besuch im Oktober, nein November war es wohl, so stark überfiel. Jetzt sagt mein Inneres: a) Gott kann mich heute genauso dahin zurückführen wie gestern, und b) und wenn er mich zu sich ruft, so nehme ich es mit. Ich habe gar nicht das Gefühl, was mich manchmal überkam: Ach, nur noch einmal möchte ich das alles sehen. Dabei fühle ich mich gar nicht „jenseitig". Du siehst ja, daß ich mich lieb mit Dir unterhalte, statt mich dem lieben Gott zuzuwenden. In einem Liede – 208, 4 – heißt es „Denn der ist zum Sterben fertig, der sich lebend zu Dir hält." Genauso fühle ich mich. Ich muß, da ich heute lebe, mich eben lebend zu ihm halten; mehr will er gar nicht. Ist das pharisäisch? Ich weiß es nicht. Ich glaube aber zu wissen, daß ich nun in seiner Gnade und Vergebung lebe und nichts von mir habe oder von mir vermag.
Ich schwätze, mein Herz, wie es mir in den Sinn kommt; darum kommt jetzt etwas ganz anderes. Das Dramatische an der Verhandlung war letzten Endes folgendes: In der Verhandlung erwiesen sich alle konkreten Vorwürfe als unhaltbar, und sie wurden auch fallengelassen. Nichts davon blieb. Sondern das, wovor das Dritte Reich solche Angst hat, daß es fünf, nachher werden es sieben Leute werden, zu Tode bringen muß, ist letzten Endes nur folgendes: ein Privatmann, nämlich Dein Mann, von dem feststeht, daß er mit zwei Geistlichen beider Konfessionen, mit einem Jesuitenprovinzial und mit einigen Bischöfen, ohne die Absicht, irgend etwas Konkretes zu tun, und das ist festgestellt, Dinge besprochen hat, „die zur ausschließlichen Zuständigkeit des Führers gehören". Besprochen war: nicht etwa Organisationsfragen, nicht etwa Reichsaufbau – das alles ist im Laufe der Verhandlung weggefallen, und Schulze hat es in seinem Plädoyer auch ausdrücklich gesagt („unterscheidet sich völlig von allen sonstigen Fällen, da in der Erörterung von keiner Gewalt und keiner Organisation die Rede war"),

sondern besprochen wurden Fragen der praktisch-ethischen Forderungen des Christentums. Nichts weiter; dafür allein werden wir verurteilt. Freisler sagte zu mir in einer seiner Tiraden: „Nur in einem sind das Christentum und wir gleich: Wir fordern den ganzen Menschen!" Ich weiß nicht, ob die Umsitzenden das alles mitbekommen haben, denn es war eine Art Dialog – ein geistiger zwischen F. und mir, denn Worte konnte ich nicht viele machen –, bei dem wir uns durch und durch erkannten. Von der ganzen Bande hat nur Freisler mich erkannt, und von der ganzen Bande ist er auch der einzige, der weiß, weswegen er mich umbringen muß. Da war nichts von „komplizierter Mensch", oder „komplizierte Gedanken" oder „Ideologie", sondern: „Das Feigenblatt ist ab." Aber nur für Herrn Freisler. Wir haben sozusagen im luftleeren Raum miteinander gesprochen. Er hat bei mir keinen einzigen Witz auf meine Kosten gemacht, wie noch bei Delp und bei Eugen. Nein, hier war es blutiger Ernst: „Von wem nehmen Sie Ihre Befehle? Vom Jenseits oder von Adolf Hitler?" „Wem gilt Ihre Treue oder Ihr Glaube?" Alles rhetorische Fragen natürlich. – Freisler ist jedenfalls der erste Nationalsozialist, der begriffen hat, wer ich bin, und der gute Müller ist demgegenüber ein Simpl.

Mein Herz, eben kommt Dein sehr lieber Brief. Der erste Brief, mein Herz, in dem Du meine Stimmung und meine Lage nicht begriffen hast. Nein, ich beschäftige mich gar nicht mit dem lieben Gott oder meinem Tod. Er hat die unaussprechliche Gnade, zu mir zu kommen und sich mit mir zu beschäftigen. Ist das hoffärtig? Vielleicht. Aber er wird mir noch so vieles vergeben heute abend, daß ich ihn schließlich um diese letzte Hoffart auch noch um Vergebung bitten darf. Aber ich hoffe ja, daß es nicht hoffärtig ist, denn ich rühme ja nicht das irdene Gefäß, nein, ich rühme den köstlichen Schatz, der sich dieses irdenen Gefäßes, dieser ganz unwürdigen Behausung bedient hat. Nein, mein Herz, ich lese genau die Stellen der Bibel, die ich heute gelesen hätte, wenn keine Verhandlung gewesen wäre, nämlich Josua 19–21, Hiob 10–12, Hesekiel 34–36, Markus 13–15 und unseren zweiten Korintherbrief zu Ende, außerdem die kleinen Stellen, die ich auf den Zettel für Dich geschrieben habe. Bisher habe ich nur den Josua und unsere Korintherbriefstelle gelesen, die mit dem schönen, so vertrauten, von Kind auf gehörten Satz schließt: „Die Gnade unseres Herrn Jesu Christi und die Liebe Gottes und die Gemeinschaft des Heiligen Geistes sei mit Euch allen. Amen." Ich habe das Gefühl, mein Herz, als wäre ich autorisiert, Dir und den Söhnchen das mit absoluter Autorität zu sagen. Darf ich da nicht den 118. Psalm, der heute morgen dran war, mit vollem Recht lesen? Eugen hat ihn sich zwar für eine andere Lage gedacht, aber er ist viel wahrer geworden, als wir es je für möglich hielten.

Mein Herz, darum bekommst Du auch Deinen Brief trotz Deiner Bitte zurück. Ich trage Dich mit hinüber und brauche dafür kein Zeichen, kein Symbol, nichts. Es ist nicht einmal so, daß mir verheißen wäre, ich würde Dich nicht verlieren; nein, es ist viel mehr: Ich weiß es.

Eine große Pause, während der Buchholz da war und ich rasiert wurde, außerdem habe ich Kaffee getrunken, Kuchen und Brötchen gegessen. Nun schwätze ich weiter. Der entscheidende Satz jener Verhandlung war: „Herr Graf, eines haben das Christentum und wir Nationalsozialisten gemeinsam, und nur dies eine: Wir verlangen den ganzen Menschen." Ob er sich klar war, was er damit gesagt hat? Denk mal, wie wunderbar Gott dies sein unwürdiges Gefäß bereitet hat: In dem Augenblick, in dem die Gefahr bestand, daß ich in aktive Putschvorbereitung hineingezogen wurde – Stauffenberg kam am Abend des 19. [Januar 1944] zu Peter –, wurde ich rausgenommen, damit ich frei von jedem Zusammenhang mit der Gewaltanwendung bin und bleibe. – Dann hat er in mich jenen sozialistischen Zug gepflanzt, der mich als Großgrundbesitzer von allem Verdacht einer Interessenvertretung befreit. – Dann hat er mich so gedemütigt, wie ich noch nie gedemütigt worden bin, so daß ich allen Stolz verlieren muß, so daß ich meine Sündhaftigkeit endlich nach 38 Jahren verstehe, so daß ich um seine Vergebung bitten, mich seiner Gnade anvertrauen lerne. – Dann läßt er mich hierhin kommen, damit ich Dich gefestigt sehe und frei von Gedanken an Dich und die Söhnchen werde, d. h. von sorgenden Gedanken; er gibt mir die Zeit und Gelegenheit, alles zu ordnen, was geordnet werden kann, so daß alle irdischen Gedanken abfallen können. – Dann läßt er mich in unerhörter Tiefe den Abschiedsschmerz und die Todesfurcht und die Höllenangst erleben, damit auch das vorüber ist. – Dann stattet er mich mit Glaube, Hoffnung und Liebe aus, mit einem Reichtum an diesen Dingen, der wahrlich überschwenglich ist. – Dann läßt er mich mit Eugen und Delp sprechen und klären. – Dann läßt er Rösch und König entlaufen, so daß es zu einem Jesuitenprozeß nicht reicht und im letzten Augenblick Delp an uns angehängt wird. – Dann läßt er Haubach und Steltzer, deren Fälle fremde Materie hereingebracht hätten, abtrennen und stellt schließlich praktisch Eugen, Delp und mich allein zusammen, und dann gibt er Eugen und Delp durch die Hoffnung, die menschliche Hoffnung, die sie haben, jene Schwäche, die dazu führt, daß ihre Fälle nur sekundär sind, und daß dadurch das Konfessionelle weggenommen wird, und dann wird Dein Mann ausersehen, als Protestant vor allem wegen seiner Freundschaft mit Katholiken attackiert und verurteilt zu werden, und dadurch steht er vor Freisler nicht als Protestant, nicht als Großgrundbesitzer, nicht als Adeliger, nicht als Preuße, nicht als Deutscher – das alles ist ausdrücklich in der Hauptversammlung ausgeschlossen, so z. B. Sperr: „Ich dachte, was für ein erstaunlicher Preuße" –, sondern als Christ und als gar nichts anderes. „Das Feigenblatt ist ab", sagt Herr Freisler. Ja, jede andere Kategorie ist abgestrichen – „ein Mann, der von seinen Standesgenossen natürlich abgelehnt werden muß", sagte Schulze. Zu welch einer gewaltigen Aufgabe ist Dein Mann ausersehen gewesen: all die viele Arbeit, die der Herrgott mit ihm gehabt hat, die unendlichen Umwege, die verschrobenen Zickzackkurven, die finden plötzlich in einer Stunde am 10. Januar 1945 ihre Erklärung. Alles bekommt nachträglich einen Sinn, der verborgen war. Mami und Papi, die Geschwister, die Söhnchen, Kreisau und seine Nöte, die Arbeitslager und das Nichtflaggen und nicht der Partei oder ihren Gliederungen angehören, Curtis und die englischen Reisen, Adam und Peter und Carlo, das alles ist endlich verständlich geworden durch eine einzige Stunde. Für diese eine Stunde hat der Herr sich all diese Mühe gegeben.

Und nun, mein Herz, komme ich zu Dir. Ich habe Dich nirgends aufgezählt, weil Du, mein Herz, an einer ganz anderen Stelle stehst als alle die anderen. Du bist nämlich nicht ein Mittel Gottes, um mich zu dem zu machen, der ich bin, Du bist vielmehr ich selbst. Du bist mein 13. Kapitel des ersten Korintherbriefes. Ohne dieses Kapitel ist kein Mensch ein Mensch. Ohne Dich hätte ich mir Liebe schenken lassen, ich habe sie z. B. von Mami angenommen, dankbar, glücklich, dankbar wie man ist für die Sonne, die einen wärmt. Aber ohne Dich, mein Herz, hätte ich „der Liebe nicht". Ich sage gar nicht, daß ich Dich liebe; das ist gar nicht richtig. Du bist vielmehr jener Teil von mir, der mir alleine eben fehlen würde. Es ist gut, daß mir das fehlt; denn hätte ich das, so wie Du es hast, diese größte aller Gaben, so hätte ich dem Leiden, das ich ja sehen mußte, nicht so zuschauen können und vieles andere. Nur wir zusammen sind ein Mensch. Wir sind, was ich vor einigen Tagen symbolisch schrieb, ein Schöpfungsgedanke. Das ist wahr, buchstäblich wahr. Darum, mein Herz, bin ich auch gewiß, daß Du mich auf dieser Erde nicht verlieren wirst, keinen Augenblick. Und diese Tatsache, die haben wir schließlich auch noch durch unser gemeinsames Abendmahl, das nun mein letztes war, symbolisieren dürfen.

Ich habe ein wenig geweint, eben, nicht traurig, nicht wehmütig, nicht weil ich zurück möchte, nein, sondern vor Dankbarkeit und Erschütterung über diese Dokumentation Gottes. Uns ist es nicht gegeben, ihn von Angesicht zu Angesicht zu sehen, aber wir müssen sehr erschüttert sein, wenn wir plötzlich erkennen, daß er ein ganzes Leben hindurch am Tage als Wolke und bei Nacht als Feuersäule vor uns hergezogen ist, und daß er uns erlaubt, das plötzlich, in einem Augenblick, zu sehen. Nun kann nichts mehr geschehen.

Mein Herz, die letzte Woche, vor allem der gestrige Tag haben sicher manche meiner Abschiedsbriefe überholt gemacht. Die werden sich demgegenüber lesen wie kalter Kaffee. Ich überlasse es Dir, ob Du sie trotzdem absenden willst, ob Du was dazu sagen oder schreiben willst. Daß ich die Hoffnung habe, daß die Söhnchen eines Tages diesen Brief verstehen werden, ist klar, aber ich weiß, daß es eine Frage der Gnade ist, nicht irgendeiner äußeren Beeinflussung. – Daß Du alle Leute grüßen sollst, ist auch klar, auch solche wie Oxé und Frl. Thiel und Frau Tharant. Ist es Dir ein Angang, sie anzurufen, so laß es; es spielt keine Rolle. Ich zähle sie nur auf, weil es so die äußersten extremsten Fälle sind. Da Gott die unglaubliche Gnade hat, in mir zu sein, so kann ich nicht nur Dich und die Söhnchen, sondern alle lieben und unendliche, die mir viel ferner sind, mitnehmen. Das kannst Du ihnen sagen.

Jetzt noch eines. Dieser Brief ist in vielem auch eine Ergänzung zu meinem gestern geschriebenen Bericht, der viel nüchterner ist. Aus beiden zusammen müßt Ihr eine Legende machen, die aber so abgefaßt sein muß, als habe sie Delp von mir erzählt. Ich muß darin die Hauptperson bleiben, nicht weil ich es bin, nicht weil ich es sein will, sondern weil der Geschichte sonst das Zentrum fehlt. Ich bin nun einmal das Gefäß gewesen, für das der Herr diese unendliche Mühe aufgewandt hat.

Mein Herz, mein Leben ist vollendet, und ich kann von mir sagen: er starb alt

und lebenssatt. Das ändert nichts daran, daß ich gerne noch etwas leben möchte, daß ich Dich gerne noch ein Stück auf dieser Erde begleitete. Aber dann bedürfte es eines neuen Auftrages Gottes. Der Auftrag, für den Gott mich gemacht hat, ist erfüllt. Will er mir noch einen neuen Auftrag geben, so werden wir es erfahren. Darum strenge Dich ruhig an, mein Leben zu retten, falls ich den heutigen Tag überleben sollte. Vielleicht gibt es noch einen Auftrag.
Ich höre auf, denn es ist nichts weiter zu sagen. Ich habe auch niemanden genannt, den Du grüßen und umarmen sollst. Du weißt selbst, wem meine Aufträge für Dich gelten. Alle unsere lieben Sprüche sind in meinem Herzen und in Deinem Herzen. Ich aber sage Dir zum Schluß, kraft des Satzes, der aus mir gesprochen hat und der dieses bescheidene irdene Gefäß erfüllt:
Die Gnade unseres Herren Jesu Christi und die Liebe Gottes und die Gemeinschaft des Heiligen Geistes sei mit Euch allen. Amen.

Freya von Moltke sah ihren Mann nach dem Prozeß noch einmal. Wie bereits erwähnt, hatte auch Gerstenmaier Gelegenheit, mit ihm zu sprechen, und einmal konnte er durch die geöffnete Zellentür sehen, daß Helmuth von Moltke in Liljes Kommentar zur Offenbarung des Johannes las. Lilje saß wegen einer aufgebauschten Anklage selbst im Gefängnis Tegel und schrieb über ihn: „Bis zuletzt war er innerlich völlig frei, freundlich, hilfreich, umsichtig, ein richtiger freier Mensch von innerlichem Adel mitten unter den Larven der Grausamkeit.“[3]
Am 23. Januar besuchte Poelchau Moltke wie gewöhnlich morgens gegen 11 Uhr, um ihm einen Brief zu bringen. Bevor er mittags das Gefängnis verließ, ging er schnell noch einmal hinauf, um einen Brief abzuholen. Da war die Zelle leer; er war eben in das etwa vier Kilometer entfernt liegende Gefängnis Plötzensee gebracht worden. Poelchau rief sofort den katholischen Pfarrer Buchholz an, der dort eine Dienstwohnung hatte und die Katholiken in Tegel mitbetreute. Moltke war noch nicht eingetroffen, wurde aber jeden Augenblick erwartet. Buchholz ging sofort hinüber in die Todeszellen, sprach mit Moltke und konnte seiner Frau am nächsten Tag berichten, er sei ruhig und fest, ja freudig in den Tod gegangen.
An diesem Tag wurden in Plötzensee zehn Personen hingerichtet. Von den Kreisauern waren es nur Moltke und Haubach. Unter den anderen befand sich Erwin Planck, mit dem er im Juni 1943 in Brüssel bei Falkenhausen zusammengewesen war.
Nur elf Tage später, am 3. Februar, wollte Freisler, nachdem er gerade wieder ein Todesurteil gefällt hatte, sich dem Prozeß Fabian von Schlabrendorffs zuwenden – daß dieser am 13. März 1943 eine Bombe in Hitlers Flugzeug geschmuggelt hatte, war allerdings niemals herausgekommen –, da wurde Fliegeralarm gegeben und das Gericht zog sich in den Luftschutzkeller zurück. Eine Bombe beschädigte das Gebäude; ein stürzender Balken traf Freisler am Kopf; sonst war niemand verletzt. Man holte von der Straße einen Arzt herbei. Es war Rolf Schleicher, der Bruder Rüdiger Schleichers, den Freisler am Tag zuvor zum

Tode verurteilt hatte. Freisler war tot; die Akten Schlabrendorffs hielt er noch in der Hand.

Von den in diesem Buch erwähnten Personen wurden Beck, Bernstorff, Bonhoeffer, Canaris, Delbrück, Delp, Dohnanyi, Goerdeler, Görschen, Guttenberg, Hans Bernd und Werner von Haeften, Harnack, Hassell, Haubach, Albrecht Haushofer, Kiep, Langbehn, Leber, Lehndorff, Leuschner, Maass, Oster, Popitz, Reichwein, Sack, Schulenburg, Sperr, Berthold und Claus von Stauffenberg, Tresckow, Trott, Nikolaus von Üxküll und Yorck hingerichtet, bis in die letzten Kriegstage hinein, und manche erst nach großen Qualen.

Wer wie Helmuth von Moltke für Freiheit und Gleichheit der Menschen eintritt, muß in einer autoritären Gesellschaft, die noch dazu an Paranoia leidet, beständig im Widerspruch leben. Wer versucht, gegen den Strom zu schwimmen, kann schon von Glück sagen, wenn er überhaupt positive und praktische Erfolge hat.

Patience is more oft the exercise
Of Saints, the trial of their fortitude,
Making them each his own Deliverer
And Victor over all
That tyranny or fortune can inflict.[4]

In seinem Abschiedsbrief an die kleinen Söhne vom 11. Oktober 1944 schrieb Helmuth von Moltke:

... Ich habe mein ganzes Leben lang, schon in der Schule, gegen einen Geist der Enge und der Gewalt, der Überheblichkeit, der Intoleranz und des Absoluten, erbarmungslos Konsequenten angekämpft, der in den Deutschen steckt und der seinen Ausdruck in dem nationalsozialistischen Staat gefunden hat. Ich habe mich auch dafür eingesetzt, daß dieser Geist mit seinen schlimmen Folgeerscheinungen wie Nationalismus im Exzeß, Rassenverfolgung, Glaubenslosigkeit, Materialismus überwunden werde. Insoweit und von ihrem Standpunkt aus haben die Nationalsozialisten recht, daß sie mich umbringen ...

Darum kann man seinen Tod nicht als einen unglücklichen Zufall betrachten; er wird vielmehr zum sinnvollen Höhepunkt seines Lebens, zu einer Tragödie in der wahrsten Bedeutung dieses Wortes. Zwar war es für seine Familie und für seine Freunde schmerzlich, ihn gerade dann zu verlieren, als das, wofür er eintrat, Aussicht hatte, sich verwirklichen zu lassen.

Moltke hat den Faschismus im allgemeinen und den Nationalsozialismus im besonderen nicht als nationales, also speziell italienisches oder deutsches Phänomen angesehen. Er sah darin Beispiele – wenn auch besonders schlimme – einer Entwicklung, für die industrielle Massengesellschaft anfällig ist. Rückblickend beginnt man zu sehen, daß er vielleicht recht hatte, daß die Lösungen der Nachkriegszeit ihren Erfolg der Machtkonstellation der Sieger verdankten und daß

die von ihm gesehenen Gefahren in der Welt noch vorhanden und durch neue technische Entwicklungen verstärkt sind. Überlieferte geistige und moralische Wertvorstellungen verlieren ihre Autorität und sind noch nicht überzeugend neu formuliert worden. Die Staaten werden zu groß, um menschlich zu sein. Regierte und Regierende entfremden sich immer mehr. Der Zwang zum wirtschaftlichen Wachstum droht das Leben – bei den Kommunisten wie bei den Kapitalisten – unerträglich, wenn nicht sogar unmöglich zu machen. Die Wissenschaft hat einer in souveräne Staaten aufgeteilten Welt gefährliche Machtmittel in die Hand gegeben, und immer noch wird letzten Endes nur die Gewalt als Mittel anerkannt, Meinungsverschiedenheiten auszutragen. Das alles sah Helmuth von Moltke vor dreißig Jahren als die Probleme der Zeit, und die Richtigkeit seiner Diagnose ist für viele vielleicht heute sichtbarer als damals.
Wenn Moltke nach 1945 dazu gekommen wäre, öffentliche Aufgaben zu übernehmen, hätte er wahrscheinlich erkannt, daß diese Tendenzen von Gewalten hervorgerufen werden, die noch tiefer liegen als er es sich vorstellte. Denn sie entstammen Anlagen in der menschlichen Natur, die sich nicht leicht sublimieren lassen und die, wenn sie ungeschickt verdrängt werden, mit doppelter Wucht wieder hervorbrechen. Dem ist deshalb schwer abzuhelfen. Aber die Menschen verfügen auch über andere, größere Charakterzüge und Fähigkeiten. Um sich vor Enttäuschungen zu schützen, neigte Moltke vielleicht zu Pessimismus, aber er hat doch nie den Glauben verloren, man müsse und könne diesen Anlagen die Oberhand verschaffen. Der Kampf, den er führte, ist nie für lange Zeit gewonnen. Es ist nicht leicht, den Gang der Geschichte zu wenden. Nur durch den Einsatz zahlreicher Menschen über mehrere Generationen kann es überhaupt gelingen, und die von heute und die von morgen müssen ihren Einsatz am Beispiel der Früheren messen.
Wenn das geschehen soll, darf man aber die Toten, die solche Beispiele gegeben haben, nicht heiligsprechen. Man kann sie bewundern, darf aber ihre Dimensionen nicht übertreiben oder ihnen außergewöhnliche Fähigkeiten zuschreiben, sonst schafft man sich selbst eine Entschuldigung für Untätigkeit. Helmuth von Moltke hatte sowohl Schwächen wie Stärken. Wie wir alle war er nicht immer konsequent und hatte nicht immer recht. Weil er die Seelen- und Charakterstärke hatte, angesichts des Bösen, des Mißgeschicks und des Leidens beharrlich zu bleiben, wuchs seine geistige Gestalt, bis sie am Ende so bedeutend war wie seine leibliche. Was er tat, können andere auch. Es ist immer noch so, wie er es in einem Brief an Freya vom 16. November 1941 beschrieben hat:

... Vor was für riesigen Problemen stehen wir, und welcher Gigant soll sie lösen? Ist es denkbar, daß eine Gruppe von Durchschnittsmenschen das schafft? Oder ist nicht vielleicht wahrscheinlicher, daß eine solche Gruppe als daß ein Gigant das fertig bringt? ...

Die letzten Monate in Kreisau
Ein Bericht von Freya von Moltke aus dem Jahr 1961

Am 25. Januar 1945 fuhren Marion Yorck und ich von Berlin nach Kreisau. Edith und Henssel brachten uns an die Bahn. Sie hatten schönste Butterbrote für uns, Marion eine Flasche ganz alten Malaga. Die Flasche war in Papier oder in eine Serviette eingewickelt; es sah aus, als wäre es Milchkaffee. Marion und ich saßen dicht zusammen auf einem Zweierbänkchen der dritten Klasse. Wir fuhren gegen den Strom der Flüchtlinge und brauchten daher bis Kreisau genau 24 Stunden, aber in der Erinnerung ist es eine gute Fahrt. Ich glaube, wir waren ganz heiter. In Kreisau wußte noch niemand von Helmuths Tod. Asta hatte Wend da, und mit ihm waren acht oder neun Soldaten gekommen, eine ganze Flak-Einheit. Frau Pick, Helmuths Wirtschafterin in Berlin, war beglückt damit beschäftigt, für alle diese Männer zu kochen. Ulla Oldenbourg mit ihrer Begleitung war schon seit Monaten bei uns, und außerdem Maria Schanda. Marion fuhr gleich weiter nach Nimptsch, wo Muto (Irene Yorck) dokterte, aber gerade mit Diphtherie im Bett lag. Mit Casparchen wurde es mir sehr schwer. Er lag in meinem Bett, wo er geschlafen hatte; ich saß auf dem Rand. Aber es ging vorbei, und am nächsten Morgen, als er sah, daß ich traurig war, sagte er: „Wegen dem Pa? Immer noch?!“ Das war wirklich ein großer Trost.

Es war alles durcheinander. Die Russen drangen schnell nach Westen vor. Wir hatten das Haus und das Schloß und das Dorf schon seit mehreren Wochen voller Flüchtlinge von jenseits der Oder. Im Berghaus wohnten sie in den Wohnzimmern. Ihr Wagen stand ausgespannt am Haus, und unten stand der Hof voll von Treckwagen anderer Leute. Es mußte etwas unternommen werden, alle waren unschlüssig. Die Tage erscheinen mir rückschauend wie Wochen, bis die alten Schloßbewohner, die Kinder, die Zeumer-Töchter, die wie Asta ein Kind erwarteten, bis Ulla und ihre Begleiterin, bis Asta selbst mit dem Lazarettzug von Schweidnitz nach Westen abfuhren – es muß in den ersten Februar-Tagen gewesen sein. Wend und seine „Männerchen“, wie Frau Pick sie nannte, waren schon weg. Seine kleine Einheit hatte ein besonders wertvolles „Gerät“ zu schützen. Dieser Auftrag gab ihnen glänzend Gelegenheit, sich immer wieder aus dem Staube zu machen. Bei uns konnten sie ja sowieso nicht bleiben. Es lag Schnee, und wir fuhren in zwei Schlitten nach Schweidnitz, um die Reisenden, die mit dem Lazarettzug abfahren sollten, wegzubringen. Asta saß im ersten Schlitten rückwärts, ich saß im zweiten Schlitten vorwärts, und ich sehe noch ihr trauriges, stilles Gesicht. Immer wieder tauchte es auf, erfüllt von stummer Trauer. Was würde aus uns allen werden? – Dann zog der erste Schlitten an; Astas Gesicht verschwand. Zehn Minuten später holten wir auf, und wieder tauchte ihr Gesicht auf mit dem gleichen Ausdruck. Dann fuhren sie alle ab. Später, im April, bekam ich plötzlich eine Postkarte von ihr, als noch einmal Post aus dem Westen durchkam. Sie war zu den Wendlandschen Verwandten nach Mecklenburg gefahren und brach jetzt von dort nach Holstein auf, um bei Tante Leno ihr Kind zu bekommen.

Wenige Tage, nachdem dieser Schub von Frauen und Kindern aufgebrochen war, rief mich Zeumer am frühen Morgen vom Hof aus im Berghaus an: „Nun ist es soweit!“ sagte er, „unser Dorf muß trecken!“ Frauen, Kinder und Alte sollten in die Tschechoslowakei, Befehl der Partei. Ich war entschlossen, vorerst zu bleiben. Was sollten wir mitten im Winter auf der Landstraße? Noch waren die Russen ja nicht da. Auch hatte Helmuth mir geraten, so lange wie möglich zu bleiben. In Ravensbrück hatte er unsere Lage durch die Fenster mit General Halder besprochen, der in der Zelle neben ihm lag. Sie hielten beide unsere Gebirgsgegend für sicher und glaubten, die Russen würden sie in ihrem Drang, nach Berlin zu kommen, „links“ liegen lassen. Außerdem hatte ich seit kurzem die alte Gräfin Yorck bei mir mit ihrer Tochter Do. Romai Reichwein wollte mit ihren Kindern, die noch im Schloß wohnten, auch bleiben.

Aber unten im Hof und auf der Dorfstraße bildete sich an diesem Morgen ein trauriger Zug. Frau Zeumer zog mit. Zeumer, Süßmann – der Gemeindevorsteher – und ich standen im Hof bei den sich bildenden Wagenreihen. Wir behielten nur die Milchwagenpferde und ein paar junge Fohlen – alle anderen Pferde zogen mit. Ich sehe noch unsere Hofe-Leute vor uns, Frau Meyer, die alte Frau Rose, Frau Kaiser und andere. Frauen mit Kindern waren schon im Trecker mit Anhänger weggefahren worden. Aber es lag Schnee auf den Eule-Pässen, die Straßen waren voll von Flüchtlingen, die Anhänger rutschten – wir durften sie nicht zu voll laden. Familie Stäsche, unsere merkwürdigen Gärtnersleute, die neben uns oben auf dem Berghaushügel wohnten, waren schon weg. Der invalide Stäsche mit seinem verzerrten Gesicht, der kaum sprechen konnte und schwer hinkte, versicherte immer wieder, er wolle nicht „gemetzelt“ werden.

Schwester Ida mit ihren Kindern war am Morgen noch da. Ich hatte ihr zugeredet, sie solle nicht überstürzt mitziehen. Als ich am nächsten Morgen ins Dorf kam, war sie mit allen ihren Pflegekindern weg. Sie hatte einen Sonderwagen der Armee bekommen und diese Gelegenheit ausgenutzt. Sie wurde von den Kreisauern getrennt, kam ziemlich schnell nach Bayern und hatte es im ganzen leicht in dieser wilden Zeit.

Aber mit ihr war die Seele des Dorfes weg. Es tat mir in den folgenden Monaten jedesmal weh, wenn ich an der leeren Spielschule vorüberkam. Wie oft war ich mit und ohne Helmuth bei ihr eingekehrt, hatte in ihren Korbstühlen in ihrem Zimmer gesessen und über die Sorgen des Dorfes gesprochen. Ich höre noch Helmuth „Schwesterchen“ fragen, wie es im Dorf denn aussehe. Sie wußte alles. Mit Liebe und großem Verstand beeinflußte sie die Menschen, und mit strenger Hand und schriller Stimme regierte sie die Dorfkinder, die alle durch ihre Schule gegangen waren. Der Feldmarschall hatte die Spielschule gegründet, sie war vom Hof unterhalten worden, bis die große Wirtschaftskrise kam. Dann wurde sie vom Dorf übernommen, und der Gutsbetrieb zahlte nur als größter Steuerzahler weiter mit.

Schwester Ida war mit allen, auch mit den Moltkes, eng verbunden. Gekommen war sie, bevor Jowo geboren wurde. Wenn wir sie aufsuchten, schwätzten wir meist eine ganze Weile, während Kinder an der Tür kratzten und zur „Mamma" wollten – sie erhielt sich und ihren Haushalt durch Pflegekinder, die ihr vom Wohlfahrtsamt zugewiesen wurden –, und nur mit Mühe konnte sie die Kinder abhalten, ins Zimmer zu stürzen. Eines saß sowieso immer auf ihrem Schoß. In ihrem Zimmer lag immer alles in großen Stößen herum. „Gelt, hier sieht's lustig aus?" sagte sie dann und wischte mit ihrer blauen Diakonissenschürze über den Tisch – und wir setzten uns in die Korbstühle. Nun war sie weg, und die Spielschule blieb leer.
Aber ich hatte nicht viel Zeit, darüber nachzudenken, denn nach dem Abgang unserer Dorfbewohner kam fast sofort Davy Moltke mit dem Wernersdorfer Treck. Wernersdorf wurde von den Russen noch erobert, sie mußten also wirklich weg. Davy kam mit ihrem ganzen Cortège – auch von dem Yorckschen Haushalt waren viele bei ihr. Männa von Berlichingen kam, eine Tante der Yorcks, deren Anwesenheit unserem Hause wohltat, die alte Mademoiselle von Mirbachs, die Köchin und Jungfer der alten Gräfin Yorck, die Mamsell und der Hauslehrer der Wernersdorfer. Die Kinder waren schon alle in Mecklenburg. Als Davy mit ihrem Treck eben da war, kamen Marion und Muto aus Nimptsch an. Ich traf sie nahe beim Nieder-Gräditzer Hof. Da kamen sie zu Fuß gegangen, ein Auto hatte sie in der Nähe abgesetzt. Ich war so erleichtert und glücklich, sie zu sehen. Sie blieben in Kreisau. Das Dorf wurde nun auch von deutschen Truppen besetzt. Sie kamen aus Rußland und waren entschlossen, den Russen so wenig wie möglich zu hinterlassen. Aufs Berghaus kam niemand – es lag zu sehr abseits und sah von weitem so unscheinbar aus. Aber unten im Hof gingen die Wellen hoch. – Nach einer weiteren Woche entschloß sich der Wernersdorfer Treck, in die Grafschaft Glatz weiterzuziehen. Nur die alte Gräfin und Do blieben vorläufig bei uns zurück, aber nachdem Davy alle in der Grafschaft gut hatte unterbringen können, holte sie ihre Mutter nach, und wir waren wieder allein. Mir scheint, Marion und Muto kamen und gingen schon damals. Das Berghaus war ihr Hauptquartier. Auch uns bedrängte immer wieder das qualvolle Hin und Her der Frage: „Sollten wir auch trecken?" Die russische Front war etwa zehn Kilometer entfernt. Die Russen böllerten; tageweise war der Lärm beunruhigend und schien näherzukommen. Striegau wurde von den Russen genommen, Wernersdorf war russisch. Aber wir waren in Kontakt mit unserer deutschen Besatzung. Ein Major und ein Leutnant saßen im Blauen Haus an der Straße nach Gräditz, und im Schloß lag eine Verpflegungseinheit, von der die Front ernährt wurde. In allen unseren Scheunen wurde Verpflegung an die Fronttruppen ausgeteilt. Die Abordnungen kamen in ihren russischen Panjewagen und mit Panjepferdchen in schneller Fahrt die Dorfstraße herunter und holten sich im Hof ihre Vorräte. Im Keller, in der alten Küche des Schlosses hingen ganze Rinder, Schafe und Schweine, türmten sich die Würste. In der Halle lagerten Schuhe und Kleider. Das übrige Schloß war aus Respekt vor dem Namen des Feldmarschalls nicht belegt. – Die Kinder liebten die Verpflegungsbelegschaft, denn dort gab es Bonbons. Auch Zeumer war recht

zufrieden, denn die Honoratioren der Einheit wohnten bei ihm und ernährten ihn vorzüglich. Diese Leute waren alle fett, vollgefressen und Nazis; sie schwatzten noch vom Sieg und einige Tage später davon, daß auf jeden Fall weitergekämpft werde.

Wir setzten den Feldmarschall und seine Frau in Helmuths und meinem leeren Grab bei. Der Sarg seiner Schwester verblieb alleine in der Kapelle, wo alle drei Särge frei nebeneinander gestanden hatten. Wir versuchten, ihren Sarg über den von Papi zu versenken, aber er ging nicht hinein. Acht Feldwebel in Stahlhelmen wurden abkommandiert, um die Särge herunterzutragen. Schmolke, Süßmann, Zeumer und ich waren zugegen, ebenso der Major und der Leutnant. Es war ganz feierlich und dabei doch so trostlos. Wir gingen oft ins Blaue Haus, um die militärische Lage zu erkunden und weil die Verbindung mit der Armee uns gegenüber der Partei stärker machte. Ein Bewohner des Blauen Hauses suchte uns eines Tages auf und fragte, ob wir bleiben oder wegziehen wollten. Er war entschlossen zu bleiben. Er war ein alter Gegner der Nazis und hatte durch seine Töchter Kontakt mit zwei russischen Arbeitern, die in Wirklichkeit russische Offiziere und Spione waren. Sie waren in Oberweistritz stationiert. Von diesen Russen hatte er ein Schutzschreiben.

Die Männer, soweit sie nicht längst eingezogen waren, blieben weiter im Dorf. Manche der Frauen kamen, als die Front sich nicht mehr in unserer Richtung bewegte, für kurz oder länger schwarz aus der Tschechoslowakei zurück nach Kreisau. Unsere Leute saßen nicht weit von Prag in der böhmischen Ebene in einem Dorf. Im Hof arbeiteten nur noch Polen.

Romai wohnte immer noch oben im Schloß, aber bei Wind und Wetter kam sie am Abend herauf ins Berghaus, um die englischen Nachrichten zu hören. Wir versuchten unseren eventuellen Rückzug für alle Fälle vorzubereiten. Wir lagerten eine Fuhre Kartoffeln, Mehl und ein paar Koffer in Michelsdorf in den Bergen, nahe der Weistritz-Talsperre. Das brachte uns weit in die Berge hinein mit dem Rade. Die Eule-Dörfer waren noch nicht evakuiert, aber in ständiger Sorge, ob es nicht heute, morgen oder übermorgen soweit sein würde. Die Schönheit des Landes genossen wir bei solchen Ausflügen immer wieder in vollen Zügen. Die Russen kamen mit einzelnen Flugzeugen und warfen Bomben. „Otto Müllers" nannten die deutschen Soldaten diese einzeln wie Mücken fliegenden Flugzeuge. Sie griffen hauptsächlich den Weizenrodauer Flugplatz an. Dort sah man sie von uns aus kreisen und auch Bomben abwerfen. Es sah wie eine Spielerei aus, nicht wie ernste Gefahr. Und doch kamen wir lustig radelnd, Marion, Muto und ich, als ob nichts los wäre, eines Morgens von Ludwigsdorf nach Leutmannsdorf, als dort gerade mehrere Bomben gefallen und mehrere Personen getötet worden waren. Ich sah den Körper einer Frau bei der oberen Mühle auf einem Dunghaufen liegen, und als wir zum Pfarrer kamen, fanden wir dort ein am Kopf schwer verletztes Kind im Sterben liegen. Schön und voller Weisheit wirkte das sterbende Kind; es röchelte, die Mutter weinte, der Pfarrer tröstete. Marion war tief beeindruckt. Wir hatten den Pfarrer nach Adressen von Leuten tiefer im Gebirge fragen wollen, bei denen wir unter Umständen mit den sechs Kindern Unterschlupf finden könnten. Frau Pick war sehr nervös und wollte weg. Sie konnte die Bomben nach ihren Berliner Erlebnissen nicht mehr ertragen und behauptete, genau zu wissen, welche Detonation von einem Geschütz und welche von einer Bombe herrühre. Sie wollte einmal weg, weg, weg, und wenn ich von Weggehen sprach, wollte sie bleiben, bleiben, bleiben. An den Kindern ging das Ganze vollkommen vorüber. Sie spielten, aßen, schliefen und waren völlig unbesorgt. Aber rückblickend erscheint es mir, als ob das alles auch an mir vollkommen vorübergegangen sei. Es ging weiter von Tag zu Tag, aber es war alles wie ein Traum.

Dann kamen ein paar strenge Warnungen von der Parteileitung in Gräditz, ich müsse umgehend Kreisau verlassen, und schließlich die Aufforderung, Kreisau binnen zwei Tagen zu verlassen, sonst würden wir von der Polizei von Ort zu Ort getrieben. Ich fuhr mit dem Rad nach Gräditz zur Parteistelle. Sie residierte gleich neben unserer Fleischerei, wo früher Herr Suhr und später ein junger Fleischer uns das Fleisch verkauft hatten, bis sie beide wegen Schwarzschlächterei zu langen Zuchthausstrafen verurteilt worden waren – sie waren beide keine Nazis. Die Parteistelle lag gegenüber der Ziegelei, in der zuletzt ein Lager von Juden gewesen war. Es herrschte dort ziemliche Unruhe, und der Ortsgruppenleiter sah mich gar nicht gerne. Der Fall Moltke war ihm ganz und gar unangenehm. Er versicherte mir, eigentlich freundlich, sechs Kinder in seiner „Zelle“ seien völlig untragbar, aber Wierischau – das zweite Vorwerk von Kreisau – gehöre nicht mehr zu seiner Zelle und gehe ihn daher nichts an; eine Woche wolle er mir gerne noch geben. So zogen nach einer Woche alle Kinder mit Romai in zwei Zimmer des Wierischauer Gutshauses, das schon leer war. Das ging an sich nicht schlecht. Sie wohnten dort sehr zufrieden und kamen mich im Berghaus, wo wir auch Ostern feierten, oft besuchen.

Dann verlor ich doch die Nerven und beschloß, die Kinder wegzubringen. Romai hatte kurze Zeit zuvor ein leeres Bauernhäuschen in Pommerndorf über Hohenelbe im Riesengebirge, beinahe 1000 m hoch, aufgetan. Es lag aber auf der tschechoslowakischen Seite des Gebirges. Dorthin machten wir uns wirklich nach Ostern auf. Zwei Kastenwagen voller Gepäck, die sechs Kinder, das alte Fräulein Hirsch (die Tochter des Försters), Tante Lenos Bertha, Frau Pick, Romai und ich. Zwei Polen waren unsere Kutscher. Ich hatte immer das Gefühl, dieser Aufwand sei unnötig, hatte aber nicht die Nerven zu bleiben. Ich erinnere mich, daß ich zu Marion und Muto sagte, ehe sie abfuhren, um nach ihrer Familie in Mecklenburg zu sehen, ich müsse „in den falschen Apfel beißen“. Und wir bissen. Am ersten Tag zogen wir bis Michelsdorf, am zweiten bis Friedland, am dritten bis Trautenau. Dort blieben die Kinder mit Frau Pick und Romai im Hotel und kamen am nächsten Tage mit der Bahn nach Hohenelbe nach. Hier herrschten noch geregelte Verhältnisse. Diese Gegend hinter den Bergen, schon in der Tschechoslowakei gelegen, war in jeder Hinsicht vom Kriege verschont geblieben. – Der Treck war schön. Der Frühling kam, das Wetter war trocken und sonnig. Langsam und sicher rollten unsere beiden Wagen hoch beladen durch die Berge. Ich erinnere mich an eine besonders schöne Stelle zwischen Friedland und Schömberg, eine prächtige Paßstraße. Die Kinder blieben im Gasthaus unterhalb und aßen Kartoffelsuppe. Fräulein Hirsch und ich gingen mit einem Wagen und vier Pferden voraus. Dann kehrten die Pferde um und holten die Kinder und den zweiten Wagen, an den eine Kutsche für müde Kinder angehängt war. Wir warteten oben im Wald. Die Stunde dort ist mir unvergeßlich. Fräulein Hirsch schlief fest. Über den Paß hinweg öffnete sich der Blick auf das Riesengebirge. Es liegt im Herzen der schlesischen Mittelgebirge und hatte die ganze Schönheit dieser Landschaft, eine eigenartige Mischung von Zartheit und Strenge in Farbe und Form, von großer Weite und lieblicher Nähe. Wieder waren die Kinder völlig unbelastet und genossen das Ganze wie ein lustiges Abenteuer. Wir hatten große Mühe, die schweren Wagen den Berg über Hohenelbe hinaufzubekommen. Die Häuschen – es waren etwa zehn – standen hoch oben im Gebirge auf einer Bergwiese.

Die großen Kinder gingen dann bald bei einem Nazi in die Schule. Dem war die Gesamtlage aber doch schon so in die Glieder gefahren, daß er gerne unsere Kinder gut und freundlich behandelte. Wir vermehrten unsere Vorräte weiter, weil es in Böhmen noch unbeschränkt zu essen gab und hatten doch schon viel Vorräte mitgebracht.

Nach drei Wochen verließ ich die Kinder, um nach Kreisau zu sehen. Ich fuhr mit dem Rad los. Eigentlich hatte ich nur bis Trautenau radeln wollen, das heißt aus dem Gebirge heraus und dann etwa drei Stunden lang nordöstlich. Man hat das Gebirge ständig zur Linken in voller Pracht. Ich fuhr durch das frühlingsgrüne, bäuerlich wohlhabende, österreichisch wirkende Land. In Trautenau – mittags um 1 Uhr – stellte ich fest, daß der nächste Zug erst am folgenden Morgen fahren würde. Es war noch früh, und ich fühlte mich ganz bei Kräften. So beschloß ich zu sehen, wie weit in Richtung Kreisau ich wohl noch kommen könnte. Alles war mir nun gut bekannt und in solcher strahlender Frühlingsschönheit höchst beglükkend. Als ich gegen fünf Friedland passiert hatte, wurde ich allmählich müde, und Helmuths Rad, auf dem ich von jeher am bequemsten radelte, wurde unbequem. Aber ich wußte, daß es von der Höhe des Reinsbachtales an, des sogenannten Schlesiertales, nur noch bergab ging. So fuhr ich weiter, fuhr und fuhr, sah die Eule von hinten, kam dann in ihren Schatten, fuhr das lange Wüstewaltersdorfer Tal entlang, bog bei Kynau in die Weistritz-Talsperre ein und fuhr die herrliche Talsperrenstraße entlang nach Oberweistritz herunter. Der Tag begann sich nun schon langsam zu neigen, aber meine Freude darauf, bald den Mühlberg und Kapellenberg am Horizont zu sehen und die wachsende Freude, wieder nach Hause zu kommen, beflügelten mich. Ich ließ die Berge hinter mir und fuhr gegen Ludwigsdorf. Der Kapellenberg tauchte mit seinen Fichten auf, der Mühlberg mit seinem Akazien-Puschel, und nachdem ich den kleinen Ludwigsdorfer Rücken überstiegen hatte, lag Wierischau, lag Kreisau vor mir, winkte das Berghaus neben der großen Akazie. Es war zu schön, nach Hause zu kommen! Muto und Marion waren aus Mecklenburg zurück, hatten mich noch nicht erwartet und nahmen mich freudig in Empfang. Da war das Haus, mein Zimmer, mein Bett. Es war etwa halb acht, um halb zehn Uhr morgens war ich losgefahren, es müssen an die hundert Kilometer durch die Berge sein. Ich hatte an diesem Abend

das Gefühl, daß sich in dieser Heimfahrt das ganze Glück und der ganze Reichtum unseres Kreisauer Lebens noch einmal in mir zusammenfand.
Drei oder vier Tage blieb ich in Kreisau. Ich habe sie in besonders glücklicher Erinnerung. Dann fuhr ich wieder los und kehrte zu den Kindern zurück. Das muß in den letzten Apriltagen gewesen sein, denn dann ging das Dritte Reich rasch zu Ende. Die Russen kämpften in Berlin. Hitler war eingeschlossen in der Reichskanzlei. Wir saßen auf unserem hohen Berg und versuchten, uns Nachrichten zu verschaffen. Ein Radio hatten wir nicht. Darum stiegen Romai und ich noch höher hinauf zur Baude von Reichweins altem Freund, durch den wir unsere Häuschen ausfindig gemacht hatten. Als wir dort ankamen, war eben zu hören, die Russen hätten Berlin erobert. Man glaube, Hitler habe sich in der Reichskanzlei das Leben genommen. Die Leute dort oben fragten: „Kann man das glauben?" Aber ich wußte sofort und mit Sicherheit: So war es. Das Dritte Reich war zu Ende! Nun würden die Russen Kreisau besetzen. Ich hatte die Vorstellung, es sei notwendig, dann da zu sein. Wieder ließ ich die Kinder bei Romai und Frau Pick. Dieses Mal kam Fräulein Hirsch mit mir zurück. Wir radelten wieder, übernachteten aber unterwegs. In Kreisau wartete ich gemeinsam mit Marion und Muto auf die Russen. Die deutschen Männer waren unruhig. Große Nazis hatten wir ja nicht im Dorf gehabt, aber die halben Nazis wurden jetzt nervös. Sie fragten mich, was sie tun sollten. „Bleiben", sagte ich, aber der Kaufmann Franke und der Gemeindevorsteher Süßmann verließen doch in diesen letzten Tagen Kreisau, kehrten aber einige Wochen später wieder zurück. Zeumer hatte einen guten Gedanken: „Jetzt, ehe es ganz zu Ende ist", sagte er, „muß der Dorf-Treck zurückgeholt werden. Nachher ist es vielleicht zu spät." Er war um seine Frau in Sorge. „Ich werde hinfahren und die Leute zurückholen." Und das unternahm er auch und verließ Kreisau. Selbst die Polen, die wir seit Jahren mit ihren Familien in Kreisau als Arbeiter im Hof gehabt hatten, wurden jetzt unruhig. „Wenn Sie bleiben", sagte einer von ihnen, „dann bleiben wir auch." An einem dieser Tage, als ich eben durchs Dorf ging, kam die Kirschallee herunter ein Motorrad mit einem russischen Soldaten drauf; hinter ihm saß ein Zivilist, vorne schmückte ein blühender Fliederzweig das Rad. Der Soldat hielt an, als er mich sah. Der Mitfahrer, ein Pole, wie sich zeigte, fragte mich in gebrochenem Deutsch, ob die Brücke über die Peile intakt sei, und als ich bejahte, fuhren sie über die Brücke zum Bahnhof und wieder zurück. Wenige Stunden später begann die russische Armee, sich durch Kreisau zu wälzen. Es war ein toller Anblick. Primitiv wirkendes Material, Wagen hoch mit Beute beladen, zerschunden auch die Fahrzeuge, aber die Männer waren kraftstrotzend, gesund, stark – siegreich. Ein Strom von Vitalität ergoß sich durch das kleine, abseits gelegene Dorf Kreisau, dessen unzerstörte Brücke wichtig geworden war. Marion, Muto und ich wollten uns dieses Schauspiel nicht entgehen lassen, aber wir gaben es bald auf, denn die russischen Soldaten waren hinter allen Frauen her, und wir hatten da ganz frei im Eingang zum Kreisauer Hof unter den beiden Gladiatoren auf den Säulen rechts und links gestanden, und das war nicht das richtige. Wir flohen und lernten in den nächsten Tagen die Kunst, uns zu verstecken. Wir schliefen auch nicht im

Berghaus, sondern in der kleinen Scheune unseres Nachbarn auf dem Berghaushügel oder bei alten Leuten. In diesen Tagen fühlten wir uns zum ersten und einzigen Mal wirklich unsicher. Aber nachdem die Armee durchgezogen war, beruhigte sich alles, und nach einigen Tagen wagten wir uns sogar zu Fuß nach Schweidnitz. Wir hofften, von dem dortigen Kommandanten Schutz gegen männliche Angriffe zu erhalten. Wir drangen auch wirklich zu ihm vor und fragten, ob er wisse, wie sich die Russen ringsum benähmen. Er verstand gar nicht, was wir wollten, sagte nur freundlich, jeder Mann brauche eine Frau. Dies sei nun einmal so.

Noch ehe wir nach Schweidnitz gingen, war tatsächlich der Dorf-Treck zurückgekehrt. Ganz wohlbehalten, mit allen Pferden und allen Sachen, ungestört durch die in der entgegengesetzten Richtung ziehende russische Armee, die von uns aus die Tschechoslowakei besetzte. Die Russen hatten sie nur ermutigt, in ihre Dörfer zurückzukehren. Zeumer hatte zu schnellem Aufbruch gedrängt, hatte die Kolonne auf Nebenwegen geführt und die tschechisch-deutsche Grenze passiert, ehe die Tschechen selbst etwas zu sagen hatten. Es war nicht mehr das ganze Dorf versammelt, aber viele Bauernfamilien waren doch wieder da und alle unsere „Hofe-Frauen".

Ich machte mir Sorgen um die Kinder und wollte auch meinen kleinen Treck zurückholen. Zeumer gab mir ein Pferd, einen leichten alten Wagen und einen gutwilligen jungen Mann mit, der Bäcker war und von Pferden so wenig verstand wie ich. Wegen schwerem Gelenkrheumatismus war er nicht Soldat geworden. Ein Russe hatte mir auf Russisch auf einen Zettel geschrieben: „Diese Frau ist unterwegs, um ihre Kinder nach Hause zu holen." Sonst nichts, vor allem kein Stempel. Ich weiß nicht mehr, ob es unterschrieben war. Wieder zog ich den schon so bekannten Weg über die Berge. Zwei Hindernisse hatte ich zu bestehen, nur zwei, obwohl uns nun schon wieder zurückflutende russische Soldaten unterwegs begegneten. Ich erinnere mich, wie ein junger Bursche an meinen Wagen herantrat, meinen Rucksack durchstöberte, alles untersuchte und besah und nur ein gutes Taschenmesser herauspickte und mitnahm. Das erste Hindernis war ein Pole, der uns mit einer Rotte Menschen entgegenkam. Er hatte Lust auf mein Pferd. Dann war es ihm aber nicht gut genug. Er versetzte ihm einen Hieb und ließ uns weiterziehen. Das zweite waren zwei Russen, die uns anhielten und offenbar wissen wollten, was wir vorhätten. Ihnen hielt ich meinen Zettel hin. Dem Wichtigeren von den beiden mißfiel er, aber der Unwichtigere redete ihm freundlich zu. Ich verstand nichts, aber es klang wie: „Ach, laß sie mal ruhig weiterziehen!" Und das tat er dann. So kam ich wirklich mit meinem Willy zu den Kindern. Dort fand ich alle Erwachsenen blaß vor. Etwas wirklich Schreckliches war passiert. Die Deutschen hatten im Riesengebirge in über 1000 m Höhe die sogenannten Wlassow-Russen in einem Lager gesammelt. Es waren Russen, die zum Kampf gegen den Kommunismus bereit waren und die dort übten. Diese Russen fürchteten ihre anrückenden Landsleute, und die Deutschen hatten im letzten Augenblick das Lager aufgelöst und die Leute bewaffnet entlassen. Das wichtigste war natürlich für diese Männer, ihre deutschen Uniformen loszuwer-

den und sich Zivilkleider zu beschaffen. Wenige Tage vor meiner Rückkehr hatte Renate Reichwein wie üblich am Morgen beim nächsten Bauern, der gleichzeitig unser Hauswirt war, Milch geholt. Der Hof lag ganz einsam, von unserer Halde durch einen Streifen Wald getrennt. Renate fand die Küche leer und suchte die Bäuerin im Haus und im Stall. Dort lag die vierköpfige Familie erschlagen. Russen auf der Suche nach Kleidern hatten sie alle umgebracht. An die Häusergruppe, in der wir wohnten, hatten sie sich nicht herangetraut.
Es war kurz vor Pfingsten. Romai schlug vor, erst nach Pfingsten die Rückfahrt anzutreten. Aber ich wollte keinen Tag mehr aufschieben. Wieder besorgten wir uns einen Zettel. Dieses Mal war er auf Tschechisch von einer dortigen Lehrerin geschrieben, und es stand mehr drauf. Dem Sinn nach: Diese Frauen, deren Männer vom nationalsozialistischen Regime zum Tode verurteilt und hingerichtet worden sind, ziehen mit ihren Kindern zurück in ihren Heimatort Kreisau in Schlesien. Und wieder leistete der Zettel gute Dienste. Leicht war der Treck zurück nicht. Wir nahmen nur noch einen Wagen mit und den kleinen Kutschwagen. Viel Gepäck ließen wir im Gebirge. Wir hatten nur drei Pferde. Ein Gespann hatte die ganze Zeit bei einem Bauern im Tal gestanden. Es war gut gefüttert, aber der Wagen war hoch getürmt mit Gepäck und Lebensmitteln unter der Plane, und die Pferde hatten es schwer. Ein Rad des Kastenwagens brach noch auf der tschechischen Seite vollkommen zusammen. Der Schmied, den ich herbeiholte, machte den Wagen wirklich mit einem alten Rad wieder flott, ohne daß wir alles abladen mußten – wir hatten beizeiten Holzblöcke unter das zusammenbrechende Rad schieben können. Er schüttelte den Kopf über uns. „Was seid ihr nur für seltsame Leute!" Keine Bauern offensichtlich, verstanden nichts von Pferd und Wagen, kein vernünftiger Mann dabei. Solche Trecks war er nicht gewohnt. Aber die sudetendeutschen Leute waren freundlich, und wir hielten die Strapazen alle gut aus. Die erste Nacht schliefen wir noch bei einem sudetendeutschen Bauern im Heu. Am nächsten Morgen kamen wir an die Grenze. Die Tschechen dort waren schon nicht mehr freundlich, aber der Zettel wirkte. Sie sahen uns kritisch und zweifelnd an, sie nahmen uns das dritte Pferd ab, das wir bergauf als Vorspann benutzt hatten. Mein Widerstand half nicht. Wir sollten froh sein, daß sie nicht mehr nähmen – und da hatten sie wohl recht, und wir zogen über die Grenze. Rechts und links von der Straße lagen deutsche Militärfahrzeuge im Graben, in den Büschen konnte man Bündel von deutschen Geldscheinen aufheben. Wir rührten nichts an, sondern fuhren weiter. Langsam kamen wir vorwärts, am Pfingstsonnabend bis zum Kloster Grüssau. Dort blieben wir über Nacht und hörten am Pfingstsonntag in der großen herrlichen Barockkirche das Hochamt. Die große Kirche war voll; es war sehr feierlich. – Dann ging es weiter. Hinter Grüssau, auf einem Hügel, als die Pferde ermattet waren, legte ich einen Stein unter eines der Räder, und mein rechter Ringfinger wurde eingequetscht. Nicht einmal sehr schlimm war es, aber doch so, daß die Pferde noch einmal anziehen mußten, um meinen Finger zu befreien. Kurz darauf wurde unser immer vernachlässigtes, aber geliebtes Hündchen Flitz, ein schwarzer Scotchterrier, der meistens mitgelaufen war, von einem russischen Lastwagen

überfahren. Fräulein Hirsch blieb mit dem Rad ein Stückchen zurück und begrub das gute Tier. Das waren aber unsere einzigen Unglücksfälle, und es erscheint mir auch heute noch wie ein Wunder, daß die fünf Frauen, sechs Kinder und der halbe Mann wirklich heil wieder in Kreisau ankamen. Ich war ein bißchen stolz, als ich von Ludwigsdorf nach Wierischau hinunterfuhr, daß ich Zeumer sein Milchwagengespann, von dem er sich nach Ostern für uns getrennt hatte, wieder heil zurückbrachte.

Und nun begann der Sommer. Wir merkten am Anfang nicht viel von den Russen. Zunächst hatten wir nur eine kleine Besatzung, und die ließ uns im allgemeinen in Ruhe. Zuerst wollten sie mich zum Bürgermeister machen, aber ich wollte nicht, und wir bekamen statt dessen einen ordentlichen Kreisauer Mann, der sich sehr bewährte. So schnell wie möglich gingen wir alle an unsere Arbeit. Wir bestellten die Felder weiter. Die Zahl unserer Arbeitskräfte war beschränkt, wir hatten unsere Pferde, Maschinen und Kühe. Zwar war es nicht unsere eigene Herde; diese war Anfang Februar von der Partei abgeholt und nach Waldenburg in den Schlachthof getrieben worden. Zeumer hatte sich widersetzt, wurde aber schwer bedroht und mußte das Vieh abziehen lassen. Um die gleiche Zeit war im Chaos der Evakuierung der Dörfer in die Tschechoslowakei viel Vieh einfach losgelassen worden und stand brüllend in den Wiesen, weil es nicht gemolken wurde. Man konnte es gar nicht im Stich lassen, und bald stand unser ganzer schöner, großer alter Stall voll mit dieser zusammengewürfelten Herde. Die Tiere waren noch bei uns, als der Krieg zu Ende ging. Es war wohl manches etwas schwierig, aber wir kamen doch in Gang und bezahlten unsere Leute mit Lebensmitteln. Wir hatten alle genug zu essen, und hie und da schlachteten wir eine Kuh für das ganze Dorf. Ich fuhr mit dem Rad nach Schweidnitz und suchte unsere frühere Lehrerin, Fräulein Seiler, die Tochter des Photographen von Schweidnitz. Wir nahmen sie zu uns ins Berghaus und machten die Schule wieder auf. Romai zog mit ihren Kindern auch ins Berghaus. Wir hatten im Februar für den ersten Schub von Flüchtlingen die Wohnzimmer unten schon leer gemacht. Diese Zimmer übernahmen Reichweins. Ein volles, gut ausgenutztes Haus war den Russen gegenüber besser zu halten. Eines Tages kam auch Liesbeth aus Striegau zurück. Bei Schwester Ida erzogen, war sie bei uns Haus- und Kindermädchen gewesen. Als wir treckten, hatte sie beschlossen, zu ihrer Mutter zu gehen. Jetzt kehrte sie zu uns zurück. Muto und Marion machten zu Fuß eine große Erkundung nach Kauern und Klein-Öls, wobei sie einen Leiterwagen mit ihren Rucksäcken hinter sich herzogen. Später unternahmen sie es als erste, Schlesien nach der Eroberung zu verlassen und ihre Verwandten in Mecklenburg aufzusuchen. Aber sie kehrten immer wieder für längere Zeit im Berghaus ein.

Im Dorf, im Hof, im Berghaus lebten alle ein verhältnismäßig geordnetes, arbeitsames Leben. Den Kindern ging es ausgezeichnet. Der Haushalt lief; ich war viel im Hof, im Dorf und in der Gegend unterwegs, und wie zuvor fuhr ich wieder mit Zeumer über die Felder. In der ersten Zeit versuchten die Russen noch manchmal, abends ins Haus zu kommen, aber unsere Haustür hielt dem Ansturm immer stand, und wir schlossen abends sorgsam und fest alle Fensterläden und Türen.

Aber es war kein angenehmes Gefühl, wenn ein Russe wie verrückt an der Türe rüttelte und mit der Klinke rasselte. Es war aber bekannt, daß solche Unternehmen von ihren Vorgesetzten nicht unterstützt wurden. Konnte man also von außen Hilfe holen, auch Deutsche, dann liefen die Russen weg. So saß ich dann mit dem Feuerhorn oben, um notfalls den Nachbarn Raschke herbeizuholen – aber es kam niemals soweit.

Die Russen klauten auch – aber in Maßen. Ich ertappte einmal einen Russen auf frischer Tat. Wenn man ihnen furchtlos begegnete, waren sie immer vernünftig, ja freundlich – nur Angst machte sie wild, die konnten sie gar nicht vertragen. Die Hühner – wir hatten nur noch etwa eine Mandel (ca. 15 Stück) – legten eifrig und waren für uns sehr wertvoll. Sie wohnten jetzt mit uns auf dem Berghaus. Früher waren sie dort nicht zugelassen gewesen. In Mami Moltkes Übung fortfahrend, hatte ich sie im Hof der Pflege der alten Frau Rose überlassen, die unweigerlich die frisch ausgekrochenen Küken einige Tage in ihrem Bett verwahrte. Frau Zeumer verachtete unsere unangemessene Haltung dem Hühnervolk gegenüber. Die gehörte sich nicht für eine schlesische Landfrau. Und es gingen wohl auch viele Eier zwischen dem Hof und dem Berghaus verloren. Aber mir genügte es, wenn Frau Rose jede Woche mit einer großen weißen Emailleschüssel voll Eier im Berghaus erschien und in der Küche bei Mamsell Kaffee trank. Nun war die unlängst noch stattliche Zahl von etwa einem Schock (60 Stück) schon sehr geschrumpft, und dieser Rest war in unserer Nähe besser behütet. Der Ruf: „Es ist ein Russe im Hühnerstall!“ klang daher nicht erfreulich. Ich sehe noch sein lustiges Gesicht vor mir, als er ein Huhn nach dem anderen in einen Sack steckte. „Doch nicht alle“ rief ich besorgt. Er schüttelte lachend den Kopf, zeigte sechs mit seinen Fingern und verschwand bald darauf mit seiner Beute.

Schwierig war die Verteidigung der Räder. Die wollten sie alle haben, und sie waren uns sehr wichtig. Einen Russen erwischte ich, als er meine letzte Reserve aus dem Berghaushöfchen führte. Ich versuchte, ihm zu erklären, wie wichtig ein Rad für uns sei. Er verstand mich ganz gut. Nach kurzer Zeit konnten die Russen eigentlich alle etwas Deutsch. Er werde das Rad am Abend wiederbringen, versicherte er. Das war die übliche Ausrede und jeder wußte, daß sie nicht wahr war. Darum lachte ich, da lachte auch er und ließ mir das Rad.

Im Laufe des Sommers wurde das Schloß mit einer ganzen russischen Kompanie belegt. Sie sollte unsere Ernte kontrollieren. Ganz unten im Schloß war Fräulein Hirsch wieder eingezogen. Sie hatte dort schon die Kriegsjahre mit ihrem Vater gewohnt, der dann starb. Der alte Hirsch kam als pensionierter Förster nach Kreisau. Gegen freie Wohnung ging er regelmäßig durch die verschiedenen „Büsche“ und hielt den Kapellenberg mit der Grabkapelle des Feldmarschalls in Ordnung, wo auch die Familien-Grabstätte der Moltkes war. Auch ging er den Jagdpächtern zur Hand. Helmuth hatte die Jagd in den Jahren, als er Kreisau vor der Zwangsversteigerung zu retten suchte, an eine Gruppe von Schweidnitzer Ärzten verpachtet, und das blieb so bis zum Ende. Nach Hirschs Tod hatte die Tochter die Wohnung unten im Schloß behalten und außer der Betreuung des Kapellenberges auch noch die des Zimmers des Feldmarschalls übernommen.

Dieses Zimmer hinter dem weiß-goldenen großen Eßzimmer war nach seinem Tode 1891 unverändert gelassen worden. Von dem Ständer für seine Perücke aus rosa Porzellan und der kleinen Waschschüssel bis zu den Filzpantoffeln und dem großen schwarzen Malteser-Mantel aus Moiré im Kleiderschrank, vom Federbusch-Helm bis zu dem die ganze Wand bedeckenden Stammbaum der Moltke-Familie war alles noch vorhanden. Es kamen laufend Pilger, die den Kapellenberg besuchten und das Zimmer zu sehen verlangten. Immer wieder machte ihnen die Bescheidenheit dieses Zimmers tiefen Eindruck, ganz besonders während der Nazi-Zeit. Das war also das Zimmer eines Generalfeldmarschalls! Meistens hatten die Tanten, wenn sie – im Sommer immer und manchmal auch im Winter – im Schloß wohnten, die Führung übernommen. Aber wenn sie nicht da waren, sprang Familie Hirsch ein. Als sich dann während des Krieges das Schloß bis zum Rande mit Flüchtlingen füllte – Familien aus Berlin, die den Bomben aus dem Wege gehen wollten, – war aus Fräulein Hirsch eine Art Schloß-Beschließerin geworden. Sie tat das mit Begeisterung und half mir viel. Sie war eine treue Seele. Für uns ging sie durch dick und dünn. Nach dem Treck hatte sie sich mit Tante Lenos berühmter Bertha unten im Schloß zusammengetan. Bertha war auch eine echt schlesische, tüchtige, patente Person. Sie hatte das Herz auf dem rechten Fleck. Als Tante Leno mit ihren Enkeln im Lazarettzug abfuhr, hatte sie beschlossen, „bei den Sachen" zu bleiben und sie für Tante Leno zu hüten. Als jetzt die russische Kompanie ins Schloß zog, fanden die beiden Frauen Arbeit und Nahrung. Fräulein Hirsch half in der Küche; Bertha nähte, hauptsächlich Büstenhalter. Die waren bei den Russinnen sehr gefragt – und es gab deren viele. Ich besuchte Fräulein Hirsch und Bertha alle paar Tage und ließ mir den neuesten Russenklatsch berichten. Was sie aßen, wieviel besser der Hauptmann lebte (der bekam die Kartoffeln nur in reiner Butter gebraten), die Weibergeschichten, in welchem schrecklichen Zustande die Klosetts seien (bald wurden sie aufgegeben, und die ganze Mannschaft einschließlich des Hauptmanns benutzte zwei Häuschen draußen). Von alledem flossen die beiden alten Fräuleins über, auch wollten sie sich mit mir beraten. Fräulein Hirsch war schüchtern, wenn sie auch im Grunde wußte, was sie wollte, Bertha aber ließ sich nichts gefallen und wurde allgemein respektiert.

Kurz nach der Besetzung waren wir aufgefordert worden, unsere Radios abzuliefern. Ich konnte mich nicht dazu entschließen, meines so ohne weiteres aufzugeben. Es war unsere einzige Verbindung mit der Welt, und sie funktionierte allabendlich, wenn wir die Nachrichten der BBC hörten. Hohe Strafen waren denjenigen angedroht, die der Ablieferungspflicht nicht nachkamen, aber wir nahmen das nicht so ernst. Zeumer hatte zwei Radios, und da er mit Recht nichts riskieren wollte, bot er mir sein zweites Radio zur Ablieferung an. Und so geschah es. Wir ließen unser Radio mit einem Tuch bedeckt im Wohnzimmer stehen. So offen, dachten wir, werde es sicher am wenigsten gesehen, und diese Praxis bewährte sich auch. Den ganzen Sommer hörten wir abends möglichst leise die englischen Nachrichten. Wir wurden schließlich in der Gegend unter Deutschen bekannt dafür, daß wir mehr wußten als andere Leute. Es kam öfters jemand, der wissen wollte, was in der Welt vorging und der Rat haben wollte, was zu tun sei, um so mehr, als es deutlich wurde, daß das Gebiet polnisch werden würde. Klar wurde das erst mit dem Potsdamer Abkommen zwischen den Alliierten. Kreisau liegt zwischen den beiden Neiße-Flüssen, der Glatzer Neiße und der Görlitzer Neiße, und selbst zu der Zeit, als das von den Russen geduldete Eindringen der Polen ganz offensichtlich war, blieb noch unbestimmt, ob dieses Gebiet wirklich polnisch werden würde. Die Polen wollten inzwischen Tatsachen schaffen. Zuerst wurden die Behörden in Schweidnitz polnisch. Wenn wir mit ihnen zu tun hatten, waren sie im allgemeinen nicht unfreundlich. Eines Tages erschien ein Deutscher, der von den Polen als Verwalter von Kreisau eingesetzt worden war. Es war ein Mann aus dem Osten, der mit ihnen zusammengearbeitet hatte, durchaus kein bösartiger Mann. Er beließ Zeumer in seinem Amt, war freundlich und zuvorkommend mit mir, besprach auch alle Betriebsangelegenheiten, sorgte für Brot, Butter und Milch in unserem Haushalt, und als er meinem Haushalt keine Milch mehr liefern durfte, beschaffte er uns eine Ziege. Zeumer, der gute Eigenschaften hatte, aber auch immer schwierig und eigensinnig gewesen war und den Helmuth sehr gut zu nehmen verstanden hatte, ärgerte sich allerdings gewaltig über diesen Mann. Er mußte ihm seine Wohnung überlassen, kam aber im Nieder-Gräditzer Gutshaus in einer unserer schönen, neuen Arbeiterwohnungen sehr gemütlich unter. Er war natürlich zum zweiten Mann im Betrieb geworden, und das wurde ihm schwer, wenn er auch klug genug war einzusehen, daß er noch verhältnismäßig gut wegkam. Diesem Verwalter lag es daran, zunächst alles in den bestehenden Bahnen weiterlaufen zu lassen, und damit fuhren wir alle nicht schlecht. Aber nun war es für Zeumer und mich Schluß mit den Fahrten über die Felder; sie endeten auf seltsam dramatische Art. Zeumer auf einer „Spinne", einem zweirädrigen, leichten Wägelchen, vor das ein Pferd gespannt war, dieser Anblick war in Kreisau jedem geläufig. Es war ein gefährlich aussehendes Vehikel. Die Bank – immer wieder repariert – thronte ungeschützt hoch über den Rädern, und mit diesem Gefährt ging es ziemlich rücksichtslos gegenüber Pferd, Wagen und Mitfahrer über Böschungen, durch Gräben, über Stock und Stein, Äcker und Wiesen. Seit dem Beginn des Krieges fuhr ich mit Zeumer jeden Tag eine Runde, meistens von einer Arbeitspause bis zur nächsten, manchmal ganz früh, manchmal nach der Mittagspause, zu den verschiedenen Arbeiten. Manchmal blieben wir die ganze Zeit an einem Platze, meistens fuhren wir aber über einen großen Teil des ganzen Geländes. Asta, die in Kreisau seit Anfang des Krieges Trecker fuhr, um einer anderen Kriegsverpflichtung zu entgehen, sagte immer, es brauche nur etwas schiefzugehen, und schon tauche Zeumer auf seinem Wägelchen am Horizont auf. Auf seine spezielle Art war er ein sehr guter Verwalter. Ich aber war so in der Lage, Helmuth täglich genaue Berichte über den Stand der Arbeiten und die Lage im Betrieb zu geben, und so konnte er den ganz nahen Kontakt mit Kreisau immer aufrechterhalten. In diesen fünf Jahren fiel ich nicht ein einziges Mal von diesem Vehikel herunter. Ich erinnere mich, daß Carl Bernd das einmal bewunderte. Eines Tages nun in diesem Sommer, als wir wieder zusammen unterwegs waren, stolperte das Pferdchen bei der Abfahrt die Kirschallee hinunter. Es erschrak, ging durch, riß sich los, die Deichsel ging hoch, und der Wagen kippte hintenüber. Zeumer und ich flogen beide. Ich hatte mir nichts weiter getan, blieb aber ein Weilchen still liegen – eigentlich nur, weil ich so gut lag und mir der Kopf brummte. Leute kamen besorgt angerannt, mit Zeumer, dem auch nichts geschehen war. Ich stand auf, beruhigte die Leute, ging nach Haus und legte mich eine Weile auf mein Bett. Danach bot sich weder Zeumer noch mir je wieder eine Gelegenheit oder Möglichkeit, über die Felder zu fahren. Bei unserer letzten Fahrt – ohne zu ahnen, daß es die letzte war – fielen wir beide herunter!

Auch in den Bauernhöfen tauchten Polen auf, die die Höfe übernahmen, sich in des Bauern Bett legten und die Deutschen für sich weiterarbeiten ließen. So kam ein Hof nach dem anderen dran. Viele dieser Polen kamen aus den ostpolnischen Gebieten, die an Rußland abgetreten worden waren. Manche deutsche Bauern wurden wie Sklaven gehalten, andere vertrugen sich mit „ihren" Polen, und fast alle wollten trotzdem so lange wie möglich zu Hause bleiben. Aber ab August begannen die Dorf-Evakuierungen. Wir hörten davon aus anderen Gegenden. Bei uns blieb es noch lange ruhig.

Nach Marion und Muto brach als nächste Romai zu einer Fahrt nach Berlin auf. Sie war einige Zeit weg und kam eines Tages mit Ausweisen für uns wieder, auf denen der Magistrat von Berlin – damals noch unter ausschließlich russischer Besatzung – in fünf Sprachen (Deutsch, Russisch, Polnisch, Englisch und Französisch) mit Stempel und Unterschrift aussagte, unsere Männer seien umgebracht worden, wir seien Opfer des Faschismus und daher gut zu behandeln. Sie hatte sich in Berlin umgesehen, aber vorläufig war noch keine Rede davon, daß sie Kreisau verlassen wollte. Wie üblich hatte sie unterwegs einiges erlebt, hatte sich von einem russischen Lastwagen mitnehmen lassen und war, als einer der Männer zudringlich wurde und sie ihn dafür in den Daumen biß, vom fahrenden Lastwagen heruntergeworfen worden. Glücklicherweise war bei alledem hinten auf dem Wagen soviel Geschrei und Gelärme entstanden, daß der Fahrer gebremst hatte und ganz langsam fuhr – so war ihr wirklich nichts geschehen. Der Lastwagen war einfach weitergefahren. Immerhin!

Anfang Juli geschah etwas Aufregendes: Die westlichen Alliierten zogen in Berlin ein, besetzten ihre jeweiligen Sektoren und begannen Berlin gemeinsam mit den Russen zu verwalten, um dort die Kontrollkommission für ganz Deutschland aufzubauen. Die Amerikaner und Engländer waren noch nicht lange in Berlin, als Marion und Muto von Kreisau kommend dort auch wieder auftauchten. Gleich am ersten Abend besuchten sie Freunde. Nach dem Abendessen klingelte es an der Haustür, vor der ein englischer Offizier stand. Warum er gerade in dieses Haus gekommen war, weiß ich nicht. Jedenfalls lag es ihm am Herzen zu erfahren, ob die Hausbewohner etwas von Helmuth Moltkes Frau und seinen Kindern in Schlesien wüßten. Als Muto und Marion sagten: „Wir kommen heute von dort!", konnte er es kaum glauben. Er kam im Auftrage unserer Freunde in England, und dies war sein erster Versuch, etwas herauszufinden. Erst am nächsten Morgen, als die beiden Frauen ihn in seinem Büro aufsuchten und alle Aussagen noch ein-

mal bestätigten, hielt er es wirklich für wahr – und damit war der Kontakt mit den englischen Freunden schon hergestellt.
Inzwischen hatte sich unsere russische Kompanie in Kreisau an uns und wir uns an sie gewöhnt. Wir kannten uns gegenseitig, aber die Russen sprachen im allgemeinen nicht mit uns. Sie wußten aber genau, wer wir waren. Einmal sagte einer der Soldaten zu Fräulein Hirsch, nur wegen unserer Männer ließe man uns so in Frieden. Die meisten Frauen und vor allem die früheren Feinen mußten auf den Feldern arbeiten. Ein freundlicher Russe in Uniform, der auch unsere Gurken anziehend fand, kam einmal mit seiner Freundin – auch in Uniform – und verlangte die „Grafina" zu sehen. Ich hatte ihm mit nackten Beinen in Gummistiefeln aufgemacht – ich hatte eben besagte Gurken gegossen und meine Haare mit einem Kopftuch zusammengebunden, sie waren frisch gewaschen. Er wollte mir unter keinen Umständen glauben, daß ich die „Grafina" sei und lachte mir einfach ins Gesicht. Ich rief Frau Pick und bat sie, sie möge dem Mann doch sagen, wer ich sei. Auch ihr glaubte er nicht. Schließlich holte ich meinen Paß. Der überzeugte ihn. Er kam dann noch ein-, zweimal wieder. Ob wegen der Gurken oder meinetwegen, blieb ungeklärt.
Ein paar Russen hatten unsere hübsche Liesbeth auf dem Feld arbeiten sehen und waren hinter ihr her. Liesbeth versteckte sich auf dem Boden unter großen Wäschekörben, als sie bei uns an der Tür klingelten. Es waren zwei sehr nette Burschen. Ich verhandelte mit ihnen. Sie sei nicht zu haben und nicht zu sehen, aber sie baten, nur *sehen* möchten sie die Liesbeth. Ob sie versprächen, dann wieder zu gehen. Ja, das versprächen sie fest. Also würde ich sie holen. Sie kam auch, nachdem ich ihr zugeredet hatte, langsam die Treppe herunter, auf der sie etwas höher, wie eine Prinzessin, stehenblieb. Die Russen strahlten, besahen sie ein Weilchen, redeten hin und her und zogen dann brav ab. Wir waren erfreut, daß alles so gut abgegangen war und schlossen die Haustüre hinter ihnen. Es war wohl so zwischen sieben und acht Uhr abends. Wie ich nun hinauf in mein Zimmer gehen wollte, kam mir der eine lachend die Treppe herunter wieder entgegen und verließ ein zweites Mal das Haus. Er hatte nur mal gezeigt, was er konnte, wenn er wollte! Er war außen an einer der Eisenstangen hinaufgeklettert, die das nicht schöne, aber für den Schutz des Eingangs sehr nützliche kleine Wellblechdach hielten. Dann war er in das offene Fenster des Kinderzimmers eingestiegen und durchs Haus heruntergekommen. Konrad, der oben schon im Bett lag, erinnert sich noch an den Russen, der durch sein Zimmer ging. Nein, sagt er auch heute noch, Angst habe er gar keine gehabt. Zu den Kindern waren auch alle Russen immer nur freundlich gewesen, und an Konrad bewunderten sie die schönen lockigen Haare, die kurz, aber in großen, weichen, dunkelblonden Wellen seinen Kopf umgaben. Die mußten sie immer streicheln, und so waren für die Kinder Russen keine Leute, vor denen man Angst hatte. Die beiden Burschen kamen dann noch mehrmals. Schließlich saßen sie sogar mit Liesbeth in der Küche und spielten mit ihr und Frau Pick „Schwarzer Peter". Der eine trug dazu einen Zylinder, den er bei uns gefunden hatte und den er wohl halb schön, halb komisch fand. Ich schenkte ihn ihm. Aber irgend jemand verbot ihnen die Besuche

bei uns, denn sie kamen nach einiger Zeit nicht mehr. Vielleicht wurden sie auch versetzt, denn sie gehörten nicht zur Schloß-Kompanie.
Als Romai von Berlin zurück war und das Potsdamer Abkommen bekannt geworden war – unser Radio versorgte uns immer noch jeden Abend mit Nachrichten –, schien es an der Zeit, daß auch ich einmal nach Berlin ginge, um von dort Briefe zu schreiben, mit den dortigen Freunden zu sprechen und mich über die Zukunft zu beraten. So gut es uns bisher gegangen war, so sicher schien es doch, daß wir mit der Zeit wegmußten. Vom Westen waren wir ja vollkommen abgeschlossen. Zwar hatte ich Leuten, die von Schlesien nach Westdeutschland durchzukommen versuchten, immer wieder Nachrichten an meine Mutter mitgegeben. Aber wir hatten nichts gehört. Post gab es nicht, und Züge fuhren nur sehr unregelmäßig.
Aber ehe ich wegkam, hatte ich noch ein bezeichnendes Erlebnis. Die Polen hatten im Laufe des Sommers eine Art Miliz aufgestellt. Meistens rekrutierte sie sich aus Leuten, die in Deutschland als Zwangsarbeiter gearbeitet hatten. Es waren Menschen, die in Deutschland viel gelitten hatten, und der Haß stand ihnen im Gesicht geschrieben. Es war ein ganz anderer Typ als die Polen, die um uns herum das Land übernahmen. Die meisten waren wohl auch aktive Kommunisten. Sie waren es, die die Leute verprügelten, einsperrten und schikanierten. Die Deutschen klagten sehr über die Miliz, aber die Polen manchmal auch. So ein Milizer kam in diesen Tagen zu uns und verlangte in grobem und frechem Ton unsere Ausweise. Was mich an ihm so besonders ärgerte, weiß ich nicht, wahrscheinlich nur sein unverschämtes Auftreten. Ich sagte, so ließe ich mich in meinem Hause nicht anreden und wieso er dazu käme, unsere Ausweise zu verlangen. Wenn er sich nicht höflich benehmen könne, würde ich ihm überhaupt nichts zeigen, sondern mich über ihn beschweren. Er war wütend und bedrohte mich mit seinem Revolver. Aber ich wußte genau, daß er nicht schießen würde, und sagte: „Raus aus meinem Haus!" Ich habe noch Frau Picks leise gemurmeltes, entsetztes „Gräfin Moltke!" in den Ohren. Sie hatte diese Szene in der Küchentüre stehend miterlebt. Der Mann steckte seinen Revolver ein, gab mir eine schallende Ohrfeige und ging.
Mit einer roten und einer blassen Backe lief ich sofort ins Schloß zu dem russischen Hauptmann. Mir war es unheimlich, die Kinder polnischen Willkürakten ausgesetzt zurückzulassen. Ich müsse in Angelegenheiten meines Mannes nach Berlin, sagte ich dem etwas überraschten Hauptmann. Dies – auf die Backe zeigend – sei mir passiert. Ob ich die Kinder und unser Haus seinem Schutz unterstellen dürfe, während ich weg sei, falls wieder Polen kämen? Das bejahte der Hauptmann ohne weiteres, und ich war wirklich erleichtert und beruhigt. Die Russen mochten die Polen nicht, hielten im Zweifel zu den Deutschen und behandelten die Polen schlecht. Und tatsächlich erwies sich der Schutz der Russen bald als wirkungsvoll.
Es war weitaus das beste, von Waldenburg aus nach Berlin zu fahren. Aus dem Waldenburger Kohlenrevier fuhren nach Kriegsende die ersten mit Kohlen beladenen Züge nach Berlin. Wenn ein Kohlenzug zusammengestellt war, fuhr er ab. Hie und da wurden ein paar leere Güterwagen angehängt, weil Soldaten zu transportieren waren oder vielleicht auch, weil so viele Frauen und Kinder mit-

fahren wollten. Auf diesen Zügen waren die Eisenbahner noch Deutsche. Als Frau Raschke, unsere Nachbarsfrau und Bäuerin – das Berghaus gehört zu dem Ortsteil Nieder-Gräditz, deshalb hatten wir als unmittelbare Nachbarn auf beiden Seiten Bauern – hörte, ich wolle nach Berlin, bat sie, mitkommen zu können. Sie habe ihre Mutter in Berlin, nach der wolle sie gerne sehen. Mir war es recht.

Ich ließ die Kinder wohlbehütet im Berghaus zurück und machte mich mit Frau Raschke auf. In Waldenburg gelang es uns sogar, in einem geschlossenen Wagen unterzukommen, und schon am späten Nachmittag fuhr unser Zug ab. Aber auf halbem Wege, wohl hinter Görlitz in der Niederlausitz, wurden wir alle herausgeworfen: Der Wagen war für einen Russentransport eingesetzt. Da standen wir mitten in der Nacht, und es blieb uns nichts anderes übrig, als irgendwo auf die Kohlen zu klettern. Für uns war das gar nicht so schlimm, aber im Wagen waren Familien mit kleinen Kindern, Kinderwagen und Gepäck gewesen: sie mußten alle auf die Kohlen. Es war ein warme Augustnacht, heller Sternenhimmel und köstliche Luft, wir froren nicht. Wir beide fanden ganz vorne, ziemlich weit oben auf einem Kohlenhaufen Platz. Gegen Morgen wurden wir allerdings schläfrig; das war gefährlich, da man im Schlaf leicht von den Kohlen herunterfallen konnte. Es war aber aufregend genug, um nicht einzuschlafen.

Verantwortlich für den Zug war eine russische Wache. Sobald der Zug irgendwo hielt, sprangen sofort Diebe auf. Die Kohlen und das Gepäck der Reisenden, das war alles damals von großem Wert. Die Diebe warteten auf den Stationen auf diese Züge und machten dann Beute. Wir hörten sie öfters auch in unserer Nähe herumstöbern. Dann schrien und riefen die Leute auf den Kohlen, und die russische Wachmannschaft schoß als Antwort einige Male in die Luft. Das schien den Dieben nicht viel Eindruck zu machen, denn bald kratzte es wieder irgendwo, und die Sache fing von vorne an, mit dem Erfolg, daß wir wach blieben. Dann fuhren wir wieder ein Stück in die Morgendämmerung, und gegen sieben Uhr früh waren wir in Nieder-Schöneweide, einem Vorort von Berlin. Von dort konnte man die Stadtbahn nehmen – sie war in Betrieb.

In Berlin wohnte ich in der Hortensienstraße, in dem liebgewonnenen Häuschen von Peter und Marion. Zwar war das Haus von Bomben beschädigt, es ließ sich aber noch bewohnen. Die SS-Bewohner hatten alles stehen und liegen lassen, die Russenwelle war darüber hinweggegangen, und dann hatte ein älteres Klempner-Ehepaar, das für die Yorcks gearbeitet hatte, das Haus sofort bezogen. So kam es, daß alles noch unverändert schien. Viele praktische Utensilien waren wohl gestohlen worden, aber alles andere war noch da; so hatten wir doch gleich wieder ein richtiges Zuhause in Berlin. Marion und Muto waren unterwegs, und ich schlief im Wohnzimmer. Nun schrieb ich wieder an meine Mutter und erstmals auch an meinen Bruder Carl in der Schweiz, an Lionel Curtis in England und an Dorothy Thompson in den USA. Ich suchte die deutschen Freunde, die ich in Berlin glaubte, knüpfte mit den Engländern und Amerikanern Beziehungen an und bat sie, meine Briefe zu befördern. So kam ich in Verbindung mit der Dienststelle von Allen Dulles (OSS), die in Dahlem war, lernte ihn selbst, einige freundliche Offiziere und Gero v. Schultze-Gaevernitz kennen. Sie wußten alle von uns, ließen sich von den Verhältnissen in Schlesien berichten und waren recht skeptisch, als ich sagte, ich wolle noch einmal dorthin zurück. Ich hatte auch einen Auftrag an einen Kommunisten, der einer der Führer der Berliner Partei war. In einem unserer Nachbarorte, in Faulbrück, hatte ein alter Kommunist die Nazizeit überlebt. Der Mann hatte mich eines Tages aufgesucht, und wir hatten in den Monaten lose Verbindung gehalten. Er wollte nun von den Berliner Kommunisten wissen, wie man sich in Schlesien gegenüber den Polen und Russen verhalten solle, ob man bleiben oder gehen solle. Ich ging in das Parteigebäude der KPD in der Nähe des Spittelmarktes. Nach einer kleinen Wartezeit empfing mich der Mann und gab etwas zögernd Auskunft. Zögernd wohl, weil die Partei sich selbst noch nicht klar war, wie sie sich verhalten würde, und die Evakuierungen aus Schlesien fingen eben erst an. Er sagte eigentlich nur, die Kommunisten sollten sich wie alle anderen verhalten.

Für alle Fälle meldete ich die Kinder und mich bei der Polizei in Berlin an – als wohnhaft in der Hortensienstraße 50. Dann war ich eigentlich für die Rückreise bereit. Ein Schwede hatte mir aber gesagt, unter Umständen könnten die Reichwein-Kinder bald nach Schweden, wenn sie wollten. Ich möchte doch noch den Bescheid abwarten. So gab ich noch einen oder zwei Tage zu. Ich hatte Sehnsucht nach der Poelchauschen Wohnung in der Afrikanischen Straße in Tegel, erwartete aber nicht, Poelchaus in Berlin zu finden; sie hatten vorgehabt, das Ende bei ihren Freunden Truchsess in Nordbayern abzuwarten. Er, Truchsess, hatte auch in Tegel gesessen, und Harald hatte sich mit ihm angefreundet. Ich wollte nur nach dieser Wohnung sehen, die mir in den Monaten vor Helmuths Tod so lieb geworden war, wo ich fast „mit" Helmuth gelebt hatte. Es war noch etwas mühselig hin zu kommen, aber die U-Bahn fuhr schließlich bis Bahnhof Seestraße und dann auch eine Trambahn die Müllerstraße entlang. Ich stieg im Haus die vielen Treppen hinauf; Poelchaus wohnten ganz oben. Ich klingelte und wartete. Gertie Siemsen, eine Freundin von Poelchaus, machte mir auf. Sie wohnte dort mit ihrem Anfang Mai geborenen Baby. Sie sagte sofort: „Wissen Sie, wer bei mir wohnt?! Ihr Schwager Wend!" Man kann sich heute kaum vorstellen, wie erstaunlich es war, daß wir uns so fanden. Natürlich hatte ich nichts von ihm gehört oder gesehen, seitdem er Anfang Februar – jetzt war Ende August – aus Schweidnitz weggefahren war. Kurz darauf war er von einem deutschen Armeefahrzeug angefahren und verletzt worden, konnte nicht gehen und kam in ein Lazarett in der Lausitz. Dort überrollten ihn die Russen, die ihn nun vor kurzem aus dem Lazarett entlassen hatten – kranke Männer waren für sie nicht interessant. Er war nach Berlin gefahren und versuchte von dort zu Asta in „den Westen" zu kommen. Asta wußte von seinem Verbleib bisher noch nichts. Wir waren beide sehr froh und erleichtert, uns zu sehen. Wend besaß nichts und ich auch nichts, was ihm nützlich sein konnte, aber ein paar Strümpfe von Muto oder Marion kamen ihm sehr gelegen! Wir verbrachten den letzten Tag zusammen, und am nächsten Morgen brachte er mich mit Frau Raschke nach Nieder-Schöneweide, von wo die leeren Kohlenwagen nach Waldenburg zurückfahren sollten.

Die Amerikaner hatten mich mit US-Soldaten-Rationen ausgestattet. Sie waren ziemlich besorgt, daß ich wirklich zurück nach Schlesien wollte. Die Deutschen versicherten mir, es würde mir nicht gelingen, denn die Oder und die Görlitzer Neiße seien jetzt eine Landesgrenze, die Polen schmissen die Deutschen heraus und ließen bestimmt keine mehr herein. Sehr ermutigend waren diese Auskünfte nicht, aber meine Kinder zogen mich mit Macht, und Frau Raschke fühlte sich in der gleichen Lage.

So begann die abenteuerlichste Reise, die ich bisher erlebt habe. Und sie war auch bezeichnend für die damaligen Verhältnisse und die Menschen überhaupt, denn sie war voller unfreundlicher und freundlicher Erlebnisse zugleich. Darum ist sie wohl erzählenswert.

Die Reise dauerte drei Tage und drei Nächte. Zuerst ging es ganz glatt: leere offene Kohlenwagen, schönes warmes Wetter. Wir standen wohl hie und da eine Weile, aber nicht allzu lange. So kamen wir wohl gegen Mittag über die Grenze. Wir fuhren zunächst einfach hinüber. Aber einige Kilometer später hielt der Zug an einer Station. Polnische Miliz kam in die Wagen und warf alle Deutschen, mit Ausnahme der deutschen Soldaten, die aus dem Westen nach Schlesien entlassen worden waren, heraus; die ließ man seltsamerweise damals noch nach Hause fahren. Auf dem Bahnhof sammelte sich eine große Gruppe lamentierender Menschen, die nun von mit langen Peitschen knallenden Polen wie eine Herde abgetrieben wurden: zurück zur deutschen Grenze. Wir waren auch dabei. Ich überlegte mir, wie ich mich wohl bemerkbar machen könnte. Ich rief einen der Peitscher immer wieder an und sagte immer wieder: „Ich habe internationale Papiere!" Es stimmte zwar nicht ganz, aber es tat seine Wirkung. Er wurde aufmerksam und wies mich an einen jungen Leutnant der Miliz, der in der Nähe eine Art Büro hatte. So waren wir zunächst einmal aus der Menge heraus. Ich sah gleich, daß der Leutnant auch den haßerfüllten Ausdruck hatte, der so vielen dieser Milizleute eigen war. Ich zeigte ihm die schönen von Romai beschafften Papiere und eine weitere Bescheinigung des Berliner Magistrats, die ich mir noch besorgt hatte, ich sei in Angelegenheiten meines Mannes in Berlin gewesen und müsse nun zurück nach Schlesien zu meinen Kindern. Der Milizmann prüfte das alles, amüsierte sich köstlich und höhnisch über die heruntergekommene Grafina, überlegte etwas und sagte dann: Gut, ich könne weiterfahren, aber diese Frau – auf Frau Raschke zeigend –, die müsse zurück. Die gute Frau Raschke erhob sofort ein großes, verzweifeltes Geschrei: „Lassen Sie mich nicht im Stich, lassen Sie mich nicht im Stich, ich muß auch mitkommen!" Großer Lärm! Also sagte ich, wir müssen beide nach Schlesien. Wenn wir zusammenbleiben wollten, antwortete er, dann müßten wir eben beide zurück. Jetzt öffnete ich ziemlich verzweifelt meinen Rucksack und versuchte zu handeln: Proviant wollten sie nicht – hatten sie selbst –, aber sechs (!) amerikanische Zigaretten, die zu den Rationen gehörten, genügten. Ich bot ihm noch ein gelbes Regencape aus Plastik an und erinnerte mich deutlich, wie ein älterer Pole in der Gruppe das Cape nahm, es sorgfältig faltete und hinter dem Rücken des Offiziers wieder in meinen Rucksack steckte. Wir konnten wirklich gehen; es war kaum zu glauben. So schnell wir konnten gingen wir zum Zug zurück, kletterten in einen Wagen und saßen dort erschöpft und still wie die Mäuschen. Kaum waren wir aber drin, kam eine weitere Polen-Razzia und schmiß uns wieder heraus – unser Reden nutzte nichts. Aber der Milizleutnant stand auf dem Bahnhof, erkannte uns und ließ uns wieder einsteigen. Nach einer Weile ruckte es heftig, und der Zug setzte sich wirklich nach Osten in Bewegung. Es war ein Himmelsgefühl. Wir glaubten nun, wir hätten alles hinter uns, aber so bequem war es doch nicht. In dem geschlossenen Güterwagen saßen außer uns und anderen Leuten auch zwei entlassene Soldaten. Der eine war Bankbeamter aus der Waldenburger Gegend, der andere war ein oberschlesischer Bauer. Der konnte polnisch. Wir waren zwar abgefahren und auch ein Stück vorwärtsgekommen, bald aber blieben wir wieder stehen. Während der Nacht, wenn wir hielten, kamen immer wieder dunkle Existenzen in unseren Wagen herein, suchten nach Sachen und leuchteten uns an. Dann sagte der Bauer immer wieder auf polnisch: „Wir sind Polen!" Damit war es gut. Die beiden Soldaten hatten sich mit uns zusammengetan, und wir reisten nun zu viert. Frau Raschke und ich waren übrigens so erschöpft, daß wir auf dem Boden des Wagens, den Kopf auf unseren Rucksäcken, ganz ruhig schliefen. Am nächsten Morgen entdeckten wir, daß wir erst in Sorau waren. Das liegt noch nördlich von Sagan, etwa zweieinhalb D-Zug-Stunden von Berlin entfernt auf der Strecke Berlin – Frankfurt/Oder – Liegnitz, auf der wir gewöhnlich nach Schlesien fuhren. Dort standen wir schon seit vielen Stunden. Man hatte den Eindruck, daß auf dieser jetzt eingleisigen, früher zum Teil viergleisigen Strecke – die Russen hatten in den ersten Monaten die Gleise alle abmontiert – sich ein Güterzug hinter dem anderen staute und daß wir noch nach Tagen dort stehen würden. Wir meinten, wir würden auf der Landstraße wahrscheinlich schneller von der Stelle kommen und beschlossen auszusteigen. Als wir nun auf der Landstraße von Sorau nach Sagan kräftig losmarschierten, überholte uns eine ganze Kolonne von leeren Pferdewagen mit russischen oder polnischen Panjepferdchen. Wir waren diese so östlichen Gefährte nun schon ganz gewohnt. Zuerst hatten die deutschen Soldaten sie benutzt, dann die Russen und hier die Polen; es sind im Gegensatz zu unseren schweren Ackerwagen ganz leichte, von ganz zierlichen Pferden gezogene Gefährte. Auf unseren Landstraßen tanzten sie – unbeladen – förmlich über die Straße im schnellen Rhythmus ihrer trabenden Pferdchen. Wir ließen die ganze Kolonne an uns vorüberfahren, bis wir schließlich bei einem der letzten Wagen den Mut hatten zu winken. Der polnische Kutscher hielt sofort; ohne viel zu sagen oder zu fragen ließ er uns vier aufsitzen, und wir fuhren schnell und vergnügt durch bis zum Bahnhof Sagan, wo nämlich die Wagenkolonne beladen werden sollte. Wir hatten in jeder Hinsicht Glück gehabt, denn zu Fuß wären wir wahrscheinlich von Polen aufgehalten und in Arbeitskolonnen gesteckt worden, die sie überall für Aufräumungsarbeiten einsetzten; wir passierten eine solche Sperre. Wer so aufgegriffen wurde, mußte dort manchmal wochenlang arbeiten, ehe er weiterziehen durfte. So kamen wir heil am Bahnhof Sagan an. Der stand genauso hoffnungslos voll mit Zügen wie der Bahnhof von Sorau: Güterzüge mit abmontierten Maschinen, alte Tanks usw., die nach Rußland transportiert werden sollten, aber auch voll besetzt mit Menschen. Wenige Deutsche, viele Russen und

Polen, die noch aus Deutschland kamen und zurück in ihre Heimat wollten. Sie sahen uns böse an, wenn wir auch noch in die schon vollen Güterwagen steigen wollten, und verboten es uns. Und doch erinnere ich mich an ein kleines russisches oder polnisches Mädchen, das mir plötzlich von sich aus ein Stück Brot zusteckte. Wie wir nun so ratlos auf dem vollen Bahnsteig hin und her gingen, kamen zwei bewaffnete russische Soldaten stracks auf Frau Raschke und mich zu und winkten uns mitzukommen. Das war gar nicht schön, und unser Mut sank. Die beiden Soldaten kamen ungefragt und ungehindert mit uns. Wir gingen durch die Sperre. Was konnten wir anderes tun als folgen?! Warum hatten sie aus der anonymen Menge gerade uns ausgesucht? Was konnte das bedeuten? Das beunruhigte uns, während wir die Treppe hinunter und durch den Bahnhof und aus dem Bahnhof herausgingen. Sie führten uns ein paar Schritte das Bahnhofsgebäude entlang und dann an der Ecke des Gebäudes wieder in eine andere Tür hinein. Dort war ein Büro, und Frau Raschke und ich wurden durch Zeichen angewiesen, das Büro zu putzen. Frau Raschke machte das ausgezeichnet, ich weniger, aber doch nicht so schlecht, daß es den Russen aufgefallen wäre. Die beiden Soldaten polierten inzwischen an einem Motorrad herum, und nach einer Stunde etwa waren wir fertig. Die Russen waren sehr zufrieden und bedauerten, nichts für die Arbeit bezahlen zu können, teilten uns aber mit, welcher von den vielen Zügen zuerst abfahren würde, und das war eine wirkliche Hilfe. Auch dieser Zug war voller Menschen und Maschinen. Auf einem flachen Transportwagen, auf den ein Tank montiert war, stand ein russischer Leutnant, neben ihm eine junge russische Frau. Wir machten dem Russen bescheidene Zeichen, denn vorne vor dem Tank war ein hübsches leeres Plätzchen, wo wir alle vier gut hätten sitzen können. Der Russe war ablehnend, aber wir hatten offenbar in der Frau eine Fürsprecherin. Sie redete ihm zu, und schließlich nickte er mit dem Kopf, und wir stiegen dankbar auf. Wir hatten uns nun auch schon an das ganz andere Zeitgefühl des Ostens gewöhnt, das mit den Russen und den Polen auch in Schlesien eingezogen war. Warten gehörte zum Leben. Wir schickten uns geduldig in das Unabänderliche. Ich weiß also nicht mehr, wie lange es dauerte, bis der Zug abfuhr, nur erinnere ich mich, daß im letzten Moment ein russischer Soldat zu uns aufsprang und ein Stück mit uns fuhr. Er legte sich gleich hin, wickelte sich in seinen Mantel und schlief ein. Später erwachte er, zog aus der Manteltasche Brot und eine zerknitterte Tüte mit Zucker, aß beides zusammen und gab uns wortlos davon ab. Wir waren nicht weit gefahren, dann standen wir wieder, oft auf offener Strecke. Dann sprangen die Leute aus den Wagen, liefen in die Felder und suchten Kartoffeln. Mit Hilfe von Steinen machten sie kleine Feuerstellen längs des Zuges, kochten in Büchsen Wasser und brieten die Kartoffeln in der Asche. Wir machten das genauso und teilten unseren Proviant. Wenn der Zug weiterfahren konnte, pfiff er zweimal, ließ zwischen den beiden Pfiffen den Leuten Zeit, abzuräumen und einzusteigen, dann zog er an. Aber wir kamen an diesem Abend doch nicht bis Liegnitz. Wir mußten die Nacht über wieder auf einem Nebengeleise warten. Ich schlief hinter dem Tank. Da hatte ich mehr Platz, aber die Nacht war kühler, und gegen Morgen wurde mir flau. Ich fror erbärmlich. Da sah ich in der Nähe der

Lokomotive ein großes, schönes Feuer. Mir war elend, ich wollte mich aufwärmen. So ging ich über Stock und Stein den Zug entlang bis zu dem Feuer. Dort saßen der Lokomotivführer – ein Pole – und ein riesengroßer einzelner russischer Soldat. Als sie mich so langsam daherkommen sahen, holten sie einen Holzkloben in die Nähe des Feuers, damit ich mich auch dorthin setzen konnte, gaben mir warme Kartoffeln und einen Tee, den der Pole mit dem Wasser der Lokomotive brühte, und waren sehr freundlich zu mir, ohne ein Wort mit mir sprechen zu können oder auch nur zu wollen. Das alles zusammen war so wohltuend, daß ich nach einiger Zeit wohl und gemütlich zu meinem Tankwagen zurückkehren konnte.
Es wurde dann hell, und wir standen immer noch an der gleichen Stelle, als plötzlich mit viel Geräusch und Pfeifen aus dem Nichts – so schien es uns – ein Personenzug erschien. Ganz voll zwar, aber er hielt, und schnell entschlossen stiegen wir um. Wir mußten allerdings aufs Dach eines Personenwagens klettern, denn an den Eingängen hingen die Leute schon in Trauben. Aber auf den Dächern war es noch leer, und wir fanden gar nichts dabei, nach oben zu klettern. Wieder schien die Sonne, und rasselnd und pfeifend, mit viel Rauch, fuhren wir durchs Land. Wir fühlten uns da oben wie Könige, zogen nur unter den Brücken vorsichtig die Köpfe ein und waren etwa nach einer Stunde in Liegnitz. Den Liegnitzer Bahnhof hatte ich seit Ende Januar nicht mehr gesehen. Er war in grauenhaftem Zustand – eine riesige Kloake. Wir hofften in Liegnitz auf weiteres Glück. Kein Mensch wußte aber dort, wann und wohin ein Zug abfahren würde. Es rangierten zwar ein paar Lokomotiven im Bahnhof, aber auch deren Führer wußten nicht, wohin sie schließlich geschickt wurden, und die wenigen, die abfuhren, gingen nicht in unsere Richtung. Von Liegnitz nach Kreisau sind es nur noch 56 Kilometer. Das konnten wir zur Not zu Fuß hinter uns bringen, aber wir hatten wieder viel Zeit mit Warten verloren, waren müde und wollten lieber noch eine Nacht schlafen. Wir kamen schlecht und recht in einem Haus unter, das zu einem Pfarramt gehörte. Wir wurden zwar aufgenommen, mußten aber alle vier auf dem Boden schlafen, und das war nun schon die dritte Nacht. Wir brachen also am nächsten Morgen sehr früh auf und gingen zu Fuß bis Jauer. Das dauerte mehrere Stunden. Wir hatten keine Hindernisse zu überwinden, nur war ich erschöpft und auch hungrig, denn ich hatte zwar noch eine kleine Reserve an amerikanischen Rationen, aber für drei Tage und drei Nächte waren sie nicht berechnet gewesen, und ich wollte nicht alles verbrauchen, falls ich noch länger aufgehalten würde. Ich blieb hinter den anderen etwas zurück und ging schließlich in ein Haus und fragte, ob ich etwas zu trinken bekommen könnte. Die Bauersfrau hatte noch die Reste vom Frühstück dort stehen und sagte, ich solle nur ruhig die Bratkartoffeln aufessen und dazu gab sie mir einen Kräutertee zu trinken, der noch warm im Topf auf dem Herd stand. Das belebte mich beides wie Götterspeise. Als wir aber auf dem Bahnhof Jauer ankamen, wollten wir doch lieber auf östliche Weise auf einen Zug warten, als weiterzulaufen. Wie die anderen Leute saßen wir auf dem Bahnsteig, ließen die Beine auf die Schienen baumeln und warteten. Es dauerte gar nicht sehr lange, da kam wirklich so ein schöner Personenzug. Wir konnten sogar glatt einsteigen und Platz finden, und er

fuhr tatsächlich ruhig und ohne viel zu zögern – da wir ja jetzt auf einer Nebenlinie waren – über Striegau, Königszelt und Schweidnitz und hielt auf seinem Weg weiter nach Kamenz brav in Kreisau an. So zwischen sechs und sieben Uhr abends kamen wir an. Alles war im schönsten Frieden. Als wir den Berghaushügel hinaufgingen, kam mir Caspar entgegengelaufen: „Ah, da bist du ja wieder, Reialie!“ rief er vergnügt, als sei ich nur ein paar Stunden weggewesen, und das Berghaus erschien mir wie eine ruhige Insel in einem bewegten Meer.
Aber ganz ohne Schwierigkeiten war es doch auch dort nicht abgegangen. Die Polen waren zu viert wiedergekommen, und dieses Mal hatte ihnen Romai aufgemacht. Vorher hatte sie aber noch ihren Roland, der damals fast neun Jahre alt war, zu dem russischen Hauptmann ins Schloß geschickt. Er war zum Fenster hinausgesprungen und die fünf Minuten zum Schloß gerannt; nach weiteren zehn Minuten erschienen vier bewaffnete Russen, und die Polen zogen sich sofort zurück. Im Hof war inzwischen der erste Verwalter wieder verschwunden, und ein richtiger Pole, mit dem Zeumer es noch schwerer hatte, der sich aber uns gegenüber auch nicht unfreundlich benahm, war eingezogen. In Zukunft wurde das Gut als polnisches Staatsgut verwaltet.
Nach meiner Rückkehr aus Berlin erlebten wir noch eine schöne Geschichte mit unserem Hauptmann im Schloß. Anfang des Sommers hatte uns unser Wierischauer Bomben-Mieter, dessen große Familie auch schon Anfang Februar abgefahren war, seinen reizenden jungen, schwarzgelockten Spaniel gebracht, ehe er selbst seiner Familie nachzog. Dieses hübsche Tier mit seinen schwarzen Seidenlocken fanden die Russen wohl genauso schön wie Konrad mit seinen lockigen Haaren, und wir merkten bald, daß sie sehr hinter dem Hund her waren. Die Kinder liebten ihn aber auch, und wir paßten daher sehr gut auf ihn auf. Aber schließlich, am Ende des Sommers, war er doch eines Tages weg. Wo war er nur? Roland Reichwein entdeckte es bald: Im Schloß hatte es gebellt! Was sollten wir nun tun? Den Hauptmann wollten wir nicht ärgern, aber wir wollten uns auch den Hund nicht so einfach wegnehmen lassen. Romai und ich gingen zusammen ins Schloß und verlangten den Hauptmann zu sprechen. Wir warteten eine kleine Weile. Dann führte uns eine russische Zivilarbeiterin, die dolmetschen sollte, herauf. Oben im Saal saß der Hauptmann, wie man sich einen persischen Satrapen vorstellt, in dem riesigen goldenen, mit schwarzem Damast bezogenen Sessel, von dem man sich erzählte, daß der noch riesigere und sehr dicke Onkel Ludwig Moltke aus Wernersdorf sich ohne Hilfe nicht habe aus ihm erheben können. Da also saß der Satrap und sah finster aus, denn er wußte genau, wir kamen wegen des Hundes. Aber nun kam unser Trick, und er tat Wunder. Ich bat die Dolmetscherin, dem Herrn Hauptmann zu sagen, daß wir uns ein Vergnügen daraus machten, ihm den Hund zu schenken! Der Hauptmann sprang sofort auf, lächelte, freute sich, und wir mußten ihm den Namen des Hundes nennen. Rago, wiederholte er sorgfältig. Ob er auch einen Stammbaum habe, ob er zum Jagen dressiert sei. Ich erklärte ihm, daß sich höchstens in Wierischau noch ein Stammbaum finden könnte, und er verabredete sich mit mir, hinzufahren. Als er nun so sichtlich bester Stimmung war, fragte Romai, ob sie vielleicht, da es doch hieße, die Kom-

panie zöge bald nach Schweidnitz, zwei Betten, die ihr gehörten und die sie brauchte, aufs Berghaus holen könnte. Der Hauptmann ließ auf freundlichste Weise erwidern, sie zögen in den nächsten Tagen ab, es werde alles genauso stehen- und liegenbleiben. Dann könne sich Romai holen, was sie wolle. So besiegelte Rago die freundlichen Beziehungen, die wir zu „unserem Hauptmann" in diesem Sommer gehabt hatten. Die Russen zogen auch in der Tat schon am nächsten Tag ab. Aber als wir hinterher ins Schloß kamen, war es total ausgeräumt. Außer zwei kleinen schönen Schränken aus dem 18. Jahrhundert, die Wend und Asta gehörten – den einzigen wirklich guten Stücken, die noch im Schloß gestanden hatten –, war nichts mehr da! Der Wind pfiff durch das leere Schloß!

In Berlin hatte mir Gero Gaevernitz erzählt, daß in seinem elterlichen Landhaus im Kreis Neurode, von dem er in den letzten Jahren nichts mehr gehört hatte, da er und seine Familie in die USA gegangen waren, noch eine Reihe von Menschen wohnen müßten, deren Wohlergehen ihm am Herzen liege. Er wollte gerne wissen, wie dort alles aussähe, wollte Grüße bestellt haben und seinen Freunden sagen lassen, sie möchten Schlesien verlassen. Er hatte mich gebeten, wenn möglich doch einmal dort nachzuschauen. Der Kreis Neurode liegt nicht wie der Kreis Schweidnitz vor dem Gebirge, sondern mitten drin. Eine Zugverbindung gab es nicht; mit dem Rad zu fahren, konnten wir nicht mehr riskieren. Die Räder nahmen jetzt nicht mehr die Russen, dafür aber die Polen weg, und inzwischen mußten alle Deutschen in Schlesien weiße Armbinden tragen. Wir taten das zwar nicht, riskierten aber dadurch, in Schwierigkeiten zu kommen. Einige Zeit nach meiner Rückkehr aus Berlin – Marion und Muto waren wieder einmal bei uns – wollten Marion und ich das Gaevernitzsche Haus besuchen. Auch diese Wanderung ist mir in schönster Erinnerung geblieben. Es war weit, weiter als wir erwartet hatten. Bei Sonnenaufgang waren wir aufgebrochen, und obwohl wir keine sehr langen Pausen machten, waren wir erst am späten Nachmittag dort. Wir fanden ein stattliches Herrenhaus in einem großen Park; Helmuth war dort früher mehrfach zu Gast gewesen. In dem großen Haus saßen Polen; die Menschen, die Gaevernitz wichtig waren, wohnten in den Nebenhäusern. Es ging ihnen leidlich. Sie hatten mit Russen und Polen ähnliches erlebt wie wir. Sie freuten sich über unseren Besuch und die Verbindung zu Gaevernitz. Wir übernachteten dort und gingen am nächsten Tag auf einem anderen Wege zurück. Insgesamt waren es 45 Kilometer, und unsere Füße nahmen es übel, innerhalb von zwei Tagen soviel laufen zu müssen. Sie waren trotz dicker Schuhe voller Blasen, aber sonst war uns der Ausflug gut bekommen.

Unsere Füße waren eben wieder heil, da kam Romai eines Tages ins Haus gestürzt, um uns zu sagen, es seien Amerikaner im Dorf, und sie wollten uns besuchen. Sie war ganz aufgeregt, und als wir aus dem Hause kamen, fuhr gerade ein großer amerikanischer Sportwagen vor, und heraus stieg Gaevernitz. Mit ihm kam als Chauffeur ein amerikanischer Soldat, der fließend Polnisch und Russisch sprach. Gaevernitz hatte sich von den Russen und Polen eine Erlaubnis verschaffen können, nach Schlesien zu fahren, und hatte beschlossen, selbst nach seinem Neuroder Haus zu sehen. Sie übernachteten bei uns, fuhren am nächsten Tag hinüber und kehrten abends wieder zurück. Die Amerikaner wollten möglichst viel über die Zustände in Schlesien erfahren. In Berlin hatten sie uns schon um einen genauen Bericht gebeten, an dem wir inzwischen gearbeitet hatten. Die systematischen Evakuierungen aus Schlesien waren in den letzten Wochen erst richtig in Gang gekommen. Jetzt wollte Gaevernitz sich selbst ein Bild machen. Er fragte, ob wir ihn am nächsten Tag nach Breslau begleiten könnten, wo wir Beziehungen zu katholischen und evangelischen Pfarrern hatten. Die Kirchen bildeten damals in Schlesien das einzige Netz, über das noch einigermaßen zuverlässige Nachrichten weitergeleitet und überhaupt Verbindungen zwischen einzelnen Orten aufrechterhalten werden konnten. Marion und ich freuten uns, mit dem Auto durchs Land zu fahren, es in Augenschein nehmen und Breslau sehen zu können. Unsere Eindrücke waren aber trostlos. Hinter der Front, an der die Russen bis zum Ende des Krieges haltgemacht hatten, war alles zerstört, zerschossen und verwüstet. Zwar sah man, daß auch hier Evakuierte zurückgekehrt waren und versuchten, in den Trümmern neu zu beginnen, aber die Zerstörung war gewaltig, das Land war nicht bestellt, auf den schönen Äckern wuchs hohes Unkraut. Jetzt sah ich zum erstenmal den großen Unterschied zwischen diesen beiden Zonen. Die Stadt Breslau war genauso erschütternd: von Süden hereinfahrend, sahen wir nur Trümmer, doch der Kern der Stadt war ziemlich gut erhalten. Wir trafen die Leute, an die wir verwiesen worden waren, besahen uns die zerstörte Stadt, in der nur ein paar Buden zu leben schienen, obwohl natürlich in Wirklichkeit noch Tausende dort wohnten, und fuhren am Nachmittag über Strehlen-Reichenbach wieder zurück. Es dunkelte schon, als wir Kreisau erreichten. Ehe wir an den Berghaushügel kamen, wurden wir von einigen Dorfbewohnern angehalten. Wir sollten vorsichtig sein, auf dem Berghaus seien Polen. Sie seien schon vor einiger Zeit mit einem leeren Kastenwagen hinaufgefahren. Russen seien auch oben. Den Amerikanern war dies nicht gerade angenehm. Aber sie verstanden, daß wir so schnell wie möglich hineinwollten, und waren auch gleich entschlossen, uns nicht im Stich zu lassen. Gaevernitz in einer schönen amerikanischen Oberstuniform war alles andere als ein Soldat; doch an diesem Abend benahm er sich wie ein Soldat. Ich sehe noch, wie er vor unserer Haustür tief Atem holte. Dann aber war er ausgezeichnet. Die Polen und Russen waren einfach baff, einen amerikanischen Offizier vor sich zu sehen. Tatsächlich war das ganze Haus voller Polen, die alles untersuchten. Die Kinder saßen zusammen mit Frau Pick in der Küche und wurden von einem russischen Soldaten mit einem großen Schnauzbart, der mit einem Gewehr in der Hand gemütlich auf dem Küchenstuhl saß, bewacht, das heißt beschützt. Muto und Romai waren im Haus beschäftigt. Folgendes war passiert: Die Polen waren gekommen und hatten gesagt, wir hätten Schätze unten im Hause eingemauert. Die wollten sie nun wegholen. Tatsächlich hatte ich mit Hilfe eines polnischen Maurers, der bei uns im Hof arbeitete – das war übrigens der Mann, der gesagt hatte, wenn ich bliebe, bliebe er auch – wegen des Ansturms zurückflutender deutscher Soldaten, die in so zerstörerischer Stimmung waren, Wäsche, Kleider, Silber und Bücher unter unserer Kellertreppe im

Berghaus und unter der Kellertreppe im Schloß nicht nur für uns, sondern auch für die schon Abgereisten eingemauert. Das unter der Schloßtreppe liegt wohl heute noch dort und ist inzwischen längst vermodert. Im Sommer kochten nämlich die Russen lustig vor dieser Mauer und hatten nichts bemerkt, obwohl die Russen gewöhnlich ein Gespür für solche Tricks hatten. Sie hätten von dem Ausräumen auch nicht allzuviel gehabt, denn die Moltkes besaßen keine Schätze, und was ihnen kostbar war, hätte Russen und Polen doch nicht weiter interessiert. Im Berghaus hatten die Polen aber nun die Mauer eingeschlagen und alles nach oben transportiert, wo es in wilder Unordnung lag. Sie waren offenbar etwas enttäuscht über das Gefundene und wühlten oben noch in meinen Papieren herum.

Die Amerikaner waren gerade zur rechten Zeit gekommen. Sie hielten die Polen auf, und Gaevernitz machte ihnen mit Hilfe seines Dolmetschers deutlich, daß sie kein Recht hätten, uns unsere Sachen wegzunehmen, sie möchten gefälligst alles stehen- und liegenlassen und abziehen. Das machte Eindruck, aber es gab doch ein Hin und Her, und schließlich fuhr der Dolmetscher von Gaevernitz noch mit ihnen nach Schweidnitz zurück, woher sie kamen, um mit ihren Vorgesetzten dort noch einmal die Sache zu besprechen. Er kam etwa nach einer Stunde wieder. Ja, es sei in Ordnung, ich könne alles behalten. Meine Schreibmaschine war das schwierigste Objekt gewesen; um die hatten sie am längsten gekämpft. Das Radio hatten sie übrigens nicht bemerkt. Es überstand die Razzia an seinem gewohnten Platz. Nun aber hatte die Anwesenheit amerikanischer, uniformierter Soldaten in Schweidnitz Aufsehen erregt, und schon früh am nächsten Morgen kamen zwei Russen und verlangten die Ausweise der Amerikaner. Ich war im Zimmer, konnte natürlich nichts verstehen, sah aber meinen beiden Freunden an, daß sie sich gar nicht wohl fühlten. Die Russen prüften alles längere Zeit, es gab allerlei zu besprechen, aber schließlich gingen sie. Kaum waren sie aus dem Hause, gestand mir Gaevernitz, seine Genehmigung, nach Polen zu fahren, sei schon abgelaufen, er habe das mit dem Grenzbeamten zwar mündlich geregelt, aber außerdem sei die Erlaubnis gar nicht ihm, sondern einem anderen Offizier erteilt worden. Dieser Mann hatte die Fahrt nicht unternehmen können. Da hatte Gaevernitz die gute Gelegenheit benutzt und war unter falschem Namen gereist. Wenn das herauskam, konnte es für alle übel ausgehen. Also weg, so schnell wie möglich! Damit die Schweidnitzer Russen keine Gelegenheit mehr hatten, die Papiere ein zweites Mal in Augenschein zu nehmen. Blaß und aufgeregt setzten sich die beiden in ihr schönes Auto. Ich gab Gaevernitz den ersten Packen von Helmuths Briefen mit, die so lange hinten in meinen Bienenstöcken vor den Nazis versteckt gewesen waren. Aus dem Auto lehnte sich Gaevernitz noch einmal zu uns heraus: „Ihr müßt hier alle weg", sagte er, „und so schnell wie möglich. Ihr sitzt hier auf einem Vulkan!" Damit fuhr er ab. Er und sein Begleiter sind ohne Hindernisse bis an die Grenze gekommen, haben sie glatt passiert und Berlin erreicht.

Aus allem Erlebten war deutlich geworden, daß wir auf die Dauer nicht in Schlesien bleiben konnten. Doch wir glaubten, es habe Sinn, die Stellung noch eine Weile zu halten, besonders da wir uns mit den vielen anderen Dorfbewohnern solidarisch fühlten. Daß aber das Kinderparadies dieses Sommers sich über den

Winter nicht halten ließ, war sicher. Zwar hatte ich im Frühjahr nach Abzug der Schloßbewohner den ganzen dort noch vorhandenen Koks aufs Berghaus holen lassen, aber Nachschub war nicht zu bekommen. Also war es klüger, die Kinder beizeiten aus Kreisau wegzubringen. Zunächst machte sich Romai mit ihren vier Kindern auf. Sie ordnete, packte, bündelte und verteilte ihre Lasten und bürdete sich selbst unglaubliche Mengen auf. Mit ihrer unvergleichlichen Energie, mit der sie auch nach dem Verlust ihrer gesamten Habe in Berlin unter schwierigen und unbequemen Umständen einen neuen und schönen Hausstand im Schloß zusammengetragen hatte, mit der gleichen Kraft und Zähigkeit nahm sie jetzt den Transport ihrer Kinder und so vieler Sachen wie möglich auf sich. Es war vorgesehen, daß sie ihre Kinder gut unterbringen und dann selbst noch einmal nach Kreisau zurückkehren sollte, damit ich meine Kinder wegbringen konnte. Die Familie begab sich in unserer Begleitung auf den Bahnhof Kreisau und wartete geduldig, bis ein Zug kam. Mit Sack und Pack fanden sie Platz und verschwanden.

Nun war also unser Haushalt schon zusammengeschrumpft. Nach dem Besuch von Gaevernitz waren vielleicht ein bis zwei Wochen vergangen, da erlebten wir wieder etwas ganz Ungewöhnliches. Wir hatten gerade in Schweidnitz gegen polnisches Geld Waren verkauft. Deutsches Geld, das wir hatten, half uns nichts mehr. Wir konnten für längere Zeit ohne polnisches Geld nicht mehr auskommen. Aber wir hatten natürlich vielerlei zu verkaufen. Es waren wohl ein Stück Seide und ein paar Damenschuhe, die Carl Bernd mir aus Griechenland zum Aufbewahren nach Kreisau geschickt hatte, die zuerst dran glauben mußten. Marion begleitete mich wieder. Zu Fuß ist es nach Schweidnitz nur eine reichliche Stunde, wenn man querfeldein über den Mühlberg geht. Man hält immer auf den freundlich winkenden, hohen Turm der Schweidnitzer Hauptkirche zu. So wird einem die Zeit nicht lange. Das Erstaunliche war damals, wie schnell und wie stark sich Schweidnitz in den sechs Monaten nach dem Krieg verändert hatte. Es sah jetzt schon ganz polnisch aus. Und dies lag nur zum Teil an den neuen polnischen Aufschriften und Straßenschildern und an den Nachkriegsnöten aller Art. Es lag auch an den anderen Menschen auf der Straße und an dem vollkommen geänderten Lebensrhythmus, den sie mitbrachten. Ich hätte nie für möglich gehalten, daß sich ein Wechsel so schnell vollziehen kann. Wir erledigten unsere Geschäfte, wie wir fanden, sehr erfolgreich. Polnisches Geld „klimperte" in unseren Taschen, als wir nach Hause gingen. Auf dem Weg zum Berghaus durch den Hof riefen uns Leute an. Wir hätten wieder Besuch. Dieses Mal seien es Engländer. Ich wollte es nicht glauben, aber die Frau war ganz sicher. Doch, sie hätten sie persönlich nach dem Weg gefragt und seien nun oben. Wir machten lange Schritte, und in der Tat: Auf unserem schmalen Fahrweg stand ein kleiner, unverkennbar englischer Viersitzer; noch dazu mit einem britischen Fähnchen. Welch ein Anblick mitten in Schlesien zwischen Russen und Polen.

Drinnen im Hause fanden wir zwei ebenso unverkennbar englische Herren, die sich mit Muto bestens unterhielten: Mr. Hancock und Mr. Finch von der englischen Botschaft in Warschau. Wie mich nach all den Kriegsjahren diese Herren mit ihren englischen Hemden, englischen Röcken und ihrer englischen Art beeindruckten! Eine andere und mir doch so bekannte Welt schien aus den Wolken in unser Berghaus gefallen zu sein. Ihr Erscheinen war die Antwort auf meinen in Berlin an Lionel Curtis geschriebenen Brief. Er versuchte jetzt Himmel und Erde zu bewegen, um uns aus Kreisau herauszuhelfen. Er hatte sich an Ernest Bevin, den englischen Außenminister, gewandt. Bevin hatte Erkundigungen über uns eingezogen und war ausgerechnet an Con O'Neill im Foreign Office gekommen, der Helmuth von Berlin kannte und schätzte, so daß nach der Auskunft Bevin Montgomery in Berlin gebeten hatte, bei den Russen und Polen anzufragen, ob die Engländer uns aus Kreisau abholen dürften. Die beiden Engländer waren nach Kreisau gekommen, um mir dies mitzuteilen. Sie hatten noch weitere Geschäfte in der Liegnitzer Gegend und wollten dann möglichst schnell nach Warschau zurück. Sie blieben daher nur zum Mittagessen und redeten sehr ernst mit uns: Sie wüßten nicht, ob die Abholung gestattet werde, sie hätten keine Möglichkeit, mir das Ergebnis der britischen Intervention mitzuteilen. Ich solle vier Wochen warten. Wenn bis dahin niemand gekommen sei, habe man das englische Gesuch abgelehnt, dann müsse ich versprechen, Kreisau auf eigene Faust zu verlassen. Ehe sie gingen, zog mich der Rangältere, Mr. Hancock, noch in eine Ecke. Wie ein Vater fragte er mich, ob ich genug polnisches Geld habe. Ich erklärte ihm, auf welche Weise ich es mir verschaffen könnte. Aber das erschien ihm nicht gut genug. Er gab mir den Gegenwert von fünfzig Pfund in Zloty, und ich stellte ihm eine Quittung aus auf die British Embassy, Warsaw. Ich konnte das dann später von England aus zurückzahlen, aber damals erschien es mir wie im Märchen. Dann fuhren unsere beiden Freunde wieder ab.

Jetzt verloren wir auch endlich das Radio, und zwar an den komischen Russen mit dem Schnauzbart, der während des Polenbesuches die Kinder in der Küche bewacht hatte. Herr Serpuchoff hatte damals einen tiefen Blick in unsere Speisekammer getan und entdeckt, daß wir eine Menge sehr guter selbstgemachter Marmelade hatten. Der Mann kam nun alle paar Tage und holte sich als Tribut ein neues Glas Marmelade. Sie schmeckte ihm offenbar ausgezeichnet, und sein Konsum war erheblich. Eines Tages kam er mit geheimnisvoller Miene. Er habe von den Polen gehört, daß es bei uns abends – wörtlich – türülürülü machte. Wir hätten also ein Radio! „Oben", sagte er und begab sich auf die Suche. Zuerst taten wir so, als verstünden wir ihn nicht, und überlegten inzwischen, wie wir uns aus der Affäre ziehen sollten. Der Russe machte drastische Zeichen: Radio, wenn nicht hergeben – rrr – die Gurgel durch, also besser hergeben! Wir wußten ja inzwischen, daß wir doch nicht bleiben konnten. War es besser, den Besitz des Radios zuzugeben oder das Ding heimlich in den Busch zu schaffen? Das war nicht so einfach, und wir berieten darüber, während der Russe oben das Haus durchsuchte. Da wollten wir es doch lieber ihm geben, weil wir ihn schon kannten und ihn nicht fürchten mußten. Wir holten ihn in die Küche. Er kam, sah es und war begeistert, strahlend, selig wie ein Kind. Als er es anstellte und wirklich Musik hörte, konnte er sich kaum lassen vor Vergnügen, tanzte förmlich in der Küche herum. Er faßte sich nach einiger Zeit wieder etwas und gab uns Anweisungen, es bis zum Abend wieder wegzustellen und zu verstecken. Nach Einbruch der Dunkelheit kam ein anderer, unbekannter Russe auf einem Motorrad. Er hatte mehrere Decken bei sich, in die er unser Radio sorgsam einwickelte. Dann schnallte er es auf und verschwand damit. Wir waren es auf die allerbeste Art, ganz unoffiziell, als private Russenbeute, losgeworden.

Nun kamen die letzten Wochen in Kreisau. Marion und Muto fuhren wieder nach Berlin. Dafür kam Davy über Kreisau nach Schlesien, ging zwar nicht zurück nach Wernersdorf, wo alles zerstört war, aber nach Bresa, wo sie noch viele Monate bis zur Evakuierung der ganzen Gegend blieb. Dann waren die Kinder und ich wieder mit Frau Pick und Liesbeth alleine. Es waren sehr friedliche und schöne Herbstwochen, ein sonniger, stiller Oktober. Ich hatte das Gefühl, die Zeit stünde noch einmal still. Nichts störte uns; wir hörten nichts und waren nicht beunruhigt. Mein rechter Zeigefinger war unangenehm entzündet und mußte in Schweidnitz im Krankenhaus geschnitten werden. Der Schnitt, der schlecht heilte, behinderte mich, und es war ganz unmöglich, mit den Kindern die Reise nach Berlin über die schwierige Grenze, wo den Leuten alles abgenommen wurde, zu unternehmen, bevor meine Hand wieder heil war. Man konnte nur warten, und es war wunderbar zu warten. Was ich im Hof noch wollte, weiß ich nicht mehr, denn ich hatte dort nichts mehr zu tun. Jedenfalls aber war ich im Nieder-Gräditzer Schweinestall gewesen und kam dort zur Türe heraus, als Caspar in den Hof gelaufen kam und mit seiner hellen Stimme rief: „Reialie, komm, wir müssen weg. Die Engländer sind da!"

Es waren auf den Tag vier Wochen vergangen, seitdem das Auto aus Warschau dagewesen war. Die Engländer waren mit einem großen Personenwagen und einem kleinen Lastwagen gekommen. Der Lastwagen war halb voll mit Notausrüstung. Der freundliche Major Caird und seine zwei Soldaten fühlten sich wie auf einer militärischen Expedition im Feindesland. Ich konnte sie nur mit Mühe dazu überreden, keine Zelte aufzuschlagen, sondern die Nacht ruhig in unseren Betten zu verbringen. Aber sie taten es schließlich, während ich packte. Es stand ja von dem Polenbesuch noch vieles in Koffern im Haus. Im Dorf verbreitete es sich wie ein Lauffeuer, daß wir nun gingen, und obwohl mir gesagt worden war, ich dürfe nur meine höchst eigenen Sachen mitnehmen, nahm ich doch eine ganze Reihe von anderen Koffern mit. Aber alles, was wir heute noch aus Kreisau haben, verdanken wir nur den Engländern.

Es wurmt mich heute noch, daß ich dem jungen Briefträger, Herrn Jung, versagt habe, ihm sein riesiges Schifferklavier mitzunehmen, das er auf einem Leiterwagen brachte. Aber es waren zu viele Sachen unterzubringen, die damals wichtiger erschienen. Eigentlich sollten nur die Kinder und ich mitfahren. Aber der freundliche Major erbarmte sich dann doch der guten Frau Pick. Sie durfte mit uns kommen.

Früh am nächsten Morgen brachen wir auf. Das Haus blieb offen. Wir fuhren den Berghügel hinunter auf die Eule zu. Als der Wagen anfuhr, fragte ich Caspar: „Wann werden wir denn wohl wiederkommen!" – „In einem Jahr!" sagte er vergnügt und bestimmt. Wir fuhren den holprigen, schmalen Weg zum

Bahnhof entlang, kamen beim Bahnhof auf die Dorfstraße, fuhren über die Peilebrücke, am Kapellenberg, an der Mühle, an der Schule, an Schwester Idas Spielschule vorbei, an der Kuhstallmauer entlang, am Hoftor vorüber – man sah Hof und Schloß dort liegen –, dann weiter durch das Dorf bis Gräditz, wo wir auf die Chaussee nach Schweidnitz kamen. Sieben Stunden später waren wir in Berlin. An der Grenze grüßten die Polen, öffneten den Schlagbaum, und wir passierten ungehindert, dank der Freundschaft der Engländer, die von allen gefürchtete polnisch-deutsche Grenze.

Anmerkungen

Alle Briefe von Helmuth James von Moltke an Freya, Sir James und Lady Rose Innes, Helene Weigel, Maria Strindberg und Karin Michaelis, sowie die Briefe von Dorothy von Moltke an ihre Eltern und die Korrespondenz anläßlich Moltkes Besuch in der Türkei 1943 befinden sich im Besitz von Freya von Moltke, die übrigen, soweit nicht anders vermerkt, im Besitz oder Nachlaß des jeweiligen Empfängers. Alle Briefe sind auf Deutsch geschrieben, mit Ausnahme derjenigen an südafrikanische, englische oder amerikanische Empfänger. Die englischsprachigen Briefe sind insgesamt übersetzt und mit einem „*“ gekennzeichnet. Auf Querverweise zu Briefstellen, die in Ger van Roons *Neuordnung im Widerstand* bereits abgedruckt sind, ist verzichtet worden. Soweit keine anderen Empfänger angegeben sind, wurden alle Briefe an Freya von Moltke geschrieben.
Alle Auslassungen, auch Anrede und Briefschluß, sind mit „... “ gekennzeichnet, Ergänzungen der Verfasser mit eckigen Klammern. Verbesserungen von Schreibfehlern sind nicht angegeben.

Die Kindheit

1 Der Friedensvertrag von Versailles sah eine Volksabstimmung in Oberschlesien über die Zugehörigkeit des Landes vor. Erst dann sollte die endgültige Grenze festgelegt werden. In der Abstimmung vom 20. März 1921 stimmten 60 % für ein Verbleiben beim Deutschen Reich. Trotzdem sprach der Oberste Rat der Alliierten im Oktober 1921 den wertvollsten Teil des Industriereviers Polen zu. Zwischen der Abstimmung und der Entscheidung im Oktober kam es mehrfach zu Kämpfen polnischer Freischaren mit deutschen Freikorps, die in der Erstürmung des Annabergs unter General Hoefer ihren Höhepunkt fanden. Schließlich wurden die deutschen und polnischen Verbände durch alliierte Truppen getrennt und später zu Rückzug und Auflösung veranlaßt.
2 Gemischte Kommission für die Abstimmung in Oberschlesien.
3 Oberster Richter der Südafrikanischen Union.
4 „Da geht Rose Innes; er ist so aufrecht, daß er sich rückwärts neigt.“
5 „Minnie, sind wir nicht ordentlich?“
6 „Gut, wenn ich es noch nicht sehen kann, so kann ich es mir doch vorstellen.“

Wichtige Einflüsse

1 Louis Ferdinand Prinz von Preußen: Als Kaiserenkel durch die Welt. Berlin 1952, S. 66 f.
2 H. M. Wright: Sir James Rose Innes. Selected Correspondence (1884–1902). Cape Town 1972, S. 2.
3 James Rose Innes: Autobiography. Cape Town 1949, S. 320.

4 Eine Vereinigung, die für ein Wahlrecht eintrat, das nicht nach Rassen unterschied.
5 E. Kessel: Moltke. Stuttgart 1957, S. 54.
6 Sämtliche hier zitierten Briefe Moltkes sind den Bänden IV und V von H. von Moltke: Gesammelte Schriften und Denkwürdigkeiten. Berlin 1891–1893, entnommen.
7 Kessel, a. a. O.
8 Zur Geschichte der englischen Familie Burt vgl. M. Balfour and J. Frisby: Helmuth von Moltke. A Leader Against Hitler. London 1972, S. 2.
9 Berichtet von Elisabeth Herdan-Zuckmayer.
10 V. Sheean: Dorothy and Red. New York 1964, S. 4.
11 Deutschland stellt die Uhr zurück.
12 E. Rosenstock-Huessy und C. D. von Trotha: Das Arbeitslager. Jena 1931, S. 28.
13 Die Zitate von Rosenstock sind dem Band E. Rosenstock: Die Hochzeit des Kriegs und der Revolution. Würzburg 1920, S. 297, 265 und 345 entnommen.
14 Die folgende Darstellung der Arbeitslager beruht auf:
E. Rosenstock-Huessy und C. D. von Trotha, a. a. O. und auf
J. Wittig: Es werde Volk. Schlesische Bergwacht. Waldenburg 1928,
sowie auf persönlichen Erinnerungen.

Krise in Kreisau.
Heirat

1 E. Feder: Heute sprach ich mit ... Stuttgart 1971, S. 322.
2 Zur Schreibweise: 1930 wurde durch Gesetz ein C als erster Buchstabe eines deutschen Ortsnamens in K geändert; aus Creisau wurde Kreisau.
Zum Grafentitel: 1871 wurde dem Feldmarschall von Moltke der Grafentitel verliehen. Anders als sonst in Deutschland üblich ging dieser Titel nur auf den jeweils Erstgeborenen über. Nach dem Feldmarschall trug ihn sein ältester Neffe. 1919 wurden durch Gesetz alle Adelsprädikate abgeschafft und blieben nur noch als Teil des Namens bestehen. Durch Primogenitur vererbte Titel bildeten einen im Gesetz nicht geregelten Sonderfall, der durch nachträgliche Gerichtsentscheidung dahingehend aufgeklärt wurde, daß diese Adelsprädikate als mit dem Tod des 1919 noch lebenden Trägers gelöscht galten. Dieser Fragenkomplex wurde jedoch erst 1967 endgültig geregelt. Helmuth James von Moltke, erst 1939 nach dem Tode seines Vaters Rechtsnachfolger des Feldmarschalls, hatte danach rechtlich keinen Anspruch auf diesen Titel mehr. Die Rechtslage war aber damals ungeklärt; er wurde meistens wie sein Vater angeredet.
3 F. J. Furtwängler: Männer, die ich sah und kannte. Hamburg 1951, S. 217.

Das Leben unter dem Nationalsozialismus

1 Vgl. den Brief an Lionel Curtis vom 25. März 1943, der im Kapitel „Debatten und Hemmnisse" wiedergegeben ist.
2 Dieser Brief vom 25. Mai 1943 befindet sich im Besitz von Dr. Clarita von Trott.

Eine Rettungsleine nach England

1 Ständiger Internationaler Gerichtshof.
2 Um jeden Preis.
3 L. Curtis: Civitas Dei. London 1934–37; neue Fassung London 1950.
4 Die Politik des Appeasement verfolgte das Ziel, durch Nachgiebigkeit gegenüber Hitlers Forderungen einen drohenden Krieg abzuwenden.
5 Der Bericht an Headlam und dessen Brief an Bischof Bell befinden sich in Lambeth Palace, Bell Papers, Box 7, German Church.
6 Vgl. A. L. Rowse: All Souls and Appeasement. London 1961, S. 95 f.
7 Vgl. C. Sykes: Adam von Trott. Düsseldorf 1969, S. 207.

Hitler beleidigt die Armee

1 Bericht Deuels im van Roon-Archiv im Institut für Zeitgeschichte (IfZ).
2 Zu Moltkes Kontakten mit den Plänen von 1938 vgl. G. van Roon: Neuordnung im Widerstand. München 1967, S. 43.

Die tschechische Krise

1 Wäre hier nicht der verschlüsselte Ausspruch angebracht: Wenn ihr den Rubikon nicht überschreitet, werdet ihr ein großes Reich zerstören.
2 „Was für schönes Wetter und was für eine verfluchte politische Lage. Am 12. März war auch herrliches Wetter!“ (Am 12. März 1938 waren die deutschen Truppen in Österreich einmarschiert.)
3 Die Briefe mußten die deutsche Zensur passieren; daher wird hier das „Führer“ verwendet.
4 John Foster, Jurist, Fachmann für Internationales Recht; Fellow von All Souls. Helmuth von Moltke lernte ihn bereits 1935 kennen. Heute Sir Foster, Q. C. (Queen's Counsel), M. P.

Die letzten Friedensmonate

1 Vgl. C. Zuckmayer: Als wär's ein Stück von mir. Frankfurt/M. 1966, S. 62.
2 Lionel Curtis datiert diesen Meinungsaustausch – in: Civitas Dei, S. 603 – auf das Jahr 1938. Er war aber der Meinung (und stellte es auch als Helmuth von Moltkes Absicht dar), daß die Iden des März auf den 7. statt den 15. fielen. Das einzige Jahr, wo Hitlers Unternehmungen auf die Iden des März fielen, war 1939. Das stimmt auch besser mit Moltkes Reisen überein, soweit diese sich rekonstruieren lassen.
3 Erster Kronanwalt, dem Kabinett nicht angehörig.
4 Anwaltskanzleien
5 Es kann sich hier um eine rechtsvergleichende Arbeit über deutsches und englisches Erbschaftsrecht gehandelt haben, die er zusammen mit John Foster geplant hatte.

Die Abwehr

1 Vgl. F. J. Furtwängler, a. a. O., S. 205.
2 Vgl. P. Joffroy: Der Spion Gottes. Stuttgart 1972.
3 Vgl. H. B. Gisevius: Wo ist Nebe? Zürich 1966, S. 104.

Die Arbeit in der Abwehr

1 Die Darstellung der einzelnen Vorgänge beruht auf:
G. van Roon: Graf Moltke als Völkerrechtler im OKW, in: Vierteljahrshefte für Zeitgeschichte (VfZ) 18 (1970), S. 12–61;
H. Sohler: U-Boot-Krieg und Völkerrecht, in: Marine-Rundschau, Beiheft 1, Sept. 1956;
M. Selawski: Die deutsche Seekriegsleitung. Frankfurt/M. 1970.
2 Vgl. dazu J. Wheeler-Bennett: Die Nemesis der Macht. Die deutsche Armee in der Politik 1918–1945. Düsseldorf 1954;
H. Groscurth: Tagebuch eines Abwehroffiziers 1938–1940, in: Quellen und Darstellungen zur Zeitgeschichte, Bd. 19. Stuttgart 1970;
H. Deutsch: Verschwörung gegen den Krieg. München 1969.
3 Der volle Text des Gutachtens von Raeder in: Trial of the Major War Criminals before the International Military Tribunal, Nuremberg 14 November 1945 – 1 October 1946 (im weiteren Verlauf als IMT abgekürzt), Bd. 34, S. 608–641. Der amtliche Text der deutschen Ausgabe lautet: Der Prozeß gegen die Hauptkriegsverbrecher vor dem Internationalen Militärgerichtshof Nürnberg, 14. November 1945 – 1. Oktober 1946.
4 Sie kann sich um die deutsche Reaktion auf einen Funkspruch der britischen Admiralität vom 1. Oktober gedreht haben, der den britischen Handelsschiffen befahl, alle deutschen U-Boote, die ihnen begegneten, zu rammen. Am 17. Oktober wurden daraufhin die deutschen U-Boote ermächtigt, ohne Warnung alle feindlichen Handelsschiffe anzugreifen, die als solche erkannt wurden.
5 Nürnberger Dokument 2992 (in den Akten des Instituts für Zeitgeschichte, IfZ).
6 H. Groscurth, a. a. O., S. 223.
7 Vgl. A. Hoch: Das Attentat auf Hitler im Münchner Bürgerbräukeller, in: VfZ 17 (1969), S. 383–413.
8 Vgl. Hitlers Weisungen für die Kriegsführung 1939–1945. Dokumente des Oberkommandos der Wehrmacht, hrsg. von W. Hubatsch. Frankfurt/M. 1962, S. 40–43.
9 Nürnberger Dokument 1722 (in den Akten des IfZ).
10 Aktennotiz Lohmann vom 11. Dezember 1939 (in den Akten des IfZ).
11 Diese und die Punkte (...) im Brief vom 26. November 1943 (S. 277) sind die einzigen, die von Moltke selbst stammen. Daher wurde bei Auslassungen der Autoren darauf verzichtet, die Punkte in eckige Klammern zu setzen.

Warten auf den Angriff

1 Zitat aus: G. van Roon: Neuordnung, S. 77.
2 Original im Bundesarchiv (MA Bd. 7/227).
3 Vgl. H. Groscurth, a. a. O., S. 240.

4 1933–44 Verbindungsoffizier zwischen dem AA und dem OKW.
5 Kann sich auf zweierlei beziehen: entweder auf das Verhältnis zwischen Wehrmacht und SS in Polen oder auf die Frage des Status polnischen Soldaten, die nach ihrer Flucht aus Polen den polnischen Streitkräften auf französischem Boden beitraten. Die Nazis wollten sie als Partisanen behandeln und bei Gefangennahme erschießen.
6 Trotz eingehender Forschungen ist es nicht gelungen, den Führerbefehl zu identifizieren. Jodl hielt in seinem Kriegstagebuch fest, daß Hitler am 7. März eine Weisung für den Einsatz in Norwegen unterschrieb, die endgültig sein sollte. Doch am 8. März hieß es dann, besondere Anordnungen sollten auf andere Weise getroffen werden (IMT, Bd. 28, S. 411).
7 Das traf nicht genau zu. Nach der Kapitulation Dänemarks existierte die dänische Regierung weiter; erst 1943 wurde sie von den Deutschen übernommen.

Eine Depression und ihre Überwindung

1 Vgl. G. Kennan: Memoiren eines Diplomaten. Frankfurt/M. 1970, S. 127.
2 Zerschmettert das Unwürdige.
3 Der Wortlaut des gesamten Briefwechsels bei G. van Roon: Neuordnung, S. 478–497. – Der Brief vom 31. August mit Antwort vom 7. September ist tatsächlich an Otto von der Gablentz gerichtet gewesen und nicht an Yorck, wie bei van Roon behauptet.
4 G. van Roon, a. a. O., S. 500–505.
5 Vgl. G. van Roon: Graf Moltke als Völkerrechtler im OKW. In: VfZ 18 (1970), S. 12–61.
6 Zum Text des Memorandums vom 20. Juni siehe G. van Roon: Neuordnung, S. 224.
7 Nachlaß Gladisch, Bundesarchiv/Militärarchiv, Freiburg i. Br.
8 Drei Jahre später vertrat der nationalsozialistische Rüstungsminister Albert Speer ähnliche Ansichten. Vgl. A. Speer: Erinnerungen. Frankfurt/M. 1970, S. 323–324.
9 Wahrscheinlich handelte es sich um Graf Karl Wilhelm von Schlieffen, gefallen 1945.
10 Alexander von Falkenhausen (1878–1966), 1934–39 Militärberater von Tschiang Kaischek; 1939 kommandierender General im Wehrkreis IV (Dresden); 1940–1944 Militärbefehlshaber in Belgien; kurz vor dem 20. Juli 1944 entlassen und nachher verhaftet; im April 1945 nach der deutschen Kapitulation abermals verhaftet und von einem belgischen Gericht zu sechs Jahren Zuchthaus verurteilt; 1951 vorzeitig entlassen.
11 Brief Wallace Deuels an Ger van Roon (in den Akten des IfZ).
12 Er sagte wörtlich: "The right to guide the course of world history is the noblest prize of victory. We are still toiling up the hill; we have not yet reached the crest-line of it; we cannot survey the landscape or even imagine what its condition will be, when that longed-for morning comes. The task which lies before us immediately is at once more practical, more simple and more stern. I hope, indeed I pray, that we shall not be found unworthy of our victory if after toil and tribulation it is granted to us. Fort the rest we have to gain victory. That is our task."
(Das Recht, den Lauf der Weltgeschichte zu lenken, ist der vornehmste Preis des Sieges. Noch mühen wir uns den Berg hinauf; noch haben wir den Gipfel nicht erreicht; wir können die Landschaft unter uns noch nicht erblicken oder uns gar vorstellen, wie sie aussehen wird, wenn der langersehnte Morgen kommt. Die Aufgabe, die jetzt unmittelbar vor uns liegt, ist zugleich praktischer, einfacher und härter. Ich hoffe, ja ich

bete, daß wir unseres Sieges nicht unwürdig erachtet werden, wenn er uns nach Mühe und Leiden gewährt wird. Wir müssen den Sieg erringen. Das ist unsere Aufgabe.)

13 Vgl. C. Bielenberg: Als ich Deutsche war. 1934–1945. Eine Engländerin erzählt. München 1970.

14 Helmuth von Moltke traf Kirk in Abständen. Er war Geschäftsträger der amerikanischen Botschaft, da die Amerikaner nach der Kristallnacht ihren Botschafter zurückgezogen hatten. George Kennan berichtet in seinen Memoiren, Kirk sei hauptsächlich durch Moltke zu der Überzeugung gekommen, der Krieg werde für Deutschland schlecht ausgehen. Vgl. G. Kennan, a. a. O., S. 126.

15 Friedrich von Rabenau (1884–1945); bis 1943 Leiter des Heerarchivs in Potsdam; Freund Goerdelers; nach dem 20. Juli 1944 verhaftet und im April 1945 in Flossenbürg hingerichtet.

16 Edward von Glaise-Horstenau (1882–1946), 1917/18 österreichischer Hauptvertreter in Brest/Litowsk; 1925–1934 Direktor des Kriegsarchivs in Wien; 1936 Minister in Schuschniggs Kabinett; 1938 Vizekanzler; 1942–44 Oberbefehlshaber in Agram; 1946 Selbstmord in der US-Internierung.

Zwischenspiel

1 Vgl. J. Douglas-Hamilton: Motive for a Mission. London 1971.

2 Die Begegnung am 10. Dezember war wahrscheinlich der Anlaß, bei dem Haushofer „den Männern um Graf Moltke einen Vortrag hielt“. Vgl. R. Hildebrandt: Wir sind die Letzten. – In Kreisau war Haushofer nie.

3 Der genaue Wortlaut des Schriftstücks bei G. van Roon: Neuordnung, S. 507–514.

4 Eine Fotokopie der betreffenden Aktennotiz vom 29. März 1941 ist im IfZ einzusehen. Sie ist authentisch; möglicherweise war Moltke falsch informiert.

5 Bürkner entnahm einem Memorandum von Keitel über Rumänien vom 20. September 1940, daß ein Angriff auf Rußland erwogen wurde, und teilte es am folgenden Tag Weizsäcker mit (IMT Bd. 14, S. 380). Vermutlich teilte er es Moltke nicht so früh mit, aber sicher wußte dieser bald danach davon.

6 Offiziere, die für den Generalstab ausgebildet wurden, lernten zwischen der großen, das heißt einer umfassenden Lösung für ein strategisches Problem im Gegensatz zur kleinen, einer Übergangslösung, unterscheiden. Entsprechend spricht Helmuth von Moltke hier von einer umfassenden Neuordnung Deutschlands.

Der neue Ansatz

1 Vermutlich die Hindenburgschleuse im Mittellandkanal bei Hannover.

2 Brief von H. C. von Stauffenberg vom 5. Januar 1964 im IfZ. Erst nachdem „Helmuth von Moltke, A Leader against Hitler“ in Druck gegangen war, hat Hans Christoph von Stauffenberg in einem Brief an Michael Balfour vom Juli 1972 Fragen über seine Beziehung zu Moltke genau beantwortet. Die Darstellung auf S. 130, 157 und 158 im englischen Text ist daher im deutschen Text entsprechend berichtigt worden.

3 Nach H. C. von Stauffenberg, in: G. van Roon: Neuordnung, S. 286.

4 Über Mierendorff vgl. C. Zuckmayer: Carlo Mierendorff. Porträt eines deutschen

Sozialisten. Berlin 1947. (Gedächtnisrede, gesprochen am 12. März 1947 in New York.) C. Zuckmayer: Als wär's ein Stück von mir. Frankfurt/M. 1966.

5 Vgl. C. Sykes: Adam von Trott. Düsseldorf 1969, Kap. 14. Furtwängler wurde bald darauf vom SD überwacht und mußte seine Tätigkeit im Widerstand einschränken.

6 Paulus van Husen suchte Galen mehrmals für Helmuth von Moltke auf. Die Bemerkungen über Galen sind insofern nicht zutreffend, als dieser bereits 1933, und zwar zusammen mit Preysing, die Opposition der deutschen Bischöfe gegen die Entscheidung des Zentrums, Hitlers Ermächtigungsgesetz zuzustimmen, führte.

7 Moltke wollte dem Bischof einmal einen „sozialdemokratischen Politiker", wahrscheinlich Mierendorff, vorstellen, aber Preysing lehnte ab mit der Begründung, er könne alles Notwendige von ihm erfahren, und eine neue Bekanntschaft erhöhte nur das Risiko. Vgl. W. Adolph: Kardinal Preysing und zwei Diktaturen. Berlin 1971, S. 181.

8 Zum ersten Treffen mit Steltzer vgl. den Brief Steltzers an G. van Roon im IfZ. Zitat aus Th. Steltzer: Sechzig Jahre Zeitgenosse. München 1966, S. 149.

9 Vgl. J. Donohoe: Hitler's Conservative Opponents in Bavaria 1930–1945. Leiden 1961.

10 Botho von Wussow (1901–1971) war Grundbesitzer und eine Zeitlang im diplomatischen Dienst tätig.

11 Die ganze Begegnung bei G. van Roon, a. a. O., S. 237.

12 Drei Gründe sprechen dafür, daß Rösch sich nicht mehr genau erinnerte, als er diesen Bericht schrieb: 1) Moltkes Version läßt nicht darauf schließen, daß Röschs Erscheinen Zufall war. 2) Hitler hielt die Rede am 2. Oktober. 3) Es ist unwahrscheinlich, daß Moltke das genaue Datum des Kriegsendes dreieinhalb Jahre vorausgesagt hatte, besonders da andere Bemerkungen von ihm zeigen, daß er die Katastrophe sehr viel eher erwartete.

13 Zu Leuschners Plänen vgl. G. van Roon, a. a. O., S. 281 f.

14 Vgl. B. Schwerdtfeger: Konrad Kardinal Preysing. Berlin 1950. S. 108.

15 Die Aufzeichnungen über Erziehung vom 18. und 19. Oktober 1941 sind erst im Dezember 1973 wieder aufgefunden und noch nicht veröffentlicht worden. Die Originale befinden sich im Besitz von Roland Reichwein, Berlin.

16 Max Föhrenbach (1872–1942) wurde 1931 als General in den Ruhestand versetzt, trat 1940 wieder in die Armee ein als stellvertretender Befehlshaber des 2. Korps im Wehrkreis II, Stettin; als das Korps mit seinem Kommandeur nach Rußland an die Front kam, wurde Föhrenbach wie üblich Kommandeur des Wehrkreises, der die Basis für das Korps bildete; 1942 wurde er in den Ruhestand versetzt.

17 Brief Halders vom 9. August 1963 im IfZ.

18 U. v. Hassell: Vom anderen Deutschland. Zürich 1947, S. 243 f.

19 Kennan konnte sich 1962 nicht mehr mit Sicherheit erinnern, was die Aufgabe war. Er vermutet, daß es sich darum gehandelt hat, eine Verbindung zwischen den alliierten Regierungen und Moltke und seinen Freunden herzustellen. Als Kennan im Mai 1942 schließlich in den Vereinigten Staaten eintraf, beschloß er, der Regierung nichts von seinen Kenntnissen über Moltke zu sagen, weil er ihrer Verschwiegenheit nicht traute.

20 „Meine persönlichen Angelegenheiten sind nämlich gerade in Verwirrung, und ich wußte nicht, wie ich da wieder 'raus kommen sollte, aber diese Arbeit wird mich wieder ins Gleichgewicht bringen, und ich hoffe, dadurch meine große Dankesschuld an Europa für die bedeutendsten 15 Jahre meines Lebens abtragen zu können."

21 G. Kennan: Memoiren, S. 126–128.

22 Vgl. Krausnick (Hrsg.) u. a.: Die Anatomie des SS-Staates. München 1965, Bd. 2, S. 251–258, 261–263; Bd. 4, S. 508; IMT, Bd. 11, S. 444–462.

23 Wenn wir uns aneinander klammern
Und singen „God save the King"
Und die Menschen ins Meer zu den Haien werfen.
24 Moltke ist sicher, daß dies bevorsteht, aber unsicher, wann.
25 Vgl. E. Rosenstock-Huessy: Des Christen Zukunft. München 1956, S. 138.

Fortschritte

1 Vgl. G. Kennan, a. a. O., S. 126.
2 Vgl. Th. Steltzer, a. a. O., S. 150.
3 Vgl. B. Schwerdtfeger, a. a. O., S. 130.
4 Churchill sagte in dieser Rede vom 9. September 1941 wörtlich: „We are still masters of our fate, we are still captains of our souls." Er zitierte das berühmte Gedicht „Invictus" von W. E. Henley (1849–1903).
5 Nikolaus von Falkenhorst (geb. 1885), Kommandierender General der in Norwegen einmarschierenden Truppen; bis 1944 Oberbefehlshaber in Norwegen; 1946 von einem britisch-norwegischen Gericht zum Tode verurteilt, anschließend zu langer Haft begnadigt und 1953 entlassen.
6 Vgl. Th. Steltzer, a. a. O., S. 144. Dort wird auch der Vorfall mit Berggrav berichtet.
7 Vgl. IMT, Bd. 12, S. 270.
8 Um diese Memoranden hat es eine längere Diskussion in der Literatur gegeben. Ihr Wortlaut ist niedergelegt bei:
G. van Roon, a. a. O., S. 572–577;
C. Sykes: Adam von Trott. Düsseldorf 1969, S. 314 ff.;
E. Bethge: Dietrich Bonhoeffer. München 1967, S. 850–899;
D. Bonhoeffer: Gesammelte Schriften. München 1958, Bd. 1, S. 372–413;
E. Gerstenmaier: Der Kreisauer Kreis. In: VfZ 15 (1967), S. 221–246;
Zwei außenpolitische Memoranden der Deutschen Opposition (Frühjahr 1942). In: VfZ 5 (1957), S. 388–392.
9 Lutherischer Pastor, leitete die Forschungsabteilung des vorläufigen Weltkirchenrates; der Genfer Hauptsitz dieser Organisation hatte für die evangelischen Kirchen im Krieg etwa die gleiche Vermittlerfunktion wie der Vatikan in größerem Maßstab für die Katholiken. Bischof Bell war Vorsitzender des Ökumenischen Rats für praktisches Christentum gewesen, einer Vorstufe des Weltkirchenrates.
10 Generalsekretär des vorläufigen Weltkirchenrates in Genf.
11 Mündl. Bericht von Visser't Hooft im Frühsommer 1945 und von Bischof Bell im Sommer 1946 an Eugen Gerstenmaier; berichtet von E. Gerstenmaier nach Drucklegung der engl. Fassung.
12 Berichtet von E. Gerstenmaier nach Drucklegung der engl. Fassung.
13 Vgl. M. Balfour: Another Look at Unconditional Surrender. In: International Affairs 46 (v. 4. Okt. 1970), S. 719–736. Dort wird die alliierte Politik gegenüber einem Verhandlungsfrieden mit Deutschland behandelt.

Die Wende

1 Wortlaut bei G. van Roon, a. a. O., S. 542–544.
2 Vgl. M. Steinert: Hitlers Krieg und die Deutschen. Genf 1970, S. 69.

3 Theophilus Wurm (1868–1953), seit 1929 Präsident der Evang. Landeskirche von Württemberg; 1933 Landesbischof; Mitbegründer der Bekennenden Kirche Deutschlands; 1934 abgesetzt auf Verlangen der Reichsregierung, auf öffentlichen Protest hin wieder zugelassen; einer der führenden Gestalten des deutschen Luthertums im Kirchenkampf; protestierte immer wieder öffentlich gegen Euthanasie und Judenverfolgung; 1945–1949 Vorsitzender des Rates der Evangelischen Kirche in Deutschland.

4 Vgl. G. van Roon: Graf Moltke als Völkerrechtler im OKW. In: VfZ 18 (1970), S. 12–61.

5 Vgl. Nachlaß Gladisch im Bundesarchiv/Heeresarchiv Freiburg i. Br. (Kopie im IfZ). Vgl. auch das auf der Arbeit des Ausschusses aufbauende Buch W. Gladisch / H. Widmann: Großfragen des Seekriegsrechts im Zweiten Weltkrieg. Berlin 1944.

6 Rudolf Bamler (geb. 1896), 1927–1939 in der Abwehr (Gegenspionage), dann Leiter der militärisch-politischen Informationsabteilung Ausland/Abwehr; angeblich erster Offizier der Armee, der Nationalsozialist wurde; von Canaris entfernt, da er Heydrich nahestand; 1939–41 Stabschef des XLVII. Armeekorps; 1941–42 Stabschef in Danzig; 1942–44 Stabschef in Norwegen; kam dann als Oberkommandierender der 12. Infanteriedivision nach Rußland und geriet am 27. Juni 1944 in russische Kriegsgefangenschaft; unterschrieb am 22. Juli 1944 den sowjetischen Aufruf an die deutsche Wehrmacht, sich zu ergeben; Spion für die russischen Behörden unter deutschen Kriegsgefangenen; Studium an einer antifaschistischen russischen Schule; kehrte als Leiter der Polizeischule Glöwen in die russisch besetzte Zone Deutschlands zurück; 1950 wieder Studium in der Sowjetunion; 1952 Leiter der Schule für technische Offiziere in Erfurt und 1959 Berater des Ministeriums für Staatssicherheit in der DDR; 1965 noch im Amt.

7 Wortlaut bei G. van Roon: Neuordnung, S. 547–550.

8 Vgl. G. van Roon, a. a. O., S. 276. Zu Schulenburg vgl. A. Krebs: Fritz Dietlof Graf von der Schulenburg. Hamburg 1964, S. 265.

9 Die Verfasser sind Herrn Domkapitular Walter Adolph für Mitteilungen über die Entstehungsgeschichte des Hirtenbriefes zu Dank verpflichtet.

Debatten und Hemmnisse

1 Johannes Popitz (geb. 1884), preußischer Beamter; 1933–44 preußischer Finanzminister; erhielt 1937 das goldene Parteiabzeichen.

2 Jens Peter Jessen (geb. 1895), 1931–33 politischer Berater der NSDAP, Professor für politische Theorie an der Universität Berlin, im Krieg beim Stab des Generalquartiermeisters.

3 Zitiert aus U. von Hassell, a. a. O., S. 295.

4 Moltkes Bemerkung besagte, wer nach den Nazis regieren wolle, müsse eine radikale Politik verfolgen, um nicht bald verdrängt zu werden wie Alexander Kerenski, 1917 Leiter der provisorischen russischen Regierung, von Lenin verdrängt. Sein am folgenden Tag geschriebener Bericht macht deutlich, daß der Einwurf gegen Goerdeler wohlüberlegt war. Hans Mommsen, der von dem „bösen Wort“ spricht, „das deutlich macht, wie sehr man eine Bolschewisierung Deutschlands im Zuge der Niederlage fürchtete“, scheint mißverstanden zu haben, wie umfassend die Analogie gemeint war, und wie wenig sie mit „Bolschewisierung“ zu tun hatte. Vgl. H. Mommsen: Gesellschaftsbild und Verfassungspläne des deutschen Widerstands. In: Der deutsche Widerstand gegen Hitler, hrsg. von W. Schmitthenner und H. Buchheim, Köln 1966.

5 Äußerung Moltkes gegenüber Hans Heinrich von Portatius (1943); Brief im IfZ.
6 Vgl. G. van Roon, a. a. O., S. 285.
7 Das Gespräch mit Faulhaber wird berichtet in: Spiegelbild einer Verschwörung. Kaltenbrunners Berichte an Bormann und Hitler über das Attentat vom 20. Juli 1944. Stuttgart 1961, S. 438. – Dies ist durchaus nicht immer eine zuverlässige Quelle; in diesem Teil besteht aber kein Grund, ihr zu mißtrauen. Der Brief von Reisert befindet sich im IfZ.
8 Vgl. G. van Roon, a. a. O., S. 240.
9 Vgl. den Brief Barbara von Borsigs im IfZ.
10 Günther Schmölders, Wirtschaftswissenschaftler, Freund Yorcks; verfaßte verschiedene Memoranden und nahm an einigen Besprechungen teil.
11 Vgl. den Brief Ivar Andersens im IfZ.
12 Vgl. J. Glenthøj: Dokumente zur Bonhoeffer-Forschung. München 1969, S. 281; G. van Roon: German Resistance to Hitler. Count von Moltke and the Kreisau Circle, transl. by Peter Ludlow. London 1971. – P. Ludlow schließt aus Berggravs Privatpapieren, daß die Aussage, Moltke sei bereit gewesen, am Attentat auf Hitler teilzunehmen, vielleicht nicht sofort niedergeschrieben und daher nicht restlos zuverlässig sei. Van Roon zufolge machte Berggrav am 8. Januar und am 18. März Notizen über Zusammenkünfte mit Moltke und Steltzer. Es steht aber fest, daß Moltke am 8. Januar in Berlin und nicht in Oslo war.
13 Eine Fotokopie der Aktennotiz liegt beim IfZ.
14 Das englische *opposition* wurde in der Übersetzung mit „Opposition" wiedergegeben, weil die Männer des Widerstandes sich selbst nie als „Widerstand" bezeichneten, was aus historischer Sicht zutreffen würde.
15 Vgl. H. Lindgren: Adam von Trotts Reisen nach Schweden 1942–44. In: VfZ 18 (1970), S. 274–291.
16 Wortlaut bei G. van Roon: German Resistance to Hitler, S. 274–291.
17 Vgl. H. Höhne: Kenntwort Direktor. Die Geschichte der Roten Kapelle. Frankfurt/M. 1970.
18 Vgl. G. van Roon: Neuordnung, S. 287.
19 H. B. Gisevius: Wo ist Nebe? S. 236 f.

An der Arbeit

1 Paulus van Husen (1881–1971), wurde 1934 aus der Gemischten Kommission in Oberschlesien entlassen, weil er unter Heranziehung des Minderheitenrechtes des Völkerbundes Juden vor Verfolgung bewahrt hatte. Er arbeitete dann an verschiedenen deutschen Gerichten. 1940 ließ er sich anstelle eines Kollegen zum Wehrdienst einziehen und kam zum Wehrmachtführungsstab.
2 W. Wengler: Vorkämpfer der Völkerverständigung und Völkerrechtsgelehrter als Opfer des Nationalsozialismus. H. J. Graf von Moltke (1907–45); Die Friedenswarte 48 (1948), S. 297–305.
3 Diese Stelle kann sich auf den Wehrmachtführungsstab unter den Generälen Jodl und Warlimont beziehen, die die damaligen militärischen Operationen leiteten (außer denjenigen an der Ostfront, die vom OKH geleitet wurden), oder auf das AWA unter Reinecke.
4 Es ist nicht mehr festzustellen, worauf sich das bezieht.

5 Text bei G. van Roon: Neuordnung, S. 589.

6 Karl Blessing (1900–1971), 1926–30 Mitarbeiter Hjalmar Schachts in der Reichsbank; 1930–34 bei der Bank für Internationalen Zahlungsausgleich; 1934–37 mit Schacht im Wirtschaftsministerium; 1937–38 Direktor der Reichsbank; 1938–41 in der deutschen Niederlassung bei Unilever; 1949–58 Vorsitzender, 1958–70 Präsident der Deutschen Bundesbank.

7 Wortlaut bei G. van Roon, a. a. O., S. 542–571.

8 Nach dem Krieg berichtete Hans Lukaschek in einer Rede (vgl. G. van Roon, a. a. O., S. 204), Moltke habe ihn zum 10. August nach Berlin gebeten und ihm dort gesagt, es sei geplant, Hitler, Göring und Himmler am 13. August in Hitlers Hauptquartier in Ostpreußen festzunehmen. Die dort zur Bewachung eingesetzte Panzerdivision sei fest in der Hand von zur Tat entschlossenen Leuten. Man wolle Hitler vor Gericht stellen. Moltke habe Lukaschek eine Urkunde überreicht, die ihn zum Landesverweser für Schlesien ernannte. Aus dem Plan sei nichts geworden, weil Hitler nicht in der Wolfsschanze gewesen und die Panzereinheit verlegt worden sei. Falls sich diese Darstellung bestätigen würde, wäre sie ein weiterer interessanter Beleg für Moltkes Bereitschaft, sich für einen Staatsstreich einzusetzen. Es steht aber fest, daß Hitler am 19. Juli in Ostpreußen eintraf und sich, mit Ausnahme eines Besuchs an der Ostfront am 27. August, bis zum September dort aufhielt. Es gibt auch keinen Beweis dafür, daß die Verschwörer jemals über eine Panzerdivision in Ostpreußen oder anderswo verfügten. Im Jahr 1943 gründete Oberst G. von Boeselager bei der Heeresgruppe Mitte an der Ostfront einen Kavallerieverband, dem vor allem Kosaken angehörten und der angeblich für einen Umsturz eingesetzt werden sollte (vgl. P. Hoffmann: Widerstand, Staatsstreich, Attentat. München 1969). Einem Passus in Papens Memoiren (F. von Papen: Der Wahrheit eine Gasse. München 1952, S. 567) kann entnommen werden, daß dieses auch in Deutschland bekannt war. Eine verstümmelte Version davon könnte zu Lukascheks Darstellung geführt haben. Auch ist es sehr unwahrscheinlich, daß Moltke jemals irgend jemandem eine Ernennungsurkunde aushändigte, denn dazu war er nicht ermächtigt; vgl. E. Gerstenmaier: Der Kreisauer Kreis. In: VfZ 15 (1967), S. 244.

9 H. Mommsen (Gesellschaftsbild und Verfassungspläne des deutschen Widerstands. In: Der deutsche Widerstand gegen Hitler. Hrsg. von W. Schmitthenner und H. Buchheim. Köln 1966, S. 134) behauptet, daß nach Vorstellung der Kreisauer die Frauen vom passiven Wahlrecht ausgeschlossen sein sollten. Das war mit Sicherheit nicht der Fall. Es ist nicht festzustellen, worauf Mommsen diese Annahme gründet, aber ein anschließender Hinweis auf „Vorschläge Schulenburgs" deutet darauf hin, daß er das Verhältnis der persönlichen Vorstellungen Schulenburgs zu den Kreisauer Dokumenten mißverstanden hat (vgl. auch Helmuth von Moltkes Brief vom 31. März 1935).

10 So steht es in den Texten. Freya von Moltke erinnert sich an die Umstände, unter denen dieser Satz zustande kam. Es war ihnen mit diesem Satz gar nicht so furchtbar ernst. Wie es heute kaum mehr möglich ist, die komplizierten Voraussetzungen der damaligen Zeit sich und anderen zu vergegenwärtigen, so kann man leider auch nur schwer erklären, weshalb es einer besonderen Heiterkeit bedurfte, um darin zu bestehen. Mierendorff, Yorck, Moltke, Trott, Haeften – allen war auch in ernsten Fragen der Humor nicht fern.

11 Brief Carlo Schmids an Michael Balfour vom Juni 1972.

12 Diese Annahme wird durch Steltzers Ansichten nach dem Krieg bestätigt. Vgl. Th. Steltzer: Von deutscher Politik. Frankfurt/M. 1949, S. 131–135.

13 Vgl. die Denkschrift *Über die Grundlagen der Staatslehre.* Wortlaut bei G. van Roon, a. a. O., S. 498–505.
14 G. van Roon, a. a. O., S. 511.
15 Ebenda S. 550.
16 Ebenda S. 552.
17 T. B. Macaulay: History of England. London 1849–61, Bd. 1, Kap. 10.
18 Vgl. B. Scheurig (Hrsg.): Deutscher Widerstand 1938–44. Fortschritt oder Reaktion? München 1949;
Der deutsche Widerstand gegen Hitler. Hrsg. von W. Schmitthenner und H. Buchheim. Köln 1969.
19 Das Zitat aus dem Verhör beim SD stammt aus: Spiegelbild einer Verschwörung: Die Kaltenbrunner-Berichte an Hitler und Bormann über das Attentat vom 20. Juli 1944. Stuttgart 1961, S. 419.
20 Vgl. F. R. Barry: Secular and Supernatural. London 1919, S. 9.

Reisen

1 Der Zeitpunkt des Besuchs stand nicht eindeutig fest. Moltke hatte ihn wohl schon seit Monaten geplant, doch die Kontaktnahme mit Sapieha, die unauffällig erfolgen mußte, erforderte einige Zeit. Moltke schrieb seiner Frau auf dem Weg nach Warschau am 1. Mai, dann wieder von Berlin am 4. Mai. Die hier gegebene Darstellung wurde von Christiansen-Weniger bestätigt (Briefe an Michael Balfour vom 12. Oktober und 7. November 1971).
2 Während des Ersten Weltkrieges diente Friedrich Christiansen bei der Luftwaffe, wo er Göring kennenlernte; nach dem Krieg bei der Handelsmarine, meist auf transatlantischen Schiffen; 1933 von Göring zum Leiter der Luftwaffenschulen und 1940 zum Militärbefehlshaber in Holland ernannt; das war eine schlechte Wahl, denn Christiansen hatte wenig militärische Erfahrung; auch war er dem Reichskommissar Seyß-Inquart, dem die zivile Verwaltung unterstand, nicht gewachsen; ab September 1944, als wieder aktive militärische Operationen einsetzten, mußte Christiansens Stabschef Wühlisch die Führung der Truppen übernehmen. Christiansen wurde 1948 von einem holländischen Gericht zu 12 Jahren Gefängnis verurteilt.
3 Wilhelm Harster (geb. 1904), trat 1920 einem Freikorps, 1933 der NSDAP bei; wurde Regierungsrat im RSHA und Generalleutnant der SS; 1940–43 Leiter des SD in den Niederlanden, 1943–45 in Italien und Innsbruck; 1947 von einem holländischen Gericht zu zwölf Jahren Gefängnis verurteilt, 1953 entlassen; 1956 Regierungsrat in Bayern; 1963 Ruhestand; 1967 in München wegen Mordes an 82 856 Juden angeklagt, 1968 zu 15 Jahren Gefängnis verurteilt, aber vorzeitig entlassen. Harster war Untergebener von Rauter, einem der vier Adjutanten von Seyß-Inquart.
4 Elisabeth Ruspoli, Belgierin; wurde im Dezember 1943 verhaftet, weil sie ihren Einfluß bei Falkenhausen verwendet habe, um Belgien Vorteile zu verschaffen. Sie war später zusammen mit Moltke im KZ Ravensbrück.
5 Erwin Planck (1893–1945), Sohn des Physikers Max Planck; war Ministerialrat unter Brüning und 1932 Staatssekretär in der Reichskanzlei; während des Dritten Reiches in der Industrie tätig; mit Goerdeler befreundet.
6 Vgl. W. Ritter von Schramm: Der 20. Juli in Paris. Wörishofen 1953, S. 28.
7 Vgl. G. van Roon: Neuordnung, S. 336.
8 Hermann von Hannecken (geb. 1890), Kommissar für den Vierjahresplan; im Okto-

ber 1942 Oberkommandierender der Armee in Dänemark; ab November 1943 Oberbefehlshaber der gesamten deutschen Streitkräfte in Dänemark; im September 1948 wurde er durch ein dänisches Gericht zu acht Jahren Gefängnis verurteilt, im August 1949 vorzeitig entlassen.

9 Dieser Bericht beruht auf L. Yahil: The Defense of Danish Jewry – Test of Democracy. Philadelphia 1969.

10 Im Herbst 1931 war Best auf Betreiben Carlo Mierendorffs wegen Hochverrat angeklagt worden; er hatte mit einigen anderen die „Boxheimer Dokumente" verfaßt. Sie enthielten Pläne für eine Machtübernahme und radikale gesellschaftliche Veränderungen im Falle eines kommunistischen Wahlerfolgs. Hitler und andere Naziführer hatten sich dem Unternehmen ferngehalten und konnten es desavouieren. Best wurde freigesprochen, aber entlassen, vierzehn Monate später jedoch um so rascher befördert. 1935–40 war er Leiter der Personal- und Rechtsabteilung der Gestapo. Himmler und vor allem Heydrich waren ihm aber unsympathisch. Außerdem bekam er dogmatische Zweifel hinsichtlich der nationalsozialistischen Rassenpolitik. Er ging deshalb 1940 als Leiter der deutschen Militärregierung (unter Stülpnagel) in das besetzte Frankreich. Zwei Jahre später legte er sein Amt nieder, ging in den diplomatischen Dienst und kam als Gesandter nach Kopenhagen. Nach dem Krieg wurde Best von einem dänischen Gericht zum Tode verurteilt. Das Urteil wurde in eine langjährige Gefängnisstrafe umgewandelt. 1951 wurde er entlassen.

11 Wengler teilte dies am 29. Mai 1971 Michael Balfour mit.

12 Die Darstellung der Versuche, mit Kirk Kontakt aufzunehmen, beruht zum Teil auf Briefen Alexander Kirks an Michael Balfour vom 21. Mai und 28. Juni 1971, sowie auf einem Bericht Wilhelm Wenglers an Michael Balfour vom 29. Mai 1971.

13 Dieses Exposé wird ungekürzt auch in der deutschen Fassung wiedergegeben, weil es das einzige Dokument zu diesen Vorgängen ist. F. v. Moltke meint aber, daß es eher die Ansichten von Wilbrandt und Rüstow als die der Kreisauer wiedergibt.

14 Richter am amerikanischen Obersten Bundesgericht; oftmaliger Berater Roosevelts. – Vgl. C. Sykes, a. a. O., S. 242. – Ebda. S. 259–261 wird die Begegnung mit Karl Brandt berichtet.

15 Vgl. P. Hoffmann: Widerstand, S. 279. – Einer anderen Version zufolge machten Canaris und Papen ähnliche Annäherungen beim amerikanischen Marineattaché in der Türkei, wurden aber angewiesen, alle Kapitulationsvorschläge an General Eisenhower im Westen zu richten (vgl. F. von Papen, a. a. O., S. 498). Wenn diese unterschiedlichen Berichte sich auf verschiedene Annäherungsversuche beziehen, ist es nicht verwunderlich, daß die Amerikaner mißtrauisch waren, denn ähnliche Versuche wurden ja auch immer wieder von der Schweiz, Schweden und Spanien aus gemacht.

16 Vgl. B. Scheurig: Freies Deutschland. Das Nationalkomitee und der Bund deutscher Offiziere in der Sowjetunion 1943–45. München 1960;
ders.: Verrat hinter Stacheldraht? München 1965.

17 Der Historiker Gerhard Ritter, der Goerdeler nahestand, schrieb hierzu noch 1955: „Man willigte darein, Deutschland systematisch der Freundschaft zu opfern, die Roosevelt und Churchill von Rußland erhofften. Um ihretwillen hat man es seiner Ostprovinzen beraubt, in Besatzungszonen zerstückelt, als Machtfaktor völlig zerstört, zur Hälfte seines Gebietes der Willkür der östlichen Siegermacht ausgeliefert. Die Verhandlungen von Moskau und Teheran über diese Opferung (Nov. und Dez. 1943) kann ein Deutscher heute noch nicht ohne tiefste Erregung lesen." Zitiert aus G. Ritter: Carl Goerdeler und die deutsche Widerstandsbewegung. Stuttgart 1955. S. 373.

Die letzten Wochen in Freiheit

1 Julius Leber (1891–1945), im Ersten Weltkrieg Frontoffizier; als republikanischer Offizier an der Niederwerfung des Kapp-Putsches beteiligt; Schriftleiter des *Lübecker Volksboten* und Führer der Lübecker Sozialdemokratie, ein väterlicher Freund Willy Brandts; 1924–33 Reichstagsabgeordneter; 1933–37 im KZ; nach seiner Entlassung machte er einen Kohlenhandel auf; am 5. Januar 1945 hingerichtet.

2 Gustav Adolf Steengracht von Moyland (1903–1969), 1940–43 in Ribbentrops persönlichem Stab; 1943–45 als Nachfolger von Weizsäckers Staatssekretär im AA; Brigadegeneral der SA; 1949 in Nürnberg zu 7 Jahren Haft verurteilt, vorzeitig entlassen. Seine Frau war mit den Moltkes befreundet und lehnte seine politische Haltung strikt ab. Als er zum Staatssekretär befördert wurde, erschien sie in heller Verzweiflung bei ihren Freunden. Moltke sagte nur in Anlehnung an eine Propagandafloskel: „Totaler Krieg, kürzester Krieg; totaler Staatssekretär, kürzester Staatssekretär!"

3 Hans Lilje (geb. 1899), Sekretär des Lutherischen Rats, einer Organisation, die zwar den Forderungen der Nazis einen gewissen Widerstand entgegensetzte, aber doch kooperativer war als die Bekennende Kirche; nach dem Krieg Bischof von Hannover und Präsident der Vereinigung der evangelisch-lutherischen Kirchen Deutschlands.

4 Die verschiedenen Berichte über das Verhältnis Moltkes zu Stauffenberg stammen alle aus der Nachkriegszeit: der Kommentar H. C. von Stauffenberg gegenüber auf einem Brief an Michael Balfour; über die Treffen in der Hortensienstraße wurden Marion Yorck und Eugen Gerstenmaier von Michael Balfour befragt; P. von Husen äußerte sich brieflich (Brief im IfZ); zur Trott-Bemerkung vgl. C. Sykes, a. a. O., S. 406. – Die Tatsache, daß Stauffenberg Moltke unsympathisch fand, wurde Peter Yorck von Schulenburg berichtet, der es an seine Frau weitergab.

5 Vgl. C. Müller: Oberst i. G. Stauffenberg. Düsseldorf 1970, S. 293.

Der Spion

1 Plaas wurde im März verhaftet und am 19. März in Ravensbrück hingerichtet (vgl. A. Krebs: Fritz Dietlof von der Schulenburg. Hamburg 1964, S. 262), Gehre wurde vom SD so hart verfolgt, daß er untertauchte. Er wurde nach dem 20. Juli festgenommen und im folgenden Winter hingerichtet. Moltke versicherte seiner Frau, er habe ihre Namen nicht preisgegeben.

2 Die Darstellung der Aktivitäten Reckzehs und der verhängnisvollen Einladung folgt I. von der Lühe: Elisabeth von Thadden. Ein Schicksal unserer Zeit. München 1966. – Das Buch weicht teilweise von früheren Darstellungen ab, befaßt sich aber am unmittelbarsten mit der Hauptfigur und wird bestätigt durch die Beschreibung der Gräfin Ballestrem-Solf, in: E. Boehm (Hrsg.): We Survied. New Haven 1949.

3 Vgl. G. Reitlinger: Die SS-Tragödie. München 1956, S. 303 f.

Das Verhängnis nimmt seinen Lauf

1 Der Engländer Cecil Rhodes, der in jungen Jahren nach Südafrika auswanderte und dort mit Diamanten und Gold ein großes Vermögen erwarb, stiftete in seinem Testament zum Studium an seiner Universität Oxford in England jährlich Stipendien für 66 hervorragende Studenten aus dem Britischen Commonwealth und je zwei aus jedem Staat der USA. Als Anhang zu diesem Testament kamen außerdem noch jährlich

fünf Stipendien für deutsche Studenten hinzu, die zuerst vom Kaiser, später von einem deutschen Komitee auszusuchen waren. 1916, im Ersten Weltkrieg, wurden diese deutschen Stipendien vom Rhodes-Trust annulliert. Von 1929–1939 wurden sie – auf zwei jährlich beschränkt – wieder eingesetzt. Danach gingen die zwei deutschen Stipendien auf Inder über.

2 Die Angaben in diesem Paragraphen beruhen auf
E. Gerstenmaier: Der Kreisauer Kreis. In: VfZ 15 (1967), S. 223;
einem Brief von Paulus van Husen im IfZ;
Th. Steltzer: Von deutscher Politik. Frankfurt/M. 1947, S. 77;
G. van Roon: a. a. O., S. 288.

3 Vgl. C. Müller, a. a. O., S. 419.
4 Vgl. A. Leber: Das Gewissen steht auf. Berlin 1954, S. 126.
5 Vgl. C. Müller, a. a. O., S. 459.
6 Vgl. P. Hoffmann, a. a. O., S. 444.
7 Vgl. E. Gerstenmaier, a. a. O., S. 233–35.
8 Vgl. H. B. Gisevius, a. a. O., S. 106.

In Haft

1 Huppenkothen spielte nach dem 20. Juli 1944 bei den Verhören der Mitglieder der Abwehr eine Hauptrolle; unsere heutige Kenntnis dessen, was mit ihnen geschah, beruht zum Teil auf seinen Aussagen in seinem eigenen Prozeß (1951–55).
2 Vgl. J. Boswell: Journal of a Tour to the Hebrides with Samuel Johnson. London 1773.
3 Moltkes Name soll auf einer Liste zukünftiger Amtsträger der Goerdeler-Regierung gestanden haben (vgl. I. Vermehren: Reise durch den letzten Akt. Hamburg 1946, S. 28). Das wird jedoch in keinem der Untersuchungsberichte erwähnt. Sein Name kommt auf keiner der verschiedenen Listen vor, die Hoffmann veröffentlichte (vgl. P. Hoffmann, a. a. O., S. 435 f.). Hoffmann verneint (S. 610), daß je eine solche Liste in die Hände des SD gefallen ist.
4 I. Vermehren, a. a. O., S. 28.
5 H. Lilje: Im finstern Tal. Nürnberg 1947, S. 61 f.
6 Deshalb die Darstellung von Lorenzen an Bormann, Helmuth von Moltke sei zu schwach gewesen, um während seiner Befragung zu stehen (vgl. H. Fraenkel / R. Manvell: Der 20. Juli. Frankfurt 1964, S. 222).

Prozeß und Tod

1 H. J. von Moltke. Letzte Briefe aus dem Gefängnis Tegel 1945. Berlin 1950.
2 Juan Mariano (1536–1624), Jesuit; Autor von *De rege et regis institutiore*, worin er den Tyrannenmord verteidigte.
3 Vgl. H. Lilje, a. a. O., S. 62. – Lilje führt noch weitere Einzelheiten an, die von anderen Quellen nicht bestätigt werden.
4 (Geduld ist oft die Übung
Von Heiligen, die Prüfung ihrer Stärke,
Die jeden zum Befreier seiner selbst macht,
Zum Sieger über alles,
Was Tyrannei und Schicksal verhängen können.)
Milton: Samson Agonistes, Zeile 1287–91.

Personenregister

Bildquellennachweis: Sämtliche Bilder im Innenteil wurden von Freya von Moltke zur Verfügung gestellt.